GOUVERNEMENT GÉNÉRAL DE L'ALGÉRIE

Collection de Documents inédits
sur l'Histoire de l'Algérie après 1830

IIᵉ SÉRIE — DOCUMENTS DIVERS

I

CORRESPONDANCE

DU

Capitaine DAUMAS, Consul à Mascara
(1837-1839)

PAR

GEORGES YVER

PROFESSEUR A LA FACULTÉ DES LETTRES D'ALGER

ALGER

TYPOGRAPHIE ADOLPHE JOURDAN

IMPRIMEUR-LIBRAIRE DE L'UNIVERSITÉ

Place du Gouvernement

1912

COLLECTION DE DOCUMENTS INÉDITS

SUR

L'HISTOIRE DE L'ALGÉRIE APRÈS 1830

PUBLIÉE SOUS LES AUSPICES DU

GOUVERNEMENT GÉNÉRAL DE L'ALGÉRIE

GOUVERNEMENT GÉNÉRAL DE L'ALGÉRIE

Collection de Documents inédits
sur l'Histoire de l'Algérie après 1830

IIᵉ SÉRIE — DOCUMENTS DIVERS

I

CORRESPONDANCE

DU

Capitaine DAUMAS, Consul à Mascara

(1837-1839)

PAR

GEORGES YVER

PROFESSEUR A LA FACULTÉ DES LETTRES D'ALGER

ALGER
TYPOGRAPHIE ADOLPHE JOURDAN
IMPRIMEUR-LIBRAIRE DE L'UNIVERSITÉ
Place du Gouvernement

1912

Par arrêté du 4 décembre 1910, le Gouverneur Général de l'Algérie a institué une Commission à l'effet d'assurer la publication d'une « Collection de documents inédits sur l'histoire politique, militaire, administrative et la colonisation de l'Algérie après 1830. »

La Commission (1) *a décidé que cette collection comprendrait deux sortes de publications : d'une part, la correspondance générale des commandants en chef de l'armée d'Afrique et des gouverneurs généraux ; d'autre part, des documents se rapportant à des sujets divers : négociations, épisodes de la conquête, etc.*

(1) Composée de MM. Luciani, directeur des Affaires indigènes, *président ;* le chef du personnel militaire au Gouvernement général ; René Basset, doyen de la Faculté des Lettres d'Alger ; G. Yver et St. Gsell, professeurs à la même Faculté ; Paysant, président de la Société historique algérienne ; G. Esquer, archiviste du Gouvernement, *secrétaire.*

INTRODUCTION

I

L'article XV du traité de la Tafna stipulait, que la
France pourrait entretenir des agents auprès de l'Emir
et dans les villes soumises à son administration (1). En
vertu de cette clause, le gouvernement décida l'envoi d'un
résident français à Mascara et chargea Bugeaud de désigner lui-même cet agent. Le général chercha donc, parmi
les officiers de l'armée d'Afrique, celui qui lui paraissait
le plus apte à remplir cette mission délicate. « Après les
généraux commandant les provinces, écrivait-il au ministre de la guerre, l'homme, qu'il est le plus important de
bien choisir, est, sans contredit, celui qui doit résider
auprès d'Abd el-Ḳader. Il doit être militaire, instruit,
intelligent et bon observateur. Son esprit doit être conci-
liant, sans exclure la fermeté et la dignité nationale. Il
faut qu'il connaisse les mœurs des Arabes et leur langue » (2). Après avoir songé à Duvivier, puis à Lamoricière, Bugeaud se décida à proposer au ministre le chef
de bataillon Menonville (3), du 47ᵉ de ligne. Il justifiait

---

(1) Il y avait déjà eu, après le traité Desmichels, un consul de
France à Mascara : le commandant Abdallah d'Hasboun, qui avait
résidé à Mascara, jusqu'au mois de juin 1835.

(2) Bugeaud au ministre de la guerre, 25 juin 1837. A. G. G. A.-E.
13{1}.

(3) Menonville (Narcisse), né le 23 janvier 1794 à Châlons (Marne).
Elève à l'école de Saint-Cyr, le 9 janvier 1813 ; sous-lieutenant, le
23 décembre 1813 ; lieutenant adjudant-major à la légion départementale de la Guadeloupe, le 22 mai 1816 ; capitaine adjudant-

son choix en ces termes : « Cet officier est instruit et intelligent ; il s'est déjà fort bien acquitté du commandement de Mostaganem ; il s'explique passablement bien dans la langue arabe; il est, du moins, très capable de juger si un interprète rend bien sa pensée. Il s'est lié avec beaucoup d'Arabes ; il connaît leurs mœurs et leur caractère ; enfin, j'ai été très satisfait de la manière dont il a accepté, à l'ouverture d'une campagne, qui pouvait être longue, le commandement de Tlemcen ».

Le ministre s'empressa de ratifier la proposition de Bugeaud. Il décida, toutefois, que Menonville serait envoyé à Mascara, non comme consul de France, mais simplement en qualité de commissaire pour l'exécution du traité (1). Bugeaud fut invité à lui donner des instructions à cet effet et à se concerter avec le gouverneur général, car une partie des territoires laissés à Abd el-Kader se trouvant hors des limites de la province d'Oran, il importait que le résident français ne fût pas exposé à recevoir d'Alger et d'Oran des directions contradictoires. Les instructions destinées à Menonville furent rédigées par Bugeaud, le 15 août 1837 (2) et approuvées par le ministre de la guerre. Une somme de 2.000 fr. fut mise à la disposition du commissaire, auquel on attribua, en outre, une allocation de 4.000 fr. pour frais de séjour et de représentation (3).

Menonville, toutefois, ne rejoignit pas immédiatement

---

major au même corps, le 22 novembre 1817 ; capitaine au 1er bataillon de la Guadeloupe, le 1er janvier 1819 ; capitaine au 3e bataillon de la 2e légion départementale de la Seine, le 1er septembre 1819 ; major du 55e régiment d'infanterie de ligne, le 5 août 1831 ; chef de bataillon au 47e régiment d'infanterie de ligne, le 3 janvier 1832 ; mort à Mascara le 25 octobre 1837.

(1) Le ministre de la guerre à Bugeaud, 12 juillet 1837. A. G. G. A.-E. 114[1].

(2) Voir *Appendice* I.

(3) Le ministre de la guerre au gouverneur général de l'Algérie, 13 septembre 1837.

son poste, quoique l'Emir réclamât avec instance la présence du résident français. Bugeaud préférait, sans doute,
attendre que les clauses du traité relatives aux fournitures
de grains et de bestiaux eussent reçu un commencement
d'exécution et qu'Abd el-Kader eût envoyé un représentant ou « oukil » à Oran. Or, c'est seulement à la fin du
mois d'août, qu'Abd el-Kader choisit pour oukil Hadj
l'Habib el-Mohor et seulement au mois de septembre
que ce personnage s'installa à Oran (1). Menonville partit
alors pour Mascara. Son départ eut lieu vraisemblablement dans les derniers jours de septembre. Une dépêche
de Bugeaud au ministre de la guerre, en date du 5 octobre, annonce, en effet, que le commissaire français a été
parfaitement reçu sur la route de Mascara. « Il s'en loue,
ajoute Bugeaud, et trouve toutes les apparences d'une
paix sincère » (2).

Commencée sous d'heureux auspices, la mission de
Menonville prit fin, quelques jours plus tard, de la façon
la plus tragique. Subitement atteint de folie furieuse, le
commandant se suicida dans la nuit du 24 au 25 octobre
1837, après avoir tué d'un coup de pistolet l'un de ses
interprètes, Gabriel Zaccar (3).

A la nouvelle de ce drame, Abd el-Kader, alors absent
de Mascara, s'empressa d'écrire à Bugeaud, pour lui exprimer ses regrets et lui demander l'envoi d'un nouveau
commissaire. Le général ne crut pas devoir donner satisfaction à la requête de l'Emir. « Je lui ai répondu, écrit-
il au ministre de la guerre, que je laissais ce soin à M. le
Gouverneur général; que, puisque c'était lui qui devait
suivre les affaires, il était juste qu'il eût là un homme de

---

(1) Bugeaud au ministre de la guerre, 6 septembre 1837. A. G. G.
A. E. 11³¹.

(2) Bugeaud au ministre de la guerre, 5 octobre 1837. A. G. G. A.
E. 11³².

(3) Cf. G. Yver. *La mort du commandant Menonville.* Bulletin
Société de Géographie d'Alger, 1ᵉʳ trimestre 1909.

son choix » (1) Il se contenta donc d'expédier à Mascara le
lieutenant-colonel Maussion, chef d'état-major de la division d'Oran. Cet officier remit à Abd el-Kader, revenu
à Mascara, en raison de la mort de son plus jeune fils,
les présents du roi des Français (3 novembre 1837) et,
après deux semaines de séjour, regagna Oran (2). Il eut
pour successeur le commandant Guerbe, chef du service
de la remonte de la division d'Oran. L'Emir venait, en
effet, après une longue résistance, de permettre aux Français d'acheter, en pays arabe, des chevaux, dont Guerbe
devait surveiller la livraison. Enfin, le 15 novembre
1837 (3), Bugeaud donna l'ordre au capitaine Daumas (4)

____

(1) Bugeaud au ministre de la guerre, 3o octobre 1837. A. G. G. A.
E. 1132.

(2) C. Rousset. *L'Algérie de 1830 à 1840*. Chap. X. T. II, p. 317.

(3) Cf. Dépêche de Daumas à Rapatel, du 4 avril 1837, p. 153.

(4) Daumas (Melchior, Joseph, Eugène), né le 4 septembre 1803, à
Délemont (Suisse). Engagé volontaire au 2e régiment de chasseurs des
Alpes, devenu en 1830, le 2e régiment de lanciers, le 28 novembre
1822 ; sous-lieutenant, le 3 janvier 1827 ; sorti de l'Ecole de cavalerie
de Saumur avec le n° 3 de mérite, assimilé par une note spéciale, au
n° 1 ; lieutenant, le 6 juillet 1831 ; capitaine instructeur au 2e régiment
de chasseurs d'Afrique, le 25 avril 1835 ; cité à l'ordre du jour de
l'armée pour sa belle conduite au combat du 4 décembre 1835,
(combat de Sidi Embarrek) ; chevalier de la légion d'honneur, le
15 janvier 1836 ; chef d'escadrons, le 20 décembre 1840 ; lieutenant-colonel de cavalerie indigène, le 26 février 1843 ; lieutenant-
colonel du 1er régiment de chasseurs d'Afrique, le 22 juin 1843 ;
Directeur des affaires arabes, 1844 ; colonel du 1er régiment de spahis, le 5 avril 1845 ; général de brigade, le 13 janvier 1850 ; Directeur des affaires de l'Algérie au ministère de la guerre ; conseiller
d'Etat, le 26 janvier 1852 ; général de division, le 14 janvier 1853 ;
sénateur, le 13 août 1858 ; commandant de la division active de
cavalerie réunie à Lunéville, 1858 ; inspecteur général de la cavalerie ; commandant la 14e division militaire à Bordeaux ; décédé à
Coublence (Gironde) en 1871.
Daumas a écrit de nombreux ouvrages relatifs à l'Algérie et à la
civilisation arabe : *Les Kabyles de l'Est* (Alger 1844). *Exposé de
l'état actuel de la société arabe, du gouvernement et de la législation
musulmane* (Alger, 1845). *Le Sahara Algérien* (Paris, 1845). *Le grand
désert ou itinéraire d'une caravane du Sahara au pays des nègres*
(1849). *La Grande Kabylie* (Alger, 1847). *L'éducation du faucon en*

de se rendre à Mascara. Il devait remplacer Guerbe pour la réception des chevaux de remonte et remplir provisoirement les fonctions de commissaire auprès de l'Emir.

Engagé volontaire au 2° régiment de chasseurs à cheval à l'âge de dix-neuf ans (1822), sous-lieutenant en 1827, lieutenant en 1831 , Melchior-Joseph-Eugène Daumas était, depuis le 25 avril 1835, capitaine instructeur au 2° régiment de chasseurs d'Afrique. Brillant cavalier, soldat intrépide, cité à l'ordre du jour pour sa belle conduite au combat de Sidi-Embarek (4 décembre 1835), il s'intéressait, en outre, vivement à la vie et aux mœurs des indigènes. Il avait appris l'arabe et parlait assez bien cette langue, pour traiter les affaires sans recourir à l'intermédiaire des interprètes. Telle fut, sans doute, la raison qui le désigna au choix de Bugeaud.

A la vérité, Daumas n'accepta pas sans hésitation la mission qui lui était ainsi confiée. Il alléguait la nécessité de ne pas abandonner son escadron, dont l'instruction n'était pas terminée. Il ne se décida à partir que sur l'assurance formelle donnée par Bugeaud, qu'un consul titulaire, nommé par le Gouverneur général, le remplacerait à bref délai. Mais les prévisions de Bugeaud ne se réalisèrent pas. Les retards apportés par les autorités arabes dans la livraison des chevaux, la répugnance du maréchal Valée à envoyer un de ses officiers comme résident à Mascara (1), obligèrent Daumas à prolonger son séjour

---

Algérie (Paris, 1856). *Coup d'œil sur l'Algérie au mois de juin 1856* (Paris, 1856). *La civilité puérile et honnête chez les Arabes* (Paris, 1857). *Mœurs et coutumes de l'Algérie* (1853). *Les chevaux du Sahara et principes généraux du cavalier arabe* (1858). *La Kabylie* (Paris, 1857). *La vie arabe et la société musulmane* (Paris, 1869). *La femme arabe* (Revue africaine, 1er trimestre 1912).

(1)..... La position de M. Daumas..... est extrêmement difficile..... Dans cette position, je n'ai pas cru devoir désigner un officier pour remplir officiellement les fonctions de résident ou de commissaire du Roi à Mascara Il m'a paru plus convenable à la dignité de la France, de n'avoir pas de représentant dans une ville où je n'ai pas 'a certitude, qu'il fût traité avec tous les égards, qu'exige le caractère,

dans cette ville. Il s'y trouvait encore au commencement
d'avril et demandait avec instance que l'on statuât sur
son sort. « Aujourd'hui que ma mission est terminée,
écrivait-il au général Rapatel, je viens vous demander de
régulariser ou de faire régulariser ma position..... Si je
dois être rappelé, je préférerais l'être plus tôt que plus
tard, trouvant juste de ne pas supporter davantage les
désagréments d'une position qui ne m'appartiendra pas
et, si je dois prolonger mon séjour, je désire une compensation aux privations de toute espèce que nous suppor-
tons » (1). Le commandant de la division d'Oran ne crut
pas pouvoir se passer des services de Daumas et le
maintint à son poste. Nous n'avons pu, toutefois,
trouver aucune mention de la nomination de Daumas,
en qualité de consul de France à Mascara. Bornons nous
à constater, qu'il prit lui-même ce titre assez tard. La
première dépêche où son nom soit précédé de la qualifi-
cation « consul de France à Mascara » est datée du 9 septembre 1838 (2) et c'est seulement à partir du 7 octobre
1838, que cette mention se rencontre de façon régulière.

Commencée en novembre 1837, la mission du capitaine
Daumas prit fin au mois d'octobre 1839. Le 15 octobre,
il reçut du lieutenant-général Guéhenneuc l'ordre de se
rendre à Oran. Selon C. Rousset, ce rappel aurait été la
conséquences d'instructions envoyées de Constantine par
le maréchal Valée, qui surveillait, alors, dans cette ville
les préparatifs de l'expédition des Portes de Fer (3). Cette

---

dont il serait revêtu ». Le maréchal Valée au ministre de la guerre,
20 janvier 1838.

(1) Dépêche de Daumas, du 4 avril 1838, p. 153.

(2) Les dépêches antérieures sont signées : Daumas, ou : le capitaine faisant fonctions de consul à Mascara.

(3) C. Rousset : *L'Algérie de 1830 à 1840*, chap. IX, T. II, p. 374.
Selon son habitude, Rousset ne donne aucune référence. D'autre
part, l'ordre de rappel de Daumas aurait été expédié de Constantine,
le 15 octobre. Or, c'est ce même jour que le capitaine quitte Mascara.

assertion nous paraît suspecte. Il est plus vraisemblable
que le commandant de la division d'Oran prît l'initiative
de cette mesure. Informé par la correspondance du consul
et de l'attitude équivoque d'Abd el-Kader et de l'efferves-
cence, qui se manifestait dans la province, il est tout
naturel qu'il ait voulu se renseigner auprès de Daumas
lui-même sur les intentions et les ressources de l'Emir,
et obtenir de son subordonné nombre d'indications, que
la prudence ne lui avait pas permis de consigner par écrit.
En tout cas, Daumas ne considérait pas son rappel comme
définitif, puisqu'il se rendit seul à Oran, laissant à Mascara les deux interprètes et les cavaliers attachés au service du consulat. Les circonstances seules ne lui permi-
rent pas de rejoindre son poste. Un rapport du général
Guéhenneuc, adressé au Gouverneur général, nous en
fournit la preuve. « Le capitaine Daumas est encore ici.
Il se disposait à rentrer à son poste il y a cinq ou six
jours, mais les escortes ont manqué. Depuis, j'ai appris
que l'oukil d'Abd el-Kader avait fait filer secrètement son
bagage sur Mascara et qu'il attendait d'un instant à
l'autre des lettres de l'Emir. Dans ces conjonctures, tout
en annonçant que le capitaine Daumas allait partir sous
peu pour Mascara, j'ai jugé prudent de le retenir jusqu'à
ce qu'on sache à quoi s'en tenir sur les projets belliqueux,
qu'on prête à l'Emir » (1). On ne tarda pas à être fixé sur
ce point. Le 18 novembre, en effet, Abd el-Kader écrivait
à Valée pour lui annoncer son intention de recommencer
la guerre sainte et demandait le renvoi de l'oukil, qui le
représentait à Oran (2). C'était la rupture. Le gouvernement y répondit en rappelant le personnel laissé à Mascara, qui, grâce à la précaution, qu'on avait prise de rete-

----

(1) Extrait d'un rapport du maréchal Valée, du 19 novembre 1839.
— *Moniteur*, 2 décembre 1839.

(2) Pellissier de Reynaud, *Annales algériennes*, livre XXIX.
Tome II, p. 366.

nir à Oran l'oukil d'Abd el-Kader, put regagner sans encombre le territoire français.

II

Le personnel du consulat de France à Mascara était peu nombreux. Il comprenait, outre le capitaine Daumas, un chirurgien aide-major, le docteur Warnier, deux interprètes, Amran Darmon et Ayas (1), et, enfin des cavaliers détachés du 2ᵉ régiment de chasseurs d'Afrique. La présence d'un médecin à Mascara s'explique, non seulement par le souci bien naturel d'assurer aux membres de la mission les secours, dont ils pourraient avoir besoin, mais aussi par le désir d'employer l'assistance médicale au rapprochement des Européens et des indigènes (2). Le texte d'une décision ministérielle, attribuant au docteur Warnier un crédit mensuel de 20 francs, pour distribution de médicaments, en fait foi. « Ce n'est pas seulement, lisons-nous dans cette pièce officielle, un devoir d'humanité de chercher à leur [aux indigènes], procurer sous ce rapport, tous les soulagements dont ils peuvent avoir besoin ; il est aussi d'une politique bien entendue de les engager envers nous par les liens de la reconnaissance, et la présence d'un médecin français dans la principale résidence de l'Emir nous offre, à cet égard, une occasion précieuse, qu'il convient de ne pas négliger (3) ». Warnier paraît s'être acquitté en conscience et avec succès

---

(1) Darmon était arrivé à Mascara avec le commandant Menonville, sous les ordres duquel il avait servi à Tlemcen. Ayas remplaçait Gabriel Zaccar, assassiné par le commandant.

(2) Cette préoccupation se retrouve chez les publicistes contemporains. Cf. notamment : la brochure du marquis de La Rochefoucauld Liancourt. *Note sur l'administration d'Alger.* Paris, 1835. pp. 47 sqq.

(3) Dépêche de Daumas, du 20 mai 1839, p. 472, note 1.

de sa tâche ; il prodigue ses soins aux blessés et aux
malades, qu'il s'agisse de notables ou de simples cavaliers;
il gagne l'affection de ses clients et devient bien vite
populaire. La mort même du fils de l'Emir, qu'il n'a pas
réussi à sauver, ne nuit pas à son prestige. Dès le mois
de février 1838, Daumas constate avec satisfaction les
résultats obtenus. « La réputation du docteur commence
à s'étendre ; les malades affluent et, partout, on vante
notre humanité. Le docteur a parlé de vaccine et beaucoup d'enfants lui ont été présentés » (1). Tout en accom-
plissant sa besogne professionnelle, le docteur Warnier
collabore aussi de la façon la plus active aux travaux du
consul. Il recueille des renseignements sur le pays et les
tribus, rédige une notice sur Aïn Madhi, dresse la carte
des communications entre Mascara et Tagdemt, ainsi
qu'un plan de cette ville. Il inspire à Daumas une entière
confiance, discute avec lui les questions les plus importantes, et, lorsqu'il se rend en permission à Oran, se
charge de fournir au commandant de la division les renseignements, que le consul hésite à transmettre par écrit.
Aussi, lorsqu'il est rappelé à Oran, au mois de juin 1839,
Daumas ne veut pas qu'il soit remplacé : « Il me semble,
déclare-t-il, qu'en raison des longs et bons services, qu'il
a rendus à Mascara, cet officier de santé doit être placé
dans une position telle, que personne ne puisse même lui
contester le mérite de son dévouement » (2).

Au personnel permanent du consulat, se joignent
parfois des hôtes de passage. Tantôt ce sont des officiers :
le capitaine de Martimprey y passe dix-huit jours, en
1838, et en profite pour reconnaître les environs de Mascara, en compagnie de Daumas ; le sous-lieutenant Daumas y rend visite à son frère ; le sous-lieutenant Moreau
vient y demander la restitution d'une somme volée par

---

(1) Dépêche de Daumas, du 11 février 1838, p. 105.
(2) Dépêche de Daumas, du 3 juin 1839, p. 481.

un indigène ; le capitaine Philippe y apporte des ordres
du commandant de la province d'Oran. Tantôt ce sont
des civils, François Dubarrail, qui a rappelé dans ses
Mémoires cette première course en pays arabe, le naturaliste Wagner, l'orientaliste Desgranges, le négociant
Thiolla, dont l'indélicatesse met le consul en assez
fâcheuse posture. Tous, militaires ou civils reçoivent
l'accueil le plus cordial. Leur présence apporte, en effet,
quelque distraction dans l'existence monotone, que mène
ce petit groupe de Français exilés dans la capitale de
l'Emir.

Existence, du reste, singulièrement pénible et qui n'est
pas toujours exempte de dangers. L'installation matérielle
de la mission est fort défectueuse. La maison occupée par
le consulat est une bâtisse sordide, que les réparations
exécutées par le capitaine Niqueux envoyé d'Oran à cet
effet, ont grand peine à rendre habitable (1). Les murs
ne sont pas blanchis, car les autorités de la ville se refusent à faire cette dépense ; aux environs s'entassent des
immondices, qui, l'été, exhalent des miasmes fétides (2).
Il n'y a pas d'écurie ; le consul est contraint de loger ses
chevaux dans un fondouk, où ces animaux sont maltraités
et où leur nourriture est souvent volée. Ajoutons que
l'autorité militaire paraît elle-même oublier 'existence
d'une mission française à Mascara. En dépit des récriminations de Daumas, l'intendance expédie de façon très
irrégulière les rations qu'elle doit fournir (3) ; les cavaliers du consulat sont laissés sans vêtements. Les provisions expédiées d'Oran sont parfois dérobées par des
voleurs de grand chemin, qui dévalisent les courriers.
Enfin et surtout, les relations avec les habitants sont très
difficiles.

Si les chefs affectent, en effet, à l'égard du consul et

____

(1) Dépêche des 17, 14, 21 décembre 1837.
(2) Dépêche de Daumas, du 19 août 1839, p. 519.
(3) Dépêche du 9 février 1839, p. 420.

de ses compagnons une correction quelque peu dédaigneuse, la populace ne laisse passer aucune occasion de manifester aux chrétiens sa haine et son mépris. On jette des pierres dans la maison du consul, on l'injurie, on blesse même un de ses hommes. Daumas proteste auprès du caïd et obtient satisfaction, mais il ne tarde pas à se convaincre que les autorités sont impuissantes à maintenir l'ordre, et il se résigne à supporter une situation qu'il est impossible de modifier. Il est d'ailleurs très discret sur ce sujet ; il évite de se plaindre et nous ne connaîtrions peut-être pas les avanies qu'il eut à supporter, s'il ne s'était trouvé dans l'obligation de protester contre les interprétations injurieuses données à sa conduite. Des calomnies, peut-être intéressées, transformèrent, en effet, la réserve, à laquelle s'astreignait Daumas, en une résignation quelque peu humiliante. Le général Rapatel s'émut de ces racontars, et, sans prendre le temps d'en vérifier l'exactitude, il adressa à Daumas un blâme sévère; il alla même jusqu'à lui reprocher d'oublier « qu'il est un délégué de l'autorité française et qu'il a mission de la faire respecter (1) ». A ces accusations, le consul répond de la façon la plus nette; il rappelle les résultats obtenus par ses fréquentes réclamations auprès des autorités locales, les services rendus aux sujets français ou aux Israélites, qui, ayant sollicité son intervention, ont obtenu le redressement de leurs griefs; il proteste, enfin, de la fermeté et de la dignité de sa conduite : « Non, non, mon général, je ne vis pas ici dans un état d'humiliation; je n'y supporte aucun outrage, mais j'y tiens, au contraire, noblement mon rang. Interrogez tous les habitants de Mascara qui fréquentent vos marchés, tous ceux d'Oran, qui sont venus ici pour réclamations; ils vous

____

(1) Dépêche de Daumas, du 3o juin 1838, p. 231, note. Pellissier de Reynaud reproduit presque littéralement les accusations formulées par le général Rapatel. *Annales Algériennes*, livre XXVI. T. II, p. 285.

diront qu'en affaires je parle haut, que ma voix est écoutée et que j'ai su me faire rendre justice.... Le consul de France a toujours été respecté à Mascara... et j'y ai partout rempli noblement mes devoirs... » Mais il ajoute : « Qu'on dise que la position de consul à Mascara est une position difficile, désagréable, qu'on y déteste les chrétiens, qu'il faut du courage pour y rester, on aura raison... Il faut donc vivre dans un pays, où il n'y a ni ordre, ni répression des délits. Je conçois que cela désenchante malgré que cela soit bien connu » (1).

Les aveux de ce genre sont rares dans la correspondance de Daumas. Le consul ne peut, cependant, dissimuler entièrement les dangers, auxquels ses compagnons et lui sont exposés, au milieu d'une population, que les fausses nouvelles affolent et que les bruits de guerre incitent aux pires excès. « Ma position a été un instant délicate et difficile, écrit-il le 21 janvier 1838, mais j'ai fait bonne contenance, je me suis, plus que jamais, montré avec les chefs et l'on m'a su gré de cette conduite » (2). Aussi le gouverneur général et le commandant supérieur d'Oran manifestent-ils parfois des inquiétudes sur le sort de la mission de Mascara, au cas où la guerre viendrait à recommencer. Daumas s'empresse de les rassurer. La présence d'oukils de l'Emir à Mostaganem et à Oran garantit sa propre sécurité (3). Il se borne à recommander qu'on ne les laisse pas échapper et, surtout, qu'on s'abstienne de toute violence à leur égard. « S'il est vrai que l'on ait frappé un homme du consulat d'Oran, écrit-il à Guéhenneuc, nous sommes presque certains d'éprouver des représailles à Mascara » (4). Et, dans une autre dépêche, faisant allusion aux récriminations de l'oukil de Mosta-

---

(1) Dépêche de Daumas, du 30 juin 1838, p. 235.

(2) Dépêche du 21 janvier 1838, p. 81.

(3) Dépêche du 7 août 1838, p. 278.

(4) Dépêche du 13 octobre 1838, p. 348.

ganem, il ajoute : « Depuis que je suis à Mascara, il ne m'est jamais arrivé de faire valoir une seule considération personnelle, et, cependant, aujourd'hui, au point où en sont les choses, je crois devoir vous dire que l'oukil de Mostaganem est le frère du caïd Hadj el-Boukary, qui est tout puissant ici et que la manière, dont nous sommes traités dépend entièrement de la manière dont on le traite » (1). La situation du résident français fut donc toujours assez précaire et assez délicate. Il n'en consacra pas moins tous ses efforts à l'accomplissement de la mission, dont il avait été chargé.

III

Durant son séjour à Mascara, Daumas ne paraît pas avoir reçu d'autres instructions, que celles qui avaient été données par Bugeaud au commandant Menonville, instructions d'un caractère très général, mais qui devaient être complétées et précisées au fur et à mesure que les circonstances l'exigeraient. La tâche assignée au représentant de la France était double : il devait, d'une part, surveiller l'exécution du traité de la Tafna et, d'autre part, fournir à ses chefs tous les renseignements qu'il pourrait recueillir sur l'Etat d'Abd el-Kader, dont la France venait, par ce même traité, de reconnaître officiellement l'existence. Les clauses, dont le gouvernement français avait surtout à cœur d'assurer la stricte observation, concernaient les relations des sujets français (européens et indigènes) avec les Musulmans soumis à l'autorité de l'Emir. Telles étaient les dispositions garantissant le respect des personnes et des propriétés, la liberté du commerce et des transactions, la sécurité des Kouloughlis, anciens alliés de la France, etc. (2). Le commissaire français était aussi invité à veiller

---

(1) Dépêche du 3 juin 1839, p. 482.
(2) Articles II, IV, VIII, X, XI du traité de la Tafna.

à ce que l'Emir acquittât avec régularité la contribution de guerre prévue par le traité (1) et consentît, en outre, à fournir les chevaux nécessaires à la remonte de la cavalerie française. On lui recommandait, enfin, d'essayer d'agir sur l'esprit d'Abd el-Kader, de façon à entretenir chez lui des dispositions pacifiques, de façon à lui faire comprendre l'intérêt qu'il aurait à civiliser, avec l'aide de la France, les populations indigènes plongées depuis des siècles dans la misère et dans la barbarie, bref, à jouer en Algérie, un rôle analogue à celui de Mehemet-Ali en Egypte. « Les Français, déclarait Bugeaud, sont appelés à l'aider puissamment dans cette œuvre de régénération ; il faut donc qu'il s'en fasse des amis et des appuis. Vous ferez bien de lui parler souvent du pacha d'Egypte, qui vit entouré d'un grand nombre de Français et qui marche rapidement vers une grande puissance et une grande prospérité » (2).

Le résident à Mascara doit être aussi un agent d'information. A ce moment on ne possède encore que des données fragmentaires et incertaines sur le pays arabe ; on sait fort peu de choses sur l'Emir lui-même. Quel est au juste le caractère d'Abd el-Kader, quelles sont ses visées, ses moyens d'action ? Il importe d'être fixé sur tous ces points et sur bien d'autres encore : organisation et recrutement de l'armée régulière, fortifications de Tagdemt et de Miliana, ressources financières, nature et direction du commerce, relations avec les tribus de l'intérieur, rapports avec le Maroc. Ajoutons-y l'exploration méthodique du pays, l'étude de la topographie, le relevé des points d'eau, l'indication des terrains cultivés et des terres de parcours, le dénombrement des tribus, des cava-

---

(1) Livraison de 30.000 fanègues de froment, 30.000 fanègues d'orge et 3000 bœufs, la première livraison devant se faire du 1er au 15 septembre 1837, et les deux autres, de deux mois en deux mois. — Article VI du traité.

(2) Appendice. I. p. 561.

liers et des fusils qu'elles peuvent fournir en cas de guerre, l'examen de leurs dispositions à l'égard de la France et à l'égard de l'Emir. Bref, le consul à Mascara est appelé à réunir, pour employer les expressions mêmes de Bugeaud, « tous les éléments d'une statistique raisonnée, qui pourra être, dans la suite, d'une très grande utilité » (1).

Ce programme, Daumas s'est efforcé de le suivre ; sa correspondance le démontre à chaque page. Mais, en ce qui concerne l'exécution du traité de la Tafna, il n'obtient pas les heureux résultats, que le gouvernement français attendait de l'installation d'un consul à Mascara. La sécurité des personnes et des biens n'est nullement assurée. En pays arabe nul ne peut circuler sans courir le risque d'être assassiné ou, tout au moins, détroussé. Du mois d'octobre 1837 au mois d'octobre 1839, 30 individus, français ou sujets français, sont victimes de bandits de grand chemin. A Mascara même, le Smalah Othman, de passage dans la ville, est pendu par ordre du caïd, et le consul ne peut obtenir la punition de cette violation flagrante du traité. Les Kouloughlis, malgré les garanties spéciales, que la France a exigées en leur faveur, sont partout en butte aux vexations des agents de l'Emir. Les Juifs sont exposés à mille avanies. L'un d'eux, Maklouf, est battu par les réguliers dans les rues de Mascara ; un autre, Grallouf, dépouillé de ses effets et de ses outils, ne peut, malgré les interventions répétées du consul, se faire restituer son bien. Les Musulmans fixés en territoire français ne sont pas mieux traités ; leurs femmes sont retenues à Mascara, sous prétexte, qu'on ne peut les contraindre d'aller vivre en pays chrétien ; leurs propriétés sont confisquées et vendues par le beylik, contrairement aux stipulations du traité. La liberté des transactions n'est aussi qu'un vain

---

(1) Appendice. I. p. 562.

mot ; la vente des chevaux aux Français est punie de
mort ; les marchandises dirigées sur Oran et sur Mostaganem sont frappées d'une taxe. Abd el-Kader va même
jusqu'à interdire aux Arabes d'acheter le moindre objet
dans les villes occupées par les chrétiens. Le consul est
aussi impuissant à empêcher ces violations du traité qu'à
obtenir satisfaction de ses griefs. Certes, il ne manque
ni d'activité ni d'énergie; il harcèle de ses réclamations les
représentants de l'Emir, mais il se heurte à des obstacles insurmontables, à l'inertie ou à l'hostilité des chefs,
aux rivalités de personnes, qui paralysent l'exercice de
l'autorité. Seul, l'Emir serait en mesure d'imposer sa
volonté : « Le fait est, lisons-nous dans une dépêche de
Daumas, que, quand Abd el-Kader est là tout obéit et tout
tremble, et que, quand il est absent, nul ne peut dominer
les tribus. Plus d'une fois, j'ai vu le pouvoir dormir sur
de sanglantes avanies et même sur des refus complets
d'obéissance » (1). Mais l'Emir est sans cesse en mouvement; il court de Tagdemt aux Biban et des Biban à la
Tafna; on ne le voit jamais à Mascara. Il n'y rentre que le
jour même, où Daumas quitte cette ville pour regagner
Oran. D'ailleurs, pourrait-il lui-même s'affranchir des
nécessités imposées par le milieu où il vit, Daumas ne le
croit pas. « L'organisation arabe est telle, avoue-t-il, qu'il
lui est moralement et physiquement impossible de nous
donner satisfaction pour tous les griefs, dont nous
exigeons chaque jour la réparation » (2). Nous trouvons
la même constatation dans un document officiel : « Tous
les fruits directs et ostensibles, si l'on peut dire, que l'on
attendait de la création et de l'envoi d'un agent français
à Mascara, sont donc restés nuls, moins sans doute par
erreur et mésintelligence, dans les choix qui ont été faits,
que par suite de la fausse position où se trouvaient ceux

------

(1) 4 février 1838, p. 92.
(2) 8 juillet 1838, p. 242.

qui en ont été l'objet et des mauvaises conditions **dans**
lesquelles ils se trouvaient placés » (1).

La mission de Mascara n'a pourtant pas été inutile.
Daumas et ses collaborateurs ont, en effet, procuré au
gouvernement des renseignements et des informations du
plus haut intérêt. Leur mérite est d'autant plus grand,
que les circonstances se prêtaient mal à l'accomplissement
de cette partie de leur tâche. Bugeaud pensait, sans doute,
que l'Emir autoriserait l'agent français à l'accompagner
dans ses courses à travers le pays. Aussi invitait-il le
commissaire à Mascara à tenir exactement un journal de
route, dont copie serait envoyée, chaque quinzaine, au
commandant supérieur d'Oran (2). Mais il en fut tout
autrement. Pendant toute la durée de sa mission, Daumas
fut contraint de rester à Mascara sous la surveillance
étroite des autorités locales. Loin de pouvoir pénétrer dans
l'intérieur, il doit se borner à quelques excursions dans
les environs de la ville. Encore regarde-t-on ces sorties
d'un fort mauvais œil, et c'est à grand peine qu'on lui
permet de pousser une reconnaissance jusqu'à l'Oued el-
Hamman (3). Ses compagnons ne sont pas mieux traités.
Le docteur Warnier se voit refuser l'autorisation d'accompagner l'Emir dans son expédition contre Aïn Madhi,
malgré les services qu'il eût pu rendre à l'armée. On lui
interdit même de se rendre à Calaa près d'un malade, qui
réclame ses soins. Daumas, cependant, ne se décourage
pas. Il recourt aux expédients les plus variés pour connaître les délibérations et les projets des agents de l'Emir,
allant jusqu'à faire rechercher dans les trous des murs,
les lettres que les Arabes y cachent, après les avoir déchi-
rées en petits fragments ; il noue des relations avec les
mécontents, marabouts jaloux du prestige d'Abd el-Kader,

---

(1) Analyse des dépêches du consulat de Mascara. A. G. G. A. E.
1165.

(2) Appendice. I. p. 562.

(3) Dépêche du 4 avril 1838, p. 160.

ou notables irrités de se voir écartés des emplois ; il a des
intelligences jusque dans l'entourage immédiat de l'Emir.
Il cherche et réussit à trouver des informateurs, indigènes
gagnés à prix d'argent et surtout déserteurs européens,
las de la vie misérable qu'ils mènent et désireux d'obtenir
leur grâce en échange des services rendus. Sans doute,
les renseignements ainsi obtenus sont parfois incertains
ou suspects. C'est le cas, par exemple, pour bien des
détails du siège d'Aïn-Madhi et pour tout ce qui concerne
les relations d'Abd el-Kader avec les populations du Sud.
Il faut aussi tenir compte, de ce qu'à Mascara le mensonge et la dissimulation sont érigés en système de gouvernement, et de ce que la bastonnade garantit la discrétion des rares individus exactement informés. Daumas en a conscience et ne manque jamais d'indiquer
le degré de créance, qu'il convient d'accorder aux bruits
et nouvelles souvent contradictoires, qui parviennent
à sa connaissance. Aussi bien les résultats positifs
acquis grâce à lui sont considérables. Les notes sur
l'infanterie de l'Emir, sur les prisonniers de guerre et
les déserteurs, l'itinéraire de Mascara à Tlemcen, les
notices sur les principaux personnages de la province
d'Oran, sur le Cherg, sur les ressources de l'Emir,
sur l'état de la province d'Oran en 1839, tous ces
documents, utilisée par les rédacteurs des Tableaux des
Etablissements français de l'Algérie, ou conservés dans les
archives de la division d'Oran, montrent assez, que l'activité du consul à Mascara ne se dépensa pas en pure perte.
L'importance et l'intérêt de ces divers travaux furent, du
reste, appréciés à leur valeur par l'autorité militaire.
L'analyse de la correspondance du consulat de Mascara
rédigée par ordre du ministre de la guerre se termine,
en effet, par ce jugement sur l'œuvre du capitaine Daumas et de ses collaborateurs : « Sous les rapports de
l'observation du pays et de la constitution intérieure des
tribus, de la connaissance de la province d'Oran, hommes

et choses, la mission française à Mascara a certainement
fait faire un grand pas. La correspondance du consul
abonde en détails curieux et bien observés sur le mouvement des tribus, sur leurs intérêts politiques et commer-
ciaux, sur le rôle que chacune d'elles sera nécessairement
appelée à jouer dans une lutte contre la France. Elle fait
connaître, par un ensemble de petits faits, qu'elle révèle,
à mesure qu'ils se produisent, l'organisation administra-
itve et militaire, qu'Abd el-Kader cherche à imposer au
pays qu'il occupe. L'impression générale, qui résulte des
observations recueillies par M. Daumas et des réflexions
qui les accompagnent, nous semble celle-ci, c'est que la
puissance d'Abd el-Kader, établie d'ailleurs sur des bases
très fragiles, repose surtout sur la valeur propre de
l'homme, qui en est le dépositaire ; que ses éléments, une
fois le chef disparu, pourraient être dispersés facilement
et ne pourraient guère se réunir à nouveau ; qu'en un
mot, le grand obstacle à l'introduction parmi les tribus
de l'intérieur d'un commencement de civilisation européenne, réside bien plutôt dans les idées propres d'Abd
el-Kader que dans la manière d'être des Arabes ou dans
leurs mauvaises dispositions à notre égard » (1). Ces quelques lignes suffisent, ce semble, à montrer l'importance
de la correspondance de Daumas et l'intérêt qu'elle présente pour l'histoire de l'Algérie.

IV

Le présent volume renferme : 1° les dépêches de Daumas; 2° divers documents, dont il est fait mention dans
cette correspondance et que nous publions en appendice.

Les dépêches de Daumas sont au nombre de 119, pour
la période comprise entre le 30 novembre 1837 et le

______

(1) Analyse des dépêches du consulat de Mascara. A. G. G. A.-E.
1165.

14 octobre 1839. Nous y avons joint le récit de l'entrevue de Daumas avec l'Emir Abd el-Kader, rédigé par le capitaine à son retour à Oran, ainsi qu'une lettre de l'interprète Ayas, resté à Mascara après le départ du consul. Ces dépêches sont adressées aux officiers généraux et supérieurs, qui, de 1837 à 1839, exercèrent le commandement de la province d'Oran : Bugeaud, Auvray, Rapatel, Montpezat, Guéhenneuc, Locquenceux. Elles étaient transportées soit par des courriers, que les autorités arabes mettaient à la disposition du consul, soit par les soldats du train qui venaient ravitailler la mission, soit, enfin, par les visiteurs qui rentraient à Oran après un séjour plus ou moins prolongé à Mascara. Dans ces deux derniers cas, le consul remettait une fausse lettre aux cavaliers indigènes, de manière à ne pas exciter la méfiance des agents de l'Emir. Cette façon de procéder présentait divers inconvénients. D'une part, la correspondance se trouvait retardée, lorsque les autorités de Mascara refusaient, comme elles le firent à plusieurs reprises, de mettre des cavaliers à la disposition de Daumas; d'autre part, les dépêches rédigées en clair risquaient d'être interceptées et lues. Un chiffre fut bien confié au consul par le commandant de la division d'Oran, mais, comme par une singulière inadvertance, cet officier avait négligé d'en conserver le double, Daumas ne put l'utiliser [1].

Outre l'envoi de rapports réguliers à Oran, les instructions de Bugeaud à Menonville prescrivaient au consul de se tenir en relations avec le gouverneur général. Nous n'avons pas retrouvé trace de dépêches de ce genre. Le capitaine Daumas paraît s'être borné à communiquer avec son chef immédiat, qui transmettait ensuite à Alger les renseignements reçus. Quant à la correspondance du commandant supérieur d'Oran avec le consulat de Mascara, elle serait fort intéressante à connaître ; elle don-

----

[1] Dépêches de Daumas, du 17 et du 24 mars 1839.

nerait, en effet, l'explication de certains passages obscurs des dépêches de Daumas et fournirait, en particulier, des précisions sur les conflits que suscitait presque chaque jour l'interprétation du traité de la Tafna. Malheureusement, cette correspondance n'a pas été conservée aux Archives d'Alger et les recherches, qu'on a bien voulu faire pour notre compte, soit aux Archives de la division d'Oran, soit aux Archives historiques du ministère de la guerre sont restées sans résultat.

De même que beaucoup d'autres documents relatifs à l'Algérie, la correspondance de Daumas est, aujourd'hui, dispersée entre les Archives du Gouvernement général de l'Algérie et les Archives historiques de la guerre. Le tableau ci-dessous indique la provenance des documents, que nous publions.

ARCHIVES HISTORIQUES DE LA GUERRE (**A. H. G.**)

Dépêches de Daumas, du 3o novembre 1837 au 12 juillet 1838 (nᵒˢ I. — XLVI) et dépêche du 11 novembre 1838 (nᵒ LXXI).

Notes sur l'infanterie de l'Emir (Appendice II).

Renseignements sur les prisonniers ou déserteurs (Appendice III).

Route de Mascara à Tlemsan (Appendice IV).

Cartes et plans (Appendice X).

ARCHIVES DU GOUVERNEMENT GÉNÉRAL DE L'ALGÉRIE
(**A. G. G. A.**)

Dépêches de Daumas, du 12 juillet 1838 au 11 novembre 1838 (nᵒˢ LXVI-LXXI), et du 17 novembre 1838 au 14 octobre 1839 (nᵒˢ LXXII-CIXX).

Entrevue de Daumas et de l'Emir Abd el-Kader (nᵒ CXX).

Lettre d'Ayas à Daumas (nᵒ CXXI).

Instructions données au commandant Menonville (Appendice I).

Notes sur le gouvernement et les forces de l'Emir dans la province d'Oran (Appendice V).

Notes sur l'administration de l'Emir... (Appendice VI).

Etat de la province d'Oran, au mois de janvier 1839 (Appendice VII).

Principaux personnages de la province d'Oran (Appendice VIII).

Renseignements sur le siège d'Aïn Mady (Appendice IX).

Nous avons conservé dans notre texte l'orthographe de l'original, encore qu'elle soit fantaisiste et incertaine. Daumas n'avait encore adopté aucune règle précise pour la transcription des noms arabes ; il s'efforçait simplement de les reproduire tels qu'il les entendait. Aussi l'orthographe des noms propres, d'ailleurs souvent défigurés et quelquefois méconnaissables, varie-t-elle d'une dépêche à une autre et, parfois, dans une même dépêche. Il écrira, par exemple, indifféremment Tedjini et Tedjiny, Bouhamidy, Bou Hamidy, Bohamedin, Beni Aameur et Beni Hameur, etc. On trouvera, à l'index des noms propres, ces variantes orthographiques.

Quant aux noms de localités et de tribus, on s'est efforcé, toutes les fois que cela a été possible, de les identifier, en utilisant à cet effet le livre de Walzin-Esterhazy (*La domination turque dans l'ancienne Régence d'Alger*, Paris 1840) ; le travail de L. Rinn : *Le royaume d'Alger sous le dernier des Deys* (Alger 1900) ; les publications officielles anciennes ou récentes : *Tableau des Etablissements français dans l'Algérie* (années 1838-1839-1840) ; *Répertoire alphabétique des tribus et douars communes de l'Algérie*, publié... sous la direction de M. Delanney, Ager, 1900; *Tableau général des communes de l'Algérie au 31 décembre 1907;* Alger, 1908. (Abréviations : **D. C.**, douar commune. **M.** commune mixte. **P. E.** commune de plein exercice).

———

ERRATA

Au lieu de : Agoubia, Borgia, Flitta, Garaba, Hachem, etc.., *lire*
parlout : Agoubias, Borgias, Flittas, Garabas, Hachems, etc...

Au lieu de : Mohamed, *lire* : Mohammed.

P. 30, *au lieu de* : commandemnt, *lire* : commandement.

P. 33, *au lieu de* : Dubarail, *lire* : Dubarrail.

P. 51, note (1), *au lieu de* : expéditoin, *lire* : expédition.

P. 67, *rectifier la numérotation des notes* : (1) Mustapha Mekallech;
etc. (2) Nom générique, etc...

P. 68, *au lieu de* : Garavini (2), *lire* : Garavini (3), et, en notes,
au lieu de : (3) Ouald Khaled, et (7) Oulad Aïssa ben Abbas,
lire : (1) Oulad Khaled ; (2) Oulad Aïssa ben Abbas.

P. 73, *au lieu de* : Salomon Ansalem, *lire* : Salomon Amsalem.

P. 83, *au lieu de* : Varnier, *lire* : Warnier.

P. 93, (notes). *Au lieu de* : (5) Aïn-Beïda, *lire* : (4).

P. 98, *au lieu de* : Cherff Emmerdjess, *lire* : Chérif Emmerdjess.

P. 111, *au lieu de* : Oulade l'Abbade, *lire* : Oulad l'Abbad.

P. 115, *au lieu de* : 12 février 1838, *lire* : 22 février.

P. 116, *au lieu de* : février 1836, *lire* : février 1838.

P. 139, *au lieu de* : Abi Boalem, *lire* : Habib Boalem.

P. 145, *au lieu de* : Virtz, *lire* : Wirth.

P.. 153. *au lieu de* : 15 octobre 1837, *lire* : 15 novembre 1837.

P. 165, *au lieu de* : Tlemcen, *lire* : Tlemsan.

P. 167, *au lieu de* : Hadj L'Abib, *lire* : Hadj l'Habib.

P. 174, *au lieu de* : Zemour, *lire* : Zemmour.

P. 186, note (1), *au lieu de* : l'Hillil, M, *lire* : Mina, M.

P. 202, *au lieu de* : (1) Khodja, *lire* : (2).

P. 207, *au lieu de* : Mahmed, *lire* : Mohammed.

P. 213, *au lieu de* : Cacherou, *lire* : Cacheroux.

P. 220, *au lieu de* : Ben Lensar, *lire* : Beni Lensar.

P. 221, *au lieu de* : Ouled Seherif, *lire* : Oulad Schérif.

P. 223, *au lieu de* : Tahoulala, *lire* : Tahouyala.

P. 227, *au lieu de* : le Beni Aâmeur Salah el-Mouloude el-Feloul,
lire : les Beni Aâmeur Salah el-Mouloude et Feloule.

P. 229, *au lieu de* : Poniche, *lire* : Pouiche.

P. 252, *au lieu de :* le capitaine consul à Mascara, *lire :* le capitaine faisant fonctions de consul à Mascara.

P. 253, *ajouter in fine :* A. G. G. A.-E. 1162 77-26 (Original).

P. 262, note (1), *au lieu de :* Ghomra, etc., *lire :* Ghamras (Bou Tlelis M.).

P. 269, *au lieu de :* Tlemcen, *lire :* Tlemsan.

P. 331, *au lieu de :* Serresou, *lire :* Serresous.

P. 335, *au lieu de :* Tennez, *lire :* Teneuzz.

P. 342, *lire :* le capitaine consul de France à Mascara.

P. 354, *au lieu de :* Mon colonel, *lire :* Mon général.

P. 396, supprimer la note (1).

P. 424, *au lieu de :* Léon Roches, *lire :* Léon Roche.

P. 425, *au lieu de :* Abdalla ben Scherif, *lire :* Abdallah.

P. 447, *au lieu de :* Beni Maniarem, *lire :* Beni Meniaren.

P 486, *au lieu de :* espagnol, *lire :* Espagnol.

P. 507, *au lieu de :* Bou Zencroun, *lire :* Bou Zemeroun.

P. 509, *au lieu de :* Ben Duran, *lire :* Ben Durand.

P. 542, *au lieu de* Hadeurs, *lire :* Haddeurs.

P. 546, *au lieu de :* Shebas, *lire :* Sbehas.

P. 549, *au lieu de :* Mustapha ben Tamy, *lire :* Moustapha.

P. 588, *au lieu de :* Ahbouche, *lire :* Ahboucha.

P. 590, *au lieu de :* Rouernia, *lire :* Zouernia.

P. 592, *au lieu de :* Oulad Hamet beni Soultan, *lire :* Ben Soultan.

P. 610, *au lieu de :* Oulad Hamden, *lire :* Oulad Krouïdem.

P. 612, *au lieu de :* El Rouady, *lire :* El Zouady.

P. 613, *au lieu de :* Iqrellouf, *lire :* Iqrellef.

P. 622, *au lieu de :* Beni Nensar, *lire :* Beni Lensar.

P. 625, *au lieu de :* Kada ould Yaga, *lire :* Kada ould Yaya.

P. 629, *au lieu de :* Betniouas, *lire :* Bethiouas.

P. 652, *au lieu de :* geurre, *lire :* guerre.

I

Le capitaine Daumas
au lieutenant général Bugeaud. [1]

Mascara (2), *le 30 novembre 1837.*

Mon Général,

Aussitôt après avoir reçu votre lettre, j'ai demandé et obtenu une audience du califfa, avec qui je me suis longtemps entretenu.

---

(1) Bugeaud, nommé lieutenant général le 2 août 1836, avait reçu, le 1er mars 1837, le commandement de la division active de la province d'Oran et la mission de négocier la paix avec Abd el-Kader. Arrivé en Afrique le 5 avril, il avait conclu, le 30 mai, la convention de la Tafna. Le 22 juillet, il avait été chargé de l'inspection des troupes d'infanterie sous son commandement. Le ministre lui confiait, en même temps, le soin d'assurer l'exécution de la convention passée avec l'Emir. Il rentra en France le 12 décembre 1837.

(2) Ville de l'Oranie, à 84 kilomètres de Mostaganem, 99 kilomètres, d'Oran, 164 de Tlemcen, par 1°45 long. E de Paris et 35°36 lat. N. Mascara est située à l'altitude de 580 mètres, sur le versant sud des monts des Beni-Chougran, appelé par les Arabes Chareb er Rich, à l'entrée de la plaine d'Eghris. Mustapha bou Chelarem y transporta, en 1701, la capitale du Beylik de l'Ouest, auparavant à Mazouna. Ses successeurs en firent leur résidence jusqu'en 1792, époque où ils s'établirent à Oran. En 1832, Abd el-Kader en fit le siège de son gouvernement. Les beys turcs y avaient élevé deux mosquées et y avaient construit une kasbah et une enceinte fortifiée séparant la ville proprement dite de ses faubourgs, Argoub Ismaïl, Aïn-Beïda, Sidi-Boujelal et Baba-Ali. Clauzel y entra le 7 décembre 1835, mais l'évacua deux jours plus tard, après avoir en partie démantelé la kasbah et les remparts. Les Français en prirent définitivement possession le 30 mai 1841. Sur Mascara, au temps d'Abd el-Kader, voir :

Il a fort bien compris qu'il n'y avait pas de comptes à
établir pour les spahis (1), puisqu'ils avaient volontaire-
ment rompu le pacte, qui les liait à la France. En conséquence, il m'a fait remettre, sur le champ, le cheval
avec selle et bride, le fusil et le sabre d'Abd el-Kader Ben
d'Hay, qui était encore à Mascara. Je m'empresse de vous
envoyer le tout. Cadour Ben Blosa et Mohamed Ben Cadour ne sont pas ici. Il m'a donné sa parole de les envoyer
chercher. Ils seront bientôt à Mascara. A vous dire le vrai,
je crois, moi, qu'ils ont rejoint l'armée de l'Emir.

Quant au **nègre Salem Ben Cheik**, il lui a été rendu
compte, qu'il était allé chez les Ouled-Ali (2) réclamer
60 douros, qu'il assurait lui avoir été volés par eux. Depuis, on n'en avait pas eu de nouvelles. J'ai fortement insisté, m'étayant de l'article 12 du traité (3) et l'on m'a
promis alors de le faire chercher. Me proposant de revenir plus tard sur ce sujet, j'ai paru satisfait et me suis
contenté de dire, que cela suffisait, persuadés que nous
étions que, dans les Etats de l'Emir, nul malfaiteur ne
pouvait échapper au glaive de la justice. On a pincé les
lèvres.

Cès Campenne (baron), *Mascara*, Paris, 1836, in-8° ; Vaillant (colonel),
Lettres sur Mascara, Paris, 1836, in-8° ; *Tableau des Etablissements
français dans l'Algérie en 1839*, Paris, 1840, f°, p. 263.

(1) Troupe indigène de cavalerie régulière organisée par l'ordonnance
royale du 10 septembre 1834. Il existait, en 1837, à Oran, un corps
de 4 escadrons de spahis.

(2) Tribu comprise dans l'agalik des Beni-'Amer ; elle se subdivisait
elle-même en huit fractions habitant entre les Ouled Sidi Khalem,
les Ouled Sidi Mâchou et les Azedj à l'ouest, les Ouled Sliman, les
Ktarnia et les Maïdja au sud, les Gharaba à l'est, le territoire réservé
à la France, au nord. La tribu des Ouled Ali a été constituée par
décret du 21 décembre 1867, en quatre douars-communes : El-Gada,
El-Kçar (commune mixte de Saint-Lucien), El-Tenia (commune de
plein exercice d'Oued-Imbert), Sidi-Ghalem (communes de plein exercice de Saint-Maur et de Tafaraoui), département d'Oran.

(3) Traité de la Tafna. Cet article était ainsi conçu : « Les criminels
des deux territoires seront réciproquement rendus. »

Passant à la question des grains (1), le califfa (2) m'a donné l'assurance qu'il allait en écrire à l'Emir et envoyer lui-même, sur-le-champ, des ordres, pour qu'on n'ait plus **à se plaindre ni de leur qualité, ni de leur propreté. Il attend sous peu une lettre et des instructions de l'Emir** pour ce qui concerne la Tafna (3). Il a dû, au surplus, vous en écrire.

Dans l'affaire du Smala Abd el-Kader Ben Merah, il y a, selon eux, du vrai et du faux. Le vrai, c'est qu'il a été mis en prison pour avoir acheté un cheval sans la permission des autorités. Ils cherchent à justifier cet emprisonnement par le marché passé avec vous pour les chevaux de remonte. Le faux, c'est qu'il n'a payé ce cheval que 21 douros (4) au lieu de 40, qu'on ne lui a rien demandé pour son élargissement, ni rien volé en prison. Il a seu-

---

(1) En vertu de l'article VI du traité de la Tafna, Abd el-Kader devait fournir à l'armée 30,000 fanègues (30,600 hect.) de froment et 30,000 fanègues d'orge. La première livraison devait en être faite du 1er au 15 septembre 1837, et les autres de deux mois en deux mois.

(2) Hadj Mustapha ben Tami. (Sur ce personnage, cf. *Principaux personnages de la province d'Oran*, Appendice VIII.)

Le mot خليفة dont la transcription régulière serait *khalifa*, se rencontre dans la correspondance de Daumas tantôt sous la forme » califfa » et tantôt sous la forme « califa ». Il signifie étymologiquement « remplaçant », « lieutenant », « vicaire ». Abd el-Kader avait donné ce titre aux chefs, qui exerçaient l'autorité en son nom dans chacune des grandes subdivisions de son Etat, le Gharb ou Occident, dont la capitale était Tlemcen, le Cherg ou Orient, dont la capitale était Mascara. Des khalifa furent en outre institués par l'Emir à Miliana, à Médéa, dans la Medjana, en Kabylie, à Laghouat et dans les Ziban. Le nom de khalifa s'appliquait aussi aux lieutenants des divers agents de l'Emir, tels que les aghas et les qaïds.

(3) Il s'agit ici du camp établi en 1836 sur la rive droite de l'embouchure de la Tafna. Ce camp avait été évacué et le territoire, où il se trouvait, cédé à Abd el-Kader. (Art. IX du traité de la Tafna, où ce point est mentionné sous le nom de Rachgoun.)

(4) Le douro, de l'espagnol « duro », équivalait à la piastre forte d'Espagne (5 fr. 40). Les indigènes l'appelaient aussi « douro bou medfah » بو مدفع, en raison des colonnes d'Hercule, qui soutiennent l'écusson espagnol et qu'ils prenaient pour des canons (مدفع).

lement, comme tous les autres prisonniers, donné un boudjou (1) au geôlier. Le califfa, pour vous prouver sa bonne volonté, terminera cette affaire comme cela vous plaira, soit en rendant le cheval, soit en restituant les 21 douros. Si le Smela (2) persistait à dire, qu'on lui a demandé 20 douros pour son élargissement, le califfa vous prie de l'envoyer à Mascara désigner devant le conseil le chef, qui aurait reçu cet argent, promettant toute garantie pour l'Arabe et punition pour celui des siens, qui aurait ainsi manqué à ses devoirs. Le califfa est convaincu, que personne autour de lui n'est capable d'une pareille bassesse.

On n'avait aucune connaissance de ce qui était arrivé aux trois Douers (3) du côté de Trara (4). On a de suite écrit à Bohamedin (5) pour éclaircir cette affaire.

Ben Iagrou (6) est parti hier soir pour Tlem-

---

(1) Boudjou, monnaie d'argent valant 1 fr. 86 et comptée dans les transactions particulières pour 1 fr. 80.

(2) Les Zmela, tribu maghzen à l'époque turque, étaient établis entre la ville d'Oran et la Sebkha. De même que les Douair, ils reconnurent l'autorité de la France et s'engagèrent à lui servir d'auxiliaires par la convention du Figuier, conclue le 16 juin 1835 avec le général Trézel. Ils prirent une part active aux opérations militaires de 1835, 1836, 1837. (Cf. Walzin Esterhazy, *Notice historique sur le maghzen d'Oran*, Oran, 1849, 8°.)

(3) L'orthographe officielle est Douair. Daumas écrit tantôt Douers, tantôt Douaïers. Les Douair constituaient, avec les Zmela, le maghzen d'Oran sous la domination turque. Ils étaient divisés en quatre groupes : Douair, Ghamra, Ouled Bou Amer, Ouled Abdallah, et étaient cantonnés aux environs d'Aïn-Témouchent.

(4) Région montagneuse peuplée en partie de tribus d'origine berbère et comprise entre la mer au nord, la frontière marocaine à l'ouest, le cours de la Tafna au sud et à l'est. Le pays des Trâra formait un agalik relevant du khalifa du Gharb. (Cf. Basset, *Nédroma et les Trâras*, Paris, 1901, Bibliothèque de l'Ecole des lettres d'Alger. T. XXIV.)

(5) Bou Hamidi, khalifa du Garb. (Voir *Principaux personnages de la province d'Oran.* Appendice VIII.)

(6) Mohamed ben Iagrou ou Ikro. Ce personnage avait été désigné par Abd el-Kader pour effectuer la livraison des chevaux destinés à la

sen (1). Il reviendra, m'a-t-il dit, dans quelques jours.
On ne m'a pas présenté de chevaux pour la remonte
depuis le départ du commandant Guerbe (2). A son tour,
le califfa m'a réclamé un Arabe nommé Si Lemadany,
mekerazny (3) de l'Emir et déserteur avec un cheval sellé
et bridé. Cet homme est à Mostaganem (4). Je crois que

---

remonte des troupes françaises. Cf. Lettre d'Abd el-Kader à Bugeaud,
4 novembre 1837, jointe à une dépêche de Bugeaud au ministre de la
guerre. (*Arch. du Gouvernement général de l'Algérie*, E. 113²). —
Ben Ikro, avait été oukil de l'Emir à Oran, durant la période
de paix, qui avait suivi le traité Desmichels. Selon l'intendant
civil Bresson, il avait laissé dans cette ville, la réputation d'un individu assez louche. Cf. Rapport de l'intendant civil Bresson du 18
octobre 1837 A. G. G. A.E. 88².

(1) Tlemcen, تلمسان, capitale du khalifalik du Gharb. Cette ville,
occupée par les troupes françaises, le 13 janvier 1836, avait été cédée
à l'Emir par l'article IX du traité de la Tafna.

(2) Guerbe (Guillaume-Marie), né le 31 décembre 1771, à Pierrelaye
(S.-et-O.), incorporé dans un bataillon de réquisition en février 1793 ;
sous-lieutenant de chasseurs à cheval, le 23 octobre 1799 ; chef d'escadrons, le 19 décembre 1811 ; retraité pour infirmités, le 28 décembre
1812 ; mis à la disposition du général commandant à Oran, le 28
décembre 1831 ; major de place à Alger, le 4 novembre 1837 ; décédé
à Oran, le 26 novembre 1844 ; chevalier de la Légion d'honneur du
4 janvier 1807. Bugeaud l'avait envoyé à Mascara pour recevoir les
chevaux destinés à la remonte. Dans une lettre datée d'Oran, le
22 février 1842, il témoigne des services rendus par cet officier :
« C'est là, en Afrique, que j'ai pu l'apprécier ; il a été longtemps
chargé de la remonte et c'est à son active habileté, que nous devons
d'avoir maintenu le 2ᵉ chasseurs en état de faire la guerre, parce
qu'il a su se procurer des chevaux malgré le blocus hermétique, que
l'Emir exerçait autour d'Oran. Plus tard, je l'ai chargé de la récolte
des fourrages et il a très bien rempli cette mission difficile..... »
(Lettre déposée au dossier du commandant Guerbe.)

(3) مخازني, cavalier du maghzen. Le maghzen de l'Emir
était formé par les tribus, qui lui étaient particulièrement dévouées :
Hachem, Beni-'Amer, Gharaba.

(4) Ville de la province d'Oran, à 12 kilomètres à l'ouest de l'embouchure du Chéliff, sur un plateau élevé de 100 mètres, à un kilomètre de la mer. Avant 1830, Mostaganem était occupée par une
garnison turque. Après 1830, cette garnison, renforcée par des Turcs

nous ferions bien, dans cette circonstance, d'agir comme les Arabes, c'est-à-dire de promettre beaucoup et de ne nous exécuter en définitive, que quand nous aurons terminé nos comptes pour le reste des déserteurs.

Nous avons appris, hier, que l'Emir n'avait pu entrer à Média (1). La population est décidée à se défendre vigoureusement, parce qu'elle craint d'être transportée à Tékedempt (2). Il a passé outre et campe maintenant à Broni (?)

---

et des Kouloughlis émigrés d'Oran et commandée par Ibrahim le Bosniaque, résista avec succès, d'abord aux attaques des Arabes du voisinage, puis à celles d'Abd el-Kader lui-même. La ville fut occupée, le 28 juillet 1833, par le général Desmichels, qui craignait de la voir tomber aux mains de l'Emir. En 1836, Clauzel en fit la capitale d'un beylik, qui n'eut qu'une existence éphémère. Le traité de la Tafna ne laissa à la France que Mostaganem et non le pays avoisinant. La population de la ville était en grande partie indigène. Elle s'élevait à 2.235 habitants, parmi lesquels beaucoup d'individus venus de Mascara après l'expédition de Clauzel (1835), de Kalaâ et de Mazouna, et 1.800 Turcs et Kouloughlis. Elle était administrée par un « hakem », qui exerçait l'autorité municipale sous la surveillance d'un commissaire du roi, et défendue par une garnison placée sous les ordres d'un officier supérieur français. L'Emir y entretenait un oukil.

(1) Médéa (ﻤﺪﻳﺔ) (Daumas écrit tantôt Média, tantôt Médéa), capitale du Titteri, à 90 kil. au S. d'Alger. Dès novembre 1830, Clauzel y avait installé un bey vassal de la France, mais ce bey ne put s'y maintenir. La ville fut occupée, en 1834, par un chérif nommé El Hadj Mouça, puis par Abd el-Kader lui-même, qui y installa un khalifa, Mohammed el Barkani. En 1835, Clauzel nomma un nouveau bey du Titteri, Mohammed ben Husseïn, qui, dès 1836, fut fait prisonnier par El Hadj Seghir, kalifa de l'Emir, à Miliana. Le traité de la Tafna avait reconnu à Abd el-Kader la possession du Titteri.

(2) Place forte fondée en 1835 par Abd el-Kader, à 10 kilomètres à l'ouest de la ville actuelle de Tiaret, au nord et à peu de distance de la Mina. Elle s'élevait sur les ruines de la Tagdempt berbère bâtie en 144 Heg. (761 J.-C.), par Abd er-Rahaman ibn-Rostem, dont les successeurs y régnèrent jusqu'en 296 Heg. (908-909 J.-C.), époque où la ville fut prise et saccagée par les Fatimites. Selon El Bekri (*Description de l'Afrique septentrionale*, trad. de Slane, p. 162), le nom de Takdempt viendrait du berbère « takdimet », tambour de basque de forme carrée, en raison de la configuration du terrain sur lequel s'installa Abd er-Rahman. La Takdempt d'Abd el-Kader fut

chez les Moctari (1). On ajoute, qu'il a besoin d'armes et de poudre. Pour en obtenir du Maroc, il envoie à Mouley Abderrahman (2) les présents de la France. C'est l'ex-agha (3) Habib Boalem (4) des Garabas (5), qui serait chargé de cette mission. Il est accompagné du frère (6) du caïd (7) de Mascara.

---

détruites par les troupes françaises le 25 mai 1843. (Cf. Canal, *Tiaret, monographie ancienne et moderne*, dans *Bullet. Société de Géographie d'Oran*, 1900, pp. 1-45).

(1) Ouled Mokhtar : Confédération de tribus habitant à 22 lieues au sud-est de Médéa ; elle se divisait en deux groupes : Ouled Mokhtar Che-raga, appelés aussi Ouled Adda, et Ouled Mokhtar Gharaba ou Ouled Bou Ali. Les tribus composant la confédération étaient les Ouled Mokh-tar, les Mouïdate, les Rahmane (Boghar), les Abdalia (Boghari), les Abaziz (Boghari, Djelfa), les Ouled Sidi Aïssa (Chellala). A l'époque turque, les Ouled Mokhtar avaient réussi à sauvegarder presque entiè-rement leur indépendance et se considéraient comme les alliés plu-tôt que comme les sujets des Deys. Ils résistèrent à Abd el-Kader, lorsque celui-ci voulut les soumettre. Leur chef, Ben Aouda, forma contre l'Emir une ligue comprenant les principales tribus du Titteri. Abd el-Kader fut victorieux de ses adversaires et, pour se concilier Ben Aouda, le nomma agha du Titteri.

(2) Mouley Abd er Rahman ibn Hichâm, sultan du Maroc, 1238-1276 Heg. (1822-1859 J.-C.).

(3) Agha (اغا), mot turc signifiant seigneur, maître, chef, comman-dant. Ce titre était porté par les chefs placés au dessous des khalifa et dont la circonscription s'appelait un aghalik. Il existait 7 de ces circonscriptions dans le « Cherg » et 5 dans le « Gharb ». Le nom d'agha s'appliquait aussi aux officiers commandant un bataillon de 1.000 hommes dans l'armée régulière de l'Emir.

(4) Sur ce personnage, cf. Appendice, VIII.

(5) Tribu occupant, au sud de la zone réservée à la France autour d'Oran, une partie de la plaine du Tlélat, la forêt de Mouley Ismaïl et la plaine du Sig. Ils avaient fait partie du maghzen turc. L'aghalik des Gharaba comprenait 15 tribus et 3 bourgades : El-Bordj, Kalaa, Tliouenth.

(6) Hadj Mohammed : Cf. Appendice VIII (*Principaux personnages de la province d'Oran*).

(7) Le qaïd (فايد), chef subordonné au khalifa et préposé au com-mandement soit d'une tribu, soit d'une ville. Le qaïd de Mascara était Hadj el Boukhari. Cf. Appendice (*Ibid*).

Il paraît positif, qu'on a reçu des lettres de l'Emir, qui donne des nouvelles de Constantine (1). Il annonce que 3,o3o Français occupent la ville et que Ould Sidi Chaik (2) a été nommé chef des indigènes, que Ben Serra a été fait agha de la plaine (3), que les habitants sont rentrés, les marchés bien approvisionnés et que l'on vit en bonne intelligence. Achmet-Bey (4) aurait échappé à Ben-Ferrat (5) et se serait retiré dans le désert, chez les Hammar Kraddou (6), où il a des parents. Quoi qu'il en soit de la véracité de ces nouvelles, on tendrait toujours à prouver, que l'Emir ne cherche pas à cacher nos succès arabes.

Les enrôlements volontaires et forcés continuent. L'Emir a donné ordre à son califfa et à Bohamiddin de recruter sur-le-champ 100 fantassins. Le fait est, qu'avant-hier, en passant dans la cour du Beylic (7), nous en avons vu habiller une cinquantaine.

Hier, avec le docteur (8), je suis allé me promener à che-

---

(1) Constantine avait été prise par les Français le 13 octobre 1837. Une garnison de 2.500 hommes y fut laissée, lorsque le corps expéditionnaire regagna Bône.

(2) Hammouda ben Cheikh, fils du cheikh ul Islam, Mohammed El-Feggoun. Il fut nommé par le général Valée qaïd de Constantine.

(3) Aucune nomination de ce genre n'a été faite par Valée.

(4) El Hadj Ahmed Bey, dernier bey de Constantine (1826-1837). Il n'avait pas pris part à la défense de sa capitale et s'était retiré vers le sud.

(5) Farhat ben Saïd, de la famille des Bou Aokkaz, en lutte avec Ahmed Bey depuis 1830. Il fut nommé par Valée khalifa du Sud.

(6) Ahmar Khaddou, confédération de 9 tribus de l'Aurès, les unes chaouïa et les autres arabes. Ces populations sont aujourd'hui rattachées à l'annexe de Tkout. (Cf. Colonel de Lartigue : *Monographie de l'Aurès*, Constantine, 1904, in-8°, pp. 349-599). — Le nom d'Ahmar Khaddou est celui d'un massif montagneux haut de 1.925 mètres, qui domine au nord-est la dépression de Biskra.

(7) Palais du Bey. Ce palais avait été construit par le bey Mohammed el Kebir. Le mot beylik est aussi employé pour désigner le gouvernement lui-même.

(8) Le Dr Warnier, aide-major attaché au Consulat.

val dans la plaine d'Egueris (1). Les Hachem (2) y labouraient de tous côtés, ce qui paraît annoncer, pour le moment, des intentions assez pacifiques.

Jusqu'à présent, je n'ai eu qu'à me louer de mes relations avec les autorités de la ville et du dehors. Tous les chefs, qui sont venus me voir, me paraissent désirer la paix. Aujourd'hui même, un cousin de l'Emir, nommé Si Mohamet Ben Haoua (3), marabout très vénéré, nous a dit, en parlant de Constantine : « Ahmet n'avait qu'à faire comme nous ; pourquoi a-t-il refusé la paix ? » Plus tard, en parlant de religion, il a ajouté que, quoique chrétiens, les Arabes nous préféraient aux Turcs, qui n'avaient commis que des atrocités dans le pays. Comme c'est un homme influent, nous avons tout fait pour l'entretenir dans la bonne opinion, qu'il avait de nous.

Comme j'ai souvent retrouvé dans la bouche des chefs arabes des choses, qu'on n'avait pu vous écrire que d'ici, je vous prie de ne pas indiquer la source des nouvelles, que je vous donne, si vous ne voulez pas me faire fermer tous les chemins, que le docteur et moi saurons nous rendre larges.

---

(1) Eghris. Plaine encadrée de montagnes, au sud de Mascara. Elle mesure 12 à 14 lieues de l'ouest à l'est et 4 à 5 du nord au sud.

(2) Hachem Cheraga. Tribu occupant la partie orientale de la plaine d'Eghris, les montagnes entre El Bordj et Kalaa, les rives de l'oued El-Haddad, de l'oued El-Abd, la plaine de Fortassa (territoires actuels de Cacherou P. E. et de Mascara M.). Les Hachem Cheraga se divisaient en 5 groupes : Haboucha, Ouled el Abbès, Ahl Eghris, Mehamid, Ouled Aïssa ben el Abbès. C'est parmi eux, que l'Emir avait dès le début recruté ses partisans les plus fidèles. Un autre groupe de Hachem, désigné par le nom de Hachem Gharaba et subdivisé lui-même en 5 tribus, occupait le pays situé à l'ouest de Mascara. (Territoires actuels de Mascara M., Froha, Aïn-Fekane, Dublineau P. E.). Ces tribus avaient une grande réputation de bravoure, mais aussi de perfidie et d'insolence. Cf. Lespinasse, *Notice sur les Hachem de Mascara* (Rev. Africaine, 1897, p. 141).

(3) Voir *Principaux personnages de la province d'Oran*. — Daumas rappelle à plusieurs reprises ses relations amicales avec ce marabout dans son ouvrage : *La vie arabe et la société musulmane*.

Le caïd se plaint, que l'on ne paye pas exactement les courriers, que je vous envoie.

Aussitôt qu'on me présentera des chevaux pour la remonte, j'aurai soin de vous en choisir un bon pour le chef arabe dont vous me parlez.

Je m'occupe aussi d'en trouver pour M. le général Auvray (1).

Je suis, avec le plus profond respect,

Mon Général,

Votre très humble et très obéissant serviteur.

DAUMAS.

P.-S. — On vous envoie le dernier cheval du cadeau (2). Je ne puis vous en adresser le signalement, parce qu'on ne me l'a pas présenté.

Je fais partir également le cheval d'Abd el-Kader ben d'Hay, sellé et bridé. On vous porte aussi son sabre

(1) Auvray (Guillaume-Paul-Catherine), né le 27 décembre 1783, à Nantes ; élève à l'Ecole Polytechnique le 5 novembre 1804 ; sous-lieutenant-élève à l'Ecole d'application de l'artillerie et du génie à Metz, le 1ᵉʳ octobre 1806 ; lieutenant en 2° au 5ᵉ régiment d'artillerie à cheval, le 1ᵉʳ janvier 1808 ; capitaine aide-de-camp du général Suchet, le 2 mars 1811 ; chef d'escadron le 15 avril 1812 ; mis en non-activité le 1ᵉʳ janvier 1816 ; chef de bataillon au corps d'Etat-Major, le 24 juin 1818 ; lieutenant-colonel, le 15 juin 1825 ; employé à l'Etat-Major général de l'expédition d'Afrique, le 23 mars 1830 ; colonel, le 24 septembre 1830 ; maréchal de camp le 7 janvier 1833 ; commandant les troupes de la province d'Oran, sous les ordres du général Bugeaud, le 4 octobre 1837 ; chef d'Etat-Major général de l'armée d'Afrique, le 23 novembre 1837 ; retraité pour ancienneté de services, le 30 mai 1848 ; décédé à Paris le 9 avril 1857.

(2) Il s'agit du cadeau destiné par l'Emir au roi Louis-Philippe. Ce cadeau consistait en chevaux, peaux de lion, plumes d'autruche, le tout estimé par Bugeaud à environ 30.000 francs. (Dépêche de Bugeaud au Ministre de la Guerre, 13 août 1837. A. G. G. A. 113-2).

n° 155 et son fusil n° 467. Le déserteur assure n'avoir pas emporté de pistolet. Quant aux effets d'habillement, El Djilaly (1) m'a prié de ne pas les exiger, pour ne pas mettre l'homme tout nu.

Il faut absolument qu'on m'envoie une note exacte de ce que les spahis ont emporté, afin que je puisse m'assurer du signalement des chevaux, du numérotage des armes, etc., etc...

A. H. G.   R. J. 11333 (Copie).

------

(1) Quaïd de la maison de l'Emir, Cf. *Appendice* viii.

II

Daumas à Bugeaud.

Mascara, le 3 décembre 1837.

Mon Général,

Le Califfa m'a fait remettre, aujourd'hui, deux chevaux sellés et bridés, deux fusils et deux sabres, appartenant aux déserteurs Cadour Ben Blousa et Adda ben Kendous (1). Je m'empresse de vous envoyer le tout. Ces hommes disent ne pas avoir emporté de pistolets. Quant à leurs effets d'habillement et d'équipement, avant leur arrivée à Mascara, ils ont été donnés, vendus ou pillés dans les tribus et, d'après l'organisation arabe, il est presque impossible de savoir où cela est passé. On est toujours à la recherche du nègre, qui avait volé, et aucun des autres n'est encore venu ici. J'en ai donné les noms et on m'a promis de s'en occuper de suite.

Abd el-Kader ben d'Hay nie les vols, dont on l'accuse. Il faudrait les prouver à l'oukil (2) de l'Emir.

N'ayant point oublié, que vous désiriez un cheval, je vous en ai choisi un parmi ceux présentés depuis quel-

---

(1) Cf. dépêche de Daumas du 3o novembre 1837.

(2) وكــيــل, procureur, mandataire, titre que portaient les représentants de l'Emir auprès des autorités françaises. Des oukils d'Abd el-Kader avaient été installés à Oran et à Mostaganem, en vertu de l'article XV du traité de la Tafna. L'oukil d'Oran se nommait Hadj el-Habib ould el-Mhôor, celui de Mostaganem Hadj Mohammed. **Cf.** Appendice. *Principaux personnages de la province d'Oran.*

ques jours. Il est de bonne race, jeune, bien établi, et j'ose assurer, que vous en serez content. Il est marqué d'une croix à l'encolure et n'a pas de numéro d'ordre dans la remonte. Je vous en adresse l'état signalétique.

On vous conduit aussi trois autres chevaux pour la troupe. J'espère que vous les trouverez bien, car ils sont tous jeunes et sans tares. Ils ont peut-être besoin d'orge et de soins, mais, entre nos mains, il ne seront bientôt plus reconnaissables.

Hadj el-Djilaly (1), m'a fait demander, si j'avais de l'argent pour les payer de suite. Je lui ai répondu que le marché passé avec Ben Jagrou portait, qu'ils seraient livrés et payés à Oran et, qu'en conséquence, je ne pouvais les solder. Je ne serais pas étonné, que leur oukil ne vous priât de mettre les fonds à ma disposition. Soyez assez bon pour n'en rien faire et pour tenir sévèrement à cette clause du marché, d'abord, parce qu'en les payant à Mascara, nous deviendrions responsables des accidents de la route, tandis qu'ainsi ils sont intéressés à nous les rendre en bon état et, qu'ensuite, cela me met plus à mon aise et à l'abri des soupçons, que l'on fait charitablement peser sur ceux qui manient les fonds.

Le 2 décembre, il est arrivé à Mascara, deux individus sans passeports, Meçaoud Koen et Serre Chauffray. Ils se disent commis de M. Gailland et envoyés par lui pour régler des affaires de commerce avec un Maltais, M. Bartolo, qui tient ici une petite boutique. J'avais eu d'abord l'intention de les renvoyer de suite, mais, ayant appris, que ce Bartolo avait réellement des affaires avec Gailland, je me suis décidé, dans l'intérêt de ce dernier, à les laisser terminer avec cet homme, qui paraît très peu solvable.

Votre lettre me parvenant au moment du départ de ce courrier, je ne puis vous donner aucun renseignement sur le cheval, qu'on prétend avoir été volé dans les écu-

____

(1) Cf. Appendice. *Principaux personnages de la province d'Oran.*

ries de l'Emir. Seulement, j'en ai parlé à Hadj el-Djilaly, qui m'a dit, que le califfa était absent et que lui seul connaissait cette affaire. Demain nous saurons à quoi nous en tenir.

Hadj el-Djilaly persiste à soutenir, que le mekerazeny déserteur de l'Emir est parti avec un cheval. Je lui ai fait part de votre intention de le rendre, dès qu'on le retrouverait.

On me rendra l'argent (21 douros) ou le cheval du Smelah Abd el-Kader ben Merah, mais on désirerait le voir revenir ici, afin de le mieux convaincre de son imposture.

Il paraît que l'Emir a eu une affaire au delà de Médéa, puisque l'aga Ben Yacoub des Garrabás nous a dit, hier, que son goum (1) avait pris un drapeau à l'ennemi. Aujourd'hui, on nous assure, qu'on a reçu des nouvelles d'Abd el-Kader et qu'il se serait éloigné de Médéa et de Tittery (2) pour aller sur la frontière du désert, dans les Zibane (3) près des Beni Mozabs (4). Avant de rien entre-

---

(1) فوم , troupe de cavaliers irréguliers fournis par les tribus.

(2) Le Titteri (تِـيـطْـرِي) est la région montagneuse s'étendant de la trouée du Chélif au-dessous de Boghari, à la dépression de Sidi-Aïssa, à 40 kilomètres environ au sud-est d'Aumale. Il est limité au sud par les steppes, au nord par le cours de l'oued El-Hakoum, affluent du Chélif, de l'oued Tafrout (Isser), de l'oued Mesfaïa, dont les eaux s'écoulent vers le Hodna (Joly, *Etude sur le Titteri, Bullet. Soc. de Géographie d'Alger et de l'Afrique du Nord*, 1er trim. 1906 et 1er et 2e trim. 1907). Le Titteri occupe la partie orientale de l'ancien beylik turc du même nom, dont la capitale était Médéa.

(3) Zone de steppes et d'oasis s'étendant à l'est et à l'ouest de Biskra, au pied des contreforts méridionaux de l'Aurès et des monts du Zab. On y distingue le Zab Chergui, au sud de l'Aurès, le Zab Dahraoui et le Zab Guebli, au sud des monts du Zab. L'oasis principale des Ziban est celle de Biskra.

(4) M'zabites : Berbères kharedjites abadhites établis à partir du XIe siècle dans la partie du Sahara dite « Chebka », à 200 kilomètres environ au sud de Laghouat, où ils réussirent à créer de toutes pièces un groupe d'oasis. Les Mzabites formaient une confédération comprenant les cinq villes de Ghardaïa, Melika, Beni-Isguen, El-Atteuf, Bou-Noura, et soumise à un gouvernement théocratique. Le Mzab accepta dès

prendre de décisif, aurait-il voulu s'assurer de l'esprit des tribus, qu'il a soumises il y a six mois.

Le frère d'Abd el-Kader (1) et Zin l'aga des Beni Amer (2), sont au nombre de ceux qui accompagnent les présents à Fez (3).

Hier, nous avons vu un Marocain de distinction avec les chefs de la ville. Nous croyons qu'il a apporté au Beylik des vêtements pour l'infanterie et, peut-être, de la poudre.

Nous avons vu cette fameuse infanterie (4) à l'exercice. Elle est instruite en général par des déserteurs. Les compagnies sont de 100 hommes. Il y a deux officiers (5), un

---

1851, le protectorat français et fut annexé en 1882. La distance de Biskra à Ghardaïa, par Touggourt et Ngouça, est d'environ 520 kilomètres.

(1) Sidi Mustapha. (Cf. Appendice. *Principaux personnages de la province d'Oran.*)

(2) Aghalik dépendant du khalifa du Gharb, limité, au nord par la Méditerranée, au sud par le désert, à l'ouest par le pays des Oulhassa, des Ghossel et le territoire de Tlemcen, à l'est par le territoire d'Oran et l'aghalik des Gharaba. C'était la plus vaste et la plus peuplée des circonscriptions organisées par l'Emir. Outre les Beni Amer, elle comprenait les Hamyan du désert, les Angad Cheraga et une fraction des Angad Gharaba. Les Beni Amer proprement dits formaient une confédération de 26 tribus possédant 7.315 tentes et pouvant mettre en ligne 5.150 cavaliers et 4.330 fantassins. (*Tableau des Etablissements français dans l'Algérie*, 1839, p. 292.) — Le territoire qu'ils occupaient, fertile et bien cultivé, correspond à l'arrondissement actuel de Sidi-bel-Abbès.

(3) Fas, capitale du Maroc.

(4) Dans les règlements militaires rédigés par ordre de l'Emir, les troupes d'infanterie sont désignées sous le nom de العسكر المحمدي : el asker el mohammadi : les soldats mahométans. (Voir dépêche de Daumas du 5 août 1839.)

(5) Le chef de la compagnie portait le nom de سيّاف (seyâf). D'après les « règlements », la compagnie comptait 4 officiers, le seyâf et trois chefs de section (reïs es çof), secondés chacun par un khalifa. (*Règlements militaires d'Abd el Kader*, dans *Revue de Correspondance africaine*, 1886, fasc. I, p. 29.)

qroudja (1) et 4 caporaux chiaoux (2) par compagnie. Les sous-officiers sont montés aux frais de l'État et portent pour marque distinctive une bague d'argent à l'annulaire droit et un sabre, dont le fourreau est en cuivre. L'inscription de la bague porte leur nom, leur grade et la date de leur nomination. C'est là leur brevet (3). Les enrôlements sont à vie. Ils sont volontaires et forcés. On recrute dans les tribus tous ceux qui sont sans proches, pauvres et non montés. L'Emir dit, qu'il se réserve les riches pour les impôts extraordinaires.

La nourriture des soldats consiste dans une sorte de galette de pain par jour et de la viande les lundi et jeudi. La solde est de 6 francs par mois, payés quand l'Emir est en fonds (4). On leur donne une culotte bleue, un gilet, une chemise, un petit caban à capuchon et des savates jaunes, de plus une cartouchière et un fusil français avec la baïonnette (5).

Vendredi dernier le califfa a passé la revue de ce qui est ici, et s'est fait escorter jusqu'à la mosquée par sa troupe sous les armes.

L'avancement est donné au courage. Quand un homme se conduit bien, on le récompense en le faisant passer dans la cavalerie.

Les Arabes cultivent tout autour de Mascara. Le départ de l'Emir et cette dernière cause font que les mar-

---

(1) خوجة, secrétaire.

(2) Du turc چاوس, sergent. A Alger, les chiaoux remplissaient les fonctions d'agents de police et de bourreaux. Ils saisissaient les délinquants et les amenaient devant le Dey. Nous avons fait de ce mot le mot chaouch.

(3) Sur l'uniforme et les insignes des grades, cf. *Règlements militaires*, 1re partie, titre III ; — sur la nourriture, ibid., titre II ; — sur la solde, ibid., 2e partie : *Règlements*.

(4) Les *Règlements militaires* fixent la solde mensuelle du Seyâf à 12 réaux, soit 15 fr. 20.

(5) On trouvera une gravure coloriée représentant cet uniforme dans Léon Galibert, *l'Algérie ancienne et moderne*, Paris, 1861, 8°. p. 603.

chés sont presque déserts. Aussi tout est-il très cher. Il doit en être de même à Oran.

J'ai l'honneur, etc.

DAUMAS.

P.-S. — Au moment où je ferme ma lettre, entre le Smelah Ben Mehrah.

Demain je terminerai son affaire avec le califfa.

Cadour ben Blousa : fusil 1347 ; sabre 20 ; un cheval blanc, sellé, bridé.

Adda ben Kendous, fusil 49 ; sabre 111 ; un cheval bai, sellé, bridé.

Hadj el-Djilaly désire qu'on verse de suite entre les mains de l'oukil le montant de l'achat des quatre chevaux, que je vous envoie. Ils se plaignent de leur pauvreté et assurent que cet argent leur est nécessaire pour continuer à fournir.

A. H. G. R. J. 11333 (Copie).

III

Daumas à Bugeaud.

Mascara, le 5 décembre 1837.

Mon Général,

Vous m'avez sans doute accusé de négligence et, cependant, il m'a été impossible de vous répondre aussi vite que vous le désirez. On ne fait pas marcher les affaires comme on le veut avec les Arabes. Il faut donc un peu de patience.

Comme je vous l'avez annoncé, le Smelah Abd el-Kader ben Merah est revenu à Mascara. N'ayant pu obtenir d'audience du califfa, que le mauvais temps retient chez lui depuis quelques jours, j'ai fait prier Hadj el-Djilaly de venir chez moi et voilà ce qui s'y est passé :

1° Ben Merah a convenu en sa présence, qu'il n'avait payé son cheval que 21 douros au lieu de 40 (1).

2° Il a répété devant lui, qu'il avait donné 10 boudjous « djadide » (2) (15 francs) à Hozanna (3), le caïd (4) des Juifs.

----

(1) Environ 113 fr. 40 au lieu de 216 francs.

(2) جديد, « nouveau ». Le boudjou « djedid » valait environ 1/6ᵉ de moins que le boudjou ordinaire.

(3) Ouzenna.

(4) Dans les villes algériennes, à l'époque turque, les Juifs étaient organisés en communautés administrées par un chef servant d'intermédiaire entre ses coreligionnaires et les autorités musulmanes. Le *Tableau des Etablissements français de l'Algérie* pour 1839, évalue la population israélite de Mascara à 240 personnes. Sur leur rôle économique et sur leurs sentiments à l'égard des Turcs, cf. Appendice, *Note sur l'administration de l'Emir dans la province d'Oran.*

3° Que ce même Hozanna lui avait demandé 5o bou-
jous (1) pour son élargissement, mais que, ne les ayant
pas, un Juif d'Oran, nommé Mouchy les avait avancés
pour lui sur un billet tiré sur son frère et recommandé à
Mohamed ben Moctar par son frère Hamet.

4° Que le chiaoux de la prison lui avait pris 5 douros (2) d'Espagne, une chemise en laine et une ceinture.

Hadj el-Djilaly lui a demandé ensuite, s'il avait donné de
l'argent aux chefs de la ville, à quoi il a répondu que non,
que tout s'était passé avec Hozanna et le chiaoux.

Hadj el-Djilaly a fait alors venir Hozanna. Celui-ci a nié
le tout, en jurant par tous ses saints et en le défiant de
fournir des témoins. Ben Merah a persisté, en jurant par
tous les siens, et disant que, le témoin de cette affaire
Mouchy, était à Oran.

La même scène s'est présentée avec le chiaoux.

Comme ces débats pouvaient durer indéfiniment et
que je ne pouvais insister sans froisser violemment
l'amour-propre des chefs de Mascara, en faisant retomber
sur eux des soupçons sans preuves, vu qu'il ressortait de
ces débats, que le seul témoin était à Oran, j'ai terminé
en vous renvoyant l'affaire, puisque seul vous pouvez la
finir avec l'oukil, me contentant de demander à Hadj el
Djilaly son cheval ou son argent, comme on en était
convenu.

Ben Merah, qui connaît bien les mœurs de sa nation,
et malgré les garanties, que je lui donnais pour sa sûreté,
s'est décidé à partir la nuit même. Je n'en ai pas été fâché,
parce que cela me mettait en droit de faire sentir le lendemain l'inconvénient de leur lenteur dans les affaires.

Cela m'a réussi, puisqu'aujourd'hui on a été très
étonné de son prompt départ et que l'on s'est empressé
de me remettre les 21 douros d'Espagne, prix de l'achat
de son cheval.

---

(1) Environ 9o francs.
(2) Environ 27 francs.

Je crois avoir agi avec beaucoup de prudence, car la haine qu'ils portent aux Douairs est telle, que plusieurs affaires de ce genre ne pourraient que troubler la bonne intelligence.

Je voulais obtenir une prompte réponse au sujet du cheval, qu'on prétend avoir été volé dans les écuries de l'Emir, mais le califfa n'ayant pas paru depuis quelques jours, j'ai été forcé encore d'en conférer avec Hadj el Djilaly. Celui-ci m'a paru d'abord n'avoir aucune connaissance de cette affaire, puis, par un sentiment de ruse, qui leur est naturel, il m'a dit, qu'il croyait en avoir entendu parler et qu'il allait en entretenir le califfa. J'ai bien senti, qu'il voulait ainsi gagner du temps et peut-être envoyer un exprès à Mostaganem, pour savoir à quoi s'en tenir. Cela ne m'a pas effrayé, parce que, pour les embarrasser, j'avais gardé par devers moi la ressource du signalement, que vous exigiez. Aujourd'hui, soit qu'il n'ait pas reçu de nouvelles de Mostaganem, soit qu'il y ait du louche dans cette affaire, je n'en ai pas eu besoin, et, pressé dans ses derniers retranchements, il m'a avoué, qu'on n'avait pas volé de cheval à Mascara dans les écuries de l'Emir, mais que c'était un cheval de mekrazeni. Ils le disent rouge. On m'a prié de vous réclamer pour Hadj Hamet ben Karadja 30 soultanis (1) (70 boudjous), qu'il prétend avoir laissé chez un marchand juif nommé Youssouf ould Gouraghi, qui tient une petite boutique près du café National. J'ai pris des informations sur Hadj Hamet. Il jouit d'une bonne réputation.

Je vous ferai observer, que Hadj Hamet n'a pas plus de témoins dans son affaire que Ben Merah dans la sienne.

On assure qu'un déserteur français nommé par eux Ali s'est chargé de fondre des canons à Tlemsan. Il refondrait dans ce moment-ci les pièces détériorées ou cassées. Plus facilement que nous, vous pouvez savoir la vérité.

---

(1) Le sultani était une monnaie d'or valant environ 8 fr. 37. On l'appelait aussi sequin.

J'ai remis à Hadj el-Djilaly le nom des autres déserteurs.
On les fait rechercher dans les tribus.

Ayez la bonté de me dire comment vous avez trouvé
les derniers chevaux, que je vous ai envoyés. Votre opinion fixera pour l'avenir le plus ou moins de sévérité, que
je dois apporter dans ce choix. Pour recevoir ces quatre-
là, j'ai été forcé d'en élaguer beaucoup. On ne m'en a
pas présenté depuis.

Je suis, etc.

DAUMAS.

Joint à cette lettre un rouleau cacheté contenant 21 douros d'Espagne.

A. H. G. R. J. 11336 (Original).

IV

Daumas à Bugeaud.

Mascara, le 6 décembre 1837.

Mon Général,

Hier à 10 heures du soir, on a tiré trois coups de canon
dans Mascara. A ces coups sont venus se joindre de grands
cris, des allées, des venues et des pas de chevaux. Sans être
précisément inquiets, je ne vous cacherai pas que nous
avons attendu le jour avec impatience, pour avoir la clef
de tout ce tapage.

Aujourd'hui, à 10 heures du matin, Hadj el-Djilaly et
le caïd Hadj el-Boukary sont venus de la part du califfa
me faire une communication officielle, que je m'empresse
de vous transmettre mot à mot ; la voici :

Hier un courrier est arrivé à neuf heures du soir. L'Emir
a remporté une grande victoire à Zenakra (1) sur un chef
influent nommé Hadj Abdallah (2). Le combat n'a duré
que deux heures. L'Emir a manœuvré sur trois colonnes,
son infanterie au centre, la cavalerie aux ailes. Il n'a perdu
personne et a fait un grand butin. Ce Hadj Abdallah était

---

(1) Zenakra ou Zenakhra, nom d'une tribu du Titteri, dont le territoire s'étendait de Boghar au nord, à l'oued Moudjleïel, afffuent du
Nahr el Ouassel, au sud. Elle a été constituée en douar-commune sous
le nom de Zenakha el Gourt (Boghari, M.).

(2) Pellissier de Reynaud (*Annales Algériennes*, T. II, liv. xxv,
p. 251) nomme ce personnage Iman el Mahidin.

naguère en grande faveur auprès de Mouley Abderrahman, contre qui il avait ensuite levé l'étendard de la révolte. Battu dans le Gharb (1), il s'était retiré chez les mécontents du Cherg (2), où, se donnant pour un descendant de Mouley Abdelkader (3), il s'était fait proclamer sultan.

Il a été fait prisonnier dans cette affaire et l'Emir l'envoie à l'empereur de Maroc.

Zenakra est à trois jours de marche de Médéa.

Croyant comprendre véritablement nos intérêts, je suis allé en complimenter le califfa en termes vagues, presque diplomatiques et qui n'engagent en rien. On a paru enchanté et l'on m'a reçu très gracieusement. Ai-je bien fait ?

Je vous donne leur version mot à mot, sans y rien ajouter ni retrancher, me réservant plus tard de vous dire la vérité, que je saurai probablement avant peu. Quoiqu'il en soit, on danse, on joue et l'on fait de la musique à Mascara et nous sommes invités par le caïd aux réjouissances de la soirée.

Le fils (4) de M. le Colonel Dubarail (5) est arrivé au-

---

(1) L'Ouest marocain.

(2) L'Est.

(3) Sidi Abd el-Kader el-Djilani.

(5) Du Barail (François-Charles), né à Versailles en 1820, était le second fils du lieutenant-colonel du Barail, commandant de Mestaganem. Engagé volontaire aux spahis réguliers d'Oran en 1839 ; sous-lieutenant en 1842 ; lieutenant en 1844 ; décoré à la suite de la prise de la smala d'Abd el-Kader (1843) ; capitaine en 1848 ; chef d'escadrons en 1853 ; lieutenant-colonel en 1855 ; colonel en 1857 ; général de brigade en 1863 ; général de division en 1870 ; ministre de la Guerre en 1873 ; retraité, le 22 juin 1887 ; décédé en 1902.

(5) Du Barail (Charles-Nicolas-François), né le 18 juin 1875, à Nancy ; gendarme d'ordonnance le 14 novembre 1806 ; sous-lieutenant au 9e régiment de dragons, le 16 juillet 1807 ; capitaine, le 31 juillet 1811 ; chef d'escadrons des cuirassiers d'Orléans, le 27 mars 1822 ; lieutenant-colonel du 5e régiment de cuirassiers, le 3 janvier 1830 ; démissionnaire le 22 août 1830 ; relevé de sa démission et admis au traitement de réforme le 8 mai 1832 ; mis à la disposition du général comman-

jourd'hui à Mascara. Il vient voir la ville et se propose d'y rester quelques jours (1). Je lui ai parlé du cheval réclamé par l'oukil de Mostaganem. Il nous a appris, que ce cheval, qu'on désigne comme rouge, est gris blanc. La vérité nous est donc connue.

Je ne sais ce que vous coûtera la fameuse nouvelle, que je suis forcé de vous transmettre. Je vous dirai seule-

---

dant à Oran, le 22 mai 1833 ; commandant la place de Mostaganem, le 9 septembre 1833 ; mis en non activité pour infirmités temporaires, le 30 mai 1834 ; commandant les places de Mostaganem et de Matamore, le 19 juillet 1836 ; colonel le 3 mars 1840 ; commandant la place de Verdun, le 24 septembre 1841 ; décédé à Verdun le 26 mars 1843.

(1) Du Barail a raconté dans ses « Souvenirs » sa visite à Mascara en 1837.

« En cette année 1837, mon père me ménagea l'orgueil et la joie d'entrer, à dix-sept ans, et pour une part infime, dans les événements d'Afrique. Il s'agissait seulement de porter un pli cacheté et quelques menus cadeaux à Abd el-Kader, campé près de Mascara. Il y avait dix-huit lieues de pays arabe à traverser ; c'était presque aventureux. Monté sur mon petit cheval gris et escorté d'un cavalier indigène, porteur d'un sauf-conduit signé par l'oukil d'Abd el-Kader, je fis le voyage en deux étapes à l'aller et en une seule au retour. Le premier soir, nous reçûmes l'hospitalité sous les tentes des Beni-Chougran, qui nous offrirent leur meilleur couscous. Hélas, les pauvres gens, je devais bientôt les razzier de fond en comble. A Mascara, je descendis chez le consul de France, le capitaine Daumas, dont le personnel fort réduit se composait d'un médecin aide-major, M. Warnier, qui se lança plus tard dans la politique et fut, si j'ai bonne mémoire, député à l'Assemblée nationale de 1871, et d'un jeune interprète israélite, M. Amerane. Le capitaine Daumas ne vivait pas sur des roses à Mascara. Il osait à peine sortir de chez lui, de peur d'avoir à subir quelque algarade, dont il aurait eu toutes les peines du monde à tirer vengeance, malgré la courtoisie extérieure des chefs arabes. Je me souviens qu'un soir, pour satisfaire ma curiosité, il me mena prendre une tasse de café dans un établissement maure, et je fus bousculé jusqu'à être jeté à terre par un soldat régulier de l'Emir. Je ne dis rien, mais j'ai pris largement ma revanche, dans la suite, sur les camarades de ce brutal.

Je n'eus pas la bonne fortune d'être reçu par l'Emir, car, pour d'excellentes raisons, le capitaine Daumas tenait à être le seul Français communiquant avec lui.... »

(Général du Barail, *Mes souvenirs*, Paris (Plon), 1896, 8°, T. I, p. 41.

ment que, pour peu que l'Emir gagne encore une dizaine de batailles, nous serons réduits à la mendicité. Il n'y a pas jusqu'au maître canonnier, qui ne soit venu nous demander de l'argent.

Je suis, etc.

Signé : DAUMAS.

A. H. G.   R. J. 11337 (Original).

V

Daumas à Bugeaud.

Mascara, le 10 décembre 1837.

Mon Général,

Le caïd Ali Boalem des Garabas est venu me demander une lettre de recommandation pour vous. Il se rend
à Oran pour vous réclamer un nègre et une négresse,
Salem et Fatma, qui sont partis de son douar et doivent
être à Oran depuis le 6 du courant.

Ce jeune homme a assez d'influence dans sa tribu. Si
vous pouvez lui rendre ce service, je crois que cela fera
bon effet chez les Garabas.

Je suis, etc.

DAUMAS.

A. H. G. R. J., 11341 (Original)

VI

Daumas à Auvray. [1]

Mascara, le 10 décembre 1837.

Mon Général,

Je vous envoie quatre chevaux. Ils sont tous jeunes, sains et bien établis. Je pense que vous en serez content et il en sera toujours ainsi, parce que je suis bien décidé, malgré leurs plaintes, à ne recevoir que le bon et à refuser impitoyablement le mauvais.

Le général Bugeaud m'avait donné l'ordre de me plaindre vivement au califfa de la lenteur, que l'on apportait dans cette livraison et de lui déclarer que, si dans huit jours, cette affaire n'était pas terminée, il remettrait l'interdit sur les fers, l'acier et le soufre (2). J'ai adouci cette communication, autant qu'il a été en mon pouvoir, et le califfa m'a répondu, que l'Emir tiendrait sa parole et que, si nous acceptions tout ce que l'on nous pré-

----

(1) Le maréchal de camp Auvray venait de prendre le commandement de la province d'Oran, en raison du départ de Bugeaud pour la France.

(2) Après le traité de la Tafna, Bugeaud avait songé à se procurer chez les Arabes les chevaux nécessaires à la remonte de sa cavalerie. Mais, malgré la liberté du commerce stipulée par l'article X du traité, l'Emir défendit à ses sujets de vendre des chevaux aux Français. Pour venir à bout de la résistance d'Abd el-Kader, Bugeaud dut interdire la sortie du soufre, du fer et de l'acier destinés aux approvisionnements de l'Emir. Celui-ci céda et le commandant Guerbe fut envoyé à Mascara pour procédé à l'achat de 5o chevaux. (Cf. Dépêches de Bugeaud au ministre de la guerre en date du 3o octobre, des 12 et 14 novembre 1837, A. G. G. A. E. III²

sentait ce serait déjà fini, mais que nous étions sévères sur
le choix, qu'il fallait un peu de patience et qu'on allait activer autant que possible.

Puisque l'occasion s'en présente, je crois vous devoir
toute la vérité à cet égard. On fournira ces 5o chevaux,
n'en doutez pas ; on a trop d'intérêt à le faire. D'abord, on
redoute un nouvel interdit et puis on doit à l'avenir
s'étayer de cette livraison, pour obtenir qu'on n'achète ni
à Oran, ni à Mostaganem.

Cependant, on ne peut aller plus vite parce que, dans
les tribus, cette livraison faisant beaucoup d'ennemis à
l'Emir, qu'on accuse de fournir des chevaux aux chrétiens, on ose d'autant moins leur en demander, qu'ils
seraient, au reste, pour la plupart, refusés par moi, puisque, n'ayant égard ni à l'âge ni aux tares, leurs idées en
chevaux ne s'accordent pas avec les nôtres.

Ils sont donc forcés de se borner à acheter dans les
marchés de Mascara, ce qui peut se présenter et ces marchés sont vraiment mal approvisionnés, soit que cela
tienne au départ de l'Emir ou au mauvais temps ou bien
encore aux travaux, que la culture réclame dans ce moment.

La position des Arabes et la nôtre relativement à cette
remonte est ainsi bien établie et j'attends vos instructions, pour m'y conformer rigoureusement.

Ce fameux Hadj Abdallah, pour lequel on a fait tant
de tapage à Mascara, est tout simplement un réfugié du
Maroc, dont l'Emir s'est emparé, pour faire sa cour à
Mouley Abderrahman. Il n'a pas été pris dans un combat, mais bien lâchement trahi et livré par les siens.

Tous les jours, il arrive ici des habitants d'Oran sans
passeport (1). Veuillez me tracer la conduite à suivre à leur
égard.

____

(1) Un passeport était exigé de tous les individus, Européens ou indigènes, qui sortaient du territoire français pour se rendre dans le
pays soumis à Abd el-Kader.

Je continue la réclamation des spahis déserteurs. On
n'a pas encore eu de nouvelles du nègre Salem ben Cheik
et l'on cherche les autres dans les tribus.

Si vous ne renouvelez ces demandes auprès du califfa, je crains qu'on ne s'en occupe plus.

Je vous ai écrit hier par Mohamed Ali Boalem des Garabas. Il se rend à Oran pour vous réclamer un nègre et une
négresse, qu'il prétend chez les Douaiers.

L'agha ben Yacoub me parle toujous de son nègre,
que le général Bugeaud a promis de lui faire rendre. Avec
les Arabes, il faut opposer une demande à une demande.
Ne le rendons donc, que quand on s'exécutera pour nos
déserteurs.

Dans les chevaux que je vous envoie, il y en a un, qu'on
m'avait présenté pour vous. Il n'avait ni assez de brillant
ni assez d'étoffe et je l'ai refusé, malgré qu'il soit issu de
bonne race. On est allé jusqu'à Tekedemt pour vous en
trouver un. Ne vous impatientez donc pas trop.

Nous sommes sans nouvelles positives de l'Emir depuis
l'arrivée d'Hadj el Abdallah. Des gens, qui détestent son
gouvernement prétendent qu'il est dans le Bibâne (1), à
deux ou trois jours de marche de Constantine et qu'on est
fort inquiet pour son retour. Du reste, on enrôle à force
pour son infanterie, à Tlemsan, à Mascara et Média.

Hier il est arrivé un Turc de Constantine. Il dit que tout
y est tranquille, que les marchés y sont bien approvision-

---

(1) بِيبَان, pluriel de بَاب, porte. Les Biban sont les défilés appelés
par les Turcs « Djemir Kapu », les Portes de Fer. Ces défilés, au nombre de deux, permettent de franchir la chaîne montagneuse dite des
Biban, qui relie le Dira d'Aumale à la chaîne des Babors. Cette région
habitée par des tribus kabyles était restée à peu près soustraite à l'autorité des Turcs, qui devaient payer un tribut, lorsque leurs colonnes tra-
versaient les Portes de Fer pour se rendre d'Alger à Constantine. Les
Portes de Fer furent franchies, le 28 octobre 1839, par l'armée française, sous les ordres du maréchal Valée, qu'accompagnait le duc
d'Orléans. Les troupes passèrent par la « Petite Porte ». La route
actuelle et le chemin de fer d'Alger à Constantine empruntent la
« Grande Porte ».

nés et que, tous les jours, il y a de nouvelles soumissions chez les Arabes.

Cette nouvelle paraît vraie. Il faut de nouvelles confirmations de cette victoire pour en convaincre les tribus, tant elles regardaient la prise de Constantine comme impossible.

On fait courir aussi le bruit, que le [bey de] Tunis (1) a envoyé en France, pour traiter de l'achat de cette ville.

Je vous prierai de nous garder le secret pour toutes ces nouvelles, parce que, tout ce que nous vous écrivons d'ici y est su et que nous le retrouvons dans la bouche des chefs. Si cela continue, on nous fermera tous les chemins. Ils ne sont pas déjà trop larges.

Je vous écris directement, parce que le califfa m'a appris le départ du général Bugeaud. Ayez la bonté de m'envoyer vos instructions et daignez croire que, comme par le passé, je ferai tous mes efforts pour mériter votre bienveillance et votre estime.

Je suis, etc.

DAUMAS.

P.-S. — Daignez me faire accuser réception des chevaux, que je vous envoie et me donner votre opinion sur eux. Elle me servira de base pour l'avenir.

A. H. G.   R. J. 11342 (Original).

---

(1) Il ne fut jamais question, après la prise de Constantine, de céder cette ville au Bey de Tunis. Mais, en décembre 1830, le général Clauzel avait signé avec les représentants de ce souverain, une convention, en vertu de laquelle un prince tunisien vassal de la France aurait été installé à Constantine à la place d'Ahmed-bey. Le souvenir de ces négociations, reprises d'ailleurs sans succès en 1831, pouvait peut-être donner quelque créance au bruit rapporté par Daumas.

VII

Daumas à Auvray.

Mascara, le 14 décembre 1837.

Mon Général,

Comme vous l'avez pensé, votre première lettre ne m'est parvenue qu'au moment du départ des derniers chevaux de remonte. Je n'ai donc pas pu vous écrire plus tôt.

Le califfa ne venant plus à Mascara depuis quelques jours, à cause du mauvais temps, je l'ai fait prévenir avant-hier, que j'avais à l'entretenir de votre part et une lettre à lui remettre pour l'Emir. Il m'a fait répondre de suite, qu'il me recevrait dans sa tente, et je m'y suis rendu escorté de mon personnel. Voici ce qui s'y est passé :

M. le général Bugeaud rentrant en France, lui ai-je dit, le Roi vient de confier le commandemnt de la ville d'Oran, à M. le général Auvray. Il me charge de vous en instruire et de vous assurer par ma bouche du désir, qu'il éprouve de maintenir, comme par le passé, la bonne intelligence, qui règne entre la France et l'Emir.

« Qu'il soit le bien venu dans notre pays, m'a-t-il répondu il n'y verra que du bien » (expression arabe) (1). La paix est nécessaire au bonheur des deux peuples et, de notre côté, nous ferons tout aussi pour la maintenir.

---

(1) Cf. Daumas, *La Vie arabe et la Société musulmane*, ch. V. Salutations.

Je lui ai remis alors votre lettre pour l'Emir. Des ordres
ont été donnés, en ma présence, pour qu'on la lui fasse
passer. La conversation a roulé ensuite sur des choses in-
différentes'; puis il m'a demandé, si vous étiez un grand,
c'est-à-dire d'une ancienne famille « kébir herima ké-
bira » (1). Je m'attendais à cette question. Elle est trop
dans les mœurs et le sang arabes. Aussi ai-je répondu avec
aplomb, que vous étiez d'une grande et illustre famille,
l'ami du Sultan (2) et choisi pour un commandement aussi
important à cause de votre prudence et de votre sagesse.
J'aurais pu dire autre chose. Mais il faudra, longtemps
encore, caresser leurs manies et leurs préjugés, puisqu'ils
ne nous comprendraient pas. Quoiqu'il en soit, on a été
très content de la manière, dont je me suis acquitté de votre
mission, puisque, à peine rentré chez moi, l'un des frères
de l'Emir accompagné du gragenadar (3) du califfa y est
venu me voir. Il se nomme Sidi el Haoussine (4). C'est un
jeune homme de 16 à 17 ans, bien au physique et dont
l'éducation paraît soignée. L'Emir, qui sans doute a des
vues sur lui, le façonne à son gré et fait déjà courir le
bruit, que les livres le désignent comme son successeur.
Vous pensez bien, que je l'ai reçu avec tous les égards dûs
à son rang. On ne voulait pas croire à cette visite dans
Mascara, où elle a produit le meilleur effet, en ce sens,
qu'elle a prouvé aux gens encore mal intentionnés la
bonne foi de l'Emir.

Quant au cheval, que le consul de Mostaganem réclame,
je ne puis que vous répéter ce que j'ai déjà eu l'honneur
d'écrire au général Bugeaud. On avoue, qu'il n'a pas été
volé de cheval de Mascara dans les écuries de l'Emir ; on en
réclame seulement un, qu'ou prétend volé à l'un de ses

----

(1) Littéralement : grand de grande famille : كبير, grand, ancien ;
حريم, famille.

(2) C'est-à-dire du Roi de France.

(3) خزندار Khaznadar, trésorier.

(4) Cf. Appendice. *Principaux personnages de la province d'Oran.*

mekrazeni. On me l'a signalé rouge et le fils du colonel Dubarail, qui est venu nous voir, assure que celui réclamé par l'oukil est gris.

Le Garaba Ali Boalem, qui est venu me demander une lettre de recommandation pour vous est le fils de celui, qui est allé à Fez accompagner les présents de l'Emir. Vous le verrez sans doute plus tard.

Le caïd Adda, fils du Kalifa (1) tué à la Macta (2), est venu se plaindre chez moi de vilenies commises par les Douers sur les Arabes, qui se rendent au marché. Je lui ai promis de vous en instruire.

On doit me présenter dans quelques jours un cheval pour vous. On est allé le chercher du côté de Tekedemt. Soyez persuadé, que je ne négligerai rien pour vous choisir quelque chose suivant vos goûts.

Puisque vous voulez bien nous indemniser des dépenses occasionnées par la nouvelle de la grande victoire, voici à combien elles se montent :

Au chiaoux du caïd....................	10 fr.
A notre chiaoux.....................	5 »
Aux musiciens......................	5 »
Au maître canonnier................	10 »
Pour la fête du soir.................	8 »
Total.................	38 »

J'ai réclamé les 10 fusils de dragons laissés à Tlemsan (3). On m'a répondu, qu'on en écrivait à Sidi Boha-

____

(1) Kalifah ben Mahmoud, dont il est ici question, avait rempli les fonctions d'oukil de l'Emir à Arzeu, à la suite du traité de paix signé par le général Desmichels.

(2) La Macta est une rivière formée par la réunion du Sig et de L'Habra, qui se confondent dans un vaste marécage. Abd el-Kader y défit, le 28 juin 1835, les troupes du général Trézel, qui eurent 262 tués, 308 blessés et perdirent la plus grande partie de leurs bagages.

(3) L'Emir s'était obligé, par l'article IX du traité de la Tafna, à faire transporter à Oran tous les effets ainsi que les munitions de guerre et de bouche de la garnison de Tlemcen.

3

medi, mais qu'il y avait eu si peu d'ordre dans la rentrée des Arabes dans cette ville, qu'on craignait de ne pas les trouver. On en référera en outre à l'Emir. J'ai profité de cette occasion, pour parler des effets appartenant au commandant Ménonville (1). On n'en a jamais entendu parler et l'on a trouvé la réclamation bien tardive.

Le consul d'Oran s'est plaint au califfa d'avoir été insulté en pleine rue par un conducteur de mulets et cela à l'instigation des Douairs. Il se plaint aussi de ne plus trouver chez nous autant de bienveillance pour lui que chez le général Bugeaud. Le califfa me charge de vous en écrire et vous prie de le traiter avec bonté et de lui accorder protection.

En pressant encore pour la remonte, j'ai pris sur moi de menacer d'un nouvel interdit (2). On m'a représenté les difficultés dont je vous ai parlé, tout en me promettant beaucoup pour le marché, qui s'ouvre demain vendredi.

Le califfa est toujours sans nouvelles des déserteurs. On les cherche dans les tribus. Pour stimuler leur amour-propre, j'ai paru tranquille et me suis contenté de dire, que cela ne nous inquiétait nullement, certains que nous étions, que, dans les Etats de l'Emir, nul ne pouvait se soustraire à son autorité.

A propos de l'Emir, nous sommes toujours sans nouvelles. Hadj Abdallah est toujours ici. Il y attend son sort.

MM. les capitaines Jacquin (3) et Niqueux (4) sont arrivés hier par un temps épouvantable.

____

(1) Le commandant Ménonville, envoyé comme consul à Mascara, s'y était suicidé le 25 octobre 1837. Cf. Introduction.

(2) Cf. dépêche de Daumas du 10 décembre 1837 ; note 2.

(3) Jacquin, capitaine en second au 2ᵉ régiment du génie, détaché à Oran. Le capitaine Jacquin s'était tout particulièrement distingué à la Macta où, durant tout le combat, il était resté avec les tirailleurs de l'arrière-garde (Péllissier de Reynaud, *Annales Algériennes*, *I*, p. 466, note 1).

(4) Niqueux (G.P.), capitaine en second au 10ᵉ régiment d'artillerie, adjoint au commandant de l'artillerie d'Oran.

Nous avons fait tout ce qui était en notre pouvoir pour les recevoir de notre mieux. Aujourd'hui on travaille à force pour rendre notre séjour plus supportable, mais cette maison est en si mauvais état, qu'il y a beaucoup à faire. On craint à chaque instant de la voir s'écrouler. L'arrivée de ces Messieurs a produit le meilleur effet. Elle annonce, selon les Arabes, des projets de stabilité, qui rassurent même les plus incrédules. Les chefs de la ville en sont tout joyeux et je n'ai qu'à me louer de mes relations avec eux. Il est vrai de dire que, tout en mettant de la raideur en ce qui concerne les affaires, je m'étudie à ne froisser en rien ni leurs mœurs ni leurs usages, à ne jamais parler de religion, enfin à éviter adroitement toute matière à contestation.

Deux Juifs d'Oran ont été chargés par l'Emir d'aller chercher dans le désert des dépouilles d'autruches pour le cadeau du Roi. Ils en ont reçu pour cet objet 200 douros d'Espagne. Ils viennent d'arriver et ne rapportent rien ; seulement ils prétendent avoir laissé les autruches vivantes dans une tribu très éloignée.

Comme on ne les croit pas sur parole, on m'a prié de vous en écrire, afin qu'on les représente à Mascara, dans le cas où ils auraient menti. Des cavaliers ont été envoyés dans la tribu désignée, pour savoir promptement à quoi s'en tenir. J'ai pris leurs noms et vous les enverrai, si vraiment ils étaient coupables.

Je suis, etc.

DAUMAS.

A. H. G.   R. J. 11343 (Original).

VIII

Daumas à Auvray.

Mascara, le 17 décembre 1837.

Mon Général,

Je fais partir aujourd'hui cinq chevaux présentés et reçus pendant le dernier marché. Vous verrez que sur les cinq, il y en a quatre du prix le moins élevé, c'est-à-dire de 200 francs. On m'en a montré beaucoup d'autres mais tarés, trop âgés ou impropres à l'arme ; je me suis vu contraint de les refuser. Quoiqu'il en soit, on a fait, au moins, preuve de bonne volonté. Accompagné d'un chiaoux du caïd, j'ai moi-même parcouru le marché avec la permission de choisir et je n'y ai rien trouvé que ce que je vous envoie. S'il n'y a pas de distinction, il y a de la jeunesse et de bons membres.

Hier, à trois heures, le canon a encore annoncé aux habitants de Mascara, une grande victoire remportée par l'Emir.

Comme la première fois, je m'empresse de vous en instruire, en ayant été prévenu officiellement. L'Emir, selon eux, a soumis les Ben Moctari (1), plusieurs tribus de Kabyles, fait un grand butin et campe maintenant dans le Zenakra.

Avant-hier un malheureux déserteur français nommé

---

(1) Oulad Mokhtar. (Cf. dépêche de Daumas du 3o novembre 1837, p. 7, note 1.)

François Luchard (1), évadé des travaux publics, s'est présenté chez nous dans un état à attendrir les cœurs les plus durs. Il arrivait de Tekedemt presque nu et mourant de faim. Sa position chez les Arabes était tellement affreuse, qu'il venait réclamer ma protection pour rentrer à Oran. Comme il avait pris du service dans les troupes de l'Emir, je lui ai dit que, comme homme, je le plaignais, mais que, par position, je ne pouvais rien pour lui et lui ai, en outre, représenté la mort, qui l'attendait à Oran. Rien n'a pu le détourner de son projet et, sans doute, à l'heure qu'il est, vous l'avez vu. Il est inutile de dire , que nous lui avons fait donner à manger et quelques pièces de monnaie. Cet homme a tant souffert pendant son séjour chez les Arabes, que vraiment, je ne crains pas de réclamer votre indulgence pour lui. Ici se présente l'occasion de vous instruire que, sur quatre déserteurs français, que nous avons vus, trois sont déjà venus nous demander à rentrer. Le commandant Guerbe, pendant sa gestion, a reçu, la réclamation d'un nommé Meunier (2). Il pourra vous parler de son affaire.

Le capitaine Jacquin continue ses travaux. Son séjour sera peut-être plus long qu'on ne l'avait pensé, parce qu'il y avait beaucoup à faire. Les terrasses et les murs s'écroulaient.

En présentant MM. les capitaines Jacquin et Niqueux au califfa, celui-ci, s'est encore plaint assez amèrement du mauvais accueil, que l'on faisait, depuis le départ du général Bugeaud, à ses consuls de Mostaganem et d'Oran.

Il m'a chargé de vous dire que, s'ils se conduisaient mal, il vous priait de l'en instruire et, qu'alors, il saurait les réprimander.

Je crois avoir appris la cause des plaintes du consul d'Oran. Un Douer l'aurait insulté·sur la place en refu-

---

(1) Voir : *Notice sur les prisonniers et déserteurs français.* Appendice III.

(2) Cf. *Notice sur les prisonniers et déserteurs français.*

sant de porter à Mascara, des draps pour l'Emir et, quand il serait allé s'en plaindre à la Casba (1), on lui aurait répondu : « Qu'est-ce que cela me fait ? Porte-les toi-même. »

On m'a encore présenté un cheval pour vous. Le capitaine Niqueux est venu le voir avec moi. Il était bien, mais ce n'était pas encore ce que je veux pour vous monter et nous l'avons refusé.

Hadj el-Djilaly, m'a donné sa parole, qu'on avait envoyé à Tekedemt et que, pour le marché prochain, on nous amènerait un cheval de taille et de sang. Un peu de patience, s'il vous plaît.

Je suis, etc.

DAUMAS.

A. A. G.   R. J. 11345 (Original).

---

(1) La Kasbah d'Oran avait été édifiée par les Espagnols, sur les ruines d'une forteresse plus ancienne, qui commandait la rive gauche du ravin de l'oued Rehhi. On l'appelait aussi « Castillo Viejo » par opposition au « Castillo Nuevo », ou Bordj-el-Mehal, qui s'élevait sur la rive droite de l'oued Rehhi.

IX

Daumas à Auvray.

Mascara, le 21 décembre 1837.

Mon Général,

J'ai reçu vos deux lettres le même jour et la veille du
départ de M. Jacquin. Je ne puis donc vous donner
encore aucune réponse sur ce qui en fait le sujet. Demain,
je verrai le califfa et lui parlerai de ses consuls. Mon but,
dans cette entrevue, sera de découvrir, si cette conduite
leur appartient, ou bien si elle leur a été tracée. En agissant avec prudence et fermeté, je ne désespère pas de
découvrir la vérité.

Comme vous me l'ordonnez, je ne négligerai aucun
moyen de savoir ce qui se passe dans le pays. Les vues et
les projets de l'Emir attireront aussi mon attention et je
m'empresserai de vous transmettre les renseignemens de
tout genre, que je pourrai me procurer. Pour mieux
réussir, je m'attache à me concilier l'amitié de tous les
chefs et me donne à eux comme un homme sans importance politique. Cela prend très bien et on me voit même
avec plaisir. D'un autre côté, j'ai su m'aboucher aussi avec
des brouillons, des mécontents ou des gens, qui se sentent, par intérêt ou par tout autre motif, portés pour la
France et ceux-là me tiendront au courant, de ce que les
partisans de l'Emir ou ses employés seraient intéressés
à me cacher. Il est inutile de vous assurer, mon Général,
que j'userai de la plus grande circonspection dans toutes
les démarches de ce genre.

J'ai déjà bien des choses à vous dire, mais dés. ant vous rendre compte de mon entrevue avec le califfa, j'en remets le détail au premier courrier, qui vous conduira sans doute les chevaux dimanche soir.

Le capitaine Jacquin a fait pour nous tout ce qu'il pouvait avec les faibles ressources mises à sa disposition à Mascara. Nous pouvons, grâce à lui, défier les mauvais temps et c'est déjà beaucoup. Il emporte le montant et le détail des dépenses faites pour les travaux, M. le colonel Maussion (1) lui ayant ordonné de le faire.

Daignez, mon Général, croire au zèle, que je mettrai toujours à suivre vos instructions et me continuer votre bienveillance.

Je suis, etc.

DAUMAS.

A. H. G.   R. J. 11347 (Original).

---

(1) Maussion (Ange-Urbain-Jean), né le 18 octobre 1795, à Châteaurenard (Loiret) ; soldat au bataillon des volontaires royaux de l'Ecole de droit, le 15 mars 1815 ; sous-lieutenant dans la légion départementale du Loiret, le 30 novembre 1815 ; lieutenant aide-major, le 15 février 1821 ; admis dans le cadre du corps d'Etat-Major, le 29 décembre 1823 ; capitaine, le 13 décembre 1826 ; employé à l'Etat-Major général de l'expédition d'Afrique, le 23 mars 1830 ; chef de bataillon, le 22 février 1831 ; chef d'Etat-Major de la division d'Oran, le 11 décembre 1834 ; lieutenant-colonel, le 6 janvier 1836 ; colonel, le 6 février 1839 ; décédé à l'ambulance de la division d'Oran, le 6 novembre 1840, par suite de deux coups de feu reçus le même jour au combat de Djehf-el-Homar. Campagnes : 1823, Espagne ; 1830, 1831 et partie de 1832, Afrique ; 1832, armée du Nord ; 1835, 1836, 1837, 1838, 1839, 1840, Afrique.

X

Daumas à Auvray.

Mascara, le 23 décembre 1837.

Mon Général,

Je fais partir ce soir pour Oran, six chevaux de remonte. On n'a pu m'en fournir d'avantage. Je crois que vous en serez content. Dans ce nombre il y a un cheval alezan, qui peut très bien monter un officier.

Hier, j'ai obtenu une audience du califfa et me suis expliqué avec lui sur le compte de ses oukils. Aux plaintes que je lui adressais sur les concussions de ces Messieurs, concussions qui faisaient déserter nos marchés, il a tout simplement répondu, que l'organisation arabe ne ressemblait en rien à la nôtre, que tous nos employés étaient payés par le gouvernement, tandis que, chez eux, il n'en était pas ainsi, que ce que nous regardions par conséquent comme vol chez nous, n'était pas réputé tel chez eux, attendu, que leurs fonctionnaires n'avaient pour toute rétribution, que ce qu'ils pouvaient prélever dans de justes limites. Je lui ai parlé ensuite des arrestations, qu'on se permettait de faire sur notre territoire. On n'arrête ainsi m'a-t-il dit, que des gens coupables à nos yeux malgré qu'ils ne le soient peut-être pas aux vôtres et, en échange, nous vous concédons pleinement le droit d'en faire autant, à Mascara ou ailleurs. J'ai fortement insisté en représentant, que nous ne pouvions tolérer d'actes d'autorité chez nous et, alors, il m'a promis d'en écrire à ses consuls pour que cela n'ait plus lieu.

Passant aux plaintes personnelles du consul d'Oran, je lui ai assuré que, rien dans notre conduite à son égard ne pouvait les motiver ; que ce ne pouvait être qu'imaginaire ; que chacun avait son caractère, que M. le général Bugeaud, était peut-être plus expansif, mais que, pour être plus froid, vous n'en étiez pas moins disposé à la bienveillance. Le califfa a très bien compris cela, s'est alors déridé et m'a dit que, l'Emir étant absent, c'était une raison de plus pour maintenir la bonne intelligence et la paix, qui faisaient le bonheur des deux peuples. On sortait de la prière de trois heures (1) ; la salle était pleine de chefs et le peuple en encombrait les abords. Tout le monde a entendu ces paroles dites avec plus de franchise que par le passé. J'en infère, moi, que les dernières instructions de l'Emir sont dans ce sens.

Abd el-Kader Ouarani, le commandant du fort de Mascara, est venu nous voir. Cet officier a été pris à la Sikkak (2) et envoyé à Marseille, où il a fait un séjour d'un an. Il nous a dit, qu'à son retour, l'Emir avait voulu le voir et s'était pendant trois jours et trois nuits entretenu avec lui. En arrivant auprès de sa tente, il y trouva 14 prisonniers français, qu'on insultait et maltraitait. Son premier soin fut de mettre fin à ces tracasseries et de leur faire donner des aliments (3).

Plus tard, l'Emir, sur le récit qu'il lui fit de l'humanité et de la générosité, avec lesquelles ils avaient eux-mêmes

(1) C'est la prière appelée par les musulmans « asr » (عصر) Elle se fait au moment intermédiaire, entre midi et le coucher du soleil.

(2) Rivière qui se jette dans l'Isser occidental, affluent de la Tafna, à 3o kilomètres environ au nord de Tlemcen. Dans son cours supérieur, elle porte le nom de Safsaf. Le 6 juillet 1836, Bugeaud remporta, non loin du confluent de l'Isser et de la Sikkak, une victoire décisive sur Abd el-Kader. L'Emir eut 1.200 hommes tués et 136 prisonniers. Ceux-ci furent envoyés en France et internés à Marseille. Ils furent ramenés en Afrique lors de l'ouverture des négociations, qui aboutirent au traité de la Tafna.

(3) Sur le sort des prisonniers français. Cf. Alby, *Les prisonniers français d'Abd el-Kader*. — Paris. 1849, 2 vol. in-12.

été traités en France, l'Emir, dis-je, les fit habiller et leur donna à chacun 2 douros. Abd el-Kader Ouarani est marabout. Il prétend avoir donné à Abd el-Kader beaucoup de renseignements sur notre industrie, nos richesses et nos forces militaires.

« Figure-toi, lui a-t-il dit, qu'il règne partout un ordre admirable, qu'on ne met jamais le caprice à la place de la loi ; qu'il y a autant d'hommes que de brins d'herbe chez nous ; que tu ne pourrais compter ni leurs canons ni leurs fusils et que je ne pourrais moi-même te faire avec une plume sur le papier ce que leurs soldats font avec leurs pieds. »

Ce séjour des prisonniers arabes en France a produit les plus heureux résultats. Chacun d'eux, pénétré de reconnaissance, s'attache maintenant à nous faire connaître.

Ainsi tomberont d'eux-mêmes tous les contes absurdes inventés par le fanatisme pour exciter à la haine contre les chrétiens.

Ben Iagrou est revenu de Tlemsan. Il m'a promis d'activer la remonte.

Le nègre Salem ben Cheik, dont je vous ai parlé, est un spahi déserteur, qui a volé à M. le sous-lieutenant Taffin (1), une somme de 600 francs. On est toujours à sa recherche. Ben Yacoub, l'aga des Garabas, réclamait un petit nègre pris dans une razzia (2) faite par le général Perrégaux (3). Il le croyait dans la tente de Mohamed bel

---

(1) Sous-lieutenant indigène aux spahis d'Oran.

(2 Opération ayant pour but d'enlever aux indigènes leurs bestiaux et leurs récoltes. Le 25 février 1836, le général Perrégaux, sorti d'Oran le 23, enleva aux Gharaba 4.000 bêtes de bétail.

(3) Perrégaux (Alexandre-Charles), né le 21 octobre 1791, à Neufchâtel (Suisse), de parents d'origine française. Sous-lieutenant, le 2 juillet 1807, au bataillon de Neufchâtel ; lieutenant, le 1er mai 1808 ; capitaine, le 1er octobre 1810 ; garde du corps du Roi avec le grade de chef d'escadrons, dans la compagnie du maréchal duc de Raguse, 1814 ; lieutenant-colonel, le 19 décembre 1815, colonel du 15e régiment d'infanterie légère, le 15 juillet 1823 ; maréchal de camp, le 16 juin 1834 ; chef d'Etat-Major général de l'armée d'Afrique, 1837. Blessé mor-

Béchir. Le colonel Maussion m'a chargé de lui dire, qu'il était mort depuis six mois. Hier, Ben Yacoub est revenu à la charge, prétendant qu'il était certain, qu'on l'avait envoyé à Alger.

J'ai appris qu'on était très mécontent de quelques tribus. Les Medjaers (1) ont insolemment reçu des envoyés du califfa. On parle aussi de coupeurs de chemins du côté du Sig (2) et de Mostaganem. On s'apprête à faire cesser tout cela. Avant-hier, déjà, on a été forcé d'envoyer des cavaliers pour lever des impôts chez les Beni Meniarren (3), qui se faisaient tirer l'oreille.

tellement devant Constantine, le 13 octobre 1837 ; décédé en mer tandis qu'on le ramenait en France. Du 14 mars au 1er avril 1836, il avait dirigé une expédition, qui amena la soumission momentanée des Bordjia, des Beni Chougrane et d'un grand nombre de tribus du bas Chélif. « Par la dignité et l'affabilité de ses manières, par son extrême justice et la discipline sévère qu'il fit observer à ses soldats, il s'acquit l'amour et l'estime des indigènes. » (Pellissier de Reynaud, *Annales Algériennes*, T. II, livre XVIII, p. 68).

(1) Medjaher : Tribu établie au sud-est de Mostaganem et divisée en 7 groupes : 1° Ouled Malef, Cheraaba, Hassaisna, Chefafra, Ouled Chater; 2° Ouled Bou Kamel; 3° Ghoufirate, Bracha, Kedaïchia; 4° Biodh, Ouled Ahmed Djebabra ; Ouled Cheffa ; 5° Ouled Sidi Abdallah, Ouled Sidi bou Youcef, Ouled Bouabsa ; 6° Cheurfa el Hammadia ; 7° Chelafa, Ouled Bou Ras, Rezaïka, Hachasta, Adjissa. (Mostaganem P. E., Aboukir P. E., Rivoli P. E., Noisy-les-Bains P. E., Aïn-Sidi-Chérif P. E., Pelissier P. E., Aïn-Tédélès P. E., Bellecôte P. E., Pont-du-Chélif P. E., l'Hillil M.). Population sédentaire et agricole, ils se montraient assez disposés à se rapprocher des Français, auxquels ils vendaient les produits de leurs terres. Les Medjaher avaient donné leur nom à un aghalik dont le territoire, long de 12 lieues de l'est à l'ouest et large de 8 du nord au sud, avait pour limites à l'ouest Mostaganem et Mazagran, au sud l'aghalik des Gharaba, au nord, l'aghalik du Cherg. L'aghalik des Medjaher pouvait fournir 1.140 cavaliers et 1.530 fantassins. (*Tableau des Etablissements français*, 1839, p. 304.)

(2) Rivière de la province d'Oran. Elle porte successivement les noms de Oued Sekassir, d'Oued el-Haçaiba, d'oued Mekerra, d'Oued Mebtouh et enfin de Sig. Elle se perd dans le marais de la Macta après un cours de 220 kilomètres.

(3) **Beni Meniarin** : tribu comprise dans l'aghalik des Hachem

On assure que Miloude Bennarache (1) partira après le ramadan (2) pour conduire à Paris le cadeau du Roi, qui est déjà réuni en partie à Alger. Il s'y rendrait par terre et aurait, avant son départ, une entrevue avec l'Emir. Il conduira encore un superbe cheval destiné à porter la selle arabe brodée à Mascara.

Depuis quelque temps, on fait courir le bruit, à Mascara, que la France a offert Constantine à l'Emir. Hadj el-Djilaly, que j'ai adroitement sondé à cet égard, m'a laissé entendre, que l'Emir s'en arrangerait fort bien et j'ai su, depuis, qu'on fondait de grandes espérances à cet égard sur le voyage de Miloude Bennarache à Paris.

L'Emir est toujours à Hamza (3), près du Bibane, pays de montagne peuplé de Kabyles et tellement accidenté et difficile, qu'autrefois les beys payaient une espèce de tribut pour passer ces défilés. Les uns disent, qu'il craint de s'y engager et les autres prétendent, qu'après le Bibane, il se trouverait sur le territoire des tribus soumises à la France depuis la prise de Constantine, ce qui pourrait susciter des difficultés. On dit que le califfa doit partir après le ramadan et aller au devant de lui.

Toutes les tribus des environs de Constantine ont fait

Gharaba. Elle se subdivisait en deux fractions : Beni Meniarin (D. C. Souk el Barbata) et Beni Meniarin Tahta (D. C. Ouizert et Oued Hounet. — Saïda M.).

(1) Miloud ben Arrach, agha du Cherg. (Cf. *Principaux personnages de la province d'Oran.*

(2) Neuvième mois de l'année musulmane, pendant lequel les fidèles sont astreints au jeûne.

(3) Aujourd'hui Bouïra. Forteresse située sur la rive gauche d'une des branches de la Soummam, à trois jours de marche d'Alger, à deux jours des Portes de Fer et à deux jours de Médéa. Les Turcs y entretenaient une garnison, qui commandait ainsi la région comprise entre les Biban et la vallée de l'Isser. Hamza avait été successivement rattaché au beylik de Constantine, à celui de Titteri, enfin, peu avant 1830, à la province d'Alger. Hamza faisait partie des territoires contestés à la France par Abd el-Kader, qui réclamait cette région comme une dépendance du Titteri.

leur soumission. Achmet Bey est chez son oncle (1) (Cheikh Larabe) (2), au milieu des Amar Khaddou. Il commande encore à quatre tribus du désert : les Ouled Moulat (3), les Sahâri (4), les Hal ben Aly (5) et les Larrabes (6). Ces quatre tribus peuvent mettre sur pied de 12 à 1.500 chevaux. Dans le pays des Ahmar Khaddou se trouvent également plusieurs villes, dont il est aussi maître. On m'a cité : Zibban (7), - Tegourte (8), Ouéreguela (9), Ouéd.igue (10), Soufe (11),

(1) Bou Aziz ben bou Okkaz, qui avait remplacé son frère Mohammed bel Hadj, chef de la famille des Ben Gana, mort en 1834.

(2) Cheikh el Arab, chef des tribus sahariennes de la province de Constantine. Son autorité s'étendait, au nord, de l'Aurès et du Bellezma à M'Sila, au sud jusqu'au Soûf, et de Touggourt au territoire de Laghouat. Deux familles se disputaient cette dignité, celle des Ben Gana et celle des Bou Okkaz. L'avènement d'Ahmed Bey parent des Ben Gana avait eu pour conséquence la destitution, au profit de Mohammed bel Hadj, de Farhat ben Saïd, chef de la famille rivale.

(3) Tribu du cercle de Touggourt.

(4) Tribu nomade passant l'hiver dans les Ziban et l'été dans le Tell. Elle a formé les 4 douars-communes de Bitam, Mdoukal (annexe de Barika), El-Kantara et El-Outaia.

(5) Ahl ben Ali, groupement de diverses fractions des Arab Cheraga. Ils fournissaient la cavalerie du Cheikh el Arab et campaient toujours avec lui.

(6) Arab Cheraga, tribu de la commune indigène de Biskra.

(7) Ziban. (Cf. dépêche de Daumas du 3 décembre 1837, p. 14, note 3.)

(8 Touggourt, ville située dans l'oasis du même nom, à 212 kilomètres au sud de Biskra. C'est la principale agglomération de l'Oued Rir. Elle renferme, avec les villages voisins, 5.700 habitants.

(9) Ouargla, oasis et ville de 5.000 habitants, à 170 kilomètres au sud de Touggourt.

(10) L'Oued Rir est une dépression où viennent confluer l'Oued Igharghar et l'Oued Mia, dont les eaux souterraines assurent l'irrigation de 43 oasis. Cette région obéissait, depuis le XVe siècle, à la dynastie des Ben-Djellab.

(11) Soûf, groupe d'oasis, environné de tous côtés par les dunes et situé à 170 kilomètres à l'est de l'Oued Rir. L'oasis la plus importante est celle d'El-Oued (9.500 habitants).

Gouniar (1), Quouqnen (2), Besgra (3), Tebezza (4) et Bekai.a (5).

L'aga du califfa est parti, il y a trois jours, pour Tlemsan, avec la mission d'enrôler encore 1.000 fantassins, tant dans la ville qu'au dehors. Un mekrazeni de l'empereur du Maroc est arrivé hier avec de la poudre et des pierres à feu.

En revenant sur les plaintes contre les consuls de l'Emir, un homme très initié aux affaires m'a dit : « Tu as bien raison, et, si l'on m'en croyait, on ne prendrait que des chrétiens pour consuls, tout n'en irait que mieux. » Comme ils ont déjà obtenu M. Garavini (6) à Al-

---

(1) Guemar, oasis de 3.700 habitants, à 18 kilomètres au nord-ouest de El-Oued.

(2) Kouïnin, oasis à 8 kilomètres au nord-ouest de El-Oued.

(3) Biskra : oasis et ville principale des Ziban, à 233 kilomètres S.-S.-O. de Constantine. Le Biskra ancien se composait de sept villages épars au milieu des palmeraies et dominés par un fort, où les Turcs entretenaient une garnison depuis le milieu du XVIe siècle. Biskra fut occupé par les Français en 1844. La ville moderne s'est développée, en dehors de l'oasis, autour du fort Saint-Germain, bâti en amont, de manière à commander le cours de l'oued Biskra. Biskra est aujourd'hui le siège d'une commune de plein exercice de 4.128 habitants.

(4) Tébessa, l'ancienne Théveste, située à 900 mètres d'altitude, au pied du Djebel Doukhan, non loin de la frontière tunisienne. Les Turcs y entretenaient une garnison, mais la ville était, en réalité, sous la dépendance de la tribu des Nemencha. Occupée définitivement par les Français en 1851, Tébessa est aujourd'hui le chef-lieu d'une commune de plein exercice de 7.000 habitants, et d'une commune indigène de 40.000 habitants.

(5) Bekkaria, au sud-est de Tébessa, près de la frontière tunisienne (D. C. Bekkaria. Morsott M.).

(6) Négociant italien, consul des Etats-Unis à Alger depuis le 24 août 1837. Il fut choisi par Abd el-Kader comme son oukil à Alger, peut-être à l'instigation de Ben Durand, avec lequel il était lié et qui crut, sans doute, « avoir trouvé ainsi un moyen de se réserver les avantages réels du consulat sans en avoir les charges ». (Pellissier de Reynaud, *Annales Algériennes*, T. II, liv. XXV, p. 251.) Le gouvernement français refusa de le reconnaître et signifia à Abd el-Kader d'avoir à nommer un oukil indigène. Les relations de Garavini avec

ger, je ne serais pas étonné qu'on ne vous proposât cela pour plus tard (1). En effet, ils seraient ainsi très bien informés de l'opinion de la France sur l'Afrique, des criailleries des journaux et verraient, en outre, le grand avantage de ne nous laisser personne entre les mains en cas de brusque rupture.

On cultive de tous les côtés. Ben Yacoub fait même labourer dans la forêt de Mouley Ismail.

Je suis, etc...

DAUMAS.

P.-S. — J'ai réclamé l'Arabe, qui est chez les Ouled Abdallah (2). On a écrit de suite au caid de cette tribu.

Nous avons pris des renseignements sur la route de Mascara à Tekedemt. Si vous les croyez utiles, je vous les enverrai.

Mon frère, sous-lieutenant au 2ᵉ chasseurs, prendra la liberté de passer chez vous pour y toucher les 38 francs, dont vous voulez bien nous indemniser.

On m'a présenté plusieurs chevaux pour vous. Comme

l'Emir l'ayant rendu suspect, une ordonnance royale du 15 janvier 1838 (*Moniteur Algérien*, 3 février 1836), lui retira en outre l'exéquatur, qui lui avait été accordé, comme consul des Etats-Unis.

(1) Le gouvernement français tenait, au contraire, à ce que les oukils de l'Emir fussent choisis parmi les Musulmans : « Nous avons peu à redouter, écrivait le ministre de la guerre au maréchal Valée, la transmission faite par eux de leurs observations. Leurs rapports ne peuvent, à la longue, que servir nos intérêts. En accueillant avec une faveur marquée et même en exigeant des choix faits exclusivement parmi les Arabes, nous aurons un moyen de plus de convier ce peuple à la confiance et de lui faire accepter notre voisinage. Les préventions céderont à des communications journalières, tandis que l'entremise des Européens ou des Israélites les laisseraient subsister dans toute leur force. » (Le ministre de la guerre au maréchal Valée, 10 décembre 1837, A. G. G. E 140 ³)

(2) Tribu de l'aghalik des Beni Amer campant dans la plaine de Mleta, au voisinage de Hammam bou-Hadjar.

ils ne réunissaient pas ce qui convient, je les ai tous refusés.

On a envoyé jusqu'à Tekedemt et j'ai su, hier, par le cadi (1), que le califfa en attendait plusieurs et se proposait de vous en offrir un.

Un ex-cadi de Mascara, nommé Sidi Hadj ben Abdallah, me prie de solliciter votre bienveillance pour une maison, qu'il a à Oran et dont il veut se défaire. L'oukil vous en parlera. Le califfa lui-même m'en a fait aussi parler.

A. H. G.　R. J. 11348 (Original).

---

(1) فــاضــي, magistrat dont la compétence s'étend sur toutes les matières civiles et criminelles réglées par la loi, c'est-à-dire par le Qoran, les traditions authentiques et les commentaires autorisés.

XI

Daumas à Auvray.

Mascara, le 31 décembre 1837.

Mon Général,

Je ne vous envoie pas de chevaux par ce courrier. Je
n'en ai reçu qu'un pendant la semaine et, les fêtes du
Ramadan ayant eu lieu pendant les trois jours de marché, il m'a été aussi impossible d'en obtenir d'autres qu'à
eux de m'en fournir, attendu qu'il n'en est pas venu un
seul à Mascara.

On a bien promis de m'en dédommager le marché prochain. Je ne ferai donc partir celui que j'ai entre les mains,
que dimanche prochain. Au moment de leur départ, les
derniers chevaux étaient tous bien portants, mais, comme
ils font la route d'une seule traite et sans rien manger, ils
doivent arriver un peu défaits à Oran. Je vous assure,
mon Général, que pour en recevoir cinq, j'en refuse ordinairement dix et, si l'on veut hâter un peu cette remonte,
qui traîne tant en longueur, il faut s'attendre à voir inévitablement quelques sujets médiocres s'y glisser.

J'ai très bien expliqué l'affaire des fusils sans bayonnettes laissés à Tlemsan. On m'a répondu que cela ne
souffrait aucune difficulté, c'est-à-dire, qu'on les rendrait
ou qu'on les payerait, mais qu'il fallait attendre le retour
de l'Emir qui, seul, savait où ils étaient.

Je n'ai pas trouvé dans votre dernière lettre l'état des
effets emportés par le spahi déserteur, dont vous me
parlez.

Conformément à vos ordres, je me suis entretenu avec Hadj el-Djilaly de la répugnance, que vous éprouvez à accepter un cheval dans ce moment. Ces explications ont paru lui faire de la peine, mais il a bien compris et m'a promis d'éloigner adroitement du califfa ces idées, du moins, pour quelque temps. Du reste, je crois pouvoir vous assurer, que cela les contrarie beaucoup et que ça n'ira pas plus loin que cette semaine.

Décidément, ces braves gens ont des vues sur Constantine. Hadj el-Djilaly est encore revenu à la charge en me disant, que cela conviendrait à l'Emir et que lui seul pourrait nous indemniser de nos dépenses. Je lui ai répondu, que j'ignorais entièrement les intentions du gouvernement à cet égard, mais, qu'il était malheureux, dans tous les cas, qu'on n'ait pas payé aux termes convenus les grains qu'on nous devait, parce que cela aurait, au moins, donné de la confiance pour les transactions futures. Il m'a paru beaucoup réfléchir et le coup a porté. J'apprends à l'instant que, sous peu de jours, le califfa se met en marche et se rend chez les Medjaers pour les forcer à s'exécuter ainsi que d'autres tribus, qui témoignent beaucoup de mauvaise volonté.

La conduite du consul de l'Emir à Mostaganem est connue à Mascara. Hadj el-Djilaly m'a dit, qu'on le changerait avant peu.

Vendredi dernier, grand jour de fête pour les Arabes, j'ai cru devoir me présenter chez le califfa. Il m'a très bien reçu et m'a chargé de vous offrir ses saluts.

Hier, il est arrivé à Mascara un être assez extraordinaire. C'est un nommé Roche, Léon, dont la famille ha-

---

(1) Roches (Léon), né à Grenoble, en 1810, abandonna ses études de droit pour venir en Algérie rejoindre son père (1832). Il s'adonna à l'étude de la langue arabe et devint traducteur assermenté (1835). Lieutenant dans l'escadron de cavalerie de la garde nationale d'Alger, depuis 1832, il accompagna, en 1836, le maréchal Clauzel dans son expéditoin sur Médéa et se distingua au passage du col de Mou-

bite Alger. Son père (1) est un ex-juge au Tribunal et lui parle et écrit tellement bien l'arabe, qu'il a rempli les fonctions de traducteur assermenté. Il s'est fait musulman (2), a rejoint l'Emir, avec qui il a passé une quinzaine

zaïa, où il sauva la vie au capitaine Gastu. Après la signature du traité de la Tafna, il passa au service d'Abd el-Kader, dont il sut gagner la confiance et dont il devint le secrétaire intime. Il abandonna l'Emir en octobre 1839, et entra dans le corps des interprètes militaires. Nommé interprète de 2º classe, il fut attaché à l'Etat-major général de l'armée d'Afrique, puis à l'Etat-Major du maréchal Valée. Interprète de 1ʳᵉ classe en 1840, interprète principal en 1841, il fut chargé par Bugeaud de se rendre à Kairouan, afin d'obtenir une « fétoua » autorisant les musulmans algériens à se soumettre à la domination française. Ayant heureusement accompli cette mission, Roches prit sur lui de se rendre au Caire, afin de faire sanctionner cette « fétoua » par les ulemas de la mosquée El-Ahzar, et à la Mecque, où il la soumit à l'approbation du grand Chérif (1841-1842). De retour en Europe, il songea un instant à entrer dans les ordres, puis, en juin 1842, reprit son service auprès de Bugeaud. Il prit part aux campagnes dans la vallée du Chéliff, dans l'Ouarsenis, en Kabylie, enfin à la guerre franco-marocaine de 1844. L'année suivante, il fut attaché à la commission de délimitation de la frontière franco-marocaine présidée par le général de Larüe, puis envoyé en mission à Tanger. Sur les instances de Bugeaud, le ministre des affaires étrangères le nomma, en 1846, secrétaire de légation à Tanger. Il devint successivement chargé d'affaires à Tanger (1848), consul général de France à Trieste (1849) ; consul général à Tripoli de Barbarie (1852) ; consul général et chargé d'affaires à Tunis (1855) ; consul général et chargé d'affaires au Japon (1863) ; ministre plénipotentiaire (1868). Il fut admis à la retraite en 1870 et mourut le 26 juin 1901. Léon Roches a publié lui-même ses souvenirs (de 1832 à 1845) sous le titre de : « Trente-deux ans à travers l'Islam » (Paris, Didot, 1884-1885, 2 vol. 8º). Cet ouvrage a été réédité par E. Carraby sous le titre de : « Dix ans à travers l'Islam », Paris (Perrin), 1904, 8º.

(1) Le père de Léon Roches avait été attaché au service de l'intendance lors de l'expédition de 1830 ; il s'occupa ensuite d'entreprises agricoles et fut l'un des premiers colons de la Mitidja. La Commission d'Afrique visita en 1833 les plantations d'oliviers, qu'il avait entreprises de concert avec M. Colombon.

(2) Roches prétend qu'il se borna à simuler une abjuration. D'autre part, selon Féraud (*Les interprètes militaires de l'armée d'Afrique*, p. 238), il aurait pris soin en arrivant à Mascara, d'écrire à Daumas, pour l'informer de son intention de quitter l'Emir, au cas où celui-ci

de jours et paraît maintenant devoir habiter Mascara, où il est fortement recommandé. Je ne l'ai vu qu'une seule fois dans la boutique du sellier de l'Emir. Il paraît avoir reçu une bonne éducation, mais, comme sa conduite est au moins étonnante pour nous, j'ai été très réservé avec lui. Daignez me dire quelle est la conduite que je dois tenir à son égard. Il serait peut-être prudent aussi de demander à Alger, s'il n'y a rien contre ce jeune homme. Il ne s'est pas présenté au consulat; donc, il est sans papiers. Comment faut-il faire ?

J'ai appris qu'on vendait beaucoup de fusils français chez les Beni Amer et les Garabas. Je crois devoir vous en rendre compte. Je n'ai pu découvrir encore par qui se faisait ce commerce illicite.

Les relations avec le Maroc paraissent prendre de la consistance depuis le voyage à Fez du frère de l'Emir. Tous les jours, il arrive des convois. Cette semaine, 42 mules chargées de poudre, pierres à feu et sabres de cavalerie ont passé par Mascara pour se rendre à Tekedemt.

On dit aussi, qu'un déserteur s'est chargé de faire des canons à Tlemsan. Cette nouvelle paraît absurde.

Daignez, mon Général, agréer, au renouvellement de cette année, les vœux que je forme pour votre bonheur et celui de tout ce qui peut vous intéresser.

Je suis, etc...

DAUMAS.

P.-S. — On est toujours sans nouvelles de Cadour Ould Mansor, que l'on prétend chez les Ouled-Abdallah. Il n'a pas paru d'autres déserteurs à Mascara.

---

recommencerait les hostilités contre les Français. Cette lettre aurait été envoyée par Daumas au ministre de la guerre. Daumas mentionne, en effet, une lettre de ce genre, que Roches lui aurait adressée de Tlemcen. (Dépêche de Daumas du 21 janvier 1838).

Au moment où le courrier allait partir, Ben Iagrou est venu me présenter quelques chevaux. J'en ai donc retardé le départ jusqu'à ce soir, afin de tirer le meilleur parti possible du marché, qui a paru s'ouvrir.

Nous apprenons aussi à l'instant par un nommé Chériff, dont le dévouement à la France est bien connu, que deux Kabyles de la tribu des Zouaâ (1) partis de Constantine, il y a 14 jours, sont arrivés hier à Mascara, lui apportant une lettre de son cousin. On lui dit que toutes les tribus ont fait leur soumission; que les marchés sont aussi bien approvisionnés que du temps d'Achmet-Bey et que 400 cavaliers des Zouaâ, sous les ordres de leur chef ben Zamou, ont été chercher à Bône (2), un convoi destiné à ravitailler Constantine.

On n'entend plus parler d'Achmet, qui est au loin, dans le désert.

Il nous a dit aussi que l'Emir n'avait jamais dépassé Média de plus d'un jour de marche; qu'il était depuis 13 jours à Aâmsah (3), chez les Haribes (4) et que les préten-

(1) Il ne saurait être ici question des Zouaoua de la Grande Kabylie, confédération de tribus habitant le revers nord du Djurdjura et qui restèrent indépendants jusqu'en 1857. Il faut, sans doute, lire Zouagha, tribu habitant la région montagneuse au nord de Milah. (Fedj Mezala. M. Sidi Merouan P. E.).

(2) Ville du littoral de l'Algérie bâtie au pied des derniers contreforts de l'Edough. Elle fut occupée par les Français en 1832, et servit de base aux opérations dirigées contre Constantine en 1836 et en 1837. La distance de Constantine à Bône est de 176 kilomètres.

(3) Hamza.

(4) Arib ; tribu occupant la plaine de Hamza. D'origine arabe, les Arib habitèrent d'abord le Zab ; au XIVe siècle, leurs diverses fractions formèrent une confédération qui, sous la direction du marabout Sidi Hadjerès, se rendit maîtresse de tout le Hodna. A la mort de Sidi Hadjerès, les Arib se dispersèrent ; la plus grande partie resta dans le Hodna, puis, au XVIe siècle, vint se fixer sur l'oued Mammoura, à 35 kilomètres de Sour-Ghozlan (Aumale). Les Turcs les établirent dans la plaine de Hamza. Quelques fractions cependant poussèrent jusqu'à la vallée du Chéliff et s'établirent à vingt-huit kilomètres environ de Miliana. (Littré. P. E.). Cf. Berbrugger : Les Aribs, *Revue Africaine*, 1864. p. 378.

dues victoires, pour lesquelles on avait tiré le canon à Mascara n'étaient que des mensonges.

Cet homme a déjà rendu de grands services au commandant Abdallah (1) à qui il était très attaché. Le commandant Ménonville (2) lui avait fait quitter Mostaganem pour s'en servir dans un moment difficile, mais on le surveille avec tant de soin, qu'il n'a pu encore trouver un prétexte pour venir nous voir. Il est encore tout disposé à nous servir ; seulement il demande la plus grande discrétion, sans quoi il serait perdu. Il prétend, qu'on sait à Mascara tout ce que je vous écris. J'en doute, malgré qu'on ait écarté déjà de notre maison tous ceux qui pouvaient nous renseigner.

Le califfa ne tardera pas à sortir, car j'ai vu moi-même sur la place les mekrazeni, qui allaient porter les lettres de convocation.

Sa première visite doit toujours être pour les Medjaers, qui ne sont pas pour lui dans de très bons termes.

Dans la masse des nouvelles que je vous donne, il y a sans doute beaucoup d'absurdités, mais je crois de mon devoir de ne vous rien laisser ignorer de ce qui circule dans Mascara. J'emploierai toujours la forme dubitative pour tout ce qui ne mérite pas notre confiance et j'appellerai votre attention sur ce qui nous paraîtra vrai.

Nous ne vous enverrons les renseignements sur la route de Tekedemt que dans quelque temps, voulant bien nous éclairer avant de le faire.

----

(1) Abdallah d'Hasbounc. D'origine syrienne, il servit aux mameluks de la garde et il parvint au grade de chef d'escadrons. Retraité à la chute de l'Empire, il fut nommé, au mois de mai 1830, interprète de 3e classe de l'armée d'Afrique. En 1833, il fut détaché à Oran, près du général Desmichels, qui l'employa dans ses négociations avec Abd el-Kader. Après la conclusion de la convention du 26 février 1834, (traité Desmichels), il remplit les fonctions de consul de France à Mascara, et les conserva jusqu'à la rupure d'Abd el-Kader avec le général Trézel (juin 1835).

(2) Consul de France à Mascara. — *Introduction.*

Ben Iagrou sort d'ici et m'a dit que, le père d'Hadj l'Habib, étant mort, ce consul avait l'intention de revenir à Mascara arranger ses affaires, et qu'on lui écrit de ne pas le faire. Je n'en sais pas d'avantage.

E. D.

A. H. G. R. J. 11351 (Original).

XII

Daumas à Auvray.

Mascara, le 7 janvier 1838.

Mon Général,

Je ne vous envoie pas de chevaux par ce courrier. J'en
ai refusé beaucoup, ne voulant plus recevoir que du bon.
On leur a dit, à tort ou à raison, que vous devez quitter
Oran et j'ai cru remarquer, qu'on n'y mettait plus la même
activité, tant il est dans leurs mœurs de toujours tempo-
riser.

Il est arrivé ces jours-ci des déserteurs zouaves (1) d'Alger
et d'Oran. J'ai fait interroger adroitement les derniers sur
les motifs, qui avaient pu les engager à nous quitter. Ils
ont répondu, qu'ils n'avaient eu qu'à se louer des Français, mais qu'il était arrivé des bâtiments pour les transporter tous à Alger et que la crainte seule, que de là on
ne les envoyât en France, les avait portés à nous fuir.
Si ce fait est vrai, il serait peut-être utile de détruire ces
idées qui, germant chez les indigènes, pourraient devenir

---

(1) Les zouaves créés par Clauzel, le 1er octobre 1830, étaient à
l'origine un corps mixte comprenant des Européens et des indigènes. L'organisation des zouaves fut modifiée par des ordonnances royales en date du 21 mars 1831, du 7 mars 1833, du 25 décembre 1835, du 20 mars 1837, du 11 novembre 1837. A cette
date, les zouaves formaient un corps placé sous les ordres d'un colonel, et divisé en trois bataillons, chaque bataillon comprenant deux
compagnies françaises et quatre compagnies indigènes. Le troisième
bataillon était affecté à la province d'Oran.

la cause de nombreuses désertions. J'ai réclamé leurs armes. Ils assurent ne pas les avoir emportées.

Jeudi, on a reçu des nouvelles de l'Emir et, aussitôt, on a fait courir le bruit à Mascara que la France lui cédait Constantine, où il avait nommé bey Sidi Tobbal (1), le chef du Biban. Ces bruits là peuvent être mis au nombre de ceux que fait répandre Abd el-Kader, soit pour assurer son pouvoir, soit encore pour intimider des tribus, dont l'affection est douteuse.

Le frère de l'Emir, qui était allé porter les présents à Fez, est de retour à Tlemsan, avec Habib Boalem, chef des Garabas. Le frère du caïd Hadj el-Boukary, seul, est resté dans le Maroc.

Les hommes, qui ont conduit les derniers chevaux de remonte à Oran, prétendent y avoir été dévalisés. Si cela est vrai, ne serait-il pas politique de les indemniser entièrement, quand ce ne serait que pour leur faire sentir combien nous sommes justes et nous étayer plus tard de cela, si le cas venait à se présenter.

On enrôle toujours à force pour l'infanterie de l'Emir.

Le Maroc envoie toujours de la poudre, des armes et des vêtements.

L'Aga (2) de cette infanterie est venu me prier de lui montrer l'exercice. Je m'y suis refusé en disant, qu'officier de cavalerie, je ne m'en étais jamais occupé. Cette infanterie fait pitié. J'en ai à peu près l'organisation, que je vous enverrai, si cela vous est agréable.

Ils n'ont encore pour instructeurs que des déserteurs

---

(1) Si Tobbal Mohammed Abdesselem el-Moqrani, chef de l'un des deux çofs, qui divisaient la famille des Moqrani, et adversaire du bey de Constantine, qui avait soutenu son cousin, Ahmed ben Mohammed el-Moqrani. Après la prise de Constantine, Abdesselem, profitant de l'absence de son rival, qui avait accompagné dans le sud le bey vaincu et fugitif, s'était rendu maître de toute la Medjana. (Rinn, *L'Insurrection de 1871*, Alger, 1891, Introduction, pp. 20, s. q. q.).

(2) Officier commandant un bataillon de mille réguliers. Il correspondait au « Bin Bachi » turc.

sans moyens ; aussi, jusqu'à présent, cela se borne-t-il aux
a droite, aux à gauche, et à la charge tant bien que mal
estropiée. Ils n'ont aucune idée de la cadence du pas et ne
se forment que sur un rang.

Hadj el-Djilaly m'a assuré, qu'on allait envoyer des
bœufs et continuer le versement des grains. La lettre de
l'Emir paraît l'ordonner.

Aujourd'hui, j'ai vu Miloud Bennarache. Jusqu'à présent, j'avais douté de sa maladie, mais elle a été réelle.
Il est encore très faible et ne pourra partir que dans quelque temps. J'ai même su, que l'Emir le pressait fortement.

Croiriez-vous, mon Général, que, dans ce malheureux
gouvernement, si cet homme venait à manquer, Abd el-
Kader ne saurait à qui confier cette mission.

M. le colonel Dubarrail m'a envoyé un Douer de Mostaganem, dont le cheval a été pris par les Hachem Daro (1).
Je me suis occupé sur-le-champ de son affaire et m'empresse de vous annoncer, que le califfa m'a promis, que
justice serait rendue. Cet homme ne savait où aller à
Mascara, où les Douers ne sont pas en odeur de sainteté.
Je l'ai pris dans ma maison, lui et son cheval et il ne partira, que quand il aura celui qu'il réclame.

Je sais qu'ils me traîneront en longueur mais je les
tiens par une réclamation, qu'ils font eux-mêmes et que
je ne vous transmettrai, que lorsqu'ils se seront exécutés.

Nous avons reçu la visite d'un grand marabout du
pays, Sidi Mohamet ben Haoua. Ce brave homme nous
a parlé de Sidi Nahyssa (2) (Jésus-Christ), d'Abraham,
de David, de Salomon, de Sidi Mouça (Moïse), enfin de
tous les patriarches. Quand il a vu que nous les connais-
sions, il a paru enchanté. « Dieu, nous a-t-il dit, a fait

-----

(1) **Hachem Darough.** Tribu de l'aghalik des Medjaer, au sud de
Mostaganem. (D. C. : Hachem Darough Fouaga ; Mostaganem et
kir P. E. ; Hachem Darough-Tounin, P. E.)

(2) Aïssa.

et séparé ; nous n'en sommes pas moins frères (1) et vous valez mieux que les Turcs, qui nous pillaient et massacraient ». Naguère, nous passions pour des impies, des païens et maintenant on nous accorde la croyance en un seul Dieu. C'est un grand pas de fait. Les marabouts, que j'ai vus, paraissent bien disposés en notre faveur et j'ai grand soin de les entretenir dans de pareilles idées.

On m'a assuré que M. Allégro avait été envoyé d'Alger auprès de l'Emir.

On est venu me dire que M. Léon Roche, maintenant Omar, était parti pour Tlemsan. J'ai feint de le croire, malgré que je sois persuadé, qu'il est encore ici. On ne peut dissimuler ainsi sa présence que pour mieux s'en servir sans éveiller les soupçons, si le cas venait à échoir, ou pour refuser de le représenter, s'il y avait quelque chose contre lui à Alger.

M. le docteur Warnier (2) m'a demandé à aller à Oran

---

(1) اعنـا خـوت ولـكن ربّى خـلـف وبـرّق

Nous sommes frères, mais Dieu nous a créés et séparés ainsi. (Daumas, *la Vie arabe*, p. 356. — Ben Cheneb, *Proverbes arabes de l'Algérie*, T. I, n° 19. — On peut rapprocher de ce proverbe, le suivant :

احبـاب من الطيـن وعـذيـان من الـديـن

Amis par le limon (c'est-à-dire par l'origine) et ennemis par la religion. Ben Cheneb, op. cit., T. I, n° 12.

(2) Warnier (Auguste, Hubert), né à Rocroi, le 8 janvier 1810. — Chirurgien-élève en 1831 ; chirurgien sous-aide à l'hôpital d'Oran, 1832 ; aide-major, 1839 ; membre adjoint de la Commission scientifique de l'Algérie, 1839 ; directeur des affaires civiles dans la province d'Oran, 1848 ; conseiller civil, rapporteur au Conseil supérieur de l'administration de l'Algérie, 1849 ; en non-activité par retrait d'emploi, 1853 ; retraité, 1861 ; préfet d'Alger, 5 septembre-30 octobre 1870 ; député à l'Asemblée nationale, juillet 1871 ; décédé à Versailles, 15 mars 1875. Le docteur Warnier collabora aux journaux l'*Algérie* (1843-1845) et l'*Atlas* (1849-51). Il est l'auteur de nombreuses publications relatives à l'Algérie (*L'Algérie devant le Sénat*, Paris, 1863 ; *L'Algérie devant l'opinion publique*, Paris, 1864 ; *L'Algérie devant l'Empereur*, Paris, 1865 ; *Bureaux arabes et Colons*, 1869 ; *Cahiers algériens*, session législative de 1870, Paris, 1870).

pour quelques jours, afin de faire amputer un homme de Mascara, qu'il soigne depuis longtemps et qui souffre tant, que cette opération est devenue indispensable. Le malade a désiré la présence du docteur pour ce moment pénible et j'ai cru pouvoir le prendre sur moi, avec d'autant plus de raison, que je ne suis pas fâché, que M. Warnier vous voie et vous entretienne de notre position.

Je saisis cette occasion, mon Général, pour appeler votre attention et votre bienveillance sur M. Warnier, qui n'a cessé de nous rendre des services, et dont les talents ont acquis déjà beaucoup d'amis à la France.

Je suis, etc.

DAUMAS.

P.-S. — Je vous envoie les reçus que vous me demandez. Celui des 100 francs, je l'avais déjà donné à M. le général Bugeaud, avant mon départ d'Oran.

A. H. G. R. J. 11374 (original).

XIII

Daumas à Auvray.

Mascara, le 11 Janvier 1838.

Mon Général,

J'ai reçu votre lettre hier et me suis bien pénétré de l'affaire d'Hadj l'Habib. Elle m'a paru très sérieuse et difficile à arranger, eu égard à la susceptibilité arabe. Après y avoir mûrement réfléchi, je me suis décidé, avant de demander une audience au califfa, à entretenir son entourage et à bien le convaincre de nos droits, afin de prévenir toute fâcheuse conséquence.

J'ai donc mandé chez moi Miloud Bennarache, Hadj el-Djilaly et le caïd Hadj el-Boukary. Ce sont les seuls qui aient du crédit sur l'esprit du califfa. Ils s'y sont rendus. Je leur ai alors exposé la conduite de leur consul à Oran, votre indignation ainsi que votre intention formelle d'en avoir satisfaction, les prévenant en outre, que vous aviez commencé par faire mettre en prison les chiaouss, qui s'étaient permis de venir arrêter un Arabe jusque dans la cour du Château (1). Leur étonnement a été d'autant plus grand, qu'en leur écrivant hier, Hadj l'Habib qui, sans doute, se trouvait coupable, ne leur avait pas dit un mot de tout

---

(1) L'oukil d'Abd el-Kader à Oran prétendait empêcher les indigènes du territoire gouverné par l'Emir de venir vendre leurs denrées au marché d'Oran. Il avait même, le 8 janvier, fait saisir l'un d'entre eux par ses chaouchs dans la cour de la Kasbah. Le général Auvray avait fait emprisonner les agents de l'oukil, et demandait satisfaction de l'insulte faite à l'autorité française. (Cf. Rapport de l'intendant civil Bresson, 21 janvier 1838, A. G. G. A. E. 88.)

·cela. Néanmoins, tous se sont accordés à blâmer l'oukil; seulement l'emprisonnement des chiaouss leur paraissait contraire au droit des gens et, selon eux, il eût été plus juste de s'en plaindre au califfa, qui les aurait fait très sévèrement punir. Avec des gens aussi peu avancés, j'ai eu toutes les peines du monde à faire comprendre, que personne ne pouvait exercer d'acte d'autorité sur notre territoire et que nous avions le droit de punir ceux qui contrevenaient à nos lois.

« Mais non, disaient-ils, vous êtes les maîtres des vôtres et nous des nôtres » et ils ne sortaient pas de là (1). J'ai fini par leur dire, que nous avions des agents chez toutes les puissances étrangères et réciproquement ; qu'on n'en agissait pas autrement ; que tout le monde nous donnerait droit et que, remettant à leur prudence et à leur sagesse le soin d'une pareille affaire, je sollicitais une audience du califfa.

Ils sont alors sortis et se sont de suite rendus au beylick. Là, j'ai su, qu'on avait fait sortir tout le monde et qu'un conseil secret avait été tenu. On y a ouvert des avis différents, puis on est encore revenu chez moi et l'on m'a dit, que l'oukil avait tous les torts du monde, mais qu'on ne savait comment l'Emir prendrait l'arrestation des deux chiaouss et que, sans cela, l'affaire marcherait toute seule. Je me suis contenté de reproduire les mêmes arguments, en demandant à parler de suite au califfa. On est reparti et, une heure après, on est venu me chercher. Il était [   ] (2) heures.

---

(1) L'Emir et ses agents soutenaient que les musulmans, en quelque endroit qu'ils se trouvassent, fût-ce en territoire français, restaient soumis à leur juridiction, parce qu'ils ne pouvaient dépouiller leur qualité de musulmans. Cette prétention était en contradiction avec l'article IV du traité de la Tafna : « L'Emir n'aura aucune autorité sur les musulmans, qui voudront habiter sur le territoire réservé à la France. » Déjà, après le traité Desmichels, les oukil d'Abd el-Kader avaient commis des abus de ce genre.

(2) Lacune dans le texte original.

Arrivé au beylick, j'ai trouvé le califfa très triste ; il m'a paru irrésolu. Je lui ai exposé le tout respectueusement mais avec beaucoup de fermeté. Il m'a laissé parler longuement, puis il m'a dit :

« Hadj l'Habib a tous les torts du monde et d'autant plus tort, qu'à part les chevaux, il n'a jamais été autorisé à arrêter quelque marchandise que ce soit. Il s'est très mal conduit en se permettant de faire saisir un homme jusque dans la cour du Château. Il en sera fortement réprimandé et, si cela se renouvelle, sévèrement puni et changé. Quant aux chiaouss, je ne sais vraiment quelle punition leur infliger, puisque M. le général s'est fait justice lui-même. J'avoue que cela me fait de la peine, parce que c'était à moi à les punir. Cependant je les mets entièrement à la disposition du général. Ils sont dans sa main. »

La conduite de l'oukil étant fortement blâmée, les chiaouss à votre disposition, je suis sorti et n'en ai pas demandé d'avantage, pensant que vous seriez satisfait. Je rentre chez moi et m'empresse de vous envoyer un courrier pour vous instruire de ce qui s'est passé. Soyez assez bon pour me dire si j'ai bien agi et rempli vos intentions.

Cette affaire là m'ayant pris toute la journée, il m'a été impossible de traiter les autres, qui ne sont, du reste, que secondaires. Dimanche, en vous envoyant probablement quelques chevaux de remonte, je vous en rendrai compte.

Je viens d'apprendre que Ben Yagrou se rendra bientôt à Oran.

J'oubliais de vous dire que, pendant que j'étais chez le califfa, il est arrivé une lettre de l'oukil. Il cherche à s'excuser, en disant que l'homme, qu'il avait voulu faire arrêter, était venu vendre des chevaux. J'ai fait observer que, quand cela serait, cela ne changerait rien à la question.

Le califfa me charge de vous prier, si jamais cela venait à se renouveler, de l'en instruire et de lui laisser le soin de punir, vous promettant de le faire sévèrement.

Je crois que, disposant du sort des chiaouss, un peu d'indulgence ferait bon effet.

Je suis convaincu que les consuls de Mostaganem et d'Oran seront changés, mais ils sont bien embarrassés, n'ayant vraiment personne pour les remplacer.

Sans aucun doute, ils se plaidront de vous à Alger pour cette arrestation, malgré qu'ils connaissent leurs torts.

Je suis, etc.

DAUMAS.

H. H. G. R. J. 11372 (Copie).

XIV

Daumas à Auvray.

Mascara, le 14 janvier 1838.

Mon Général,

Je viens enfin d'avoir une réponse à toutes les demandes contenues dans votre dernière lettre et je m'empresse de vous la transmettre par les cavaliers, qui vous conduisent encore trois chevaux de remonte.

On est toujours à la recherche du nègre Salem ben Chaik, mais on n'a pu encore découvrir où il s'est réfugié.

La question de la vente des biens appartenant aux Arabes vivant sous nos lois est une affaire sérieuse, que le califfa ne peut prendre sur lui de résoudre, prétendant n'avoir aucune connaissance de cet article du traité (1). Je le leur ai fait lire. Ils y trouvent de l'ambiguité et il faut en écrire à l'Emir ou lui en faire écrire par M. le Gouverneur général. En attendant, ils croient, que vous ferez bien d'arrêter chez nous la vente des biens, qui vous seraient réclamés par les leurs.

On nie positivement la présence du nègre Hamadi chez le califfa.

---

(1) L'article IV du traité de la Tafna stipulait la liberté pour les Arabes soumis à la France d'aller s'établir sur le territoire de l'Emir et réciproquement, mais ne précisait rien quant à leurs biens. Le gouvernement français en concluait, que les indigènes avaient le droit de disposer à leur gré de ces biens, sans que personne pût y mettre obstacle.

On tâchera de le découvrir ainsi que le pistolet réclamé. A moins de leur dire en face qu'ils mentent, il faut attendre.

Quant aux réclamations qui tiennent au Gharb, c'est-à-dire celles de l'ex-bey Mustapha Moukallèche (1) pour ses nègres, des Douers pour leurs fruits, du cheval volé par le déserteur Adda et de la vache escroquée par les Beni Ammer, on vous prie d'en écrire au califfa Bohamidy, qui réside à Tlemsan et sous les ordres duquel les Kabyles (2) et les Beni Ammer sont placés. Vous pensez bien qu'en me disant cela, il a fallu m'avouer que, l'Emir n'ayant que deux califfas, l'un pour le Gharb et l'autre pour le Chairg, il existait entre eux une rivalité de jalousie dans le commandement. J'ai fait sentir que cela ne nous regardait pas, que nous ne pouvions entrer dans ces détails et, qu'à moins de nous donner une triste idée de leur puissance, il nous fallait quelqu'un représentant l'Emir pendant son absence et faisant marcher les affaires. Il m'a été répondu, qu'on en sentait comme nous la nécessité et que l'Emir se proposait de remplacer par un autre chef le califfa Moustapha ben Tamy, qui serait alors promu à la dignité de bey et aurait ainsi toute action sur les deux califas (3). On n'a pas manqué d'ajouter, comme toujours, qu'il fallait un peu de patience, que leur gouvernement ne faisait que s'installer, qu'on ne pouvait se faire

---

(2) Mustapha Mekallech, fils du bey d'Oran Mohammed ben Mekallech, vainqueur des Derkaoua insurgés, puis mis à mort par ordre du dey d'Alger, Ahmed, en 1808, s'était rallié à la France et avait été nommé par Clauzel bey de Tlemcen, le 2 février 1836. Dépossédé de son commandement par suite de la cession de Tlemcen à l'Emir, il avait reçu une pension du gouvernement français.

(1) Nom générique donné aux populations montagnardes de l'aghalik des Trara, bien qu'elles ne fussent pas toutes de race berbère. (Tableau des Etablissements français, 1839, p. 297.)

(3) A l'imitation du gouvernement des Turcs, où le dey avait sous ses ordres un bey dans chacune des trois provinces, et chacun des beys des khalifa.

une idée des difficultés qu'il rencontrait et que, pour des
vétilleries, il ne fallait pas troubler la bonne intelligence.
Le fait est que, quand l'Emir est loin, ils trouvent de
l'opposition même chez les tribus les plus rapprochées.
C'est ainsi que des cavaliers partis dernièrement pour
punir les Ouled Qraled (1) ont été repoussés et qu'ils sont
obligés de dormir là dessus. Il y a donc du vrai dans
tout cela et je vous écris le tout pour bien vous éclairer.
Ainsi il y a bonne volonté de la part du gouvernement
et opposition constante dans les tribus. Si ces raisons ne
vous paraissent pas concluantes, donnez-moi des ordres
et tracez moi la ligne que je dois suivre. Je ne m'en écar-
terai pas.

M. le colonel Dubarrail m'a adressé, il y a dix jours,
un Douer nommé Cadour ben Hachit, dont le cheval
s'était échappé à la chasse et avait été pris par les Hachem
Daro qui, pour dérouter les recherches, l'avaient envoyé chez les Hadissa (2). J'ai donc réclamé ce cheval
avec autant plus d'opiniâtreté, que Cadour avait eu le
bon esprit de m'apporter le nom de l'Arabe, qui l'avait
dans sa tente. On a envoyé chez l'aga des Hachem, qui
a répondu, qu'il ne savait pas ce qu'on voulait dire. J'ai
insisté en gardant le Douer dans ma maison et annonçant, qu'il ne partirait pas avant d'avoir satisfaction. On a
donc encore expédié des ordres et je m'empresse de vous
annoncer, que son cheval lui a été rendu aujourd'hui.

Je me suis conformé à vos instruction pour l'affaire de
Garavini (2). Je me suis attaché à convaincre non seulement le califfa mais encore tout son entourage, que cette

---

(3) Ouald Khaled, tribu faisant partie de l'aghalik des Hachem Gharaba. On les divisait en Ouled Khaled Cheraga et Ouled Khaled Gharaba (Saïda M.).

(7) Oulad Aïssa ben Abbas, tribu de l'aghalik des Hachem Cheraga,
campant dans la plaine d'Eghris aux environs de Cacherou et dans la
montagne de Nosmot.

(3) Cf. dépêche de Daumas du 23 décembre 1838.

détermination avait été prise autant dans son intérêt que dans le nôtre et qu'il ne pouvait en être autrement. J'ai cru les voir très contrariés et surtout très embarrassés pour le remplacer. Leurs yeux se sont jetés un instant sur Allégro (1). Il y a sans doute des intrigues pour cela.

Aujourd'hui même, on a rapporté dans Mascara le corps de Mohamed ben Cassery, califfa des Hachem, tué dans une affaire à Ouad el-Zitoune (2). La plaine d'Egueris a reçu également les restes de plusieurs chefs. On fait courir le bruit que l'Emir a voulu faire contribuer Ouad el Zitoune et qu'il y a été complètement battu. D'autres,

----

(1) Allégro, Tunisien d'origine, interprète militaire, sous-officier aux chasseurs d'Afrique (1833), attaché au premier bureau arabe, se distingua lors de l'occupation de Bougie et fut promu sous-lieutenant ; lieutenant en 1835 ; officier d'ordonnance de Bugeaud, il prit une part active aux négociations du traité de la Tafna. La paix conclue, Bugeaud songea même à l'envoyer en qualité de consul adjoint à Mascara : « C'est, écrit-il, un esprit fin et délié, très versé dans les mœurs et coutumes des Arabes ; il connaît toutes leurs ruses et leur dissimulation ; il parle leur langue avec perfection. » Bugeaud au ministre de la guerre, 25 juin 1837. A. G. G. A. E 113). Allégro avait réussi, d'autre part, à se concilier les bonnes grâces de l'Emir, qui s'exprimait sur son compte en ces termes : « Lorsque vous aurez besoin de quelque chose d'important et qui vous paraîtra être de quelque intérêt pour vous et pour nous, envoyez nous le porteur de cette lettre, Allégro ; car, après l'avoir vu et avoir causé avec lui, nous avons pensé qu'il était un homme sage, intelligent et qui entend parfaitement les affaires. » Abd el-Kader à Bugeaud, 10 juillet 1837, A. G. G. A. E 113 .

(2) Affluent du haut Isser (oriental). La vallée de cette rivière était habitée par les Zouathna, descendants de Kouloughli, jadis chassés d'Alger. Sans reconnaître formellement l'autorité de la France, ces indigènes avaient demandé au gouverneur général de leur donner un caïd. Abd el-Kader somma cette tribu, établie sur un territoire, dont il contestait la possession à la France, de reconnaître son autorité. Sur le refus des Zouathna, l'Emir envahit leur territoire et défit leurs contingents ; le caïd Beiram, fait prisonnier, fut condamné à mort et décapité, après avoir été promené portant, cousu sur son dos, son brevet de caïd signé du maréchal Clauzel (janvier 1838). Cf. Pellissier de Reynaud, *Annales Algériennes*, T. II, liv. XXV, p. 256. Daumas, *la grande Kabylie*, ch. v. Roches, *Dix ans à travers l'Islam*, liv. III, ch. vi.

bien entendu, le proclament comme vainqueur mais tous s'accordent à dire, qu'il a perdu beaucoup de monde. J'attendrai de nouveaux renseignements avant de former votre opinion.

Les consuls étrangers sont en correspondance avec l'Emir et voici comment je l'ai su. J'étais dans la boutique du sellier de l'Emir, quand les derniers courriers sont arrivés. On a remis les paquets devant moi et j'ai reconnu les cachets et les armes.

On réunit des bœufs. Ils partiront, m'a-t-on dit, sous peu. On ajoute que, pour ne pas éprouver de résistance pour les grains, on a envoyé les chameaux de l'Emir les prendre dans les tribus.

Je vous envoie les nótes, que j'ai pu recueillir sur l'infanterie de l'Emir. Quand vous désirez savoir quelque chose, daignez me poser les questions. Je tâcherai d'y répondre.

Je suis, etc.

DAUMAS.

A. H. G. R. J. 11371 (Original).

XV

Daumas à Auvray.

Mascara, le 15 janvier 1838.

Mon Général,

Je n'ai reçu votre lettre qu'aujourd'hui, à midi, quoiqu'elle soit datée du 13. Conformément à vos ordres, je me suis immédiatement rendu chez le califfa et je vous réponds courrier par courrier.

Je lui ai fait part de tout ce que renferme votre lettre, en appuyant fortement sur les principes, que vous y émettez à l'égard de la France et les satisfactions que vous exigez. Il m'a répondu, qu'il n'avait pas cru pouvoir vous donner une plus grande preuve de bonne volonté que celle de mettre ces chiaouss à votre disposition, puisque vous deveniez ainsi maître de leur sort. Il écrit par ce courrier à Hadj l'Habib et lui ordonne sévèrement de mettre sur-le-champ en liberté Si Mohamed, s'il n'y est déjà, de restituer les quatre piastres et enfin de rendre à Si Mohamed ben Abdallah son mulet avec son harnais. Il lui enjoint en outre positivement de ne plus renouveler de pareils actes sous peine d'une punition exemplaire. Ayant ainsi obtenu tout ce que vous exigez, je suis sorti et m'empresse de vous en instruire.

Afin de mener à bien toute cette négociation, j'ai comme vous me l'avez écrit, fait espérer votre indulgence pour les chiaouss. Hadj el-Djilaly et le caïd Hadj el-Boukary, qui ont mis dans tout cela beaucoup de bonne volonté, me chargent de la solliciter aussi pour eux.

Vous avez dû trouver dans ma lettre d'hier une réponse à toutes les autres affaires, qui ne sont pas terminées.

Je vous ai également envoyé les notes que j'ai pu recueillir sur l'infanterie de l'Emir (1). Par le premier courrier, je vous enverrai celles que j'ai sur la route de Tckedemt même. Je crois vous avoir toujours instruit de tout ce que j'ai pu vous apprendre et, malgré les difficultés de tout genre, ferai tous mes efforts pour remplir le but, que vous me désignez.

Le frère de l'Emir, Si Mohamed Saïd (2), Zin, caïd des Beni Amer, et Habib Boalem, chef des Garabas, qui étaient allés à Fez conduire les présents de l'Emir, sont arrivés hier à Mascara.

Le frère du caïd Hadj el-Boukary (3) reste à Fez pour y suivre les affaires commerciales.

Le Maroc, comme j'ai eu l'honneur de vous le dire souvent, fournit des armes, des sabres de cavalerie, dont le fourreau est en cuivre, de la poudre, des pierres à feu et beaucoup de vêtements pour l'infanterie. L'Emir veut armer de sabres toute sa cavalerie régulière, qui ne se monte pas, à présent, à plus de 500 hommes.

Les enrôlements pour l'infanterie continuent sur tous les points. J'ai vu habiller au beylick une trentaine d'hommes, il y a quatre jours.

On fait toujours courir le bruit que l'Emir a été battu à Ouad el-Zitoune, malgré que le gouvernement, le proclamant vainqueur, ait fait tirer aujourd'hui sept coups de canon en signe de réjouissance. Suivant eux, les Couroulis (4) auraient demandé l'appui de la France à Alger et M. le Gouverneur général l'aurait refusé. Ils ajoutent

(1) Cf. Appendice. *Notes sur l'infanterie de l'Emir.*

(2) Cf. *Principaux personnages de la province d'Oran.*

(3) Hadj Tahar, employé par l'Emir à ses affaires de commerce. Cf. *Principaux personnages de la province d'Oran.*

(4) Kouloughlis, population issue du mariage des Turcs de la milice avec des femmes indigènes.

que, tout ce qui a pu échapper au massacre s'est réfugié sur notre territoire (1). Quoi qu'il en soit, on assure que l'Emir revient à Média (2) et que les tribus vont rentrer chez elles. Cela n'annoncerait pas une victoire.

J'oubliais de vous dire que le califfa avait, comme par le passé, protesté de son désir ardent de maintenir la paix. Il rejette toujours les contrariétés, que nous font éprouver les retards dans les restitutions, sur la difficulté des communications et la mauvaise volonté de quelques tribus. Il assure, que l'arrivée de l'Emir fera cesser tout cela.

Ben Iagrou est envoyé à Oran par le califfa. J'ignore ce qu'il va y faire.

Je suis, etc.

DAUMAS.

P.-S. — Au moment où je ferme ma lettre, il m'arrive encore une réclamation. Un Juif de Mascara, nommé Doublon, réclame à un Juif d'Oran, Salomon Ansalem, une somme de 3oo douros, qu'il prétend lui avoir été ainsi soustraite.

Salomon, qui était guide de M. le maréchal Clauzel,

---

(1) Les Kouloughlis échappés au massacre, avaient en effet cherché refuge sur le territoire français. Le maréchal Valée leur donna des terres près du Fondouck, et forma, avec ceux qui étaient en état de porter les armes, cinq compagnies destinées à assurer la garde de cette partie du territoire. Ils furent placés sous les ordres d'un certain Deli Hussein, qui avait jadis été au service du bey de Constantine.

(2) A la nouvelle des événements d'Oued-Zitoun, le maréchal Valée envoya des troupes occuper la position du Fondouk, sur le haut Hamiz. Le général Bernelle, qui les commandait, adressa à Abd el-Kader une demande d'explications, et lui enjoignit de ne pas pénétrer plus avant. L'Emir se replia alors sur Médéa, en suivant le versant méridional de l'Atlas, c'est-à-dire en restant sur le territoire, qui lui avait été concédé par le traité de la Tafna.

s'est présenté lors de la prise de Mascara (1), dans sa maison, où il n'avait laissé que sa mère et lui a escroqué tout son argent, en assurant et prouvant à cette vieille femme, par de faux témoins, que son fils lui-même l'envoyait pour sauver son bien.

Le tribunal juif de Mascara (2) condamna Salomon et on lui avait pris ses mules et ses marchandises; mais, comme c'est un fait de guerre et qu'il ne peut y avoir récrimination, j'ai exigé qu'on lui rendît immédiatement le tout et qu'on le laissât libre, car on voulait l'emprisonner. J'ai obtenu le tout et vous en rends compte. Le califfa vous envoie définitivement Ben Iagrou. Ma lettre devait partir hier, mais Ben Iagrou m'a prié d'attendre, voulant la remettre lui-même. Comme les Arabes n'en finissent jamais et que c'est, du reste, un pauvre cavalier, je viens d'exiger un cavalier et vous l'expédie tout de suite.

E. D.

A. H. G. R. J. 11373 (Original).

---

(1) Mascara fut occupé par le maréchal Clauzel le 6 décembre 1835. Les Français trouvèrent la ville abandonnée par la plus grande partie de la population musulmane. Ils l'évacuèrent le 9 au matin, après l'avoir incendiée.

(2) Tribunal formé par les rabbins et jugeant selon la loi mosaïque.

XVI

Daumas à Auvray.

Mascara, le 21 janvier 1838.

Mon Général,

Je me suis enfin entendu avec Hadj el-Djilaly sur l'étrange proposition du califfa (1). Après l'avoir bien convaincu qu'une correspondance avec Bohamidi était contraire à nos intérêts communs, qu'elle ne pouvait que retarder les affaires au lieu de les avancer et lui avoir rappelé que l'Emir, dans ses lettres, vous priait de vous adresser à Sidi Moustapha ben Tamy, en cas de difficultés, je l'ai envoyé chez le califfa qui, après avoir ouï ces explications, m'a fait sur le champ répondre, qu'il ferait ce qui vous était agréable et qu'il allait, en conséquence, écrire à Bohamidi pour toutes les affaires en litige, soit à Tlemsan, soit chez les Beni Ammer.

Il a aussi fait écrire aux Ouled Sidi Ghalem (2) pour la jument que vous réclamez au nom de Miloud Belaouffy. Sans nul doute elle sera rendue.

Quant à celle d'Ismaïl Mustapha, officier de la com-

---

(1) Mustapha ben Tamy engageait le général commandant la province d'Oran à traiter directement avec Bou Hamidi les affaires concernant le khalifalik du Gharb.

(2) Ouled Sidi Ghalem (dans Rinn, *Le Royaume d'Alger, sous le dernier Dey,* n° 200, Ouled Ali Ghoualem) ; tribu comprise dans l'aghalik des Beni Amer et habitant au pied du Djebel Tafaraouï. (Tafaraoui, P. E. — Saint Maur, P. E.) département d'Oran.

pagnie turque (1), il a été pris des renseignements et ils
ne connaissent à Amsoulen (2) ni douar (3) leur appartenant, ni Arabe du nom de Montès ben Cabou, qui, selon
eux, n'est pas même un nom arabe. J'ai dit alors que les
noms étaient peut-être mal écrits et que j'allais vous prier
de me donner de nouveaux renseignements. Ayez donc
cette bonté et exigez, pour toutes ces réclamations, qu'on
vous donne exactement les noms des lieux ainsi que ceux
des personnes.

Je me suis empressé de réclamer les 14 fusils emportés
par le douar de Ben Fartas. On a promis de les rendre.

J'ai également renouvelé ma demande pour le cheval
emmené par Amda Moustapha et l'on a écrit aux Ouled
Abdallah.

L'affaire de Çadour ben Cadi, chef des Medjaers a déjà
été traitée entre l'Emir et M. le général Bugeaud.

L'Emir a répondu, que tout cela s'était passé pendant la
guerre et qu'il ne pouvait y avoir maintenant de récriminations pour un fait de ce genre.

On en reparlera encore à l'Emir.

M. le colonel Dubarrail vient encore de m'envoyer un
Douer de Mostaganem, nommé Chareff. Il désire que je
lui fasse rendre sa femme, qu'il a laissée chez les Medjaers.
Comme M. le général Bugeaud a déjà traité cette question
avec l'Emir (4) et qu'il a éprouvé de grandes difficultés,

---

(1) Corps indigène formé, en avril 1832, avec 63 Turcs de l'ancienne
milice. Cette compagnie comptait en 1838, 100 hommes et était spécialement chargée de la garde du parc des subsistances militaires.

(2) Mesoulan, près de la Sebkha d'Oran, au voisinage du camp du
Figuier.

(3) Groupe de tentes ou de gourbis, habités par des individus appartenant le plus souvent à une même famille ou à une même fraction.

(4) A la suite de la conclusion de la paix, les Arabes du territoire
français avaient réclamé leurs femmes et leurs filles enlevées par les
partisans de l'Emir, et que ceux-ci refusaient de restituer. Sur la
demande de Bugeaud, une réunion de « tolba » de Mostaganem et
d'Oran avait décidé que « les femmes qui avaient passé dans les bras

je voulais d'autant moins m'en occuper, qu'il me semblait, d'un autre côté, que je ne pouvais et devais correspondre qu'avec vous seul ; puis, après un moment de réflexion, je l'ai encore reçu dans ma maison, lui et son cheval. Chareff étant ici, je vais donc tout tenter pour lui, malgré qu'il soit peut-être inopportun de revenir ainsi sur des questions qui passent pour jugées. Nous avons déjà tant d'embarras, qu'il est au moins inutile de s'en créer de nouveaux et, si nous entrons une fois dans cette voie, je crois que nous n'en finirons pas avec les Douers, à qui, le premier, je rends toute justice, mais dont vous connaissez mieux que moi l'esprit de charité pour les affaires de l'Emir.

Le frère de l'Emir, Si Mohamed Saïd, Abib Boalem des Garabas et Zin caïd des Beni Amer sont de retour du Maroc depuis le 16. L'Empereur ne les a reçus, dit-on, qu'une seule fois et très froidement. Il a fait à chacun quelques minces présents et les a renvoyés. Son cadeau pour l'Emir n'est pas encore arrivé. On met cette réception sur le compte de la jalousie de Mouley Abderrahman, qui verrait avec déplaisir l'Emir augmenter sa puissance. Le frère du caïd Hadj el-Boukary est cependant resté à Fez.

Le 16, il est arrivé un courrier de l'Emir. Cet homme avait deux lettres pour le califfa, l'une faisant un récit pompeux de ses victoires et l'autre racontant la vérité. Cette dernière, si je suis bien informé, disait que l'Emir avait demandé des contributions et 1.000 hommes d'infanterie à Ouad el-Zitoune. On lui en avait promis 500 et il s'était alors avancé sans défiance, mais, pendant la nuit, les Couroulis et les Kabyles réunis avaient cerné

---

d'autres maris, ne pourraient être rendues, mais que, celles qui étaient libres, ainsi que les enfants devaient être remises aux Français ». L'Emir, auquel cette décision fut transmise donna l'ordre de rechercher dans les tribus les femmes et les enfants des sujets français et de les renvoyer à Oran. (Dépêche de Bugeaud au ministre de la guerre, 30 octobre 1387. A. G. G. A. E 113[2].)

et surpris son camp, lui avaient tué 33o fantassins, 13o cavaliers et pris 120 mules. Il avait, en se retirant, pillé quelques petites tribus, qui ne pouvaient opposer de résistance. Quoiqu'il en soit, on n'en a pas moins, à Mascara, tiré sept coups de canon en réjouissance et l'on a entendu un chef dire à chaque coup : « Mensonge, mensonge ».

Je vous en prie, mon général, mettez un terme aux désertions de nos Douers (1). Nous en aurons peut-être besoin plus tard. Il faut les garder par force. Que Moustapha (2) en rende les chefs des douars responsables et

(1) Un rapport de l'intendant civil Bresson, du 21 janvier 1838, signale la désertion de 26 familles et de 5o cavaliers Douair, qui avaient abandonné leurs terres ensemencées, pour se soustraire, disaient-ils, aux mauvais traitements de leur caïd Kaddour. (A. G. G. A. E 88).

(2) Mustapha ben Ismaïl (1769-1843). Ce chef appartenait à la famille des Ouled ben Affan. Agha des Douair et des Smela, au temps de la domination turque, il resta, après 1830, fidèle au bey d'Oran, Hassan, puis reconnut l'autorité de l'empereur du Maroc. Lorsque celui-ci eut été contraint de rappeler d'Algérie ses représentants, et qu'Abd el-Kader eut été proclamé sultan par les tribus, Mustapha se montra peu disposé à lui obéir. Il fit alors à la France des offres de service, qui ne furent pas acceptées. La rivalité de Mustapha et d'Abd el-Kader ne tarda pas à dégénérer en lutte ouverte. D'abord victorieux à Hennaya, près de Tlemcen et sur les bords de la Sikkak, Mustapha fut vaincu à Meraz, et, plutôt que de se soumettre à l'Emir, alla s'enfermer avec quelques centaines de Kouloughlis dans le Méchouar de Tlemcen, où il se maintint jusqu'en 1836, date où il fut délivré par i'expédition du maréchal Clauzel. Passant alors au service de la France, il fut nommé agha supérieur des Douair et des Smela, prit part aux campagnes des généraux Perrégaux sur le bas Chéliff, et d'Arlanges sur la Tafna, ainsi qu'aux expéditions dirigées par Bugeaud en 1836 et en 1837. Blessé à la bataille de la Sikkak, il reçut, en 1837, le grade de maréchal de camp. Après la reprise des hostilités, il participa, à la tête du maghzen d'Oran, aux campagnes qui eurent lieu dans l'Ouest en 1839, 1840, 1841, 1842 et 1843. Il périt le 23 mai 1843 dans une embuscade, en traversant le territoire des Cheurfa, au moment où il venait d'anéantir les débris de la smala d'Abd el-Kader, surprise et dispersée quelques jours auparavant à Taguine par le duc d'Aumale. « Il était, écrit Pellissier de Reynaud, d'une bravoure éclatante, mais d'un caractère dur et rapace. » *Annales Algériennes*, T. III, liv. xxxv, p. 73.

qu'il le soit lui-même à nos yeux. On criera à Mascara, mais, quand on joue, il ne faut pas se laisser duper ; laissez-les crier, nous avons largement de quoi leur répondre. Y mettent-ils autant de délicatesse que nous ; n'empêchent-ils pas tous les jours des gens qui en ont envie, de venir à nous, et ne retiennent-ils pas les femmes d'Arabes, qui vivent sous nos lois ? Ne craignez rien, cela passera, par la raison, qu'ils sentent intérieurement leurs torts à notre égard. Quant à Moustapha, malgré ses nombreuses exactions et les plaintes qu'elles excitent, gardez-vous bien de jamais le changer.

Vous ne pourriez faire un plus grand plaisir ici, où l'on est convaincu, que lui seul retient les Douaiers chez nous et par l'autorité de son nom et par sa réputation de bravour. On me disait encore dernièrement: « Ce vieux Moustapha ne mourra donc jamais, pourquoi ne va-t-il pas à la Mecque? » Je ne crains pas de le répéter, gardez Moustapha avec tous ses défauts; on ne change pas les mœurs d'un peuple en un jour (1). Un des grands chagrins de l'Emir, c'est de voir les Douaiers avec nous. Il emploiera tous les moyens possibles pour les attirer à lui. Il comble de bienfaits cet Hamet ben Moctar qui, le premier, est venu le trouver et a même dit, qu'il voulait que la musique jouât un jour sur lui (2) comme autrefois sur la

---

(1) Lors des négociations du traité de la Tafna, Abd el-Kader avait demandé l'éloignement de Mustapha ben Ismaïl et de huit autres chefs des Douair et des Smela. Bugeaud avait refusé, mais, au mois d'août suivant, en présence des récriminations provoquées par les violences et la rapacité de l'agha, il avait songé à l'engager à faire le pélerinage de La Mecque. Le ministre de la guerre le dissuada de donner suite à ce projet. Le bruit courut alors, et fut, en particulier propagé par le général de Brossard, que Bugeaud avait signé avec l'Emir une convention secrète, par laquelle il s'engageait à éloigner d'Oran Mustapha ben Ismaïl et les principaux chefs des Douair et des Smela.

(2) C'est-à-dire comme elle avait joué, lorsque El-Mezari avait reçu de l'Emir l'investiture de ses fonctions d'agha.

Mazary (1). On répand chez eux des bruits inquiétants ;
on dit que les Français les vendront un jour à l'Emir.
Gardez donc Moustapha ; il représente au moins un principe, la haine incarnée de l'Emir et c'est toujours une
garantie pour nous.

Je viens de recevoir une lettre de ce M. Roche, dont
je vous ai parlé il y a quelque temps. Il est vraiment à
Tlemsan et me prie de faire passer à Oran, une lettre
pour son père, qui est à Alger. Il cherche aussi à me faire
comprendre, qu'il n'a employé ce moyen que dans l'intérêt de son pays. Je vous en rends compte.

Le retour du docteur a fait le plus grand effet à Mascara et celui de Ben Iagrou avec votre lettre pour le
califfa a fini de rassurer tout le monde. L'emprisonnement des chiaouss de l'oukil, la nouvelle de la défaite de
l'Emir à Ouad el-Zitoune, un bruit sourd de la marche
de M. le Maréchal (2) sur Blida (3) et Coléa (4), tout avait

____

(1) El-Mezari, neveu de Mustapha ben Ismaïl. Il avait été agha
sous les Turcs. Après 1830, il reconnut d'abord l'autorité du sultan
du Maroc, puis se rallia en 1833 à Abd el-Kader, qui le nomma agha
des Douair et des Smela. N'ayant pu empêcher ces tribus de se
mettre au service de la France, il se retira à Mascara, puis fit sa soumission aux Français et fut nommé par Clauzel agha du bey de
Mostaganem. Il remplaça, en 1843, Mustapha ben Ismaïl comme agha
des Douair et des Smela.

(2) Le maréchal Valée, gouverneur général de l'Algérie.

(3) Ville de la Mitidja à 50 kilomètres d'Alger, fondée, au pied de
l'Atlas par le marabout Sidi Ahmed el-Kebir (début du XVIe siècle).
Après l'occupation d'Alger, les Français firent diverses démonstrations militaires de ce côté. Le 25 juillet 1830, Bourmont se présenta
devant la ville sans y pénétrer ; le 19 novembre, Clauzel s'en rendit
maître, mais l'évacua presque aussitôt ; le 20 novembre 1832, Rovigo
la saccagea, pour punir les habitants d'avoir donné asile aux insurgés
de la plaine. De 1830 à 1837, Blida fut en réalité indépendante sous
l'administration de « hakem ». Le traité de la Tafna reconnut à la
France la possession de Blida, que le maréchal Valée occupa seulement le 3 mai 1838. L'opération toutefois avait été préparée dès les
premiers jours du mois de janvier 1838. (Dépêche de Valée au
ministre de la guerre, 6 janvier 1838. A. G. G. A. E. 135).

(4) Koléa, bâtie en 1539 sur le revers sud des collines du Sahel,

contribué à jeter l'épouvante dans la ville. On y voyait
déjà les Français aux portes et tout le monde cherchait
à se procurer des moyens de transport. On a vu un
hadar (1) vendre des pistolets à Zin pour une mule et, partout, on maudissait celui qui appelait encore de pareils
malheurs. Ma position a été un instant délicate et difficile (2), mais j'ai fait bonne contenance, me suis plus
que jamais montré avec les chefs et l'on m'a su gré de
de cette conduite. Je pense que vous êtes satisfait de la
manière dont tout s'est passé et m'estime heureux d'y
avoir contribué un peu ici, tant par mes conseils que par
mes actions.

On ne cache plus à Mascara l'intention des Français
d'occuper Blida et Coléa. On y prépare même les esprits, en rappelant que c'est un article du traité (3). On
ajoute que, l'Emir ayant fait prévenir les habitants de ces
villes, qu'ils étaient libres de rester ou de venir à lui,
entre dans Média, pour les maintenir de là par la crainte,
s'ils étaient tentés d'opposer la moindre résistance.
L'échange des courriers entre l'Emir et M. le Maréchal
est très fréquent. J'apprends à l'instant, qu'Abd el-Kader
est rentré hier à Médéa et qu'il a donné aux tribus la per-

---

non loin de l'embouchure du Mazafran. Elle renfermait le tombeau
et la mosquée du marabout Sidi Embarek, qui attiraient de nombreux
pèlerins. Les descendants de ce pieux personnage exerçaient une
grande influence non seulement dans la ville, mais encore dans toute
la Mitidja. Koléa, cédée à la France par le traité de la Tafna, fut occupée le 24 mars 1838.

(1) حضر pluriel de حضري « citadin », nom donné à la population maure des villes.

(2) « La position de M. Daumas... est extrêmement difficile. Il
est surveillé, pour ainsi dire, à vue ; il ne peut sortir de la maison
qu'il occupe, et on éloigne avec soin de lui tous les Arabes, qui ne
se font pas remarquer par leur fanatisme et par leur haine pour les
Français. Cet officier ne pourrait quitter Mascara sans prendre de
grandes précautions pour sa sûreté... et sa vie pourrait courir quelque danger, si la guerre venait à éclater. » (Dépêche du maréchal Valée
au ministre de la guerre, 20 janvier 1835. A. G. G. A. E. 134).

(3) Article II du traité de la Tafna.

6

mission de rentrer chez elles. Si ce fait est vrai, il n'y aura pas un seul coup de fusil et le plus difficile sera fait, puisque l'Emir, malgré la fameuse protestation des Musulmans, aura pu nous donner une pareille garantie (1). Vous savez sans doute, qu'on ne l'appelle plus que le Français et le « sultan de notre main ». Je crois que l'Emir est bien décidé à maintenir la paix, dont il a le plus grand besoin. Il faut donc lui tenir un peu compte des difficultés qu'il rencontre et qui naissent, pour ainsi dire, sous ses pas. En première ligne, il faut mettre la mauvaise volonté des tribus, à qui nous n'avons pu faire de mal et la haine des chefs, qui le voient avec chagrin augmenter sa puissance, tandis qu'il leur serait plus agréable de faire, comme par le passé, les petits sultans chez eux. Il sent, lui, qu'il ne peut grandir qu'à l'ombre de la France, mais, comme le disait l'autre jour un homme d'expérience, il est absolument seul et n'est secondé que par les bergers.

Le califfa me prie de vous écrire pour une affaire survenue à Mostaganem.

Un Arabe de chez nous prétend avoir eu son burnous volé à la chasse. Des Douaiers de Mostaganem ont, en conséquence, arrêté un berger des Medjaers, l'accusant de ce fait. Il se nomme Mohamed ben Halou. Le califfa le dit innocent et vous prie de le faire relâcher. Il se plaint aussi beaucoup de la mauvaise foi des Douaiers, qui font tous leurs efforts pour faire rompre la paix. Il ajoute, qu'à Mostaganem les communications sont peu sûres, qu'on arrête sur les routes et que les Arabes n'osent plus aller aux marchés.

L'affaire du juif Salomon, dont je vous ai parlé, est arrangée. Nous pouvons, en conséquence ne plus nous en occuper du tout.

---

(1) Sur ces intrigues et ces négociations, cf. Pellissier de Reynaud, *Annales Algériennes*, T. II, liv. **xxv**.

Je vous envoie encore trois chevaux de remonte. Je pense que vous en serez content.

Le frère de l'Emir, si Mohamed Saïd a fait prier le docteur de passer chez lui. Il est parti aujourd'hui pour Sidi Imbarrek (1) et va y voir la femme du caïd des Garabas qui est très malade.

Miloud Bennarrache part définitivement jeudi, l'Emir lui ayant écrit que, s'il ne pouvait, à cause de sa santé, se mettre en route, il en enverrait un autre. Si cela est vrai, c'est encore une garantie.

Je suis, etc.

DAUMAS.

P. S. — Je vous envoie les renseignements pris sur la route de Mascara à Tekedemt. Ils sont dûs en grande partie au docteur Varnier, qui s'en était déjà occupé avant mon arrivée. M. Varnier, m'a dit, que vous désiriez aussi quelques notes sur les Arabes et l'Emir. Je m'occupe de réunir tout ce que j'en sais et me ferai un devoir de vous le faire parvenir le plus tôt possible.

A. H. G. R. J. 11377 (original).

---

(1) Groupe de quatre marabouts, à quatre kilomètres environ de la rive gauche de l'Habra, non loin de l'endroit où cette rivière débouche dans la plaine. Clauzel y défit, le 14 décembre 1835, Abd el-Kader, qui s'était établi sur ce point afin d'empêcher les Français de franchir l'Habra et de marcher ensuite sur Mascara.

XVII

Daumas à Auvray.

Mascara, le 28 janvier 1838.

Mon Général,

Jeudi dernier, j'ai obtenu la restitution de la jument de Miloud Bélaoufy, qui était chez le marabout Sidi Ghalem ben Mebiat et je m'empresse de vous l'envoyer. Je n'ai pas cru devoir insister sur les quatre boudjous déjà donnés sur les cinquante que l'on demandait, attendu que cette bête m'a été rendue à Mascara sans aucun frais. Hier, je suis allé voir le califfa. Il m'a reçu plus gracieusement que jamais, m'a chargé de vous présenter ses salutations et de vous dire, que l'Emir se portait bien, qu'il était entré à Média et qu'il avait donné aux tribus la permission de rentrer chez elles. Il n'a pas encore reçu la réponse du califfa Bohamidi pour toutes les réclamations qui concernent le Gharb (1). On réunit aussi par ses ordres les fusils emportés par le douar de Ben Fartas et, probablement, vous les aurez par le premier courrier. Je crois moi, que si nous éprouvons quelques retards dans la rentrée de ces armes, ce n'est pas par manque de bonne volonté, mais bien parce qu'ils ne peuvent désarmer des gens, qu'ils ont attirés à eux, avant de leur avoir rendu de nouveaux fusils.

---

(1) Partie occidentale des Etats d'Abd el-Kader. Le Gharb formait un khalifalik partagé en cinq aghaliks : Djebelia, Beni Amer, Ghossel, Trara, Angad.

Le Borgia (1) Charef, de Mostaganem, n'a pu obtenir sa femme, qui est chez les Medjaers. Cette affaire a déjà été traitée entre M. le général Bugeaud et l'Emir. On la prétend aussi remariée.

M. le colonel Dubarrail m'a encore écrit pour me charger de réclamer un nègre appartenant à Cadour ben Mocfy. Cet homme était en prison à Mascara, où il avait été amené par des Garabas, qui l'ont arrêté au moment où il volait dans un douar. Une autre circonstance malheureuse compliquait sa position. Un instant avant son arrestation, un Arabe avait été assassiné. Il a été reconnu innocent de ce meurtre mais coupable de vol et, comme tel, condamné à être pendu. J'ai fortement intercédé en sa faveur et obtenu son élargissement. J'ignore si les chefs de la ville ont exigé pour prix de sa liberté, qu'il restât chez eux ou si, de sa part, c'est une ruse pour se tirer d'un mauvais pas, mais il annonce l'intention de se retirer chez ses parents aux Hamar Qraddou (2).

Depuis quelque temps les Juifs me donnent beaucoup d'occupations. Avec eux, c'est toujours disputes ou réclamations. Il a été volé 46 douros à un Juif porteur de passeport. J'en ai porté plainte au caïd, qui a fait arrêter cinq autres Juifs soupçonnés de ce fait. Mais, comme il n'y avait pas de témoins et que la bastonnade n'a pu en tirer aucun aveu, ils ont été remis en liberté. Le Juif, qui se prétend volé est de Fez. En relisant les passeports, j'y ai trouvé beaucoup d'étrangers. Je crois que, renseignés

---

(1) Tribu de l'aghalik des Gharaba, les Bordjia occupaient la plaine de Çirât, entre le Sig et l'Habra. Ils pouvaient mettre en campagne 1.000 cavaliers et 1.000 fantassins. En 1836 il firent leur soumission au général Perrégaux. Pour les châtier de cette défection, Abd el-Kader les dispersa en 1837 parmi les Gharaba, les Hachem Cheraga et les Flitta. Les Bordjia forment aujourd'hui les quatre douars-communes de Sahouria, Ahl el-Hassan, Beni Hiahyi, Sfafah (Mina M., arrondissement de Mostaganem).

(2) Ahmar Khaddou. Cf. dépêche de Daumas du 30 novembre 1837, p. 8, note 6.

par les Juifs d'Oran sur la protection efficace, que nous accordons à ceux qui vivent sous nos lois, ils obtiennent frauduleusement des passeports français pour se mettre ainsi à l'abri des Arabes, qui les volent et les rançonnent. Il me semble, que nous avons déjà assez d'embarras pour les nôtres sans nous charger encore des intérêts de ceux qui appartiennent aux Arabes. On accorde aussi beaucoup de passeports à des Juifs qui viennent se fixer à Mascara.

Un Maltais, nommé Bartholo, avait établi une petite boutique à Mascara. Parlant plusieurs langues, il y servait d'espion ou d'agent aux Arabes. N'y ayant cependant pas fait de bonnes affaires, il s'est décidé à partir. En passant chez les Beni Chougran (1), il a dit, qu'il était envoyé à Mostaganem par le consul pour y aller chercher des provisions; il a loué un bon cheval et, depuis ce temps, on n'en a eu aucune nouvelle.

Miloud Bennarache est enfin parti hier avec les présents destinés au Roi. Il se rend à Média et de là à Alger. Ben Iagrou l'accompagne dans ce voyage.

Il paraît décidément, que l'on est très mécontent de la réception faite par l'Empereur du Maroc aux envoyés de l'Emir. Il ne les a reçus qu'une seule fois, a fait donner 5oo francs et deux chevaux au frère de l'Emir, 25o francs et un cheval aux autres et les a ainsi renvoyés.

On dit que l'Emir a l'intention de frapper monnaie à Tekedempt (2). Il aurait, à cet effet, fait venir d'Alger les· monnayeurs de l'ancien pacha (3).

---

(1) Tribu dépendant de l'aghalik des Gharaba. Les Beni Chougran habitent la région montagneuse et boisée comprise entre l'oued el Hammam et l'Habra au nord, le Chareb er Rih, au sud.

(2) Abd el-Kader frappa à Takdempt deux espèces de monnaies, l'une et l'autre de cuivre ; la moh'ammadia du poids de o gr. 75, et la nosfia du poids de o gr. 53. Cf. *Règlements militaires d'Abd el-Qâder*, 1re partie. Titre II.

(3) Hussein, dernier dey d'Alger (1818-183o). Le dey recevait de la Porte ottomane, à son avènement, le titre de pacha. C'était pour la Porte une façon d'affirmer sa suzeraineté sur la Régence d'Alger.

Toutes les tribus qui habitent la plaine d'Egueris, après avoir terminé tous leurs travaux agricoles, viennent de se transporter avec leurs troupeaux dans la plaine de l'Habra (1). De leur côté, les Garabas viennent de placer leurs douars dans la forêt de Mouley Ismael (2).

Un Mozabi (3) arrivé d'Alger prétend que nos troupes campent maintenant sous les murs de Blida.

Je ne vous enverrai pas de chevaux de remonte. Le temps a été tellement mauvais pendant le marché, qu'il n'en est pas venu à Mascara.

L'Emir doit, dit-on, rester encore quelque temps à Média, d'où il se rendra à Tekedemt pour y préparer au printemps une nouvelle expédition dans le désert. Il voudrait s'emparer d'Aïn Mady (4) où commande encore Tedjiny (5), qui n'a pas voulu se soumettre.

Je suis, etc.

DAUMAS.

A. H. G. R. J. 14378 (Original).

---

(1) Rivière de la province d'Oran ; elle est formée à 3o kilomètres de Mascara par la réunion, dans la plaine d'Aïn Ferès, de quatre rivières : l'Oued Taria, l'Oued Fekan, l'Oued Houenet, l'Oued Melreier, traverse le massif des Beni Chougran, coule ensuite en plaine et va se perdre dans le marais de la Macta après un cours de 24o kilomètres.

(2) Forêt d'oliviers sauvages, de lentisques, de tuyas et de pins d'Alep, d'ailleurs assez clairsemés, s'étendant des montagnes du Tlélat aux salines d'Arzew, sur une longueur de 6 lieues et une largeur de deux à trois lieues. Elle tire son nom de la défaite infligée en 1707 à Moulay Ismaïl, sultan du Maroc, par le bey de Mascara, Mustapha bou Chelar'am. Le général Trézel y livra, le 22 juin 1835, à Abd el-Kader, un combat, dans lequel périt le colonel Oudinot.

(3) Indigène du M'zab, m'zabite.

(4) Aïn Madhi : Ksar situé au pied du versant méridional du Djebel Amour à 78 kilomètres à l'ouest de Lag'houat et à 48 kilomètres au sud d'Aflou. Aïn Madhi a été fondé par un marabout marocain Sidi Mohammed, qui se fixa au XVIIe siècle dans ces parages et y bâtit une zaouïa renommée. Un descendant de ce marabout, Si Ahmed ben

Mohammed el-Mokhtar el-Tidjani y établit en 1781-82, la confrérie des
Tidjanïa. En 1838, Aïn Madhi renfermait environ 300 maisons et
2.000 habitants en état de porter les armes. Elle était entourée d'une
muraille restaurée au début du XIXe siècle par un Tunisien du nom de
Mahmoud. Cf.*Etablissements français en Algérie*, 1838, T. II, p. 238.
Daumas, *Le Sahara Algérien*, Paris, 1845, p. 32. Saint-Arnaud, *Lettres*, I, p. 420. On trouvera une vue d'Aïn Madhi dans Arnaud, *Le
siège d'Aïn Madhi, Rev. Africaine*, 1864, p. 435. Aïn Madhi fut attaqué
au XVIIIe siècle par les sultans marocains Moulay Ismaïl et Moulay
Yezid, qui obligèrent les habitants à leur payer un tribut; pris en 1783
par le bey de Mascara, Mohammed el-Kebir, assiégé en 1787 par le
bey Othman, fils de Mohammed, en 1822 et en 1826 par le bey d'Oran,
Hassan, en 1838 par Abd el-Kader. Les Français y pénétrèrent pour la
première fois, le 22 mai 1844.

(5) Si Mohammed Es-Serir Et Tidjani (1799-1853), fils cadet de
Si Ahmed, fondateur de l'ordre des Tidjania. A la mort de son frère
aîné, Si Mohammed el-Kebir, tué dans un combat livré aux Turcs près
de Mascara (1827), il prit la direction de la zaouïa d'Ain Mahdi. Il ne
devint toutefois grand maître de l'ordre fondé par son père. qu'en
1844, à la mort de Si Ali ben El-Hadj Aïssa, ancien moqadem de Si
Ahmed, auquel celui-ci avait confié la direction suprême de la confrérie, en stipulant qu'elle passerait ensuite alternativement à ses
héritiers directs et à ceux d'Ali. (Depont et Coppolani : *Les confréries
religieuses musulmanes*, p. 421.) Tidjani fit sa soumission à la France
en 1844.

XVIII

Daumas au lieutenant général Rapatel [1]

Mascara, le 29 janvier 1838.

Mon Général,

J'ai reçu votre lettre aujourd'hui et m'empresse d'y
1épondre. Le califfa n'étant pas venu à Mascara, demain
j'irai l'instruire du départ de M. le général Auvray et lui
dire, que vous avez pris le commandement de la province

[1] Rapatel (Paul-Marie, baron), né le 13 mars 1782, à Rennes.
Enrôlé volontaire au 1er bataillon franc de l'Ouest, le 30 mars 1800 ;
sous-lieutenant, le 21 mai 1800 ; lieutenant, le 19 août 1801 ; capitaine dans la garde du roi de Naples, le 8 août 1806 ; chef de bataillon,
le 21 juillet 1809 ;colonel, le 16 avril 1811; employé à l'Etat-Major
général de l'armée d'Espagne, le 18 juillet 1813 ; rentré au service de
la France comme chef de bataillon, le 2 décembre 1813 ; colonel en
demi-solde, le 22 juin 1814 ; sous-lieutenant dans la première compagnie des Mousquetaires de la garde du roi, le 6 juillet 1814 ; chef d'Etat-
Major de la 10e division d'infanterie, le 6 avril 1815 ; colonel de la
Légion départementale de l'Ariège, le 16 août 1815 ; baron, par ordonnance du 2 mars 1816 ; colonel du 5e régiment d'infanterie légère,
le 17 novembre 1820 ; maréchal de camp, le 11 août 1823 ; lieutenant
général disponible, le 9 janvier 1833 ; commandant des troupes à
Alger, le 26 octobre 1834 ; commandant de toutes les troupes en
Algérie, le 10 octobre 1835 ; disponible, le 6 mai 1836 ; mis à la
disposition du gouverneur général des possessions françaises dans le
nord de l'Afrique, le 13 décembre 1837 ; commandant supérieur de
la province d'Oran, le 7 février 1838 ; en congé de convalescence en
France, le 5 août 1838 ; Pair de France, le 12 juillet 1846 ; maintenu
pour 3 années dans la section d'activité, le 28 février 1847 ; retraité
par arrêté du 8 juin 1848 ; décédé à Paris, le 3 janvier 1852.

d'Oran. Je me suis déjà entretenu avec les principaux chefs et, comme MM. les généraux Bugeaud et Auvray, à leur départ et à leur arrivée ont écrit à l'Emir et au califfa, ils m'ont demandé si j'avais des lettres pour eux de votre part. J'ai répondu que, jusqu'à présent, vous aviez été trop occupé pour le faire.

Je suis en train de suivre les affaires qui sont encore en litige. Par le premier courrier, je vous instruirai du résultat de mes démarches.

Daignez croire que je ferai, comme par le passé, tous mes efforts pour remplir convenablement la mission qui m'a été confiée et mériter votre estime et votre bien-veillance.

Je suis, etc.

DAUMAS.

A. H. G.   R. J. 11380 (Original).

XIX

Daumas à Rapatel.

Mascara, le 4 février 1838.

Mon Général,

Comme je vous l'avais écrit, je me suis rendu chez le califfa pour lui annoncer et le départ de M. le général Auvray et votre arrivée à Oran, pour y prendre le commandement supérieur de la province. Il m'a très bien reçu et m'a chargé de vous offrir ses salutations et de vous témoigner tout le plaisir, avec lequel il apprenait cette nouvelle. Conformément à vos ordres, je lui ai ensuite réclamé les fusils emportés par le douar de Ben Fartas. On a fait venir cet Arabe à Mascara. Il a juré, que ces armes avaient été achetées de leurs propres deniers et que la France y avait d'autant moins de droits, que son douar n'était pas même encore réuni aux Douaiers, quand on leur livra les 5oo fusils qui, du reste, selon lui, ne peuvent pas être considérés comme un don, puisqu'ils furent tous payés à raison de 25 francs pièce. J'attendrai donc vos nouvelles instructions.

Le califfa Bohamidi n'a pas encore répondu pour tout ce qui concerne les tribus placées sous ses ordres. On se plaît à mettre ce retard sur le compte du mauvais temps et de l'éloignement où l'on se trouve de Tlemsan, tandis que, d'après des renseignements que j'ai su me procurer, il n'y aurait pas d'autre cause que la rivalité et la jalousie, qui existent entre les deux califfas du Gharb et du Charg. L'Emir, qui sent la nécessité d'établir définitivement quelqu'un pour le représenter et faire marcher les affaires pendant ses longues absences, se propose, dit-on, de faire remplacer par un autre chef Sidi Moustapha ben Tamy, qu'il élèverait alors à la dignité de bey, pour lui donner ainsi action sur tout le monde. Déjà même, sur les représentations, que j'avais été chargé de faire à ce sujet par M. le général Auvray, et dont l'Emir a été instruit, il a été donné pleins pouvoirs au califfa Sidi Moustapha ben Tamy, mais Bohamidi est un Kabyle et Tlemsan est bien loin. Ces vérités, on ne cherche pas à les cacher ; on me répète au contraire jusqu'à satiété, que, quand l'Emir est là, tout obéit et tremble, mais que, quand il est absent, on ne peut se faire une idée des difficultés qui surgissent et de la mauvaise volonté que l'on rencontre. On ne manque jamais d'ajouter, qu'il ne faut pas juger leur gouvernement par le nôtre, où tout est bien installé depuis longtemps, qu'ils ne font que commencer et qu'il faut un peu d'indulgence. Il y a du vrai dans tout cela, car, souvent, nous les avons vu très embarrassés et forcés de dormir sur des avanies ou des refus d'obéissance. On s'occupe à présent de renouveler, comme cela se pratique tous les ans, les agas, caïds et cadis des tribus, et, quand cette opération sera terminée, le califfa doit sortir avec l'infanterie régulière et le goum pour mettre fin, s'il est possible, à tout cela, faire rentrer les impôts et, dit-on, payer les grains, qui nous sont dûs. On parle aussi d'envoyer à Tlemsan, un des frères de l'Emir. Je n'en serais pas étonné, parce que Bohamidi ayant sous ses ordres les Oulassas (1), les Traras, les

---

(1) Oulhassa. Tribu d'origine berbère mais parlant arabe et habitant sur les deux rives de la Tafna, entre les Beni Amer à l'est, les Trara à l'ouest, les Ghossel au sud. On les divisait en Cheraga, sur la rive droite, et Gharaba sur la rive gauche. Ils étaient placés sous les ordres d'un caïd particulier, indépendant de l'agha des Trara. Leur territoire correspondait à Beni-Saf (P. E.) et Remchi (M.).

Beni Zenassel (1), tous les Kabyles enfin de la Tafna, les Angades (2), les Beni Amer, plus toutes les petites tribus situées autour de Tlemsan, Bohamidi, dis-je, est presque une puissance et peut inspirer des craintes à l'Emir.

L'Emir est toujours à Média et il annonce le projet d'y passer l'hiver. Il a donné à 5oo fantassins la permission d'aller passer six mois chez eux. De ce nombre sont les Couroulis enrôlés à Tlemsan après la paix. En passant par Mascara, ils ont, avec grande pompe et force coups de fusil, consacré aux marabouts Sidi Bougelale, qui se trouve dans le faubourg Bab Ali (3) et Mouley Abd el-Kader, situé sur une hauteur, qui domine le ravin d'Aïn-Beda (4), deux drapeaux, qu'ils ont rapportés de Média. L'Emir fait publier partout, qu'il est en négociation avec la France pour Constantine et paraît, en effet, fonder de grandes espérances sur le voyage de Miloud Bennarache, chargé de conduire à Paris les présents destiné au Roi. Si on lui donne Constantine, au printemps

---

(1) Beni Snassen. Berbères habitant le massif montagneux compris entre la plaine des Angad au sud, et celle des Trifa au nord. Répartis en quatre grandes tribus, les Beni Khalled. les Beni Aatig, les Beni Mengouch et les Beni Ouriannech, ils dépendaient, au moins nominalement, de l'Empereur du Maroc, mais en fait n'obéissaient ni à lui ni à l'Emir. Ils fournirent cependant à plusieurs reprises des contingents à Abd el-Kader. Ils lui envoyèrent notamment, en 1836, 5.ooo fantassins, qui combattirent les Français à Sidi Yacoub (25 avril 1836) et à la Sikkak.

(2) Angad. Confédération de tribus établies ou nomadisant entre les montagnes du Tell et le pays des Hamyan. Les Angad Cheraga (El-Aricha) avaient seuls reconnu l'autorité d'Abd el-Kader. Ils se partageaient en cinq grandes tribus, Ouled Sidi Khalifah, Beni Matar, El-Kharidj, Ouled Belheurr, Ouled el-Hamel. Cette dernière tribu était réputée pour ses habitudes de brigandage. Le pays des Angad constituait, avec celui des Hamyan, un aghalik, dit aghalik des Angad.

(3) Baba-Ali, faubourg de Mascara sis au nord de la ville ; il avait été presque entièrement détruit par les Français en 1835.

(5) Aïn-Beïda (la source blanche). Cette source avait donné son nom au faubourg méridional de Mascara.

il doit convoquer de nouveau les tribus et s'y rendre avec elles. Dans le cas contraire, il fera une nouvelle expédition dans le désert, pour essayer de soumettre les tribus, qui vivent sur la lisière et prendre Aïn Mady, petite ville située à six jours de marche de Tekedemt. Aïn Mady est commandée par Tedjiny, l'auteur de l'une des proclamations qui, s'étayant sur le Coran, appelaient les Musulmans aux armes et déconsidéraient l'Emir, en l'accusant d'avoir traité avec les chrétiens. Toutes les tribus qui, depuis Tlemsan jusqu'à Média, campent à l'entrée du désert, sont, sans doute, nombreuses, guerrières et peuvent lutter contre lui avec d'autant plus d'avantage que, vaincues, l'espace est à elle, mais il les inquiétera, les désunira, leur fera craindre une prohibition absolue de commerce, et, le désert ne produisant ni blé ni orge, il est possible, que la certitude de ne pouvoir échanger leurs produits contre ces deux denrées indispensables (1), les lui donne un jour, ce qui augmenterait singulièrement ses forces.

Il arrive toujours du Maroc, des armes, de la poudre et et surtout des sabres. Les lames sont de Fez et le fourreau est en cuir, garni de cuivre à ses deux extrémités. L'Emir veut en armer toute sa cavalerie régulière.

Les enrôlements continuent et, chaque jour, l'Emir augmente son infanterie. On lui prête le projet de la porter à 10.000 hommes, auxquels il joindrait 3 ou 4.000 cavaliers réguliers (2). Il paraît faire peu de fonds sur les tribus qui, toujours, l'ont abandonné aux jours du malheur.

---

(1) Les Turcs avaient mis à profit cette nécessité pour imposer des droits dits « eussa », aux nomades, lorsqu'ils venaient s'approvisionner sur les marchés du Tell. La perception de ces droits constituait à peu près l'unique manifestation de leur souveraineté sur les tribus du désert. Cf. Augustin Bernard et N. Lacroix, *L'évolution du Nomadisme*, Paris, 1906, 8°, p. 27, et chap. VII, § 1.

(2) Ces cavaliers réguliers étaient appelés : خيالة, khiâla.

Les chefs ne voient pas cela sans chagrin, parce qu'ils considèrent ces forces autant dirigées contre leur pouvoir que contre les chrétiens. Joignez à cela que, sans renouveler absolument les excès des Turcs, il règne dans cette petite armée peu de discipline, le dernier soldat se rendant souvent coupable d'abus révoltants. Maintenant, quand ils passent dans les tribus ou quand on les y envoie en message, il faut les payer, les héberger ; ils parlent en maîtres, frappent et rien n'est assez bon pour eux. Tout cela fait murmurer.

J'ai oublié de vous dire que, dans mon entrevue avec le califfa, il m'avait longuement entretenu de son consul de Mostaganem. Hadj L'Habess (1) lui a écrit pour se plaindre de la manière dont il est traité. Il lui dit, qu'on cherche à le déconsidérer par tous les moyens possibles; qu'on a publié dans toutes les rues, qu'il n'avait aucun pouvoir sur les Arabes de l'Emir, qui venaient au marché et, qu'enfin, il demandait à rentrer, si on n'y mettait ordre. J'ai promis au califfa de vous en instruire sur le champ, tout en lui rappelant, que personne ne pouvait exercer d'actes d'autorité sur notre territoire. Il n'a pas paru me comprendre et prétend, qu'ils sont maîtres des leurs comme nous des nôtres. Cette question, qui a déjà plus d'une fois soulevé des difficultés, mérite d'être envisagée sérieusement et demande peut-être à être traitée directement avec l'Emir.

Le frère de l'Emir, Si Mohamed Saïd, qui rentre du Maroc, se rend à Média, probablement pour rendre compte de sa mission à Abd el-Kader.

On vient d'arrêter au Cacheroux (2) [un] ancien qroudja de Sidi Mustapha, frère de l'Emir, qui était naguère

---

(1) Hadj el-Abbas.

(2) Cacherou, à 5 lieues au sud-est de Mascara, au pied du Djebel Nesmot, sur le territoire de la tribu des Ouled Aïssa ben Abbas (Cacherou M.).

encore bey de Média (1). On le conduit enchaîné à l'Emir pour rendre compte de concussions épouvantables.

Les pluies ayant rendu les chemins presque impraticables, l'Ouad el-Hammam (2) étant considérablement grossie, le convoi de soufre n'est pas encore arrivé. Il n'y a, du reste, aucun doute à élever; personne ne s'en cache; tout se rend à Takedemt pour y servir à la fabrication des poudres. Je m'empresserai de vous communiquer les renseignements ultérieurs.

On me charge de vous réclamer pour Abd el-Kader ben Djilaly, fils du qroudja du califfa, quatre douros d'Espagne, qui lui ont été emportés par un Juif nommé Qrallouf ben Guenoune. Cet homme était venu à Mascara pour y travailler et devait lui faire un bracelet de femme. Il est bien connu à Oran. Si le fait est vrai, comme la position du réclamant me le fait présumer, je vous prie de les faire restituer et de me les envoyer.

Le mekrazeny Hamar ben Djiloule, qui a conduit à Oran la jument de Miloude Belaoufy est venu me réclamer 5 fancs. Il m'a assuré n'avoir rien reçu à Oran pour cela et, comme cette bête avait été amenée des Ouled Sidi Ghalem à Mascara, et puis de Mascara à Oran, j'ai cru devoir les lui donner.

On ne parle à Mascara que de la désertion d'un nommé Hadj Abd el-Kader Ould Quennoud, qui se serait enfui à Mostaganem, amenant avec lui cinq ou six mules, quelques chameaux, quatre ou cinq chevaux et beaucoup d'orge et de blé pris dans les silos de l'Emir. On l'accuse aussi d'avoir volé [   ] (3) douros d'Espagne. Le caïd Hadj

------

(1) Sidi Mustapha avait été nommé bey de Médéa au mois d'avril 1837, en remplacement de El-Barkani. Après la destitution de Sidi Mustapha, El-Barkani reprit possession du commandement, dont il avait été dépossédé quelques mois auparavant.

(2) Nom porté par l'Habra dans son cours moyen.

(3) Lacune dans l'original.

el-Boukary et Hadj el-Djilaly m'en ont déjà parlé vaguement et je sais de bonne source, qu'on doit vous réclamer tout cela. Voilà, je crois, une bonne occasion pour avoir enfin ce que nous demandons de notre côté, en appuyant seulement sur ce qu'ils peuvent nous rendre, car il est des choses, qu'avec la meilleure volonté du monde, ils ne retrouveront jamais.

Je n'ai reçu qu'aujourd'hui votre lettre datée du 1ᵉʳ. L'Ouad el-Hammam considérablement grossie a retardé le courrrier.

Demain, je remettrai vos lettres pour le califfa et l'Emir et m'occuperai de la réclamation que vous m'ordonnez.

On a fait courir le bruit, que l'Emir avait congédié toutes les tribus. Il est en effet rentré beaucoup de monde, mais je viens d'apprendre, qu'il avait encore un goum assez considérable. On pense, qu'il a voulu imprimer ainsi de la confiance aux tribus qui ne sont pas soumises, pour leur tomber dessus à l'improviste.

Au moment où je ferme ma lettre, le califfa m'envoie la note de ce qu'il réclame pour Hadj Abd el-Kader Ould Quennoud, qui n'est pas parti seul, comme je le croyais, mais avec deux de ses neveux. Il se borne à demander 3 chevaux, 2 mules, 3 fusils, 3 selles et 200 douros d'Espagne, qui appartiennent à l'Emir. Si vous jugez à propos de rendre tout cela, envoyez-moi, je vous prie, en échange, une note écrite en arabe et renfermant les réclamations suivantes :

1° Le cheval emmené par le déserteur Adda et qui se trouve aux Oulad Abdallah chez Cadour Ould Mançor.

2° Les 14 fusils emportés par le douar de Ben Fartas.

3° Un pistolet volé par Hamadi, nègre des Oulad Kara (?)

4° Une jument d'Ismaïl Moustapha, qui est à Amsoulen chez Mouctar ben Cabou des Oulad Sidi Ghalem.

7

5° Le cheval d'Abdallah ben Bechir, pris par Cherff Emmerdjess des Oulad Hamden (1).

6° Les nègres de l'ex-bey Moustapha Moukallèche.

Je crois que j'obtiendrai tout.

Je suis, etc.

DAUMAS.

A. H. G.   R. J. 11381 (Original).

---

(1) Ouled Hamdan. Tribu comprise dans l'aghalik des Medjaher. Elle campait à l'époque turque dans la plaine de Çirat, près des Bordjia ; après 1830 elle était venue s'établir sur un territoire situé au sud de Mostaganem et de Mazagran, et qui, sous le nom de Bled el-Abid, était la propriété des Turcs de Mostaganem et des Kouloughlis de Mazagran.

XX

Daumas à Rapatel.

Mascara, le 11 février 1838.

Mon Général,

J'ai transmis au califfa, tout ce que vous m'avez écrit au sujet d'Hadj Abd el-Kader ould Quennoud. On a paru abandonner cette réclamation avec facilité. J'en infère qu'elle avait peu de fondement et qu'elle n'avait peut-être d'autre but, que de détourner notre attention, en opposant demande à demande. J'ai fait aussi connaître, que les 4 douros réclamés par Abd el-Kader ben Djilaly avaient été restitués en présence de l'oukil Hadj l'Habib.

J'ai encore insisté pour la restitution de la jument d'Ismaïl Moustapha, officier de la compagnie turque. On m'a de nouvau répondu, qu'Amsoulen nous appartenait, qu'on n'y avait aucun douar et que, pour ne laisser aucun doute sur leur bonne volonté, on n'avait qu'à envoyer à Mascara Ismaïl Moustapha, qu'on lui fournirait deux mekrazenis et qu'ils iraient ensemble reprendre sa jument là ou elle se trouverait.

Une partie du soufre est arrivée à Mascara et a été déposée sur la place, devant la mosquée. Quand le tout sera réuni, je m'empresserai de vous instruire de la destination qu'on lui donnera. Il est aussi arrivé une grande quantité de rames de papier. Il doit, sans aucun doute, être employé à la confection des cartouches.

Personne n'a entendu parler à Mascara du titre de pacha, que l'Emir aurait pris en conférant celui de bey à ses deux califfas. Je ne crois pas qu'il échange la dénomination de sultan (1), que lui donnent tous les Arabes contre celle de pacha. On dit, du reste, qu'il affectionne beaucoup celle d'Emir el-Moummenin ou commandeur des croyants. Cependant il n'y aurait rien d'étonnant qu'il nommât bey Sidi Moustapha ben Tamy, pour lui donner, comme j'ai déjà eu l'honneur de vous en informer, une action directe sur le califfa du Gharb, Sidi Bohamidi, qui ne vit pas avec lui en très bonne intelligence.

Comme on vous l'a dit, trois chefs influents des Hachem ont été tués à Ouad el-Zitoune, Hadj ben Chetouan des Oulad el Habbes (2), Chiqr Ould Sidi bou Kassem des Mechatchin (3) et Mohamed ben Cassery, califfa de l'agha des Hachem Garrabas, Cadour ben Sahharaoui (4). Quant aux cent mulets partis à vide pour aller chercher des munitions à Tlemsan, voici leur histoire. Le 6 du courant, trois compagnies d'infanterie venant de Média ont passé par Mascara pour se rendre à Tlemsan. Elles y ont loué toutes les mules disponibles pour transporter leurs tentes, bagages et provisions. Il est possible qu'à leur retour elles rapportent quelque chose pour le beylik, mais j'aurai soin de vous en instruire.

---

(1) Abd el-Kader avait été proclamé sultan par les Hachem et les Gharaba le 23 novembre 1832. Il se contenta toutefois du titre d'Emir, par déférence pour l'Empereur du Maroc, dont il se proclamait le khalifa. Quant au titre de pacha, Abd el-Kader devait d'autant moins songer à le prendre, que c'était un titre turc et qu'il se présentait lui-même aux populations comme un adversaire irréconciliable des Turcs.

(2) Ouled el-Abbas. Tribu de l'aghalik des Hachem Cheraga. Elle campait dans la plaine de Fortassa entre l'oued El-Abd et l'oued El-Haddad.

(3) Mechatchin el-Oued. Tribu de l'aghalik des Hachem Gharaba ; son territoire était traversé par l'oued El-Hammam (D. C. Zellaga, Aïn-Fekan, Mascara M.).

(4) Voir Appendice. *Principaux personnages de la province d'Oran.*

On a arrêté à Tekedemt et amené à Mascara l'officier
d'infanterie qui y commandait, Si Abd el-Kader. Il est
accusé d'avoir vendu de la poudre et des vivres. A Média,
l'Emir a fait également emprisonner l'aga de la cavalerie
pour avoir volé la solde de ses hommes. Il a fait encore
arrêter à Miliana, enchaîner et conduire à Média le fils de
l'ancien aga d'Alger, Moustapha ben Omar (1). Sa maison a été livrée au pillage et, comme on lui suppose de
grands trésors, on doit la faire abattre pour les découvrir. On ne connaît pas les motifs de cette conduite. Il a
un frère à Alger, qu'on nomme Ould Omar Aga.

L'Emir à Média s'occupe beaucoup de son infanterie. Il
régularise un peu sa tenue et défend que les soldats y
ajoutent aucun de leurs vêtements arabes. Il a ajouté à la
bague, que les officiers portaient pour marque distinctive, indiquant leur grade ainsi que la date de leur nomination, pour les sous-lieutenants, un, et pour les lieutenants, deux sabres brodés sur les épaules. On prétend que,
pour l'affaire d'Ouad el-Zitoune, il a déjà donné deux dé-
corations comme celles dont je vous parle dans les notes
sur l'infanterie. Il veut des tambours français et il y en
a déjà à Média. Il doit aussi, dit-on, faire venir d'Egypte
toute l'organisation de l'armée de Méhémet-Ali (2), afin
de modeler la sienne dessus. Ce qu'il y a de certain, c'est
qu'il active les enrôlements par tous les moyens possibles.
J'ai entre les mains trois lettres écrites à l'officier qui commande le fort de Mascara et dans lesquelles il lui promet
le titre d'aga, s'il enrôle un grand nombre d'hommes et
s'il pousse à l'instruction.

L'Emir a reçu à Média la visite de M. Garavini. Il lui

---

(1) Ce personnage ne doit pas être confondu avec Mustapha ben
Omar, négociant maure d'Alger, nommé bey de Médéa, par Clauzel,
le 15 novembre 1830. Omar Aga avait été dey d'Alger, du 7 avril 1815
au 8 octobre 1817.

(2) Pacha d'Egypte (1805-1849).

aurait donné deux beaux chevaux, cinq mules, des haigs (1)
et des bœufs. De son côté, M. Garavini aurait fait présent à l'Emir d'une magnifique kandoura (2) en drap
d'or.

Miloude Bennarache doit être à Alger. On fonde toujours de grandes espérances sur son voyage. Il paraît qu'il
ne sera accompagné que du Juif Ben Durand (3). J'ai fait
tous mes efforts pour leur suggérer l'idée d'envoyer plusieurs chefs marquants avec lui, pensant que cela ne pourrait que faire du bien à notre cause, mais, soit que l'Emir
craigne de faire trop connaître à des gens, qui n'en ont
aucune idée, la puissance de la France, soit qu'il redoute
pour eux la séduction, il paraît que Miloude s'y rendra

(1) Pièce d'étoffe enveloppant le corps et passant autour de la tête,
où elle est retenue par une corde de poil de chameau.

(2) Gandoura : sorte de chemise sans manches et tombant jusqu'aux
genoux.

(3) Juda ben Durand Juif algérien, élevé en France et parlant cou-
ramment le français, joua un rôle important dans les affaires algériennes de 1834 à 1837. Abd el-Kader le choisit pour son oukil à Alger
après le traité Desmichels. Astucieux et habile, Durand ne tarda pas
à prendre un grand ascendant sur le général Drouet d'Erlon. Lors du
second gouvernement de Clauzel, il offfrit au maréchal de servir d'intermédiaire pour décider Abd el-Kader à s'entendre avec lui. Ces négociations n'ayant pas abouti, Durand se rendit à Oran, et, de concert
avec son frère Léon, se chargea de fournir les bestiaux nécessaires
à l'approvisionnement des troupes. En 1837, il décida Abd el-Kader à
assurer le ravitaillement de la garnison de Tlemcen ; il avait persuadé
à l'Emir, que, pour prix de ce service, le gouvernement français lui
restituerait les prisonniers arabes détenus en France. Bugeaud, qui,
se défiait de Durand, l'employa pourtant dans les négociations
qui précédèrent le traité de la Tafna. Après la conclusion de
la paix, Durand reçut du gouvernement français une gratification de
60.000 francs, et d'Abd el-Kader le monopole du commerce des bestiaux, concession qui provoqua les protestations du gouvernement
français et fut retirée. Durand n'en continua pas moins à jouer un
double jeu, affichant d'une part son dévouement à la France, et,
d'autre part, servant de son mieux les intérêts d'Abd el-Kader. Il
comparut en France, comme témoin, au procès du général de Brossard, et mourut en 1839 à Miliana.

seul. On m'a dit cependant hier qu'un qroudja de l'Emir, qui possède toute sa confiance, doit l'accompagner. On devait d'abord y envoyer Bennouna (1) et Amedi Sakal (2).

Aujourd'hui, on a procédé au renouvellement des agas, demain et jours suivants, on s'occupera des caïds. Jusqu'à présent les deux califfas du Gharb et du Charg sont conservés. Miloude Bennarache, aga du Charg, et Abd el-Kader Bouqrelika (3) caïd de Sedama (4), Sidi Hamet Boutaleb (5), caïd des Flitta (6), et Cadour ben Sah-

---

(1) Mohammed ben Nouna, d'une famille originaire de Fàs, décida en 1830 les Hadar de Tlemcen à reconnaître l'autorité de Mouley Abd er-Rahman. Nommé caïd par ce prince, il assiégea sans succès les Kouloughlis réfugiés dans le Méchouar, puis se retira au Maroc, lorsque Abd el-Kader occupa la ville. Revenu à Tlemcen, il se réconcilia avec Abd el-Kader, et, de concert avec le califfa de l'Emir Bou Hamidi, dirigea, de 1834 à 1836 le blocus du Méchouar, où s'était enfermé Mustapha ben Ismaïl. Après la délivrance de Tlemcen par le maréchal Clauzel, Ben Nouna continua à tenir la campagne jusqu'au moment où Tlemcen fut remise à Abd el-Kader en vertu du traité de la Tafna. Cf. A. Cour, *L'occupation marocaine de Tlemcen* (Rev. Africaine. 1er trimestre 1908).

(2) Hamedi Sekal. Hadar de Tlemcen. Le 24 mai 1837, il fut chargé par Bugeaud, qui venait de ravitailler Tlemcen, de porter au camp d'Abd el-Kader des propositions de paix. Il rapporta au général français un contre-projet de l'Emir, dont la clause la plus importante était l'abandon du Titteri à Abd el-Kader. A la suite de négociations, qui durèrent du 25 au 30 mai, et pour lesquelles Hamedi Sekal continua à servir d'intermédiaire entre l'Emir et le général français, la convention de la Tafna fut conclue. Devenu caïd de Tlemcen après la reprise de cette ville par les Français, Hamedi Sekal fut, en 1845, chargé de fournir à la commission de délimitation présidée par le général de Larue des renseignements sur le tracé de la frontière algéro-marocaine. Sur ce personnage Cf. Bargès : *Histoire de Tlemcen*, ch. XI, p. 239.

(3) Cf. Appendice, *Principaux personnages de la province d'Oran.*

(4) Aghalik limité au nord par l'aghalik des Flitta et celui des Hachem Cheraga. Il renfermait 16 tribus et 2 bourgades : Frenda et Taourzout. A l'époque turque, les Sedama ou Beni Zodma se divisaient en quatre grandes tribus : Chellog (Cacherou M.), Ouled Sidi ben Halima, Ouled Bouziri, Beni el-Ançar (Frenda M.).

(5) Cf. Appendice, *Principaux personnages de la province d'Oran.*

(6) Aghalik borné au nord par les aghaliks des Gharaba et des Med-

haraoui (1), aga des Hachem Garabas ont été réélus.
Adda ould Mohamed, aga des Hachem Chéragas, s'est
fait renouveler à Média, malgré la haine que lui portent,
dit-on, le califfa Sidi Moustapha Ben Tamy, Hadj el-Djilaly et le caïd Hadj el-Boukary. Il a apporté à l'Emir
25.000 douros, produit des contributions levées sur l'Harrare (2) et les tribus qui sont dans sa main. On n'a pas su
résister à de pareils arguments. L'aga Ben Yagoub des
Garabas est remplacé par Ali Boalem et l'aga Ould Sidi
Abdallah des Medjaers, dont on était très mécontent, par
Si Mohamed ben Hadjar.

M. le docteur Warnier a amputé la moitié de la main
à un Arabe. Cet homme est chez nous depuis huit jours,
pour y être convenablement soigné. Le califfa, instruit
de notre conduite, en a paru très satisfait et s'en est exprimé vivement devant tous les chefs qui l'entourent, en
disant : « Voyez comme les chrétiens sont généreux et bons ;
les Musulmans n'en feraient pas autant. » L'opération a

----

jaer, à l'est par l'aghalik du Cherg, au sud et à l'ouest par l'aghalik
des Hachem Cheraga. Il comprenait 21 tribus réparties en quatre
groupes : Anatra, d'origine berbère (Zemmora M.), Flitta Mohal ou
Flitta Oumia (Zemmora, Mina M.), Cherfa ould Sidi ben Yahia
Cherif (Mina M.), Harartsa (Zemmora M.).

(1) Cf. Appendice, *Principaux personnages de la province d'Oran.*

(2) Harrar. Confédération de tribus d'origines diverses, qui étaient
venues s'installer sur le territoire des Ouled Sidi Khaled. D'abord
désignées par le nom de Magreuba, ces populations prirent, au XVIIIe
siècle, le nom de Harrar. (Voir Fabre, *Monographie de la commune
indigène de Tiaret-Aflou.* — Bull. Société géographie d'Oran, 1902.
p. 282). Les Harrar, qui s'étaient ralliés de bonne heure à Abd el-Kader
avaient été répartis par lui en deux groupes : les Harar Cheraga, rat-
tachés à l'aghalik des Hachem Cheraga, et les Harrar Gharaba ratta-
chés à l'aghalik des Hachem Gharaba. Les Harrar Gharaba nomadi-
saient à travers les Hauts Plateaux depuis la Yacoubia jusqu'au Djebel
Amour. Ils se subdivisaient en 11 tribus gouvernées par trois cheikhs,
qui exerçaient tour à tour le commandement supérieur avec le titre
de califfa des Hachem Gharaba près de l'Harrar. Les Harrar possédaient 6.170 tentes, 5.600 cavaliers, 4.620 fantassins. (*Etablissements,*
1839, p. 279.)

très bien réussi, la guérison sera prompte et elle fait le plus grand honneur à M. Warnier (1). Nous avons aussi fait confectionner une jambe de bois pour un soldat de l'Emir, qui a eu la sienne emportée par un boulet à la Sikkak. Elle a fait le tour et l'admiration de Mascara. La réputation du docteur commence à s'étendre. De tous les côtés, les malades affluent et partout on vante notre humanité. Le docteur a parlé de vaccine et, déjà, beaucoup d'enfants lui ont été présentés. Il attend du vaccin par le retour de ce courrier.

Vous me parlez dans votre dernière lettre d'un quatrième cheval conduit à Oran avec les trois dont j'ai envoyé les signalements à M. le commandant Guerbe (2). C'est une spéculation des conducteurs. Je n'en ai eu aucune connaissance et il n'entre dans la remonte que ceux que je reçois à Mascara et dont je vous rends compte.

J'ai reçu par l'Israélite Isaac ben Farriche la lettre, dont vous l'aviez chargé pour moi. Je me suis immédiatement occupé de la réclamation qu'elle contient. Il est vrai que Ben Reschalla fait sur la Mina (3) de grands achats de grains pour la maison Bollard d'Oran. Ce négociant y est autorisé par l'Emir et lui a payé un certain droit. On ne conteste à personne le droit de vendre ou d'acheter mais on objecte seulement que, les Français, percevant des droits sur toutes les denrées, l'Emir, de son côté, peut bien en prélever sur ce qui sort de son pays. Cette mesure, du reste, ne doit s'étendre qu'aux grands achats et tous les individus vivant sous nos lois sont maîtres, conformément au traité, d'acheter partout où ils veulent et même

---

(1) Episode rappelé dans Daumas : *la Vie arabe*, p. 276.

(2) Officier chargé de la remonte. Cf. dépêche du 30 novembre 1837, p. 5, note 2.

(3) Affluent de gauche du Chélif. La Mina a sa source à 20 kilomètres à l'est de Frenda, au pied du Djebel Akhdar, passe non loin de Takdempt, sort des montagnes à Relizane et va se jeter dans le Chéliff après un parcours d'environ 200 kilomètres.

sans aucune rétribution pour les petites transactions. Demain, le califfa doit donner à Isaac ben Farriche toutes les garanties nécessaires pour qu'il ne soit plus inquiété dans ses achats. Quant à Tenezz (1), le seul port d'où l'on exporte, il m'a été répondu que l'Emir n'y avait aucun agent, qu'on n'y connaissait que les Juifs Maklouf et Benquerouby, lesquels nous appartenaient et faisaient le commerce pour Alger. On a ajouté que, si cela ne vous convenait pas, on y mettrait un terme d'autant plus promptement, que l'Emir n'y a aucun intérêt.

Le caïd des Beni Chougran est encore venu me renouveler la réclamation qu'il fait contre le Maltais Bartolo, qui, jadis, habitait Mascara. Cet homme a escroqué un cheval à un Arabe de sa tribu, comme j'ai eu l'honneur de vous en informer dans ma lettre du 28 janvier et, depuis, on n'en a plus de nouvelles. On le dit à Oran.

Je pense que vous avez été content du cheval que le califfa vous a envoyé. Je m'occupe activement de vous en trouver un autre. On y est bien disposé à Mascara, et, déjà Hadj el-Djilaly m'en a présenté un pour vous. Il avait de la taille et beaucoup de distinction, mais, comme il lui manquait de l'étoffe, je l'ai refusé. J'espère vous trouver votre affaire d'ici à quelque temps.

Soyez assez bon pour me dire quelles sont les qualités que vous désirez rencontrer, car je ne vous enverrai pas un cheval sans l'avoir monté pour mieux en juger.

Demain, je dois avoir une entrevue avec l'aga des Med-

---

(1) Ténès. Ville du littoral algérien, à 104 kilomètres à l'ouest de Cherchel. La ville indigène, « le vieux Ténès » se trouve à 4 kilomètres environ de la mer, sur un plateau rocheux entouré à l'ouest par un oued. Fondée en 875 J.-C. selon El-Bekri, et peuplée d'émigrés espagnols, elle passa sous la domination des Berbers Maghraoua, puis appartint aux Beni Zeyan, souverains de Tlemcen depuis 1229 J.-C. Elle fut au XVe siècle la capitale d'un petit royaume indépendant, tomba au pouvoir de Kheireddine en 1520, et fut occupée par Bugeaud en 1843. Une ville moderne fut bâtie à 2 kilomètres de là, sur l'emplacement de la ville punique et romaine de Cartenna.

jaers, pour obtenir satisfaction pour Abdallah ben Bechir, dont vous m'avez parlé.

Je suis, etc.

DAUMAS.

A . H . G . R . J . 11387 (Original)

P.-S. — Nos lettres étaient parties hier avec deux chevaux de remonte que je vous envoyais. A la hauteur d'Aquebet el-Mellaah (1), l'un d'eux est tombé dans un ravin très profond d'où on n'a pu le tirer que ce matin. J'attendrai donc, pour les mettre en route, ainsi que les hommes du train, que la route soit devenue praticable.

Je reçois à l'instant vos dernières lettres et vais sur-le-champ m'occuper de leur contenu. Quant à vos chevaux, daignez croire, mon Général, que je ne négligerai rien pour remplir vos intentions. Je n'avais pas vu celui que le califfa vous a envoyé.

---

(1) Hauteur au nord-ouest de Mascara.

XXI

Daumas à Rapatel.

Mascara, le 18 février 1838.

Mon Général,

L'Israélite Ben Fariche a été présenté au califfa, comme je vous l'avais annoncé dans ma dernière lettre. On lui a offert la permission d'acheter tous les grains qu'il voudrait, moyennant un droit d'un boudjou par fanaigle (1) de bled et d'un demi-boudjou par fanaigle d'orge. Cet homme est parti sans rien terminer et en assurant que les autres marchands ne payaient qu'un demi-boudjou pour le bled et une oukia (2) pour l'orge. Je m'en suis plaint alors et on m'a répondu qu'il se trompait et qu'il en était ainsi pour tout le monde. Non seulement, j'ai porté la réclamation de Ben Fariche, mais encore j'ai défendu le principe et il est convenu, comme j'ai eu l'honneur de vous l'écrire, que tout le monde pouvait acheter, en payant toutefois les droits imposés par le gouvernement, et, si Ben Fariche n'a pu enlever les grains qu'il avait achetés à la Mina, c'est qu'il ne s'était pas conformé à cette mesure.

Conformément à vos ordres, je me suis empressé de réclamer pour Hadj Abdel Kader ould Quennoun les tentes et les bagages qu'il a laissés à son départ. Cette

---

(1) Fanègue, mesure de capacité pour les grains, en usage à Oran. Elle équivalait à 102 litres.

(2) Environ o fr. 3i5.

question qui paraissait abandonnée, à suscité de nouvelles réclamations de la part du califfa et même de l'Emir. Je vous en envoie la note.

Volé par Hadj Abd el-Kader Ould Quennoun :

1° A son oncle, Ould el Hadj Cadour ben Hassan :
Deux bracelets de main en or,
Deux bracelets de pied en or,
Une paire de boucles d'oreilles en perles,
Deux bracelets de pied en argent,
Huit paires de petites boucles d'oreilles en or,
Une ougliba (1) en drap (*sic*).

2° A son neveu, dont il était le tuteur :

La valeur de vingt pièces de bonnes terres vendues par lui à Sidi Moustapha, frère de l'Emir, et dont il a touché et emporté l'argent.

3° Un cheval gris emmené par son neveu Hamet et appartenant à son oncle Miloud Youssouf. Les tentes et les bagages réclamés par Hadj Abd el-Kader Ould Quennoun ont été donnés en dédommagement à l'orphelin, dont il était le tuteur et leur valeur est bien loin d'égaler le montant de ce qu'il a emporté. Le califfa doit au surplus vous en écrire lui-même.

On prête à l'Emir le projet de faire venir sa famille à Média. Le fait est, qu'il a Mascara en horreur, depuis que les Français y sont entrés (2) et que, par suite de cette mauvaise volonté bien connue, tout est dans l'état où nous l'avons laissé, personne ne voulant y faire la moindre réparation ni la moindre dépense. Ce qu'il y a de

____

(1) Ce mot n'a aucun sens. Il doit vraisemblablement être corrigé, en djellaba, sorte de tunique sans manches.

(2) Abd el-Kader avait déclaré, qu'il ne rentrerait jamais autrement que pour prier à la mosquée, dans une ville, que les habitants avaient laissé souiller par les chrétiens. Cf. A. Bellemare. *Histoire d'Abd el-Kader*, chap. VIII p. 130.

positif, c'est que la famille de l'Emir et celle du califfa doivent aller visiter un marabout célèbre à Mazouna (1).

Il parait décidément qu'on fait des canons à Tlemsan ou, tout au moins, qu'on y refond de vieilles pièces. Longtemps j'ai refusé de le croire, mais les renseignements qui me parviennent me paraissent trop précis, pour que je ne me fasse pas un devoir de vous les communiquer. On a vu les fourneaux, les soufflets, les moules et les roues. Jusqu'à présent, on s'est servi de charbon de bois mais on a dû faire venir d'Oran du charbon de terre. L'appareil se meut par des mules. On a vu une pièce confectionnée. Elle est de la longueur et du calibre de nos pièces de montagne. Ces travaux sont entrepris par deux déserteurs français, que l'on nomme maintenant Moustapha et Hamidou. Je crois que le dernier n'est autre qu'un sergent garde-côte qui a déserté depuis longtemps. L'homme, qui m'a donné ces détails, retourne à Tlemsan et doit m'en fournir de plus importants, si on lui en garde le secret. Il prétend, que tout ce que je vous écris de Mascara y est connu par Hadj l'Habib, et il craint pour sa vie.

Hier, vingt canonniers sont partis d'ici pour aller à Tlemsan chercher des pièces qu'ils doivent conduire à Tekedemt. Nous avons appris qu'on fabriquait de la poudre à Tlemsan. Quant à Mascara, il n'y a pas le moindre doute, puisqu'on en vend tous les jours sur le marché. Elle ne paraît pas très bonne.

On assure que l'Emir vient d'envoyer à Tekedemt 24 Couroulis de Média, qui étaient en prison à Miliana (2)

----

(1) Ville du Dahra, sur le versant méridional des montagnes, à trois lieues et demie environ du Chélif. D'origine berbère, elle fut occupée au xvie siècle par les Turcs, qui y intallèrent une garnison, et fut de 1563 à 1701 la capitale du Beylik de l'Ouest. En 1830 la ville renfermait environ 300 maisons. Il s'y faisait un trafic assez considérable de poudre, que les habitants fabriquaient eux-mêmes.

(2) Ville située à 132 kilomètres d'Alger et 740 m. d'altitude sur le flanc du Zaccar Gharbi dominant à l'E. et au S. la vallée du

depuis huit mois. Il doit les faire suivre par leurs familles.

On fait courir le bruit que l'Emir veut racheter Blida à la France, en faisant rembourser à ceux qui y ont acheté des propriété l'argent qu'ils ont dépensé. D'un autre côté, on assure que les Français y sont et y opèrent des constructions.

Si nous sommes bien informés, l'Emir serait très embarrassé; Ouad Zitoune et les Kabyles des environs des Bibane et de Tenezz se seraient révoltés, plus les Agoubias (1) et les tribus du désert. Il y a quelques jours, un mekrazeni de l'Emir envoyé à Tafna pour y faire payer les grains a été tué par les Kabyles. Cet homme est des Oulade l'Abbade (2). Le califfa devait sortir après la fête prochaine pour faire une tournée dans le Charg, mais l'Emir lui a donné l'ordre d'attendre parce qu'il craint

---

Chélif. Elle fut fondée au IVe siècle de l'Hégire sur l'emplacement de la ville romaine de Zucchabar, par Bologguine ibn Ziri. Elle renfermait le tombeau du marabout Sidi Ahmed ben Youcef, qui y attirait de nombreux pélerins. Les Turcs y avaient établi une garnison. Après 1830, elle fut disputée entre les Français et Abd el-Kader. L'Emir, malgré la défense qui lui avait été faite, par le gouverneur général de franchir le Chélif, en prit possession en 1835 et y plaça comme khalifa, El Hadj Mahiddin es Seghir Embarck, ancien agha de la Mitidja, au service de la France, sous le gouvernement de Berthezène puis, après la mort de ce dernier, son neveu Mohammed ben Allal. Les Français occupèrent Miliana le 18 juin 1840. C'est aujourd'hui le chef-lieu d'un arrondissement du département d'Alger, peuplé de 8.000 habitants.

(1) C'est-à-dire les populations de la Yacoubia, vaste territoire compris entre Mascara et les Hachen Gharaba au N., les Beni Amer au N.-O., le Chott Chergui au S., les Harrar Cheraga et les Sedama à l'E. Le territoire était parcouru par des tribus nomades réparties en 2 groupes : Yacoubia Cheraga (7 tribus) et Yagoubia Gharaba appelés aussi Djafra 19 tribus). La Yakoubia était comprise dans l'agalik des Hachem Gharaba, mais les populations se montraient assez peu disposées à obéir aux agents de l'Emir.

(2) Ouled Abbad, tribu de l'aghalik des Hachem Cheraga, occupant la plaine de Froha et la vallée inférieure de l'Oued Fkan, au sud de Mascara. Elle a été constituée en deux douars communes : Melr'ir et Guerdjoum. (Mascara. M.).

de nombreuses défections, si l'on vient à trop tourmenter les Arabes. On dit même, que les Medjaers auraient déjà fait des menaces.

Les chefs de Blida seraient venus voir l'Emir et il aurait refusé de les recevoir. Un Juif, nommé Iouda Amsalem, est ici depuis trois mois sans pouvoir en sortir, et voici comment. L'Emir lui a fait avancer 200 douros d'Espagne pour aller acheter dans le désert des plumes d'autruche, qu'il se proposait de joindre aux présents destinés au Roi. Il en est revenu avec des dépouilles de mauvaise qualité. Elles ont été jugées indignes d'être présentées et, en conséquence, on les lui laisse et l'on exige le remboursement des 200 douros.

Cet homme ne peut le faire maintenant et demande la permission d'aller vendre ses plumes à Oran ou à Alger, mais, comme on craint qu'il ne revienne plus, on n'y consentira, qu'autant que nous en répondrons. Il prétend avoir des maisons à Oran et être solvable. Je vous soumets cette affaire et vous prie de décider. On prétend que 5o fantassins de l'Emir ont déserté de Média et se sont rendus à Alger. Cette nouvelle paraît certaine.

Hier, on m'a présenté un cheval pour vous. Il était très bien, mais je l'ai monté un instant et, comme je l'ai trouvé usé du devant et sans moyens, je l'ai refusé. J'ai fait sentir alors qu'il fallait vous envoyer quelque chose de mieux et Abd el-Kader Bou Krelika, caïd de Sedama, qui se rend à Tekedemt, a été chargé par le califfa de vous en choisir un dans l'Arrare. Prenez donc un peu de patience, mon Général, et comptez sur le zèle avec lequel je suivrai cette affaire. Il vaut mieux attendre un peu et être bien servi. Si vous aviez besoin d'autres chose à Mascara, disposez de moi et daignez croire que ce sera toujours m'obliger, que de me fournir l'occasion de vous être agréable.

Je sors à l'instant de chez le califfa, à qui j'ai fait demander une audience pour l'entretenir de ce faisait le sujet de votre dernière lettre. Je me suis plaint à lui de ce que l'on avait poursuivi Hadj Abd el-Kader Ould Quennoun, contrairement à l'article 4 du traité et suis parti de là pour en demander l'exécution. Il m'a été répondu, que l'on n'avait pas poursuivi cet homme, mais que, si l'on avait été prévenu de sa désertion, on l'eût fait avec d'autant plus de droit et de raison, que ce n'était qu'un voleur. Il a ajouté que l'on n'empêcherait personne de venir à nous, mais que, pour cela, il fallait la permission de l'Emir et n'avoir rien à démêler avec la justice.

Je lui ai ensuite parlé de vos chevaux. Il y a mis beaucoup de bonne grâce, me charge de vous présenter ses salutations et de vous dire qu'on en attend un de Tekedemt ces jours-ci, comme je vous l'ai dit plus haut et, qu'ensuite, on s'occupera de vous trouver l'autre. J'ai la parole du califfa. Ainsi, mon Général, soyez tranquille et prenez un peu de patience.

Je suis, etc.

DAUMAS.

P.-S. — Le califfa vous prie de vous intéresser à l'affaire d'Hadj Abd el-Kader Ould Quennoun. Il me fait prévenir à l'instant que, sur ma demande et d'après mes instances, il fait immédiatement remplacer à Mostaganem le consul qui s'y trouve, par le frère du caïd Hadj el-Boukary. Cet homme étant d'une grande famille très aimée du Sultan et très respectée dans le pays, le califfa sollicite pour lui votre bienveillance ainsi que celle de M. le colonel Dubarrail, afin que les scènes qui se sont passées avec Hadj L'Habbess ne se renouvellent plus.

Pour nous, c'est une très grande garantie, que nous n'avions pas auparavant, et nous sommes persuadés, qu'on nous traitera à l'avenir comme il le sera à Mostaganem.

Je vous envoie deux chevaux de remonte.

M. le commandant Guerbe m'ayant dit qu'un de vos
aides de camp avait besoin d'un cheval, je viens de décider Hadj el-Djilaly à lui céder le sien pour la somme
de 3oo francs, et je vous l'envoie avec les autres.

A. H. G. R. J. 11392. (Original).

XXII

Daumas à Rapatel.

Mascara, le 12 février 1838.

Mon Général,

Pendant votre absence, M. le colonel de Maussion m'a écrit pour m'annoncer la condamnation d'un Garaba convaincu de tentative d'assassinat et de vol à main armée. Cette affaire était déjà connue à Mascara. J'ai fait tous mes efforts pour faire comprendre, que tout individu reconnu coupable de crime commis sur notre territoire appartenait à notre justice et à nos lois, mais tout a été inutile. Le califfa a dû vous en écrire et me prie de le faire aussi. Habib Boalem, l'aga des Garabas, Hadj el-Djilaly et le caïd Hadj el-Boukary joignent leurs instances aux siennes et vous prient de leur livrer cet homme, qu'ils feront juger et punir suivant leurs lois. Malgré que je sois intimement convaincu qu'il n'y a plus à revenir là-dessus, je n'en ai pas moins cru devoir faire acte de complaisance, en vous soumettant leur réclamation.

Je suis, etc...

DAUMAS.

A. H. G. R. J. 11393 (Original).

XXIII

Daumas à Rapatel.

Mascara, le [　] février 1836 (1).

Mon Général,

Hier j'ai remis au califfa les lettres que vous m'avez envoyées pour lui. Il n'a fait aucune objection au sujet d'Hadj Abd el-Kader Ould Quennoun et s'est contenté de me dire qu'il vous en écrivait de nouveau. Conformément à vos ordres, je me suis plaint ensuite et vivement de la conduite de Sidi Madany, chargé de la livraison des grains à la Tafna. Il en a paru très étonné et, devant moi, a donné l'ordre à ses groudjas d'en référer sur le-champ à Bouhamidi, califfa du Gharb, pour faire cesser sur le champ ces abus, qu'il a fortement blâmés.

On a fait emprisonner avant-hier, par ordre de l'Emir, le Juif Juda Amsalem, dont je vous ai entretenu dans ma dernière lettre. J'en ai immédiatement demandé la raison. On m'a répondu que cet homme, depuis trois mois, promettait de restituer les 200 douros, qu'il avait reçus pour acheter des plumes d'autruche, qu'il ne s'exécutait pas et, qu'enfin, on était las de ces retards, qui prouvaient peu de bonne foi. J'ai prié alors, qu'on le fît sortir de prison et qu'on lui accordât encore quelque temps pour aviser aux moyens de s'acquitter. Sur mes

---

(1) **Lacune dans le texte original.**

représentations, il a été élargi, mais je viens vous demander quelle est la conduite que je dois tenir, dans le cas, où, à l'expiration de ce délai, le Juif Amsalem n'aurait pas tenu sa parole.

On a écrit à l'aga des Medjaers pour faire restituer le cheval d'Abdallah ben Béchir. Quant à la réclamation qui m'a été faite pendant votre absence par M. le colonel Maussion, pour Mohamed ould Yaya, qui se plaint d'avoir été volé, on ne demande pas mieux que de lui faire rendre justice, mais on ne connaît pas de Seliman ben Treky (1) qui est un nom turc, ni de quartier des Arzetty. Je vous prie donc de vouloir bien me faire fournir des renseignements plus précis et saisis cette occasion pour vous instruire, que, souvent, il y a du retard dans les réclamations, parce que les noms des Arabes et des localités sont mal écrits.

Il est arrivé d'Oran un individu qui s'est fait musulman. Les uns disent que c'est un officier français, les autres, que c'est un Polonais et on l'entoure de tant de mystères, que je n'ai pu encore découvrir la vérité. Quoi qu'il en soit, on paraît attacher beaucoup de prix à sa profession, puisque, contrairement à ce qui s'est passé jusqu'alors, on le traite avec beaucoup d'égards. Il vient d'Oran. Mieux que nous, vous pourrez donc savoir qui il est. Puisque nous en sommes sur le compte de nos déserteurs, je crois devoir vous dire que Léon Roche d'Alger, dont j'ai plusieurs fois entretenu messieurs vos prédécesseurs, est très malheureux à Tlemsan (2). Je voudrais bien pouvoir aussi faire connaître vos intentions indulgentes à Moustapha et Hamidou, mais comme ceci est très délicat et que, dans ce pays, on ne peut se

---

(1) Sliman ben Turki.

(2) Sur ce séjour à Tlemcen. Cf. Léon Roches : *Dix ans à travers l'Islam*. Liv. IV ch. I.

fier à personne, je ne vois pas d'autre moyen, que de leur détacher un homme adroit et sûr qui, sous un prétexte quelconque, se rendrait à Tlemsan et les sonderait à cet égard. Voyez donc ce que vous décidez.

Jeudi prochain, la mère de l'Emir (1), sa femme (2), celles du califfa et de tous les groudja doivent partir pour Média, sous le prétexte d'aller visiter un marabout célèbre à Miliana (3). Depuis quelques jours on fait les préparatifs de ce voyage, c'est-à-dire qu'on fait construire des palanquins (4) et tous les objets nécessaires pour le transport de leurs effets les plus précieux. Cette émigration jette de l'inquiétude dans Mascara et surtout chez les Hachem, qui, déjà, après la paix, s'étaient opposés énergiquement au projet, qu'avait l'Emir, de fixer sa famille soit à Tlemsan, soit à Tekedemt. Ils lui représentèrent alors qu'il était né chez eux et qu'ils l'avaient fait sultan.

Je crois devoir vous rendre compte que la mère de l'Emir m'a fait demander de nouveau des bas et des gants. J'en avais déjà instruit M. le général Auvray. L'embarras des affaires l'a sans doute empêché de donner suite à cette demande. Comme le courrier peut rentrer avant jeudi, je vous serai obligé, si vous pouvez donner cette satisfaction à la mère de l'Emir, qui compte là dessus pour se préserver du froid pendant son voyage.

Il est arrivé à Mascara du plomb et des barres de fonte.

Le plomb va à Tekedemt et la fonte à Tlemsan.

L'Emir vient encore d'envoyer en congé une grande partie de l'infanterie de Media et de Mascara. Je sais de très bonne source, qu'on leur a donné l'ordre, au

---

(1) Lalla Zohra.
(2) Khadidja.
(3) Le tombeau de Sidi Ahmed ben Youçef.
(4) Pour le transport des femmes.

moment du départ, de rejoindre Média aussitôt que le retour de Miloude Bennarache sera connu.

L'Emir a, dit-on, conçu le projet de faire bâtir un fort à Tahouyâla (1), petite ville placée à deux jours de marche d'Aïn-Mady.

Dans cet endroit coule une rivière entre deux montagnes. Un Juif, qui nous sert quelquefois, y était quand des envoyés d'Abd el-Kader sont venus reconnaître la position et prévenir qu'il voulait y faire des constructions. Je crois que, si la paix dure, on a de grandes vues sur Aïn-Mady, dont on voudrait s'emparer.

Tedjiny y commande et passe pour un homme de résolution, mais il n'a pas de canons et ne peut disposer dans sa ville que de 7 à 800 fusils. Les tribus, qui campent autour d'Aïn-Mady et de Beni-Lerouatte (2), ville située à deux jours de marche plus loin, sont nombreuses et guerrières (3), mais elles sont en général mal armées, s'effrayent du canon et craignent beaucoup une

---

(1) Taouiâla. — Ksar du Djebel Amour, à 40 kilomètres d'Aflou, chez les Ouled Meïmoun. Environné de jardins ce ksar était entouré d'une enceinte fortifiée flanquée de tours, grâce à laquelle il avait pu résister non seulement aux attaques des nomades, mais encore à celles des beys d'Oran. Selon Daumas (*Sahara Algérien* p. 213). Taouiâla renfermait une centaine de maisons.

(2) Laghouat : ville et oasis, sur la rive droite de l'oued Mzi, à 330 kilomètres au S. d'Alger et à 55 kilomètres au S.-E. d'Aïn Madhi Une bourgade berbère existait sur ce point au xe siècle (J. C.) mais la ville actuelle date seulement de l'époque hilanienne. Au xvie siècle elle payait tribut au Maroc ; en 1725 elle fut soumise par le bey de Médéa. Les Français l'occupèrent en 1852. Cf. Mangin : *Notes sur l'histoire de Laghouat*. Rev. Africaine 1893. pp. 355 sqq. — Les Beni Laghouat sont une tribu du sud de la province d'Alger, dont les terres de parcours s'étendent au S. et à l'O. de l'oasis de Laghouat. Elle est mentionnée par Ibn Khaldoun, comme appartenant à la famille berbère des Maghraoua. Les Beni Laghouat se divisaient en 3 groupes : Hallaf (Ouled Salem) Serghine (Ouled Sidi Aïssa), Mekhalif.

(3) Beni Laghouat, confédération des Larbâ, etc,

prohibition de grains. La route de Tekedemt à Aïn-Mady est facile. On trouve de l'eau partout. La voici :

1° De Tekedemt à Seressous (1), 10 lieues, plaine et sources.

2° Ciada (2), 5 lieues, plaine, sources.

3° Cheutt (3), 5 lieues, plaine et puits abondants.

4° Berida (4), 10 lieues, plaine, rivière.

5° Temellaka (5), 5 lieues, plaine et sources.

6° Tâhouyâla, 3 lieues, entre deux montagnes, petite rivière.

7° El-Richa (6), 10 lieues, plaine, sources.

8° Aïn-Mady, plaine, rivière.

D'Aïn-Mady à Beni-Lerouatte, il y a deux jours de marche.

---

(1) Serresou. Ce nom s'applique non à une localité, mais à une haute plaine s'étendant au sud de l'Atlas, sur une longueur de 80 Kilomètres environ de l'E. à l'O, et sur une largeur de 40, du pied des montagnes à la région des steppes. Longtemps considéré comme peu fertile, le Serresou a été, depuis quelques années, transformé par la colonisation européenne en une région de cultures de céréales. Cf. Bugeja et Rousseau : *Le Serresou.* — Bulletin Société Géographie d'Alger. 1904.

(2) Cette plaine appelée Sciâda, sur la carte des communications entre Aïn Madhi et les villes de Mascara, Frenda et Tagdempt dressée par le Dr Warnier (Appendice *Cartes et plans*) est limitée : au N., par le territoire des Harrar Cheraga, à l'O. par les Harrar Gharaba, à l'E., par le Sersou et la plaine de Markouna.

(3) Le Chott Chergui.

(4) Brida. Ksar aujourd'hui abandonné, sur la rive droite de l'oued Brida, affluent de l'oued Berkane. — Cf. lieutenant-colonel Derrien : le *Djebel Amour.* Bulletin Société géographie d'Oran. 1895.

(5) Aïn Tamellakt, sur l'oued du même nom, au N.-E. de Taouiâla.

(6) Er Richa. Ksar, renfermant une centaine de maisons, sur le versant méridional du Djebel Amour, au confluent de l'oued Richa et de l'oued Nougham.

Tazegrouna (1), 10 lieues, plaine et rivière, puis Beni Lerouatte, 8 lieues, plaine et rivière.

Il y a une autre route plus courte par les Agoubia. Je ne vous en parle pas, parce qu'elle est très escarpée et difficile pendant les trois premiers jours en partant de Mascara.

Je ne vous envoie pas de chevaux de remonte, parce qu'il a fait un temps épouvantable pendant les jours de marché et qu'on ne m'en a pas présenté.

Je suis, etc...

DAUMAS.

A. H. G. R. J. 11394 (Original).

----

(1) Tadjerouna ; ksar à 37 kilomètres au S. de Aïn M'ahdi, à l'entrée de l'oued Zergoum.

XXIV

Daumas à Rapatel.

Mascara, le 4 mars 1838.

Mon Général,

Le califfa me fait prévenir à l'instant même, qu'il vous envoie une lettre de l'Emir. Il me prie de vous instruire que, contrairement aux conventions passées avec M. le général Bugeaud, tous les jours les Douars achètent à Mostaganem des chevaux qui, le plus souvent, sont volés, ce qui excite de grandes plaintes de la part des Arabes. Je vous soumets donc cette réclamation malgré que j'ignore jusqu'à quel point elle est fondée. J'ai profité de cette circonstance pour me plaindre à mon tour de la lenteur, qu'on apportait dans !a livraison des 5o chevaux, pour lesquels on avait passé un marché. On s'en est tiré, comme toujours, en mettant ces retards sur le compte du mauvais temps, qui empêchait les Arabes de venir au marché et en me promettant d'en finir au plus vite.

J'ai fait part au califfa des agressions partielles qui avaient eu lieu de la part des Beni Amer contre nos Douars sur l'Ouad el-Malah (1), en lui représentant vive-

---

(1) Oued el Melah, appelé par les Européens Rio Salado ; rivière de la province d'Oran, traversant le territoire de la tribu des Ouled Khalfa (aghalik des Beni Amer). Elle se jette dans la Méditerranée à quelques distance au sud du cap Figalo. A l'époque turque, il se faisait à l'embouchure de cette rivière un commerce de grains assez considérable.

ment les conséquences qu'elles pourraient avoir. Il en a paru très surpris, en écrit à l'Emir et au Califfa Bouhamidi, pour que de pareils désordres ne se renouvellent plus.

Je vous remercie bien sincèrement de l'avis, que vous me donnez, de me tenir en garde contre nos interprètes. M. le commandant Guerbe, lors de son départ m'avait déjà conseillé de surveiller Aamram (1), qu'il soupçonnait d'être en relation avec les agents de l'Emir (2). J'en ai fait mon profit et, depuis que je suis entré en fonctions, toutes les affaires ont été traitées entre le docteur et moi, avec tant de prudence et de secret, qu'en le supposant même coupable, il lui a toujours été impossible de savoir la moindre chose et de nous trahir. Jamais il n'a pu lire aucun de nos papiers, comme jamais il n'a assisté à la moindre conférence, attendu que, maintenant, je sais assez d'arabe pour mener tout seul les affaires que nous désirons tenir secrètes. Quant à Ayas (3), je le crois

---

(1) Amran Darmon. — Né à Oran en juillet 1815. Interprète temporaire, le 19 juin 1836 ; interprète auxiliaire le 17 mars 1837 ; interprète de 3e classe le 1er avril 1840; interprète de 2e classe, le 13 mars 1845 ; interprète de 1re classe, le 16 janvier 1852 ; retraité le 8 janvier 1870. (Féraud : *Les interprètes de l'Armée d'Afrique*, p. 263).

(2) Cette assertion est réfutée par une note du Dr Warnier, ainsi conçue : « Parle parfaitement le dialecte du pays ; écrit un peu l'arabe et le lit bien. Ce jeune homme était depuis trois ans attaché comme interprète à la division d'Oran, lorsque le M. le commandant Menonville le demanda comme interprète du bataillon du 47e de ligne, qui devait tenir garnison à Tlemcen. Dans cette mission il avait obtenu la confiance et l'estime de son chef et, en récompense, il fut désigné pour nous accompagner à Mascara. Lors de la mort du commandant Menonville, l'interprète Darmon accepta et remplit avec fermeté la mission difficile de traverser de nuit et à l'insu des Arabes le pays qui nous séparait de Mostaganem, où était alors M. le lieutenant général Bugeaud. Dans toutes les courses, que j'ai faites au milieu des Arabes, Amran Darmon m'a toujours accompagné et m'a secondé avec activité et intelligence dans les travaux que j'ai entrepris. » (A. G. G. A. E. 116 ¹).

(3) Ayas (Léon) né àMarseille, le 18 octobre 1807. Guide interprète en 1830 ; interprète de 3e classe en 1840 ; interprète de 2e

un honnête homme, dévoué à nos intérêts et suis encore confirmé dans cette opinion par la haine, que lui portent tous les chefs de Mascara, qui ne peuvent pas le souffrir.

Mercredi dernier, il est arrivé à Mascara des chefs de Courouglis de Tlemsan. Ils se rendent à Média à l'occasion de la fête, qui a lieu dans quelques jours pour complimenter l'Emir et lui offrir des présents.

On a trouvé une mine de salpêtre dans les montagnes qui sont au sud de la plaine d'Egueris, à trois lieues environ de Mascara. On l'exploite maintenant pour le gouvernement. J'en ai vu des échantillons; les cristaux sont magnifiques. Un homme qui travaille dans cette mine, m'a assuré encore, qu'il y avait beaucoup d'autres mines de soufre et de fer.

Nous avons vu, il y a quelques jours, sur la place de Mascara, une pièce de canon en bronze. On était allé la chercher près d'un marabout dans la plaine d'Egueris, où elle était cachée depuis l'entrée des Français. Elle a été de suite envoyée à Tekedemt. C'est une pièce de 8. Il y a dessus : Par Dupont, commissaire des fontes à O. C. H. E. La lumière est détériorée. Aujourd'hui même, il est arrivé de Tlemsan beaucoup de bois de fusils et une autre pièce de canon en bronze assez longue. J'aurai soin de vous instruire de la destination qu'on lui donnera. Je saisis cette occasion pour appeler encore votre attention sur ce qui se passe à Tlemsan et vais, de mon côté, tâcher de me procurer les renseignements, que vous me demandez dans votre dernière lettre. Ce qu'il y a de positif maintenant, c'est qu'il arrive de ce côté des canons, des armes et de la poudre.

J'ai reçu jeudi la visite de Sidi el-Haoussin, frère de l'Emir (1). C'est un beau jeune homme de 18 ans, qui a de belles manières et nous a témoigné beaucoup d'amitié.

classe en 1845, mort en 1846, des suites d'une blessure reçue dans un combat contre Bou Maza. — Féraud. Op. cit. p. 169.

(1) **Cf.** Appendice : *Principaux personnages de la province d'Oran.*

L'officier ou le bas officier saxon, dont vous me parlez, ne paraît pas très content de sa nouvelle position. Il s'attendait, sans doute, à une grande considération et à un grand bien-être, tandis, qu'en attendant qu'on puisse l'utiliser comme officier d'artillerie, il n'est, pour ainsi dire, auprès du califfa, qu'une espèce de domestique. On dit même que, s'étant permis de rire quand le califfa disait sa prière, il a été chassé de l'akouma. Ce n'est pas le seul, depuis que nous sommes à Mascara, que nous avons vu ainsi désappointé. Il serait à désirer que, tous les jeunes gens à imagination ardente et qui pensent trouver dans ce pays des honneurs et de l'argent connûssent le peu de cas, que les Musulmans eux-mêmes font des renégats et le peu de ressources qui existent dans le pays pour utiliser les connaissances, qu'ils pourraient même y apporter (1).

J'ai remis au califfa le petit présent que vous avez eu la bonté de m'envoyer pour la mère de l'Emir. Elle était partie depuis jeudi avec la femme de son fils (2), celles du califfa, des groudja, de Ben Fakra (3), de Ben Abou (4), et de leurs serviteurs, sous la conduite de Si Abdallah (5), cousin germain et trésorier d'Abd el-Kader. Comme ce convoi ne marche pas très vite, le califfa le leur envoie par un exprès et me charge de vous adresser ses remerciements.

Ce départ inquiète toujours Mascara, où il fait le sujet de toutes les conversations. Les trembleurs y voient la guerre recommencée, et il circule mille contes, tous plus absurdes les uns que les autres. Les uns prétendent

(1) Des observations analogues sur le sort misérable des déserteurs se retrouvent dans : Alby : les prisonniers d'Abd-el-Kader. Léon Roches ; Dix ans à travers l'Islam. Liv. IV. ch. I.

(2) Kheira, fille de Sidi Ali bou Taleb Cf. App. *Principaux personnages d'Oran.*

(3) Second trésorier de l'Emir. Cf. Appendice ibd.

(4) Premier trésorier de l'Emir. Appendice ibd.

(5) Appendice. ibd.

qu'Abd el-Kader, gorgé d'or veut se retirer dans le désert avec toutes ses richesses, suivant en cela l'exemple d'un sultan qui, jadis, s'enrichit aux dépens des Arabes et ne reparut plus. Les autres disent que, les tribus ne lui inspirant plus aucune confiance, depuis notre entrée à Mascara, il met seulement ce qu'il a de plus cher à l'abri de leur rapacité. Quoi qu'il en soit, tout ceci prouve que, si l'Emir a gagné en puissance réelle, il a beaucoup perdu de l'influence religieuse, qu'il exerçait sur les Arabes.

Ce n'est plus le Commandeur des Croyants convoquant les Musulmans à la guerre sainte et les engageant à tout supporter plutôt que de se soumettre aux infidèles ; ce n'est plus qu'un ambitieux, qui n'a travaillé que pour lui, détesté par des chefs qui, naguère encore, trônaient chez eux, et dont il abat le pouvoir à son profit et repoussé en secret par quelques tribus, qui déjà nous préfèrent à lui, à cause de notre modération et de notre justice. Car, qu'on ne s'y trompe pas, notre cause a fait un pas immense depuis le retour des prisonniers de Marseille et depuis la paix. Les relations commerciales, qui s'établissent, jettent de profondes racines et le bien-être, qu'elles procurent aux Arabes, ne s'oubliera pas de sitôt. Les idées sur notre compte se rectifient aussi tous les jours par Oran et par Mascara. Ainsi, nous passions pour violents, injustes, impies, et, déjà, l'on nous proclame sages et ne procédant que la loi à la main. Les marabouts eux-mêmes aplanissent les voies en publiant partout, que la France est la première nation du monde; que c'est par elle que tout l'univers doit devenir musulman; que nous valons cent fois mieux que les Turcs, qui ne commettaient que des atrocités dans le pays, et ils vont même jusqu'à dire tout haut, que ceux qui ne volent, ni ne pillent, ni ne mentent, sont plus religieux que ceux qui, priant constamment, ne commettent cependant que des brigandages. Tel a été du moins chez nous, le langage de Sidi Mohamed Ben Haoua, l'un des marabouts les plus vénérés du pays, et auquel l'Emir lui-même baise la

main. Tout nous porte donc à croire, que les populations
viendront d'elles-mêmes à nous, et que, si nous nous
engageons dans une nouvelle guerre, les tribus ne seront
plus aussi fanatiques que par le passé, si même quelques
unes ne viennent embrasser notre cause.

J'ai appris, qu'on vous avait présenté un cheval à Oran
et que vous l'aviez refusé. On vous l'avait envoyé sans
m'en parler. Aujourd'hui on m'en a montré plusieurs.
J'en ai monté un et vous l'envoie. Ce cheval vient d'Aïn-
Mady. Il est un peu défait et ne sera plus reconnaissable
dans une quinzaine, quand il aura été bien soigné. Prenez le, mon Général, les yeux fermés; accordez lui quelque repos et montez le ensuite. Il a un très bon pas, sûr,
un excellent trot et un galop très vite et très franc. Je le
répète, prenez le, c'est un véritable cheval du désert; j'en
accepte toute la responsabilité et vous n'en trouverez pas
de meilleur. Ne vous inquiétez donc en rien de l'état
dans lequel il vous sera présenté ; il a tout pour lui,
docilité, garrot, membres, et, s'il est un peu levretté, c'est
que c'est un caractère de sa race. On voulait ne vous
l'envoyer que dans quelques jours, afin de le remettre
des courses qu'il vient de faire, mais je m'y suis opposé,
parce que je connais le besoin que vous en avez.

Je vous envoie aussi deux chevaux de remonte, dont
j'espère que vous serez content. Quant à l'autre cheval
que vous désirez, donnez-moi encore quelque temps,
laissez venir la belle saison et je crois pouvoir vous assurer, que vous m'en ferez compliment comme du premier.

Voilà le signalement de votre cheval :

Cheval six ans 4 pieds 7 pouces, bai châtain doré à
l'encolure, trois balzannes, dont une antérieure gauche,
raye de mulet.

Les barres de fonte, dont je vous ai parlé, sont venues
d'Oran avec des planches. Je n'en connais pas les expédi-
teurs. Vous êtes sur les lieux, cela vous sera facile.

L'Arabe ampué par le docteur est parti aujourd'hui

très content de nous et parfaitement guéri. Nous l'avons gardé et soigné pendant un mois. On nous a su grand gré de cette conduite à Mascara.

Ne vous impatientez pas pour les petites réclamations que nous avons à faire. Je les suis, et, sous peu, nous aurons pleine satisfaction.

L'ancien oukil de Mostaganem, Hadj L'Habbas, est rentré aujourd'hui. Il m'accuse partout d'être la cause de son changement. Il est venu chez moi et je lui ai dit, qu'il ne devait en accuser que sa conduite à notre égard.

Je suis, etc...

DAUMAS.

A. H. G. R. J. 11400 (Original).

XXV

Daumas à Rapatel.

Mascara, le 11 mars 1838.

Mon Général,

J'ai remis au califfa les lettres que vous m'avez envoyées pour lui et l'ai prié de remercier l'Emir en votre nom pour le cheval, dont il vous a fait présent. Il m'a répondu très gracieusement « que vous n'auriez qu'à vous adresser à eux pour tout ce dont vous auriez besoin et que l'Emir et lui ne seraient jamais embarrassés pour vous le procurer ». Je vous rapporte littéralement ses expressions. Je me suis plaint ensuite du vol commis par les Oulad Zaïr (1) sur les Douers Cadda ben Kaloufy et Feloull. Il a donné l'ordre devant moi d'en demander prompte satisfaction au califfa Bouhamidi, sous les ordres duquel les Beni Amer sont placés, mais je crains que, comme par le passé, nous éprouvions encore des retards. Je saisis donc cette occasion pour vous faire observer, que la mauvaise intelligence, qui règne entre Bouhamidi et Sidi Moustapha ben Tamy, occasionne toujours des lenteurs dans la réparations des griefs qui concernent le Gharb. Le seul moyen d'en terminer, c'est d'en écrire vous-même à l'Emir.

Hier, l'infanterie et les cavaliers réguliers sont partis

---

(1) Ouled Zeïr ; tribu de l'aghalik des Beni Amer, dont le territoire est aujourd'hui compris dans celui de la commune mixte d'Aïn Temouchent. (D. C. Sidi Daho, Aoubellil, Ahrlal, Souf-ef-Tel).

9

de Mascara pour aller faire une razia sur des Hachem,
qui s'obstinaient, dit-on, à faire paître leurs troupeaux
à L'Habra (1), sur un territoire qui appartient à l'Emir.
Ce matin, ils sont rentrés, ramenant une vingtaine de
chevaux et quelques mules. Les Garabas et les Oulad Sidi
d'Haâu (2), se sont trouvés compromis dans cette affaire.
On a opposé quelque résistance, puis les Douars se sont
retirés dans le bois de l'Ariche (3). Cela ne laisse pas de
semer le mécontentement chez les Hachem et les Garabas.
Nous en profiterons peut-être un jour.

Il est arrivé de Tlemsan du soufre et des effets d'habillement pour l'infanterie. Il arrive aussi du soufre
d'Alger.

Je ne sais pas si la famille de l'Emir habitera définitivement Média, mais des gens, qui en arrivent, nous assurent, qu'on y fait des frais d'installation, qui en annon-
ceraient assez le projet. Ce qu'il y a de certain, c'est que,
depuis longtemps, l'Emir avait le projet de la sortir des
Hachem qui l'ont insultée et dépouillée dans les jours de
malheur (4). Il est positif aussi, que les chefs des Hachem
ont fait de vives représentations au sujet de ce départ et
qu'elles n'ont pas été écoutées.

---

(1) Sur le territoire de la tribu des Ferraga, au pied du Djebel Ferraga et près de la rive gauche de l'Habra. Le nom d'Habra ou Bou
Henni est aujourd'hui celui d'une commune de plein exercice dont
le centre se trouve à 10 kilomètres à l'E. de Saint-Denis du Sig
et à 14 kilomètres de Perrégaux, sur la ligne ferrée d'Alger à Oran.

(2) Ouled Sidi Daho. Tribu vivant autour du marabout de Sidi
Daho, entre le Chabet-er-Rih au N., la plaine d'Eghris à l'E., la
ville de Mascara, au S. (aghalik de Gharaba).

(3) Boisement à l'E. de la forêt de Moulay Ismaïl, sur le territoire des Gharaba ; il est appelé bois de Larris, sur la carte de la province d'Oran dressée par le général Pelet (1838).

(4) Lors de l'expédition du maréchal Clauzel en 1835. A l'approche
des Français, les Hachem avaient mis la ville de Mascara au pillage :
ils avaient déchiré la tente de l'Emir et El Haouari, agha des Hachem
Gharaba, lui avait enlevé le parasol, signe du commandement.
— Bellemare. *Hist. d'Abd el-Kader.* VII. p. 121 sqq.

Vous me dites dans votre dernière lettre, que vous répondez à l'Emir, que vous ne mettez aucune entrave au départ des Douers, qui veulent venir à lui. Je suis très étonné que l'Emir vous ait fait une pareille réclamation, attendu que, malgré leurs dires, il n'en est pas moins établi, qu'il ne laisse à personne de son territoire la faculté de venir à nous. Il est vrai que ce serait difficile à prouver, parce que nul ne se risquerait à nous en faire la demande.

Il ne m'a été présenté aucun cheval pour la remonte. Il fait cependant beau temps et il en est venu au marché. Il y a dans tout cela, évidemment, un système de temporisation qu'on pourrait, sans se tromper, fixer jusqu'au retour de Miloud Bennarache.

On publie partout à Mascara que Tedjiny, qui commande à Aïn-Mady, s'est soumis à l'Emir et lui a envoyé un présent de cent chevaux (1). Les tribus du désert auraient imité son exemple. On n'a pas manqué de faire aussi grand bruit de quelques chefs de l'Arrare qui sont venus auprès du califfa. Tout ceci mérite confirmation et, dans ma première lettre, j'aurai soin de vous instruire de ce que je pourrai en apprendre.

Je vous transmets tous les renseignements que nous avons pu nous procurer sur le sort des prisonniers et des déserteurs français, qui ont été ou qui sont encore au pouvoir de l'Emir. Ceux qui sont antérieurs à mon

---

(1) Abd el-Kader avait tout d'abord fait des avances à Tedjini, et lui avait même demandé, en signe d'alliance, d'échanger son chapelet contre le sien. Sur le refus du marabout de se plier aux volontés de l'Emir, celui-ci fit saisir aux environs d'El Louha, à l'O. de Teniet el-Hâd, des chameaux et des marchandises appartenant à Tedjini. Aux protestations du marabout, l'Emir se borna à répondre, que les chameaux lui étaient nécessaires pour la guerre sainte. Tedjini, pour obtenir la restitution de son bien, envoya à Médéa des cavaliers et des chevaux de gada à Abd el-Kader. Celui-ci accepta les cadeaux mais ne restitua pas le troupeau et les marchandises enlevées. Cf. Arnaud, *Siège d'Aïn Madhi*. Rev. Africaine, septembre 1864.

entrée en fonctions sont dûs à M. le docteur Warnier qui, comme moi, n'a rien négligé pour connaître la vérité sur une question aussi importante. Vous pouvez les considérer comme certains. Ayant fait tous mes efforts, depuis que je suis à Mascara, pour bien connaître les hommes et les choses, si vous avez besoin d'autres documents, veuillez me les demander et je crois pouvoir vous les donner.

J'espère vous envoyer un autre cheval par le premier courrier. Je tâcherai de vous le choisir beau et bon. Il m'est bien difficile de vous dire, ce que vaut le cheval, qui vous a été envoyé. Je crois savoir de bonne source, qu'il a été pris à Frenda (1), dans le désert, à un caïd qui en faisait le plus grand cas, tandis que l'on m'a dit, qu'on l'avait payé 70 douros d'Espagne (2). Quoi qu'il en soit, dans le pays même il peut valoir de 50 à 60 douros de France (3) et vous êtes par trop généreux de vouloir en rembourser la valeur. Je vous dirai que, depuis que nous sommes ici, on ne nous a pas offert un verre d'eau.

Je suis, etc...

DAUMAS.

A. H. G. R. J. 11403 (Original).

----

(1) Bourgade située à 108 kil. au S.-E. de Mascara, à l'altitude de 1.038 m. près des sources de l'oued el-Taht, affluent de la Mina, sur le territoire de la tribu des Haouaret (aghalik des Sedama). Frenda est aujourd'hui le chef-lieu d'une commune mixte de 280.000 hectares, peuplée de 25.474 habitants. Le centre même de Frenda renferme 1.063 individus, dont 699 Européens.

(2) Environ 378 francs.

(3) Le douro de France est la pièce de cinq francs, ce qui donne pour le prix du cheval, 250 à 300 francs.

XXVI

Daumas à Rapatel.

Mascara, le 18 mars 1838.

Mon Général,

Conformément à vos ordres, je me suis plaint au califfa des démarches, qui avaient été faites pour engager plusieurs personnages influents des Douaiers à nous abandonner. Il a d'abord joué le plus grand étonnement et a fini par me répondre, qu'en effet, l'Emir et lui avaient autrefois écrit dans ce sens, mais qu'il y avait longtemps et, seulement, parce qu'ils ignoraient alors, que cela ne nous convenait pas et que plusieurs chefs de cette tribu avaient pris envers eux l'initiative, en leur demandant des garanties de l'oubli du passé, s'ils venaient à rentrer. Le califfa reporte ce fait à sa rentrée des Agoubias, c'est-à-dire à peu près vers la fin du mois d'octobre dernier. Par la date des lettres que vous avez entre les mains, il vous sera facile de constater la vérité de ses assertions. Après avoir fait sentir que vous ne pourriez tolérer, à l'avenir, une pareille conduite, et qu'il vous serait très facile de la payer de réprésailles, si ces moyens ne répugnaient à votre loyauté, j'ai cru devoir d'autant moins insister, que le désaveu avait été plus formel.

L'alliance des Douaiers avec nous est un des plus grands chagrins de l'Emir. A tort ou à raison, tous les chefs qui l'entourent, ne cessent de lui répéter que, sans eux, nous ne pourrions mener la guerre; qu'ils nous montrent les chemins, les ressources du pays, nous fournissent toute espèce de renseignements et surtout des moyens de transport, sans lesquels nous ne pourrions sortir d'Oran. Croyant donc aveuglément tout cela, il fera tout au monde pour les gagner, soit par la ruse, soit par les promesses les plus belles, quitte à nier ensuite et comme cela a déjà eu lieu souvent. Ceci bien connu, nous pouvons, je crois, sans aucun scrupule de conscience et en restant dans notre droit, les payer de la même monnaie et employer tous les moyens qui nous paraîtront convenables pour conserver 800 cavaliers qui nous seront peut-être encore utiles un jour.

Dans la plaine de Melata (1), il n'y a pas d'autre rassemblement, que celui qui a lieu tous les ans à pareille époque, seulement il y a plus de monde parce que nous sommes en paix. Les tribus, après avoir ensemencé leurs terres, vont au loin faire paître leurs troupeaux, afin de trouver encore des ressources chez elles quand elles y rentrent pour la moisson. Dans les plaines du Sig, de l'Habra, et même jusqu'à la Mina, c'est bien autre chose encore. On y trouve les Garabas, les Beni Chougran, les Beni Qradou (2), les Sedjerara (3), les Borgia, les Hachem, les

---

(1) Mleta. La plaine de Mleta s'étend au S. de la sebkha d'Oran sur une longueur de 12 lieues de l'O. à l'E. et une largeur de 2 à 3 lieues du N. au S. Elle était en partie occupée par les Ouled Abdallah, tribu de l'aghalik des Beni Amer. Sous la domination turque, les Douair en possédaient le centre et les Smela l'extrémité orientale.

(2) Beni Gheddou. Tribu de l'aghalik des Gharaba, campant autour du puits de Sidi Ghomri et aux environs du marabout de Sidi Ibrahim, sur l'oued M'elah, affluent de l'Habra; (D. C. El Ghomri et Sidi Saada. — Mina M.).

(3) Tribu de l'aghalik des Gharaba. Le territoire des Sedjerara était limité au N. par celui des Beni Gheddou, à l'O. par celui des Bordjia, au S. par celui des Beni Chougran, à l'E. par celui des Akerma Gharaba. — (D. C. Sedjerara. — Mascara M.).

Ferraga (1), les Habib-Cheraga (2), et les Oulad Sidi
Dahau. Quand les Hachem, qui sont très nombreux,
quittèrent la plaine d'Egueris pour descendre à Cirat (3),
j'en informai M. le général Auvray, comme vous pourrez
le voir dans ma correspondance.

Ces émigrations, mon Général, annoncent la plus
grande confiance dans notre loyauté, car ce ne sont pas
des rassemblements armés et mobiles, mais, au contraire,
des femmes, des enfants, des tentes et des troupeaux
qu'on vient, pour ainsi dire, mettre sous nos mains, au
moment où Miloud Bennarache est en France et où l'infanterie et la cavalerie régulières de l'Emir sont en
congé. Quand les tribus éloigneront de nous ce qu'elles
ont de plus précieux et que nous ne verrons plus personne, il faudra, peut-être, nous tenir sur nos gardes
et j'aurai soin de vous en instruire. Avant de quitter
cette question, je vous dirai que, d'après tous les renseignements que j'ai pris, dans cette saison et dans un
pareil amalgame de tribus, il s'élève toujours de nombreuses contestations pour les pâturages ou la conservation des récoltes. Les Beni Hameur se sont en effet battus avec les Beni Matar (4) et les Angades pour de pareils
motifs, mais ils se sont arrangés et ont même bu du

---

(1) Ferradja. Tribu habitant les montagnes qui bordent au S. la
plaine du Sig. (D. C .Ferradja. Atba Djellaba. — Saint-Lucien, M,
Mocta Douz, Bou Henni. P. E.)

(2) Abid Cheraga. Tribu de l'aghalik des Gharaba. Leur territoire
comprenait la région de forêts et de marécages voisine de la Macta.
Ils campaient habituellement dans la plaine à Fornaka. (D. C. Ouled
Snoussi et El Kedadra — Stidia. P. E.)

(3) La plaine de Cirat prolonge à l'E. la plaine du Sig, entre
l'Habra et le territoire des Medjaher. La fertilité de ce territoire
est rappelée par un dicton de Si Ahmed ben Youçef : « Si le paradis
est au ciel, regarde Cirat et tu en aura une idée ; s'il est sur la
terre, Cirat, c'est lui. » Daumas: *La vie arabe.* p. 234.

(4) Beni Mathar, tribu faisant partie de la confédération des Beni
Amer. (D. C. Beni Mathar Ouled Amran et Beni Mathar Ouled
Attia. — Telagh M.).

leben, ou lait caillé, en signe de reconciliation. Quant
aux coups de fusil qu'on a entendus de l'Hammoul (1),
ou c'est une noce ou ce sont ceux qui ont été tirés par
ordre du califfa, sur les gens, qui, dans la plaine du
Sig (2), faisaient pâturer par leurs bestiaux l'orge et le
blé de l'Emir. Dans les Hachem il y a eu 14 blessés. Ils
sont venus réclamer à Mascara et on leur a rendu tout
ce que les mekrazeny avaient rapporté de cette petite
razia.

Le califfa a été on ne peut plus reconnaissant de l'obligeance que vous avez eue, de le faire prévenir de votre
sortie d'Oran avec vos troupes (3). Il a fait incontinent
toutes les démarches nécessaires pour prévenir toute
fausse interprétation de la part des tribus et, malgré
cela, il a régné une agitation, dont on ne peut se faire
d'idée. Les malveillants et les trembleurs, rappelant le

----

(1) El Hammoul. Il existe aujourd'hui sur ce point un groupe
de fermes dépendant de la commune de plein exercice de Valmy,
à 10 kilomètres au sud d'Oran.

(2) Appelée aussi plaine des Cheurfa. Elle s'étend sur une longueur de 6 lieues de l'E. à l'O., et de 10 lieues du N. au S. Elle a
pour limites au N. la montagne du Vieil Arzeu et la mer ; à l'O. la
forêt de Moulay Ismaïl; au sud le djebel Si Amar Merdja; à l'E. la
plaine de Cirat, et est arrosée par le Sig.

(3) Les sorties de ce genre furent fréquentes, durant le commandement du général Rapatel à Oran. « Il (Rapatel) aimait la guerre.
Obéissant à ses instincts, il céda au besoin de se remuer dans son
étroit territoire. Je l'accompagnai dans plusieurs courses aventureu-
ses; dans l'une d'elles, avec 20 chasseurs à cheval, nous fîmes repasser
le Rio Salado à de nombreux douars pasteurs des Angads, qui nous
prirent heureusement pour l'avant-garde d'un groupe plus considérable.

A quelques jours de là, nous allâmes à Mostaganem en traversant
le territoire arabe qui séparait, d'après le traité, la zône d'Oran de
Mostaganem. Comme aucun avis préalable n'en avait été donné à
l'Emir, cette omission volontaire provoqua de sa part des observations.
Pour ce fait et d'autres faits semblables le général Rapatel fut blâmé.

Il n'y avait pas moyen de faire un diplomate de ce bouillant soldat ». — Martimprey. *Souvenirs d'un officier d'état major.* chap.
V. p. 61.

départ de la famille de l'Emir pour Média, le faisaient
coïncider avec votre sortie et voulaient à toute force y
voir un signe certain de la guerre. Tous les voyageurs
français ou arabes, qui sont venus d'Oran ou d'autres
lieux, se sont accordés à me dire, qu'on ne voyait partout
que groupes de cavaliers explorant la plaine et la montagne, interrogeant les passants avec tous les signes de
la plus grande inquiétude. Quelques tribus, du côté de
Melata, ont même levé le camp, quoiqu'on ait pu leur
dire. A Mascara, on a toujours été très rassuré sur vos
intentions et l'on s'est contenté de faire suivre votre marche par des officiers et cavaliers qui, de temps en temps,
envoyaient des nouvelles. Je me suis souvent entretenu
avec les agents du pouvoir et tous ne redoutaient qu'une
seule chose, c'est que les tribus ou même des fractions
de tribus peu dévouées à l'Emir ne cherchassent à les
mettre dans l'embarras en faisant quelque sottise. Il a
été envoyé un courrier extraordinaire pour prévenir
l'Emir de votre sortie.

Les Oulad Mahya (1) interceptent toujours les communications avec le Maroc. On est furieux contre eux.
Ils ont, il y a huit jours, arrêté et pillé une nombreuse
caravane, qui revenait de Fez richement chargée.

Vous avez dû recevoir à Oran, ces jours derniers, deux
déserteurs de l'armée de l'Emir, Philaly et Quersoute.
On ne m'a fait encore aucune réclamation à leur égard,
mais je sais déjà, que le cheval de Philaly lui appartient,
tandis que celui de Quersoute est la propriété du beylick.

Ben Igrou est revenu de Média. Il a été plusieurs fois
envoyé par l'Emir auprès de M. le maréchal gouverneur.
Il prétend que toutes les difficultés ont été levées avant
le départ de Miloud Bennarache.

(1) Mehaïa. tribu du territoire marocain partagée en 3 fractions :
Mehaïa el Ouost, Ouled Barka, Achache. Leurs terrains de parcours
s'étendaient du Dahra Marocain à la plaine d'Angad, aux environs
d'Oudjda. Ce sont les « Mbeïa » mentionnés dans la convention
de Lalla Mar'nia. (*Documents sur le Nord-Ouest africain.* I. p. 179).

Je crois devoir vous informer aussi que le grand marché, qui se tenait depuis longtemps à Bou-Aricha chez les Azzedj (1), vient d'être transféré à Dikra, entre le Tlélat (2) et le Figuier (3), afin que les tribus de l'Est et de l'Ouest puissent ainsi échanger leurs produits avec plus de facilité. Oran doit s'en ressentir.

Il est arrivé d'Oran une cinquantaine de marmites en tôle pour l'infanterie. Le fils de Sidi Ali Bou Taleb, oncle et beau-père de l'Emir, est arrivé à Mascara, venant de Média. Comme caïd des Flittas, on lui a envoyé la musique, pour donner plus de pompe à son entrée.

J'ai reçu hier la lettre, que vous m'avez envoyée pour le califfa. Aujourd'hui je lui ai fait demander une entrevue et je sors à l'instant même de l'akouma. Voici ce qui s'est passé :

Le califfa n'ayant pas bien compris votre lettre, j'ai pu heureusement, d'après votre copie, lui donner des explications sur son contenu. Il admet que vous êtes pleinement dans votre droit, en exigeant qu'aucune tribu étrangère ne vienne camper sur notre territoire. L'Emir lui-même avait déjà envoyé l'ordre à Bouhamidi de faire rentrer sur le champ les douars qui s'y trouvaient. Quelques-uns ont obéi et, ceux que vous avez trouvés en contravention, il les traite de rebelles et de gens

---

(1) Hazedj, tribu de l'aghalik des Beni Amer, entre les Ouled Abdallah au N., les Ouled Sidi Khalem et les Ouled Ali à l'E., les Ouled Zeïr à l'O., les Ouled Ibrahim au S. Les Hazedj sont aujourd'hui représentés par les douars-communes de Mahdid. (Les Trembles P. E. et Mekerra M.), Ouled Ghazzi, Atamnia (Bonnier P. E.) Nemaïcha. (Tessala P. E.)

(2) Aujourd'hui Sainte-Barbe du Tlelat, à 26 kilomètres au sud d'Oran, au fond de la plaine du Tlelat, traversée par l'oued Tlelat et bornée au N. par la montagne du Figuier; à l'O. par le djebel Tessala; à l'E. par la forêt de Moulay Ismaïl; au S. par les monts des Ouled Ali.

(3) Camp établi par les Français à l'extrémité orientale de la sebkha d'Oran. (Valmy. P. E.). Cet endroit devait son nom à un figuier isolé au milieu de la plaine.

de mauvaise foi, dont il sollicitera la punition. A l'avenir, vous n'aurez plus de semblables reproches à lui faire. Quant aux prétendues menaces de Bouhamidi, le califfa les regarde comme une excuse donnée par ces Arabes et me charge de vous assurer, qu'en tout cas, ce ne seraient que des paroles d'un fou, qui ne méritent pas la moindre attention, attendu que les décisions de paix ou de guerre sont bien loin d'être dans sa main.

Votre réclamation contre le caïd Abi Boalem était connue ici avant l'arrivée de votre lettre. On l'avait fait venir à Mascara pour donner des explications. Il a juré que le fait, que les Douers lui imputent, est entièrement faux et que, jamais, il n'a pris un seul boudjou ni renvoyé un seul chameau. Pour mieux prouver la mauvaise foi de ceux qui vous ont porté cette plainte, demain il vous envoie Ben Jagrou pour vous le certifier et vous prier de faire venir devant lui les menteurs afin de les confondre. Le califfa m'a observé avec raison que, parmi les Arabes, il y avait beaucoup de gens, qui feraient tout au monde pour troubler la bonne intelligence, qu'il désire maintenir.

Relativement à l'affluence des grains dans le port d'Arzew (1), voilà ce que le califfa m'a répondu :

---

(1) ارزو. — Souvent transcrit sous la forme inexacte Arzew. Le port d'Arzeu, où s'élevaient un fort et des magasins construits par les Turcs, se trouve à 7 kilomètres au N.-O. de la ville ancienne d'Arzeu. Il s'y faisait, à l'époque turque, un commerce assez considérable de grains. Le vieil Arzeu, (Saint Leu P. E.) fut, au xii siècle. J. C. un des arsenaux d'Abd el-Moumen. Au milieu du xviii siècle. une tribu berbère originaire du Rif, les Bett'ioua, vint s'y établir. Cf. Biarnay. *Etude sur les Bet't'ioua du vieil Arzeu*. Rev. Africaine. 2ᵉ trimestre 1910). Après le départ du bey d'Oran, Hassan, le cadi d'Arzeu entretint des relations amicales avec les Français et fournit à la garnison d'Oran des vivres et des chevaux. Abd el-Kader l'ayant fait enlever et conduire à Mascara, où il fut ensuite étranglé, le général Desmichels occupa la marine d'Arzeu, le 4 juillet 1833. Peu après Abd el-Kader saccagea le vieil Arzeu et en dispersa les habitants. Le vieil Arzeu est, depuis lors, resté désert, tandis que, autour des

Depuis longtemps, l'Emir avait donné l'ordre aux Arabes de payer les grains; les tribus n'obéissaient pas et, pour en terminer avec elles, on a donné des ordres très sévères de payer la contribution avant tout et ainsi, de gré ou de force, on dirige tout sur Arzew. Le califfa m'a même dit que la mauvaise volonté des tribus était telle, que l'Emir avait donné l'ordre de payer sur les grains du beylick, pour celles qui sont très éloignées et ne veulent rien amener dans nos ports, sauf à les faire contribuer plus tard. Il y a bien encore à Arzew quelques négociants, qui achètent des grains, notamment M. Bolard. mais il n'y a rien là dedans, de contraire au traité, puisque cela sort par un de nos ports.

Je lui ai fait ensuite la réclamation que vous m'avez ordonnée pour les familles juives de Tlemsan et il m'a répondu, qu'il allait écrire à l'Emir.

Je vous envoie deux chevaux de remonte. J'ai fait sentir que vous n'aviez pas été très content du cheval que l'on vous a envoyé et Ben Igrou doit vous en conduire un autre en présent, de la part du califfa. Je ne l'ai pas vu; il est à l'Habra et doit se rencontrer à Mouley Ismaël avec Ben Igrou. On le dit très bien. Il est gris. Je vous envoie la tente du consulat. Elle est telle qu'elle est sortie du magasin de campement, car on ne s'en est jamais servi. Nous avons fait partir les hommes du train ce matin, afin de ménager leurs mules, parce que la charge est très forte. Ils coucheront chez les Garabas, où ils sont recommandés et, demain, ils arriveront.

Je suis, etc...

DAUMAS.

établissements français grandissait la ville actuelle d'Arzeu. — Arzeu faisait partie du territoire reconnu à la France par la convention de la Tafna.

Le juif Isaac Ben Fariche est venu demander la permission d'acheter des grains. Il a payé les droits et il est
parti libre d'acheter tout ce qui lui convient.

A. H. G. R. J. 11410 (Original)

XXVII

Daumas à Rapatel.

Mascara, le 25 mars 1838.

Mon Général,

Je m'empresse de vous rendre compte que le Douer
Abdallah Ben Bakar, dont vous me parlez dans votre
dernière lettre, est venu me trouver, à Mascara, pour
obtenir satisfaction de la violence exercée sur lui par les
Oulad Hamden (1). Je l'ai conduit chez le califfa, à qui
j'ai de nouveau expliqué cette affaire, et il lui a été remis
sur le champ un ordre pour l'aga des Medjaers, qui doit
immédiatement faire restituer tout ce qui a été pris à
Abdallah ben Bakar.

Deux Juifs d'Oran, Mimoun et Zemour, sont aussi
venus réclamer des marchandises qui ont été volées, il y
a huit mois, par un douar de Garabas, chez lesquels ils
ont couché à leur passage dans cette tribu. J'ai fait tous
mes efforts pour leur faire rendre justice, mais, malheureusement, ils n'ont pu produire de témoins et il m'a
été impossible de terminer cette affaire à leur avantage.

---

(1) Ouled Hamdan. — Tribu de l'aghalik des Medjaher. Elle
campait avant 1830 dans la plaine de Cirat et était venue occuper
au sud de Mostaganem et de Mazagran des terrains bien arrosés
et fertiles, possédés jadis par les Turcs et les Koulour'lis de ces deux
villes. — (Noisy-les-Bains. P. E. arrondissement de Mostaganem).

J'ai vu l'aga Abi Boalem en désespoir de cause. Il se rend chez les Garabas et il m'a promis de tâcher de découvrir les coupables. Mimoun et Zemour l'accompagnent.

Je vous dirai, du reste, que cette affaire avait déjà été traitée entre M. le général Bugeaud et l'Emir et que, comme aujourd'hui, elle avait été ajournée, faute de preuves.

On parle toujours du voyage de Bouhamidi à Melata, et on ne lui assigne d'autre but, que celui de fixer les limites aux diverses tribus qui s'y trouvent et qui sont en contestation pour les pâturages.

Le califfa doit sortir jeudi prochain avec 3oo hommes d'infanterie et quelques tribus. On dit qu'il se rend chez les Medjaers, de là chez les Beni Zeroual (1), et, enfin, à Cherchell (2), et à Tenez. Cette tournée aurait pour objet de faire de l'argent, de réduire les Kabyles du littoral et surtout de s'emparer de quelques malheureux Courouglis, qui paraissent se réunir à Tenez pour échapper à la main de fer, qui les poursuit d'une manière si

____

(1) Beni Zeroual. — Confédération comprise dans l'aghalik du Cherg., et groupant diverses tribus de la région montagneuse du Dahra : Beni Zeroual, proprement dits, Ouled el-Hadni, Ouled Ali, Ouled bou Tekhoura, Ouled Mezian, Ouled Sidi Brahim, Mediouna, Ouled Riah. (Cassaigne M., Renault M., Mina M.. Bellevue. P. E.). Les Beni Zeroual s'étaient toujours montrés rebelles à l'autorité turque, et ils avaient paru, notamment en 1836, lors de l'expédition du général Perrégaux sur le bas Chélif, assez disposés à abandonner Abd el-Kader.

(2) Cherchell. — Port du littoral algérien, à 117 kilomètres à l'O. d'Alger, sur le versant nord du massif des Beni-Menaçer. C'est l'ancienne Caesarea, capitale de la Maurétanie. En 1830, elle comptait environ 2.500 habitants. Affranchie de la domination turque, elle fut pendant quelque temps gouvernée par la famille des Ghobrini, qui s'efforça de vivre en bonne intelligence avec les Français et de repousser les attaques des Beni-Menaçer. Clauzel essaya sans succès d'y installer comme bey en 1835, Mustapha ben Omar. Les Français occupèrent la ville le 15 mars 1840.

impitoyable. On les dirigerait sur Tekedemt, cette véritable Sibérie de l'Afrique. On prétend, que l'on tient aussi beaucoup à s'emparer de quatre ou cinq pièces de canon qui s'y trouvent. Le califfa emmène avec lui deux pièces, que nous avons vues sur la place de Mascara. Elles sont établies sur des affûts grossièrement construits, montés eux-mêmes sur des roues provenant d'un fourgon pris à la Macta. On ajoute que l'Emir doit se rencontrer à Tenez avec son califfa.

Ce matin, Ben Igrou, m'a remis la lettre dont vous l'aviez chargé pour moi. Soyez persuadé, mon Général, que je me conformerai strictement aux instructions qu'elle renferme. Vous me demandez ce que nous recevons à Mascara, au compte de l'Emir. En vivres, on ne nous donne rien, et, en fourrages, nous ne recevons de l'orge que pour six chevaux; encore les distributions sont-elles loin d'être régulières. Cependant, je dois vous dire, qu'avant-hier on nous a envoyé deux mauvais moutons, sans doute parce que l'on savait déjà que vous nous demanderiez des renseignements à cet égard. Comme vous le voyez, nous sommes forcés d'acheter jusqu'à de la paille pour nos chevaux.

Je vous envoie encore [   ] (1) chevaux de remonte. On m'en a présenté beaucoup et voilà tout ce que j'ai pu recevoir, malgré qué ce ne soit pas encore très bien. On m'a promis de terminer le marché prochain.

D'après des renseignements positifs qui nous ont été donnés, l'Emir a maintenant 3oo hommes d'infanterie régulière et 7oo cavaliers soldés, en y comprenant 17o nègres, qui forment sa garde. Tant avec lui que dans toutes les garnisons, il a 12o canonniers et à peu près 36 pièces de canon. Ces pièces sont réparties ainsi qu'il suit :

---

(1) Lacune dans le texte original.

Tlemsan..........................	13
Mascara..........................	2
Tekedemt.........................	7
Tenez............................	4
Média	4
Miliana..........................	
Avec le califfa..................	2
Avec l'Emir......................	4
TOTAL..........	36

Il est inutile de dire, que la plupart de ces pièces sont en mauvais état.

Aïn Mady n'a pas fait sa soumission, comme on l'avait prétendu, et je ne pense pas que l'Emir puisse s'en emparer.

J'ai réclamé vigoureusement les armes et le cheval du spahi Mohamet Ben Hamouda. Cet homme n'est pas à Mascara maintenant, mais on m'a promis de me les restituer.

Il vient encore de m'arriver un Juif de Mostaganem, qui se plaint d'avoir été volé chez les Oulad el-Abbas, où il était allé vendre des marchandises. Comme les autres, il est sans preuves et sans témoins. J'ai cependant porté sa réclamation à Hadj el-Djilaly, qui en instruira le califfa et j'aurai soin de vous informer du résultat de cette affaire.

J'ai cru pouvoir prendre sur moi d'envoyer à Oran le nommé Virtz, spahi, qui est attaché au consulat. Cet homme est à Mascara depuis six mois et se trouve presque nu. Il n'a plus de chemises. Il ne fera que s'habiller à Oran et rentrera incontinent.

Je suis, etc...

DAUMAS.

Sidi Miloud Boutaleb, beau-frère de l'Emir, et caïd des
Flittas, m'a fait demander une masse de choses, dont je
ne vous entretiens même pas, car on n'en finirait plus
avec ces Messieurs. C'est du drap bleu de ciel, des tasses
à café, du sucre, du chocolat, etc., etc.

A. H. G. R. J. 11411 (Original).

XXVIII

Daumas à Rapatel.

Mascara, le 31 mars 1838.

Mon Général,

Comme je vous l'avais annoncé dans ma dernière lettre, le califfa Sidi Moustapha Ben Tamy a quitté jeudi Mascara avec 3oo hommes d'infanterie et deux pièces de canon. Je n'ai pu le voir avant son départ, tant il était occupé, mais il m'a fait dire de m'adresser au caïd Hadj el-Boukary pour toutes les contestations, qui pourraient survenir pendant son absence. J'ai, en conséquence, pressé fortement Hadj el-Boukary de hâter le versement des grains qui nous sont dûs et de terminer, en outre, la remonte, le prévenant, que vous ne laisseriez partir le plomb qu'ils ont en dépôt à Oran, que lorsque vous auriez satisfaction complète sur tous ces points (1). Cette menace a produit le meilleur effet et l'on m'a immédiatement présenté des chevaux. Parmi eux, j'en ai choisi cinq que je crois propres à faire un bon service et je vous les envoie avec la satisfaction de vous annoncer, qu'il n'en faut plus que deux pour terminer enfin le marché de Ben Igrou. On a été d'autant plus affecté du refus que vous avez fait

---

(1) La même tactique fut adoptée par le gouverneur général à l'égard de l'Emir lui-même. Le 9 avril, il prévint Abd el-Kader, que la poudre et le plomb en dépôt pour lui à Alger, ne lui seraient livrés, que lorsqu'il aurait avisé les populations de l'est de la province d'Alger, qu'elles devaient se soumettre à l'autorité de la France-Valée au ministre de la guerre, 14 avril 1838. A. G. G. E. 134.

de deux chevaux compris dans le dernier envoi que, les ayant achetés sur le marché, ils ne savent plus qu'en faire et n'osent, par amour-propre, les faire revenir à Mascara. Ils vous prient donc de les accepter à titre de supplément et en sus des cinquante, qu'ils compléteront en en fournissant encore deux le marché prochain. Dans le fait, ce seraient toujours deux chevaux de plus dans un moment où ils sont rares et le gris, malgré sa petite taille, fera un bon service, car il est fortement constitué. Il y en a de plus petits au régiment.

Le califfa campe à l'Habra. Il doit y rester une huitaine de jours et publie partout, que son voyage n'a d'autre but que de contraindre les Arabes à nous payer les grains qui nous sont dûs. J'aurai soin de vous instruire exactement de sa marche et de ses entreprises.

Jeudi, quand la petite armée du califfa était sur le point de se mettre en marche, on s'aperçut qu'il manquait quelques mules pour les transports. Sans plus de cérémonies, on s'empara alors de tous les chevaux et mulets qui se trouvaient à Mascara. La mule d'un Juif français, David ben Annichou, fut comprise dans cette razia et il vint incontinent s'en plaindre au consulat. Je m'empressai d'en référer au caïd, qui me répondit, que la mule était partie et qu'on la lui rendrait à l'Habra. Comme vous me recommandez une conduite ferme, j'eus alors avec le caïd une vive explication et le quittai, en lui disant, que personne ne pouvait disposer de la propriété d'un Français, et que j'exigeais la restitution immédiate de la mule. Une heure après, elle fut rendue à David ben Annichou.

Par le dernier courrier, Miloud Bennarache a annoncé son arrivée à Toulon (1). Maintenant il doit être à Paris et déjà, l'on profite de ce voyage pour faire courir des bruits, qui, répandus avec soin, ne tendent rien moins

(1) Miloud ben Arrach s'était embarqué à Alger le 3 mars et était parti de Toulon pour Paris, le 13.

qu'à tourmenter nos alliés et à leur faire concevoir des inquiétudes sur leur sort futur (1). C'est ainsi qu'il a été dit dans une réunion de chefs à l'akouma, qu'on avait écrit de France que, si l'Emir donnait beaucoup d'argent, on lui livrerait d'abord les Daouiers et, ensuite, les villes que nous occupons sur le littoral. Je m'empresse de vous en prévenir, parce que cela ne manquera pas d'aller à Oran et qu'on espère ainsi obtenir de nombreuses défections.

On assure que Berkany (2), bey de Média, est aussi sorti avec beaucoup de cavalerie et 4 ou 5oo hommes d'infanterie régulière. Les uns disent, qu'il doit aller combattre Achmet Bey et les autres qu'il se rend seulement au Cibane pour y faire de l'argent et punir quelques tribus indociles. Je crois plutôt cette dernière version que la première.

J'ai été informé qu'on vendait beaucoup de grains à Tenezz, malgré que vous y ayez un croiseur, comme l'a dit M. le colonel de Maussion; je ne crois pas moins de mon devoir de vous en informer.

J'ai de nouveau réclamé le cheval et les armes du spahi

______

(1) Selon le maréchal Valée, ces bruits étaient dus aux intrigues de Bouderba, qui avait engagé Ben Arrach à ne pas traiter avec le maréchal Valée la question des limites du territoire d'Abd el-Kader et lui avait persuadé, qu'à Paris, le gouvernement était décidé à faire à l'Emir les plus larges concessions. (Valée au ministre de la guerre; dépêches du 23 février et du 2 mars 1838. A. G. G. 134.)

(2) Mohammed ben Aïssa el-Barkani, de la famille maraboutique des Barakna, très influente chez les Beni Menaçer, s'était, en 183o, rallié à la France, et avait été nommé par le général Clauzel, caïd de Cherchell. Chassé de cette ville par une partie des habitants en 1834, il ne fut pas soutenu par le gouvernement français et passa du côté d'Abd el-Kader. L'Emir le nomma en 1835 khalifa de Médéa, qu'il dut momentanément abandonner lors de l'expédition d'avril 1836, mais où il rentra aussitôt après le départ des troupes françaises. Destitué au mois d'avril 1837 par Abd el-Kader, et remplacé par El Hadj Mustapha, frère de l'Emir, il redevint khalifa de Médéa après la conclusion du traité de la Tafna.

Mohamet ben Hamouda. J'ai porté la même réclamation pour un autre spahi arrivé hier d'Oran avec toute sa famille. Comme par le passé, il m'a été fait de grandes promesses.

Il arrive toujours du soufre à Mascara ainsi que des barres de fonte et de cuivre. A prix d'argent, j'ai voulu pouvoir vous dire d'où cela venait et, des informations exactes que j'ai prises, il résulte que le tout vient d'Alger. Pour échapper à toute surveillance, on sort ces objets sur des ânes ou des mules, dans des paniers recouverts de fumier et qui paraissent se diriger sur les jardins extérieurs.

On prétend que les canons n'ont pas réussi à Tlemsan et que l'on se contenterait d'y fabriquer maintenant une énorme quantité de poudre au moyen de moulins à eau. Hamidou est chargé de ce travail.

Vous avez dû entendre parler de deux Juifs, qui sont venus à Mascara pour réclamer des effets qui leur ont été volés, il y a dix mois, chez les Garabas. J'ai fait tous mes efforts pour faire rendre justice à Zemour et Mimoun, mais, malheureusement, les témoins, qu'ils prétendaient avoir, n'ont rien voulu dire devant la justice. L'aga Habib Boalem y met peut-être aussi un peu de mauvaise volonté, mais comment le prouver ? Cette affaire a déjà été suivie sans aucun résultat par M. le général Bugeaud et M. le colonel de Maussion en a eu connaissance.

Tedjiny qui commande à Aïn Mady n'a pas fait sa soumission, comme on l'avait prétendu.

J'ai obtenu satisfaction pour le Juif Fridj Semadjah qui a été, comme j'ai eu l'honneur de vous en instruire, volé chez les Oulad l'Abbas. Ces Juifs nous donnent plus de mal que tous les Français réunis. Ils s'aventurent au loin, vont dans les tribus, sur lesquelles l'Emir lui-même a peu d'action, se font piller et viennent ensuite se plaindre.

Si je suis bien informé, l'Emir a renoncé à son expédition dans le désert. Il est très inquiet du langage qu'on lui tient et se prépare, en tout cas, à la guerre qu'il croit inévitable, si le voyage de Miloud Bennarache ne réalise pas ses espérances. Je crois que, sous peu, il ira à Tekedemt et qu'ensuite, il se rapprochera de Mascara où il envoie déjà des mules. Quoi qu'il en soit, après-demain Hadj el-Djilaly, son trésorier et son homme de confiance, se rend auprès de lui à Média. Il ne reste donc plus à Mascara que le caïd Hadj el-Boukary et encore, jeudi dernier, il a fait une chute de cheval qui paraît assez grave.

Je ne sais pas dans quels termes se trouve à Constantine Ferrat Ben Saïd (1), dont on a tant parlé. Je n'en crois pas moins devoir vous instruire que, dans une conversation avec Sidi Miloud Bou Taleb, beau-frère de l'Emir, j'ai surpris qu'il avait fait des avances et des propositions à Abd el-Kader.

Je vous remercie bien vivement d'avoir accordé à mon frère (2) la permission de venir passer quelques jours avec nous. Tous ces Messieurs sont arrivés sans accident, et nous ferons tous nos efforts pour recevoir de notre mieux M. le naturaliste Wagner (3) que vous voulez bien

---

(1) Ferhat ben Saïd. — Ferhat ben Saïd avait été à la fin de 1837, expulsé du Zab par Ahmed Bey et les Ben Ganah. Ne recevant pas de secours du gouvernement français il avait envoyé à Abd el-Kader une ambassade conduite par son frère. L'Emir expédia alors dans le sud une armée conduite par El Barkani, qui reprit Biskra à Ahmed Bey, et y installa un khalifa, Bel Azouz. Farhat ayant voulu protester fut arrêté et envoyé captif à Tagdempt.

(2) Sous-lieutenant au 2e régiment de chasseurs d'Afrique à Oran.

(3) Wagner (Maurice Frédéric), voyageur et écrivain allemand. Né à Bayreuth en 1813, il fut d'abord employé de commerce à Marseille. Après un premier voyage à Alger, il vint à Paris étudier les sciences naturelles, en particulier la zoologie. Revenu en Afrique en 1836, il fut nommé membre de la commission scientifique qui accompagna l'armée lors de la seconde expédition de Constantine. Il quitta l'Afrique en 1838 et publia, en 1841, ses « Reisen in der Regentschaft Algier », Leipzig, 1841, 3 vol. Il parcourut ensuite le Caucase, l'Arménie, la Perse, l'Amérique du Sud, qui lui fournirent la matière de nombreux récits de voyages ; puis il se livra à des recherches archéologiques et étudia les habitations lacustres de la Bavière.

nous adresser. Il aura peut-être un peu de peine à remplir complètement le but qu'il se propose, mais, enfin, nous ferons pour cela tout ce qui sera en notre pouvoir.

Je suis, etc...

DAUMAS.

A. H. G. R. J. 11414 (Original).

XXIX

Daumas à Rapatel.

Mascara, le 4 avril 1838.

Mon Général,

Connaissant l'esprit de bonté, qui vous anime pour tous les officiers qui ont l'honneur de servir sous vos ordres, je viens, maintenant que la remonte est finie, vous prier de vouloir bien jeter un coup d'œil sur la position où je me trouve.

Le 15 octobre 1837, M. le général Bugeaud me donna l'ordre de me rendre à Mascara pour y recevoir 5o chevaux de remonte et me chargea, en même temps, de remplir les fonctions de consul auprès de l'Emir, en remplacement de M. Guerbe, qui demandait à rentrer à Oran. Je représentai à M. le général Bugeaud que, capitaine instructeur dans un régiment où l'instruction avait été négligée par suite des expéditions, je ne pouvais m'absenter longtemps sans contrarier mes chefs, qui verraient toujours mon éloignement avec le plus grand déplaisir, mais M. le général Bugeaud me répondit, que la remonte ne durerait pas plus de 15 ou 20 jours, qu'avant peu, je serais remplacé par un consul titulaire nommé par M. le maréchal gouverneur général et que, dans tous les cas, on me saurait infiniment plus de gré des services, que je rendrais comme consul à Mascara que de ceux, que je pourrais rendre comme capitaine instructeur à mon régiment. Plein de confiance alors dans ces promesses, je me rendis à mon

nouveau poste et j'y suis depuis cinq mois, sans qu'il ait
été encore rien statué à mon égard.

Pendant ces cinq mois, j'ai supporté patiemment l'ennui
et les dégoûts d'une position, qui n'est véritablement connue que de ceux qui ont partagé mon sort ; soutenu par
l'espoir d'être utile à mon pays, j'ai apporté toute la
patience et la résignation qu'il faut avoir pour vivre et
traiter avec les Arabes; plus d'une fois, je me suis trouvé
dans des circonstances délicates et difficiles et j'ai la conscience d'avoir mené les affaires avec sagesse et probité.
Mais, aujourd'hui que ma mission apparente, la remonte,
est terminée, je viens vous demander de faire régulariser
ma position, si je dois rester plus longtemps, parce
qu'alors j'arrangerai mes affaires en conséquence. J'ai une
maison, des chevaux et un domestique à Oran, qui me
deviendront inutiles et que je regarde comme un surcroît
de dépenses.

Si je dois être rappelé, je préfère l'être de suite que plus
tard, trouvant juste de ne pas supporter davantage les
désagréments d'une position qui ne m'appartiendra pas,
et, si je dois prolonger mon séjour, je désire une compensation aux privations de toute espèce que nous suppor-
tons.

Daignez, mon Général, me traiter avec bonté et ne voir
dans ce narré de ma position, que le désir d'être rassuré
sur mon avenir avec la ferme volonté de prouver mon
dévouement, si vous me l'ordonnez.

Je suis, etc...

DAUMAS.

A. H. G. R. J. 11417 (original).

XXX

Daumas à Rapatel.

Mascara, le 4 avril 1838.

Mon Général,

Je profite du départ de mon frère pour vous écrire et vous remercier bien sincèrement de la bonté, que vous avez eue de lui accorder la permission de venir me voir. M. Wagner veut aussi rentrer à Oran. Il vous dira que nous l'avons reçu de notre mieux et que nous avons fait tous nos efforts pour rendre son voyage aussi fructueux que possible.

Le califfa est toujours à l'Habra. Son camp est placé près de la redoute de Perrégaux(1). Je crois qu'il se dispose à faire un mouvement, parce que toute la cavalerie régulière, qui était restée à Mascara, a reçu l'ordre de le rejoindre pour lundi prochain. Il doit se diriger sur les Medjaers.

Le fameux Hamidou, dont je vous ai souvent entretenu, est, enfin, venu nous voir. Il rentrait de Média, où il était allé se plaindre à l'Emir de la conduite que l'on tenait à son égard à Tlemsan. Nous l'avons interrogé avec soin et, sans qu'il puisse s'en douter, toute sa conversation a été

---

(1) Camp retranché construit sur la rive droite de l'Habra par le général Perrégaux et occupé par lui du 17 au 21 mars 1836. Cet ouvrage avait été laissé intact par les Arabes. « Non seulement, remarque Pellissier de Reynaud, les Arabes ne savent pas s'en servir (des ouvrages construits par les troupes), mais ils ne se donnent même pas la peine de les détruire. » *Annales algériennes* T. II. liv. XVIII, p. 66. Près de cette redoute a été construite la ville actuelle de Perrégaux, un des centres agricoles les plus florissants du département d'Oran.

écrite par M. le docteur Warnier, que j'avais fait cacher
à cet effet dans un cabinet. Je vous en envoie le résumé.

Hamidou, dont le véritable nom est Gestringer, est de
Munich. Il était caporal dans la légion étrangère et se
trouve chez l'Emir depuis six ans. Il lui a rendu de grands
services en organisant et disciplinant son infanterie, dont
il s'est trouvé le premier chef et le premier instructeur. Il
a puissamment contribué au succès de la victoire remportée, au mois de mai 1834, par l'Emir sur son calif'a Sidi
l'Hariby (1) qui, après avoir levé l'étendard de la révolte
et soutenu par 15 tribus du Chéliff, était venu lui livrer
bataille à El Bordj (2). Pendant la paix de M. le général
Desmichel (3) Hamidou se rendit à Oran avec l'intention
d'y rester, mais le général Desmichel, malgré ses protesta-

---

(1) Chef des Ouled Sidi el-Aribi, appelés aussi Ouled Sidi bou Abdallah el-Meghaouffel. (D. C. Taghria. — Renault M.). Cette famille était
maîtresse d'une sorte de fief religieux ayant pour centre la zaouïa de
Sidi el-Aribi, située à 1 kilomètre du Chélif, près d'un gué qu'emprun-
tait la route de Mostaganem à Mazouna. Son autorité était reconnue
dans la vallée du Chélif, depuis El Esnam (Orléansville) jusqu'à l'embouchure du fleuve, dans la vallée de la basse Mina et dans la partie
méridionale du Dahra. Sidi el-Aribi avait refusé de se soumettre
à Abd el-Kader et avait été combattu par l'Emir dès 1833. Il profita
de la défaite d'Abd el-Kader par Mustapha ben Ismaïl pour reprendre
les armes en 1834. Mais, vaincu une première fois près de El Bordj
et une seconde fois sur les bords de la Mina, il dut se remettre à la
discrétion de son adversaire. L'Emir le fit enfermer à Mascara, où il
mourut du choléra, après une captivité de quatre mois.

(2) Bourgade de l'aghalik des Gharaba, située dans les montagnes
à 4 lieues et demie à l'est de Mascara, près des sources de l'Hillil.
El Bordj comptait 7 à 800 habitants. (D. C. El Bordj. — Cacherou. M.).

(3) Le lieutenant général Desmichels avait été nommé commandant
supérieur de la province d'Oran le 23 avril 1833, en remplacement du
général Boyer. Il conclut avec Ben Arrache, représentant d'Abd el-
Kader, la convention du 26 février 1834, dite traité Desmichels. La
paix rétablie par cette convention dura jusqu'au 16 juin 1835, époque
où la signature du traité du Figuier, par lequel les Douair et les
Smela se plaçaient sous l'autorité de la France, provoqua la reprise des
hostilités entre le général Trézel, successeur de Desmichels et l'Emir.

tions énergiques, le rendit à Abd el-Kader pieds et poings
liés et il fut condamné à mort à Mascara, pour avoir tenté
de retourner aux chrétiens, après s'être fait musulman.
Quelques chefs, rappelant ses services passés, intercédè-
rent en sa faveur et il fut grâcié. Depuis ce temps, il a
assisté à tous nos combats et s'y est fait constamment remarquer par son intrépidité. C'est ainsi qu'il a obtenu de
nouveau la confiance de l'Emir, qui lui a permis de se ma-
rier. Hamidou a été chargé par lui de conduire au Maroc les
femmes Lanternier (1) et les Allemandes qui ont été prises
dans les environs d'Alger par les Hadjoutes. Ces femmes
sont peut-être encore dans le Gharb. Il a conduit également
à l'empereur du Maroc un des caissons pris à la Magta. C'est
lui qui a appris à les démonter et remonter. Pendant les
moments de repos, il a constamment travaillé à la fabrication des poudres et il assure que, pendant la guerre, on
tirait du Maroc toutes les matières premières. Aujourd'hui,
Hamidou est tout à fait Arabe. Il parle très bien la langue
du pays et en a contracté les mœurs. Conformément à la
parole que vous m'aviez donnée, j'ai cherché à réveiller
en lui quelques sentiments d'honneur et l'ai fortement
engagé à rentrer à Oran, lui promettant sa grâce en votre
nom. Hamidou m'a remercié et m'a dit que, le général
l'ayant livré, quand il a voulu se rendre à lui, il ne
pouvait plus avoir aucune confiance dans les Français, et
que, du reste, il lui était presque impossible de fuir désor-

(1) Lanternier, colon au village de Dely-Ibrahim, près d'Alger, avait
été capturé en avril 1836, par des maraudeurs arabes, non loin de
Bouffarik, ainsi que sa femme, sa fille âgée de 15 ans, et deux Allemandes, âgées l'une de 40 ans et l'autre de 20. Lanternier, après
avoir été détenu à Mascara, à Nédroma, puis ramené à Mascara, mourut
en avril 1837, au moment où il allait être échangé contre des prisonniers arabes. Sa femme, sa fille et les deux Allemandes furent envoyées
au Maroc, où la fille Lanternier, après avoir embrassé l'Islam, devint,
dit-on, la femme d'un fils du sultan, Mohammed ben Abd er-Rahman.
Cf. Alby, *Histoire des prisonniers français en Afrique, depuis la conquête.* Paris 1849. 2 vol. in-12. T. II Ch. X. — Amaudru (Noël). —
Sultane française au Maroc. Paris 1906. 8°.

mais, tant il était connu des Arabes et surveillé, que cependant, si Dieu lui en montrait le chemin, il verrait.

Il a ajouté qu'il était marié, qu'il avait des enfants, qu'il n'avait plus dans son pays ni père ni mère, que l'Emir le traitait bien et, qu'enfin, il ne savait pas s'il serait plus heureux chez nous que chez les Arabes. Cependant, d'après les conseils que nous lui avons donnés, je me fais un devoir de vous instruire que, si Hamidou ou ses camarades se décidaient à rentrer, ce sera par l'île de Rascougne (1), où ils peuvent aller sans inspirer autant de défiance. Vous pouvez donc en faire prévenir le commandant.

Hamidou nous a parlé de ses compagnons. Il nous a dit que Moustapha, qui travaillait avec lui à Tlemsan, était également un déserteur de la légion értangère, Prussien d'origine, et dont le véritable nom était Hulsen. Il le prétend très instruit et parent du général prussien Hulsen. Quoi qu'il en soit, ce Moustapha est menuisier et c'est lui qui a confectionné à Tlemsan tous les appareils qui servent à la fabrication des poudres et à la fonderie. Il a fait également ment construire de grands travaux en maçonnerie pour faire un chantier, mais, soit que le plan ait été vicieux, soit par la faute des maçons, ça n'a pas réussi.

Il nous a dit qu'Abdallah, dont je vous ai également parlé dans mon rapport sur les déserteurs, n'était autre qu'un Juif français nommé Cheval (Javal, d'après la déclaration des captifs Louiesloux et Berndt) venant d'Alger et dont le père était marchand. C'est ce nommé Cheval, qui avait promis à l'Emir de lui fondre des canons. C'est lui,

---

(1) Rachgoun. Ilôt de 800 m. sur 200, à 2 kilomètres au large de l'embouchure de la Tafna. Une garnison française y avait été établie en 1836. Le traité de la Tafna laissa aux Français la possession de l'île, qui prit une certaine importance commerciale, les Arabes ne pouvant, en vertu de l'article 14 du traité, exporter leurs denrées ou acheter les marchandises qui leur étaient nécessaires que dans les ports français. Le commerce des armes, de la poudre et du plomb y demeurait toutefois interdit.

qui a fait construire les hauts fourneaux et les appareils à
tourner et à forer, ainsi que les moules. Son opération a
échoué, parce qu'il n'a pu réussir à fondre le métal et,
comme il a fait dépenser huit mille douros en pure perte,
il est en ce moment-ci en prison. On continue cependant
les essais par un Italien, fondeur de cloches de son état,
récemment arrivé d'Alger.

Il nous a appris que, depuis neuf mois, il était arrivé
deux sapeurs-mineurs, déserteurs des travaux publics
d'Alger. Ils sont très utiles à l'Emir et exploitent maintenant une mine de soufre très abondante trouvée dans le
désert à un jour de marche de Tekedemt. Hamidou ne sait
pas leurs noms. Il y a aussi à Média un Français, qui se
dit ex-sous-officier au 6° cuirassiers et envoyé en Afrique
pour avoir trempé dans une conspiration politique. C'est
un très bel homme, mais qui est toujours malade et ne
rend aucun service.

Hamidou assure, que c'est à Tekedemt, que l'Emir fait
transporter toutes ses ressources de guerre, telles que poudre, soufre, plomb, armes et vêtements. Quant aux trésors, qu'on y suppose, il dit que c'est une mauvaise plaisanterie, l'Emir employant tout son argent à s'organiser et
à se créer une armée.

A Tekedemt, un Maure d'Alger et un Suédois ont essayé
à plusieurs reprises de faire un moulin à poudre. Après
avoir dépensé beaucoup d'argent leurs travaux ont été
sans résultats.

A Tlemsan, Hamidou a fait installer un moulin à poudre qui marche par l'eau. Il y a treize creusets, qui peuvent
contenir chacun 25 ou 3o livres de matière et il assure que
cette machine est en action et rend un quintal et demi de
poudre à jour. Il n'y manque plus qu'un appareil pour
brocader le salpêtre. Les outils et les creusets sont venus
d'Oran et, pour obtenir du charbon, on se sert de lentisques et de lauriers-roses.

Hamidou nous assure que les barres de cuivre et de

fonte, dont je vous ai parlé, étaient venues d'Alger, vendues par des Juifs. Il a ajouté, que l'Emir tirait aussi de grandes quantités de soufre d'Alger, mais que le salpêtre se trouvait en grande abondance dans le pays et qu'il était de bonne qualité.

Hamidou interrogé sur l'état moral du pays, nous a dit que les Arabes ne voulaient pas la guerre, parce qu'ils étaient convaincus, qu'ils n'avaient rien à gagner avec les Français. Il dit l'Emir animé des meilleures intentions mais mal secondé par ceux qui l'entourent.

Les renseignements, que nous avons tirés d'Hamidou sur les forces régulières de l'Emir et sur son artillerie, sont en tout conformes à ceux que je vous ai envoyés précédemment.

Il a également confirmé dans tous sés points le rapport que je vous ai envoyé sur les prisonniers de guerre.

Je ne vous ferai pas le tableau des misères supportées par cet homme. Il est le même que celui de tous les prisonniers et, malgré que, par son industrie et son courage, il se soit créé une position meilleure, tout en refusant presque de revenir à nous, il n'en a pas moins dit, que les galères en France valaient mille fois mieux que la liberté dans ce pays.

Nous avons profité du séjour de M. Wagner, pour aller pousser une reconnaissance jusqu'à l'Ouad el-Hamman Sidi Benneffia (1), sur la route de Tlemsan. On a mis beaucoup de mauvaise volonté à nous accorder la permission et nous n'avons même pu y arriver, qu'en gagnant à prix d'argent le guide qui nous avait été donné et qui ne voulait pas aller au delà de Tizy (2), prétendant que le mara-

---

(1) Hammam bou Hanifia. Groupe de sources carbonatées calciques, qui a donné son nom à la rivière de l'oued el-Hammam. Ces sources étaient connues des Romains sous le nom d'Aquæ Sirenses. Une ville importante s'élevait à environ 1.200 m. au sud de ces sources.

(2) Tizi. Aujourd'hui village européen à 4 kilomètres S.-E. de la source de l'Oued Tizi, et à 12 kilomètres S. W. de Mascara.

bout nous donnerait des maladies. Nous avons reconnu sur la carte beaucoup d'inexactitudes et d'omissions que nous croyons devoir vous signaler.

D'abord, la direction générale de la plaine d'Egueris est de l'est à l'ouest et non du nord-est au sud-ouest, comme on l'a portée sur la carte. A un quart de lieue ouest de Mascara, on a omis l'oued Stidia, qui sort des montagnes pour se réunir dans la plaine d'Egueris à Ersaibia (1), avec le ruisseau de Mascara (2). A une lieue et demie de Mascara on n'a pas indiqué le village, les ruines et les jardins de Kaïrt (3), qui se trouvent à un quart de lieue sur la droite de la route de Tlemsan. La source, qui est indiquée sur la carte sous le nom de Aïn Souffsaffa (4) n'est connue dans le pays que sous le nom d'Aïn Tizy (5). Elle est abondante et se jette par une petite vallée dans l'Ouad el-Hammam. A une bonne demi-lieue d'Aïn-Tizy, on trouve sur les montagnes qui bordent la route à droite, une masse de rochers connue sous le nom de Kediet Mesqroutin ou mamelons maudits (6).

En général, de Mascara à Hamman Sidi Bennefla, la route est praticable pour une armée seulement avec le

---

(1) Kresibia, au S.-O. du village de Saint-André. Abd el-Kader y fut proclamé sultan le 22 novembre 1832.

(2) L'oued Toudman, ruisseau qui prend sa source à 3 kilomètres et demi au nord du faubourg de Baba-Ali, et se perd au sud de Mascara dans la plaine d'Eghris.

(3) Le Djebel Querth, où est situé le village du même nom, prolonge vers l'O. le Chareb er-Rich. L'emplacement où le bey Mustapha bou Chelagham édifia un poste militaire, autour duquel se bâtit la ville de Mascara, s'appelait بِلاد القفطر du nom d'une tribu berbère qui y était établie. — Walzin-Esterhazy, *Domination turque dans la province d'Oran*, p. 170.

(4) Aïn Safsafsa. « La source des peupliers. »

(5) Aïn-Tizi donne naissance à l'oued Tizi, qui se jette dans l'oued el-Hammam, entre Hammam bou Hanifia et la Guetna, après un parcours de 18 kilomètres.

(6) Koudiat Meskoutine.

beau temps, parce que le terrain, depuis Aïn-Tizy jusqu'aux bains, n'est qu'une mare argileuse, que les moindres pluies peuvent détremper. Il y a aussi quelques passages de ravins qui nécessiteraient des travaux. Les bains
ont été construits par le bey Mohamed (1) et sont placés
dans la vallée de l'Ouad el-Hammam. Nous y avons
reconnu deux sources principales, dont l'une, celle qui ali-
mente les bains, peut avoir une température de 55 à 60
degrés, et l'autre une température de 70 à 80. M. le docteur Warnier a recueilli de l'eau dans des flacons et l'envoie à Alger à M. le chirurgien principal de l'armée, pour
la faire analyser. Les bains de Sidi Hammam Bennefia
jouissent d'une grande réputation dans le pays. Les Arabes y vont en foule et en obtiennent d'heureux résultats.

Hadj el-Djilaly est parti pour Média. On dit qu'il s'y
rend pour aller chercher la famille de l'Emir, qui ne peut
s'habituer à la vie qu'on y mène et veut rentrer dans le
pays où elle est née. Le caïd va un peu mieux et doit aussi
s'y rendre, quand il pourra se faire remplacer dans le commandement de Mascara par son frère, qui doit arriver du
Maroc où il est encore.

Hier, il est arrivé à Mascara deux Juifs d'Oran, Israël
Serfaty et Mouchy Sebban. Ce Mouchy Sebban ne fait
qu'aller et venir. J'ai fait prendre des informations sur son
compte et j'ai appris, qu'il allait à Média pour passer un
marché avec l'Emir, qui lui fournirait des grains et des
laines, en échange desquels il recevrait tout ce dont il
aurait besoin par Oran.

Le caïd de Mascara m'a réclamé pour un Arabe nommé
Daoud ben Hamet. un bracelet en or du poids de 30 soultanis (2), qui aurait été emporté par un Juif nommé

<hr>

(1) Mohammed el-Kebir. Bey de l'Ouest en 1780, il assiégea Oran
en 1790-91, et, après l'abandon de la ville par les Espagnols à la suite
du traité du 12 septembre 1791, il transporta sa résidence dans cette
ville. Il mourut le 15 novembre 1797.

(2) Sultani ou sequin d'Alger, monnaie d'or valant 8 fr. 37.

Jouda Aàmsalem. Ce Juif a longtemps habité Mascara par
suite d'une affaire de plumes d'autruche, dont je vous ai
souvent entretenu, et il avait pris ce bracelet des mains de
Daoud ben Hamet pour aller, disait-il, le vendre à Miloud
Bennarache. Daoud ben Hamet est, je crois, parti pour
Oran, afin de vous demander justice.

Depuis longtemps je vous prépare un travail sur la force
des tribus de la province d'Oran, qui se divise, comme
vous le savez, en Gharb et Cherg. J'ai adopté pour ce travail la division naturelle tracée par l'Emir lui-même, c'est-
à-dire que vous aurez les noms et la force des tribus qui
marchent avec chaque grand dignitaire. Je crois qu'il y
aura ainsi plus de simplicité et de clarté. Déjà je me suis
procuré tout le commandement du califfa Sidi Moustapha
ben Tamy, mais, malgré les peines que je me donne et
l'argent que je dépense, je ne puis rien me procurer de
certain sur celui du califfa Bouhamidi. Je voulais avoir le
tout avant de vous l'envoyer, mais, cependant, si vous le
préférez, je vous adresserai tout le Cherg.

Pour la rectification de la carte, mon frère pourra vous
donner les explications qui vous paraîtront nécessaires. Il
est venu à l'ouad Hammam Sidi ben Ennéfia avec nous. Je
lui ai fait courir le pays et il a bien observé.

Je suis, etc...

DAUMAS.

P.-S. — M. le docteur Warnier ayant quelques besoins
à Oran, je lui permets d'y aller avec d'autant plus de plaisir, que je ne suis pas fâché qu'il cause avec vous sur une
foule de choses qu'on ne peut pas écrire.

A. H. G. R. J. 11418 (Original).

XXXI

Daumas à Rapatel.

Mascara, le 8 avril 1838.

Mon Général,

Je vous envoie par ce courrier les deux chevaux qui, d'après les conventions, devaient nous être livrés en sus des cinquante déjà fournis. J'espère que vous en serez content.

Conformément à vos ordres, j'ai encore fortement pressé le caïd Hadj el-Boukary pour le versement des grains, qui nous sont dûs. Il me charge de vous dire que le califfa s'en occupe, qu'il se rend chez les Medjaers et que, de là, il va forcer les tribus à s'exécuter soit de gré soit de force.

Ben Igroù est parti pour Tlemcen. Je n'ai donc pu lui rappeler les promesses qu'il vous avait faites ni en réclamer l'exécution.

L'Emir a reçu par Alger une lettre de Miloud Bennarache datée de Marseille. Autant il se plaint d'avoir souffert du mal de mer et d'avoir été forcé de faire quarantaine, autant il est enchanté de la manière dont on l'a reçu. Il dit avoir fait beaucoup de présents aux chefs de Marseille. Comme on le voit, Miloud n'est pas encore à Paris, et, déjà, l'on a répandu le bruit qu'on avait fait un nouveau traité de paix, dont la durée est fixée à neuf ans. Ceci vient du gouvernement pour rassurer les esprits.

L'officier ou bas officier saxon, dont je vous ai annoncé l'arrivée à Mascara, il y a à peu près un mois, est venu me voir pour me témoigner le regret de sa faute et le désir de rentrer. Il m'a dit qu'il était bien revenu de ses illusions, qu'il avait cru trouver chez les Arabes les vertus primitives, mais qu'il n'avait rencontré partout que crimes, mensonges et bassesses. Il se plaint beaucoup d'Hadj l'Habib qui, en l'embauchant à Oran, lui avait promis des honneurs et des richesses. Youssouf, car c'est ainsi que les Arabes le nomment à présent, m'a confirmé la déposition de Hamidou. On a dépensé à Tlemsan beaucoup d'argent pour les canons et on n'a pas réussi. Abdallah est en prison. Les essais sont continués par un Italien, fondeur de cloches de son état, et il croit que, cette fois, le succès couronnera l'entreprise.

Cet Italien est un déserteur de la légion étrangère et se nomme Albingo. Il a été blessé au service de la France et on ne lui a donné aucun moyen d'existence; aussi sert-il l'Emir avec le désir de se venger.

J'ai demandé à Youssuf ce qu'on disait dans le pays de la paix ou de la guerre. Il m'a répondu que, dans plusieurs entretiens avec des chefs influents, il avait entendu dire, qu'on ne voulait que gagner du temps pour avoir des canons et, qu'alors, on recommencerait la guerre avec l'espoir de nous chasser du pays, parce que les Arabes étaient convaincus, que nous n'avions d'avantage sur eux que par notre artillerie. Comme Hamidou, il m'a dit que le cuivre venait d'Alger et d'Oran.

Les essais se font dans les jardins du Méchouar (1) et on n'y laisse entrer personne.

____

(1) Citadelle de Tlemcen. — Le mot Méchouar مشـوار , qui signifiait à l'origine salle du conseil, désignait en Andalousie et dans le Maghreb un palais citadelle. Celui de Tlemcen fut commencé par Yarmorâsen, premier souverain Abd el-ouadite; les murailles d'enceinte en furent élevées par Abou l'Abbas Ahmed. Elles encadraient un quadrilatère, où s'élevaient divers monuments, en particulier une mosquée, dont le minaret, édifié au début du XIVe siècle, subsiste encore aujourd'hui. Sous la domination turque, les constructions intérieures furent ruinées et il ne resta que l'enceinte, derrière laquelle

Youssouf prétend, qu'il y a trois semaines, il y a eu à Tlemcen, un plan concerté entre Abdallah et les Courouglis, pour s'emparer du Méchouar. Il n'aurait été qu'ajourné. Il m'a parlé aussi d'un nommé Rollet, déserteur des zouaves, qui demanderait à rentrer. Cet homme est dans le pays depuis six ans, parle très bien l'arabe et sert d'interprète pour toutes les affaires françaises. Léon Roche, ou autrement Omar, aurait tenté de s'évader et aurait été repris dans les environs d'Oran (1). Léon Roche n'inspire aucune confiance aux Arabes. On le croit envoyé par le gouvernement français pour explorer le pays. Youssouf ajoute que, s'étant donné pour officier d'artillerie, on veut le forcer d'en organiser une. Je l'ai engagé à rentrer à Oran par Mostaganem et à déserter le camp du califfa, qui va être placé dans quelques jours à Mensra (2) Youssouf n'a pas voulu me dire son véritable nom.

On a encore monté et envoyé une pièce de 8 au califfa. Il en a donc trois.

Vous avez dû recevoir à Oran, ces jours derniers, un mekrazeny de l'Emir. Cet homme est très regretté à Mascara, où il jouit d'une grande réputation de bravoure. Il est parti avec son cheval et ses armes.

On assure que l'Emir doit aller visiter Tekedemt. Je vous envoie les renseignements, que j'ai pu me procurer

---

la population couloughli pouvait trouver asile. Elle s'y défendit en 1831 contre les Marocains et, de 1832 à 1836, contre Abd el-Kader. Lorsque les Français prirent définitivement possession de Tlemcen, le génie militaire déblaya le Méchouar des ruines qui l'encombraient, y construisit des magasins et des bâtiments destinés au service de l'armée et restaura les murailles, qui perdirent ainsi leur aspect primitif. Cf. W. et G. Marçais. *Les monuments arabes de Tlemcen.* Paris 1903. p. 129. sqq.).

(1) Léon Roches ne fait aucune allusion à cet incident, dans le chapitre consacré à son séjour à Tlemcen. (*Dix ans à travers l'Islam.* Liv. IV, chap. I).

(2) Mazera. Groupe de cinq marabouts, sur l'oued El Melah, chez les Ouled Hamdan.

sur les forces véritables, dont peut disposeé dans le Cherg,
le califfa Sidi Moustapha ben Tamy. Ce travail était terminé, quand j'ai reçu votre lettre, qui demande, en outre,
des données sur les ressources et les localités. Je vous
l'envoie donc et me réserve de traiter plus tard les nouvelles questions que vous me posez.

La remonte étant terminée, je vous renvoie avec le
chasseur Chabouty, les deux chevaux que j'avais amenés
à Mascara. Je charge ce chasseur de vous remettre lui-
même les renseignements, que je vous ai annoncés plus
haut, n'ayant pas grande confiance, ni dans les courriers qu'on nous donne, ni dans Hadj L'Abib qui, à Oran,
reçoit les dépêches avant vous. Je pense que Chabouty
s'acquittera bien de sa petite mission.

Il est arrivé ce matin d'Oran trois mulets chargés de
bois de fusils.

Je suis, etc...

DAUMAS.

P. S. — Un déserteur des spahis, L'Habib Boutiba, sort
à l'instant de chez moi. Il est à Mascara depuis 10 jours
et m'a dit n'avoir déserté, que parce qu'on le maltraitait
dans son escadron, et n'avoir emporté aucun des effets du
gouvernement. Pensant que son retour produirait un bon
effet dans les spahis, en ce sens que cela pourra détourner
d'une pareille faute ceux qui, à l'avenir, seraient tentés
de la commettre, je l'ai engagé fortement à rentrer et lui
ai remis une lettre pour vous. Vous le verrez sans doute
demain.

A. H. G. R. J. 11421 (Original).

XXXII

Daumas à Rapatel.

Mascara, le 14 avril 1838.

MON GÉNÉRAL,

Je m'empresse de vous rendre compte, qu'il règne dans dans ce moment à Mascara et dans la plaine d'Egueris, c'est-à-dire chez les Hachem, une agitation qui peut avoir les plus graves conséquences et sur laquelle je crois devoir appeler toute votre attention. En voici les causes :

Quand l'Emir, comme j'ai eu l'honneur de vous en informer, voulut, après la paix, faire venir sa famille à Média, les chefs des Hachem, sans s'y opposer absolument, lui représentèrent qu'il était né chez eux, qu'ils l'avaient fait sultan et que cette émigration, contraire aux mœurs des Arabes et mal interprètée, jetterait l'inquiétude dans tous les esprits. Abd el-Kader parut alors renoncer à cette idée, mais, à peine les Hachem eurent-ils quitté la plaine d'Egueris pour aller faire paître leurs troupeaux dans celle de l'Habra que, mettant en avant un prétexte religieux, il demanda de nouveau sa famille. Elle ne devait qu'aller visiter le marabout Si Hamet ben Youssouf (1) à Miliana et revenir immédiatement.

---

(1) Si Ahmed ben Yousof Merini el Houâri er Rachidi, descendait selon ses biographes, d'Idris ben Idris, le fondateur de Fâs. Né à la Qalaa des Beni Rached, il vécut à Tlemcen au temps de l'Emir Abdal-

Pendant quelque temps, les chefs des Hachem crurent à cette version et prirent patience, mais aujourd'hui, soit que les intentions de l'Emir leur soient bien connues, soit que l'éloignement de sa famille leur inspire de grandes craintes pour l'avenir, ils se sont réunis pour prendre un parti.

La conférence a eu lieu le 12 et le 13 du courant à Qresibia, dans la plaine d'Egueris, à une lieue sud-ouest de Mascara. Les Beni Amer ainsi que d'autres tribus y ont envoyé une députation. Elle a été présidée par Sidi L'Haradje, vieillard centenaire, marabout très influent et l'un des principaux auteurs de l'élévation de l'Emir. Elle a duré chaque jour depuis six heures du matin jusqu'à deux heures de l'après-midi et il y a été décidé, qu'on écrirait à l'Emir de renvoyer immédiatement sa famille à Mascara, sans quoi on prendrait un parti violent. Nous tenons ces détails de personnes présentes à l'entrevue. Le message, qui doit porter à l'Emir cette espèce d'ultimatum, partira ce soir ou demain matin.

Maintenant, de deux choses l'une. Ou l'Emir cédera ou il résistera. S'il renvoie sa famille, tout est dit, mais s'il n'en fait rien et, qu'irrité de la conduite des Hachem, il conçoive la résolution de les en punir, il est dans l'ordre des choses possibles, que ces tribus me fassent des ouver-

---

lah Mohammed el Motawakel (866-880 Heg. 1462-1475 J.-C.). Pour échapper à la colère de ce prince, dont il avait signalé le relâchement, il se réfugia à Bougie, où il suivit les leçons du cheikh Ahmed Ez Zarrouq et s'affilia à l'ordre des Qadyria. Après avoir, peut-être, voyagé en Orient, il revint à Tlemcen et y recommença ses prédications, malgré l'opposition d'Abou Hammou III. Il se trouvait à Tlemcen lors de l'occupation de cette ville par Aroudj (1518). Après le rétablissement des Zyanides, il se retira à Mazagran, entretint des relations amicales avec Khaireddine, et fut enterré à Miliana, où un monument lui fut élevé en 931 Heg. par le bey Mohammed el-Kebir. On lui attribue des dictons satiriques sur les villes et les tribus de l'Algérie. Cf. R. Basset. *Les dictons satiriques attribués à Sidi Ahmed ben Yousof.* Journal Asiatique, septembre, octobre 1890.

tures et se décident à passer aux Français. Dans cette hypothèse, pour ne pas agir légèrement, ne rien faire qui ne soit dans vos intentions et n'assumer sur moi aucune responsabilité, je viens vous prier de vouloir bien me tracer la conduite, que j'aurais à tenir en pareille occurrence.

Déjà un chef influent des Hachem, qui ne venait que rarement chez nous, s'y est présenté deux jours de suite, comme pour y sonder le terrain ; ne trouvant la chose ni assez sûre, ni assez avancée, je me suis tenu sur la plus grande réserve sans nous compromettre, sans nous engager et sans détruire aucune de ses espérances.

S'il arrivait que, dans un moment de mauvaise humeur, ou par un motif quelconque, les Hachem abandonnassent l'Emir pour venir à nous, il en serait fini de sa puissance, parce que cette tribu est tellement forte, qu'elle entraînerait avec elle les Beni Hammer et les Garabas, presque les seuls soutiens d'Abd el-Kader.

Je prends cependant la liberté de vous dire que mon avis, à moi, est que tout cela n'aura aucun résultat, parce que l'Emir s'est déjà tiré de pas bien plus difficiles. Je n'en devais pas moins vous informer d'un fait qui, de quelque manière que ça tourne, ne peut manquer d'avoir de graves conséquences.

Le califfa Sidi Moustapha ben Tamy est à Madera (1). On dit que les Medjaers, au lieu de se soumettre, auraient attaqué son camp pendant la nuit et se seraient placés entre le califfa et Mostaganem, en faisant la menace de passer aux Français, si on les inquiétait. Cette nouvelle demande confirmation. Il est cependant positif, qu'ils ont voulu tuer leur aga, Si Mohamed Bel Hadjal, récemment nommé par l'Emir. Son cheval seul a été victime.

On a mis dans la tête de l'Emir que l'on fabriquait le

---

(1) Mazera ; sur le territoire des Ouled Hamdan, à 15 kilomètres, environ, au sud de Mostaganem.

sucre blanc avec du sang et des ossements humains (1).
Bou Derba (2) est un des principaux auteurs de cette version. Abd el-Kader a écrit au caïd de Mascara, Hadj el-
Boukary, pour l'en prévenir et le proscrire au nom de la
religion. J'ai vu moi-même la lettre entre les mains du
caïd. Cette défense n'a peut-être d'autre but, que d'empêcher les Arabes de contracter des goûts et des habitudes
dispendieuses ou encore de s'opposer à ce qu'il nous rentre par cette voie une partie de l'argent que nous dépen-
sons chez lui.

Il est arrivé d'Alger par Média le Maltais Bartolo,
accompagné de quelques Juifs. Ils ont vu l'Emir à leur
passage et se rendent à Tlemsan. Il y a là-dessous quelque
coup de commerce que nous tâcherons de découvrir. Ce
Bartolo est le même, que je vous avais signalé comme
ayant volé un cheval aux Beni Chougran, lors de son
départ. Je vais sur le champ m'occuper de cette affaire
pour l'éclaircir avec les parties intéressées. Je n'ai pu
encore le voir et ne sais pas, par conséquent, s'il est en
règle et s'il est muni d'un passeport français.

J'ai reçu par M. le docteur Warnier les différents objets
que vous m'envoyez pour récompenser les nommés Si Abd

---

(1) Des bruits du même genre avaient circulé à Alger en 1832, lors
de la destruction des tombeaux musulmans de l'esplanade Bab-el-
Oued. On racontait que des chargements d'ossements avaient été
expédiés à Marseille.

(2) Ahmed Bouderba, Maure d'Alger. Il se rallia à la France aussitôt
après le bombardement du fort l'Empereur (4 juillet 1830) et vint
même offrir au général de Bourmont de lui apporter la tête du dey
Hussein. Nommé par Bourmont président du conseil municipal maure,
il jouit d'un grand crédit auprès de Berthezène. Sous le gouvernement
du duc de Rovigo, ses intrigues le firent expulser d'Alger. Réfugié à
Paris, il se lia avec des députés de l'opposition, et rédigea, pour la
commission d'Afrique, un mémoire sur l'organisation à donner à
Alger. Revenu dans cette ville, il servit d'intermédiaire entre Drouet
d'Erlon et Abd el-Kader, dont il resta le correspondant et l'agent
secret.

el-Kader ben Tysy et Cadour Ould Adda, qui nous fournissent des renseignements sur tout ce qui se passe.

Un chasseur, nommé Rouquette, François, de la classe
de 1831, et attaché au consulat, prétend avoir droit à son
congé définitif. Il désire le prendre et me prie de vous
écrire, pour obtenir sa libération. Il appartient au
1ᵉʳ escadron.

Hadj el-Djilaly est arrivé hier de Média. On dit qu'il
est aussi venu chercher sa famille et celle d'Abd el-Kader
bou Kliqra, caïd des Sédama, pour les conduire à Média.

M. le capitaine de Martimprey (1) est arrivé en bonne
santé. Je ferai tous mes efforts pour qu'il puisse remplir
le but qu'il se propose et rendre son voyage aussi fructueux que possible (2).

____

(1) De Martimprey (Edmond-Charles), né le 16 juin 1808 à Meaux.
Elève à l'école spéciale militaire, le 16 novembre 1826 ; sous-lieutenant
le 1ᵉʳ octobre 1828 ; lieutenant au corps d'Etat-major le 1ᵉʳ octobre 1832 ;
capitaine, le 16 décembre 1835 ; chargé du service topographique à
Oran, le 3 mai 1836 ; chef d'escadrons, le 13 novembre 1842 ; lieutenant-colonel, le 25 octobre 1845 ; chef d'Etat-Major de la division
d'Oran le 7 juillet 1846 ; colonel, le 10 juillet 1846 ; chef d'Etat-Major
général de l'armée d'Afrique, le 4 octobre 1851 ; général de brigade,
le 15 avril 1852 ; général de division, le 11 juin 1855 ; commandant la
division d'Oran, le 13 novembre 1857 ; commandant supérieur des forces de terre et de mer de l'Algérie, le 17 août 1857 ; sous-gouverneur
de l'Algérie et chef d'Etat-Major général de l'armée d'Afrique, le 16
décembre 1860 ; chargé par intérim du gouvernement général de
l'Algérie le 22 mai 1864 ; gouverneur général intérimaire de l'Algérie,
le 8 août 1864 ; sénateur, le 1ᵉʳ septembre 1864 ; commandant la
5ᵉ division militaire, le 19 septembre 1864 ; gouverneur de l'hôtel des
Invalides, le 27 avril 1870 ; décédé à Paris, le 24 février 1883.

(2) Martimprey (_Souvenirs_ p. 60) a rappelé ce séjour à Mascara, mais
il le place au mois de juin . « Au mois de juin, écrit-il, j'avais fait
à Mascara un voyage, que j'utilisai en levant à vue les environs de
cette ville dans un rayon assez étendu. Ce travail qui, à cette époque,
était de nature à me compromettre vis-à-vis des agents fort soup-
çonneux de l'Emir et que, pour cette raison, je faisais secrètement,
fut très utile un peu plus tard. » Ce fut, en effet, Martimprey, qui
dirigea la marche de la colonne française, qui alla, dans la seconde
quinzaine de mai 1841, détruire Takdempt et occuper Mascara.

Au moment où je ferme ma lettre, j'apprends que les Hachem envoient à l'Emir une députation de marabouts, pour l'engager à rentrer. Sidi Mohamet ben Haoua est à leur tête.

On ajoute, qu'il y a une révolution dans le Maroc. Un scheriff se serait emparé de Maroc et l'empereur qui est à Fez marcherait sur lui.

Les Beni Hamer demandent à l'Emir le remplacement du califfa Sidi Bouhamidi, dont ils ne veulent à aucun prix.

Je suis, etc...

DAUMAS.

A. H. G. R. J. 11427 (Original).

XXXIII

Daumas à Rapatel.

Mascara, le 21 avril 1838.

Mon Général,

Je profite de l'occasion de M. Fauchon, qui retourne à Oran, pour vous instruire que les marabouts des Hachem, qui sont allés à Média auprès de l'Emir, ne sont pas encore de retour. On ignore aussi complètement la détermination que prendra Abd el-Kader.

J'ai fait écrire au califfa par le caïd Hadj el-Boukary pour l'affaire du juif Zemour. Le califfa s'est entretenu avec l'aga Habib Boalem, et je vous rends compte qu'on a rendu justice à cet Israëlite.

Un Arabe d'Oran, nommé Mohamed ould Moustapha, est venu, il y a quelque temps, avec toute sa famille à Mascara. Il paraît qu'il ne s'y est pas bien trouvé et il est retourné à Oran. Le caïd Hadj el-Boukary me réclame trois douros d'Espagne emportés par cet homme à Mohamed ould sidi Nahoussin (1), plus un haig neuf à Mohamed L'Habib el Mahdjy. Mohamed ould Moustapha est le frère d'un maréchal des logis de spahis mort après Mascara et lui-même a fait aussi un congé dans ce corps.

On assure que les Oulad Maya (2) ont encore pillé une caravane richement chargée, qui revenait du Maroc.

____

(1) Sidi el-Haoussin.
(2) Mehaïa.

Il est arrivé d'Oran trois mules chargées de barres de plomb. Il doit être immédiatement dirigés sur Tekedemt.

On a reçu des nouvelles de Miloud Bennarache. Il a dîné chez le Roi et se loue beaucoup de la manière dont il a été reçu. Il a vu à Paris beaucoup de fantassins, beaucoup d'armes et fait à l'Emir un tableau pompeux de la France.

Il paraîtrait que l'Emir, pour prendre un terme moyen, enverra sa famille résider à Bouqrechefa (1) sur le Chelif (2).

Je suis, etc...

DAUMAS.

A. H. G. R. J. 11424 (Original).

---

(1) Bou Khorchefa, plaine située à 2 lieues à l'O. de Miliana et à 7 lieues à l'E. du pont du Chélif. Riche en bois et en fourrages, elle convenait à merveille à un campement.

(2) Le Chélif est le plus considérable des oueds algériens. Il est formé de deux branches; l'une, longue de 270 kilomètres, descend du djebel Amour, sous les noms de oued Sebgadj, oued el-Beïda, oued Taguine, oued Bettin; l'autre, longue de 170 kilomètres, le Nahr el-Ouassel, vient des monts de Tiaret. Après s'être d'abord dirigé vers le N.-E., le Chélif fait un coude brusque vers l'O., traverse la plaine comprise entre le Dahra et le massif de l'Ouarsenis, oblique au N. après Relizane et se jette dans la Méditerranée à 12 kilomètres au N.-E. de Mostaganem. Son cours, depuis le djebel Amour est d'environ 700 kilomètres.

XXXIV

Daumas à Rapatel.

Mascara, le 26 avril 1838.

Mon Général,

Je prie M. le capitaine de Martimprey, qui rentre à Oran, de vous remettre cette lettre. Nous avons fait tous nos efforts pour rendre son voyage aussi fructueux que possible ; il a parcouru tous les environs de Mascara à pied et à cheval et j'ai la satisfaction de vous annoncer, qu'il paraît lui-même satisfait de ses courses.

Les marabouts des Hachem, qui sont allés à Média ne sont pas encore de retour et, cependant, il paraît à peu près certain, que l'Emir a positivement refusé de renvoyer sa famille dans la plaine d'Egueris. Abd el-Kader a, dit-on, très mal reçu ces envoyés, leur a expliqué qu'il ne voulait aucun mal aux Hachem, qu'il leur avait donné un califfa de son sang (1) pour le représenter et les gouverner; que, du jour où il ne pourrait choisir sa résidence, ni disposer de sa famille comme bon lui semblerait, il ne serait plus sultan, et que, du reste, il avait formé le projet de l'emmener avec lui partout où il porterait dorénavant ses pas.

Le 22 du courant, les chefs des Hachem Cherragas et ceux des Hachem Garabas se sont encore réunis à Mascara dans le fort, qui est sur la place de la Mosquée. Il

---

(1) Mustapha ben Tamy, époux de Khadidja, sœur de l'Emir.

n'a rien transpiré de cette réunion, si ce n'est que cette tribu est dans la plus grande inquiétude, parce que l'Emir ne veut plus habiter le pays et qu'on lui suppose l'intention de se venger des affronts et des injures, dont il a été accablé lors de l'entrée des Français dans Mascara, en réalisant la fameuse prédiction qui annonce, que le fils de Zora coupera un jour et dans une seule matinée, mille têtes aux Hachem. Les Hachem Cherragas cherchent déjà à s'en tirer, en rejetant charitablement le tout sur les Hachem Garabas et en disant que, n'étant pas même entrés dans la ville, ils ne sont pas coupables en rien ni pour rien ni des mauvais traitements, qu'on a fait subir à la famille de l'Emir, ni des excès commis à Mascara, ni du pillage de la riche caravane du Maroc, dont Mouley Abderahman réclame le payement avec énergie. Comme vous le voyez, il y a donc désunion chez les Hachem eux-mêmes.

Lundi prochain, il doit y avoir encore une grande réunion chez le marabout Sidi L'Harache. Cette fois les Beni Hameur et les Garabas y prendront part. On prête à l'Emir le projet de tirer une vengeance éclatante des Hachem et voici comment il s'y prendrait. Il arriverait, lui, par Tekedemt, avec les tribus de Média et son infanterie régulière ; Bouhamidi les cernerait à l'ouest avec ses Kabyles et, enfin, le califfa Sidi Moustapha Ben Tamy remonterait sur eux par l'ouad el-Hamman, avec sa petite armée. Les Hachem en sont prévenus. Ils se tiennent sur leurs gardes et jurent, le cas échéant, d'envoyer une députation à Oran demander à la France l'occupation immédiate de Mascara et un sultan de sa main, à qui ils paieront les impôts, comme par le passé. Malgré que, jusqu'à présent, il n'y ait que des on-dit, je ne vous en instruis pas moins, ne voulant vous laisser rien ignorer de ce qui se passe ici.

Les Hachem convoqués par le califfa Sidi Moustapha ben Tamy, ont positivement refusé de marcher avec lui et ne lui ont pas fourni un seul cavalier. Le 24, ils ont coupé la tête d'un mekrazeny d'Hadj Abd el-Kader Bou Kliqra, caïd des Sedama aux portes de Mascara, dans les jardins des anciens beys.

Hadj Tahar, frère du caïd Hadj el-Boukary est arrivé à Mascara, le 23. Il revient du Maroc où il a été conduire à Mouley Abderahman les présents de l'Emir. Le Maroc est en révolution et les caravanes ne peuvent voyager que sous bonne escorte et en payant de fortes sommes. Il prétend avoir appris à Fez, que les Français se sont emparés par la force de Ceuta (1), port occupé par les Espagnols.

Il est arrivé d'Oran une grande quantité de barres de plomb. Elles ont été immédiatement dirigées sur Tèkedemt. Il est aussi venu de Tlemsan beaucoup de boulets et de mitraille.

Je n'ai pu encore éclaircir l'affaire du Maltais Bartolo. Le cheval, qu'on l'accuse d'avoir escroqué aux Beni Chougran, il prétend l'avoir remis entre les mains d'Hadj l'Habbas, ancien consul de l'Emir à Mostaganem et Hadj l'Habbas, qui est maintenant ici, assure l'avoir rendu, par ordre de M. le colonel Dubarrail, à l'associé de Bartolo. Le caïd a fait demander le plaignant. Quand nous l'aurons entendu, pour savoir la vérité, j'écrirai à M. le colonel Dubarrail; je lui ferai part des dires et de Bartolo et de l'ancien consul Hadj l'Habbas, et il nous fera connaître quel est celui qui a raison.

Le califfa Sidi Moustapha ben Tamy est chez les Beni Madoune (2), de l'autre côté du Chéliff. On assure qu'il a

------

(1) Ville maritime du Maroc, à l'entrée orientale du détroit de Gibraltar. Occupée par les Portugais, en 1415, elle passa à l'Espagne lors de la réunion de l'Espagne et du Portugal, sous Philippe II, et fut reconnue possession espagnole par le traité de Lisbonne de 1688.

(2) Beni-Madoun. Tribu de l'aghalik du Cherg, formée par la réunion sous un seul caïd de sept petites tribus : Ouled-Boufrid, Ouled-Ibrahim, Beni-Manaâ, Zouamta'Gri, Beni-Merzoug, Ouallala, Talâssa. (D. C. Beni-Merzoug, Talâssa, Maïn. — Tenès M.).

rencontré beaucoup de mauvaise volonté chez les Medjahers et qu'il n'a rien pu en tirer. Je vous avais dit, qu'ils avaient tué le cheval de l'aga récemment nommé par l'Emir. Maintenant c'est l'aga lui-même qui a été victime et on prête au califfa le projet de frapper les Medjahers d'une contribution de 800 fusils, dont il se servirait pour armer des fantassins nouvellement enrôlés. Je doute qu'il réussisse dans ce plan qui n'est pas trop mal conçu. Toute l'infanterie, qui est en congé, à reçu l'ordre de se rallier à Tekedemt.

Le 23, on a reçu par Alger une lettre de l'aga Miloud Bennarache. Elle est datée du 9 avril. Il se loue beaucoup de la manière dont il a été reçu, fait toujours de pompeuses descriptions et prétend que tout va bien. Il ajoute, qu'on a tiré en son honneur 400 coups de canon.

Hier, il est arrivé un courrier pressé et envoyé par le califfa du Gharb, Bouhamidy. Les Beni Hameur n'ont pas voulu le recevoir chez eux et se sont battus avec lui.

De Mascara on en a de suite envoyé un autre à l'Emir. Voilà tout ce que j'ai pu savoir pour le moment.

On a reçu hier au soir une lettre de l'Emir. Il donne l'ordre à Hadj el-Djilaly de revenir de suite auprès de lui avec sa famille, celle d'Hadj Abd el-Kader Bou Kliqra et le reste de ses bagages. Hadj el-Djilaly a voulu partir sur le champ; les mules et les chameaux étaient prêts, mais il paraît que les Hachem se sont réunis et le forcèrent, pour ainsi dire, à rester jusqu'au retour des marabouts qui sont allés à Média, retour qu'on fixe à dimanche prochain. Hadj el-Djilaly a l'ordre de ne rien laisser de ce qui appartient à l'Emir et à sa famille.

Le caïd Hadj el-Boukary me prie de vous écrire, pour vous faire connaître la conduite d'un Juif d'Oran, nommé Arby Yacoub Lévy. Cet homme est venu à Mascara, y a épousé une jeune fille de 15 ans et est retourné à Oran, laissant sa femme dans la plus profonde misère. On désirerait ou qu'il revînt à Mascara ou qu'il rendît la liberté à sa femme en divorçant avec elle. Le caïd me charge, en outre, de vous dire, de la part du califfa Sidi Moustapha ben Tamy, que, demain ou après-demain, vous recevrez encore à Oran un convoi de 400 bœufs.

Je désire bien vivement terminer le travail commencé sur les forces dont l'Emir peut disposer dans la province d'Oran, mais j'éprouve, à cause de l'éloignement les plus grandes difficultés pour me procurer le commandement de Bouhamidi, califfa de l'Ouest.

J'ai cependant déjà les noms et la force de toutes les tribus qui sont sous la direction de l'aga des Beni Hamer et, avec du temps, j'espère me procurer le reste.

Au moment du départ de M. le capitaine de Martimprey, j'apprends qu'il a été tenu un conseil hier soir et que les Hachem se sont décidés à laisser partir Hadj el-Djilaly. Il vient donc de se mettre en route avec un convoi qui se compose de cent mulets.

Je suis, etc...

DAUMAS.

Je vous avais écrit, il y a quelque temps, pour vous réclamer, pour un habitant de Mascara nommé Daoud ben Hamet, un bracelet en or, du poids de 35 soultanis, emporté par un Juif nommé Youda Amsalem, le même qui a été forcé de rester longtemps ici pour un marché de plumes d'autruches. Daoud ben Hamet a fait le voyage d'Oran mais n'a pu parvenir jusqu'à vous. Il y retourne pour le même motif.

A. H. G. R. J. 11430 (Original).

XXXV

Daumas à Rapatel.

Mascara, le 6 mai 1838.

Mon Général,

Le nommé Cheval, ou maintenant Abdallah, qui essaye de faire des canons à Tlemsan, est venu me voir la semaine dernière. Il se rend à Média, où il se dit mandé par l'Emir pour une malversation que lui seul peut expliquer. Je l'ai interrogé avec soin. Il m'a répondu en homme intelligent et je m'empresse de vous envoyer sa déposition.

Les essais pour les canons n'ont pas encore été couronnés de succès. Les briques, dont on s'est servi pour la construction des fourneaux, ne sont pas réfractaires, mais on espère y remédier en employant une terre argileuse, qu'on trouve chez les Kabyles et qui supporte très bien la chaleur.

Cheval prétend que l'Emir possède à Tlemsan assez de cuivre pour fondre 35 à 4o pièces de campagne, les seules qu'il désire. On y a cassé deux pièces de 18 et une de 36. On se dispose à y joindre huit autres pièces en mauvais état et l'on a reçu par Oran six milliers de bon cuivre avec 7o charges de chameaux de charbon de terre.

Il reste au Méchouar encore dix pièces en bon état, plus une pièce de quatre en fer récemment venue de Maidroma (1).

---

(1) Nédromah : (ندرومة) à 87 kilomètres de Tlemcen et à 18 kilomètres de Nemours, sur le revers septentrional du Djebel Ifelloûsen. C'est probablement la même ville que la localité berbère de Fâlousen. (ڢالوسن) Nédromah est mentionnée au xie siècle J. C. par El Bekri comme une ville déjà ancienne. Disputée au xiiie et

Le moulin à poudre, dont je vous ai parlé après mon entrevue avec Hamidou, est en pleine activité et rend deux quintaux par jour. Cheval assure, qu'il y a déjà à Tlemsan un grand approvisionnement de poudre.

L'infanterie de Tlemsan se monte à huit cents hommes, dont 3oo gardent le fort et 5oo sont en course avec le califfa Bouhamidy. Toute cette infanterie est armée de fusils français. On recrute tous les jours. Il n'y a qu'une soixantaine de cavaliers réguliers.

Il existe encore à Tlemsan, un Français nommé Rollet, bon limeur et ajusteur; Derdolo, déserteur des travaux publics, bon artilleur et un nommé Clément, qui traîne sa vie dans la misère.

Suivant Cheval, l'Emir est on ne peut mieux traité par Mouley Abderrahman, dont il prend même en secret et dans sa correspondance le titre de califfa, soit pour le flatter, soit pour se ménager un asile en cas de malheur. Pendant la guerre, Abd el-Kader a reçu du Maroc tout ce qu'il a demandé et, maintenant, les convois ne font que se succéder. Le 25 du mois dernier, cent huit mules venant du Maroc se sont rendues à Média, sans passer par Mascara. le 1ᵉʳ mai, cent autres mulés venant également du Maroc, ont passé par Mascara pour se rendre encore à Média.

---

xivᵉ siècles J. C. entre les Merinides et les Abd el-Ouâdites, elle tomba au xviᵉ siècle au pouvoir des Turcs, qui y installèrent une garnison. Après 183o les habitants de Nédromah se montrèrent peu disposés à obéir à Abd el-Kader. Un gouverneur que l'Emir avait envoyé dans cette place en fut chassé, et un lieutenant d'Abd el- Kader, El Hadj Mustapha, dut venir avec des forces considérables y rétablir l'autorité de son maître. Abd el-Kader séjourna en personne à Nédromah, après avoir infligé au général d'Arlanges la défaite de Sidi Yakoub (25 avril 1836) et s'y réfugia lui-même après avoir été battu par Bugeaud à la Sikkak. Le traité de la Tafna, laissa à l'Emir Nédromah et son terri-toire. Nédromah fut occupée sans coup férir par le général Bedeau, le 8 mars 1842. C'est aujourd'hui une ville de 5.000 habitants dont 3oo Européens, et le chef-lieu d'une commune mixte. Cf. R. Basset : *Nédromah et les Traras*. Paris 19o1. 8° (Publications de l'Ecole des Lettres d'Alger. T. XXIV)

J'ai vu ce dernier convoi. Il se compose de haigs, habillements pour l'infanterie, pierres à feu, balles, 600 sabres de Fez et 4 ou 500 pistolets. Cheval assure, qu'au nom de la guerre sainte, l'Emir obtiendra de l'empereur du Maroc tout ce dont il aura besoin.

J'ai pressé Cheval de me faire connaître ceux qui fournissaient l'Emir à Oran. Il ne voulait d'abord pas, puis il m'a dit qu'il se souvenait d'avoir vu à Tlemsan un nommé Johanne Giaritz (1), ancien consul anglais, venir offrir à l'Emir après la paix des canons, des fusils, des outils et enfin tout ce qu'il pouvait désirer. Plus tard, un nommé Oudrik (2) est venu lui répéter les mêmes òffres. C'est le Juif Ben Durand, qui lui a fait parvenir 70 charges de charbon de terre, huit cents limes, des bois de fusils et tout ce qui manquait pour installer des ateliers.

J'ai ensuite demandé à Cheval, s'il ne pensait pas qu'on fit une partie de ce commerce illicite par les petits ports qu'on trouve chez les Kabyles.

Il m'a répondu, que des Juifs de Gibraltar et des négociants espagnols d'Oran envoyaient beaucoup par le petit port qui est à une lieue de Maidroma et que les Arabes nomment Merset Sidna Houcha (3).

------

(1) Il s'agit vraisemblablement de Juan Sgitcowich, négociant ragusain, qui, après un premier séjour à Oran de 1814 à 1829, y revint après l'établissement de la domination française, et y remplit les fonctions de consul d'Autriche. Il y fut aussi pendant quelque temps chargé du consulat d'Angleterre. L'intendant civil Bresson, dans un rapport du 17 août 1837, le signale comme un agent anglais. Sgitcowich s'était associé à l'Espagnol Puyg y Mundo pour faire à l'Emir des fournitures de soufre et de fer. Il possédait un navire commandé par son fils, et on le soupçonnait de se livrer à la contrebande de guerre.

(2) Peut-être le sieur Audrik, dont il est fait mention dans la dépêche de Daumas, du 8 juillet 1838.

(3) Marsa Sidna Youcha, à l'E. du cap Tarça, sur le territoire des Beni Mnir. Près du marabout de Sidna Youcha, situé sur la rive droite de l'oued Bounoua, existe, en effet, un mouillage offrant une profondeur d'eau de 6 à 7 m. à une centaine de mètres du rivage. — De

Cheval prétend que l'intérieur du pays est magnifique et produit tout en abondance. Il a découvert dans ses courses quantités de ruines romaines avec des inscriptions bien conservées. Il assure, qu'il y a une mine d'or sur la route de Mascara à Tekedemt; elle est connue de trois marchands de Mascara qui, sans pouvoir l'exploiter, en font néanmoins leur profit. Il lui auraient offert 400 douros d'Espagne, pour leur fabriquer une matrice de soultani et auraient, dernièrement, vendu à Alger une charge de minerai, pour la somme de 3.000 francs. Cheval connaît encore une mine d'or sur la route de Tekedemt à Miliana et une à l'entrée du désert.

Il dit les mines de cuivre très nombreuses et il en a vu près de Maidroma et de Tenezz. Quant aux mines de fer, (1) elles sont si communes qu'il ne veut pas les citer. Les Kabyles en exploitent quelques unes. L'Emir fait exploiter une mine de soufre près de Tekedemt et paraît, depuis peu, vouloir s'occuper de ce genre de recherches (2).

Cheval m'a confirmé dans l'idée, que les Hangades interceptent toujours le commerce du Maroc ou, du moins, rendent les communications fort incertaines. Il m'a appris que dernièrement, les Mahya se sont emparés de 30 mules chargées de munitions pour l'Emir et j'ai

---

Sugny. *Instructions nautiques sur la côte septentrionale de l'Algérie et du Maroc.* Paris 1893. p. 65. La qoubba de Sidna Youcha, renferme, selon la légende, le corps de Josué. Cf. Basset., op. cit. Introd. p. VIII et Appendice II.

(1) Dans le seul massif des Traras, on relève en effet sur la carte minéralogique du département d'Oran dressée en 1856 par l'ingénieur Ville, les gisements de fer de Kolla, à 4 kilomètres S. O. de Nemours, du Djebel Ifelloûsen, de Bâb Mteurba, d'Oued el Myab et de Chabbat Garouba aux environs d'Honein. Aujourd'hui une exploitation est en activité à Bâb Mteurba et exporte ses minerais par l'anse de Honein.

(2) L'intendant civil Bresson, dans un rapport du 19 novembre 1837, signale les efforts faits par Abd el-Kader pour engager à son service un ingénieur polonais chargé de faire des recherches de mines. A. C. G. A. — E. 88².

su le jour même que, de Mascara on avait envoyé un courrier à Tlemsan, pour ajourner le départ de caravanes, qui devaient aller chercher des poudres pour le gouvernement.

Cheval prétend avoir rendu les derniers devoirs à M. Meurice (1) à Mascara. Il a été enterré près du jardin des anciens beys.

Cheval est fondeur de son état, et il a longtemps travaillé à Alger, dans la fonderie de M. Grefft, rue Navarin. Son sort chez l'Emir n'est pas malheureux. Il s'est fait musulman et occupe sous ses ordres, à Tlemsan, une trentaine d'ouvriers. Je l'ai fortement engagé à rentrer et lui ai fait part des dispositions du gouvernement à l'égard des déserteurs. Il y est disposé, paraît on ne peut plus dégoûté des Arabes et de leurs crimes, mais ne peut accomplir son projet qu'avec la plus grande prudence, parce qu'il est très surveillé et que le moindre soupçon causerait sa perte. Hamidou, comme je l'y avais engagé, a fait part de votre indulgence à tous ceux, qui se trouvent dans sa position et il a été vendu par Albingo, cet Italien dont je vous ai déjà parlé. Ils sont donc forcés d'attendre une occasion favorable.

Cheval reviendra me voir, s'il le peut, à son retour de Média. Il m'apportera la route exacte de Média à Mascaia, les forces exactes de l'Emir en infanterie, cavalerie et artillerie, ainsi que tout ce qu'il pourra savoir, sur les projets d'Abd el-Kader, qui a en lui, assez de confiance pour l'interroger quelquefois.

J'oubliais de vous dire que Ben Durand ou son représentant a fait encore prévenir, il y a quelques jours, qu'il avait à Oran encore 3 milliers de cuivre à la disposition de l'Emir. Il y a aussi à Tekedemt 12 pièces de 36 en mau-

---

(1) Arpenteur-géomètre. Capturé le 26 avril dans la Mitidja, il mourut à Mascara, le 12 novembre 1836. Selon Alby, il fut assisté à ses derniers moments par un déserteur français du nom de Mardulin. — Alby. *Histoire des prisonniers français.....* T. I. Chap. I, XX, XXI.

vais état et qu'on destine à la refonte plus 5 ou 6 milliers
de cuivre venu d'Oran. Il y a, en outre, une petite manufacture d'armes, qui rend deux fusils par jour. L'Emir a
placé à Tekedemt tout ce qu'il a de plus précieux, fer,
cuivre, argent, tentes, habillements pour son armée, plus
un grand approvisionnement d'orge et de blé. On continue les constructions et, tous les jours, la population
s'augmente de tous les malheureux bannis qu'on y envoie.

M. le colonel Dubarrail m'a envoyé dans la semaine
deux Douers de Mostaganem qui réclamaient leurs parents
arrêtés par ordre du califfa à la Mina (1), où ils étaient
allés acheter des chevaux. J'ai fait écrire au califfa par
le caïd Hadj el-Boukary. Il a reçu la réponse et je vous
rends compte, qu'ils ont été immédiatement mis en
liberté.

Le Maltais Bartolo, dont je vous ai souvent entretenu,
est parti pour Tlemsan. Je tâcherai de savoir ce qu'il y
est allé faire.

On se plaint beaucoup à Mascara et dans la plaine
d'Egueris du manque d'eau pour les biens de la terre. Le
blé n'a pas trop souffert, mais l'orge est entièrement perdue. Dans certaines localités, on la fait pâturer par les bestiaux.

Tous les jours, les populations juives et musulmanes,
sortent pieds nus et la tête découverte, pour demander à
Dieu de la pluie pour leurs moissons (2).

Le califfa est toujours chez les Beni Zéroual. Cette tribu,
effrayée par la manière dont il a traité les Medjaers, s'était

---

(1) La plaine de la Mina, qui s'étend entre cette rivière et son affluent, l'Hillil. Elle était ocupée par la tribu du même nom. (D. C.
Mina — l'Hillil. M.)

(2) Sur les cérémonies employées pour obtenir la pluie en temps de
sécheresse, cf. A. Bel : *Quelques rites pour obtenir la pluie.... chez les
Musulmans maghribins.* — Recueil de mémoires et de textes publié
en l'honneur du XIVe Congrès des Orientalistes. — Alger 1905 8°
pp. 49 sqq.

retirée dans une caverne immense, bâtie dit-on par les Romains et au milieu de laquelle coule une petite rivière (1). Elle y avait renfermé ses grains, ses troupeaux, de la paille et refusait de payer les contributions, mais après un blocus de quelques jours, elle s'y est décidée (2).....
L'un d'eux est venu me voir. L'Emir leur a dit, qu'il n'y avait rien qui dût les inquiéter dans ce déplacement de sa famille; qu'il resterait à Média pour y attendre Miloud Bennarache, avoir souvent de ses nouvelles et s'occuper de l'Est, sur lequel il avait des vues. Les Hachem, comme je l'avais prévu, après avoir beaucoup crié, se contentent de ces explications, tout en jurant que, si Abd el-Kader met à exécution les projets de vengeance qu'on lui prête, ils passeront aux Français. L'Emir, du reste, comme je vous l'avais annoncé, place sa famille à Boukrechefa, près du pont (3) qui est sur le Chélif.

On a encore reçu des nouvelles de Miloud Bennarache. Il assure que tout est pour le mieux et annonce à l'Emir, qu'il doit avoir une audience du Roi.

L'Emir réunit toute l'infanterie, dont il peut disposer, à Tekedemt. Si tout s'arrange du côté de la France, il paraît positif, que son intention est de faire une expédition sur Aïn-Mady et Beni Lerouate dans le désert. Il se rabattrait ensuite, en suivant la ligne du désert, sur les Hangades qui interceptent le commerce du Maroc, pendant que son

---

(1) Ces souterrains se trouvent sous le territoire des Ouled bou Tekhoura ; mais c'est à tort qu'on leur attribue une origine artificielle, et qu'on les regarde comme des carrières d'où les Romains auraient extrait des matériaux de construction. D'autres grottes de ce genre se rencontrent dans le Dahra. Telles sont celles où Pélissier fit périr, en 1845, 500 indigènes de la tribu des Ouled Riah.

(2) Il y a ici une lacune dans le texte. Le passage qui suit se rapporte en effet au Hachem et non plus aux Beni Zeroual.

(3) Pont de sept arches, édifié sur des fondations romaines, entre les centres actuels de Littré et de Duperré. Il fut bâti en 1816 et marquait la limite entre la province d'Alger et celle d'Oran.

califfa les serrerait du côté de Tlemsan. On a commandé, pour mettre ce projet à exécution, mille ou douze cents peaux de boucs, afin de pouvoir porter de l'eau quand cela sera nécessaire.

On assure que Zin, l'ancien aga des Beni Amer, après une discussion très vive avec le califfa Bouhamidy, s'est retiré chez les Hachem avec sa famille, pour ne plus rien avoir avec ce Kabyle, qu'il hait souverainement en sa qualité d'Arabe. Bouhamidy paraît aussi rencontrer de grandes difficultés pour la rentrée des impôts.

Le beylick fait faire quelques réparations à Mascara, ce qui n'avait pas encore eu lieu depuis l'entrée des Français, dans cette ville. Cette mesure, peut-être politique, rassure beaucoup les esprits.

Le caïd Hadj el-Boukary me charge de vous dire, que le califfa vous envoie encore cent bœufs.

Le caïd me prie aussi de vous écrire pour vous réclamer, 40 boudjous emportés par un Juif d'Oran nommé Messessen, menuisier, à un autre Juif de Mascara nommé Nesime, plus 40 francs enlevés par le même à un autre Juif nommé Bouranbaye.

Jouda Kersenty, Juif d'Oran, qui était venu travailler à Mascara, a emporté aussi onze boudjous et un cheval loué à un domestique de Miloud Bennarache. Jouda Kersenty est parti de Mascara vers la fin du mois dernier.

Je suis, etc.

DAUMAS.

A. H. G.   R. J. 11435 (Original).

XXXVI

Daumas à Rapatel.

Mascara, le 14 mai 1838.

Mon Général,

Conformément à vos ordres, je me suis plaint vivement au caïd Hadj el-Boukary du vol et des excès commis par les Garabas sur les Israélites Chalom et Ayach. Il regrette qu'on ne puisse lui signaler les coupables et écrit au califfa pour qu'il obtienne, s'il se peut, réparation, ou, tout au moins, une surveillance plus active de la part des caïds de tribus. Il l'informe aussi de ce qui vient de se passer sur notre territoire pour enlever deux familles de Douers. D'après mes représentations, il lui fait sentir, que cette violation du traité pourrait avoir les plus grandes conséquences et l'instruit, que vous considérerez ainsi à l'avenir tout moyen de séduction ou de violence employé pour provoquer à la désertion des Arabes, qui vivent sous nos lois.

J'ai réclamé ensuite en votre nom le nommé Hulsen, qui porte chez les Arabes le nom de Moustapha. Le caïd Hadj el-Boukary m'a répondu d'abord, que Moustapha n'était pas un prisonnier de guerre, mais bien déserteur et que le traité ne parlait nullement de rendre les déserteurs (1), et

---

(1) Le texte arabe du traité (article XII), portait que « les meurtriers, les voleurs de grand chemin, les incendiaires seraient réciproquement rendus ». Le texte français du même article était ainsi conçu : « Les criminels des deux territoires seront réciproquement rendus ». Le gouvernement français prétendait profiter de l'imprécision de ce texte

qu'ensuite, depuis un mois environ, cet homme n'était
plus au pouvoir de l'Emir. Il a déserté de Tlemsan et on le
croit chez les Kabyles du Bibane. Le caïd transmettra
néanmoins cette demande au califfa. Dans de pareilles
affaires la bonne foi des Arabes me sera toujours suspecte,
mais tout me porte à croire, que le caïd m'a dit la vérité
dans cette occurrence. Abdallah (Cheval) m'en avait dit
autant, lors de son passage à Mascara pour se rendre
chez l'Emir et je ne vous en avais pas rendu compte,
parce qu'alors, je ne pensais pas que cela pût, un jour,
vous intéresser.

L'arrivée à Mascara de l'Arabe Si Maâmer amputé à
Oran, a produit le meilleur effet. Il ne tarit pas sur notre
générosité et les soins, dont il a été l'objet. Toute la population va le voir et il raconte son histoire cinquante fois par
jour, toujours à notre avantage, bien entendu. C'est ainsi
que nous faisons d'immenses progrès dans l'esprit des
Arabes et que, tous les jours, les idées sur notre compte
se rectifient.

Je ne sais pas comment sont approvisionnés les marchés d'Alger, mais on fait courir des bruits qui, tout absurdes qu'ils sont, me paraissent n'avoir d'autre but que d'en
éloigner les Arabes. On dit qu'on s'empare de ceux qui
vont à Alger, qu'on les tue, qu'on fait ensuite bouillir
leurs cadavres pour en extraire du poison.

Hamidou « Gestringer » est encore venu nous voir. Il
se rend de nouveau à Média pour se plaindre à l'Emir de
la manière, dont on le traite à Tlemsan. Il a mis en mouvement le moulin à poudre, dont je vous ai parlé et le
califfa Bouhamidy l'a dépossédé de ses fonctions. Je me
suis longtemps entretenu avec lui. Sa déposition s'accorde
en tous points avec celle de Cheval ; seulement il ajoute
que, pour maintenir ou réduire les Kabyles, Abd el-Kader

---

pour réclamer les « embaucheurs, les traîtres, les déserteurs à l'ennemi », Cf. Dépêche du ministre de la guerre au maréchal Valée,
10 décembre 1837. A. G. G. A-E. 140.

a ordonné la construction d'un fort sur la montagne des Beni Senouss (1), au delà de Maidroma. L'emplacement aurait été déjà reconnu.

Hamidou m'a dit que l'Emir s'occupait beaucoup de sa petite armée. Il enrôle de tous les côtés, fait venir des instructeurs de Tunis et veut, en tout, se modeler sur l'armée de Méhémed Aly. L'Emir a fait de grandes dépenses cette année et, malgré les contributions énormes, que ses califfas ou ses agas prélèvent de tous les côtés avec plus ou moins de peine, il paraît avoir le plus grand besoin d'argent. Suivant Hamidou, le but principal de l'expédition, qu'il prépare dans le désert est d'y faire du butin.

Hamidou interrogé sur l'état moral du pays, m'a répondu, que toutes les tribus, moins celles qui sont très éloignées des Français, désiraient la paix et la tranquillité; que, de son côté, l'Emir ferait les plus grands sacrifices pour la maintenir mais que, comme tout le monde lui peignait la guerre comme inévitable, il n'acquitterait la contribution de guerre, que dans le cas, où Miloud Bennarache lui rapporterait des nouvelles favorables.

Hamidou assure aussi que les canons ont complètement échoué. Je l'ai encore engagé à rentrer, mais il a une femme et quatre enfants et il ne paraît nullement disposé.

Sidi Ali Bou Taleb, oncle et beau-père de l'Emir est venu nous voir avant-hier. Il nous a dit, que l'Emir allait faire construire un fort à Tazzaâ (2), sur une montagne très

---

(1) Beni Snous: Tribu d'origine berbère, occupant le massif montagneux entaillé par la haute vallée de la Tafna et la vallée de l'oued Yadel, à 4o kilomètres environ au sud de Lalla Maghnia. Leur pays fut occupé par les Français en 1842 et 1846. Il est aujourd'hui compris dans le cercle de Maghnia. Cf. E. Destaing. *Etude sur le dialecte berbère des Beni-Snouss*. Paris 1907. Publications de l'Ecole des Lettres d'Alger T. XXXIV. — Introduction.

(2) Tâza : à 12 lieues au S. E. de Miliana, et à mi-chemin entre Boghar et Teniet el-Hâd, au centre de la tribu des Behelel révoltée contre Abd el-Kader et dispersée par lui. L'établissement créé par Abd el-Kader comprenait un fort, un moulin à eau, et une trentaine de cabanes. D'après le *Tableau des Etablissements français* 1839, p. 3i3,

escarpée, à deux jours sud-ouest de Média. Deux rivières coulent au pied de cette montagne, dont le versant sud donne sur le désert et l'Emir veut y placer sa famille avec celle du bey Sidi Imbarrek (1). C'est aussi là, que se trouve cette mine de soufre dont je vous ai parlé souvent. Sidi Bou Taleb nous a ajouté, que l'Emir voulait définitivement essayer de s'emparer de Aïn Mady, si tout allait bien du côté de la France. Il a paru désapprouver cette expédition, attendu que Tedjiny avait fait acte de soumission, malgré qu'il ait refusé de reconnaître le bey nommé par l'Emir dans le désert (2).

L'Emir emmènera avec lui 600 chameaux chargés d'orge et de blé. Sidi Ali Bou Taleb a fini par nous dire, que c'était lui, qui avait fait faire la paix et il est parti de là pour nous faire une foule de demandes tellement ridicules, que je ne vous les transmets même pas.

Taza aurait été construit au mois de juin 1838 par le khalifa Ben Allal. Une inscription sur bois conservée au cercle militaire d'Alger, reporte la fondation de la ville à 1255 Heg. (1839-140) Cf. G. Colin-Corpus *des inscriptions arabes et turques de l'Algérie*. I. département d'Alger. Paris 1901. Append. I. p. 279. La forteresse de Tâza fut occupée et détruite par les Français le 25 mai 1841. — Un centre de colonisation a été créé sur ce point en 1888. — (Teniet el-Hâd. M.).

(1) Sidi Mohammed ben Allal ould Sidi M'barck, de la famille des marabouts de Coléah. Neveu de El Hadj Mahiddin el Seghir, nommé agha de Miliana par Abd el-Kader, il remplaça son oncle, lorsque celui-ci mourut en juillet 1837. Pendant la période de paix qui suivit le traité de la Tafna, Ben Allal entretint des relations assez cordiales avec le maréchal Valée et le général Lamoricière. Après la rupture de la paix, il défendit les abords de la Mitidja et de Miliana contre les Français, puis en 1841 et 1842 opposa une vive résistance aux colonnes françaises sur le moyen Chélif. Il fut tué, le 11 novembre 1843, au combat de Sidi Yahia. Le général Bugeaud le fit inhumer à Coléah, dans le tombeau de ses ancêtres. Abd el-Kader considérait Ben Allal comme l'un de ses meilleurs lieutenants, et le seul, avec Bou Hamidi, capable d'imposer l'obéissance aux tribus. (Bellemare. *Hist. d'Abd el-Kader*. Chap. XII. p. 232.

(2) Hadj. el-Arbi, chef des Ouled Serrin, l'un des çofs de Laghouat. Il était venu faire sa soumission à Abd el-Kader ,tandis que celui-ci se trouvait encore à Médéa.

Le califfa est toujours chez les Beni Zéroual. Cette tribu a fait sa soumission et payé des contributions énormes. Elle a déjà livré 600 fusils. Le califfa n'accepte que des fusils français. La quantité de fusils français, qui existe chez les Arabes, est incroyable. Viennent-ils du commerce, des Douars, ou bien encore de la garde nationale ? (1).

Le califfa Bouhamidy est chez les Traras et désarme aussi tous ceux qui résistent. Il a été forcé de tirer quelques coups de canon et tous ses artilleurs sont estropiés.

Berkany, bey de Media, est toujours au Zibane. Il paraît obtenir quelques résultats. Toute l'infanterie de l'Emir, qui n'est pas en course avec le califfa pour la rentrée des impôts, à l'ordre de se réunir à Tekedemt pour la fin du mois.

Il est arrivé avant-hier à Mascara un Juif d'Oran venant de Média. Cet homme était tombé malade en route et il avait loué une mule pour se faire transporter jusqu'ici, où il est arrivé presque mourant et sans pouvoir payer le prix convenu pour sa mule. M. le docteur Warnier lui a donné les soins, que réclamait son état, mais le caïd voulait le faire emprisonner parce qu'il n'acquittait pas sa dette. Alors, pour éviter un pareil scandale, j'ai fait engager le caïd des Juifs à payer pour lui, en lui promettant, que vous feriez, auprès de ses parents ou du chef des Juifs d'Oran, les démarches nécessaires pour le remboursement de ses avances. Il a été payé par moi pour cet homme cinq francs et, par le chef des Juifs de Mascara, six douros d'Espagne, plus un demi-boudjou. Je viens donc vous

____

(1) La garde nationale comprenait en Afrique, non seulement les Français âgés de 20 à 50 ans, propriétaires et patentés, mais encore les étrangers domiciliés en Algérie. Les Juifs et les Maures pouvaient y être admis. En raison de cette composition hétérogène, le nom de milice africaine avait été substitué à celui de garde nationale. L'effectif de la milice d'Oran s'élevait à 750 hommes, celui de la milice de Mostaganem à 400, dont 350 indigènes.

prier, mon Général, de vouloir bien me faire envoyer cet argent afin que j'acquitte ma parole, que je n'ai donnée que pour éviter qu'on ne traînat en prison un homme, qui venait se réclamer du consulat français et qui était à l'agonie. Ce Juif se nomme Aâron Senanedje et il a, à Oran, deux frères nommés David et Abraham Senanedje, tous deux tailleurs. Ils sont connus au magasin du campement.

Je vous envoie par ce courrier la demande que vous désirez.

J'ai cru pouvoir prendre sur moi de donner au chasseur Rouquette, qui est ici depuis six mois, la permission d'aller passer trois jours à Oran pour toucher des effets d'habillement, qui lui sont dûs depuis longtemps.

Je suis, etc.

DAUMAS.

A. H. G. R. J. 11437 (Original).

XXXVII.

Daumas à Rapatel.

Mascara, le 20 mai 1838.

Mon Général,

Hier, il est arrivé à peu près 3oo fantassins de Tlemsan. Ces fantassins réunis à ceux de Mascara, partent demain pour Tekedemt. Sous peu l'Emir doit aussi s'y rendre. On ne connaît pas le véritable but de cette réunion et l'on fait courir une foule de bruits contradictoires. Les uns prêtent à l'Emir le projet d'aller punir les Angades qui, depuis la paix, interceptent le commerce du Maroc et pillent toutes les caravanes qui en viennent. Il suivrait la ligne du désert pour leur couper toute retraite de ce côté, tandis que son califfa, Bouhamidy, marcherait sur eux par Oucheda (1). Les autres assurent, qu'Abd el-Kader doit avoir une entrevue sur la frontière du Maroc avec Mouley Abderraman ou l'un de ses califfas, pour conclure un traité d'alliance offensive et défensive. Aussitôt que la vérité me sera bien connue, je m'enpresserai de vous en instruire. Si l'Emir porte véritablement ses pas du côté du couchant, je ne serais pas étonné, qu'il voulût en finir avec les Angades, qui lui ont donné plus d'un sujet de mécontentement.

---

(1) Oudjda : Ville marocaine, située dans la plaine des Angad, à 12 kilomètres de la frontière algérienne. Elle fut fondée, selon Ibn-Khaldoun, par Ziri ben Atia (995 J. C.). Au xviiiᵉ siècle, elle fut disputée entre les Marocains et les Turcs, qui en restèrent maîtres quelque temps. En 1828 Moulay Abd er-Rahman y avait installé une garnison. Les Français y pénétrèrent en 1844, en 1859, et l'occupent depuis 1907.

Après la paix conclue à Morbaya (1), l'Emir, par une marche forcée et suivi de sa cavalerie seulement tomba sur les Mahya qui campaient sur les frontières du Maroc. Ceux-ci surpris abandonnèrent momentanément leurs tentes, femmes, enfants et troupeaux puis, quand les cavaliers de l'Emir eurent mis pied à terre pour piller, par un retour audacieux, ils tombèrent sur eux, les mirent en déroute, coupèrent bon nombre de têtes et poursuivirent Abd el-Kader lui-même jusque dans les jardins d'Oucheda. Il ne dut son salut qu'à la vitesse de son cheval et jura de se venger. On assure que l'Emir a retiré 800.000 douros (2) du produit de ses contributions dans l'Est.

Ben Iqrou est toujours à Tlemsan. Il y réunit les laines de l'Emir, qui proviennent de l'impôt.

Plusieurs marchands d'Alger s'y sont rendus, sans doute pour passer des marchés.

Une partie des Beni Zeroual a fait sa soumission et le reste est toujours dans la caverne, dont je vous ai parlé. Le califfa les y bloque, fait pâturer leur orge et leur blé, brûle les tentes et baraques, détruit les ruches à miel, leur principale fortune, et s'empare de tout ce qu'il peut. Cette conduite fait beaucoup crier et donne à penser aux autres tribus.

L'Emir, instruit que plusieurs chevaux vendus aux Français à Mostaganem avaient été tirés du marché, que les Flittas tiennent tous les jeudis sur la Mina, en a ordonné la suppression complète.

Avant-hier il est arrivé à Mascara, une dizaine de mules chargées de barres de plomb.

Nous avons eu quelques données sur la tournée du

____

(1) Amerbaya, sur la carte de la province d'Oran dressée au dépôt de la guerre en 1838 ; non loin du confluent de l'oued el Atouch et de la Tafna, sur le territoire des Beni-Rimane (D. C. Rachgoun-Beni Saf. M.). C'est là que fut conclu le traité dit traité de la Tafna.

(2) Environ 4.320.000 francs.

califfa Bouhamidy par l'un des fantassins, qui sont arrivés hier. Il s'est d'abord rendu chez les Beni Aâmeur, où il a eu une altercation très vive avec Zin (1). Comme j'ai eu l'honneur de vous en informer, de là, il s'est dirigé sur les Grossel (2) où il n'a éprouvé aucune résistance, après quoi il est allé chez les Kabyles de la Tafna, qui ont refusé de payer les contributions L'Emir lui écrivit de ne forcer personne, d'accepter la soumission de ceux qui viendraient à lui de bonne volonté et d'attendre pour les autres, qu'il vînt lui-même régler ses comptes avec eux Tous les Kabyles, excepté les Traras et les Beni Zenazen se sont exécutés. Partout Bouhamidy a pris un fusil par douar, ce qui fait presque un dixième des armes. Bouhamidy est de retour à Tlemsan depuis huit jours. On vient encore, par ordre de l'Emir, d'y enrôler cent cinquante Courouglis, ce qui fait, qu'il ne reste plus de l'ancienne population que des femmes et des vieillards. Le Méchouar est dans un état déplorable, depuis que les soldats kabyles de Bouhamidy y ont été casernés. Il n'y reste pas deux maisons habitables ; toutes les conduites d'eau sont bouchées ou brisées et les noyers, qui étaient dans le jardin, ont été détruits.

Depuis que je vous ai envoyé la situation de l'infanterie de l'Emir, elle s'est accrue de plus d'un millier d'hommes. Je tâcherai, aussitôt qu'ils seront réunis, de vous en donner le chiffre exact.

On assure que l'Emir veut placer à Tazzâa, où il fait construire un fort, toute la population qui émigre d'Alger et de Blidah.

---

(1) Agha des Beni Amer.

(2) Ghossel : aghalik compris dans le khalifalik du Gharb et limité au N. par le pays des Oulhassa et des 'Trara ; au S. et à l'O. par les Djebaïlia ; à l'E. par les Beni Amer. Il renfermait 12 grandes tribus : Beni Ouazan, Ouled Alâa, Kerazba, Aouamer, Ouled el Khouan, Zenata, Ouled Chaa, Ouled Rahal, Mkennia, Mediouna Gharaba, Mediouna Cheraga, Fehoul. (Remchi M.).

Le caïd Hadj el-Boukary a été mandé par l'Emir. La lettre est arrivée avant hier soir et il est parti la nuit du même jour. Son père, Hadj Tahar, le remplace dans le commandement de Mascara. L'Emir a fait en outre mander son sellier, qui travaille pour sa cavalerie. Il part demain avec sa famille. Tous ces départs de gens affectionnés par Abd el-Kader inquiètent beaucoup la population qui reste. On y voit un signe certain de la guerre. Comme moyen de comparaison, je vous envoie la mercuriale du dernier marché de Mascara :

Chevaux, de 100 à 200 boudjous.... Fr.   1 5o
Anes, de 18 à 2o boudjous............   d°
Bœufs, de 20 à 25 boudjous..........   d°
Moutons, de 5 à 7 boudjous..........   d°
Chèvres, de 4 à 5 boudjous............   d°

Fanègue de Mascara:
Blé, de 13 à 15 boudjous..............   d°
Orge, de 5 à 6 boudjous..............   d°
Poules, un demi-boudjou..............   d°
Œufs, la douzaine....................   37 cent[imes]

Livre de Mascara :
Miel : 2 fr. 25 centimes.
Bois : 5o à 6o centimes la charge.
Huile : 75 centimes le litre.

Je suis, etc....

DAUMAS.

Hadj Tahar m'adresse un nommé Elaarby ben Gelaâte, qui a vendu à un Juif d'Oran, nommé Haddoun el Médouiny, 12 fanègues de bled pour la somme de 84 boudjous et qui ne peut se faire payer. Il vous prie de forcer ce Juif à paraître devant la justice, ce à quoi il se refuse, parce que le réclamant ne connaissant pas nos lois, ne sait comment s'y prendre pour l'y contraindre.

H. H. G. R. J. 114o (Original).

XXXVIII.

Daumas à Rapatel.

Mascara, le 23 mai 1838.

Mon Général,

Un Espagnol, nommé Qrosse Espinosa, s'est présenté aujourd'hui au consulat pour réclamer la protection de la France, afin de rentrer à Oran en toute sécurité. Cet homme vient du Maroc et c'est un condamné déserteur. Comme il n'a pas pris de service chez l'Emir, j'ai cru devoir employer tous les moyens possibles pour vous le renvoyer et voici comment je m'y suis pris.

J'ai engagé un Juif d'Oran, qui travaille à Mascara, Samuel Ben Haym, à partir ce soir et à vous le conduire en le faisant passer pour un Juif de Tétouan (1), attendu qu'il ne sait pas l'arabe. Je vous prie de le récompenser. Espinosa m'a manifesté le désir d'entrer dans les spahis.

Il était maréchal-des-logis de cavalerie dans son pays. Il m'a dit que beaucoup d'Espagnols, qui étaient au service de Mouley Abderraman devaient venir à Mascara pour réclamer notre protection afin de rentrer à Oran.

Comme la conduite à tenir avec ces gens là m'embarrasse, je vous prie de me faire connaître vos intentions, c'est-à-dire si je dois les protéger ouvertement ou en secret.

Je suis, etc....

E. DAUMAS.

A. H. G. R. J. 11444 (Original).

---

(1) Ville du Maroc, à 34 kilomètres S. O. de Ceuta, sur la rive droite de l'oued Martine, et à 12 kilomètres de l'embouchure de cette rivière. Elle renferme 20.000 habitants, dont 5.000 Juifs.

XXXIX.

Daumas à Rapatel.

Mascara, le 27 mai 1838.

Mon Général,

Je vous envoie par ce courrier la déposition d'un déserteur français, qui est venu nous voir dans la semaine. Cet homme sort du bataillon d'Afrique. Il a été employé à l'hopital d'Oran et se trouve chez l'Emir depuis quinze mois environ. Il a d'abord servi comme artilleur, puis ayant fait autrefois quelques pansements, il s'est donné pour médecin et remplit maintenant les fonctions de chirurgien en chef d'Abd el-Kader. Les Arabes l'appellent Youssouf et il n'a pas voulu me dire son véritable nom, parce qu'il prétend appartenir à une famille honorable et bien connue de l'Alsace, qui serait au désespoir, si elle connaissait son sort.

Youssouf a vu dernièrement chez l'Emir, à Média, une situation exacte de l'armée La voici selon lui :

Tlemsan	6oo h.
Mascara	8oo »
Miliana	9oo »
Infanterie: Media	1.200 »
	3.5oo »
Promis par Ben Zamoun...	1.200 »
Promis par Taubal (1)....	6oo »
Total........	5.3oo »

(1) Si Tobbal Mohammed Abdesselem el-Moqrani. Cf. dépêche de Daumas du 7 janvier 1828, p. 58. note 1.

Youssouf ne porte pas de garnison à Tekedemt, parce qu'il considère ce qu'on y place comme un détachement de celle de Mascara.

L'Emir possède en tout trente-huit pièces de canon, dont douze seulement peuvent tenir la campagne.

Pièces de position		Montées
Teguedemt	9	»
Media	5	3
Artillerie de Mascara..	2	3
— Miliana...	2	4
— Tlemsan..	8	2
	26	12

38

Abd el-Kader n'a que 99 canonniers. Il manque de projectiles. La cavalerie se compose de 750 spahis réguliers et d'un escadron de 80 nègres, qui fait le service auprès de l'Emir et lui sert, pour ainsi dire, de garde.

Dans cette cavalerie, il y a beaucoup de mousquetons anglais venus du Maroc.

L'Emir a beaucoup enrôlé à Média et à Miliana. Il avait recruté une grande quantité de Kabyles, mais ils ont presque tous déserté avec leurs armes et il n'en veut plus admettre. Il a pris beaucoup d'enfants de 8 à 12 ans. Pour les fortifier, on les nourrit avec du pain et de l'huile. Il a fait venir un instructeur de Tunis, douze tambours français d'Alger, cinq trompettes et son infanterie commence à se former en pelotons et même en bataillon carré.

Youssouf assure que l'Emir a 3.000 fusils français en magasin à Média et qu'ils sont tous pourvus de baïonnettes. Tous les jours, il lui arrive beaucoup de déserteurs d'Alger. L'Emir donne 3 douros aux fantassins et 20 douros aux cavaliers, qui viennent avec leurs chevaux.

Le père de M. Léon Roche est allé voir son fils à Média,

il a été très bien reçu par l'Emir (1). Roche est, dit-on, au mieux avec Abd el-Kader. Il lui sert de qroudja (1), l'accompagne partout et lui donne des idées d'organisation. Il établit des contrôles pour l'armée, l'habillement, la solde, enregistre les tribus, leur force et leurs chefs, de manière à ce que l'Emir sache ce dont il peut disposer, chose qu'il ignorait à peu près. Youssouf prétend que, d'après les conseils de Roche, l'Emir organise sur le papier deux corps d'armée de 60.000 hommes chacun. L'un se composerait de toutes les tribus depuis Média jusqu'à Constantine et l'autre de toutes les tribus depuis les frontières du Maroc jusqu'à Média.

La mine de soufre, dont je vous ai souvent entretenu, ne s'exploite pas à Tazâa, mais sur une montagne qu'on appelle Brail, à deux jours de marche de Miliana. Les premiers essais ont été faits par un nommé Ruber, sergent garde-côtes et déserteur d'Alger. Dernièrement l'Emir a été la visiter; elle rend aujourd'hui cent livres de soufre par jour. Ruber vient de mourir.

C'est Abdallah, qui a fait à l'Emir tous les contes absurdes pour le sucre. Ils lui ont été confirmés par Ben Durand et Bouderba d'Alger. Le 23 avril, il a été publié dans les murs de Média, que le sucre en pain est défendu sous peine de 500 coups de bâton et d'une amende de 500 boudjous. Youssouf m'a dit que l'Emir avait une police organisée et bien payée. Elle se compose d'une cinquantaine d'hommes qui, mal vêtus et sous le prétexte de vendre ou d'acheter, se glissent partout, ont des entrevues avec des gens dévoués, qui habitent nos villes et l'instruisent ainsi de tout ce qui se passe.

------

(1) Cette visite eut lieu le 19 avril 1838. Selon Léon Roches, l'Emir songeait à nommer Roches, père, son oukil à Alger. Cette assertion est d'ailleurs peu vraisemblable, l'Emir connaissant la volonté formelle du gouvernement français de n'accepter qu'un oukil musulman. — Cf. *Dix ans à travers l'Islam.* Liv. V. chap. I.

(1) Khodja, secrétaire.

Pour les déserteurs, il y a deux embaucheurs bien connus, qui se rendent à Alger. Ils se nomment Hamou et Mohamed et ont servi quelque temps dans les zouaves. Ils vont à Alger, à Bouffarik (1), dans les camps, s'abouchent avec les soldats, les engagent à revenir à leur religion, sans quoi il n'y aura pas de grâce pour eux, quand l'Emir prendra Alger.

Hamidou qui, comme j'ai eu l'honneur de vous le dire, est allé se plaindre chez l'Emir, a été chargé par lui d'établir un nouveau moulin à poudre à Callaa (2), sur le modèle de celui de Tlemsan.

On fabrique des affûts à Miliana. On a même essayé d'y construire des voitures. Le bas peuple fait courir le bruit que Miloud Bennarache a été tué en France.

A Miliana, on confectionne des souliers français pour l'infanterie.

Youssouf a été plusieurs fois à Taguedemt. Je l'ai donc interrogé avec assez de soin pour pouvoir vous en envoyer un plan qui est dû au travail de M. le docteur Warnier. Il pourra vous être utile (3).

----

(1) Bouffarik n'était, en 1830, que l'emplacement du marché du lundi (soukh et-tnin) de l'outhan des Beni Khelil, au milieu de marécages et de broussailles. Un combat y fut livré par les Français aux insurgés de la Mitidja dans la nuit du 1er au 2 octobre 1832. L'importance stratégique de ce point, qui commandait le passage vers Blida, décida le comte d'Erlon à y construire un camp permanent (camp d'Erlon), au mois de mars 1835. Autour de ce camp se développa un village de mercantis, érigé en centre sous le nom de Medina Clauzel, par arrêté du maréchal Clauzel, du 27 septembre 1836. La prospérité de Bouffarik fut longtemps entravée par l'insalubrité du pays et par les attaques des Hadjoutes. Aujourd'hui Bouffarik est une ville de 10.000 h. et le centre agricole le plus prospère de la Mitidja. Cf. Trumelet : *Histoire de Bouffarik*. Alger 1869. 8°.

(2) Kalâa (Kalâa des Beni Rached). Bourgade de l'aghalik des Gharaba. à 7 lieues à l'E. de Mascara et à 2 lieues 1/2 de El-Bordj, sur le versant du djebel Barbar, entre les deux sources de l'Hillil. Elle renfermait en 1838, 200 à 250 maisons. Parmi les habitants un grand nombre étaient Turcs ou Kouloughli. — (D. C. Kalâa. — Mina. M.).

(3) Cf. Appendice ; *Cartes et plans*.

Comme vous le voyez, Taguedemt est placé sur le plateau d'une petite montagne et se divise en ville, grand
fort, petit fort et redoute.

La ville se trouve à l'entrée et touche à la route de Mascara. Ce n'est qu'un ramassis de baraques. Elle contient
5oo habitants (1).

Le grand fort a la forme d'un carré long, dont les
grands côtés ont 15o mètres de longueur et les petits 8o de
largeur. Les grands côtés ont 15 pieds de hauteur et les
petits 25 et 20, parce que le terrain est plus élevé à l'ouest.
Aux quatre coins sont des embrasures. Les murailles ont
3 pieds d'épaisseur. Il contient une habitation pour l'Emir,
des magasins, des souterrains, un atelier d'armes, la monnaie et 23 chambres, qui peuvent renfermer de 12 à 1.8oo
fantassins. C'est dans ce fort, que sont placés les armes, le
biscuit, le plomb, le soufre, tous les matériaux, enfin,
qui n'ont pas encore de destination.

A 15o mètres plus loin, se trouve le petit fort, qu'on appelle le magasin du sultan. Il a la forme d'un carré parfait
et comporte 8o mètres sur chacune de ses faces. Il n'a ni
créneaux ni embrasures et n'est, à bien dire, qu'une espèce de fondouq (2) fermé, sous la protection du grand
fort et de la redoute. On y trouve un corps de garde, une
prison et des magasins, qui renferment le beurre et l'huile,
le miel, la poudre travaillée et des projectiles. A 15o pas
plus loin, est placée la redoute, qui n'est qu'une espèce
de fortification passagère construite pour protéger les
travailleurs dans le principe. Il y a une embrasure qui

---

(1) On trouvera des descriptions de Taqdempt, dans : Alby. *Histoire
des prisonniers français...* T. I. p. 16o. — Baudens (Dr). *Expédition
de Taqdempt.* Musée des familles 1841. p. 31o. Christian : *l'Afrique
française.* Paris. s. d.

(2) فندق . Construction destinée à abriter les voyageurs, les
bêtes de somme et les marchandises. C'est d'ordinaire une cour qua-
drangulaire, dont les côtés sont occupés par des magasins et des
chambres.

donne sur le sud et elle est entourée par un fossé de six
pieds de largeur et de profondeur. Elle renferme les chevaux, les mulets et la paille de l'Emir et défend les
silos (1), qui la touchent presque et sont au nombre de
quarante-deux.

Au pied d'une grande montagne et à l'ouest coule une
petite rivière, dont l'eau est sulfureuse et malsaine. Son
cours est assez fort pour faire tourner un moulin, qu'on
y a récemment construit et qui peut moudre l'approvisionnement nécessaire aux soldats.

A hauteur du petit fort on trouve un four, qui sert à
faire du biscuit.

Toutes les constructions faites par l'Emir sont en moel-
lons tirés des montagnes voisines, parce que l'Emir n'a
pu se servir des belles pierres de tailles, qui proviennent
de l'ancienne ville romaine (2).

La bâtisse en est très mauvaise et n'est soutenue que par
un enduit de chaux extérieur.

L'Emir frappe monnaie à Teguedemt. Il a commencé
par des « graroubas » (3), pièces de 3 liards, et des
« mouhamedia » (4), pièces de 6 liards. Sur l'une des
faces, il y a « Lah ila hail Allah » (5), — « il n'y a qu'un

---

(1) Fosses creusés dans le sol et destinés à renfermer les grains.

(2) Timgartia, sur l'emplacement de laquelle s'élève la ville française de Tiaret.

(3) Qarouba : Pièce de cuivre blanchi, valant environ o fr. 0387.
Elle est désignée dans les réglements militaires d'Abd el-Kader sous
le nom de nos'fia. Diamètre o m. 14, poids o fr. 53.

(4) Mohammadia : Pièce de cuivre blanchi, valant deux nos'fia ou
o f. 0774. Diamètre o m. 016 à o m. 017, poids de o gr. 75 à 1 gr. :
la fabrication étant, en effet, trop grossière pour que toutes les pièces
eussent le même poids et le même diamètre.

(5) لا الله الا الله formule de la « chehada » ou profession de foi
musulmane : « Il n'y a d'autre divinité que Dieu. » Les mohammadia
et nos'fia reproduites dans Patorni (*Réglements militaires d'Abd el-
Kader*. Bulletin Corresp. africaine 1886. p. 3o. note) portent des inscriptions différentes. Sur l'avers de la mohammadia, on lit en effet :
« La religion pour Dieu est l'Islam. (Qôran. Sourate III v. 17). Sur

seul Dieu et, sur l'autre, « frappée à Tekedemt par le sultan Hadj Abd el-kader ». On en a déjà envoyé pour 1.000 douros à Media, où les flouss (1) ont été immédiatement défendus. On doit faire des piécettes, des boudjous et des douros. Si je suis bien informé, il y aura beaucoup d'alliage dans cette monnaie. Les Arabes eux-mêmes en sont inquiets. Celui qui frappe cette monnaie est le même, qui en était chargé à Alger du temps des Turcs, et sa famille habite encore cette ville.

Pour terminer avec Taquedemt, je vous dirai, mon Général, que les derniers renseignements, que je vous transmets, sont en rapport avec ceux envoyés précédemment. Tout nous porte à croire, que cette ville n'est qu'une plaisanterie pour les fortifications, tandis que sa véritable force consiste dans son éloignement et le monde fou, que l'Emir peut réunir sur ce point (2). Youssouf nous a parlé aussi des relations que l'Emir a avec Mouley Abder-

---

celui de la nos'fia : Il nous suffit de Dieu : quel excellent mandataire Qôran. Sourate III verset 167). — et sur le revers des deux pièces : frappé à Tekdempt, 1256).

(1) جلوس, pluriel de فلس. Le fels était à Alger une monnaie fictive, équivalant au cinquième du درهم (30 drachmes = o fr. 075) ; mais à Tunis, il existait une petite monnaie de cuivre du nom de fels. Il fallait 104 de ces « flous » pour faire une piastre. D'une façon plus générale le mot « flous » désigne la petite monnaie de cuivre.

(2) Abd el-Kader a indiqué plus tard lui-même dans une lettre à Daumas, alors colonel, la véritable importance de Taqdempt : « Dans mes projets, Tegdemt devait devenir une ville immense, un centre reliant le commerce du Tell à celui du Sahara. Ce point avait plu aux Arabes ; ils venaient s'y fixer avec plaisir, parce qu'ils y trouvaient de grands avantages. C'était aussi une épine que j'avais placée dans l'œil des tribus indépendantes du désert ; elles ne pouvaient plus ni fuir ni m'inquiéter, je les tenais par le ventre. Tegdemt avait été bâti sur leurs têtes ; elles m'avaient compris et s'étaient empressées de se soumettre. En effet, de cette ville, je pouvais toujours avec des goums m'élancer à l'improviste sur elles et saisir au moins leurs nombreux troupeaux, si je ne parvenais à enlever leurs tentes. » Bellemare : *Histoire d'Abd el-Kader.* p. 224.

raman. Il prétend encore, qu'il y a sous jeu un traité d'alliance. Cela se rapporterait assez avec l'entrevue dont on parle. Interrogé sur les desseins secrets de l'Emir, Youssouf m'a répondu que l'Emir voulait la paix, mais que tout son entourage le poussait à la guerre, en lui disant que, maintenant, il avait des armes, des munitions, de l'infanterie, toutes les tribus presque soumises et que la France ne pouvait manquer de succomber dans la lutte. Abd el-Kader, selon Youssouf, veut encore attendre un peu. Conformément à vos ordres pour les déserteurs, j'ai mis tout en jeu pour engager Youssouf à rentrer. Une affaire d'amour-propre le retient. Dans les premiers mois de sa désertion, il s'est évadé pour revenir aux Français ; il a été repris et le bach tobdjy (1) lui a coupé les oreilles. Ce bach tobdjy, qui se nomme Mahmed ould Kouskessa, a été sergent dans la compagnie turque à Oran et il n'est, pourtant, sorte de mauvais traitements, qu'il ne fasse supporter aux Français déserteurs. Il en a déjà tué ou mutilé plusieurs. Je vous envoie donc son histoire et son nom, afin que, si jamais l'occasion s'en présente, vous puissiez le payer de ses forfaits.

J'ai, cependant, à peu près levé les scrupules de Youssouf. Il se rend à Tlemsan et viendra me voir à son retour. Il m'a dit que, si vous me répondiez quelque chose de positif pour lui, il saisirait la première occasion favorable pour rentrer soit à Oran, soit à Alger.

J'ai été instruit que le Maltais Bartolo, dont je vous ai annoncé le voyage à Tlemsan, s'y est rendu pour se concerter avec un Juif nommé Dayan, afin d'explorer le pays des Kabyles, où l'on soupçonne des mines abondantes. Pour atteindre ce but, il a emmené avec lui des Maures, des Juifs de Tunis et il attend encore des ouvriers et des

---

(1) باش طوپجى chef des canonniers des mots turcs باش (tête et طوپجى « canonnier ». Cf. *Règlements militaires d'Abd el-Kader* Règlement XV.

outils d'Alger. Pour assurer leurs courses, Bouhamidy doit leur fournir deux cents fantassins.

Ben Samoun, Juif et frère du consul de Toscane à Alger, accompagné du qreliffa de l'agha maure de cette ville, sont arrivés à Mascara, le 21 courant. Ils se rendent à Tlemsan et je les soupçonne d'être les individus attendus par Dayan pour commencer les explorations. Quelqu'un a demandé à Ben Samoun pourquoi il n'allait pas voir le consul de Mascara. Il a répondu, qu'il n'était venu que pour prendre les intérêts de l'Emir et qu'il se moquait de tous les Français d'Oran et d'Alger. J'ai su, en outre, qu'il était venu sans papiers et que M. Pélissier (1) lui en avait refusé à Alger. Je vous rends compte de tout cela parce que, depuis quelque temps, il se glisse une foule d'individus, qui pourront nous porter préjudice.

Le 22 courant, on a tiré cinq coups de canon à Mascara pour annoncer une prétendue victoire remportée par le califfa sur les Beni Zeroual.

Le fait est, qu'il n'y a eu qu'une espèce d'embuscade dans laquelle les Beni Zeroual et le califfa ont perdu quelques hommes. Le califfa a eu un officier tué, Abd el-Kader Ouarani, qui avait été prisonnier à Marseille, et les Beni Zeroual sont encore dans leur caverne.

Il est parti de Mascara à peu près 700 hommes d'infanterie pour Taguedemt. Le plomb récemment arrivé d'Oran a suivi la même destination ainsi qu'une quarantaine de marmites. L'Emir n'y est pas encore arrivé et

---

(1) Pellissier de Reynaud (1800-1858), officier d'Etat-major en 1830; chef du bureau arabe d'Alger (1833-1836); directeur des affaires arabes (1835-1839). Il donna sa démission au mois de février 1839, à la suite de la restitution, à Abd el-Kader, d'une négresse et de son fils, qui étaient venus se réfugier à Alger. Pellissier de Reynaud, après avoir quitté l'armée devint consul de France à Malte, chargé d'affaires à Tripoli, enfin consul général à Baghdad (1852). Il est l'auteur de divers ouvrages : *Histoire de l'Afrique*, (traduction de l'ouvrage de El-Kairouani). 1845. 8°. *Description de la Régence de Tunis*. 1853 8° , enfin des *Annales Algériennes* (1re édition 1836-1839) — 2e édition 1854. 3. vol. 8°.

je crois qu'il attendra le retour de Miloud Bennarache.
Maintenant, on fait courir le bruit que l'expédition pro-
jetée aura lieu sur Aïn Mady et qu'elle sera commandée
par le caïd de Sedama, qui n'emmènerait avec lui que les
tribus des environs de Taguedemt, qui jamais n'ont marché contre nous, tandis que l'Emir se réservera les Hachem, les Beni Aameur, les Garabas, etc., soit pour se porter à l'ouest, soit pour attendre les événements. Sous peu
la vérité me sera connue et je m'empresserai de vous la
transmettre.

El Mezouary, chef des Hangades, s'est rallié les Beni
Zenassen et ne laisse rien passer du Maroc. Bouhamidy
n'a rien pu contre eux.

Un Espagnol, nommé Spinosa, est venu nous demander protection pour rentrer à Oran ; je vous l'ai envoyé
par un Juif, qui travaillait à Mascara. Vous est-il parvenu
et ai-je bien fait?

Un autre déserteur français, nommé Rollet, est venu
nous voir. Je l'ai engagé à rentrer. Il sort des zouaves,
où il était caporal. Il m'a promis de le faire à la première
occasion favorable. La nouvelle de l'amnistie com nence
à se répandre et, tôt ou tard, nous les aurons tous, tant ils
sont las de la vie misérable, qu'ils mènent chez les Arabes.

Votre dernière lettre porte le n° 28, et je n'ai pas reçu
le n° 27. Est-ce une soustraction des Arabes ou bien simplement une erreur ? Il m'a semblé aussi que la dernière
lettre avait été ouverte, sans pouvoir l'assurer. Cependant,
quand elles contiendront quelque chose d'important, je
vous prie de les faire cacheter à la cire, parce que ces
gens là ne reculent devant aucun moyen.

A propos de lettres, il me revient à l'esprit que j'en ai
eu longtemps entre les mains adressées à Bartolo et à
Dayan. Malgré que ces individus nous soient hostiles, je
n'a pas cru devoir les décacheter et je les ai fait jeter à
la poste d'Oran par M. le docteur Warnier, lors de son
dernier voyage. Elles y sont sans doute encore et pour-

raient d'autant plus mettre sur la voie que, si ma mémoire ne m'induit pas en erreur, il y en a une qui porte le cachet d'un consulat étranger.

J'ai porté à Hadj Tahar votre réclamation pour la femme du Smala Ben Anan Ben Griffar: Il la transmet au califfa.

On fait courir le bruit que le caïd Hadj el-Boukary est promu à la dignité de caïd de Sedama, à la place d'Hadj Abd el-Kader Boukligra, qui est nommé califfa. Il serait remplacé dans le commandement de la ville par Hadj l'Habib et l'on vous enverrait à Oran, Ben Guellha. Il n'y a rien de positif.

Je suis, etc.

DAUMAS.

A. H. G. R. J. 11.445 (Original).

XL

Daumas à Rapatel.

Mascara, le 3 juin 1838.

Mon Général,

Malgré qu'il n'y ait absolument rien de nouveau, je ne vous en écris pas moins, afin de me conformer strictement à vos ordres, qui me prescrivent de ne vous rien laisser ignorer de ce qui peut survenir dans la huitaine.

On était très inquiet à Mascara sur le compte de Miloud Bennarache, dont on n'avait pas reçu de nouvelles depuis un mois environ. Le dernier courrier en a apporté une lettre. Il écrit au caïd Hadj el-Boukary, qu'il se porte bien, qu'il a obtenu plus qu'il n'espérait et que, sous peu, il arrivera à Alger.

On a sur le champ dépêché un exprès à l'Emir pour l'en instruire.

L'Emir est arrivé à Taguedemt dans la nuit de dimanche dernier. Il paraît qu'il ne prendra aucun parti avant le retour de Miloud Bennarache. Il passe son temps à rendre la justice, à présider aux constructions qui ne sont pas achevées et à préparer son expédition pour Aïn Mady. Hier, par son ordre, on a levé sur les Juifs de Mascara une contribution d'eau-de-vie, pour servir à la préparation des obus. Il est encore arrivé de Tlemsan des fantassins nouvellement enrôlés. On les habille et on les arme à Mascara, puis on les dirige sur Taguedemt. On prétend que l'Emir a un très fort parti à Aïn Mady. Ce parti lui aurait promis de lui livrer la ville, en y faisant pénétrer son infanterie par trahison. Quoi qu'il en soit, cette course dans le désert ne sourit à personne ; l'armée redoute la chaleur et la soif et l'on craint, généralement, un insuccès. Cependant Abd el-Kader fera tout au monde pour s'emparer d'Aïn Mady, où, en cas de revers, il pourra se retirer, lui et ses ressources de tout genre.

L'Emir a encore entraîné avec lui à Taguedemt à peu près 150 Courouglis de Media et Miliana, malheureuse population en butte à la haine des Arabes, qui ne lui pardonneront jamais son origine. Toutefois, en agissant ainsi, je crois que l'Emir travaille un peu pour nous sans s'en douter, et qu'il se fait beaucoup d'ennemis, qui n'attendent qu'une occasion favorable pour se déclarer. Les Medjahers et les Beni Zeroual sont profondément ulcérés et il n'a qu'à continuer pour nous faire désirer partout.

Le 30, l'Emir a payé son infanterie à Teguedemt et apporté quelques changements dans son organisation. Le fantassin, qui veut se monter à ses frais, passe dans la cavalerie. La solde est augmentée de deux boudjous par mois et l'habillement est au compte des hommes. Les souliers français sont adoptés et l'on institue une espèce de réglement. Tout cela sent encore les inspirations de Léon Roche, que les Arabes nomment maintenant Omar.

Le caïd Hadj el-Boukary est rentré le 29 mai à Mascara.

En quittant l'Emir, il a été passer quelques jours chez le califfa. Le 31 du même mois, Hadj Tahar, son frère est parti pour le Maroc, sans doute en mission auprès de Mouley Abderraman.

On assure que Berkany a réussi complètement dans sa course sur le Zibane, et qu'il a fait un butin immense. Je n'en crois pas un mot. Quant l'Emir se mettra en marche pour Aïn Mady, Berkany doit se rencontrer avec lui dans le désert. Il serait encore possible qu'on fît grand bruit de cette expédition sur Aïn Mady, afin de ne donner aucune inquiétude aux tribus révoltées de l'Ouest et qu'on se dirigeât sur elles en suivant la ligne du désert. Au resté,

tout ceci ne peut manquer de s'éclaircir et je m'empresserai de vous en instruire.

Selon les uns, Abd 'el-Kader doit venir incessamment
au Cacherou pour visiter les tombeaux de sa famille.
Dans ce cas, je le verrai. On assure encore, qu'il doit
renvoyer sa famille dans la plaine d'Egueris, parce qu'il
a découvert un complot, qui n'avait pas d'autre but que
de la livrer aux Français. Il en aurait été instruit par
M. le maréchal lui-même et les coupables ne seraient
autres que des Courouglis ; conte absurde, dont on s'est
servi pour pouvoir exiler tous les Courouglis à Taguedemt, sans que cela fasse crier le peuple, qui ne voit plus
là dedans qu'un acte de justice. Il est arrivé de Tlemsan
beaucoup de vêtements pour l'infanterie.

Il est parti pour le Maroc une grande caravane. Il y avait
un superbe cheval français, qu'on envoie à Mouley Abderraman.

Je n'ai pu savoir d'où il provient.

Le califfa Moustapha ben Tamy est chez les Beni Zan-
tais (1), où il attend, dit-il, le complément de la contribution extraordinaire levée sur les Beni Zeroual. Je m'occupe de vous réunir quelques pièces de la monnaie déjà
frappée par l'Emir. C'est assez difficile, parce qu'elle n'a
pas encore pénétré dans Mascara, mais je vous en enverrai cependant une vingtaine de pièces par le premier
courrier. Je me suis trompé. Il y a sur une face : « Hasyb
Allah houa naâmel oukil. » — « C'est l'affaire de Dieu, je
le fais mon oukil (2). » Ça me paraît assez avoir trait à
nos affaires.

------

(1) Beni Zenthis : Tribu faisant partie de la confédération des
Maghraoua, et comprise dans l'aghalik du Cherg. (Cassaigne M.).

(2) L'inscription, telle qu'on la lit sur l'avers des nos'fia, frappées
à Takdempt, est : حَسْبُنَا اللّٰهُ وَنِعْمَ الْوَكِيلُ « Il nous suffit de Dieu. Quel excellent mandataire. » (Qorân, Sourate III, verset
167.). Cf. Patorni, *Réglements militaires d'Abd el-Kader*. Bulletin
de correspondance africaine, 1886, p. 30, note 1.

J'apprends à l'instant même et par une voie certaine que Hadj Tahar, frère du caïd de Mascara, est envoyé dans le Maroc par l'Emir pour acheter des armes et des munitions de guerre. Il emporte pour faire ces achats vingt-cinq mille douros d'Espagne (1). J'apprends encore par la même voie que l'Emir, se croyant sûr de prendre Aïn Mady, emmène avec lui ses effets les plus précieux pour les y placer. Ces nouvelles sont dues à l'indiscrétion du chef de ses qroudjas, Ben Qrarouby (2), qui vient d'arriver à Mascara pour y enlever le reste de ses bagages.

On a amené hier à Mascara un chef du Maroc, qui s'était servi du cachet de Mouley Abderraman pour faire quelques mauvais tours. L'Emir l'a fait arrêter près de Media et l'envoie dans le Gharb.

M. le colonel de Maussion nous a appris que vous étiez malade et nous en avons ressenti le plus grand chagrin; tous les membres du consulat de Mascara se joignent à moi pour vous prier d'agréer les vœux bien sincères, que nous formons pour votre prompt retour à la santé.

Je suis. etc.

DAUMAS.

J'ai remis au caïd des Juifs de Mascara l'argent que vous m'avez envoyé pour lui, par M. le colonel Maussion.

A. H. G. R. J. 11446. (Original).

---

(1) Environ 135.000 f.

(2) Cf. Appendice. *Principaux personnages de l'entourage de l'Emir.*

XLI

Daumas à Rapatel.

Mascara, le 10 juin 1838.

Mon Général,

Au moment même du départ du dernier courrier, on a tiré trois coups de canon dans Mascara, pour annoncer encore une victoire remportée par le bey Berkany. Me méfiant un peu de ces nouvelles improvisées, je n'ai pas voulu vous en instruire avant de savoir à peu près la vérité. Le caïd Hadj el-Boukary m'a lu lui-même la lettre d'Abd el-Kader. En voici le résumé :

« Berkany n'aurait éprouvé de résistance nulle part;
« il aurait tout soumis sur sa route, même les Kabyles du
« Zibane et se serait, en outre, emparé d'une petite ville,
« d'où il aurait enlevé deux pièces de canon montées ap-
« partenant à Achmet bey. Le payement des impôts ou
« contributions de guerre aurait produit des sommes im-
« menses et, dans ce moment, Berkany se dirigerait sur
« les Hamar Qraddou, qui l'appellent pour recueillir les
« dépouilles d'Achmet bey, qui s'est enfui on ne sait où.»

Tel est le contenu de la lettre de l'Emir. On pense ici qu'il y a, au moins, de l'exagération.

L'Emir reçoit les journaux à Taguedemt et se les fait lire par Léon Roche. Ils lui viennent d'Alger.

Le 4 juin, il est parti pour Taguedemt sept mulets chargés de projectiles.

Le déserteur français, qui se fait appeler Youssouf, est revenu de Tlemsan.

Il nous a dit que toute l'infanterie de cette ville avait

reçu l'ordre de rejoindre l'Emir à Taguedemt. Il ne reste
dans le fort du Mechouar que 37 hommes valides et 3
malades. La misère, suivant Youssouf, est à son comble à
Tlemsan. On y manque de blé et le pain est hors de prix.
Je lui ai fait part de ce que vous m'avez écrit pour lui. Il
prétend, qu'il ne pèse sur lui aucune condamnation, et il
se rend à Media pour, de là, rentrer par Alger. J'avais
chargé Youssouf de relever exactement la route de Mascara à Tlemsan. Il l'a fait avec beaucoup d'intelligence et,
par le premier courrier, je vous enverrai ses notes que
je remets au net (1).

Trois déserteurs français, Rollet, Derdolo et Clément,
sont venus me voir, il y a une quinzaine de jours. Je les
ai fortement engagés à rentrer. Ils m'ont promis de le faire
et je désirerais bien savoir s'il vous sont parvenus.

En faisant des déblais à Taguedemt, on a trouvé sous
terre une salle de bains avec tous les accessoires. Elle
vient du temps des Romains et paraît très bien conservée.

On construit toujours à Tazzâa, à deux jours de marche
de Miliana, pour y placer toute la population, qui quitte
Alger. L'Emir fait courir le bruit, qu'il est demandé à cor
et à cris par les tribus des environs de Tunis. Porterait-il
ses vues jusque-là ?

Le 7, l'Emir a écrit au caïd de Mascara, qu'il avait reçu
une lettre de M. le gouverneur général, qui lui annonçait
le prochain retour de Miloud Bennarache et la continuation de la paix sur les mêmes bases. Toute la ville a été aux
anges. Ces nouvelles ne me paraissent avoir d'autre but
que de tranquilliser tout le monde pendant l'absence
d'Abd el-Kader.

Le 8, il est arrivé d'Oran trois mulets chargés de feuilles de cuivre rouge. On les dirige sur Taguedemt, où elles
serviront, je crois, à faire des garoubas et des mouha-
médias.

---

(1) Cf. Appendice. Document. n° IV. *Route de Mascara à Tlemcen.*

Je vous envoie par le courrier de la monnaie d'Abd el-Kader. Il y a quinze mouzounas (1) et cinq grraroubas (2). Le mouzouna vaut à Mascara, sept centimes et demi et le grrarouba, 3 centimes deux tiers (3).

Je les tiens d'un fantassin de l'Emir, qui, dernièrement en a reçu sa solde à Taguedemt, en monnaie nouvelle.

J'ai transmis au caïd Hadj el-Boukary, la réclamation du Douair El-Moctar ben Haichouche, en me plaignant vivement de la conduite des voleurs ou détenteurs ainsi que des propos tenus par Bouhamidy. Il m'a répondu que, c'était tellement en opposition avec les ordres et les intentions de l'Emir, qu'il pensait qu'on faisait parler Bouhamidy, que le califfa étant trop loin, il allait lui écrire directement et que, s'il ne rendait pas justice, il s'en plaindrait à l'Emir, qui saurait bien en avoir satisfaction. Pour toutes ces réclamations le moment est bien difficile. L'Emir est à Taguedemt, Bouhamidy à Tlemsan et Moustapha ben Tamy dans les environs de Mazouna. Je n'en tiens pas moins une note exacte, que nous saurons faire valoir en temps et lieu.

Conformément à vos intentions, qui nous ont été communiquées par M. le colonel de Maussion, M. le docteur Warnier a écrit directement à l'Emir, pour lui demander l'autorisation de l'accompagner dans sa course dans le désert. Il attend la réponse. Si elle est favorable, je crois que M. Warnier pourra nous rendre de grands services.

Zin, l'ancien aga des Beni Aâmeur a passé par Mascara hier, 9 du courant. Il revenait de Taguedemt, où il a été se

---

(1) Mouzouné : Monnaie valant o f. 0775. A Alger le mouzouné n'était qu'une monnaie de compte. Au Maroc il existait des piécettes d'argent portant ce nom.

(2) Qarouba, monnaie de billon, valant 1/2 mouzouné.

(3) Les deux catégories de pièces mentionnées ici par Daumas correspondent aux deux types de monnaies de cuivre frappées à Takdemt : la moh'ammadia, du poids de o gr. 75 et la nos'fia du poids de o gr. 53.

plaindrc à l'Emir de la conduite du califfa Bouhamidy à son égard. Le caïd Hadj el-Boukary réclame votre justice pour un Arabe, nommé Hadj Cadour ben Ideris. Cet homme possède un jardin à Massagran (1), près de Mostaganem et il en a les titres bien en règle. Il y est allé pour le cultiver, mais on l'a chassé en lui défendant d'y revenir.

Mohamed Bel Gassem, Douaier et déserteur des spahis d'Oran, est venu me trouver pour me demander s'il pouvait rentrer à Oran, m'assurant, qu'il ne s'était rendu coupable d'aucun délit et qu'il n'avait emmené ni cheval ni armes. Croyant agir dans le sens de vos ordres, je l'ai engagé à aller sans crainte se présenter à vous, heureux de saisir encore une occasion de remettre dans nos rangs un homme qui, certes, servira d'exemple à ses camarades et saura les dégoûter de passer à l'Emir. Il voulait que je lui donnâsse une lettre pour vous, mais je m'y suis refusé par prudence, attendu que, depuis quelque temps, on m'a dépêché force mouchards, qui ne me demandaient pas autre chose, afin de me prendre la main dans le sac.

L'Emir s'est décidé à faire lui-même l'expédition d'Aïn Mady. Il n'emmène avec lui que les tribus placées sous le commandement du caïd de Sedama et laisse en observation les Hachem, les Beni Aâmeur et les Garabas. Il est suivi aussi par un grand nombre de tribus du désert aigries depuis longtemps contre Tedjiny et convoquées au pillage. Il ne prend que 2.000 fantassins et cent cinquante cavaliers réguliers.

---

(1) Mazagran, à 4 kilomètres O. de Mostaganem. C'est la Tamazaren d'El Bekri. Elle fut disputée au xvie siècle entre les Turcs de Mostaganem et les Espagnols d'Oran, sous le gouvernement du comte d'Alcaudète. Elle fut occupée par les Français en 1833, en même temps que Mostaganem. Abd el-Kader essaya vainement de s'en emparer du 3 au 6 février 1840. Le capitaine Lelièvre commandant les 123 hommes du 1er bataillon d'Afrique, qui formaient la garnison, réussit à repousser les attaques de 12.000 Arabes.

Le convoi se compose de 25oo chameaux pour emporter l'orge, la farine, le biscuit, les munitions et l'eau, dont l'armée manquera absolument pendant deux jours et demi de marche. Le caïd lui-même m'a fixé le départ de l'Emir à lundi prochain.

Voici les noms des tribus, qui marchent avec l'Emir :

Les Grallafa (1)	Beni Lent (6)
Amiane Cheragas (2)	Beni Maida (7)
Laâmnoor (3)	Bellaâle (8)
Beni Hallal (4)	Oulad Jagoub (9)
Oulad Legreud (5)	

---

(1) **Khallafa** : tribu de l'aghalik des Sedama. Ils se divisaient en Khallafa Cheraga. (D. C. Louhou) et Khallafa Gharaba. (D. C. Medioussa. — Frenda. M.).

(2) **Hamyane Cheraga**, appelés aussi Trafi : confédération de nomades parcourant les hauts plateaux de la province d'Oran. Les principales tribus de cette confédération étaient les Ouled Ziâd, les Darraga, les Akerma Cheraga, les Ouled Abd el-Kerim, les Ouled Serour, les Rezaïna.

(2) **Amoûr** : confédération de tribus nomadisant dans le sud de la province d'Oran et maîtres des ksour de Asla, Aïn Sefra, Sfissifa, Tiout. Moghrar Foukani, Moghrar Tahtani, Ich. Ce sont les Eumour Sahara, de la convention de Lalla Maghnia. (1845). Cf. *Documents sur le Nord-Ouest africain*. II. pp. 25o. sqq.

(4) **Ouled Hellal** : confédération composée des Ouled Hellal (Boghari), des Beni Boudouane (Chélif. M.), des Beni Hindel (D. C. Beni Hindel), des Ouled Bou Slimane (D. C. Lardjem [Ouarsenis M.]), des Sendges (D. C. Harchoun, Guerboussa [Chéliff M.]), des Tamellahate. (D. C. Tamellahate), des Beni Ouazane. (D. C. Beni Ouazane), des Ouled Ghalia, et des Bettaia (Ouarsenis. M.).

(5) **Ouled Lekreud.** Tribu faisant partie de la confédération des Ouled Chérif. D. C. Ouled Lakred [Tiaret. M.]).

(6) **Beni Maïda** : Tribu. (Teniet el-Hâd. M.).

(7) **Beni Lint** : Tribu (Tiaret. M.).

(8) **Blaïel** : confédération dont les principaux groupes étaient : les Beni Meharez Anasseria (D. C. Beni Meharez) ; les Ouled Sidi Slimane, (D. C. Ain el-Anseur [Teniet el-Hâd. M.], les Souaïah. (D. C. Tâza), les Beni Soumer. (D. C. Aïn el-Khemaïce), les Ouled Meryem. (D. C. El Meddad). [Teniet el-Hâd. M.].

(9) **Ouled Yakoub Zerara**, nomades circulant entre Tadjerouna, les chotts et la Yakoubia.

<table>
<tr><td>Oulad Nahyle (1)</td><td>Ben Lensar (7)</td></tr>
<tr><td>El Bouchaiche (?) (2)</td><td>Oulad Bousiry (8)</td></tr>
<tr><td>Larbaâ (3)</td><td>El Ourara (9)</td></tr>
<tr><td>Beni Mediane (4)</td><td>Beni Ondjeul (10)</td></tr>
<tr><td>Beni Messelem (5)</td><td>Seloug (11)</td></tr>
<tr><td>Keraiche (6)</td><td>Laoured (12)</td></tr>
<tr><td>Sellemia (?)</td><td>L'Harrare (13)</td></tr>
</table>

(1) Ouled Naïl : confédération divisée en quatre grands groupes : Ouled Aïssa, Ouled Ahmed (Djelfa), Ouled Khaled (Bou Saada), Ouled Zekri ou Cheraga. Les Ouled Naïl sont une des fractions de la tribu arabe des Zoghba, venu en Afrique avec les Hillal et les Soleïm au xi° siècle J. C. Les terrains de parcours des Ouled Naïl, s'étendent du Mzab au Hodna et des Ziban au Djebel Amour.

(2) Ouled Bou Chaïb. (?). — (Ouarsenis. M.).

(3) Larba : confédération de tribus. (Mamra, Ouled Aïssa, Ouled Salah, etc. (Laghouat). Ils occupèrent d'abord le Zab, puis vinrent au xvIII° siècle, s'établir dans la région de Laghouat. — Cf. Mangin. *Notes sur Laghouat.* Rev. Africaine, 1893, p. 376.

(4) Beni Mediane. Ancienne tribu, qui a formé le D. C. de Taqdemt.

(5) Beni Moslem : confédération reconnaissant la suprématie religieuse des marabouts de la zaouia de Si Chadli. (Ammi Moussa. M.). Elle se composait de 14 fractions réparties en trois groupes.

(6) Confédération de tribus, en partie berbères d'origine : Keraïche, Ouled Embarek, Beni Zodja, Ouled Mohalla, Touafès. (Ammi Moussa. M.).

(7) Beni el Ançar : tribu de la confédération des Sedama. (D. C. Mahoudia [Frenda M.].

(8) Ouled Bousiri : tribu de la confédération des Sedama. (D. C. Dilia et Bou Roumane. [Frenda M.].

(9) Beni Oughrar : confédération divisée en 2 groupes : Beni Oughrar Irane. (22 petites tribus) ; Beni Oughrar Ouled Mohammedi (10 tribus). — [Ammi Moussa. M.].

(10) Beni Ouindjel : tribu de l'aghalik des Sedama. (D. C. Beni Ouïndjel. [Frenda. M.].

(11) Chellog : tribu de la confédération des Sedama. (D. C. Oued el Tat. [Cacherou. M.].

(12) Haouarète : tribu de l'aghalik des Sedama. (D. C. Haouarète [Frenda. M.].

(13) Harrar : confédération de tribus occupant la région au sud de Tiaret. Elle comprenait les tribus suivantes : Ouled Sidi Khaled, Ouled Ziane, Khedarna. (Tiaret. M.) ; Chouadi [Frenda. M.] : Ouled

Sahary (1)   Ouled Seherif (2)

Je renvoie les hommes du train et les charge de vous remettre la correspondance.

Je suis, etc.

Le capitaine faisant fonction de consul à Mascara,
DAUMAS.

A. H. G. R. J. 11449 (Original).

Bouaffif, Chaouïa [Tiaret. M.]. Hassinate (Frenda. M.); Ouled Zaouï, Ouled Aziz (Tiaret. M.). Il existait, en outre, des Harrar marabouts primitivement dispersés dans les diverses tribus et groupés par Abd el-Kader sous les noms de Mrabtine Gharaba (Tiaret) et Ouled Sidi Khaleb Gharaba. (D. C. Madena. [Frenda. M.].

(1) Sahari. Ouled Khelif : confédération comprenant les Ouled Khelif, les Ouled Kharoubi, les Ouled Bourenane. [Tiaret. M.].

(2) Ouled Cherif : confédération composée des Ouled Chérif (D. C. Torrich, Guertoufa. [Tiaret. M.], des Ouled Lekreud et des Ouled Mansour.

XLII

Daumas à Rapatel.

Mascara, le 17 juin 1838.

Mon Général,

Je reçois à l'instant même et par une voie sûre des nouvelles de Taguedemt. Je m'empresse de vous les communiquer. Comme je vous l'avais annoncé, l'Emir est parti pour Ain Mady, lundi dernier, onze du courant (1). Voici son itinéraire :

Le 11, à Sidi Bel Gassem, près de Serresouss (2).

le 12, à Aïoune el Beranisse (3),

le 13, à El Greurba, près du Nador (4),

---

(1) Sur le siège d'Aïn Mahdi, Cf. Arnaud : *Le siège d'Aïn Mahdi*, Revue africaine. T. VIII (1864), pp. 354-372 et 435-454. — Léon Roches : *Dix ans à travers l'Islam*. Liv. VI. — Daumas : *Le Sahara Algérien*, pp. 37-43. — Une dépêche de Valée au ministre de la guerre, du 24 janvier 1839, nous apprend qu'Abd el-Kader lui-même avait adressé au gouverneur général le journal du siège d'Aïn Madhi. « C'est, écrit Valée, le récit qu'il veut répandre en Afrique, d'une opération qui a trompé toutes ses prévisions. Les détails que contient le rapport prouvent la ténacité de l'Emir et les difficultés qu'il a dû surmonter. Les faits sont présentés avec art et entièrement à son avantage ; mais il ne peut, cependant, dissimuler les pertes qu'il a éprouvées ». A. G. G. E. 135. Nous n'avons pu retrouver ce document, dont la rédaction doit être attribuée à Léon Roçhes. Celui-ci nous apprend, en effet, qu'il avait rédigé un journal, où « étaient consignés, jour par jour les évènements du siège,... du 1er juillet au 17 novembre. » Léon Roches, op. cit. — Liv. VI, chap. V.

(2) Sidi Belkaçem.

(3) Aïn el Baranis ; près des sources de la Mina.

(4) Massif montagneux, haut de 1412 m., à l'est de Frenda et au S.-O. du Sersou.

le 14, à El Chott (1)
le 15, à Djebel Laâmour (2),
le 16, à El Richa. Pas d'eau (3),
le 17, à Lahlyat (?). Pas d'eau,
le 18, à El Grodra, village (4),
le 19, à Tahoulala. Pas d'eau (5),
le 20, à Aïn Mady (6).

Il paraît que Tedjiny (7), instruit des projets d'Abd el-Kader, a porté plainte à Mouley Abderraman ; mais l'empereur du Maroc a écrit à l'Emir pour lui donner l'autorisation de faire cette course. Elle a été aussitôt publiée dans le pays avec la promesse de ne faire aucun mal. Cette circonstance me semble confirmer l'état de dépendance, dans lequel se place l'Emir vis-à-vis de Mouley Abderraman et dont je vous ai instruit.

Tedjiny aurait ensuite offert des sommes immenses à l'Emir, à condition qu'il ne marcherait pas sur lui, mais

(1) Chott-ech-Chergui.

(2) Massif montagneux du Djebel Amour.

(3) Er Richa.

(4) El Khadra : ksar d'une trentaine de maisons, à tro.. lieu es environ au-dessous de Taouiala, sur l'oued Taouiala.

(5) Taouiala.

(6) Arnaud donne un autre itinéraire : Aïn el Baranis ; Aïn Ouceukh ; (El Oussekr, caravansérail sur la route de Tiaret à Aflou) ; Menzel Ateuch ; Oued el Beïda ; Sidi Bou Zid ; El Rorfa ; Debbala ; Tadjemout) Cet itinéraire correspond en partie (d'Oued el Beïda à Tadjemout) à la route d'Alger à Laghouat, indiquée dans Daumas. (*Sahara algérien*, p. 15) et qui fut suivie par la colonne expéditionnaire française du mois de mai 1844.

(7) Si Ahmed Tidjani, fondateur de la confrérie des Tidjaniya, avait passé la plus grande partie de sa vie à Fâs, où il mourut en 1814. Sa confrérie était en grande faveur auprès du sultan marocain, qui avait, d'ailleurs, trouvé chez les Tidjaniya, hostiles aux Turcs des agents dévoués à leur politique et disposés à servir leurs projets de conquête des oasis sud-algériennes. Cf. A. Cour : *l'Etablissement des dynasties des Chérifs au Maroc...* Paris 1904. (Publications de l'Ecole des Lettres d'Alger, XXIX). Chap. XII.

Abd el-Kader s'y serait refusé, en disant qu'il ne connaissait pas le pays et qu'il voulait voir cette ville. On pense que l'Emir entrera dans Aïn Mady. La haine que l'on porte à Tedjiny, qui y commande, la désunion qui règne parmi les chefs, tout porte à le croire. Nous verrons. Huit jours avant son départ, l'Emir a fait faire une razzia sur les Keraïche, qui ont tenté d'assassiner leur caïd. Il leur a pris 5oo bœufs, 11oo moutons et 12o chameaux.

L'Émir est parti le plus à la légère possible. Il n'emmène, pour lui, que deux chevaux et n'emporte qu'une petite tente.

L'Emir a nommé califfa dans le Sahara un nommé Moulaye Larby Sidi Lhayssa Lerouaty (1). On assure, qu'avec cent hommes d'infanterie seulement, il lui a déjà obtenu beaucoup de soumissions, notamment celle des Beni Lerouate (2), amas de villages placé à deux jours de marche au delà d'Aïn Mady.

L'Emir, à Taguedemt, a affecté dans ses vêtements et dans son intérieur la plus grande simplicité. Il a mis beaucoup d'ostentation dans ses actes de dévotion.

Par ordre de l'Emir, on fait construire un second étage, au grand fort de Taguedemt.

On y ajoute également des embrasures et des souterrains. On dirige sur ce point et par force tout ce qu'on peut ramasser d'individus isolés. Il y a maintenant à peu près 6oo familles, qui y habitent des chaumières. Ce sont des gens de Mostaganem, de Massagran, de Chairchaïl (3), de Media et de Miliana.

Depuis un mois, il est mort beaucoup de monde à Taguedemt. On en porte le nombre à une centaine. L'Emir a été

---

(1) Si el Hadj Aïssa, chef des Ouled Serrin de Laghouat. Daumas (*Sahara Algérien*, p. ... semble placer la nomination d'Hadj Aïssa, à une date postérieure au début du siège d'Aïn Madhi.

(2) Laghouat.

(3) Cherchel.

forcé d'y laisser 113 fantassins malades et il en a emmené plus de 200, qui ne sont pas entièrement rétablis.

Le 8, Berkany a envoyé à Taguedemt 9 mules chargées d'argent. On assure, qu'il a fait un mouvement rétrograde et qu'il doit entrer aussi dans le désert pour se rencontrer avec l'Emir à Beni Lerouate, au delà d'Aïn Mady.

Sidi Imbarraik, par ordre de l'Emir, fait construire un fort à Blale, montagne située à deux jours de marche de Miliana, où l'on exploite une mine de soufre.

Léon Roche est parti avec l'Emir. On parle de faire remplacer le califfa Bouhamidy, qui ne peut s'entendre avec les Beni Aameur, par Sidi Moustapha, frère de l'Emir.

L'Emir vient de renoncer à la mesure de placer dans la cavalerie, tous les fantassins, qui voulaient se monter à leurs frais. Il s'en est présenté un nombre considérable et il dit, qu'il a plus besoin d'infanterie que de cavalerie.

Il est arrivé à Mascara à peu près huit cents fusils, provenant des contributions levées par le califfa Sidi Moustapha Ben Tamy sur les Medjahers et les Beni Zeroual. Ce sont presque tous des fusils français.

Je vous envoie la route de Mascara à Tlemsan. Vous pouvez y ajouter foi.

Mon père, officier général en retraite, vient de mourir à la suite de ses nombreuses et douloureuses blessures. Des intérêts assez considérables réclament ma présence dans ma famille. Je voulais, en conséquence, vous prier de demander un congé pour moi à M. le maréchal gouverneur, mais la raison s'est fait entendre et j'ai très bien compris que, si l'on me croyait utile à Mascara, mes intérêts devaient se taire devant ceux de la France. Je me borne donc à vous prier d'accorder un congé à mon jeune frère, qui, seul, ira visiter la tombe de mon père.

Je suis, etc.

DAUMAS.

15

Au moment où je ferme ma lettre, on annonce l'arrivée de Miloud Bennarache à Alger (1).

Je renvoie à Oran le chasseur Rouquette, qui a droit à son congé.

A. H. G. R. J. 11451 (Original).

(1) Miloud Ben Arrach arriva à Alger, venant de France, le 28 juin.

XLIII

Daumas à Rapatel.

Mascara, le 23 juin 1838.

Mon Général,

Conformément à vos instructions, je viens de relire votre lettre du 4 mai, par laquelle vous m'ordonnez de réclamer la mise en liberté immédiate de deux Douaiers dépouillés par des Beni Chougran et emprisonnés dans le camp du califfa Sidi Moustapha Ben Tamy. Par ma lettre du 6 mai n° 67 et 16, je vous instruis, avant même d'avoir reçu la vôtre, que M. le colonel Dubarrai! m'a écrit à leur sujet; que j'ai fait les démarches nécessaires; qu'ils ont été relâchés sur ma demande et que justice leur a été rendue. Il y a deux mois et demi de cela, les Douaiers sont rentrés à Mostaganem et je n'avais plus entendu parler de rien. Il y a donc mauvaise foi d'un côté ou de l'autre. J'en ai encore entretenu le caïd Hadj el-Boukary. Il vous prie de préciser le sujet de la réclamation, argent ou effets, ce que je n'ai pu trouver nulle part. De suite il en écrira au califfa et lui renouvellera en même temps sa demande pour le cheval d'El-Moctar ben Haichouche, volé par le Beni Aâmeur Salah el-Mouloude el-Feloule.

Le caïd Hadj el-Boukary vous prie, à son tour, de lui faire connaître ce que vous avez décidé pour le cheval du Beni Chougran évidemment escroqué par le Maltais Bartolo. M. le docteur Warnier a dû vous instruire de cette affaire, que, déjà, j'avais portée à votre connaissance et vous remettre une lettre de M. le colonel Dubarrail, qui l'éclaircit entièrement.

Je dois vous rendre compte d'un fait qui s'est passé dernièrement. Deux Juifs d'Oran, musiciens de leur état, étaient venus à Mascara pour y gagner quelque argent en jouant dans les noces et dans les cafés. Ils en demandèrent la permission au caïd et elle leur fut accordée. Pendant plusieurs jours, ils firent de la musique dans le café, qui est sur la place, sans que personne vint les inquiéter, mais, le 20 du courant, le cadi passa devant ce même café et le vit encombré de Mulsumans qui jouaient et fumaient. Trouvant cela du plus mauvais exemple, il appela des chiaouss, fit casser toutes les pipes, sortir tout le monde et emprisonner les deux musiciens, en prétendant que, sans eux, les Musulmans n'oublieraient pas ainsi leurs devoirs et le chemin de l'autre monde. Un instant après, j'en fus instruit. Je me rendis aussitôt chez le caïd et exigeai impérieusement la mise en liberté des deux Juifs, en lui faisant sentir qu'ils nous appartenaient et, qu'ayant obtenu la permission d'exercer leur état, on ne pouvait plus les en punir. Hadj el-Boukary les fit immédiatement relâcher.

Les feuilles de cuivre, qui ont été envoyées à Taguedemt et que je vous ai signalées comme devant servir à la fabrication des mohamédias, n'ont pas reçu cette destination. On doit en faire des tambours sur le modèle des tambours français et c'est un Allemand, déserteur de la légion étrangère, qui en est chargé.

Le Beni Chougran, qui a été à Oran vous réclamer son cheval escroqué par le Maltais Bartolo, entre à l'instant même. Il vient, me dit-il, chercher par votre ordre, une attestation de l'ancien consul de Mostaganem, sur le prix, pour lequel il y a été mis en vente. Hadj l'Habbas m'a, en conséquence, déclaré devant le caïd, qu'il avait été crié pour cinquante douros. Trouvant ce prix exagéré et sachant que ces gens-là ne manquent jamais de s'entendre

pour nous tromper, j'ai pris d'un autre côté des informations, que je crois exactes, et il en résulte que la valeur
du cheval est de 3o douros. Ce cheval est, du reste, encore
entre les mains de M. Poniche, et c'est un Courougli
nommé Aud Mahmache, qui le lui a conduit de Mostaganem à Oran. Joignez à cela, que Bartolo a par devers lui
un accusé de réception signé par M. Poniche.

Le caïd Hadj el-Boukary me charge de vous instruire
qu'on a volé à Sidi L'Haradje, marabout des Hachem, une
jument et sa pouliche. Le Beni Chougran, qui retourne à
Oran, les a vues chez les Douaiers. Il vous prie de les faire
restituer et d'interroger cet homme, qui vous mettra sur
la voie. Je me suis plaint au caïd des entraves qu'on mettait au commerce. Il m'a répondu, que jamais on n'avait
empêché qui que ce fût de fréquenter nos marchés et il
vous prie de ne pas ajouter foi aux plaintes des Arabes,
qui sont les plus grands menteurs du monde. Malgré ces
dénégations, il y a du vrai et du faux dans tout cela. Je
suis sur la trace et j'espère, par le premier courrier, vous
donner connaissance de ce qui donne lieu à ces plaintes
réitérées.

On est absolument sans nouvelles de l'Emir. Comme je
vous l'ai dit, il n'a pas emmené un seul cavalier des tribus, qui, précédemment, ont marché avec lui et il ne fait
cette expédition qu'avec des tribus du désert, sur lesquelles, jusqu'alors, il n'avait eu aucune action. Ce fait constate une grande extension de pouvoir. Le frère du caïd,
Hadj Tahar, écrit qu'il a trouvé Mouley Abderrahman lui-
même à Tazzaâ (1), à cinq jours de marche d'Oucheda. Il
est venu pour tâcher d'en finir avec les tribus insoumises

---

(1) Ville du Maroc, bâtie sur un roc dominant l'oued Fahhamah,
non loin du confluent de cette rivière et de l'oued Inaouen. La ville de
Taza, dont il est fait mention dès le 11e siècle Heg., fut rebâtie et fortifiée par Abd el-Moumène en 1135, J. C. Située à quatre jours d'Oudjda
et à trois jours de Fâs, elle commande la route conduisant à Tlemcen à
la capitale marocaine.

qui, depuis longtemps, interceptent le commerce du Maroc. Il aurait coupé 3oo têtes dans une affaire.

Le califfa Sidi Moustapha ben Tamy est chez les Oulad Ouxiair (1).

Il poursuit la rentrée des impôts.

Je suis, etc.

DAUMAS.

A. H. G. R. J. 11458.

---

(1) Ouled Kosseïr : tribu de l'aghalik du Cherg, établie sur le versant N. du massif de l'Ouarsenis. (Orléansville P. E., Pontebba P. E.; Oued Fodda P. E. — Chélif. M.).

XLIV

Daumas à Rapatel.

———

Mascara, le 30 juin 1838.

Mon Général,

Après avoir reçu plusieurs fois vos éloges pour mon travail et ma conduite à Mascara (1), c'est avec le plus grand chagrin que j'ai lu dans votre dernière lettre les sanglants reproches que vous m'adressez (2).

———

(1) A défaut de la correspondance de Rapatel et de Daumas, dont nous n'avons pu retrouver trace ni à Oran, ni au ministère de la guerre, la correspondance échangée entre Rapatel et le gouverneur général atteste que le premier s'était jusqu'alors montré fort satisfait des services du consul de France à Mascara. « La lecture de sa correspondance, écrivait Rapatel à Valée, le 26 mai 1838, prouvera qu'il (Daumas) ne néglige rien pour bien remplir sa mission et pour se conformer aux instructions qu'il reçoit ». A. G. G. A. E. 1251.

(2) Les griefs de Rapatel contre Daumas, sont énumérés dans la lettre ci-dessous adressée au gouverneur général le 26 juin 1838.

« D'après les révélations de M. Warnier, notre consul à Mascara y fait la plus triste figure. Loin d'avoir pour lui des égards et de la considération. les autorités contribuent, par leur conduite à son égard, à encourager les habitants des diverses classes à ne témoigner aux Français que du mépris et à n'avoir pour eux que des procédés grossiers et insultants.

Jamais les chefs de la ville ne le visitent, et, lorsqu'il se rend chez eux pour affaires, c'est dans leurs boutiques ou dans tout autre lieu semblable qu'il est reçu, sans qu'on lui fasse aucune politesse. On répond à toutes ses demandes par quelques vagues monosyllabes et la plupart de ses démarches restent sans résultat. On ne lui a pas même accordé d'écurie pour ses chevaux, qu'il est forcé de laisser dans un fondouk, où ils sont maltraités et où leur nourriture est tou-

J'ignore d'où vous sont parvenus les renseignements, dont vous me parlez, mais il n'en est pas moins vrai que l'on m'a horriblement calomnié et qu'on a dénaturé les faits pour vous les présenter. Je vais à peu près les passer tous en revue.

Dans les premiers temps de notre arrivée à Mascara, des femmes, des enfants ou des hommes de la lie du peuple, nous ont appelés de loin et quand nous passions : « Infidèles, fils d'infidèles. » C'est vrai, mais les consuls, qui m'ont précédé, en ont entendu tout autant et, comme eux, je n'ai fait que mépriser des propos fanatiques partis d'aussi bas étage, que nous ne comprenions même pas et désavoués chaque fois par les autorités qui, sur ma demande, les ont fait entièrement cesser. M. le général

---

jours volée. Il avait besoin d'un cheval ; il n'a pu obtenir de l'acheter à Mascara et il a été forcé d'en demander un à Oran. L'interprète Amran attaché au consulat a éprouvé le même refus. Récemment Miloud ben Arrache ayant écrit à Abd el-Kader qu'il était traité en France avec distinction et beaucoup de générosité, celui-ci donna connaissance de la lettre de son envoyé aux chefs de Mascara, en leur recommandant d'avoir pour le consul de France les mêmes attentions, dont Ben Arrache était l'objet. Le soir du jour de la réception de ce message, on apporta au consulat de la part des chefs un mouton étique et si chétif, que M. Warnier assure, qu'il ne valait pas les 2 fr. que M. Daumas fit donner aux gens qui l'apportaient. Je crois, comme le docteur, qu'il n'aurait pas dû l'accepter et qu'il aurait dû leur exprimer, ainsi qu'à leurs maîtres, qu'il considérait ce présent comme une insulte, dont il exigerait la réparation.

Il se passe quelquefois un mois sans que l'on fasse donner de l'orge pour les chevaux de ces Messieurs ; ils sont alors réduits à en acheter et souvent elle leur est volée, ainsi que je l'ai déjà dit, pendant le repas de leurs chevaux. Ce sont là des faits infimes, mais ils caractérisent parfaitement la manière d'être des Arabes envers nous et la nature de leur dispositions.

Quand ce qu'on appelle les grands de la ville se conduisent ainsi, on imagine facilement à quels excès peut se porter la populace brutale et fanatique, qui se voit excitée au lieu d'être réfrénée. Je ne pouvais, cependant, croire qu'elle se portât aux outrages dont M. Warnier m'a fait le récit.

M. Daumas et lui ne sortent jamais dans les rues sans être hués et

Auvray en a été instruit et en a rendu compte à M. le maréchal.

Il y a longtemps, on a jeté des pierres dans ma maison. Elles étaient lancées par des enfants ou par des femmes fortement soupçonnées de vouloir provoquer nos gens au libertinage. J'ai patienté. Un jour, le chasseur Rouquette a été légèrement atteint. Immédiatement, je me suis transporté chez le caïd de la ville et lui ai déclaré, que j'allais en rendre compte à qui de droit. Il me fit des excuses, mit tous ses chiaouss à la recherche des coupables et fit, en outre, publier, que le premier qui nous insulterait, mourrait sous le bâton, et que, si l'on jetait encore une pierre, il ferait, de force, déménager tous les habitants du quartier, qu'il rendait responsables les uns des autres. On n'a

----

sifflés par les enfants, par les femmes et quelquefois par les hommes; souvent on crache sur leurs habits. M. Warnier n'ose peut-être pas tout dire. Ils sont forcés de céder le pas aux Arabes, qu'ils rencontrent sur leur chemin et de s'arrêter pour les laisser passer, quand la voie se trouve étroite. Leur maison est quelquefois assaillie à coups de pierres et souvent envahie par des gens, qui viennent leur demander du café. J'arrête ici l'énumération de ces avanies. Ce que j'ai exposé suffit pour vous faire apprécier l'état d'humiliation dans lequel vit notre agent consulaire au milieu des Arabes; à la captivité près, il n'est pas mieux traité que ne l'étaient nos prisonniers, Defrance et Meurice pendant la guerre.

Tous ces détails m'étaient tout à fait inconnus et je les ignorerais encore, si je n'avais reçu quelques rapports indirects, qui m'ont fait interroger M. Warnier sur la réalité des faits, qui m'étaient dévoilés. Les réponses de ce chirurgien les ont surabondamment confirmées et je m'empresse de porter les plus saillants à votre connaissance.

J'écris à M. Daumas, pour lui témoigner mon très vif mécontentement sur l'attitude, qu'il a prise envers les Arabes, et je le blâme surtout de ne pas m'avoir éclairé sur sa position. Libre à lui d'endurer, comme individu, les marques de mépris et les outrages ; mais il ne devait pas oublier, qu'il était un délégué de l'autorité française, qu'il avait mission de faire respecter.

Vous déciderez, Monsieur le Maréchal, si les avantages, qu'on retire de la présence de M. Daumas à Mascara, l'emportent sur les inconvénients, qui ressortent des faits, que je viens de vous exposer, et dont, sans commentaire, on peut juger la portée... » A. G. G. A. E. 1251.

jamais recommencé. Cette réparation obtenue aussitôt que demandée, je n'en ai pas instruit M. le général Auvray qui, je crois, commandait encore à Oran, parce que j'ai redouté d'être accusé de faiblesse, en témoignant des craintes chimériques pour ma sûreté personnelle. Comme vous le voyez donc, mon général, je n'ai pas été exposé à une infinité d'avanies ; personne n'a été dédaigneux, ni insolent avec moi et, croyez-le bien, ce que je n'ai jamais dans ma vie souffert d'un Français, moi, consul de France à Mascara, je ne l'aurais certes pas supporté de la part des Arabes. Pour mieux vous le prouver encore, daignez interroger M. le capitaine de Martimprey, qui est venu passer 18 jours à Mascara. Demandez lui s'il y a été insulté. Nous avons parcouru au loin les environs, soit à pied, soit à cheval et nous avons rencontré sur notre route des douars et des Arabes de toutes les conditions. N'ayant entendu sur notre passage ni cris, ni injures, M. le capitaine de Martimprey, qui se le rappellera sans aucun doute, m'en témoigna plusieurs fois son étonnement en me disant, qu'employé à la carte de France, en France même, il avait été bien autrement traité par les habitants des pays sur lesquels il opérait.

Maintenant, on ne m'a pas blanchi ma maison, on ne m'a pas donné d'écurie et l'on ne m'a jamais fait le plus petit cadeau. C'est encore vrai ; mais j'ai reçu la maison et l'écurie telles quelles, des mains du consul qui y était avant moi et, M. le général Auvray ayant reçu une déposition de M. le docteur Warnier sur tout cela, il m'a paru bas de vous répéter ce que vous saviez aussi bien que moi. Quant aux présents, j'ai pensé que, consul de France et non celui d'Abd el-Kader, on ne me devait rien. En tenant les chefs de Mascara à distance, en ne laissant jamais passer un fait sans vous en instruire, et en ne mentant jamais à ma conscience, je me suis, je le sais, attiré la haine des Arabes, mais cette haine prouvera toujours à qui les connaît, que j'ai rempli rigoureusement tous mes devoirs. Pour être fêté, choyé et caressé, je n'avais qu'à vous tromper, ou à me vendre. M. le général Auvray, m'a écrit qu'il avait envoyé la déposition de M. Warnier à M. le maréchal gouverneur général. Cette déposition faite par mon ordre contenait largement tout ce dont vous me parlez ; je n'ai donc aucun reproche à me faire.

Non, mon général, croyez le bien, je ne vis pas ici, comme vous le dites, dans un état d'humiliation, je n'y supporte aucun outrage, mais j'y tiens, au contraire, noblement mon rang. Interrogez tous les habitants de Mascara, qui fréquentent vos marchés, tous ceux d'Oran, qui sont venus ici pour réclamations, ils vous diront, qu'en affaires je parle haut, que ma voix est écoutée et que j'ai su leur faire rendre justice. Témoin Botta, sauvé par moi d'une accusation capitale ; un nègre délivré de la corde ; Spinosa, l'Espagnol; bon nombre de déserteurs; une foule de Douaiers, dont j'ai les noms et, récemment, les deux Juifs musiciens emprisonnés arbitrairement et relâchés à ma voix. Maintenant, en dehors des affaires, qu'on ne me rende pas de fréquentes visites, qu'on n'ait pas d'attentions délicates pour moi, qu'on ne m'aime pas, enfin, c'est possible, je dirai plus, c'est une conséquence de la ligne droite, que j'ai suivie, mais je m'en passe et, dans toutes mes relations politiques, on a été d'une excessive politesse avec moi, comme je pourrai vous le prouver.

Ah ! qu'on dise que la position de consul à Mascara est une position difficile, désagréable, qu'on y déteste les chrétiens et qu'il faut du courage pour y rester, on aura raison. Maintenant, par exemple, l'Emir est à Aïn Mady, d'où on ne sait comment il se tirera ; le califfa Moustapha ben Tamy n'est obéi que là où il place son camp et Bouhamidy nulle part. On n'entend plus parler que de crimes de tous les côtés ; on détrousse sur les routes, on vole à Babaly, on tue à Aïn Beda et, littéralement parlant, personne après sept heures du soir, ne se risque à aller sans armes de la ville dans les faubourgs. Il faut donc vivre dans un pays où il n'y a ni ordre, ni même répression possible des délits. Je conçois que cela désenchante, malgré que tout cela soit bien connu. En effet, le commandant Abdallah a failli plusieurs fois être assassiné ; il a été pillé et couvert de boue lors de son départ; M. le commandant de Ménonville s'est positivement brûlé la cervelle de désespoir d'avoir accepté une pareille position, et M. le commandant Guerbe n'y a eu que des désagréments, puisqu'on lui a tué son cheval et volé, en outre, l'âne de son interprète, sans qu'il ait obtenu la moindre satisfaction. Voilà des avanies bien connues, bien avérées, mais, heureusement, je n'en ai pas de pareilles à vous signaler.

Quand M. le commandant Guerbe s'est plaint à Mascara, on lui a répondu : « La vie vaut encore mieux que tout cela. » Il en a rendu compte. Qu'a-t-on fait ?

Je terminerai, mon Général, en vous exposant, que je ne suis venu à Mascara qu'en mission passagère et contre mon gré. En y restant, par votre ordre, comme consul, j'ai cru rendre un service à l'Etat et faire un sacrifice d'autant plus grand que, simple capitaine de cavalerie, je n'avais rien à démêler avec la politique, tandis que j'étais certain de ne me faire que des envieux et des ennemis. Le consul de France a toujours été respecté et j'y ai partout rempli noblement mes devoirs. Ainsi que Messieurs vos prédécesseurs, vous avez bien voulu plusieurs fois m'en témoigner votre satisfaction. Je n'ai pas reçu une seule épingle ni de l'Emir, ni de ses chefs, et je n'en sortirai qu'avec la satisfaction de n'emporter que leur haine, pour n'avoir négligé aucune occasion de leur nuire, pour vous avoir envoyé la route de Mascara à Taguedemt, l'organisation de l'infanterie, les renseignements sur les prisonniers et le tableau des forces régulières de l'Emir, toutes choses, dont ils ont été instruits et certes pas par Mascara.

J'avoue que j'aurais pu me plaindre à vous du malaise où nous vivions avec un traitement insuffisant, du chagrin qui nous minait dans un pareil pays, loin de nos amis, de tout plaisir et de nos concitoyens. J'aurais pu vous dire encore, qu'il n'est sorte de tracas qu'on n'ait cherché à me susciter et que, ce mois-ci même, quoiqu'-envoyé par ordre supérieur à Mascara, on vient de me retrancher une partie de ma solde. Mais à quoi bon! Personne ne m'a jamais témoigné le moindre intérêt ; personne n'a daigné m'interroger et j'ai cru devoir renfermer dans mon cœur des détails, qui ne touchaient qu'à mon bien-être personnel. Voilà, mon Général, toute la vérité.

Ne pouvant m'attaquer sous le rapport de la probité, on a donc cherché à me perdre dans votre esprit d'une autre manière.

Voilà le fait et je sens, qu'après le blâme, que vous venez de jeter sur ma conduite, je ne dois ni ne puis rester davantage ici, où nul au monde, du reste, ne se maintiendra sans l'appui cordial de l'autorité. Fils d'un ancien officier général mort, il y a quelques jours, à la suite de ses blessures, et n'ayant rien au monde de plus précieux que ma réputation jusqu'ici intacte, Dieu merci, je viens en conséquence, mon Général, vous prier de recevoir mes sincères remerciements pour vos bontés passées et de demander avec instance mon remplacement à M. le gouverneur général, en le motivant sur l'état de ma santé, qui ne me permet plus de m'occuper d'affaires. En attendant sa décision, ayez la bonté d'envoyer un officier pour traiter celles que l'absence de l'Emir peut rendre d'un moment à l'autre très graves, s'il ne réussit pas dans sa course sur Aïn Mady.

Je reviens aux affaires, mon Général, et vous rends compte, qu'avant-hier, le caïd a fait pendre un fomme à Mascara. Il s'appelle Hautman (1) et il est des Smalas. Il a quitté Oran, lors de l'entrée des Français dans cette

____

(1) Othman.

ville et, depuis, a établi son domicile à Mascara. Les bruits publics disent, que Hautman avait quitté Mascara, depuis 12 jours environ, pour établir son domicile à Mostaganem, où il a même conduit sa femme; qu'ayant oublié quelques effets ici, il est revenu pour les prendre ; qu'il les a pris en effet, mais qu'en s'en retournant, il a été arrêté chez les Beni Chougran, ramené à Mascara et pendu, sans qu'on le fit même entrer en ville, où l'on n'a su cette affaire qu'en le voyant accroché au-dessus de la porte Bab Aly. Comme, si cette version est vraie, c'est une violation sans exemple du traité, je me suis rendu chez le caïd pour protester et lui dire, que j'allais vous en instruire. Il m'a répondu, que cet homme ne s'était jamais rendu à Mostaganem que pour y recueillir quelques dettes ; qu'il en était revenu ; qu'il avait volé un cheval à Bab Aly ; que le cadi l'avait condamné à mort et qu'il avait fait exécuter le jugement. Je vous instruis du pour et du contre et, en faisant prendre des informations à Mostaganem, où l'arrivée de Hautman a dû être connue et où l'on dit que sa femme est encore, vous connaîtrez la vérité. Je voulais vous envoyer un courrier hier, mais, comme les routes ne sont pas sûres et qu'on peut en profiter pour faire enlever la correspondance, j'ai préféré profiter du retour du soldat du train, qui vous remettra lui-même cette lettre.

Cinq Arabes ont été dépouillés sur la route de Mascara à Oran. Le frère du caïd lui a envoyé des marchandises d'Oran ; hier elles ont été enlevées à l'Oued el Hammam.

Le caïd des Flittas a voulu lever une contribution sur cette tribu. Elle s'y est opposée et lui a tué 4 hommes.

L'Emir est, à ce qu'il paraît, dans le plus grand embarras. Tedjiny s'est opposé à ce qu'il entrât dans la ville et il demande du secours. Après-demain, les Hachem en entier vont rejoindre le califfa qui, je crois, lui conduira son armée. On fait venir des canons de Taguedemt et un grand nombre de chameaux pour aller au loin chercher de l'eau, dont on manque. Toutes ces nouvelles n'ont au-

cun caractère officiel, attendu qu'entre Taguedemt et
l'Emir, il ne peut passer aucun courrier. On m'a assuré,
qu'on prélevait un droit très fort sur les denrées qui se
rendent à nos marchés. Vous pourrez plus facilement que
moi le savoir par les Arabes, qui se rendent journellement
à Oran. Dans ce cas, c'est encore une violation du traité.

Puisque vous m'ordonnez de vous instruire complètement de tous les embarras de notre position, je crois,
d'après la tournure que prennent les affaires, devoir vous
prier de faire surveiller de très près les consuls de l'Emir
qui seuls, en cas de rupture, vous garantissent et même
faiblement notre sûreté.

Je suis, etc.

DAUMAS.

Avant-hier il est arrivé à Mascara un Français déserteur
des pionniers d'Oran. Il s'est fait musulman et on l'envoie à Taguedemt.

A. H. G. R. J. 11462 (Original).

XLV

Daumas à Rapatel.

Mascara, le 8 juillet 1838.

Mon Général,

J'ai reçu votre lettre en date du 2 juillet et commence la mienne, par vous prier d'agréer l'expression de ma vive reconnaissance pour les éloges et les encouragements que vous avez bien voulu m'y donner.

Je me conformerai strictement à l'avenir et jusqu'à mon remplacement aux ordres que vous m'adressez de me montrer de plus en plus susceptible et exigeant avec les Arabes. Sans instructions jusqu'à présent et livré aux seuls efforts de mon intelligence, je vous avouerai maintenant, avec toute la franchise, que vous réclamez de moi, qu'il m'avait paru tout à fait inopportun de jeter, peut-être, le gouvernement dans des embarras, qu'il paraissait vouloir éviter pour des motifs qu'il ne m'appartenait pas de pénétrer. Vous me dites d'en agir autrement; je ne suis qu'un agent du pouvoir, par conséquent, à votre discrétion et vous me trouverez toujours prêt à suivre l'impulsion qu'il vous plaira de me donner, avec d'autant plus d'ardeur, que je n'ai plus la crainte d'être désavoué, si je m'avance trop.

Vous m'ordonnez encore de vous dire quelles peuvent être les dispositions des Arabes à notre égard. En vous donnant mon avis sur une question aussi importante, je n'obéis qu'en tremblant, mais enfin j'obéis.

Quand l'Emir a fait la paix avec la France, j'ai cru pendant longtemps que, devançant son peuple par la profondeur de la pensée, il avait enfin senti, qu'il ne serait jamais rien que par elle et,qu'heureux de son appui autant que de la part qu'il s'était faite, il n'allait désormais songer qu'à parcourir la voie du progrès, en nous prenant pour modèles. Je me suis trompé. Hadj l'Habib ne voulait pas venir à Oran. L'Emir ne le décida, qu'en lui promettant que cela ne durerait pas plus de 4 mois (positif). L'Emir n'a traité que pour gagner du temps, se venger des tribus qui, lasses de la guerre, manifestaient déjà des intentions hostiles, réparer ses finances et se mettre, en un mot, en état de recommencer avec plus d'acharnement et de vigueur que jamais. Tout le prouve.

La paix signée à Morbaya, Abd el-Kader ne prend pas un instant de repos, ne donne aucune relâche à ses troupes. Il tombe sur les Mahya qui, depuis longtemps, interceptent le commerce du Maroc, fait une incursion dans le désert, pille les Oulad Zitoune, va sonder les tribus de Constantine, enrôle de tous les côtés, augmente son infanterie et met en marche tous ses califfas pour obtenir la soumission complète des tribus, punir celles qui ont été molles pendant la guerre, lever des contributions extraordinaires et faire rentrer les impôts arriérés. Ces courses augmentent sa puissance et produisent des sommes immenses.

En emploie-t-il une parcelle à introduire quelques améliorations heureuses, à favoriser ou développer l'industrie, à protéger le commerce, à réparer Mascara incendiée par les Français ou bien encore à rendre à Tlemsan une partie de son ancienne splendeur? Non ; son peuple restera tel qu'il est ; Tlemsan et Mascara sont des villes que, dans toutes ses conversations intimes, il se plaît à peindre comme appartenant à la France ; il ne fait rien pour elles et, persuadé que le seul moyen de nous échapper est de devenir de plus en plus mobile, il appelle tous les Arabes

16

sous la tente, en donne lui-même l'exemple et force ses chefs à l'imiter. Le califfa Sidi Moustapha ben Tamy s'était fait arranger une petite chambre à Mascara pour y passer la nuit, quand il faisait mauvais temps. L'Emir l'apprend, lui ordonne de la détruire et lui fait les plus grands reproches (positif). Il resserre son alliance avec l'empereur de Maroc et le flatte par tous les moyens possibles ; dans ses prières et sa correspondance, il ne craint pas de prendre le simple titre de son califfa, en obtient tout ce qu'il veut au nom de la guerre sainte et n'emploie plus alors ses trésors, qu'à se procurer des armes, du soufre, du salpêtre, des pierres à feu et des vêtements pour son infanterie. Non content de cela, il essaye de fabriquer des canons, en prétendant que nous n'avions jamais eu d'avantage sur lui que par eux.

Jusque-là, tout va bien pour Abd el-Kader. La fortune lui sourit; il est heureux; il croit nous avoir trompés, mais quelques noirs nuages viennent soudain jeter leur ombre sur ce tableau. Il faut exécuter le traité, dont il n'a pas même donné connaissance à ses chefs. Les chefs les plus influents ignorent les conditions du traité. J'en ai eu vingt fois la preuve. Il a même été dit, que nous n'avions que jusqu'au Figuier.

Eh bien, je ne dirai pas : il ne le veut pas, car, malgré l'avis de tous les bergers qui l'entourent, il demande, dit-il, encore deux ans pour se mettre en état de nous braver ; mais il ne le peut pas, parce que toute alliance avec les chrétiens est un péché dans sa religion, qu'il s'aliène les tribus, qu'il se déconsidère comme chef religieux et qu'il n'est pas encore assez fort pour braver l'opinion publique.

Joignez à cela, que le pays est si vaste et l'organisation arabe telle, qu'il lui est moralement et physiquement impossible de nous donner la moindre satisfaction pour tous les griefs, dont nous exigeons chaque jour la réparation.

Mais, dira-t-on, il pouvait, au moins, acquitter la contribution de guerre. Oui, il le pouvait, étant personnelle-

ment très riche en grains, mais il sent ses torts avec nous;
il sait que nous ne pouvons les lui pardonner, et il n'en
fera rien, parce qu'un tort de plus ne change rien aux
affaires. Lors du départ de Miloude Bennarache, l'Emir a
dit : « Si Miloude obtient ce que je veux, je paierai ; dans
le cas contraire, c'est inutile » (positif). Il lui faut encore
du temps. Alors Miloude Bennarache, son homme de confiance, ira en France avec la mission de nous amuser par
des raisonnements captieux et d'y rester, en tout cas, jusqu'à la rentrée complète des moissons. Miloude Bennarache l'instruit, sans aucun doute, de la richesse et de
la force de la France, dont il n'avait aucune idée. Il lui dit,
en outre, que, sans l'exécution pleine et entière du traité,
il n'y a pas de paix possible et que Taguedemt même ne
le mettra pas à l'abri de nos coups.

Que fait-il alors ? Il prépare une expédition sur Aïn
Mady, ville enfoncée de douze jours de marche dans le désert, part dans une saison inopportune et met la plus
grande obstination à s'en emparer, parce qu'il est persuadé que, de là, il pourra se jouer de nos efforts et nous
braver à son aise. Vous voyez comme tout s'enchaîne et
se lie. J'ajouterai que le pays, en général, désire la guerre.
Depuis la paix, les tribus sont malheureuses, tant on les
excède de contributions de toute espèce, mais vienne
la guerre, elles retrouvent leur indépendance, se rient de
l'Emir et ne lui payent plus que ce qu'elles veulent bien
lui donner.

Je ne puis donc mieux comparer l'Etat, dans lequel nous
vivons, qu'à un édifice, dont toutes les pierres se détachent
les unes après les autres, sans qu'on y fasse la moindre
réparation. Il doit inévitablement s'écrouler, mais quand
tombera la dernière ?

Miloude Bennarache est arrivé à Alger depuis huit
jours (1). Il a, dit-on, rapporté de très beaux présents pour

---

(1) **Miloud ben Arrach** revenant de son ambassade en France,
était rentré à Alger, le 28 juin 1838.

l'Emir et des personnages influents seraient venus avec lui pour conférer avec Abd el-Kader. Après avoir vu M. le maréchal, gouverneur général, Miloude a quitté Alger et il se trouve maintenant à Bougrechefa dans la famille de l'Emir, où il a dû s'aboucher avec le califfa Moustapha ben Tamy, qui a quitté son camp pour aller au devant de lui. Les présents ont été amenés d'Alger à Bougrechefa par des hommes du train. On les envoie à **Taguedemt.**

Le camp du califfa Moustapha ben Tamy est maintenant à l'Ouad Fodda (1). Ce chef a presque terminé sa tournée et il n'attend plus que le retour de l'Emir pour lui remettre 8o.ooo douros d'Espagne (2), produit des contributions extraordinaires, cent chevaux, cinquante mules et et un harnachement magnifique.

Je vous rends compte, que je suis instruit d'une manière certaine, que l'Emir a envoyé quelqu'un à Tunis pour y faire de grands achats d'armes.

Ce commerce détourné de nos ports pourrait bien, à l'avenir, prendre cette direction. L'Emir désire principalement des pistolets, parce qu'il prétend que ses cavaliers ne fuient aussi souvent que parce qu'ils n'ont, pour la plupart, qu'une seule arme à feu.

Albingo, l'Italien qui a essayé de fondre des canons à Tlemsan, est venu nous voir. Il s'est fait musulman et prétend n'avoir pris ce parti, que parce que les Français ne lui ont donné aucun moyen d'existence après avoir été grièvement blessé à la Magta. Dégoûté, dit-il, des Arabes et de leurs crimes, il rentre à Alger en passant par Media. Il parle très bien l'arabe.

Albingo m'a dit, qu'à Tlemsan, on ne parlait que de guerre et que l'Emir faisait construire une ville chez les Beni Senouss. Bouhamidy n'aurait éprouvé que des résistances dans sa dernière tournée, et le produit de ses con-

---

(1) Rivière descendant du massif de l'Ouarsenis et se jetant dans le Chélif à 23 kilomètres, environ, à l'O. d'Orléansville.

(2) Environ 36o.ooo francs.

tributions ne s'élèverait pas à plus de 15 à 20.000 douros d'Espagne (1).

Albingo n'est pas déserteur. Il a son congé de réforme.

Hier soir, il est arrivé un courrier de l'Emir et je m'empresse de vous rendre mot à mot la communication officielle, qui m'a été faite par le caïd Hadj el-Boukary.

« L'Emir est arrivé devant Aïn Mady. Après un com-
« bat sanglant et dans lequel il a perdu sept officiers,
« plusieurs chefs marquants et une grande quantité de
« fantassins, il s'est emparé des enceintes extérieures. Au
« moment du départ du courrier, il ne restait plus que
« les murs de la ville à prendre; on allait livrer l'assaut
« et les habitants demandaient à se rendre, à condition
« qu'on leur permettrait d'emmener leurs familles et
« d'emporter leurs biens .Tedjiny s'est enfui. »

Maintenant, ce même courrier a rapporté des lettres particulières et le bruit circule généralement, que l'Emir a voulu s'emparer des jardins de la ville; qu'il a perdu beaucoup de monde sans aucun résultat; qu'il se trouve dans une position très critique et qu'il demande des canons, des vivres et des renforts. On va jusqu'à lui prêter l'intention de construire un blokhaus pour dominer et battre la ville. Ce qu'il y a de positif, c'est que tout le monde ici est très inquiet et très affligé. Moi, j'en infère que l'Emir a été battu, mais j'attendrai de nouveaux renseignements pour fixer votre opinion.

Le même courrier, qui a apporté des nouvelles d'Aïn Mady se rend à Tlemsan pour y porter encore deux lettres de l'Emir, l'une pour Bouhamidy et l'autre pour l'empereur de Maroc.

On assure que le califfa Moustapha ben Tamy doit partir avec son armée, les Hachems et les Beni Aâmeur, pour aller dégager l'Emir. (Rien de positif encore).

---

(1) De 67.250 à 90.000 francs.

On vient d'envoyer de Mascara à Taguedemt une grande quantité de biscuits, de boulets et cinquante paires d'étriers argentés demandés par l'Emir, pour faire des présents à des chefs de tribus.

Le bey Berkany serait allé jusqu'auprès de Constantine et aurait obtenu de grands succès.

En me parlant des pertes éprouvées par l'Emir, un chef influent m'a dit aujourd'hui : « Ce sont les Français qui sont encore la cause de tous ces malheurs, car, si l'Emir n'avait pas vu la guerre prête à éclater, il n'aurait jamais songé à transporter à Aïn Mady toutes ses ressources et cela ne serait pas arrivé. » Donc l'Emir n'a voulu positivement s'emparer d'Aïn Mady que pour se soustraire à nos coups, comme j'ai eu l'honneur de vous le dire et cette expédition est loin d'annoncer des intentions pacifiques.

Le caïd Hadj el-Boukary me charge de vous réclamer le cheval d'un officier de l'Emir acheté par un Smala nommé Abd el-Kader ben Merah.

Les Garabas ont quitté le califfa pour rentrer chez eux et les Hachems ont pris leur place.

Depuis longtemps, il n'y a pas d'eau au Sig. Les Beni Aâmeur l'ont coupée à la hauteur des Oulad Aly.

Je suis, etc...

DAUMAS.

M. Audrik part par ce courrier. Il n'a pu remplir le but qu'il se proposait. Je vous renvoie également les soldats du train.

A. H. G. R. J. 11467 (Original).

XLVI

Daumas au colonel Montpezat (1).

Mascara, le 12 juillet 1838.

Mon Colonel,

M. le lieutenant général baron Rapatel m'ayant, avant son départ (2), donné l'ordre de correspondre directement avec vous, je viens vous soumettre une réclamation qui m'est apportée par le caïd de Mascara, Hadj el-Boukary.

Voici ce dont il est question :

Un Juif d'Oran nommé Jacob Koën est venu passer quelque temps à Mascara. Il y a acheté une mule, puis s'en est allé chez lui. Arrivé à Oran, il s'est plaint à M. le général baron Rapatel d'avoir été forcé de donner 14 boudjous pour obtenir la permission d'acheter cette mule. M. le lieutenant général, baron Rapatel, a fait écrire alors au caïd par le consul Hadj l'Habib, pour

---

(1) Montpezat (d'Ainesy de), né le 24 octobre 1788 à Montpezat (Basses-Alpes), émigra, puis servit dans l'armée russe jusqu'en 1814. — Admis comme major au service de la France, le 18 octobre 1814, colonel le 30 octobre 1816, il prit part comme chef d'Etat-major de la 9e division du 4e corps à l'expédition d'Espagne, (1823). — Disponible le 21 août 1830; admis au traitement de réforme, le 1er mars 1832; nommé au commandement de la place d'Oran, le 25 mars 1838; mis à la disposition du gouverneur général de l'Algérie, le 5 mai 1842; mis en non activité pour infirmités temporaires, le 6 janvier 1844; retraité le 22 juin 1845.

(2) Le général Rapatel était rentré en France, pour cause de maladie, le 10 juillet 1838. (Cf. Martimprey: *Souvenirs d'un officier d'Etat-major* ch. V. p. 62.

qu'il ait à restituer immédiatement cette somme, et le caïd, qui n'avait rien demandé ni reçu, soupçonnant une supercherie dans tout cela, a forcé un Juif de Mascara nommé Mouchy ben Louna et chez qui logeait Jacob Koën de restituer cette somme.

Jusque là tout va bien ; mais, maintenant, Mouchy ben Louna, prétend à son tour n'avoir rien reçu de Jacob Koën et jure qu'il est lésé dans ses intérêts ; il a des témoins de ce qu'il affirme et il se rend à Oran pour convaincre devant vous Jacob Koën d'imposture et vous réclamer les 14 boudjous, qu'il a été, dit-il, injustement forcé de payer.

Mouchy ben Louna vous remettra lui-même cette lettre.

Je profite de cette occasion pour vous rendre compte d'un événement malheureux survenu à M. le docteur Warnier. Le 10 courant, il a fait une chute de cheval et s'est cassé la clavicule. Guidés par ses conseils, nous avons tant bien que mal posé un premier appareil; mais il souffre horriblement et désire la présence d'un de ses camarades pour le soigner pendant quelques jours. Il vous prie d'avoir la bonté de lui envoyer, sans retard, M. Laboulay (1) chirurgien sous-aide attaché à l'hôpital.

Nous sommes absolument sans nouvelles de l'Emir; mais j'espère, par le premier courrier, vous donner du positif sur l'expédition d'Aïn Mady.

Je suis, etc...

E. DAUMAS.

L'aga Miloude Bennarache est arrivé à Mascara. Il n'a rien transpiré encore sur la mission dont il a été chargé en France.

E. D.

A. G. G. A. 1162 (Original).

---

(1) Laboulaye. (A. F. B.), chirurgien sous-aide du 3 avril 1832.

XLVII

Daumas à Montpezat.

Mascara, le 15 juillet 1838.

Mon Colonel,

Comme j'ai eu l'honneur de vous en instruire,
l'aga Miloude Bennarache est arrivé à Mascara le
10 du courant ; il y a été reçu avec d'autant plus de
pompe, que tout le monde était inquiet sur l'issue de
son voyage en France. Comme vous pouvez le penser,
on n'a pas manqué de vouloir le faire causer ; mais, soit
qu'il ne sache rien, soit qu'il ne veuille rien dire, il
s'est toujours borné à publier qu'il avait été très bien
reçu et traité à Paris, et qu'il en rapportait pour l'Emir
3oo fusils de munition, une paire de pistolets et un
fusil richement montés, un très beau sabre et d'autres
objets de luxe, mais que la solution des questions politiques était renfermée dans une lettre, dont il ignorait
le contenu. Cette missive avait été envoyée à l'Emir.

Miloude Bennarache a été accompagné jusqu'à Miliana par Ben Durand et un chef d'escadron (1) d'état-

---

(1) Le chef d'escadrons de Salles, premier aide-de-camp et gendre
du maréchal Valée. Cet officier était chargé de faire accepter par
l'Emir la convention du 4 juillet 1838, qui modifiait sur divers
points le traité de la Tafna, et à laquelle Miloud ben Arrach avait
apposé son cachet lors de son passage à Alger. Il apportait à Abd el-
Kader une lettre du gouverneur général, un présent de 5oo fusils, de
100 quintaux de poudre, de 100 quintaux de plomb, ainsi que

major envoyés par M. le maréchal gouverneur général. Cet officier supérieur y serait encore.

J'ai appris que Miloude Bennarache, lors de son passage à Alger, avait décidé 15 ou 20 familles musulmanes à quitter cette ville et à se rendre à Tlemcen.

Le Maure d'Alger, Bou Derba, qui était parti pour France avec Miloude Bennarache n'est pas revenu avec lui, et reste à Paris, on ne sait trop pourquoi. Ben Igrou instruit du retour de Miloude Bennarache est arrivé en toute hâte à Mascara.

7 à 8 Juifs venant d'Alger ont été immédiatement dirigés sur Taquedemt pour y travailler à la fabrication de la nouvelle monnaie.

Hier on a mené à Mascara cinq Garabas soupçonnés d'avoir volé ou tué des Juifs. Plus tard je saurai la vérité.

Le califfa Sidi Moustapha ben Tamy a quitté hier sa famille, où il était allé passer quelques jours pour rejoindre son armée qui campe toujours à l'Ouad el-Fodda. On assure qu'il doit maintenant se diriger sur les Djafras et les Agoubias où règne la plus profonde anarchie. J'aurai soin de vous instruire de sa marche. Si je suis bien informé, le califfa a, jusqu'à présent, tellement pressuré et maltraité les tribus sur son passage, qu'il n'a, partout, soulevé que des haines et créé des ennemis à son maître.

Hadj el-Djilaly, le caïd de la maison de l'Emir, est très malade à Bougrechfa. On craint pour ses jours.

Le califfa Sidi Moustapha ben Tamy a fait organiser un harnachement magnifique pour l'offrir en présent à l'Emir à son retour d'Aïn Mady.

------

divers autres cadeaux. Cf. Girod de l'Ain : *Le maréchal Valée*, p. 177. De Salles fut retenu à Miliana sous divers prétextes pendant quinze jours et dut rentrer à Alger sans avoir pu se mettre en relations avec Abd el-Kader. Cf. Pellissier de Reynaud — *Annales Algériennes* T. II. liv. XXVI. p. 279.

Il n'y a toujours pas d'eau au Sig; elle a été coupée par les Beni Aâmeur à hauteur des Oulad Aly. Les Garabas en sont furieux et se sont tous retirés ou sur l'Habra ou à Hadjar Beda. Il me vient à l'esprit, que l'Emir aurait bien pu ordonner cette mesure, qui prouve toujours un fait, c'est, qu'en été, on peut détourner le cours de cette rivière.

On ne sait toujours rien de bien positif sur Aïn Mady. Toutes les lettres qui en viennent sont adressées au caïd de Sedama, qui commande à Tagdempt, et c'est lui qui, à son tour, les fait passer au caïd de Mascara, qui n'en publie que ce qu'il veut bien perdre. Maintenant Hadj el-Boukary fait répandre partout, que l'Emir fait construire un ouvrage pour dominer et battre la ville ; qu'il a coupé l'eau aux habitants ; qu'il a fait miner les murailles et que, sous peu, Aïn Mady tombera en son pouvoir. Il ajoute, qu'au surplus, Abd el-Kader l'assiégera un an, s'il le faut.

D'un autre côté, des messagers, qui viennent de porter des provisions à l'armée, dont ils ont aussi rapporté quelques lettres, font courir une foule de bruits plus ou moins véridiques, dont je vous envoie le résumé.

L'Emir est arrivé depuis longtemps devant Aïn Mady. Un combat sanglant a été livré pour s'emparer des jardins de la ville ; il a été sans résultat pour l'Emir, qui y a perdu le chef de ses nègres, deux chefs influents de l'Harrare, plusieurs officiers et un grand nombre de soldats, tandis que Tedjiny n'aurait eu qu'un seul homme de tué. Après ce combat, l'Emir aurait fait des propositions à Tedjiny, en lui envoyant, selon son habitude, son chapelet, pour lui garantir par ce qu'il a de plus sacré, que les conditions seraient religieusement observées ; mais Tedjiny lui aurait répondu qu'il était chérif, qu'il n'avait qu'à rester dans son pays et lui dans le sien ; que, du reste, ils étaient à jamais séparés par le sang récemment répandu, et qu'il n'avait plus qu'à faire tous ses efforts pour s'emparer de la ville, comme il ferait tous les siens pour la bien défendre. On peint, en outre, la position de l'Emir comme très critique, et l'on assure que les tribus du désert, qui avaient marché avec lui commencent à murmurer et à l'abandonner. Le fait est, qu'Abd el-Kader envoie courrier sur courrier pour presser l'envoi de poudre, de biscuit, de farine, de boulets et de 1000 paires de savates, qu'il demande pour son infanterie, qui est pieds nus.

Si l'Emir ne réussit pas, il s'est porté un coup funeste ; il le sent très bien et y mettra la plus grande obstination. La vérité toute entière ne peut tarder à être connue et je mettrai le plus grand soin à vous en instruire sans délai. On est ici persuadé, qu'il ne veut s'emparer d'Aïn Mady, que par ce qu'il voit la guerre inévitable ; qu'il sait que Taquedemt ne le mettra pas à l'abri de nos coups et qu'il veut, en conséquence, transporter toutes ses ressources à Ain Mady. On croit que le chef d'escadron, qui est à Miliana, est venu y apporter une sorte d'ultimatum.

Je vous rends compte, que je suis informé que, par ordre du califfa, on prélève un droit très fort sur tous les bestiaux, qui se rendent à nos marchés. Ce ne peut avoir d'autre but que de les faire renchérir. Il y a même là dessous quelque coup de commerce.

Je suis, etc.

Le capitaine, consul à Mascara,
E. DAUMAS.

Hier soir, il est encore arrivé un courrier de l'Emir. Je ne crois pas les nouvelles satisfaisantes, mais le caïd Hadj el-Boukary m'a fait la même histoire. Elle vous sera sans aucun doute confirmée par Ben Igrou, qui se rend à Oran et qui ne manquera pas d'aller vous voir.

Il n'y aura pas de mal à paraître croire tout ce qu'il vous dira, et, comme je vous en aurai aussi informé, cela me donnera de grandes facilités pour savoir ce qui va survenir. Nous y avons le plus grand intérêt.

M. le docteur Warnier va aussi bien que son état peut le permettre. Il attend toujours avec impatience le chirurgien, que j'ai eu l'honneur de vous demander pour lui par le dernier courrier.

E. D.

XLVIII

Daumas à Montpezat.

Mascara, le 15 juillet 1838.

MON COLONEL,

M. le chirurgien Laboulay me remet votre lettre au moment où le courrier va partir. N'ayant donc pas le temps de vous écrire plus au long, je viens vous prier de vouloir bien prendre connaissance de ma correspondance, que M. le général Rapatel a dû laisser entre les mains de M. le colonel de Maussion, et, dans la lettre n°⁸ 76 et 25 vous trouverez tous les détails de la mort du nommé Hautman. Quant à son fils, qu'on prétend en prison, je vais prendre des informations et, par le premier courrier, vous ferai connaître la vérité.

Je suis, etc.

E. DAUMAS.

Le caïd me fait dire que le Juif en question avoue ne pas lui avoir donné d'argent et il vous prie de le punir pour ses mensonges.

A. G. G. A. E. 116² 78-27. (Original).

XLIX

Daumas à Montpezat.

Mascara, le 21 juillet 1838.

Mon Colonel,

Puisque vous n'avez pu trouver dans les papiers laissés par M. le lieutenant général baron Rapatel, ma lettre n°s 76 et 25, en date du 3o juin, je ne crois pouvoir mieux faire que de vous envoyer mot pour mot, ce que je lui ai écrit alors au sujet de la mort du nommé Hautman.

« Avant-hier, 28 juin, le caïd Hadj el-Boukary a fait pendre un homme à Mascara. Il se nomme Hautman ; il est des Smalas et, lors [de l'entrée] des Français à Oran, il a quitté cette ville pour venir établir son domicile à Mascara. Les bruits publics disent que, depuis douze jours environ, Hautman s'était enfui à Mostaganem avec sa famille, pour y vivre sous la protection de nos lois ; qu'ayant oublié quelques effets à Mascara, il y est revenu pour les enlever ; qu'il les a pris en effet, mais, qu'en s'en retournant, il a été arrêté chez les Beni Chougran, ramené à Mascara et pendu sans qu'on le fit même rentrer en ville, où l'on n'a connu sa fin, qu'en le voyant accroché au dessus de la porte de Bab Aly. Instruit, mais trop tard de cette violation sans exemple du traité, je me suis, néanmoins, rendu chez le caïd pour protester et lui dire, que j'allais vous en rendre compte sur le champ. Hadj el-Boukary m'a répondu, que cet homme ne s'était jamais rendu à Mostaganem que pour y recueillir quelques dettes ; qu'il en était revenu ; qu'il avait volé un

cheval dans le faubourg Bab Aly, que le caïd l'avait condamné à mort et qu'il avait fait exécuter le jugement.
Je vous instruis du pour et du contre; mais, en **faisant**
prendre des informations à Mostaganem, où l'arrivée **de**
Hautman a dû être connue et où l'on dit que sa femme
est encore, vous connaîtrez toute la vérité. »

Voilà, mon colonel, ce que j'ai écrit au sujet d'Hautman à M. le lieutenant général Rapatel. Depuis, il **ne**
m'en a jamais reparlé et je pensais qu'on faisait des
démarches à Mostaganem pour bien s'éclairer avant
d'agir. L'affaire en est donc toujours au même point,
c'est-à-dire qu'ici on dit toujours la même chose des deux
côtés et que, seul, vous pouvez obtenir les preuves. **Le**
neveu d'Hautman est toujours sous la **surveillance;**
mais c'est un habitant de Mascara, qui jamais n'a vécu
sous nos lois et le traité ne nous confère aucun droit
sur lui.

M. le colonel Dubarrail m'a écrit dans la semaine pour
réclamer la mise en liberté d'un Betiouah (1) de Mazagran, nommé Sadaik ben Ghaleb emprisonné **depuis**
quelques jours à Mascara. Cet homme prétendait ne pas
même connaître les causes de son arrestation. Le caïd
de Mascara, chez qui je me transportai, me dit que
Sadaik était détenu pour avoir volé, pendant la nuit, **la**
femme d'un aveugle de Mascara et l'avoir emmenée à
Mostaganem. Je fis alors connaître au détenu le délit
dont on l'accusait ; il en convint et réclama la justice des
Musulmans. Sur ma demande, elle lui fut accordée, et,
reconnu coupable par le cadi, il fut condamné à rester
en prison jusqu'à la restitution de la femme en question.

---

(1) Bet't'ioua, tribu berbère d'origine marocaine, peut être fraction des A'ith Sa'id du Rif, qui vint au XVIIIᵉ siècle, s'établir au
voisinage du vieil Arzeu. Il existe encore environ un millier d'individus de cette tribu sur le territoire de Saint-Leu. (P. E.). Cf. Biarnay : *Les Bet't'ioua du vieil Arzeu.* — Rev. Africaine — 2ᵉ trimestre
1910.

Le 29, elle est arrivée à Mascara et Sadaik a été immédiatement relâché.

Il n'est bruit que du voyage en France des chefs des Douaiers, Moustapha ben Ismaël, Moustapha Moukallaich et Mazary (1). On en conçoit les plus grandes inquiétudes et l'on se plait à répandre, qu'ils ne s'y rendent que pour voir le Roi, tout brouiller et défaire, en un mot, l'ouvrage de leur cher Miloude Bennarache. Conçoit-on rien de plus absurde ? Je leur ai fait connaître le véritable but du voyage, mais tout a été inutile. D'un autre côté, pendant leur absence, gare les désertions, car on n'épargnera, pour les obtenir, ni les promesses ni les séductions de tout genre.

J'ai entendu dire qu'un M. Letellier, des subsistances, devait passer un marché pour les bœufs avec Hadj l'Habib et compagnie. Si cela est vrai, voilà la clef de toutes les entraves, qu'on apporte au commerce. Ces MM. trouvent le prix de nos marchés trop bas et ils veulent le faire monter. Ben Igrou ne se serait-il pas rendu à Alger pour quelque chose comme ça ?

M. le chef d'escadron, qui est à Miliana, a eu une entrevue avec le califfa Sidi Moustapha ben Tamy. Il devait, dit-on, venir à Mascara, pour y attendre le retour de l'Emir ; mais il paraît qu'il a changé de résolution et est retourné à Miliana.

Le califfa Moustapha ben Tamy vient de faire un mouvement, dont je m'empresse de vous instruire. Il a quitté le camp d'Ouad el-Fodda pour se rapprocher de Taguedemt. Il est maintenant chez les Beni Messalem et son armée s'est accrue d'un grand nombre de tribus, dont il a besoin pour se rendre dans les Agoubias.

Le califfa du Gharb, Sidi Bouhamidy, poursuit avec

____

(1) Ces trois personnages se rendaient en France pour témoigner au procès général de Brossard, qui eut lieu devant le conseil de guerre de Perpignan, du 28 au 30 août 1838.

activité les constructions, que, par ordre de l'Emir, il fait opérer sur la montagne des Beni Senouss. Abd el-Kader y voit un moyen de maintenir tous les Kabyles, en cas de guerre.

On dit que l'empereur du Maroc est toujours à Tazzâa. Il aurait sévèrement puni toutes les tribus qui, depuis longtemps, interceptent le commerce et pillent les caravanes.

L'Emir a positivement envoyé quelqu'un à Tunis pour y faire de grands achats d'armes ; il désire principalement des pistolets pour sa cavalerie régulière, qui ne fuit, dit-il, aussi souvent, que parce qu'elle n'a qu'une seule arme à feu.

Il règne ici une grande agitation; on y est très inquiet sur le succès de l'expédition d'Aïn Mady et les trembleurs voient déjà aux portes de Mascara Tedjiny suivi de toutes les tribus du désert. D'un autre côté, le voyage de Miloude Bennarache ne paraît pas avoir réalisé les espérances qu'il avait fait concevoir, et la population se munit déjà de moyens de transport, comme si nous étions entrés en campagne. Tout cela ne peut manquer de jeter un peu de froid dans les relations. Miloude Bennarache, sans doute pour ne pas être assommé de questions, ne voit absolument personne et se tient toujours exactement renfermé chez lui.

Le caïd Hadj el-Boukary m'a assuré n'avoir aucune nouvelle officielle de l'Emir et je sais positivement qu'il en a reçu hier soir. Ce mystère prouve, tout au moins, qu'il n'y a rien de bien satisfaisant. Il s'est contenté de me dire, qu'il savait que l'Emir faisait construire un blokhaus et préparer des mines pour faire sauter les murailles. Quoi qu'il en soit, l'Emir n'a pas fait de mouvement rétrograde ; il est toujours devant Aïn Mady, qu'il bloque même assez étroitement; et, ces jours derniers, soit pour donner une haute idée de ses talents, soit pour faire patienter tout le monde, il a fait envoyer aux chefs de Mascara, un plan de Aïn Mady, de son camp et de ses dispositions devant cette ville, lequel aurait été dressé par Mohammed Ould Kouskouessa, son bach-tobdjy. J'ai sû me le procurer et le calquer très exactement quoiqu'à la hâte. Je vous l'envoie par ce courrier et vous prie de le faire parvenir à M. le maréchal gouverneur général. Ce dessin, tout informe qu'il est, donne, dit-on, une idée très juste d'Aïn Mady, qui occupe maintenant tous les esprits, et il servira toujours à constater ce que peuvent maintenant les Arabes dans ce genre (1) Soyez assez bon pour me garder le secret parce que, si le bruit de ce larcin parvenait jusqu'à Mascara, cela pourrait avoir de fâcheuses conséquences.

Hier soir je me suis entretenu un instant avec un fantassin, qui revient d'Aïn Mady. Il m'a dit que l'Emir était toujours devant cette ville, où, selon lui, il ne pourra jamais pénétrer, parce que le mur d'enceinte, qui a 15 pieds d'épaisseur, est en béton, que le canon n'y peut rien, qu'il y a beaucoup d'eau dans l'intérieur et que Tedjiny est largement approvisionné de toute manière. Ce fantassin m'a ajouté que, tous les jours et à toutes les heures de prières, la population, femmes et enfants, paraissait sur les minarets et les murs et criait : « Par Dieu et par la justice, qu'est-ce que vous nous voulez ? » Tant dans son infanterie que dans les tribus Abd el-Kader a déjà perdu 200 hommes et réuni 90 blessés. Les tribus commencent à l'abandonner et la mortalité est dans son camp, mortalité causée par la faim, la fatigue et la chaleur.

Je suis, etc.

Le capitaine,
faisant fonctions de consul de France à Mascara,
E. DAUMAS.

A. G. G. A. E. 116² 80-29. (Original).

---

(1) Cf. Appendice. *Cartes et plans.*

P. S. — M. le docteur Warnier est tout à fait remis des contusions de sa chute et il ne lui faut plus que le temps moral pour résoudre la fracture. Il va donc aussi bien que possible et me charge de vous prier d'agréer l'expression de sa vive reconnaissance. M. Laboulay part aujourd'hui tranquille sur le sort de son camarade et je me fais un devoir aujourd'hui de vous signaler son zèle et son obligeance. Pour plus de sûreté, c'est lui qui vous remettra ce courrier. Je ne donne qu'une fausse lettre à l'Arabe, qui le conduit.

E. D.

L

Daumas à Montpezat.

Mascara, le 28 juillet 1838.

Mon Colonel.

Votre courrier ne m'étant parvenu que le 24 à 9 heures du soir seulement, il m'a été physiquement et moralement impossible de vous faire parvenir une réponse avant le départ du bateau à vapeur, que vous me fixiez au 25. Après m'être bien pénétré de toutes les réclamation que contenaient vos trois dernières lettres, je m'en suis longuement entretenu avec le caïd Hadj el-Boukary et je vais, aujourd'hui, les traiter article par article, afin de ne rien oublier.

1°. Pour l'affaire des effets et des 40 douros de Moustapha ben Goul, le caïd, afin d'éviter les lenteurs, si on en réfère au califfa, Sidi Moustapha ben Tamy, qui est maintenant chez les Ouanzeris (1) au delà de Tague-

---

(1) وا; نشرش « Ouancherich », ou selon l'appellation communément adoptée Ouarsenis. L'Ouarsenis est un massif montagneux dominant au sud la vallée moyenne du Chélif, et dont le point culminant le Kef Sidi Amar, atteint l'altitude de 1.995 mètres. Il n'existait pas de tribu portant le nom d'Ouarsenis, mais le massif était occupé par une confédération de tribus berbères : Beni Boudouane (Chélif-M.), Beni Hindel, Beni bou Kamous, Ouled Bou Sliman (Ouarsenis, M.), Sendjes (Chélif M.), Tamellahat, Beni Ouazane, Ouled Ghalia, Bettaïa (Ouarsenis-M.). A l'époque turque ces tribus vivaient sur les crêtes ; elles sont aujourd'hui descendues dans la plaine.

demt, le caïd, dis-je, vous prie d'en faire parler au consul de Mostaganem par M. le colonel Dubarrail. Celui-ci traitera alors directement avec l'aga des Medjahars.

2° J'ai remis au caïd le nom de l'Arabe, chez qui se trouve la jument de Mohammed Ould Ayssa, volée à Gromra (1), au delà de Mers el-Kébir. Il m'a promis d'en écrire au califfa Bouhamidy sous les ordres duquel se trouvent placés les Beni Aâmeur ; mais je saisis cette occasion pour vous dire, comme je l'ai dit bien souvent à M. le lieutenant général baron Rapatel, que, depuis la paix, jamais nous n'avons obtenu la moindre satisfaction pour toutes les réclamations qui concernent le Gharb, Bouhamidy est un Kabyle fanatique et entêté. Il ne fait aucun cas des avis du califfa Moustapha ben Tamy, parce qu'il règne entre eux la plus grande jalousie. L'Emir seul peut le faire obéir et l'Emir est à Aïn Mady. **(Voir dans ma correspondance mes lettres n° 49. (4 février 1838) et n°ˢ 57 et 6 (11 mars 1838).**

3°. J'ai remis au caïd tous les détails et les noms des Arabes qui ont assassiné et volé le Douair Berrazin à Melata. Il en a pris note et l'envoie au califfa Sidi Moustapha ben Tamy pour qu'il nous fasse obtenir réparation. Comme cette réclamation concerne encore le Gharb, je crois que, par les causes énoncées dans l'article précédent, elle traînera en longueur jusqu'au retour de l'Emir.

4° Le caïd suivra la même marche pour les Juifs Abraham Taboul et Soliman ben Sakoun, qui n'ont pu acheter ni chevaux, ni bestiaux sur le marché des Beni Aâmeur. Il vous prie de spécifier les objets, qui leur ont été volés, et me charge de vous dire, qu'il n'y a, du reste, rien d'étonnant qu'on eût défendu à des Juifs d'acheter des chevaux, parce que l'Emir, aussitôt après la paix, a

---

(1) Ghomra. Hauteur d'environ 600 m. se dressant à l'O. de Mers-e-Kebir entre la mer et la sebkha d'Oran. (Djebel Murdjadjo.)

passé avec M. le général Bugeaud une convention sub-
séquente, par laquelle il s'était chargé de fournir lui-
même des chevaux au gouvernement, à condition qu'on
ne laisserait personne en acheter à l'avenir. Cette vente
de chevaux est déjà devenue l'objet de vives réclamations
des deux côtés ; et il est fâcheux qu'on n'ait pas laissé
ma correspondance à Oran ; car vous auriez pu y voir
tout ce qui a été écrit à ce sujet et dont M. le maréchal
gouverneur général doit avoir connaissance, si on lui a
fait parvenir mes lettres. Par celle du 4 mars 1838, nᵒˢ 56
et 5, je rends compte du tout à M. le général Rapatel et,
plus loin, je l'informe, qu'on va jusqu'à punir de mort
ceux qui nous vendent des chevaux. En un mot, c'est le
premier article du traité qui a été violé, et il n'y faut plus
penser, parce que c'est un parti bien pris quitte à en courir toutes les chances.

Conformément à vos ordres, je me suis plaint très amèrement au caïd Hadj el-Boukary des groupes de cavaliers,
qui viennent rôder sur notre territoire. Il me charge de
vous prier de n'en concevoir aucune inquiétude et de
vous assurer que tous ces désordres sont bien loin de la
pensée du gouvernement. Il rejette tous ceux, dont on
se plaint depuis quelque temps, sur l'éloignement de
l'Emir et la mauvaise foi de ses ennemis, qui ne cherchent qu'à lui susciter des embarras. Il voit un terme
prompt à tout cela. Le fait est que, quand Abd el-Kader
est là, tout obéit et tremble et que, quand il est absent,
personne ne peut dominer les tribus. Plus d'une fois, j'ai
vu le pouvoir forcé de dormir sur de sanglantes avanies
et même sur des refus complets d'obéissance. Il m'est, en
outre, démontré que l'Emir, dans la passe où il se trouve,
ne peut que voir avec déplaisir des excès, qui peuvent
amener une rupture, qui le contrarierait infiniment, du
moins pour le moment. L'Emir n'y est donc pour rien et
ne peut s'y opposer. (Voir ma lettre nᵒˢ 58 et 7. 18 mars
1838.)

6° Pour vous mettre en état de répondre à M. le maréchal gouverneur au sujet du Prussien Hulsen, ancien déserteur de la légion étrangère et que les Arabes nomment Moustapha, je ne puis que vous envoyer également ce que j'en ai écrit à M. le général Rapatel, à la date du 14 mai 1838, n°ˢ 68 et 17.

« Conformément à vos ordres, j'ai réclamé avec instance le nommé Hulsen, qui porte chez les Arabes le nom de Moustapha. Le caïd Hadj el-Boukary m'a répondu d'abord que Hulsen n'était pas un prisonnier de guerre, mais bien un déserteur, sur lequel le traité ne nous concédait aucun droit, et, qu'ensuite, depuis un mois environ, cet homme n'était plus au pouvoir de l'Emir. Las de la vie misérable qu'il menait à Tlemsan autant que dégoûté des crimes et des injustices des Arabes, il a déserté par une belle nuit et on le dit, les uns dans le Maroc, et les autres chez les Kabyles du Cibane. En pareille occurence la bonne foi des Arabes me sera toujours suspecte; mais, cette fois, du moins, j'ai tout lieu de croire, que le caïd Hadj el-Boukary m'a dit la vérité. Lorsque les déserteurs Abdallah et Hamidou passèrent par Mascara, ils m'instruisirent de la fuite de Hulsen et je ne vous en rendis pas compte, parce, qu'alors, je ne pensais pas, que cela pût avoir pour vous le moindre intérêt. »

7°. J'ai parlé de nouveau au caïd des entraves, qu'on mettait à la liberté du commerce et n'ai pas manqué de lui faire toutes les représentations, que vous m'ordonnez de lui adresser. Il n'a cherché ni à s'en défendre ni à le cacher, mais, au contraire, m'a naïvement avoué, qu'on prenait deux boudjous par charge de chameau, de cheval ou de mulet, et un boudjou par charge d'âne. qui se rendaient à nos marchés. Ce sont des droits établis par l'Emir et il n'y peut rien. Cette affaire demanderait peut-être à être traitée ainsi que celle des chevaux par M le

maréchal gouverneur général. On saurait à quoi s'en
tenir (1).

8° Comme, dans le post-scriptum de votre **dernière**
lettre, en date du 23, vous m'annoncez que vous **avez des**
preuves, que l'affaire des Maures et des Juifs, blessés, tués
et volés sur la route d'Oran à Mostaganem (2) n'a été
qu'une panique, je n'ai pas cru devoir fortement insister. Le caïd m'a cependant appris que les plaignants
étaient chez les Garabas et que l'aga Habib Boualem **allait**
leur faire rendre justice.

9° Je devais avoir une entrevue avec l'aga Habib
Boualem et lui parler de la disparition d'Abdallah ben
Hamida, qui était venu acheter un cheval à Mascara,

---

(1) Les Arabes prétendaient, que ces droits étaient établis par réciprocité avec les droits d'octroi frappant les marchandises indigènes
à l'entrée des villes occupées par les Français. Le colonel Montpezat,
de son côté, protestait vivement contre ces pratiques. « Je réclame
sans cesse, écrivait-il au maréchal Valée, contre ces droits et ces
entraves, d'après le principe de la liberté du commerce posé par
l'article X de la convention du 3o mai 1837, et je repousse la
question de réciprocité à l'égard des droits d'octroi établis dans
les places que nous occupons par application du régime français
en général, comme n'étant pas un droit de douane et, d'ailleurs,
par ce motif prédominant, que la suzeraineté de la France ne peut
admettre l'exercice d'aucun droit de souveraineté contre elle de la
part de l'Emir.

« Je prie M. le maréchal de me faire connaître si j'ai bien inter-
prété ses intentions.

« Peut-être y aurait-il lieu d'examiner, si lès avantages que produisent les droits d'octroi peuvent compenser les pertes, qui résulte-
raient des droits, que l'Emir ferait percevoir par système de réciprocité et à divers titres sur les produits du pays destinés à nos
marchés. » (Montpezat à Valée, 21 juillet 1838. A. G. G. A. E. 125).

(2) Le 21 juin 1838, une caravane composée de trois muletiers
arabes, de trois Juifs d'Oran et d'un nègre, s'étant arrêtée à Télémine,
près du Vieil Arzeu pour y passer la nuit, avait été assaillie et déva-
lisée par une bande de 12 ou 15 Arabes armés. Cf. Rapatel à Valée,
27 juin 1838, A. G. G. A. E. 125.)

mais je n'ai pu encore le voir. Le caïd m'a promis, en tout cas, d'en écrire au califfa, qui vient d'arriver à Taguedemt.

10° Il en sera de même pour Califa ben el-Arby. Je crois qu'on lui rendra son cheval; mais, quant à sa nièce, il n'en entendra jamais parler. Depuis longtemps, il nous est bien prouvé que l'Emir, malgré le traité, n'accorde à qui que ce soit l'autorisation de venir sur notre territoire, témoin Hautman, qui a été pendu à Mascara pour ce fait.

11° Comme vous me l'ordonnez, je suis revenu sur l'affaire de Jacob Koën. Hozanna a juré devant la justice, qu'il n'avait rien reçu ni rien demandé; les oignons ont été abandonnés par le muletier, qui n'a pas voulu les emporter, parce qu'ils n'étaient pas compris dans son marché, et le caïd avoue qu'il a reçu de gré à gré deux douros, pour donner à ce Juif la permission d'acheter une mule, ce qui, dit-il, est dans les droits de sa place. Il y a évidemment de la mauvaise foi dans tout cela ; mais on ne peut pas dire en face aux gens, qu'ils en ont menti. Notez bien que Ben Louna, qui a déclaré avoir tout vu à Oran, ne veut plus rien avoir vu à Mascara.

12° M. Stupfel, maire de Mostaganem, m'a envoyé un Juif de cette ville, nommé Smaya ben Aïm. Fait prisonnier pendant la guerre, cet homme a été forcé par l'Emir d'habiter Mascara, et, depuis trois mois, environ, il s'est enfui à Mostaganem, où il a été rejoindre sa famille. Aujourd'hui, il vient réclamer ses outils laissés à Mascara plus 13 pièces de cinq francs, qu'il a envoyées après son départ pour payer ses dettes, et dont le caïd s'est emparé. Malgré que j'ignore, s'il m'est permis d'entretenir correspondance avec le maire de Mostaganem, je me suis, néanmoins, occupé de cette affaire et vous en instruis. Le caïd m'a dit, que le Beylik s'emparait de ses outils et les envoyait à Taguedemt, parce que c'était une prise de guerre, sur laquelle il n'y avait plus à revenir, et que, quant aux 13 douros français, il allait les envoyer au consul de Mostaganem, chez qui les créanciers de Smaya ben Aim iraient se faire payer.

13° J'ai porté au caïd, Hadj el-Boukary la réclamation de l'israëlite Joseph Ben Guigui. Il m'a répondu, que personne ne pouvait quitter Mascara sans l'autorisation de l'Emir et qu'il en allait écrire sur le champ au califfa. Plusieurs fois, j'ai été chargé de faire de pareilles demandes; toujours on m'a répondu de même et, toujours, elles ont été sans résultat. C'est encore un parti pris et, plusieurs fois, j'en ai rendu compte.

14° L'événement déplorable, dont vous me parlez dans votre lettre du 26, était déjà connu à Mascara, où des ordres ont été donnés pour découvrir les coupables. Je m'en suis longuement entretenu avec le caïd Hadj el-Boukary. Il ne croit pas que ce crime ait été commis par les siens, parce que, dit-il, ils n'auraient pas manqué d'emmener les mulets et les chevaux pour les vendre, fût-ce même dans le désert. Devant moi, il en a écrit au califfa et croit pouvoir bientôt nous mettre sur la voie. Cet horrible attentat afflige tout le monde et détruit toute espèce de confiance. Je ne négligerai rien, croyez-le bien, mon colonel, pour donner à cette affaire la suite qu'elle mérite (1).

____

(1) Il s'agit sans doute de quelque attaque à main armée analogue à celle du 21 juin. Le colonel Montpezat remarque que ces actes de brigandage n'ont lieu que sur la partie de la route de Mostaganem à Oran traversant le territoire de l'Emir et soustraite, par conséquent, à l'autorité française, circonstance qui rendait le plus souvent impossible la recherche et la punition des criminels. Il estimait donc nécessaire d'obtenir une délimitation de frontière telle, que la route de Mostaganem à Oran fût comprise tout entière en territoire français. Il exprimait aussi le regret qu'on eût pris pour bases de la délimitation des lignes arbitraires « qui ne répondent pas plus aux besoins de la paix qu'à ceux de la guerre »,

Maintenant, mon colonel, que je crois avoir répondu sans rien oublier à tout ce qui fait le sujet de vos cinq dernières lettres, je crois pouvoir assurer que tous ces crimes, ces délits, ces méfaits enfin, dont on ne peut obtenir la réparation prouvent jusqu'à l'évidence que, pendant l'absence de l'Emir, personne ne peut maintenir les Arabes, et que, jusqu'à son retour cela ne fera que croître et embellir. Partant de là, il serait peut-être prudent, du moins pendant quelque temps, d'être très sévère sur les permissions à accorder pour l'intérieur, dont abusent souvent des fous ou des imprudents pour s'aventurer au loin quelquefois seuls. Je faisais un jour une réclamation au califfa Sidi Moustapha ben Tamy pour un Juif, qui avait été pillé chez les Oulad L'habbas, quand il me confondit en me disant : « Mais cet homme est fou ; moi, califfa de l'Emir, je ne voudrais pas aller chez ces gens là sans mon armée ». Non, il ne faut pas plaisanter avec les Arabes ni encore moins s'y fier. Leur organisation s'oppose à toute répression de délits et ceci est tellement vrai que, chez eux-mêmes, un Garaba, par exemple, vient-il à tuer dans sa tribu, il s'enfuit chez les Beni Ameur ou ailleurs et tout est dit.

Hadj Tahar, le frère du caïd Hadj el-Boukary, qui est allé à Fez, y a fait pour le compte de l'Emir de grands achats d'armes. L'empereur de Maroc l'appuie et lui donne toutes les facilités possibles. Je tiens tout cela d'une source certaine.

On publie que Miloude Bennarache doit partir avec

---

tandis qu'il eût été plus naturel de la déterminer à raison du territoire des tribus, qui devaient entrer dans notre système d'occupation. « Il résulte, écrit-il, du mode de délimitation adopté, que plusieurs tribus se trouvent partagées entre les deux administrations française et arabe, que les moyens de gouvernement, de surveillance et de police sont presque illusoires dans ces localités et que les habitudes et les intérêts des habitants s'y trouvent également contrariés. » (Montpezat à Valée, 27 juin 1838. A. G. G. A. E. 125.)

toute sa famille pour rejoindre celle de l'Emir, qui est toujours à Bouqrechefa. Il n'y a rien encore de positif, mais tous ces bruits jettent l'alarme et le peuple ne peut y voir que des signes de guerre, puisque tout le monde quitte Mascara et que, bientôt, il n'y restera plus que le caïd, qui, encore, se munit de moyens de transport.

Le califfa est arrivé à Taguedemt. On dit qu'on y a volé dans les magasins de l'Emir un coffre renfermant tous les bijoux provenant de la contribution forcée sur les Courouglis de Media et de Miliana. Les enrôlements pour l'infanterie continuent sur tous les points. Bou-Hamidy se renforce à Tlemcen.

J'arrive maintenant à vous rendre compte de tout ce qui a été dit sur Aïn Mady depuis ma dernière lettre.

On fait courir le bruit, à Alger, qu'Abd el-Kader est mort ; mais il n'en est rien et il est toujours devant Aïn Mady, dont il veut s'emparer à tout prix. Il a envoyé à Taguedemt 150 malades et fait venir à leur place 150 hommes valides. Le 23, on lui a envoyé deux obusiers (1), un immense convoi de vivres et, de plus, une grande quantité de planches, qui, toutes, proviennent de nos constructions de la Tafna. Il veut décidément faire construire un blokhaus, pour dominer et battre la ville. Des déserteurs français s'en seraient chargés. Pour mettre en route le convoi, on a fait une presse sur tous les chevaux, mulets et chameaux, qu'on a pu trouver dans Mascara.

Dernièrement, l'Emir a fait une sommation à la ville et un appel aux malheureux habitants, en les prévenant que

---

(1) Ces pièces d'artillerie provenaient de Tlemcen. Montpezat, en signalant cet envoi, fait remarquer, qu'il serait peut-être bon d'installer à demeure à Tlemcen un agent français, qui pourrait renseigner le gouvernement sur les arrivages d'armes et de munitions destinées à l'Emir, et, aussi, entrer en relations avec les tribus de la région. (Montpezat à Valée, 17 juillet 1838. A. G. G. A. E. 125.)

ses mines étaient prêtes. Tedjiny lui a répondu, qu'il n'avait qu'à y mettre le feu et que, tous, ils étaient décidés à s'ensevelir sous les murailles plutôt que de se rendre. Il n'y a pas mis le feu. Tedjiny, instruit par l'expérience de plusieurs sièges, est largement approvisionné pour 5 ou 6 ans. La poudre ne lui manque pas et il a fait venir à prix d'argent les meilleurs tireurs des tribus placées sous ses ordres. Avec eux, il a organisé 12 postes de 25 hommes chacun, qui se relèvent sur les murailles. Ces gens là ne tirent que de près et à coup sûr; personne, chez l'Emir, ne peut se montrer à portée et tout le monde s'accorde à dire que, jusqu'à présent, tous les tués ou blessés n'ont été frappés qu'à la tête.

Le caïd Hadj el-Boukary a reçu plusieurs fois des nouvelles de l'Emir, malgré qu'il le nie. On en augure qu'Abd el-Kader n'est pas plus avancé que le premier jour. En effet, s'il y avait la moindre apparence de succès, on n'aurait pas manqué d'emboucher la trompette ; mais non, silence absolu.

Au moment où je ferme ma lettre, j'apprends qu'il est arrivé à Mascara et dans les tribus beaucoup de déserteurs et m'empresse de vous rendre compte, que l'Emir accorde une amnistie pleine et entière à tous ceux qui veulent rentrer chez lui. Je vais essayer de réclamer leurs chevaux.

Je suis, etc....

E. DAUMAS.

A. G. G. A. E. 1162 80-29. (Original).

J'apprends encore à l'instant même que l'Emir n'est pas à son aise ; il vient de faire demander tous les ca-

nonniers du califfa et Tedjiny a reçu de puissants renforts d'une tribu, qu'on appelle les Zegdou (1).

J'ai reçu les copies de l'ordre du jour, que vous avez
daigné faire en notre faveur et en ai remis une à M. le
docteur Warnier, qui va de mieux en mieux. Il se joint
à moi pour vous remercier vivement de ce témoignage
honorable de notre conduite à Mascara, et vous assurer
que nous allons, s'il est possible, redoubler de courage,
d'efforts et de zèle, pour mériter la continuation de votre
bienveillance et celle du gouvernement.

E. D.

---

(1) Le nom de Zegdou ne désigne pas une tribu, mais une confédération formée par les Douï Menia et les Ouled Djerir, dont les
contingents réunis faisaient de fréquentes razzias sur les tribus du
Sud-Oranais. Cette confédération fut dissoute après l'expédition du
général de Wimpfen sur l'oued Guir en 1870. Cf. *Documents sur le
Nord-Ouest africain*, II. p. 371.

LI

Daumas à Montpezat.

Mascara le 4 août 1838.

Mon Colonel,

J'ai reçu votre lettre en date du 3o juillet et me suis immédiatement conformé aux ordres qu'elle renfermait. M'étayant donc de l'article 10 du traité, j'ai réclamé de nouveau et avec instance et la nièce de Califa ben el-Arby et les enfants du Juif Ben Guigui ; mais on m'a fait la même réponse, c'est-à-dire, que personne ne pouvait venir à nous sans la permission directe de l'Emir, et qu'on lui en avait référé. Plusieurs fois déjà, comme j'ai eu l'honneur de vous le dire, j'ai été chargé de faire de pareilles demandes, notamment pour des Courouglis et des Juifs de Tlemsan, et, toujours, elles ont été ainsi éludées. Dans la position où je me trouve, je ne puis que protester, vous en instruire et vous prier d'appeler l'attention de M. le maréchal gouverneur général sur un pareil système de temporisation. Le meilleur moyen, suivant moi, serait d'en écrire directement à l'Emir et de lui dire que, depuis son absence, on ne peut avoir aucune satisfaction pour les griefs, dont chaque jour nous demandons la réparation, chacun de ses délégués se renvoyant la balle, à l'exception de Bou Hamidy toutefois, qui ne prend même pas cette peine. En effet, maintenant que se passe-t-il ? Une réclamation me parvient ; j'en parle au caïd ; le caïd me prévient qu'il ne peut rien décider et qu'il la transmet au califa ; le califa ne suit pas d'autre marche et dit qu'il en écrit à l'Emir. Mais l'Emir est à Aïn Mady.

Tout ce que vous me dites pour la vente des chevaux est l'exacte vérité. Nous sommes pleinement dans notre droit; ils en sont eux-mêmes convaincus; mais c'est un parti pris avec réflexion, quitte à eux à en courir toutes les conséquences. J'ai, néanmoins, protesté de nouveau mais cela ne pourra s'arranger que d'en haut.

Je suis encore revenu à la charge pour l'affaire de Jacob Koën. Le caïd, cette fois, a positivement refusé de restituer les 14 boudjous que vous réclamez ; il a reçu, dit-il, deux douros de gré à gré pour accorder la permission d'acheter une mule, ce qu'il met toujours dans les bénéfices de sa charge et l'autre douro a été payé comme droit prélevé par ordre de l'Emir sur toutes les marchandises, qui entrent à Mascara. Il ne sort pas de là et prétend que Jacob Koën ment en disant, qu'il n'a pas apporté de marchandises puisqu'elles sont encore ici. Cette réclamation m'a appris une chose que j'ignorais et dont je m'empresse de vous rendre compte, c'est qu'on prélève le dixième sur tout ce qui se vend à Mascara (ordre formel de l'Emir). Pour notre compte, j'ai protesté.

Je me suis plaint de nouveau très amèrement des groupes de cavaliers qui, depuis quelque temps, viennent rôder en avant du Figuier, et n'ai pas manqué de représenter les conséquences fâcheuses que pouvaient avoir de semblables démonstrations. Le caïd en a déjà rendu compte au califfa et vous prie de tâcher de lui faire savoir à quelle tribu ils appartiennent, afin de solliciter la punition des agas ou des caïds, qui tolèrent de pareilles choses. Il en écrit, de son côté, à Hadj l'Habib pour qu'il prenne aussi des informations.

Pour l'affaire des Juifs volés sur la route de Mostaganem, le caïd m'a dit que l'aga Habib Boualem était sur la trace des coupables et il vous prie de vouloir

bien la faire traiter par Hadj l'Habib, qui est presque
sur les lieux. Hadj el-Boukary, sur mon invitation, a instruit le califfa de la disparition du Smala Abdallah ben
Hamida. Je vous rendrai compte des mesures qui seront
prises.

Le 3o juillet, il est arrivé du Maroc une nombreuse
caravane, dont une partie appartenait au commerce et
le reste à l'Emir. Il y avait pour son compte douze mulets
chargés de poudre, quatre de salpêtre et quatre de
pierres à feu. C'est le commencement des envois que
doit faire Hadj Tahar, dont je vous ai annoncé la mission à Fez. Le tout a été immédiatement dirigé sur
Taguedemt.

Le califfa Moustapha ben Tamy est à Alouya (1), entre
les Oulad Kouidem (2) et les Beni Ourager (3). On assure qu'il a reçu l'ordre de l'Emir de terminer sa tournée et de rentrer à Mascara.

Depuis le dernier courrier les affaires de l'Emir devant
Aïn Mady n'ont pas pris une bonne tournure. D'abord
Tedjiny, au nom de la justice et de la religion, a porté
plainte à l'empereur de Maroc, et Mouley Abderraman
a écrit à Abd el-Kader, pour lui ordonner de laisser en
paix des Musulmans, qui ne relèvent pas de lui et ne
lui ont jamais donné le moindre sujet de plainte. Ensuite
un combat a été livré, où l'Emir a perdu, sans gagner
un seul pouce de terrain, plusieurs officiers et une cinquantaine d'hommes sans compter les blessés, et, enfin,
tout va si mal, qu'on émet déjà des doutes sur la possibilité de son retour. En effet, les Arabes, qui, dans tout,

----

(1) Hallouya, tribu divisée en Hallouya Gharaba et Cheraga. (D. C.
Tighermatine, Tidda, Dar-Bosseri. — Ammi-Moussa. M.).

(2) Ouled Kouïdem, tribu de l'aghalik du Cherg. (D. C. Merdja
el-Garga. (Inkermann P. E.). Abd el-Goni (Saint-Aimé P. E.).
Touarès (Ammi-Moussa. M.). Sur le territoire de cette tribu se trouvait un gué, le meilleur du Chélif, après celui des Ouled Sidi el Aribi.

(3) Beni Oughar.

voient la main de Dieu et qui, maintenant, attendent les événements sans se prononcer, ne manqueront pas de se réunir à Tedjiny pour l'inquiéter dans sa retraite. Ces nouvelles, vous pouvez les considérer comme certaines, car elles ont été données devant moi au caïd par un chef, qui arrivait du camp du califfa, qui ne me connaissait pas et qui ignorait que je parlais l'arabe.

Ce chef a ajouté, qu'on avait envoyé à l'Emir tous les projectiles qui se trouvaient à Media et à Miliana, un immense convoi de vivres, de munitions et une grande quantité d'échelles. Selon lui, encore, Abd el-Kader aurait fait construire des plates-formes pour battre les murailles avec ses canons et, en désespoir de cause, il voudrait tenter un assaut. Quoi qu'il en soit, les inquiétudes se manifestent ici de plus en plus vives chez les partisans de l'Emir et ses ennemis ne dissimulent leur joie qu'avec peine, malgré la crainte du caïd, qui fait emprisonner tous ceux qui ont le malheur de parler d'Aïn Mady. Tous les jours, la population apprend la mort d'un parent, d'un ami et l'on n'entend partout que pleurs et gémissements. Pour me faciliter les moyens de bien savoir ce qui va survenir, daignez, mon colonel, ne rien publier de ce que je vous apprends.

L'aga des Garabas, Habib Boualem arrive au moment où je termine ma lettre. Je viens d'avoir une entrevue avec lui, au sujet des affaires en litige de son côté et je m'empresse de vous en rendre compte.

1° L'aga a fait arrêter et emprisonner à Mascara cinq Garabas fortement soupçonnés d'avoir dépouillé les Juifs sur la route de Mostaganem. On a déjà trouvé chez eux des pièces de conviction ; mais, dans leur déposition, ils prouvent qu'il y avait des Douairs avec eux, lequels ont pris leur part du gâteau. L'affaire se suit ; les plaignants sont ici et l'aga m'a promis de me restituer tout ce qui aura été pris par les siens, en nous faisant connaître, en outre, les noms de nôtres complices de cet attentat.

2° Il m'a dit qu'il avait fait relâcher le Smala Ben Hamida avec son cheval, son fusil, sa selle et tout ce qui lui appartient ; il doit être rentré chez nous.

3° On ne rend pas la nièce de Califa ben el-Arby parce qu'on prétend maintenant, qu'elle a été enlevée contre sa volonté, (mauvaise foi et mensonge).

4° Habib Boualem nie que ce soient des Garabas qui viennent rôder en avant du Figuier. Il prétend que ce sont des Beni Ameur, met tout sur le compte de Bou Hamidy et répond des siens.

5° On n'a pas trouvé le cheval du Douer tué à Melata chez Mohammed ben Ouada.

6° L'aga me charge à son tour de vous dire, que des Garabas revenant du marché, ont été arrêtés par des Douairs à Dikra, qu'on leur a pris leurs ânes et 200 boudjous. Hadj l'Habib vous parlera de cette affaire.

Comme vous le voyez, mon colonel, tout finira par s'arranger. Cela tient à la position critique où se trouve l'Emir s'il ne prend pas Aïn Mady. Montrez les dents à Hadj l'Habib et on passera, pour le moment, **par** où vous voudrez.

Je suis, etc...

E. DAUMAS.

Le calife Bou Hamidy a voulu sortir de Tlemsan pour lever les contributions sur les grains. Les Arabes n'ont pas voulu le recevoir et il a été forcé de rentrer

E. D.

A. G. G. A. E. 116² 81-3o. (Original).

LII

Daumas à Montpezat.

Mascara, le 7 août 1838.

Mon Colonel.

Le nommé Caddour ben Jarry m'a remis aujourd'hui vos deux lettres, et c'est avec le plus grand étonnement que j'ai lu leur contenu.

On n'a jamais entendu parler à Mascara ni de Miloude ni de l'enterrement d'un homme vivant, ni de l'atrocité qu'on prête, cette fois, bien injustement au caïd. Un pareil crime chez les Arabes ne peut se cacher à toute une population; j'en aurais été instruit et certes, je n'aurais pas manqué de m'y opposer et de vous en rendre compte. Dix minutes après la mort d'Hautman j'étais prévenu et, le lendemain, on en avait connaissance à Oran.

J'ai, néanmoins, conduit moi-même Caddour ben Jarry chez le caïd Hadj el-Boukary. Ce dernier lui a dit en ma présence. « Jamais ton frère n'est venu à Mascara ; on t'a trompé ; promène-toi dans la ville et les faubourgs ; interroge de tous les côtés et, si tu entends parler de quelque chose de semblable, je suis coupable et je répondrai de ce crime envers la France. »

Caddour ben Jarry, qui connaît les mœurs de son peuple et qui sait qu'il est impossible de tenir secret un pareil attentat, reste convaincu, après avoir pris des informations, qu'on l'a indignement trompé. Demain il repart pour Mostaganem avec une lettre du caïd pour le consul.

Le caïd me charge de vous prier de mettre un frein à tous les mensonges et à toutes les dénonciations, qui ne peuvent que troubler la bonne intelligence et pense que l'Arabe, qui a dit à Mostaganem avoir vu, de ses propres yeux, Miloude enterré jusqu'au col, mérite une punition exemplaire, parce que tout cela ne tend qu'à semer des inquiétudes et à rendre les relations plus difficiles. De mon côté, je vous prie aussi d'être tranquille sur tout ce qui pourra survenir à Mascara. Je vous renseignerai bien et, comme par le passé, je vous dirai toujours la vérité.

Je crois que la position de l'Emir à Aïn Mady changera beaucoup la face des affaires. On est disposé à nous donner satisfaction, mais cela dépendra, comme j'ai eu l'honneur de vous le dire, des événements, qui vont survenir.

On annonce le retour du califa à Mascara, et l'on dit qu'il y revient par ordre de l'Emir, pour mettre un terme aux excès dont nous nous plaignons. L'aga Miloude Bennarache ne part plus et l'aga Habib Boualem vient habiter Mascara avec sa famille. Cela étant, je n'ai pas cru devoir poser au caïd une des questions renfermées dans votre avant-dernière lettre, parce que c'eût été oser témoigner des craintes maintenant sans aucun fondement. Ai-je bien fait ?

Je garde, néanmoins, votre lettre et me conformerai directement à ses prescriptions, le cas échéant. Nous vous remercions tous bien sincèrement d'avoir bien voulu songer à notre sûreté; mais, quels que soient les changements qui peuvent survenir dans la politique de la province, nous nous croyons en sûreté, si vous ne laissez pas échapper les consuls de l'Emir.

Je vous renvoie votre propre note pour les réclamations que vous avez égarée.

Le caïd me fait dire, que l'Emir est sur le point de prendre Aïn Mady. Je n'en crois pas un seul mot et ne vous écris pas plus au long, parce que le courrier me presse et que je conçois combien vous devez être impatient de connaître la vérité au sujet de Miloude.

M. le docteur Warnier va de mieux en mieux et vous remercie de l'intérêt que vous lui portez.

Je suis, etc....

E. DAUMAS.

Je vais m'occuper maintenant de l'affaire des Juifs.

Caddour ben Jarry, lui-même, bien convaincu qu'il a été indignement trompé me charge de vous dire que les auteurs du mensonge sont de Mostaganem et se nomment Adda bel Ouahrany, Douair, El-Mobabry, Bordjia, Hameur ben Brahim el Kebaly et Mohammed son frère, Aly ben Louna, marchand de chevaux.

E. D.

A. G. G. A. E. 1162 83-32. (Original).

LIII

Daumas à Montpezat.

Mascara, 13 août 1838.

Mon Colonel.

Aussitôt après avoir reçu votre lettre en date du 9 août, je me suis conformé aux instructions qu'elle renfermait et viens, aujourd'hui, vous rendre compte du résultat de mes démarches.

1° Le Juif Smaya ben Aim se trouvait chez les Medjahars, quand il a été fait prisonnier, et, en effet, il a été amené à Mascara sans ses outils, mais l'Emir, instruit qu'il les avait cachés chez un autre Arabe de cette tribu, les envoya chercher quelque temps après. Voilà comment Smaya ben Aim prétend qu'il n'était pas porteur de ses outils, mais on continue à les considérer comme prise de guerre, sur laquelle on ne peut revenir et le beylik s'en est emparé. Quant aux 13 pièces de cinq francs en question, le caïd m'a donné sa parole qu'elles étaient déposées entre les mains de son frère, consul à Mostaganem, et il lui écrit de nouveau d'en tenir compte au réclamant après avoir, toutefois, payé ses créanciers.

2° J'ai eu une entrevue avec l'aga des Garabas au sujet de Mohammed bel Medda. Il me charge de vous assurer que cet Arabe ment avec d'autant plus d'impudence, qu'il n'a jamais eu, de sa vie, une selle et un fusil à sa disposition ; il en est de même pour la tente, les effets et les grains qu'il réclame attendu que, simple domestique chez son oncle, Mohammed bel Medda, qui était, en outre, enrôlé dans l'infanterie de l'Emir, n'a jamais été propriétaire ni cultivateur.

Habib Boualem continue donc à réclamer la selle et le fusil de son frère, plus la valeur d'un cheval acheté mais non payé par Mohammed bel Medda.

3° J'ai de nouveau réclamé et la nièce de Califa ben el-Arby et les trois filles de l'Israélite Ben Guigui. Le caïd m'a répondu qu'il en avait écrit au califfa, qu'il n'en avait pas encore reçu de réponse, mais que Sidi Moustapha ben Tamy arrivant à Mascara pour la fin de la semaine, je traiterais cette affaire directement.

4° On se dit absolument sans nouvelles pour l'assassinat des Juifs, mais l'on croit qu'il y a eu des arrestations opérées par Bou Hamidy. Le califfa suivra cette affaire et saura mettre un terme aussi aux rôderies de nos voisins sur notre territoire. L'aga des Garabas jure, par tous ses saints, que les siens n'y prennent aucune part.

5° Les Garabas soupçonnés d'avoir pris part au dépouillement des Juifs sur la route de Mostaganem sont toujours en prison et les plaignants à Mascara. Cette affaire ne sera, comme les autres, terminée que par le califfa et elle aura des suites, parce que le frère du caïd Hadj el-Boukary y est intéressé pour 4o douros.

6° L'aga Habib Boualem me charge de vous réclamer un nègre nommé Salem, sa propriété particulière ; il est à Mostaganem, où il s'est enfui depuis quelque temps (1).

Habib Boualem prétend, qu'on ne peut placer les

____

(1) Une note au crayon indique que ce nègre avait été renvoyé par le colonel Dubarrail à Oran et que l'affaire devait être soumise à la décision du maréchal Valée.

Une seconde note manuscrite indique que l'affaire doit être rayée du rôle des réclamations, Salem ayant été renvoyé à Mascara le 15 août.

nègres dans la catégorie de l'article 10 du traité, parce qu'ils sont esclaves chez eux; qu'ils les achètent pour de l'argent et que c'est une propriété comme une autre. Je vous soumets, en tout cas, sa réclamation (1).

Caddour ben Jarry, au lieu de partir le lendemain de son arrivée, comme je vous l'avais écrit, ne l'a fait qu'hier soir. Il s'en va, bien convaincu du mensonge qui l'avait si fort alarmé et se rend à Mostaganem pour y continuer ses recherches.

Le 12, il est arrivé d'Oran, 4 charges de mulets de cuivre en feuilles.

On ne sait absolument rien de nouveau sur Aïn Mady. Le caïd seul en reçoit des nouvelles et se garde bien de les divulguer. On dit, cependant, généralement que l'Emir perd beaucoup de monde par le feu et par les maladies ; que ses mines n'ont eu aucun succès (2), mais qu'il a fait encore venir du canon et qu'il veut tenter un assaut. L'emplacement des mines aurait été dévoilé par des Arabes du dehors qui, avec des frondes, ont su lancer des pierres dans la ville. Quand Mustapha ben Tamy rentrera à Mascara, il enverra à l'Emir toute l'infanterie dont il dispose, afin de réparer ses pertes.

Hier on a fait encore partir un convoi pour Aïn Mady; il consiste en vivres pour l'armée et en provisions spéciales pour l'Emir telles que taâm (3) raisins et melons.

---

(1) Le maréchal Valee se rangeait à cette manière de voir. Témoin la remise à Abd el-Ḳader d'un nègre et d'une négresse fugitifs, incident qui provoqua la démission du directeur des affaires arabes, Pellissier de Reynaud. Cf. *Ann. Algériennes* II. liv. XXVII, p. 315.

(2) Le travail des mines était dirigé par Léon Roches aidé d'un déserteur hongrois nommé Hassan. Des mineurs de Figuig, dont les habitants étaient réputés pour leur habileté dans ce genre d'attaque, avaient été mis à sa disposition par Si Hamza chef des Ouled Sidi Cheikh. (Léon Roches: *Dix ans à travers l'Islam.* Liv. II. chap. V. p. 134.)

(3) طعام littéralement vivres, nourriture : c'est en particulier le nom donné à la semoule, qui sert à faire le « kouskoussou ».

Hadj Tahar, le frère du caïd Hadj el-Boukary, qui est à Fez, continue ses envois, qui consistent toujours en armes et munitions de guerre. Depuis quelque temps, on confectionne aussi beaucoup de bois de fusil à Mascara et surtout à Taguedemt, où l'on essaye de nouveau d'établir un moulin à poudre sur le modèle de celui de Tlemsan, qui rend, dit-on, un quintal et demi par jour. Ce sont des déserteurs français, qui se sont chargés de ce travail.

Comme moyen de comparaison, je vous envoie la mercuriale du dernier marché de Mascara.

Chevaux bien conformés : de 100 à 200 boudjous.

Anes, 18 à 20 ; bœufs, 18 à 22 ; mules, 150 à 180 ; moutons, 5 à 7; chèvres, 4 à 5.

Blé (fanègue de Mascara) : de 15 à 17 boudjous ; orge, (fanègue de Mascara) : de 5 à 6 . Poules, 8 mouzouna (10 sols). La douzaine d'œufs : 40 centimes. Miel, (la livre de Mascara), 2 francs. Beurre, (la livre de Mascara), 2 fr. 50. Bois (la charge d'âne), de 50 à 60 centimes. Laine cardée, (la livre de Mascara), 2 francs. Savon noir, (la livre de Mascara), 1 fr. 50. Charbon, (la charge d'âne), 1 fr. 50. Huile (le litre), 75 centimes. Pain de figues, de 2 à 3 centimes.

Le boudjou ne se compte, à Mascara, qu'à raison de un franc cinquante centimes.

Je vous envoie, par ce courrier, les soldats du train. Je n'ai pu le faire plus tôt, ne voulant rien donner au hasard.

Je suis, etc....

E. DAUMAS.

A. G. G. A. E. 116² 83-32. (Original).

LIV

Daumas à Montpezat.

Mascara, le 19 août 1838.

Mon Colonel.

.Je m'empresse de vous rendre compte, qu'aujourd'hui même, le califfa Sidi Moustapha ben Tamy a fait **son** entrée dans Mascara. J'ai été invité par les autorités de la ville à me joindre à elles pour aller à sa rencontre et ne m'y suis pas refusé. Il m'a bien reçu et m'a manifesté l'intention de maintenir la paix ; mais je n'ai pu avoir avec lui qu'un entretien très court, le moment n'étant pas favorable, du reste, pour parler d'affaires. Aussitôt qu'il recevra, je traiterai directement avec lui toutes celles qui sont en litige et vous informerai de la tournure qu'elles prendront.

Le Juif Smaya ben Aïm est arrivé sans accident ; il est dans ma maison et y trouve toute la protection qu'il est de mon devoir de lui accorder et dont il avait besoin, car son arrivée a fait le plus mauvais effet. J'ai reparlé de son affaire au caïd ,mais Smaya ben Aïm, comme la première fois, n'a pu réunir un seul témoin, une seule preuve et, maintenant, loin de lui rendre ses outils, on va jusqu'à le réclamer comme un prisonnier de guerre, qui s'est évadé, pour lequel il n'y a rien **de** stipulé dans le traité et pour la rançon duquel on n'a rien reçu, tandis que, dit-on, on nous a payé tous les prisonniers de la Sikkak (1). Partant de là, si ce n'avait été par respect pour la maison du consul, il aurait été enlevé et voilà tout ce que Smaya ben Aïm a **gagné à venir se remontrer à Mascara. Le caïd se plaint, en outre,** qu'il a insulté son frère, le consul de Mostaganem. Quant aux 13 pièces de cinq francs, que vous réclamez, elles sont entre les mains de M. le colonel Dubarrail. J'attends vos ordres et tâcherai d'arranger tout cela avec le califfa.

Je ne puis, mon colonel, que vous répéter ce que j'ai eu l'honneur de vous dire au sujet de Miloude, qu'on prétend, maintenant, enterré dans la maison du califfa. Cet homme n'a pas paru à Mascara. Caddour ben Jarry, son frère, y est resté six jours et n'est parti que bien convaincu que, par méchanceté ou tout autre motif, on l'avait induit en erreur. De mon côté, j'ai fait prendre partout des informations à prix d'argent et il en résulte encore que, depuis un mois et demi, on travaille dans la maison du califfa pour la mettre en état de recevoir, et qu'il y entre par jour 40 à 50 personnes et que, pour faire mourir Miloude, c'était beaucoup plus facile dehors que dans une ville, où un crime pareil ne peut rester ignoré.

Les pèlerins de La Mecque commencent à rentrer. Ils ont apporté la nouvelle de la mort du père du califfa, Sidi Moustapha ben Tamy ; il a été enterré au Caire.

La famille de l'Emir a quitté Bouqrechefa et campe maintenant au pied des murailles de Miliana. On fait

---

(1) Les prisonniers faits à la Sikkak avaient été envoyés à Marseille. Ils furent restitués lors des négociations du traité de la Tafna. Abd el-Kader, trompé par Ben Durand, affectait de considérer cette restitution comme le payement des vivres qu'il avait fournis pour le ravitaillement de Tlemcen. Le gouvernement français, qui avait soldé le prix de ces denrées à Durand, considérait, au contraire, la remise des prisonniers comme une mesure gracieuse. De ce malentendu sortit l'affaire Brossard. Cf. *Ann. Algériennes*, liv. XXVI, t. II, pp. 266 sqq. et liv. XXV, ibd. pp. 265, sqq.

courir le bruit que l'empereur de Turquie (1) et Mohamed Ali ont envoyé des ambassadeurs chez Mouley Abderraman, mais il ne transpire rien sur le sujet de leur mission.

On s'occupe maintenant à Taguedemt de faire des balles avec tout le plomb acheté depuis la paix. On confectionne force cartouches et l'on y fait, en outre, de la poudre ; il y a plusieurs ateliers d'armes ; ils se garnissent d'ouvriers et commencent à rendre quelques fusils. On prend, en outre, de force, dans les tribus tous les fusils français qu'on y trouve ; on les paie 3o boudjous et on en arme les recrues.

Mouley Abderraman vient de faire cadeau à l'Emir de 4 pièces de canon. Elles sont arrivées à Tlemsan et l'on a envoyé de Mascara des artilleurs pour les chercher. Ça fait maintenant 43 pièces, dont peut disposer l'Emir. Je crois, moi, que, l'Emir n'ayant pu s'en procurer dans nos ports et conseillé par nos ennemis, aura pris le parti de se fournir d'artillerie par le Maroc. Je suis informé aussi, qu'il lui parvient par la même voie des fusils français ; il n'en veut plus d'autres ; mais qui peut les lui fournir ? J'appelle votre attention sur tout cela.

-M. le maréchal gouverneur a daigné m'écrire, pour me témoigner son approbation pour la ligne de conduite, que j'ai suivie depuis mon arrivée à Mascara et il me donne l'ordre de continuer à faire tous mes efforts pour le maintien de la paix, qui, pour le moment, est, dit-il, dans la volonté du Roi. Je lui réponds et viens vous prier de lui faire parvenir ma lettre sûrement.

On ne sait d'Aïn Mady que ce que le pouvoir veut bien en dire. Cependant, je ne crois pas me tromper, en vous assurant, que l'Emir est toujours dans la même po-

____

(1) Mahmoud II (1785-1839).

sition, c'est-à-dire fort embarrassé. On lui tue toujours beaucoup de monde et ses affaires n'avancent pas. Mais, hier, on a appris la mort de Sidi Mohammed Saïd, frère de l'Emir. Abd el-Kader espère fatiguer Tedjiny par la longueur d'un siège, qu'il paraît vouloir prolonger.

Je vous instruis aussi que l'on fera des tentatives pour débaucher, sinon les chefs, du moins les malheureux chez les Douairs. Vous pouvez en parler à Mazary et lui recommander de redoubler de surveillance. Il vous est facile, du reste, d'avoir une police chez eux et de savoir tout ce qui s'y passe. Nous aurions bien tort de perdre des cavaliers, qui peuvent un jour nous être fort utiles.

Je suis, etc....

E. DAUMAS.

A. G. G. A. E. 1162 84-33. (Original).

LV

Daumas à Montpezat.

Mascara, le 26 août 1838.

Mon Colonel.

Le califfa Sidi Moustapha ben Tamy ayant été vraiment très occupé depuis son arrivée à Mascara, je n'ai pu le voir qu'hier, 25 du courant, et m'empresse, aujourd'hui, de vous faire connaître le résultat de nos démarches pour la réparation des nombreux griefs en litige depuis si longtemps. Le califfa, entrant dans une voie nouvelle, me charge de vous assurer que l'Emir veut à tout prix maintenir la paix et les bonnes relations, ce qui pourrait bien, du reste, être nécessité par la position où il se trouve devant Aïn Mady.

Je commence par l'affaire la plus sérieuse :

1° Les cinq Garabas arrêtés et emprisonnés pour l'affaire des Juifs dépouillés sur la route de Mostaganem ont reçu la bastonnade trois jours de suite et avoué leurs complices. On est à leur recherche et le califfa m'a donné sa parole, que ces Israélites seront intégralement payés de tout ce qu'on leur a pris. Vous pouvez, en conséquence, regarder cela comme fini.

2° Il m'a dit que la nièce de Califa ben el Arby avait été envoyée à Oran.

3° Il fait prendre des informations sur les enfants du Juif Ben Guigui et si, vraiment, ils n'ont pas d'autre parent que leur père, tout me porte à croire qu'on les rendra aussi.

4° J'ai demandé la punition des assassins des sept Juifs sur le territoire des Oulad Aly. Le califfa assure que, jusqu'à présent on n'a pu découvrir les coupables, mais qu'il mettra tout en jeu pour en arriver là et qu'alors justice en sera faite.

5° Le califfa prétend que, malgré que Moustapha ben Goul ait été lésé, c'est une transaction entre particuliers, dont les gouvernements ne peuvent s'occuper et dont la justice doit faire son affaire, s'il y a des preuves. Il en écrira, cependant, à l'aga des Medjahars.

6° Le califfa avait déjà connaissance de l'affaire des nommés Mohammed ben Daoud et Mohammed ben Mahy de Mazagran. Justice leur sera rendue et il a déjà envoyé des mekrazenys chez les Beni Zeroual pour s'aboucher à cet effet avec leur caïd.

7° Le califfa m'a envoyé deux chevaux de spahis, l'un nu et l'autre sellé; il me dit que ce sont des chevaux lâchés probablement par leurs maîtres et trouvés par les Garabas de l'autre côté du Tlélat. Malgré que vous ne m'en ayez pas parlé, je vais les envoyer par ce courrier tels que je les ai reçus.

8° J'avais deviné vos intentions au sujet de Smaya Ben Aïm et vous l'ai renvoyé par une forte caravane, qui se rendait à Oran. J'ai donc tout lieu de croire qu'il vous est arrivé sans accident. En traitant son affaire avec le califfa, j'ai su éloigner toute prétention sur sa personne mais n'ai rien pu obtenir pour ses outils, que l'on s'obstine toujours à considérer comme prise de guerre.

9° Quatre Juifs sortis de Mostaganem avec la permission seulement de se rendre chez les Medjahars pour y vendre des marchandises, ont été arrêtés par des mekrazenys au delà de la Mina et imposés hors de toute proportion. Ils sont venus me porter plainte à Mascara et, sur ma demande et mes représentations, le califfa leur a donné une lettre, avec laquelle ils doivent rentrer dans leurs fonds. A cette occasion, le califfa m'a dit que ce n'était qu'une escroquerie des mekrazenys, parce que l'ordre de l'Emir était bien de prélever un droit, mais que ce droit, pour les villes seulement, ne devait pas dépasser le cinq pour cent.

10° J'ai parlé au califfa des chameaux enlevés au Douër. Il m'a dit que ces chameaux n'avaient pas été pris mais qu'ils s'étaient enfuis et qu'on les rendrait quand on restituerait ceux enlevés par le Douer en question, attendu que ce dernier ment, qu'il n'a ni tente ni troupeaux, mais seulement une femme qui refuse de le suivre. Hadj l'Habib ne lui a donné aucune connaissance du jugement du cadi d'Oran, auquel il a assisté et il ne m'en a pas été proposé un second à Mascara. J'attends vos ordres.

Aussitôt après son arrivée le califfa a payé la solde de son armée et renvoyé tout le monde en congé; il ne reste donc à Mascara qu'une trentaine de cavaliers pour le service.

On assure que le califfa fait venir sa famille à Mascara.

On assure encore que le califfa Bou Hamidy doit sortir à son tour pour lever l'achour (1) ou le dixième sur les récoltes de cette année. Il voudrait aussi tirer vengeance de certaines tribus, qui refusent de reconnaître son autorité.

Il y a eu chez les Medjahars une espèce de révolte contre l'aga nommé chez eux par l'Emir.

Hadj Beloufa, aga de la cavalerie régulière, a été envoyé hier pour faire refouler sur la Mina tous les Bordjia qui campent à l'Habra. Il doit, en même temps, lever une

---

(1) Achour عشور de la racine عشرة , dix. Cet impôt était recueilli par l'aga, qui envoyait dans chaque tribu un khodja accompagné de m'krazni. Avertis par le caïd, les gens des douars venaient verser les grains à un endroit convenu.

contribution de pastèques qu'on porte à 3.ooo. Elles sont destinées pour l'Emir.

Les pélerins de La Mecque ont fait hier leur entrée à Mascara. Grandes réjouissances et force coups de fusils.

Je ne vous avais pas trompé en vous rendant compte, que Mouley Abderraman avait fait présent à l'Emir de quatre pièces de canon. Elles sont arrivées hier à Mascara, montées sur des affûts de fer. Je les crois de fabrication anglaise.

Rien de nouveau sur l'Emir. Le pouvoir le dit on ne peut mieux et le peuple on ne peut plus mal. Ce qu'il y a de certain, c'est qu'on vient de lui envoyer toute l'infanterie de Tlemsan et qu'on fait venir de Cherchaill (1) des projectiles, dont il manque. L'affaire des échelles est vraie; les mines n'ont eu aucun succès et tout porte à croire qu'on veut tenter un assaut. Tedjiny tient bon et a fait dire à l'Emir que, vînt-il à pénétrer dans sa ville, il saurait le faire sauter lui et son armée en mettant le feu à ses poudres. Les Hachems viennent d'écrire à Abd el-Kader pour l'engager à rentrer, ce qui n'aura d'autre résultat que de l'engager à rester un peu plus longtemps.

Conformément aux ordres de M. le général Rapatel j'avais engagé un déserteur nommé Youssouf (2) par les Arabes, à rentrer en toute sécurité, si, toutefois, il n'avait aucune condamnation sur son compte. Cet homme, se fiant à ma parole, s'est rendu à Alger, où il a été immédiatement incarcéré et il m'écrit pour réclamer l'exécution de mes promesses et sa liberté. Je vous envoie sa lettre et vous prie d'écrire en sa faveur à M. le gouverneur général. C'est ce Youssouf, qui m'a donné la route de Mascara à Tlemsan, que j'ai envoyée à M. le général Rapatel, il y a quelque temps, et l'on ne peut se tromper

____

(1) Cherchell.

(2) Appendice III. *Renseignements sur les prisonniers et déserteurs français.*

sur son compte, attendu qu'il a eu les oreilles coupées par le bach-tobdji de l'Emir, pour avoir voulu s'enfuir.

Je suis, etc...

E. DAUMAS.

Si la lettre de M. le général Rapatel, qui engage Youssouf à rentrer vous est nécessaire, je vous l'enverrai.

Je n'ai pu vous faire conduire les chevaux qu'en assurant qu'on payerait un douro par cheval; on se plaint qu'on garde les mekrazenys trop longtemps à Oran, parce que Hadj l'Habib prétendant qu'on ne lui donne plus de ration, se refuse à les nourrir.

E. D.

A. G. G. A. E. 1162 85-34 (Original).

LVI

Daumas à Montpezat.

Mascara, le 1er septembre 1838.

Mon Colonel,

Les quatre pièces de canon envoyées par Mouley Abderraman ont été, le lendemain de leur arrivée, dirigées sur Taguedemt, d'où elles doivent se rendre à Aïn Mady avec un immense convoi de vivres, de munitions, de vêtements et surtout de savates (1) pour l'infanterie, qui est encore une fois pieds nus. L'empereur de Maroc a joint à ce présent 1.200 boulets de calibre et dix canonniers (trois arabes et trois espagnols) pour diriger l'artillerie. Ce dernier fait vient confirmer jusqu'à l'évidence tout ce que j'ai pu vous dire précédemment sur l'appui, que ce souverain prêtait à Abd el-Kader dans toutes les circonstances.

Adzian (2), parent du caïd Hadj el-Boukary, qui s'était rendu dans le Maroc avec Hadj Tahar pour y faire de grands achats d'armes et de munitions de guerre, est de retour à Mascara depuis le 28 août. Il annonce qu'il a complètement réussi dans sa mission et que Hadj Tahar lui-même doit, sous peu, rentrer avec une forte caravane.

Hadj Hamed ben Adder, trésorier de l'Emir, est mort à Mascara le 28 août. Il possédait toute la confiance d'Abd el-Kader et l'on ne sait comment le remplacer.

La famille du califfa, qui campait avec celle de l'Emir

---

(1) بلغة belgha.

(2) Hadj Zian.

sous les murs de Miliana, est arrivée à Mascara le 29 août.

Sidi Miloude Bou Talaibe, caïd des Flittas, beau-frère et cousin germain de l'Emir, est arrivé à Mascara le 30 août, pour rendre compte de la tournée qu'il vient de faire dans son commandement et remettre au califfa le produit des contributions.

Quand le califfa Moustapha ben Tamy revint à Mascara, il n'était qu'à moitié de sa course, car il lui restait encore à parcourir les Djafras et les Agoubias. Ne pouvant plus le faire lui-même, il a chargé l'aga des Hachems, Caddour ben Saharaouy, de prélever sur eux, en outre de l'achour, une contribution extraordinaire de 200.000 boudjous. Je vous rendrai compte de la tournure que cela prendra.

L'Emir fait, dans ce moment-ci, vendre beaucoup de grains à Tenezz. On les tire des silos qu'il possède sur la Mina.

Pour effrayer les Douairs et les engager à déserter notre cause, on fait toujours courir mille bruits plus absurdes les uns que les autres; on dit que la France doit les vendre à l'Emir ; que Moustapha ben Ismaïl a été emprisonné au lieu de trouver les mêmes égards que Miloude Bennarache et, enfin, qu'il n'y aura de pardon que pour ceux qui viendront de bonne volonté, au lieu d'attendre qu'ils y soient forcés. C'est ainsi qu'on peut agir sur des gens qui n'entendent rien à nos affaires et il n'y aurait pas de mal, je crois, à prévenir l'effet que produisent toujours de pareilles histoires, car, soyez en bien persuadé, on fera tout au monde pour nous arracher les Douairs, dont l'alliance avec nous est un des plus grands chagrins de l'Emir, qui prétend, à tort ou à raison, que ce sont eux qui nous enseignent les chemins, les ressources du pays et nous fournissent surtout des moyens de transport, sans lesquels nous ne pourrions pas sortir.

Je vous rends compte que Miloude Bennarache est en

correspondance avec Marseille. Il y a, pendant son séjour en France, gagné quelqu'un, qui l'instruit de tout ce qui se dit et se fait en France; ça ne doit pas être difficile à découvrir.

L'Emir est toujours dans la même position devant Aïn Mady, c'est-à-dire qu'il n'a pas gagné un seul pouce de terrain. Les chefs et les marabouts des Hachems lui ont écrit pour l'engager à laisser en paix des gens, qui ne lui ont pas fait la moindre injure, mais l'on pense généralement, que cela n'aura d'autre résultat que de lui faire prolonger son séjour par entêtement. L'empereur de Maroc qui, d'abord, avait écrit à Abd el-Kader de renoncer à cette entreprise, séduit par les bonnes raisons de l'Emir, qui ne veut cette ville que pour se soustraire aux chrétiens, exhorte maintenant Tedjiny à céder et lui garantit la vie, sa fortune et ses honneurs. Ce que l'on avait dit des habiles tireurs enfermés dans la ville n'est pas un conte. Personne ne peut en approcher. Tous les jours on perd du monde. Quoi qu'il en soit, nous touchons au dénouement. L'Emir a fait venir toute l'infanterie de Tlemsan, augmenté son artillerie, ses projectiles, préparé réellement des échelles et tout porte à croire qu'il veut tenter un assaut, qui ne peut manquer de décider la question d'une manière ou de l'autre.

Pour toutes les réclamations, qui concernent le commandement de Bou Hamidy, il est de mon devoir de vous instruire, que le califfa Moustapha ben Tamy n'y peut rien et que Bou Hamidy, à son tour, ne peut rien sur les Beni Ameur, qui lui refusent obéissance et viennent d'écrire à l'Emir pour lui demander son changement. Il n'y a qu'un moyen d'en finir, c'est d'en écrire à l'Emir lui-même et, par sa réponse, il sera facile de juger s'il est ou non complice de cette conduite.

Je suis, etc.

E. DAUMAS.

A. G. G. A. E. 1162 86-35 (Original).

LVII

Daumas à Montpezat.

Mascara, le 1er septembre 1838.

Mon Colonel,

Hier soir j'ai eu avec le califfa un très long entretien sur tous les griefs, dont nous demandons la réparation. Il me charge de vous présenter ses salutations et de vous assurer qu'une pareille conduite est tout à fait désapprouvée par l'Emir qui, malheureusement, est trop loin pour y apporter un remède aussi prompt qu'il le faudrait, mais que, cependant, il va faire tous ses efforts pour nous donner la satisfaction que nous sommes en droit d'exiger.

1° Les enfants de Ben Guigui ont été abandonnés par leur père pendant fort longtemps. Une de leurs tantes s'en est chargée et la justice les lui laisse, puisqu'elle a déjà fait pour eux beaucoup de dépenses, (mauvaise foi contre laquelle j'ai protesté).

2° Le califfa suivra l'affaire des Arabes de Mazagran dépouillés chez les Beni Zeroual, mais il n'a pas encore reçu de réponse ; je doute, moi, qu'il obtienne jamais satisfaction puisque, dernièrement, il n'a pas pu les soumettre avec toute son armée.

3° On a écrit à l'aga des Medjahars pour Mustapha ben Goul; pas encore de réponse.

4° Les Juifs arrêtés et dépouillés sur la route de Mostaganem, ne sont pas encore payés; mais le califfa m'a

donné une seconde fois sa parole, qu'ils le seraient bientôt et intégralement.

5° Je n'ai plus entendu parler des Juifs qui sont venus
se plaindre des droits exorbitants prélevés sur leurs
marchandises ; ils sont, sans doute, rentrés à Mostaganem.

6° Pour l'affaire des chameaux enlevés au Douer
j'ai fait valoir nos raisons et ressortir notre droit; mais
on m'a toujours fait la même réponse, parce qu'on ne
peut pas me dire, que Bou Hamidy n'a aucun pouvoir
sur les Beni Ameur et que, soi-même, on ne peut rien
sur Bou Hamidy. Voilà l'exacte vérité.

7° Copie du paragraphe de la lettre de M. le général
Rapatel concernant le déserteur Lampé.

« Vous direz à Youssouf que je l'autorise à rentrer et
qu'il ne sera passible d'aucune peine, s'il n'a sur
son compte aucune condamnation antérieure à sa désertion. » Je ne lui ai donc rien promis de plus.

8° Instruit que des groupes de Beni Ameur rôdaient
autour de nos possessions, je m'en suis plaint vivement
au califfa. Il m'a donné sa parole, qu'il allait en écrire
à l'aga des Beni Ameur et, mieux encore, à l'Emir,
pour faire cesser ces désordres, qui peuvent avoir les plus
graves conséquences. Il a aussi reconnu la justesse du
principe, que vous émettiez, de ne pas laisser les peuples
se faire justice eux-mêmes.

9° J'arrive à une affaire plus grave. M. le colonel Dubarrail m'écrit pour m'annoncer l'assassinat de deux
Douers commis par les Oulad Sidi Abdallah (Medjahars (1). La lettre de M. le colonel m'est arrivée à temps.
J'ai instruit le califfa de cette nouvelle infamie et lui ai
donné les noms des coupables. Il en a été indigné et je
vous instruis qu'hier, à dix heures du soir, il a fait partir

______

(1) Fraction des Medjaer. — Bellevue. P. E., arrondissement de
Mostaganem.

dix mekrazenys pour s'en emparer. Je vous instruirai de la suite qu'on donnera à cette affaire.

10° M. le colonel **Dubarrail m'instruit encore qu'un** Douer de Mostaganem, nommé Schareuf (1) a déserté après avoir volé tout ce qui se trouvait dans la boutique d'un Mozabite. Aux termes de la convention, j'ai **réclamé** cet homme, qui se trouve **chez les Medjahars** et le **ca**liffa m'a promis de l'envoyer chercher.

12° On a d'abord fait quelques difficultés **pour permet**tre aux trois Juifs, que vous m'avez adressés, **de se rendre** dans les tribus pour y chercher des sangsues, parce qu'on voulait insinuer, qu'ils n'étaient envoyés **que pour pren**dre connaissance du pays et des routes ; mais j'ai. **enfin,** levé les **difficultés** et ils sont partis bien escortés.

12° On vous a induit en erreur, en vous disant que le fils d'Habib Boualem s'était établi au Vieil Arzeu avec 5o chevaux, attendu que, pendant le temps dont on vous parle, il n'a pas quitté Mascara où je l'ai vu tous les jours.

13° Il en est de même de la prétendue querelle qu'il aurait eue avec Adda ould Califa, qu'il n'est pas en son pouvoir de faire garrotter. Cet Adda a été mandé à Mascara et sévèrement réprimandé par le califfa, pour avoir chassé de sa tribu un cavalier de l'Emir. Voilà, sans doute, ce qui a donné lieu à cette histoire.

14° Le cavalier, qui vous a conduit les chevaux, m'a certifié en présence du caïd que vous ne lui aviez rien donné et vous me dites, pourtant, que vous les avez payés. Pensant que c'est un oubli, je lui ai donc donné les **dix** francs promis pour acquitter ma parole, que je **n'aurais** certes pas donnée, si j'avais su les chevaux volés ; mais daignez considérer que, quand on me les a amenés, je n'en avais encore aucune nouvelle et qu'on ne me les a représentés que comme égarés et retrouvés. C'est un tour

---

(1) **Charef.**

d'Arabe, que je n'ai pu parer. Heureusement que c'est le premier.

Je terminerai, mon colonel, en vous disant que le califfa a été si aimable et m'a fait tant de protestations inusitées dans la dernière entrevue, que je les crois fort embarrassés et inquiets des suites que peuvent avoir des désordres, qu'ils ne peuvent peut-être pas réprimer. **Vous** ferez donc bien de continuer à pousser, pour le moment, Hadj l'Habib l'épée dans les reins ; il les en instruira et cela fera bon effet.

Je vous remercie beaucoup ainsi que **M. le maréchal**, de vouloir bien songer à ma sûreté ; mais, comme **j'ai eu** l'honneur de vous le dire, je n'ai rien à craindre tant que vous aurez en votre pouvoir les consuls de l'Emir et, si les cartes viennent à se brouiller, je ne puis sortir d'ici que par un échange. On ne me lâchera jamais autrement.

J'ai reçu vos dernières instructions et vous envoie quelques notes, que je vous prie de faire passer à **M. le maréchal**. C'est sans doute peu de choses, mais vous me pardonnerez, en songeant au peu de temps qu'ont **dû me** laisser les nombreuses affaires de la semaine et à la promptitude de ma réponse.

Je suis, etc...

E. DAUMAS.

P.-S. — Le califfa me fait prévenir que l'on s'occupe de retrouver ce qui manquait aux chevaux que je vous ai renvoyés.

E. D.

A. G. G. A. E. 1162 86-35 (Original).

LVIII

Daumas à Montpezat.

Mascara, le 3 septembre 1838.

Mon Colonel,

J'ai reçu vos lettres en date du 23 août et je m'empresse de vous accuser réception des instructions qu'elles renferment. Pour répondre convenablement aux questions posées par M. le maréchal gouverneur général, je crois devoir, avant de peindre sa position actuelle, vous donner quelques détails sur Abd el-Kader lui-même, son élévation et ce qui s'est passé pendant la guerre (1).

Abd el-Kader est le fils d'un marabout vénéré des Hachems, Sidi Hadj el-Mahyddin. Sa famille est très ancienne et se prétend issue des chérifs; il en tire vanité et se plaît à répéter que ses aïeux commandaient jadis à Taguedemt, d'où ils gouvernaient le pays (2). C'est même en

---

(1) Daumas a reproduit en partie cette notice biographique sur Abd el-Kader dans son livre : la *Grande Kabylie*. — Paris-Alger 1847. 8°. pp. 151-160. Son récit s'arrête à la conclusion du traité Desmichel. — Sur la vie d'Abd el-Kader, Cf. El Hossin ben Ali ben Abou Taleb, (cousin de l'Emir) : *Histoire d'el-Hadj Abd el-Kader*, traduction Delpech. Rev. Africaine, 1876, p. 417. — *L'histoire privée et politique d'Abd el-Kader... publiée sur des notes communiquées par N. Manucci...* Paris 1845, est sans valeur historique. — L'ouvrage de Bellemare, *Histoire d'Abd el-Kader*. Paris 1863. in-12, n'ajoute rien, au moins en ce qui concerne la période 1832-1834, aux renseignements fournis par Daumas.

(2) Abd el-Kader prétendait, en effet, descendre de Moulay Idris, descendant d'Ali qui, chassé de l'Orient, était venu se réfugier en Afrique en 788 J. C., y avait fondé un royaume comprenant presque tout le Maghreb central et dont le fils Idris II bâtit la ville

s'étayant de ces souvenirs, qu'il a voulu expliquer les constructions qu'on y a fait opérer par ses ordres, malgré qu'il n'ait eu véritablement d'autre but, que de se créer un établissement à l'abri des Français et des Arabes, Mascara ne lui inspirant plus aucune confiance.

Hadj el-Mahyddin, père de l'Emir, y jouissait d'une grande réputation de science et de probité acquise par deux voyages à la Mecque. Il a eu quatre femmes et, de chaque femme, un enfant mâle ; une seule, la mère de l'Emir lui a donné une fille Qretidja, mariée au califfa. Mahyddin a fait, de plus, un enfant à une esclave ; il n'avait qu'un frère et une sœur, Sidi Ali bou Talaib et Qraira, femme du père de Moustapha ben Tamy.

Les frères de l'Emir sont Sidi Mohammed Saïd, âgé de 42 ans, Sidi Moustapha, âgé de 3o ans, Sidi Mahyddin âgé de 18 ans, et Saïd el Mortady âgé de 15 ans. Tous, ils vivent dans l'obscurité la plus complète, à l'exception de Sidi Moustapha, qui, plusieurs fois déjà, a voulu susciter à l'Emir de graves embarras (1).

L'Emir n'a que 33 ans (2) et se trouve le second de la famille; il a épousé une fille de son oncle, Sidi Ali bou Talaib. De cette union sont provenus un garçon et une fille. Le garçon est mort l'année dernière (3).

---

de Fàs. Selon d'autres généalogistes, la famille de l'Emir se rattachait à Abd el-Kader el-Djilani, qui lui-même était chérif. Abd el-Kader n'acceptait pas comme authentique cette dernière filiation. Cf. Bellemare : *Histoire d'Abd el-Kader*, p. 13.

(1) Sur tous ces personnages. Cf. Appendice VIII. *Note sur les principaux personnages de la province d'Oran.* § 1. Famille de l'Emir.

(2) Selon cette notice, Abd el-Kader serait donc né en 1805. Dans la *Grande Kabylie*, Daumas place la naissance de l'Emir en 1802 ; Bellemare, op. cit., en 1223 Heg. (1808. J. C.).

(3) La mort de cet enfant, qui avait été soigné par le docteur Warnier, médecin du consulat, fut une des causes du suicide du commandant Ménonville, consul de France à Mascara. Cf. G. Yver. *La mort du commandant Ménonville.* (Bullet. Société Géographie d'Alger, 1er trimestre 1909).

La mère de l'Emir se nomme Zora. C'est une femme de tête. Elle passe pour avoir du crédit sur l'esprit de son fils, qui la consulte, dit-on, souvent; plus d'une fois elle s'est intéressée au sort de nos prisonniers et l'a fait améliorer. Elle prie beaucoup, ne se montre jamais sans son chapelet et fait beaucoup d'aumônes. Dernièrement elle voulut aller à La Mecque, mais l'Emir s'y refusa, en disant qu'un article du Coran défendait aux veuves de faire ce voyage (1). Le père du califfa Moustapha ben Tamy voulut alors l'épouser, et elle ne voulut pas contracter de nouveaux liens après avoir été la femme de Mahyddin.

Le Sidi Ali bou Talaib, frère de Mahyddin, a longtemps excité à la haine des chrétiens, mais il paraît désirer maintenant la paix; il est venu plusieurs fois au consulat, s'y est toujours posé en grand seigneur et m'a paru souvent piqué d'avoir été oublié dans les cadeaux faits par la France aux chefs de l'Emir. Il a, du reste, beaucoup perdu de l'influence que lui donnaient et son titre de marabout et sa parenté avec Abd el-Kader, en poussant plus d'une fois la révolte. Il a été fort longtemps sans oser reparaître à Mascara et l'Emir l'eût même sacrifié à son ressentiment, s'il n'eût été retenu par les liens du sang. On le dit d'un caractère insatiable Il a quatre filles et trois fils : Si Miloude, caïd des Flittas, Si Hamet et Si Mohammed.

C'est au Cacherou, près des ruines d'une ancienne ville romaine (2), que se trouvent les tombeaux des ancêtres d'Abd el-Kader. La majeure partie de sa famille y vit sous la tente. Sidi Mohammed seul habite la guetna (3) de

----

(1) Sur cette interdiction : Cf. l'ouvrage inédit de Daumas : *La Femme Arabe*. (Revue Africaine, 1912).

(2) Il n'existe pas de ruines romaines à Cacherou.

(3) الڤطنة pour الڤطينة est, étymologiquement, le lieu où l'on plante sa tente. Chez les indigènes des environs de Mascara الڤطنة est l'endroit où, après avoir quitté le lieu où l'on habite pendant

son père, sur la rive gauche de l'ouad el-Hammam ben
Ennefya ; il y passe son temps loin du tumulte et du
bruit à apaiser les querelles, juger les différends et soulager les malheureux.

Malgré que les causes de l'élévation de l'Emir soient
bien connues, je ne crois pas inutile de les rappeler.

C'est pendant un voyage à La Mecque, que Mahyddin
prépara les destinées de son fils. En revenant de ce pélerinage, il raconta plusieurs visions qu'il avait eues dans
le lieu saint, et qui, toutes, annonçaient sa grandeur
future. Ces prédictions coururent le pays et parvinrent
jusqu'aux Turcs, qui commandaient alors à Oran. Il n'en
fallait pas davantage pour inquiéter un gouvernement
aussi despotique (1) et l'on fit aussitôt arrêter Mahyddin
et le jeune Abd el-Kader. Une mort cruelle attendait ceux
qui portaient un pareil ombrage; mais Mustapha ben
Ismaïl, Morcelli et quelques autres chefs de la margzen (2),
surent attendrir la mère et la femme du bey Hassan, en
intéressant leur piété en faveur d'un aussi grand marabout que Mahyddin, gagnèrent leur entourage et obtinrent ainsi leur grâce, à condition qu'ils quitteraient le
pays sur le champ. Ils entreprirent alors un second
voyage au tombeau du Prophète, se rendirent à Tunis
par terre, y embarquèrent jusqu'à Alexandrie, arrivèrent
à La Mecque ; se séparèrent de leurs compagnons et

---

tout le reste de l'année, on se rend pour passer l'hiver. — (La Guetna,
station du chemin de fer de Perrégaux à Aïn Sefra, à 10 kilomètres
de Dublineau.)

(1) L'hostilité des Turcs contre les marabouts s'explique par la
part, que ceux-ci avaient prise aux révoltes, qui ensanglantèrent l'Ouest
algérien au début du xix⁰ siècle. En 1817, le bey d'Oran, Hassan, avait
fait poursuivre et sabrer par ses troupes tous les marabouts qu'elles
purent surprendre. Quelques-uns réussirent à se sauver au Maroc ;
d'autres furent capturés et décapités publiquement à Oran. Mahyddin
échappa presque seul à la mort. Cf. De Grammont : *Histoire d'Alger
sous la domination turque*, p. 384.

(2) Le maghzen turc.

poussèrent jusqu'à Bagdad, pour aller visiter le marabout de Mouley Abd el-Kader (1), peut-être le plus en vénération parmi les Musulmans. Ils y arrivèrent accablés par la chaleur et par la fatigue. Au moment où ils franchissaient le seuil de la porte, un vieillard vénérable sortit du tombeau, leur offrit du miel, des dattes, du lait, les engagea à se reposer et disparut. Le lendemain matin, il revint encore et, ne voyant pas le jeune Abd el-Kader, il demanda où était le sultan. Mahyddin très étonné lui répondit, qu'ils étaient de pauvres gens craignant Dieu, qu'il n'y avait pas de sultan parmi eux et qu'il n'avait que son fils, qui était allé faire paître les chevaux. Mais c'est en vain qu'il s'en défendit en représentant les dangers qu'ils auraient à courir, si les Turcs venaient à apprendre tout cela. Le vieillard acheva sa prédiction en disant que le règne des Turcs allait finir et que le jeune Abd el-Kader gouvernerait un jour tout le Gharb.

On fait courir plusieurs versions sur ce fait, mais de toutes, je vous donne la plus accréditée.

En revenant de Bagdad, où ils passèrent un an, ils visitèrent encore une fois le tombeau du Prophète, puis rentrèrent dans leurs foyers à peu près dix-huit mois avant la prise d'Alger et n'employèrent ce temps, qu'à se faire ignorer des Turcs et à augmenter leur réputation de sainteté.

Quelque temps après leur retour, les Français occupaient Alger (2) et ce même bey, qui, naguère encore, disposait de leur sort, vint, à son tour, leur demander asile pour lui, ses femmes et ses trésors, dans le cas où les infidèles viendraient jusqu'à Oran. Un conseil fut tenu dans la famille de Mahyddin. Tout le monde opina pour le recevoir, excepté le jeune Abd el-Kader, qui s'y refusa obstinément et ramena tout le monde à son avis, en prou-

____

(1) Sidi Abd el-Kader el-Djilani (471-561. Heg., 1079-1166. J. C.).
(2) Le 5 juillet 1830.

vant qu'ils n'étaient pas encore assez forts pour maintenir les Arabes ; qu'on insulterait et pillerait le bey et que
ce serait une tâche éternelle pour la famille. Les Français vinrent à Oran et le bey Hassan porta ses pas ailleurs (1).

A peine les Français à Oran et la domination turque
détruite, une anarchie effroyable régna dans les tribus.
Le jour des récriminations était arrivé ; celles qui avaient
servi le pouvoir déchu furent en butte aux mauvais traitements et à la haine des autres. A Mascara, à Tlemsan,
au dedans comme au dehors, les Courouglis, les Haddars et les Arabes aujourd'hui vainqueurs, demain vaincus, se faisaient une guerre effroyable et, partout, on volait, détroussait, assassinait. Mahyddin, pendant ce temps,
ne s'appliqua qu'à faire du bien, et ne se servit de son
influence déjà toute puissante que pour concilier les
parties adverses (2). Aussi quand, fatigués d'un pareil
désordre, les chefs des Hachems, des Beni Ameur et des
Garabas se réunirent pour le faire cesser, ils ne virent
autour d'eux personne autre que lui capable d'accomplir
un pareil ouvrage. Ils vinrent donc le trouver, lui représentèrent l'état du pays, la force brutale partout à la
place de la loi et lui dirent qu'ils se plaindraient à Dieu,
s'il ne mettait un terme à ce scandale en devenant lui-
même leur sultan, ou en leur donnant son fils Abd el-
Kader qui, déjà, s'était distingué dans quelques rencon-
tres avec les chrétiens (3). Mahyddin se prit à pleurer et
refusa d'abord un pareil fardeau ; mais les scènes de car-

---

(1) Oran fut occupé par les Français le 4 janvier 1831. Hassan
se retira à Alexandrie, puis à La Mecque où il mourut.

(2) C'est ainsi que Mahi-ed-Din fut choisi comme arbitre entre
les Hadar et les Kouloughli de Tlemcen. Il vint même s'établir dans
cette ville pour y maintenir la paix et prit le titre de khalifa de
Mouley Abd er-Rahman, sultan du Maroc. Cf. A .Cour : *L'occupation
marocaine de Tlemcen*, Rev. Africaine, 1er trimestre 1908.

(3) Dans les combats livrés sous les murs d'Oran, les 16 et 23
octobre et les 10 et 11 novembre 1832.

nage continuèrent avec plus de force que jamais. Les chefs de ces mêmes tribus accompagnés, cette fois, de plusieurs marabouts influents revinrent encore à la charge et renouvelèrent leurs prières avec plus d'instances. **Mahyddin** résistait toujours et la journée se passait en délibérations, quand entra Sidi Laaradji, marabout très vénéré qui prétendit, dans une extase avoir vu le jeune Abd el-Kader assis dans un fauteuil et rendant la justice. Vaincu alors par une telle preuve de la volonté de Dieu, il fit appeler son fils et, en présence de tous les chefs, il lui demanda s'il se sentait la force de gouverner les Arabes et comment il rendrait la justice, s'il devenait jamais sultan. — Hadj Abd el-Kader répondit qu'il mènerait les Arabes avec une verge de fer ; qu'il ne rendrait la justice que la loi à la main et que, si la loi le lui ordonnait, il ferait lui-même, de ses deux mains une saignée derrière le col à son propre frère. **Mahyddin**, alors, annonça sa fin prochaine, prit son fils par la main, sortit avec lui de la tente et le présenta au peuple, qui attendait avec impatience le résultat de cette entrevue, en s'écriant : «Voilà le sultan annoncé par les livres saints, le fils de Zora. Saluez donc votre sultan. » On le reçut avec de grandes acclamations, on courut à Mascara chercher les débris de la musique des anciens beys et on célébra par de grandes réjouissances l'inauguration du nouveau maître que venaient de se choisir les Arabes (1).

Quand il fut élu, l'Emir n'avait pour toute fortune que quatre ouquyas (25 sols) enveloppées dans un coin de son haïk. Chacun s'empressa de lui faire des présents et de lui monter une maison convenable.

Abd el-Kader a été l'homme des circonstances, l'élu du peuple pour faire cesser l'anarchie et l'on ne jeta les yeux sur lui, que parce qu'il avait plusieurs fois déjà fait preuve de capacité et de courage et que son père, de

______

(1) 22 novembre 1832.

longue main, avait, en outre, adroitement **préparé les
voies.**

Proclamé sultan (1), le jeune **Abd el-Kader n'avait en-**
core avec lui que les Hachems, les Beni Ameur et les Garabas. Conseillé par son père, il nomma ses chefs, fit de
bons choix et, pour faire diversion à tous les ressenti-
ments, à toutes les jalousies, il prêcha la guerre sainte et
vint placer son camp sous les murs d'Oran. Grand nom-
bre de tribus se rallièrent à lui, et, malgré que les diverses
attaques sur cette ville ne furent couronnées d'aucun succès (2), un grand pas était fait ; son but était atteint et
Abd el-Kader, qui prit dès ce jour, le titre de « commandeur des croyants », eut la conscience de ce qu'il pourrait par la suite comme chef religieux.

Plus tard, après des chances diverses et une série de
combats insignifiants, l'Emir conclut avec le **général Des-**
michels (3), une convention tout à son avantage (4).

A peine la paix conclue avec les chrétiens, Abd el-Kader, qui avait exercé un grand empire sur les Arabes en
les guidant à la guerre sainte, vit partout surgir des partis
qui se déclaraient contre lui. Le prestige de la religion ne
l'entourait plus ; on le blâma d'une paix que l'on ne
comprenait pas et, bientôt, de puissants rivaux se présen-
tèrent pour retarder la marche de sa destinée.

----

(1) Par déférence pour Mouley Abd er-Rahman, Abd el-Kader,
imitant l'exemple de son père à Tlemcen, se contenta de prendre
le titre de khalifa du sultan du Maroc.

(2) Notamment les combats livrés du 26 au 31 mai au « **Figuier** »
et le 2 décembre à Temezourar ;

(3) **Desmichels** (Louis-Alexis, baron), né à Digne, le 15 mars
1779 ; entré au service en 1794 ; sous-lieutenant en 1800 ; capitaine
en 1801 ; colonel en 1809 ; général de brigade en 1813 ; remis
colonel en 1815 ; maréchal de camp en 1823 ; commandant le département du Finistère en 1831 ; commandant supérieur de la province
d'Oran (1833-1835) ; lieutenant général, le 31 décembre 1835 ;
commandant la 17e division militaire ; inspecteur de la cavalerie.
Mort à Paris, le 8 juin 1845.

(4) **Convention** du 21 février 1834, dite traité **Desmichels.**

Au premier rang se plaça Moustapha ben Ismaïl, qui surprit un jour son camp composé de 4.ooo cavaliers, le mit en déroute complète, lui prit sa musique, ses drapeaux et faillit l'enlever lui-même (1). Cette affaire lui causa beaucoup de chagrin et il s'en ouvrit au commandant Abdallah (2), alors consul à Mascara. Celui-ci lui conseilla de se créer une infanterie régulière et lui fit espérer des fusils français. Profitant de cet avis, il enrôla 7 à 8oo. hommes, reçut, je crois, de France mille fusils et Mustapha ben Ismaïl vaincu dans un second combat (3) fut forcé d'aller s'enfermer dans le Mechouar à Tlemsan. Tout porte à croire, qu'en soutenant Mustapha au lieu de soutenir l'Emir, la France se serait **épargnée de** grands embarras (4).

L'Emir battit ensuite à El-Bordj (5) le califfa Sidi l'Haribi (6) qui marchait sur Mascara à la tête de 31 tribus du Chélif ; plus tard il le fit arrêter et emprisonner (7).

(1) A Hennaya, près de Tlemcen, le 12 avril 1834.

(2) Abdallah d'Hasboune — d'origine syrienne — chef d'escadrons au corps des Mameluks ; retraité en 1815 ; interprète de 3ᵉ classe en 1830 ; consul de France à Mascara en 1834 et 1835. Cf. Féraud : *Les Interprètes de l'Armée d'Afrique.* — Alger, 1876, p. 185.

(3) A Mahras, le 12 juillet 1834.

(4) Mustapha avait fait à ce sujet des ouvertures qui furent repoussées par le général Desmichels. — Cf. Pellissier de Reynaud. *Annales Algériennes* I. Liv. XIII, p. 375.

(5) Bourgade de l'aghalik des Gharabas, à 18 kilomètres est de Mascara, sur le territoire de la tribu des Haïtia. (D. C. El Bordj-Cacherou. M.).

(6) Sidi el-Aribi, chef d'une famille maraboutique, dont l'influence s'exerçait sur un grand nombre de tribus du bas Chélif. Ce personnage avait pris les armes contre l'Emir à la nouvelle de la victoire remportée par Mustapha ben Ismaïl à Hennaya. Battu d'abord à El Bordj, puis sur les bords de la Mina, il dut se rendre à Abd el-Kader.

(7) Interné à Mascara, il y mourut quelques mois plus tard, empoisonné, prétend-on, par ordre de l'Emir, ou, selon d'autres (Bellemare, *Histoire d'Abd el-Kader*), victime du choléra.

A peine débarrassé de Sidi l'Haribi, il sut s'attirer à Mascara, Chigrr ben el-Gromari (1) chef des Hangades, très estimé par les Turcs, qui redoutaient son influence et son courage. Cet homme, prévoyant les projets de l'Emir, tenta de s'enfuir, mais, atteint par des cavaliers, il fut immédiatement pendu au dessus de la porte Bab-el-Gharby.

L'Emir joignit ensuite à ces deux victimes le caïd d'Arzew (2) qui passait pour pencher de notre côté, nous fournissait des chevaux et jouissait d'un grand pouvoir.

Débarrassé de ces formidables rivaux, Abd el-Kader commençait à respirer et son gouvernement, toujours sous la protection de la France, prenait de la force, quand il apprit que, du côté de Media, un marabout nommé Sidi Moussa, s'était fait proclamer sultan et ralliait tous les mécontents. Ce Sidi Moussa publiait partout, que Dieu protégeait ses armes et que les canons mêmes ne pouvaient rien contre lui. L'Emir marche à sa rencontre, le joint, et, quand les deux armées furent en présence, il dit aux siens : « Si mes canons ne font pas feu, Sidi Moussa est un plus grand marabout que moi et nous nous soumettrons à lui ; dans le cas contraire, tombez dessus et la victoire est à nous. » Les canons partirent. L'Emir rapporta 175 têtes, un butin immense et l'on n'entendit plus jamais parler de Sidi Moussa, qui se retira dans le désert (3).

---

(1) El Ghomari. — Ce personnage fut jugé et condamné comme coupable d'intelligences avec Mustapha ben Ismaïl et non exécuté sommairement.

(2) Si Ahmed ben Tahar. Abd el-Kader le fit enlever d'Arzeu et conduire à Mascara. où il périt après quelques mois de captivité. — Cet événement est antérieur au traité Desmichels.

(3) Hadj Mouça, surnommé Bou Hamar « l'homme à l'âne», marabout derkaoui, d'origine égyptienne. Après avoir servi dans l'armée de Méhémet-Ali, il passa à Tripoli, puis souleva la population du Titteri et prit possession de Medea, dont les habitants lui ouvrirent les portes. Vaincu par Abd el-Kader en 1834, il se retira à Laghouat, puis au M'zab. Il reparut en 1851, lors de l'insurrection de Bou-

Ce dernier succès le rendit maître du pays et son orgueil s'en accrut considérablement ; il se hâta de se créer des ressources de guerre ; acheta des armes, de la poudre, du plomb, et, déjà, conçut le projet de recommencer la guerre, projet qui fut favorisé par son consul à Oran (1). Ce consul, homme sans considération et sans importance, ne se mêlant que de commerce et de rançonner les Arabes qui fréquentaient nos marchés, lui peignit un jour Ismaïl chef des Douairs (2), comme vivant constamment avec les chrétiens, contractant leurs habitudes et s'enivrant constamment avec eux. L'Emir, qui affectait une grande pureté de mœurs et qui redoutait surtout notre contact avec les Arabes, donna, dans un premier moment de colère, l'ordre à El Mazari d'aller arrêter cet homme jusque sous les murs d'Oran, s'il le fallait. El Mazary lui objecta que, sans doute, les chrétiens considéreraient ce fait comme une violation du traité et que la guerre ne pourrait manquer d'en surgir. « Cela m'est égal, répondit-il, je ne puis tolérer plus longtemps un pareil scandale et il en arrivera ce que Dieu voudra. » El Mazary, forcé d'obéir, s'empara d'Ismaïl, qui, heureusement pour lui, fut repris par nos escadrons et le général Trézel indigné de ce peu

---

Zian, à laquelle il prit part, et fut tué lors de la prise de Zaatcha par les Français. (Cf. Gorgos. *Hadj Moussa, le derkaoui.* — Rev. Africaine, 1851, p. 41).

(1) Ben Ikhrou.

(2) Ismaïl ben Kadi, neveu de El Mezari. Cf. Pellissier de Reynaud. — *Annales Algériennes* I. Liv. XVI, p. 457.

(3) Trézel, né à Paris, le 5 janvier 1780. — Sous-lieutenant ingénieur-géographe, 1805 ; adjoint au général Gardanne et envoyé en mission en Perse, 1807 ; capitaine en 1810 ; chef de bataillon en 1813 ; colonel en 1814 ; général de brigade en 1815, après la bataille de Waterloo, où il perdit un œil ; remis colonel sous la Restauration ; rentré au service comme colonel d'Etat-major, 1818 ; sous-chef d'Etat-major de l'expédition de Morée, 1828 ; maréchal de camp, 1828 ; commandant des troupes envoyées contre Bougie, 1833 ; commandant supérieur de la province d'Oran, 1835 ; rappelé en France, 12 juillet 1835 ; lieutenant général, 1837 ; pair de France, 1846 ; ministre de la guerre, 1847 ; retraité, 1848 ; décédé à Paris, le 11 avril 1860.

de bonne foi dans les relations, vint placer sur le Tlélat un camp d'observation

Il en sortit le combat du 26 juin 1835 à **Mouley Ismaïl** (1) et l'affaire désastreuse de la Macta, le 28 du même mois (2), que je passerai sous silence, parce qu'il ne m'appartient pas de prononcer. Je dirai seulement, que l'Emir sentit qu'il avait été trop loin, car il voulait encore gagner du temps et qu'il comprit très bien que la France ne pouvait dormir sur un pareil revers ; il s'occupa immédiatement de reconstituer son infanterie anéantie à Mouley Ismaïl; mit sa ville en état de défense, fit construire trois blokhaus en pierre à Argoub Ismaïl, du côté qui regardait les routes d'Oran, prépara les tribus à la guerre par des proclamations au moins curieuses, envoya des prisonniers et des caissons à Mouley Abderraman comme gages de sa victoire, en obtint des munitions de guerre et attendit les événements.

Sur ces entrefaites, S. A. R. Monseigneur le duc d'Orléans (3) et M. le maréchal Clauzel (4) arrivèrent à Oran.

(1) Dans ce combat l'armée française eut 52 tués, dont le colonel Oudinot, et 180 blessés. Abd el-Kader perdit les deux chefs de son infanterie régulière, Mouzan et Ben Kaddour. Sur ce combat, Cf. Pellissier de Reynaud, *Annales Algériennes*. I. Liv. XVI, p. 461.

(2) Les Français eurent 300 hommes tués, 200 blessés et perdirent la plus grande partie de leur matériel. Cf. Pellissier de Reynaud. ibd. p. 463 sqq. — C. Rousset. *L'Algérie de 1830 à 1840*. T. I. ch. V., pp. 386 sqq.

(3) Orléans. (Ferdinand-Philippe-Louis-Charles-Henri duc d'), fils aîné de Louis-Philippe, né à Palerme, le 3 septembre 1810, désigné sous la Restauration par le titre de duc de Chartres; colonel de hussards, 1824 ; maréchal de camp, 1832 ; lieutenant général, 1er janvier 1842. — Il prit part au siège d'Anvers (1882), aux expéditions de Mascara (1835), des Portes de Fev (1839) et de Medea (1840).

(4) Clauzel (Bertrand, comte). Né à Mirepoix (Ariège), en 1772 ; capitaine à la légion des Pyrénées en 1792 ; chef de brigade, en 1795 ; général de brigade, en 1799 ; général de division, le 18 décembre 1802. Il se distingua aux Pyrénées, sur le Rhin, à Saint-Domingue, à Naples, en Illyrie, et surtout en Espagne, où il reçut, en 1813, le

L'armée était prête et, le 27 novembre 1835, elle se mit
en marche pour le Tlélat. L'Emir, de son côté, vint camper dans les gorges du Sig suivi d'une nombreuse population, mais déjà intimidée par le nombre des Français
qu'on exagérait encore. M. le maréchal, le 29, vint se placer sur cette rivière et, le 1er décembre, fit une reconnaissance dans laquelle M. d'Arnaud, son officier d'ordonnance, fut tué. Sa tête vint encore à Mascara servir de
jouet à la population.

Le 2 décembre, M. le maréchal Clauzel quitta son camp
pour se rendre à l'Habra. L'Emir l'attendait au delà de
Sidi Embarraik. Fondant un grand espoir sur le succès de
cette journée, il disposait de 25 à 30.000 hommes, de
cinq pièces de canon et des prestiges entourant le marabout devant lequel nous devions passer. On connaît les
résultats du combat.

Sur les cinq pièces de l'Emir, l'une éclata, l'autre fut
démontée et le reste abandonné. Il importe aussi de détruire l'erreur accréditée, que les Kabyles ne sortent jamais de leur pays, en apprenant que, ce jour-là, ils étaient
tous embusqués dans le bois de Lariche sous les ordres
de Bou Hamidy.

L'Emir, après ce combat, où il se plaint vivement de
la mauvaise volonté des tribus, qui ne donnèrent pas franchement, vint s'établir à Hadjar Beïda, à cheval sur la
route de Mostaganem à Mascara. Dans la nuit, les tribus
l'abandonnèrent et il ne resta avec lui que peu de monde,

---

commandement en chef de l' armée du Nord. Pendant les Cent
Jours, il commanda la XXe division militaire (Bordeaux). Proscrit,
le 24 juillet 1815 et condamné à mort par contumace, il se réfugia
aux Etat-Unis. Amnistié, le 20 décembre 1820, il fut élu, en 1827,
député de l'Ariège. Sous la monarchie de juillet, il exerça le commandement de l'armée d'Afrique, du 12 août 1830 au 31 janvier
1831. Maréchal de France le 30 juillet 1831, il fut nommé gouverneur
général, le 8 juillet 1835 et dirigea des expéditions contre Medea, Mascara (1835), Tlemcen (1836) et Constantine (1836), dont il ne put s'emparer. Il fut rappelé en France, le 12 février 1837 et mourut en 1842.

conservant encore l'espoir de nous voir prendre ce chemin difficile. Mais cet espoir fut bientôt anéanti quand on
nous vit, le lendemain, continuer notre route en plaine.
Alors le désordre fut à son comble ; les Hachems, les Beni
Ameur et les Garabas se ruèrent sur la ville sainte, désar-
mèrent l'infanterie d'Abd el-Kader, massacrèrent les Juifs
et pillèrent pendant deux jours et deux nuits. Rien ne fut
respecté, ni le beylik, ni les magasins du gouvernement ;
tout fut enlevé. On assure que, dans Mascara, qui regor-
geait d'Arabes, enchantés, dans le fond de l'âme, de trouver enfin, l'occasion de prouver leur haine aux habitants
des villes, on n'entendit partout que coups de fusils, cris
féroces et gémissements. Joignez à cela que la population,
forcée d'émigrer sans moyens de transport, fut horriblement rançonnée.

Le 7 décembre, les Français entrèrent dans Mascara. Le
malheur de l'Emir ne connut plus de bornes; il fut en
butte aux mauvais traitements des siens, qui l'accusaient,
les lâches, d'être la cause de leurs malheurs. On pilla tout
ce qui appartenait à sa famille. La superbe tente, qui lui
avait été donnée par M. le général Desmichels fut déchirée en mille morceaux et les Hachems, sa propre tribu,
poussèrent l'insolence jusqu'à lui enlever ses éperons, en
lui disant qu'il n'était plus digne de les porter. Il se retira
à la Sefizaif (1) où il trouva d'autres scènes de désolation.
El Mazary profita de l'occasion pour rejoindre les Douers
à Oran et cette défection lui fut d'autant plus sensible,
qu'il perdait en lui l'un des plus habiles et des plus vail-
lants chefs de son armée (2).

Des gens dévoués à l'Emir et qui connaissent bien le
pays, m'ont dit cent fois que, si l'on avait occupé Mascara
à cette époque, c'en était fait à jamais d'Abd el-Kader. Les

---

(1) Sfisef, sur le territoire des Ouled Sliman. (D. C. Sfisef-Mercier-
Lacombe. M.).

(2) El Mezari fut nommé par Clauzel khalifa du bey de Mostaganem et agha de la plaine d'Oran.

tribus auraient même fait leur soumission, si l'on y avait
installé un bey (1) avec un peu d'infanterie et de cavalerie.
En effet, l'Emir n'a encore de véritablement dévouées que
les tribus, qui entourent cette ville et qui ont fait son élec-
tion. Pour cinquante raisons trop longues à déduire, elles
ne peuvent s'éloigner et, une fois dans notre main, elles
augmentent notre cavalerie à tel point que le reste de la
province est à nous. La plaine d'Egueris fournira des
grains tant qu'on voudra; l'eau ne peut manquer; le bois
est rare mais, en coupant tous les arbres fruitiers des environs, on peut largement s'approvisionner pour deux
ans.

Cela ne devait pas être. L'armée française quitta Mascara le 9 décembre, après y avoir mis le feu, qui ne fit
aucun mal, la terre des constructions ne se prêtant nullement à sa propagation. Le beylik et la maison d'Abd el-
Kader seuls eurent à souffrir. Depuis, on n'y a pas fait la
moindre réparation.

A peine les Français partis, Abd el-Kader revint à Mascara, sans serviteurs et sans suite ; il plaça lui-même une
petite tente déchirée près de Bab Ali, qu'il trouva encombré de chevaux et de chameaux morts et abandonnés par
l'armée française pour tout souvenir. On dit qu'il ne put
s'empêcher de verser des larmes, en voyant la fumée pla-
ner au-dessus de Mascara qui brûlait encore. Il alla couper
un peu de bois pour réchauffer ses membres engourdis et
vécut pendant trois jours nourri par la générosité du caïd
Hadj el-Boukary, qui lui portait lui-même à manger Le
califfa Moustapha ben Tamy, son beau-frère, ne tarda pas
à le rejoindre accompagné du fidèle Hadj el-Djilaly. Ils
tinrent conseil et l'Emir leur dit que, fatigué d'un pareil

____

(1) Avant d'entreprendre l'expédition de Mascara, Clauzel avait,
par arrêté du 23 novembre 1835, nommé bey de cette ville, Ibrahim,
ancien kaïd de Mostaganem. Ayant décidé l'évacuation de Mascara,
il revint sur cette décision et Ibrahim reçut le titre de bey de
Mostaganem.

fardeau autant que de la lâcheté des Arabes, qui n'avaient
pas même voulu sauver l'honneur des armes et dégoûté
des scènes, qui lui soulevaient encore le cœur, il prenait
la résolution d'abandonner à jamais les rênes du gouvernement pour aller vivre comme simple particulier chez
Mouley Abderraman. Hadj el-Djilaly fut chargé d'aller
signifier aux tribus cette dernière volonté et de lui réunir
un peu d'argent pour son voyage. Mais, aussitôt cette résolution connue, tous les chefs vinrent embrasser ses genoux et le supplier de ne pas les abandonner ainsi au fer
des chrétiens. Ceux des Hachems lui demandèrent pardon
de tous les excès, dont ils s'étaient rendus coupables. **Abd**
el-Kader se fit longtemps prier ; puis, paraissant vaincu
par les marques d'un pareil repentir : « Je reste, **leur dit-
il**, puisque telle est la volonté de Dieu ; mais jamais je
ne coucherai dans Mascara la Sainte, que vous avez laissé
souiller par la présence des infidèles. Et vous, Hachems,
sachez qu'il est écrit dans les livres saints, que le **fils**
de Zora vous coupera un jour 1.000 têtes dans une seule
matinée ». Enchanté de cette détermination on se mit à
la recherche de tout ce qui avait été volé ; on remplaça
par des présents ce qu'on ne put retrouver. Son camp
s'augmenta chaque jour et il regagna d'autant mieux une
partie de son influence, qu'il ne témoigna aucun ressentiment et s'attacha seulement à prouver aux fanatiques
Arabes, que Dieu le prenait sous sa protection et le désignait comme le seul qui dût les commander.

Peu de jours après, Abd el-Kader apprit la marche des
Français sur Tlemsan ; il s'y rendit en toute hâte, mais ne
trouva personne disposé à se défendre ; il parvint, cependant, à faire émigrer toute la population, que nous re-
prîmes après le combat de Iebder (1), qui le réduisit encore une fois à quelques cavaliers seulement. Les désordres de Mascara se représentèrent à Tlemcen.

____

(1) Le 16 janvier 1836. Ibder se trouve sur le territoire des **Beni
Ournid**, au S. de Tlemcen.

L'Emir ne savait pas alors où reposer sa tête. Mascara, Tlemsan, Iebder, tout avait tellement abattu ses partisans, qu'on le croyait à jamais perdu. Les tribus de la Mina et du Chélif levaient déjà la tête et se prononçaient presque ouvertement contre lui, quand une circonstance vint le tirer de l'abîme où il était plongé. M. le maréchal Clauzel se dirigea sur la Tafna, en annonçant le projet de se rendre à Rachgoun. C'était l'époque du Ramadan. Abd el-Kader se rend chez les Kabyles, réchauffe leur fanatisme par des prédications et leur fait comprendre que, s'ils ne combattent pas de manière à les en dégoûter, les Français occuperont à jamais leur pays. Il opère un rassemblement considérable, combat pendant deux jours (1) dans la plaine d'El-Meltqua (2) et, le troisième, a le bonheur de voir l'armée française reprendre la route de Tlemsan. Tout le fruit des précédentes expéditions fut perdu. L'Emir ne manqua pas de se proclamer vainqueur, de publier qu'il avait empêché l'armée française de passer, ressaisit son influence, rallia les tribus fatiguées et vint encore se présenter avec des forces nombreuses, quand, un peu plus tard, l'armée rentrait à Oran (3). Les Arabes voient dans tout, le doigt de Dieu.

Pendant les expéditions heureuses de M. le général Perrégaux, l'Emir ne parut plus ; il resta chez les Kabyles, qui, sans sa présence, se seraient soumis, sans aucun doute, après l'occupation de Tlemsan.

M. le général d'Arlanges (4) le trouva encore chez eux,

----

(1) 25 et 26 janvier 1836.

(2) Au confluent de l'Isser et de la Tafna. — Pellissier de Reynaud. *Annales Algériennes* II. Liv. XVIII. p. 50, nomme cette plaine Remcha.

(3) Le 10 février, près des sources du Rio Salado.

(4) Arlanges (Joseph-Marie-Gaston, marquis d'), né à Maresché (Sarthe), le 1er septembre 1774 : sous-lieutenant au Royal Auvergne 1791 ; émigré à l'armée des princes ; rentré en France, il est capitaine en 1813 ; chef de bataillon, 15 novembre 1815 ; colonel, 8 juillet 1823 ;

quand, dans le mois d'avril 1836, il se rendit à la Tafna.
Vaincu le 15 à **El Qrazour** (1), l'Emir prit sa revanche
le 25 à **Sidi Yacoub** (2), avec d'autant plus d'avantages
qu'il y commandait à plus de 20.000 hommes, la plupart
fantassins et Kabyles. Les Beni Senassen, qui appartiennent à l'empereur du Maroc prirent positivement part à
l'affaire. Dès ce jour, tout fut oublié. Abd el-Kader redeve-
nait l'élu du Seigneur ; il grossit avec soin les bulletins
de sa victoire et ordonna à son califfa d'aller punir et imposer les tribus de l'Est, qui payèrent chèrement une
simple démonstration en notre faveur (3).

M. le général Bugeaud vint ensuite avec des renforts
tirer l'armée de la situation critique où elle se trouvait à
Rachgoun, la ramena à Oran, s'approvisionna, repartit,
combattit l'Emir à la Sikkak, le mit en déroute et lui fit
130 prisonniers.

A Mascara, en apprenant cette nouvelle, le désordre faillit recommencer. Un chef, nommé Ould Ibrahim Ben
Grouty prêcha la révolte et se proposa pour sultan. Abd el-
Kader indigné en apprenant cette nouvelle atteinte à son
pouvoir, tira son yatagan du fourreau, l'attacha au kerbous
de sa selle (4) et jura, en se mettant en marche, de ne plus
descendre de cheval avant d'avoir puni cet audacieux
Bientôt il fut chez les Beni Ameur, qui, inquiets sur les
suites de leur conduite, se rangèrent de son côté et lui

---

maréchal de camp, 16 juin 1834 ; commandant la division d'Oran,
12 juillet 1835 ; en non-activité, 1er septembre 1836 ; décédé à Maresché, le 13 juillet 1843.

(1) Oued Ghazer, rivière de la province d'Oran, dont l'embouchure se trouve entre le cap Oulhassa et l'embouchure de l'oued el
Hallouf, près de Camerata.

(2) Marabout situé à 8 kilomètres environ à l'O. de l'embouchure
de la Tafna.

(3) Les Bordjia, en particulier, furent chassés de leur pays et dispersés dans diverses tribus.

(4) قَرْبوس pommeau de la selle arabe.

livrèrent le sultan de leur façon. Il fut immédiatement mis à mort à la Sefizaif et tout le monde intimidé rentra dans l'ordre.

Vint ensuite M. le général de l'Etang (1) qui fit plusieurs courses dans l'Est (2) et approvisionna Tlemsan avec très peu de monde (3). On combattit à Chebet el-Leham (4). L'Emir était très malade, et, depuis, dans ses conversations intimes, il a, plus d'une fois, regretté cette occasion avec d'autant plus de force, qu'il avait été instruit par ses espions d'Oran de la faiblesse de notre armée.

M. le général Brossard (5) ravitailla Tlemsan par un

---

(1) L'Etang (Georges, Nicolas, baron de). Sous-lieutenant en 1807; chef d'escadrons, 1817; colonel, 1829; maréchal de camp, 31 décembre 1835; commandant supérieur de la province d'Oran 1836-37; lieutenant général, 1845; sénateur, 1852; passé au cadre de réserve, 1853; mort en 1866.

(2) 16-20 août, contre les Ouled Ali; 4-21 octobre, sur l'Habra et dans le pays des Ouled Abdallah.

(3) 22 novembre-4 décembre 1836. Le général de l'Etang n'avait avec lui que 4.000 hommes.

(4 Chabet el-Leham (le défilé de la chair) ainsi appelé en souvenir de la défaite subie par les Espagnols lors de leur expédition contre Tlemcen en 1535. (Chabet el-Lehâm. P. E. sur le chemin de fer d'Oran à Aïn-Temouchent.)

(5) Brossard (Amédée-Hippolyte, marquis de) né en 1784 à Folény (Seine-Inférieure), servit d'abord dans l'armée royaliste de Vendée, puis à l'armée des princes, enfin dans la marine portugaise. Rentré en France, il prit du service dans l'armée impériale. Il fut successivement, gendarme d'ordonnance, 20 décembre 1806; lieutenant au 10e régiment de chasseurs à cheval, 18 février 1808; capitaine, 6 avril 1811; chef de bataillon, 18 juin 1813; major, 19 août 1814; lieutenant-colonel d'Etat-major, 27 mai 1818; colonel, 12 février 1823; maréchal de camp, 2 février 1831. Il prit part à l'expédition d'Alger, ainsi qu'aux expéditions qui eurent lieu dans la province d'Alger en 1831 et en 1832. Il remplaça à Oran, le général de l'Etang au début de 1837. Accusé de concussion, il fut traduit devant un conseil de guerre et condamné, le 30 août 1838, à 6 mois de prison et 800 fr. d'amende. Le jugement ayant été cassé, il comparut de nouveau devant un conseil de guerre, bénéficia, le 21 juin 1839, d'un arrêt d'acquittement, mais fut mis à la retraite d'office.

autre moyen (1), puis, enfin, revint M. le général Bugeaud (2) qui, le 3o mai 1837, conclut à Morbaya, la convention de la Tafna, qu'il ne m'appartient pas de juger.

Quand on parla de paix, l'Emir réunit les marabouts et les chefs influents des tribus, leur exposa l'état des choses; parut, lui, pencher pour la continuation de la guerre et les engagea à donner leur avis. Ceux qui avaient beaucoup souffert de notre voisinage furent bientôt décidés ; les autres craignirent l'incendie de leurs moissons, annoncée (*sic*) par M. le général Bugeaud, et, d'un accord unanime, on opina pour la paix, tant on était las d'une guerre qui paraissait interminable, la France doublant toujours ses forces après chaque expédition. On pria donc l'Emir d'en finir. C'était ce qu'il voulait. « Vous voulez traiter avec les chrétiens, leur dit-il, j'y consens. Mais que jamais aucun de vous ne s'avise de me reprocher une paix que vous demandez, parce que, non seulement je le tuerai, mais encore je ferai bouillir son sang pour en parfumer ma tente. » Quelques hommes capables sentirent néanmoins, que, dès ce jour, les tribus avaient un maître, que ce maître allait disposer de ses forces pour les soumettre, pressurer le peuple, remplir ses coffres et l'on assure que, dans une réunion de chefs à Tlemsan, on y jura la mort de ceux qu'on accusait d'avoir poussé à la paix.

Maintenant, j'arrive à la question que vous me posez : la convention de la Tafna, qui a sanctionné le pouvoir de l'Emir a-t-elle affermi sa domination ?

---

(1) Par l'intermédiaire des frères Ben Durand, qui obtinrent qu'Abd el-Kader lui-même ravitaillerait Tlemcen, moyennant la livraison de munitions de guerre et la restitution des prisonniers arabes faits à la Sikkak et internés à Marseille. (Cf. Pellissier de Reynaud. *Annales Algériennes*, II. liv. xxii, pp. 164 s. q. g.

(2) Bugeaud avait été nommé commandant de la division active de la province d'Oran, avec mission de négocier avec Abd el-Kader. Il était arrivé à Oran, le 5 avril 1837.

Depuis la convention de la Tafna, l'Emir a beaucoup
perdu de l'influence religieuse qu'il exerçait sur les **Arabes**
et beaucoup gagné en puissance réelle. En effet, il **nous**
a cédé les populations de Blida et de Coléa ; il nous paye
un tribut et n'est plus le commandeur des croyants
excitant à la haine des chrétiens, entraînant à la guerre
sainte par conviction et engageant les Musulmans à supporter toutes les misères, plutôt que de se soumettre à
la France. Mais, redouté par les chefs, qui le voient avec
peine asseoir une puissance qui les effraye dans l'avenir,
il se rit de ce changement d'opinion sur son compte, profite de la tranquillité, que nous lui laissons, pour organiser
une armée régulière, se créer des ressources, faire de
grands approvisionnements, soumettre complètement les
tribus, sur lesquelles il n'avait que peu d'action pendant
la guerre et remplacer, enfin, la force spirituelle par
la force matérielle, ce qui lui réussit admirablement.
En centralisant le pouvoir et en créant un gouvernement, Abd el-Kader est forcé d'anéantir tous les
pouvoirs rivaux ou même indépendants, ce qui lui fait
beaucoup d'ennemis parmi les chefs qui, naguère encore,
trônaient chez eux. Il se fait encore détester généralement, en ne se lassant pas de lever des contributions qui
font presque regretter le règne des Turcs. Tout cela est
vrai, mais il connaît à fond les mœurs de son peuple, tire
parti du moindre fait, publie que ce qu'il nous a donné
n'était qu'en échange pour des armes et des munitions,
qu'il lui faut de l'argent pour recommencer la guerre avec
plus de vigueur que jamais, maintient les tribus les unes
par les autres et s'est tellement fortifié que, ceux mêmes
qui le haïssent le plus, jurent que, tant que les Français
le laisseront tranquille, personne chez les Arabes ne peut
lui résister. Il ne manque cependant pas de gens dans la
province d'Oran, qui n'attendent qu'une occasion favorable pour se déclarer. Tels sont les Hangades, qui ne lui
pardonneront jamais la mort de leur chef Chigrr el Gro-

mary, pendu à Mascara ; les Sidi l'Aribi, qui lui reprocheront toujours celle de leur califfa empoisonné dans la même ville ; les Bethiouna, furieux encore de la trahison, qui leur enleva 'eur caïd, pour le faire expirer dans les plus horribles souffrances ; les Bordjias dispersés et forcés de quitter leur pays pour s'être un seul jour soumis aux Français ; les Oulad Sidi Ghranem, qui ont éprouvé le même sort pour avoir fréquenté nos marchés ; les Medjahars, récemment abîmés de contributions ; les Beni Zeroual devant lesquels vient d'échouer le califfa Sidi Moustapha ben Tamy, plus les Mekhalias (1), Flittas, Sbeas (2) et toutes les tribus enfin, qui faisaient partie de l'ancienne maqrzen des Turcs (3). Joignez à cela tous les Courouglis partout pillés, volés, maltraités et vous aurez une masse de mécontents que l'on peut heureusement exploiter, mais dont on ne tirera aucun profit, parce qu'ils veulent, pour venir à nous, des garanties que nous n'avons jamais pu ou voulu leur donner. L'exemple de bon nombre d'alliés abandonnés au ressentiment de l'Emir, l'idée propagée avec le plus grand soin que nous abandonnerons un jour le pays, tout excite la méfiance ou paralyse la bonne volonté.

Parmi les tribus les plus dévouées à l'Emir, il s'est aussi, depuis la paix, formé un parti pour la France. Les Garabas et les Beni Ameur, s'ils nous voyaient la force en main, non la force du jour, mais une force durable, abandonneraient un homme, qu'ils ne regarderaient plus que comme l'auteur de leurs maux et la ruine du pays. Les Hachems mêmes, depuis que l'Emir les a froissés en leur

----

(1) Tribu de la rive gauche de la Mina. (D. C. Tahamda, Z'gaïer, Aïn el-Guetar. — L'Hillil. M.).

(2) Sbiah, confédération de tribus occupant la rive droite du bas Chélif : Amalsa, Guenensa, Méchaïa, Arouba, Djahafa, Ouled Ziad, Neharat, Ouled Ali (Charon P. E. Chelif. M. Tenès. M.).

(3) Douair, Smela, Gharaba, Abid Cheraga, Mekhalia, Beni Chougrane, etc.

retirant sa famille, manifestent, également, des intentions hostiles, qui ne sont suivies d'aucune exécution pour les causes ci-dessus énoncées.

Dans un pareil pays, on ne peut encore rien faire par le peuple, mais donnez des garanties, flattez les chefs, les marabouts, faites des présents auxquels les Arabes sont on ne peut plus sensibles et ils vous l'amèneront pieds et poings liés. La manière de traiter les Juifs sur un pied d'égalité retarde aussi la fusion, plus qu'on pourrait le croire. Que de fois n'ai-je pas entendu des chefs haut placés s'en plaindre et dire que, jamais, ils ne consentiraient à traiter d'égal à égal avec une race que, de temps immémorial, ils sont habitués à considérer comme vouée au mépris et à l'esclavage. C'est encore à cause d'eux que l'Emir, après la paix, a défendu à tous ses chefs, sans exception, de mettre les pieds dans Oran.

L'Emir doit avoir à présent beaucoup d'argent; il s'en procure en vendant des grains et des bestiaux, dont il regorge. Sa dernière tournée dans l'Est a été très productrice et ses califfas ou agas passent leur vie à lui en ramasser. Je sais positivement que la dernière course de Moustapĭ ben Tamy a rapporté 120.000 douros d'Espagne (1), 13 chevaux et 80 mulets non compris les Agoubias, qui doivent, à eux seuls, payer plus que cela. Bou Hamidy, dans l'Ouest, n'a pas été aussi heureux, parce que c'est un Kabyle, que les Arabes ne voient pas au pouvoir sans chagrin, tant sont enracinés les préjugés de caste; mais l'Emir saura le soutenir, attendu qu'il voit en lui un moyen de s'attacher ces braves montagnards qui, plus d'une fois déjà, lui ont rendu de grands services.

Maintenant, où l'Emir place-t-il son argent ; voilà une question que personne ne peut résoudre; il est positif qu'il en dépense une grande partie pour son armée, pour acheter des armes, des munitions et gagner ceux dont il

---

(1) Environ 468.000 fr.

a besoin ; mais, quant au reste, les uns le disent à Taguedemt, les autres enterré dans les lieux connus seulement des personnes de son sang.

L'âchor ou le dixième prescrit par le Coran, n'excite pas de grands murmures; il n'en est pas de même des contributions extraordinaires levées à main armée; ce sont elles qui font désirer la guerre, soit pour se venger, soit pour s'en affranchir. Partout on entend dire : « Mais nous étions plus heureux pendant la guerre. Vienne donc la guerre. » La guerre viendra et tous ces beaux projets seront encore emportés par le vent, si nous ne pouvons prouver que nous sommes les plus forts, que nous avons des idées de stabilité et que nous voulons protéger d'une manière efficace dans leurs biens et dans leurs personnes ceux qui viendront à nous. Il est inutile de dire, qu'on n'obtiendra jamais aucun résultat en continuant notre ancien système d'incursions passagères.

Je me résume en disant que, si depuis la paix Abd el-Kader a perdu de l'influence religieuse qu'il exerçait sur les Arabes, il a, d'un autre côté, beaucoup gagné en puissance matérielle; que, pour en arriver là, il a dû se créer de nombreux ennemis, mais qu'il est assez fort déjà pour les maintenir même pendant la guerre, si nous ne pouvons leur offrir de très solides garanties.

Je passe maintenant à l'affaire d'Aïn Mady non pour revenir sur le passé, puisque, jour par jour, je me suis empressé de vous rendre compte des faits, mais pour vous donner, s'il est possible, la clef de cette expédition. Mon opinion sera d'autant plus désintéressée que, depuis mon arrivée à Mascara, je n'ai pas voulu recevoir un seul journal, que je ne sais rien de ce qui se passe et qu'elle n'a pu se former que de renseignements acquis sur les lieux.

Eh bien, tout le monde ici, ou, ce qui vaut mieux, grand nombre de personnes sages et sensées disent que l'Emir, n'ayant pas exécuté et ne voulant pas exécuter le traité, envoya Miloude Bennarache en France avec la mission de nous amuser par des raisonnements plus ou moins captieux, de gagner du temps et même d'obtenir plusieurs points que je n'ose répéter, tant ils me paraissent absurdes ; que Miloude Bennarache l'ayant instruit qu'il ne pourrait rien conclure et que tous les pouvoirs étaient dans la main de M. le maréchal gouverneur général, il se décida alors à tenter une expédition sur Aïn Mady, ville enfoncée de douze jours de marche dans le désert, afin d'y mettre en sûreté sa famille, ses trésors et ses ressources de guerre, Taguedemt ne lui inspirant plus la même confiance depuis la prise de Constantine et surtout quelques entretiens avec des Européens, nos ennemis. On ajoute que, s'il réussit dans une entreprise funeste à tous les beys qui l'ont tentée avant lui, il devient, aux yeux des Arabes, l'élu du Seigneur, rallie les populations de cette partie du désert, qui n'attend que les événements pour se prononcer, ne met plus de bornes à son ambition et nous déclare lui-même la guerre, si nous ne le devançons ; tandis que, s'il échoue, il tombe dans une position tellement critique, que son avenir peut en être gravement compromis et qu'il en passera, pour le moment, par où nous voudrons. J'ai dit son avenir compromis, parce que, dans ce cas, les trembleurs le considèrent comme perdu sans ressources et voient déjà Tedjiny suivi par toutes les tribus du désert aux portes de Mascara pour prendre sa revanche. Quoi qu'il en soit, Abd el-Kader joue gros jeu et le sent bien.

J'ai oublié de vous rapporter un fait positif et qui peut vous éclairer. Avant le départ de l'Emir pour Aïn Mady, tous les chefs et marabouts furent lui rendre visite à Taguedemt. Chacun lui demanda une faveur, une grâce, une libéralité, mais personne ne lui demanda la guerre sainte. Il en parut étonné et s'en plaignit amèrement. Ses idées de guerre lui sont suggérées par des gens qu'il faudrait découvrir, qu'on ne saurait trop punir et qui lui mettent dans la tête, qu'en la menant avec adresse, il las-

sera le gouvernement, qui ne demande qu'une occasion
pour abandonner un pays, où il ne voit que des dépenses
sans aucun avantage.

Pour tout ce qui précède, mon colonel, j'ai, sans aucun
doute, très mal rempli le but que vous m'avez proposé ;
mais, pris à l'improviste, je n'ai pu coordonner dans un
aussi court délai la masse de notes et de faits que j'ai su
me procurer. Les détails sur la vie d'Abd el-Kader vous
paraîtront, peut-être, aussi, inopportuns et, cependant,
j'ai pensé qu'ils pourraient donner une idée de son caractère et de ses projets. Veuillez m'en excuser auprès de
M. le maréchal gouverneur général et lui dire que j'espère, à l'avenir, pouvoir le renseigner sur tout ce qu'il
lui plaira de me demander.

Je suis, etc...

E. DAUMAS.

A. G. G. A. E 1162. (Original).

LIX

Daumas au lieutenant général
baron Gehenneuc [1]

Mascara, le 9 septembre 1831.

Mon Général,

M. le colonel de Montpezat m'ayant instruit de votre
arrivée à Oran pour y prendre le commandement de la
province, je m'empresse de vous rendre compte d'une
entrevue que je viens d'avoir avec le califfa Sidi Moustapha ben Tamy, au sujet des affaires qui sont encore
en litige. Il vous présente ses salutations, me charge de
vous faire connaître le désir, qu'il éprouve de maintenir
les bonnes relations et vous prie de patienter un peu, si

(1) Guéhenneuc (Charles-Louis-Joseph-Olivier, comte) né le 7 juin
1783 à Valenciennes (Nord) ; soldat au 10e régiment d'infanterie légère,
le 19 août 1803 ; sous-lieutenant, le 25 septembre 1804 ; lieutenant, le
19 juin 1806 ; capitaine, le 31 décembre 1806 ; chef de bataillon, le
11 juillet 1807 ; colonel, le 9 juillet 1809 ; aide-de-camp de l'empereur, le 4 juin 1809 ; général de brigade, aide-de-camp de l'empereur,
le 26 décembre 1812. En demi-solde, le 1er septembre 1814 ; compris
comme disponible dans le cadre de l'Etat-major général de l'armée,
le 30 décembre 1818 ; mis à la disposition du général Clauzel commandant en chef de l'armée d'Afrique, il ne s'y rendit pas pour
raison de santé ; commandant la brigade française en Morée, le
13 mai 1831 ; rentré en France et disponible, le 26 septembre 1833 ;
lieutenant général, le 22 novembre 1836 ; mis à la disposition du
gouverneur général des possessions françaises du Nord de l'Afrique,
1838 ; disponible, le 7 septembre 1840 ; commandant la 15e division militaire, le 16 novembre 1840 ; retraité, le 17 avril 1848 ;
décédé à Paris, le 26 août 1849. Guéhenneuc était le beau-frère du
maréchal Lannes ; il avait été créé baron de l'Empire, le 15 août 1809.

tout ne se termine pas aussi promptement qu'on pourrait
le désirer, attendu qu'ils ont de nombreux embarras qu'ils
espèrent, néanmoins, surmonter pour vous donner une
complète satisfaction. Je vous rapporte mot à mot les
paroles du califfa, en vous instruisant, toutefois, que ce
coulant inusité n'est dû qu'à la position, dans laquelle
se trouve l'Emir devant Aïn Mady.

1° J'ai reparlé de nouveau au califfa de l'affaire des
chameaux enlevés aux Douers par les Beni Ameur, en lui
faisant sentir toute la différence qu'il y avait entre cette
affaire et celle du Douer qui, pour caution de sa femme et
de son bien, en avait amené treize sur notre territoire. Il
m'a répondu que cet Arabe n'avait laissé chez les Beni
Ameur d'autre bien que sa femme, que cette femme refusait de le suivre et que la religion lui défendait de l'y contraindre. Ce à quoi j'ai répondu, que je n'étais pas venu
pour discuter des points religieux, mais pour parler des
choses de ce monde et réclamer l'exécution du traité.
Il n'a plus su que dire, et, enfin, poussé dans ses derniers
retranchements pour les chameaux enlevés aux Douers,
il s'est vu forcé de désavouer complètement la conduite
des Beni Ameur, tout en avançant qu'il ne pouvait rien
sur Bou Hamidy et Bou Hamidy sur cette tribu, mais que
l'Emir, à son retour, nous donnerait satisfaction. Triste
aveu !

2° Nous avons ensuite fait le relevé de tout ce qui a
été pris aux Juifs dépouillés par les Garabas sur la route
de Mostaganem. Le montant s'élève à 4.400 boudjous (1)
qui seront intégralement payés ; mais il faut encore quelques jours, attendu qu'on s'occupe de réunir tous ceux
qui ont pris part à ce vol.

3° Il m'a été répondu que les mekrazenys envoyés chez
les Oulad Sidi Abdallah, pour se saisir des auteurs du
meurtre des deux Douers de Mostaganem, n'avaient pu

____

(1) Environ. 6.200 fr. au taux du boudjou à Mascara.

trouver les coupables, attendu qu'ils s'étaient enfuis chez les Beni Zeroual. Le fait est, que les Medjahars ont repoussé les cavaliers de l'Emir et ont refusé de les livrer.

4° Il faut renoncer, pour le moment, du moins, à avoir la moindre satisfaction pour toutes les réclamations qui concernent les Beni Zeroual, attendu que l'Emir n'a aucun pouvoir sur cette tribu, qui vient de résister à toutes les forces du califfa.

5° J'ai de nouveau réclamé l'extradition du nommé Schareuf, qui s'est rendu coupable de plusieurs vols à Mostaganem. Schareuf les nie ; on demande des preuves et je ne pense pas qu'on le rende jamais.

6° Il m'est encore arrivé un Juif de Mostaganem nommé Arouss, que les Medjahars ont dépouillé sur la route. J'ai pris une note exacte de tout ce qui lui a été enlevé et me suis empressé de porter plainte au califfa. Il m'a promis de lui faire restituer le tout et, devant moi, en a fait écrire à l'aga des Medjahars.

Daignez croire, mon général, qu'heureux de servir sous vos ordres, je vais redoubler d'efforts et de zèle pour mériter, s'il est possible, votre estime et votre bienveillance, en remplissant de mon mieux la mission difficile qui m'a été confiée.

Je suis, etc...

E. DAUMAS.

On est sans nouvelles des trois Juifs envoyés pour chercher des sangsues à Meurdjet sidi Thabet (1), mais le califfa me charge de vous dire de ne concevoir aucune inquiétude sur leur compte, attendu qu'ils sont partis avec le caïd même des Oulad l'Habbas, qui doit lui-même les rendre à bon port à Oran.

E. D.

A. G. G. A. E. 1162 87.37. (Original).

---

(1) Meurdjet sidi Thabet, chez les Douï Thabet. (Saïda. M.).

LX

Daumas à Guéhenneuc.

Mascara, le 9 septembre 1838.

Mon Général,

Le califfa Bou Hamidy s'est rendu à Mersa Sidna
Houcha (1), petit port qui se trouve à une lieue et demie
de Naidroma (2), pour essayer de faire retirer de la mer
cinq pièces de canon, qui proviennent d'un bâtiment
naufragé depuis longtemps.

Quand le califfa sidi Moustapha ben Tamy a voulu
faire restituer l'argent et les effets au Juif Grallouf, deux
douars de Garabas, de 150 à 160 tentes, ont tenté de se
rendre à Mostaganem pour passer aux Français; mais,
malheureusement, atteints près des jardins de cette ville,
·ils ont été ramenés par les promesses et la persuasion,
moins un Smala nommé Hassan, qui était en avant.
Ce fait, qui peut encore avoir de graves conséquences,
prouve que, depuis la paix, il s'est formé pour la France
un très fort parti dans cette tribu, qui n'était au para-
vant connue que par sa haine et son éloignement pour
nous. Cela ne peut que croître et embellir. L'Emir voudra se venger; on s'aigrira de plus en plus et, un peu
plus tôt, un peu plus tard, il éprouvera des défections.
Ce Hassan, qui nous est arrivé, passe pour très franc; il
jouit d'une grande influence chez les Garabas et il n'y

____

(1) Mersa Sidna Yucha.
(2) Nédroma.

aurait pas de mal, je crois, à le bien traiter, car on a les yeux sur la conduite que nous tiendrons à son égard.

On confectionne beaucoup de bois de fusils et de cartouches à Mascara. Les enrôlements se poursuivent aussi avec activité. Hier, on a armé et habillé une vingtaine de recrues. Des tribus du désert apportant à Oran des dépouilles d'autruches, des dattes et des laines ont été forcées par Bou Hamidy de rétrograder. La scène s'est passée à Thessala (1).

Les Djafras et les Agoubias, tout en murmurant payent la contribution qui leur est imposée.

Voici les dernières nouvelles, que j'ai pu me procurer sur Aïn Mady, malgré le secret, dont on enveloppe, à Mascara, tout ce qui concerne cette expédition.

Las de perdre tous les jours du monde sans aucun résultat, l'Emir a reculé un peu son camp.

Les mines n'ont été couronnées d'aucun succès.

Tedjiny, par une sortie heureuse, a fait pénétrer dans la ville un immense convoi.

Les tribus du désert, qui avaient suivi l'Emir, voyant le siège tourner en longueur, l'ont abandonné. De ce nombre sont les Lamour (2) les Zenakra, les Oulad Yacoub, les Arbaâ (3), les Oulad Sidi Nasseur (4) et les Lerouate (5), qui, pour cette raison, sont allés, cette année, faire dans le Maroc leurs provisions d'orge et de blé. Abd el-Kader ne peut plus compter que sur les Harrares (6), qui, campant près de Serresous, assurent encore

---

(1) Tessala. (D. C. Aïn Sofra. — Tessala P. E.), sur le territoire des Ouled Hazedj, tribu faisant partie de la confédération des Beni Amer. — Le Djebel Tessala est un massif montagneux haut de 1063 m. qui sépare la plaine de Mleta de celle de Sidi Bel Abbès.

(2) Amour.

(3) Larbâa.

(4) Ouled Sidi En Naceur, (annexe d'Aflou).

(5) Beni Laghouat.

(6) Harrar.

ses communications et lui fournissent des moyens de transport pour les convois qui se succèdent.

Voici la route exacte de Taguedemt à Aïn Mady :

TAGUEDEMT

Serresou. — 5 lieues, plaine et sources.

Siada. — 5 lieues, plaine et sources.

Lahalyat (1). — 15 lieues, puits.

Aïn Lhadjeur (2). — 5 lieues, rivière.

Tâmelaguet (3). — 5 lieues, rivière.

Tahouyâlâ. — 5 lieues, rivière.

Aïn Mady. — 15 lieues, eau en abondance.

Aïn Mady est plus petit que Mascara, et les remparts, quoique moins élevés, sont bien plus solides. Tous les Arabes assurent, que quatre chevaux peuvent y galopper de front. La ville est entourée de jardins et l'on y trouve deux puits très abondants. L'un d'eux est dans la maison même de Tedjiny.

El Tedjiny est âgé de 45 à 50 ans ; il est chérif, marabout renommé et jouit d'une grande réputation de courage. Son père, savant célèbre dans le désert, est mort dans le Maroc, du temps de Mouley Soliman et son frère aîné, quatre ans avant la prise d'Alger, vint, à la tête de toutes les tribus du désert, assiéger Mascara, dont il prit même les faubourgs, mais, trahi plus tard par les Hachems, il se fit tuer avec tous ses fantassins à Faroha (4), dans la plaine d'Egueris.

----

(1) El-Aliat. Ce nom est donné par les indigènes à 2 pitons situés sur la ligne de partage des eaux entre l'oued Sebgag et les oueds Kerbout et Sidi En Naceur, à 4 étapes au S. de Frenda. Cf. Lieutenant-colonel Derrien : *Les Aliat*, Bulletin Société de Géographie d'Oran, 1896, p. 112).

(2) Aïn El Hadjer.

(3) Aïn Tamellaka au nord de Taouiala.

(4) Froha, sur le territoire des Metchachin. (D. C. Froha-Mascara M.).

Plusieurs sièges soutenus contre les Turcs ont donné de l'expérience à ce dernier. Instruit, depuis un an, des projets de l'Emir, il a fait de grands approvisionnements de tous genres, ne manque ni d'eau, ni de poudre, ni de vivres et se rit de l'Emir qui se trouve vraiment très embarrassé, ne pouvant ni prendre la ville, ni, peut-être, opérer sa retraite. Son amour-propre souffre d'autant plus cruellement, qu'il avait habitué les Arabes à voir en lui l'élu du Seigneur et que ce non-succès va lui susciter des embarras nombreux. Les Hachems, sa propre tribu, tribu qui met sur pied 9 à 10.000 chevaux, commencent à exprimer hautement leur mécontentement et si, par malheur, ils venaient à abandonner celui dont seuls ils ont fait l'élévation, ce serait une affaire terminée.

La dernière caravane venant de Fez a encore été attaquée à deux jours au-delà d'Oucheda (1), malgré une escorte de l'empereur de Maroc.

Au moment où je ferme ma lettre, arrive un courrier de l'Emir. L'autorité fait courir le bruit qu'il a fait la paix avec Tedjiny moyennant une forte contribution payée par ce dernier, mais n'en croyez pas un seul mot, car je vous dirai, qu'informé par une voie très sûre, j'ai su qu'Abd el-Kader, battu dans un combat acharné, où il a perdu 61 hommes et compté 90 blessés, avait été obligé de lever son camp et que tout porte à croire que ces bruits de paix ne sont que les précurseurs d'un retour forcé.

Gardez-moi, je vous prie, le secret, qui est le seul moyen de me permettre de vous bien renseigner.

Je suis, etc....

E. DAUMAS.

A. G. G. A. E. 116² 89-38. (Original).

---

(1) Oudjda.

LXI

Daumas à Guéhenneuc.

Mascara, le 23 septembre 1838.

Mon Général,

Conformément à vos ordres, j'ai fait part au califfa
Moustapha ben Tamy de votre arrivée à Oran, pour
y prendre le commandement de la province avec la
volonté d'observer les traités et d'en exiger l'observation. Il me charge de vous présenter ses salutations et
de vous dire que, « s'il plaît à Dieu, nous ne verrons à
l'avenir que du bien. »

Je lui ai proposé ensuite l'échange de la femme et des
biens d'El Schareuf contre la famille et les grains de
Hassan ben Freha, mais il a refusé en représentant de
nouveau, que ce dernier ne s'était enfui à Mostaganem
que, parce qu'il était compromis dans l'affaire des Arabes,
qui ont dépouillé le Juif Grallouf sur la route de Mostaganem, que cette affaire se suivait et que, bientôt, on
saurait la part qu'il y avait prise.

Je me suis plaint, en outre, de la conduite de l'oukil
Hadj l'Habib à Oran, en lui faisant fortement sentir, que
nous étions bien décidés à ne laisser exercer aucun acte
d'autorité sur notre territoire. Il m'a compris cette fois,
a fortement désavoué la conduite de son consul et lui a
fait écrire devant moi, pour qu'il ait à restituer sur le
champ, les armes des Medjahars. Cette réparation doit
donc être faite à présent.

Le 17 du courant, le caïd de Mascara a fait emprisonner trois Juifs d'Oran. Interrogé sur les raisons, qui le portaient à exercer cet acte d'autorité sur des gens qui ne relevaient que de nous, il me répondit qu'il ne l'avait fait que pour la sûreté de ces malheureux qui, ne tenant aucun compte des accidents qui arrivent journellement, s'étaient mis en route pendant la nuit et sans guides. Sur ma demande, ils ont été immédiatement relâchés.

Dans la semaine, un Arabe est venu chercher M. le docteur Warnier, pour aller voir, disait-il, un de ses parents très malade auprès de Calaâ. Dans la crainte d'accident, je n'ai pas voulu laisser partir M. Warnier sans prévenir le califfa qui, pour un motif ou un autre, s'y est refusé et je viens, aujourd'hui, vous demander vos instructions pour le cas où un pareil fait viendrait à se reproduire. Faut-il laisser partir M. Warnier sans prévenir les autorités de Mascara ou bien leur demander une autorisation, qu'elles refuseront toujours, dans la crainte qu'on étudie le pays ?

Vous ne m'avez rien répondu au sujet du spahi Tahar, qui demande à rentrer. M. le maréchal gouverneur général m'a envoyé des lettres pour le califfa Moustapha ben Tamy et il m'écrit, qu'elles sont accompagnées de deux ballots, qui lui sont également destinés. J'ai donc remis les lettres au califfa, mais vous ne m'avez pas fait parvenir les ballots et je viens vous prier de me dire ce qu'ils sont devenus, afin que je puisse en instruire M. le maréchal, qui me demande un accusé de réception.

Je vous rends compte que le califfa Moustapha ben Tamy m'a fait cadeau d'un cheval. Je n'ai pas cru pouvoir le refuser, malgré que cela m'ait contrarié au dernier point.

Ben Igrou est arrivé de Tlemsan et il a été immédiatement envoyé à Alger auprès de M. le maréchal gouverneur général.

Bulletin de la semaine

Dans la semaine qui vient de s'écouler, on a, comme cela se pratique tous les ans, procédé au renouvellement des emplois. Je ne vous donnerai que ceux qui peuvent vous intéresser par leur voisinage.

Lahouary et Mohammed bel Sasy ont été nommés agas des Hachems Garabas et Cherragas ; Miloude Bennarache a été conservé aga du Chairg; Sidi Miloude bou Talaib, caïd des Flittas ; Hadj Abd el-Kader bou Kligra, des Sedamas ; Mohammed bel Hadjal, aga des Medjahars et Habib Boualem, caïd des Garabas, a été remplacé par Adda Ould Misoun (1).

L'Emir continue l'exportation des grains par Tennez (2).

L'un des chefs, dont je vous ai annoncé l'exil à Naïdroma, se nomme Senantry ould Sidi Hamet ben Youssouf.

Les Djafras et les Agoubias ne s'exécutent pas franchement pour l'énorme contribution qui leur est imposée. Le nouvel aga des Hachems Garabas, Lahouary, doit s'y rendre avec tous ses cavaliers et un peu d'infanterie.

Ben Nouna (3) est parti dans la semaine pour Aïn Mady; on pense toujours qu'il se rend auprès de l'Emir, pour essayer de remplacer Bou Hamidy dans le com-

---

(1) Sur ces personnages : Cf. Appendice VIII. *Principaux personnages de la province d'Oran.*

(2) Tenès.

(3) **Mohammed ben Nouna,** d'une famille originaire de Fas, établie à Tlemcen, se fit, après 1830, nommer caïd de Tlemcen par les Hadar, puis les décida à reconnaître pour souverain le sultan du Maroc, **Moulay Abd er-Rahman.** Lorsqu'Abd el-Kader prit possession de Tlemcen, Ben Nouna se retira au Maroc. Il se réconcilia plus tard avec l'Emir et mourut à Oudjda, peu après la bataille d'Isly. — Cf. A. Cour. *L'occupation marocaine de Tlemcen.* — Revue Africaine, 1ᵉʳ trimestre 1908, pp. 32 sqq.

mandement du Gharb; mais on croit qu'il ne réussira pas, parce que l'Emir a trop de raisons pour ne pas mécontenter ce chef influent des Kabyles.

La dernière caravane, qui est arrivée à Mascara, annonce le retour de Hadj Tahar, frère du caïd Hadj el-Boukary, envoyé en mission après de Mouley Abderraman. Il rapporterait des pistolets, des sabres, de la poudre, du salpêtre, des pierres à feu et du mauvais drap rouge pour l'armée. Quand il sera arrivé, je m'empresserai de vous rendre compte de ce qu'il aura apporté.

A Mascara, à Tlemsan et dans toutes les autres villes, on emploie tous les moyens possibles pour obtenir des enrôlements pour l'infanterie, mais ils sont peu nombreux.

Les Kabyles ont apporté beaucoup de salpêtre au dernier marché de Mascara, avec l'intention de le livrer au commerce ; mais le califfa s'en est emparé pour l'envoyer à Taguedemt, où l'on fabrique beaucoup de poudre.

Tous les armuriers de Mascara ont été envoyés à Taguedemt pour y raccommoder des armes.

On est absolument sans nouvelles officielles d'Aïn Mady. J'ai cependant interrogé moi-même un fantassin, qui en arrive pour se remettre d'une blessure assez grave. Il m'a dit que l'Emir était moins avancé que les premiers jours, attendu qu'il avait été forcé de reculer un peu son camp et que l'infanterie, lasse de perdre tous les jours du monde sans aucun résultat, se démoralisait, murmurait et manifestait déjà ses intentions de révolte. Abd el-Kader se serait mis en route avec quelques cavaliers pour aller visiter les Rebaâ (1), tribu nombreuse, qui campe à quelques lieues d'Aïn Mady; mais il serait promptement revenu dans son camp, sur la nouvelle que son infanterie voulait profiter de son absence pour

____

(1) Larbâa.

s'en revenir. L'Emir aurait aussi cassé onze officiers, qui ont refusé positivement de monter à l'assaut.

Je suis, etc...

E. DAUMAS.

P. S. — Au moment de fermer ma lettre, il arrive cent fusils français comptés en ma présence et l'on annonce positivement le retour de l'Emir.

A. G. G. A. E. 116². (Original).

LXII

Daumas à Guéhenneuc.

Mascara, le 29 septembre 1838.

Mon Général,

Les nouvelles, qui vous ont été données par Hadj l'Habib, ne sont nullement connues à Mascara, où l'on n'aurait pas manqué de célébrer par de grandes réjouissances l'annonce d'un pareil résultat. Je ne vous ai donc pas envoyé de courrier extraordinaire pour vous instruire des prétendus succès de l'Emir, parce qu'il ne m'a été fait aucune communication officielle à cet égard, qu'on n'en parle même pas ici et que tout cela n'existe que dans la tête d'Hadj l'Habib qui, sans nul doute, aura reçu des instructions pour dissimuler aux yeux de la France un revers positif par l'annonce d'une victoire.

On n'ose et l'on ne peut, ici, mentir à la population avec autant d'impudence ; aussi se contente-t-on de publier, comme j'ai eu l'honneur de vous le dire, que l'Emir a fait la paix avec Tedjiny, moyennant une somme de 5o.ooo boudjous payée par ce dernier (1).

---

(1) Selon Arnaud. *Siège d'Aïn Mahdi*, Rev. Africaine 1864, p. 371. Abd el-Kader aurait sommé les habitants de payer une contribution de guerre de 20.000 réaux. (37.200 fr.). Les Ksouriens refusèrent tout d'abord, puis offrirent la moitié de la somme réclamée. Cette proposition ayant été acceptée, ils acquittèrent cette contribution et livrèrent, en outre, dix ôtages. Il s'ensuivit une trève, qui se prolongea jusqu'au dernier tiers du mois de redjeb (9-19 octobre). Léon Roches, dans son récit du siège, ne mentionne pas ces négociations.

Maintenant, voici la vérité ; Abd el-Kader, en feignant de traiter avec Tedjiny n'avait d'autre but que de faire, sous-un prétexte ou sous l'autre, pénétrer ses fantassins dans la ville pour s'en emparer par un coup de main, mais Tedjiny soupçonnant la ruse, n'a voulu y admettre qui que ce soit en armes, et a juré que l'Emir, surtout, n'y mettrait jamais les pieds, de son vivant, du moins.

Les affaires en sont encore là. Tout porte à croire que le feu va recommencer et je viens, mon général, vous prier de croire que rien d'important ne se passera sans que vous en soyez immédiatement instruit ; je suis en mesure pour cela.

Je vous disais dans ma dernière lettre, que M. le maréchal m'annonçait, que vous deviez me faire parvenir deux ballots pour le califfa Moustapha ben Tamy ; j'ai reçu les lettres, mais j'attends encore les ballots.

Les Medjahars ont enlevé à Mascara un Coulougli de Tlemsan, qui habite maintenant Mostaganem. Instruit de ce fait, je me suis transporté chez le califfa et l'ai fait immédiatement relâcher.

Dans la semaine, on a enrôlé une cinquantaine de fantassins. Ce sont presque tous des enfants, qui n'ont ni l'âge ni la force nécessaires pour supporter les fatigues de la guerre.

On a encore reçu beaucoup de salpêtre de Tlemsan. Il a été sur-le-champ dirigé sur Taguedemt.

Je vous rends compte qu'on s'apprête à faire vendre beaucoup de grains à Tenezz.

J'ai l'honneur, etc...

E. DAUMAS.

P.-S. — J'ai parlé de la communication officielle qui vous avait été faite par Hadj l'Habib. On a paru très embarrassé et l'on a été forcé de me dire que l'Emir

ı.'avait jamais mis les pieds dans Aïn Mady, mais que
Tedjiny y avait admis son cady et son qroudja pour
présider aux paiements. Ceci confirme la vérité de ce que
j'ai eu l'honneur de vous dire.

Une heure avant le départ du courrier, j'ai reçu votre
lettre en date du 28. Je me suis transporté immédiatement chez le califfa et lui ai réclamé, avec toute l'énergie
que vous me prescrivez, les meurtriers de Rossignol.
On n'avait aucune connaissance de ce dernier crime. Les
coupables ne sont pas venus à Mascara. On les suppose à
Tlemsan et le califfa fait écrire aujourd'hui même à
Bou Hamidy pour les réclamer.

E. D.

A. G. G. A. E. 1162. 90-39. (Original).

LXIII

Daumas à Guéhenneuc.

Mascara, le 7 octobre 1838.

Mon Général,

Conformément à vos ordres, je me suis plaint au califfa Moustapha ben Tamy de la conduite du caïd des Oulassas (1) à l'égard de l'île de Rascougne (2). Il me charge de vous dire que, suivant vos désirs, il en instruira l'Emir qui, sans aucun doute, donnera des ordres à Bou Hamidy pour qu'il ait à faire cesser un pareil conflit.

L'affaire du Juif Grallouf , dépouillé sur la route de Mostaganem, ne se termine pas. Vingt fois le califfa m'a lui-même donné sa parole de lui faire rendre justice et ses promesses n'ont encore été suivies d'aucune exécution. Aujourd'hui, il met tout sur le compte d'Hassan,

------

(1) Oulhassa. Confédération de tribus habitant les deux rives de la Tafna et divisée en deux groupes. les Beni Fouzeche. (Beni Saf P. E.) et les Beni Rimane (Remchi M.). Les Oulhassa étaient sédentaires et habitaient une vingtaine de villages. Ils étaient administrés par un caïd indépendant de l'agha des Trara.

(2) Rachgoun. Ile située à 2000 m. environ au large de l'embouchure de la Tafna. Une garnison française y fut établie en 1836. Elle fut laissée à la France par le traité de la Tafna, et, en raison de l'article 16 du traité, qui stipulait, que le commerce devait se faire exclusivement par les ports français, prit une certaine importance économique. Un bureau de douanes y fut installé et deux tartanes armées en guerre pour empêcher l'introduction de la contrebande de guerre par ce port.

qui est à Oran et vous propose ou de l'envoyer à Mascara avec un sauf-conduit, ou de le confronter devant vous, à Oran même, avec les complices de son crime, qu'on y enverrait à cet effet. Je crois qu'Hassan est coupable, mais qu'on voudrait tout faire passer sur son compte afin d'éviter l'inconvénient de mécontenter les Garabas. J'attends vos ordres.

Le caïd m'a encore promis de faire toutes les démarches nécessaires pour découvrir les assassins du brigadier Rossignol. Il en a écrit à Bou Hamidy, dans le gouvernement duquel on les suppose.

J'apprends à l'instant même, que l'Emir a voulu s'emparer d'Aïn Mady par trahison. Il n'a pas réussi et Tedjiny lui aurait fait éprouver de grandes pertes.

Abd el-Kader vient aussi d'envoyer un ordre assez singulier aux Garabas. Il leur enjoint de rentrer dans leur pays et de ne pas se réunir sur le Sig. Les Bordjias sont envoyés de l'autre côté de la Mina. Je vous rends compte du tout.

J'ai l'honneur, etc...

E. DAUMAS.

Bulletin de la semaine

On fait courir le bruit à Mascara, que M. le maréchal gouverneur général s'est rendu à Constantine pour y réinstaller le bey Hadj Amet, lequel s'engage à nous couvrir de tous nos frais et à nous payer un tribut annuel. On ajoute, que le bey Hadj Hamet a promis à la France son concours pour abattre Abd el-Kader et tout le monde est ici vraiment très inquiet (1).

____

(1) Le maréchal Valée visita la province de **Constantine du** 15 septembre au 8 novembre 1838. Le but de ce voyage **était** l'organisation administrative du pays et la prise de possession de Stora. Trois arrêtés datés de Constantine (30 septembre) réglèrent, **en**

Les Djafras et les Agoubias ne s'exécutent pas pour la contribution qui leur est imposée. Il y a même entre eux des discussions et les Oulad Aly ben Mahmed se sont battus ces jours derniers avec les Beni Mattar.

On assure que le bey Berkany s'est emparé par la ruse d'un chef influent des environs de Constantine nommé Ben Ferhat (1).

On assure, que le be̦ ben Tamy devait sortir pour en finir avec les Agoubias, mais il a reçu l'ordre positif de l'Emir de rester à Mascara pour maintenir le bon ordre.

'aga Miloude Bennarache doit, sous peu, aller prélever l'âchour, ou le dixième sur les grains, dans l'étendue de son commandement. Il a convoqué, à cet effet, les Oulad l'Habbas, les Akermas Cheragas, les Oulad Hamet ben Soultan (2), les Kyaybas (3), et les Oulad Sidi l'Harabit (4), en leur donnant l'ordre de s'approvisionner pour un mois.

------

effet, l'administration de la province. Le commandement supérieur fut confié à un officier général ; des khalifas (parmi lesquels Ben Aïssa, l'ancien lieutenant d'Ahmed bey) furent installés pour servir d'intermédiaires entre l'autorité française et les indigènes. Des négociations avaient bien été engagées au cours de l'année 1838 avec Ahmed bey, mais elles n'avaient pas abouti, l'ancien bey désirant recouvrer Constantine, tandis que le gouvernement français tenait à conserver cette ville, sous son autorité directe.

(1) Ferhat ben Saïd. — Ce chef, se sentant hors d'état de défendre Biskra contre Ahmed bey, demanda des secours au général de Négrier, commandant la province de Constantine. Ayant essuyé un refus et ayant vu, à la suite de ce refus, son adversaire occuper Biskra, il fit appel à Abd el-Kader. L'Emir envoya dans le Zab El Barkany qui, à la fin de mai 1838, chassa Ahmed Bey de Biskra. Toutefois, Abd-el-Kader ne restitua pas le gouvernement à Ferhat, mais installa, comme khalifa des Ziban, un marabout de Tolga, nommé El Hosein ben Azouz.

(2) Ouled Ahmed ben Sultan. (D. C. Ouled Abdi, Bel Hacel, Kiaïba. — Mina, M.).

(3) Kiaïba, fraction des Ouled Ahmed ben Sultan. (D. C. Kiaïba. — Mina. M.).

(4) Ouled Sidi el-Aribi.

Il m'a été assuré qu'on continuait à Tlemsan les essais pour fondre des canons. Un Européen s'en serait chargé, en répondant de la réussite sur sa tête.

Il est arrivé une vingtaine de blessés d'Aïn Mady. J'en ai interrogé plusieurs et tous s'accordent à dire que l'Emir n'est pas plus avancé que le premier jour. Espérant, néanmoins, réduire Tedjiny par la famine, Abd el-Kader prendrait ses dispositions pour y passer l'hiver, mais on croit que cela ne suffira pas, attendu que Tedjiny ne manque de rien. Dans un dernier combat l'Emir a perdu huit hommes et deux officiers. Quelques hommes de Tedjiny ont déserté ; il a eu la générosité de leur envoyer tout ce qui leur appartenait. Dans ce moment-ci l'on envoie de l'argent, pour payer son armée qui murmure.

Beaucoup d'Arabes sont allés du côté de Mostaganem visiter le marabout de Sidi Lekhal (1), et ils ont tous été dépouillés par les Beni Zeroual.

Mascara, le 7 octobre 1838.

E. DAUMAS.

P.-S. — Le fils de l'ancien bey Bou Mezrag (2), qui était exilé à Taguedemt, est parvenu à s'enfuir et à gagner Alger, où il a été bien reçu.

A. G. G. A. E. 116². 91-40. (Original).

---

(1) Marabout situé sur le territoire des Ouled Khelouf (Cassaigne M.). Sidi El-Akhal ben Khalouf, sur le tombeau duquel ce monument avait été élevé, naquit, vécut et mourut au xi° siècle Heg, chez les Ouled Khelouf. Il est l'auteur d'un grand nombre de poésies dans lesquelles il loue Dieu et le Prophète. Cf. Sonneck : *Chants arabes du Maghreb*, Paris 1904. T. ii, fasc. i, p. 237. — Ce marabout fut enlevé par le général Gentil, le 19 mars 1843, à la suite d'un combat acharné qui coûta aux Ouled Khelouf et aux Beni Zeroual, 700 prisonniers. Cf. *Ann-Algériennes*, liv. xxxv, T. iii, p. 62.

(2) Bey du Titteri en 1830.

LXIV

Daumas à Guéhenneuc.

Mascara, le 8 octobre 1838.

Mon Général,

Le califfa Moustapha ben Tamy me charge de porter à votre connaissance, que des Arabes de la tribu des Hachems, se rendant au marché d'Oran, ont été dépouillés et maltraités par des Douers, dans un endroit qu'on nomme les puits de Boufatous (1), sur la route d'Arzeu. On leur a pris 15 bœufs et 66 douros d'Espagne appartenant à un chef de Mascara nommé Si Abdallah.

On a reconnu parmi les coupables, qui étaient au nombre de douze, les individus suivants :

Beloufa ould Kada ben Manzour, Adda ould Grezal, Taîaib ben Nâsseur, Berahhan, Habib ould Dahan, Bou Zeboudja.

Le califfa vous prie de faire rendre justice aux Hachems qui ont été dépouillés.

J'ai l'honneur, etc.

E. DAUMAS.

P.-S. — La lettre vous est envoyée par occasion.

A. G. G. A. E. 1162. (Original).

---

(1) Bou Fâtis, près de la sebkha d'Arzeu. (Sidi Chami, P. E.).

LXV

Daumas à Guéhenneuc.

Mascara, le 13 octobre 1838.

Mon Général,

M. le colonel de Maussion m'ayant informé que vous m'avez écrit par un Arabe nommé Ben Aychouche, je commence par vous rendre compte, que votre lettre ne m'est pas encore parvenue et que je ne puis m'expliquer ce retard.

On vient de commettre à Mascara l'injustice la plus révoltante à l'égard du Juif Grallouf dépouillé sur la route de Mostaganem. Après avoir donné dix fois sa parole qu'on rendrait justice, le califfa Moustapha ben Tamy vient de prononcer que, le seul auteur du vol étant Hassan, c'était à nous et non pas à lui à faire payer Grallouf. Dans une discussion très vive avec le califfa et l'aga Habib Boualam, j'ai dit tout ce que l'on pouvait dire en faveur de l'Israëlite ; je leur ai représenté leur manque de foi ; mais tout a été inutile. Suivant eux, c'est Hassan qui a tout emporté. Grallouf part demain et j'attends de nouveaux ordres. La vérité dans tout ceci, c'est qu'on craint de mécontenter les Garabas et de les voir passer aux Français.

On ne m'a jamais parlé à Mascara de l'intention qu'on avait, de livrer 6.000 fanaigles (1) de grains, parce qu'on

---

(1) Fanègues — environ 6.720 hectolitres.

savait bien que je ne donnerais pas dans le piège. Cette démonstration n'a pu être faite que pour obtenir la levée d'un interdit sur certaines denrées ou, mieux encore, pour arrêter par une apparence inusitée de loyauté les prétendues négociations avec Hadj Hamet, dont, à tort ou à raison, on a une peur effroyable. Ne croyez donc à l'arrivée de ces grains, que quand vous les tiendrez.

Je m'empresse de porter à votre connaissance un fait important, qui vient de se passer et dont j'ai la preuve positive. Abd el-Kader a écrit au califfa Moustapha ben Tamy, de donner l'ordre aux agas et chefs de tribus de forcer tous ceux de leurs administrés, qui en ont les moyens, à acheter, sous le plus bref délai, des chevaux, des armes, et de la poudre. Ces chefs ont, en conséquence, remis leurs listes au califfa et des cavaliers réguliers ont été envoyés dans toutes les directions pour assurer l'exécution de cette mesure. L'Emir explique cette résolution par des prétentions exagérées de la France et la demande d'une nouvelle contribution de guerre et moi, je pense, qu'instruit, que nous craignons la guerre, on veut tout simplement nous en imposer. Néanmoins, je puis me tromper et vous rends compte du tout.

Une autre lettre de l'Emir recommande au califfa de ménager les tribus et de ne pas faire de mécontents afin d'éviter les défections qui se multiplient, ce qui expliquerait le non payement du Juif Grallouf.

L'Emir est toujours dans la même position et paraît vouloir passer l'hiver devant Aïn Mady, car on assure qu'il s'y est fait bâtir une maison et que toute son infanterie y est baraquée ; il a reçu d'Alger des bombes et des boulets dont il manquait (1). Il vient de demander des

------

(1) Abd el-Kader ayant demandé des munitions au maréchal Valée, celui-ci fit livrer 400 obus non chargés. En annonçant cette décision au ministre de la guerre, le maréchal ajoute « qu'il a la certitude que

renforts, et, le 10 du courant, il lui a été expédié un fort convoi de vivres et de munitions escorté par l'infanterie de Mascara, qui restera avec lui.

Il est arrivé du Maroc un convoi de cent chameaux chargés de poudre et salpêtre ; il a été immédiatement dirigé sur Taguedemt.

On assure toujours qu'on fait des canons à Tlemsan.

Tous les artilleurs de Mascara sont occupés à confectionner force cartouches.

J'ai l'honneur, etc...

E. DAUMAS.

P.-S. — Le califfa Moustapha ben Tamy m'a fait appeler ; il vient de me dire que Hadj l'Habib demande à rentrer, parce qu'on lui a volé un cheval chez lui, blessé grièvement un de ses domestiques et que, quand il est allé vous porter plainte, vous lui avez répondu que cela ne vous regardait pas. N'ayant nulle connaissance de cette affaire, j'ai dit au califfa, que je pensais, au moins, que Hadj l'Habib y mettait de l'exagération et que j'allais vous prier de me dire la vérité. S'il est vrai que l'on ait frappé un homme du consulat à Oran, nous sommes presque certains d'éprouver des représailles à Mascara. J'ai recommandé, en tout cas, la plus grande prudence à mes hommes.

E. D.

A. G. G. A. E. 116². 92-41 (Original).

---

l'Emir n'a pas d'obusiers de ce calibre ; donc cet envoi ne saurait être un danger pour nous ». — Analyses de la correspondance d'Afrique, 15 octobre 1838. A. G. G. A. E. 133. Cependant, selon Roches, op. cit. liv. vi, p. 135, le maréchal aurait livré à Abd el-Kader, non seulement des projectiles, mais encore des obusiers, dont l'Emir se servit pour bombarder Aïn Madhi pendant trois jours. —Cf. aussi G. Bellemare : *Histoire d'Abd el-Kader*, ch. xi, p. 215. — C. Rousset : *L'Algérie, de 1830 à 1840*, chap. ix, tome ii, p. 351.

LXVI

Daumas à Guéhenneuc.

———

Mascara, le 21 octobre 1838.

Mon Général,

Je m'empresse de vous rendre compte que le nommé Ben Aychouche, porteur de votre lettre, est enfin arrivé à Mascara. Conformément à vos ordres, j'ai fait, auprès du califfa, toutes les démarches convenables pour lui faire rendre sa femme et, après bien des difficultés, il a été décidé que, si elle consentait à suivre son mari, on lui en donnerait la liberté, mais que, si elle s'y refusait, on ne pourrait l'y contraindre. Ben Aychouche a accepté ces conditions, mais sa femme a déclaré ne pas vouloir aller vivre chez les chrétiens. Il a demandé alors la justice et sa femme, ayant fait les mêmes protestations devant le cady, Ben Aychouche est reparti pour Mostaganem. J'ai protesté en disant que, dans tous les pays du monde, la femme devait suivre son mari, ce à quoi l'on a répondu que la loi musulmane défendait de forcer qui que ce fût à résider chez les chrétiens.

J'ai rectifié auprès du califfa tous les mensonges d'Hadj l'Habib. Il se pourrait qu'on vous en débarrassât.

Depuis ma dernière lettre, il est arrivé à Mascara quatre spahis déserteurs d'Alger, qu'on a sans doute pris pour les assassins du brigadier Rossignol. S'ils étaient

venus à Mascara, j'en aurais été instruit, attendu que j'ai
des gens chargés de prendre des renseignements sur leur
compte. Je m'en suis plaint néanmoins, comme si le fait
était réel, en disant qu'on les avait dirigés sur Taguedemt et il m'a été juré, que cela n'était pas et qu'on
me les rendrait, si on parvenait à les saisir (serment
d'Arabes).

On assure que, par ordre de l'Emir, on vient de régulariser chez les Garabas une espèce de douane, pour
tout ce qui se rend à nos marchés. On prendrait 2 boudjous par chameau, mule ou cheval se rendant à Oran
et 1 boudjou par tête d'âne. Sedig Boualam, frère de
l'aga des Garabas et **Abd el-Kader ould Oumâne** auraient été nommés les caïds de cette douane et devraient
résider sur le Sig pour en assurer le service. Il vous sera
facile de connaître l'exacte vérité par les premiers
Arabes, qui se rendront à nos marchés.

J'ai appris que les Beni Moussa (1) avaient voulu passer aux Hadjoutes (2), mais que les Français avaient
réussi à en ramener une partie. Des coups de fusils ont
été échangés.

On fait courir le bruit que Hadj Hamet bey a eu une

____

(1) Tribu de la Mitidja, établie entre l'Harrach, à l'O, et l'oued
Smar à l'E. Ils se divisaient en Beni Mouça de la montagne et
Beni Mouça de la plaine. Sous la domination turque, leur territoire
correspondait à l'un des 11 « outhan » de la province d'Alger.
(Rovigo, l'Arba, Rivet, Sidi-Moussa et partie de Maison-Carrée, P. E.).

(2) Les Hadjoutes, divisés en Hadjoutes el Outa (de la plaine)
et Hadjoutes Souhalia (du littoral), étaient un mélange d'aventu-
riers de toute origine, qui formaient, à l'époque turque, un
maghzen de 1.000 cavaliers dans les « outhan » d'Oued Sebt et de
Beni Khelil, depuis la Chiffa et l'Atlas, jusqu'au lac Halloula et au
Tombeau de la chrétienne. [Tipaza, Marengo, Meurad, Castiglione,
El-Affroun, P. E.]. De 1830 à 1841, ils ne cessèrent de se livrer au
brigandage, au détriment des colons européens et des tribus ralliées
à la France. — Sur cette affaire entre les Hadjoutes et les troupes
françaises Cf. Pellissier de Reynaud. *Annales Algériennes*, Liv. xxvii,
ii, p. 304.

entrevue à Constantine avec M. le maréchal. Cette nouvelle inspire les craintes les plus vives à Mascara.

Toubbal (1) a enrôlé à peu près 3oo fantassins du côté
des Ouad Zitoune, mais, dans une seule nuit, il en est
parti 66 pour Alger.

Les Aâssassena (2) se battent entre eux et les Djafras
avec les Beni Mattar. Le califfa Moustapha ben Tamy
doit partir lundi pour faire cesser ce désordre ; de là, il
se rendra à Taguedemt, puis reviendra à Mascara.

On prête à Bou Hamidy des projets d'indépendance,
mais ils n'ont encore reçu aucune exécution. A Mascara
on crie beaucoup contre lui et, le 18, il a été dit chez le
califfa Moustapha ben Tamy, que l'on ne pouvait plus
se fier à Bou Hamidy, parce qu'il avait conclu un traité
secret avec la France.

Le 17, il a été dit chez le califfa que le bey de Miliana
Sidi Imbarraik se grisait tous les jours et qu'il s'était
entendu avec les Français pour leur livrer la famille de
l'Emir. Cette famille, en conséquence, a reçu l'ordre de
se rendre à Taguedemt.

L'Emir perd tous les jours du monde et les bombes et
boulets des Français n'ont produit aucun effet. Des marabouts ont voulu concilier l'Emir avec Tedjiny. Ce
dernier, pour se débarrasser, a consenti à payer 3o
lits arabes (3), à condition que l'Emir s'en retournerait.

---

(1) Si Tobbal, khalifa d'Abd el-Kader dans la Medjana.

(2) Hassasna. — Confédération de tribus comprenant les Hassasna
Chéraga et Gharaba (Yacoubia M), les Ouled-Brahim et les Doui-
Hocine. (Saïda. M.).

(3) Par le mot lit, Daumas a sans doute traduit le mot arabe جراش
Les gens d'Aïn Madhi, désignent encore, de nos jours, par le mot
جراش , les tapis de haute laine que l'on fabrique dans le Djebel
Amour et que l'on appelle également قطيعة . Dans tout le S. O.
du département d'Alger et tout le Sud oranais, le mot جراش désigne
la قطيعة . Le dictionnaire de Beaussier donne, pour le mot جراش , le
sens de « grand tapis arabe ».

Abd el-Kader a trouvé la contribution trop faible et a annoncé l'intention de continuer. Tedjiny a fait alors pénétrer les marabouts dans sa ville, leur a montré d'immenses approvisionnements en blé, dattes, munitions de guerre et les a congédiés en leur disant : « Prévenez Abd el-Kader qu'il peut rester vingt ans, s'il le veut, devant Aïn Mady, il n'y entrera jamais. » Je vous garantis ces nouvelles, attendu qu'elles sortent de l'intimité du califfa.

Les âoulaimas (1), chefs et talaibs (2) se sont réunis pour écrire à l'Emir et le prier de revenir. (Positif).

Comme effet moral, tout le monde blàme l'Emir et approuve Tedjiny. Abd el-Kader s'est porté un coup funeste.

L'un des espions de l'Emir à Alger, se nomme Ben Feuqrar. Je ne sais si c'est un Musulman ou un Juif ; mais il les instruit de tout ce qui se passe. (Positif). On devrait le faire surveiller.

Tout le monde peint l'infanterie d'Aïn Mady comme entièrement démoralisée.

On réunit un convoi de 3oo mules pour envoyer à Aïn Mady de la poudre, du biscuit et de la tchicha (3)

Hadj Beloufa, l'aga de la cavalerie régulière, part lundi pour Miliana avec 2oo cavaliers des plus braves. Les uns disent qu'ils vont remplacer l'infanterie de cette ville,

---

(1) Oulama. — عالم de علم, savant, d'où nous avons fait le mot ulémas. Le corps des oulama comprenait les muftis et les imams. Mais ce mot est aussi employé d'une façon plus générale pour désigner les docteurs versés dans la connaissance des Ecritures et de la loi.

(2) Tolba. — طلبة pluriel de طالب , est employé en arabe algérien pour désigner les étudiants. Le sens littéral est : celui qui recherche (la science), de la racine طلب

(3) دشيشة Dchicha. — Semoule grossière de blé concassé, ou même, parfois, blé grillé et écrasé que l'on fait bouïlir avec un peu de beurre. (Daumas : *La vie arabe...* Paris, 1869, 8°, p. 254).

qui a reçu l'ordre de rejoindre l'Emir et les autres, qu'ils doivent servir de garde à la famille de l'Emir.

L'Emir paraît disposé à tenter un assaut décisif.

Les habitants de Mazouna se battent entre eux et ils ont chassé les cavaliers du califfa.

Hadj Tahhar, le frère du caïd de Mascara, envoyé dans le Maroc pour y acheter des armes et des munitions de guerre, est de retour à Tlemsan. Il écrit au califfa, qu'il a complètement réussi dans sa mission et que le tout lui a été fourni par les Anglais.

J'ai l'honneur. etc...

E. DAUMAS.

A. G. G. A. E. 116². 93-42 (Original).

LXVII

Daumas à Guéhenneuc.

Mascara, le 21 octobre 1883.

Mon Colonel,

Je suis enfin parvenu à savoir tout ce qui se dit dans l'intimité du califfa Mustapha ben Tamy. Cela à force de ruses et d'argent. Je crois que c'est une bonne fortune, qui nous permettra de lire à cœur ouvert et de pénétrer les craintes, espérances et projets de ces messieurs. Pour savoir ce que vous en pensez, je vous ai envoyé par ce courrier quelques-unes de leurs conversations. Je continuerai, si vous y attachez de l'importance et je cesserai, si cela vous ennuie.

15 octobre.

Le califfa Boukary, Sidi Mohammed Saïd, Miloude Bennarache.

Le califfa. — Hadj l'Habib se plaint qu'on lui a volé un cheval et frappé un de ses hommes. Cet homme est grièvement blessé et le général, loin de lui rendre justice, n'a pas même voulu l'entendre. Il demande avec instance à rentrer, mais je suis fort embarrassé, attendu que l'Emir m'écrit, que jamais il n'a été mieux avec Alger et que, si nous ne déclarions pas la guerre, les Français ne la commenceraient jamais.

Boukary. — Malgré tout cela, ne nous fions pas aux Français car, un de ces quatre matins, ils nous trahiront encore, entoureront Mascara et nous prendront avec nos femmes et enfants. Il faut, cependant, répondre à Hadj l'Habib, car il est très inquiet.

Le califfa. — Je le répète, je suis fort embarrassé. Les Garabas coupent les chemins sans que nous puissions les en empêcher ; les Douers en font autant ; il faut attendre quelques jours et, si cela continue, je renverrai ma famille à Miliana.

Si Mohammed Saïd, frère de l'Emir. — La mère de l'Emir lui a écrit qu'il restait dans le désert, sans songer à elle, que la guerre pouvait se déclarer et que personne ne la sauverait, dans la position où elle se trouve. Abd el-Kader lui a répondu qu'il était bien avec Alger et qu'elle n'avait qu'à dormir sur ses deux oreilles.

Boukary. — Ah mon Dieu, pourquoi n'en finit-on pas avec ces chrétiens ; ils nous assomment de demandes sans comprendre nos embarras. Nous avons de l'infanterie, des canons, des cavaliers autant que de brins d'herbe. Nous les battrons, s'il plaît à Dieu.

Le califfa. — A quoi bon mentir ; nous ne leur pouvons rien. Le sultan se trahit lui-même à Aïn Mady, où il a perdu la moitié de son infanterie sans résultat. Il n'y fera jamais rien. Tedjiny a du blé, de la poudre, des dattes, beaucoup d'argent et des remparts, sur lesquels les boulets ne produisent aucun effet. Il s'était pourtant déclaré un parti pour le sultan dans le cœur de la ville ; mais Tedjiny a fait couper seize têtes sur la place et il n'y faut plus penser. Tedjiny est un homme comme on en voit peu. Qui aurait jamais pensé à une pareille défense avec d'aussi faibles moyens? Il est vrai que tous les droits sont de son côté ; marabout, shérif, il ne nous doit rien. Le sultan a eu tort, bien tort et c'est un grand malheur que cet entêtement. A propos, Ben Feugrar m'écrit d'Alger, que Hadj Hamet (1) a eu une entrevue avec le maréchal à Constantine.

Si Mohammed Saïd. — Il ne nous manque plus que cela. Si la guerre vient à recommencer, Hadj Hamet, qui est vexé de la conduite du sultan à son égard, réunira toutes les tribus et nous tombera dessus de ce côté. Comment ferons-nous?

Le califfa. — Vous ne pouvez donc rien savoir par Daumas. Est-ce qu'il n'y a pas moyen de lui tirer les vers du nez ?

Boukary. — Il ne faut pas seulement y penser. C'est l'homme le plus rusé que j'aie vu. Hadj el-Djilaly et moi nous avons, à différentes époques, mis tout en jeu pour cela, mais nous y avons renoncé.

17 octobre.

Le califfa. — Si Mohammed Saïd, Miloude Bennarache, Boukary, un talaib (2).

Si Mohammed Saïd. — J'ai appris que tu voulais renvoyer ta famille à Miliana. Tu ne le fais pas sans motifs. Il faut que tu nous mettes au courant, parce que, si tu t'en vas, nous ne resterons certes pas ici.

Le califfa. — Il n'y a rien de nouveau. Seulement j'ai appris que les Beni Moussa ont voulu passer aux Hadjoutes et que les Français ont eu une rencontre avec eux. Une partie des Moussa a été enlevée par les Hadjoutes et l'autre a été ramenée par les chrétiens. Cela m'inquiète sur la tournure que prendra l'affaire ; mais, du reste, le sultan m'a encore écrit qu'il n'y avait rien à craindre et, puisque vous le voulez, ma famille restera. Qu'en penses-tu, Miloude ?

____

(1) Ahmed-Bey.
(2) Taleb.

Miloude Bennarache. — Moi je n'ai rien à penser ; je ne suis qu'un serviteur du sultan.

Le califfa. — **Non, tu es un chef, tu dois donner ton avis.**

Miloude. — Eh bien, je pense que vous ne vous êtes pas bien conduits envers les Français ; que vous n'avez payé ni l'orge ni le blé ; que vous n'avez exécuté aucune des conditions du traité ; que la guerre pourrait bien recommencer et que, si elle recommence, vous ne pourrez en accuser que vous seuls.

Le califfa. — J'ai envoyé Ben Igrou à Alger pour prévenir le maréchal, que nous allions payer. A propos, on m'écrit d'Alger, que le maréchal a eu une entrevue avec Hadj Hamet. S'ils s'entendent, je ne sais pas comment nous nous en tirerons.

Boukary. — **Ah bah, nous avons des fantassins, un** monde fou ; s'il plaît à Dieu, nous battrons les impies.

Le califfa. — On ne peut se mentir à soi-même. Le sultan vient d'être battu par Tedjiny ; son infanterie est presque détruite ; il a dépensé dans cette malheureuse expédition une bonne partie de l'argent amassé depuis la paix, dépensé mal à propos 200 charges de poudre ; vous aurez beau dire, il faut attendre.

Boukary. — Comment arranger l'affaire d'Hadj l'Habib à Oran ? Cet homme est grossier et ne sait pas se retourner. Il faut voir Daumas ici ; il n'a pas de repos qu'il n'ait fait les affaires de la France. C'est un fino (*sic*) qui me dit toujours, qu'il est le serviteur du maréchal et qu'il ne fait rien sans son ordre. Il nous a joliment trompés, celui-là.

Miloude. — Daumas a raison ; il a été envoyé pour cela et il a l'adresse de faire ses affaires en riant, tandis que Hadj l'Habib n'est qu'un manant dégoûté d'Oran, qui désire revoir sa femme, qui ne fait que des sottises et vous amènera la guerre, si vous ne le changez.

Un talaib. — La guerre ; ne craignez rien maintenant. Si vous l'avez, vous ne l'aurez que quand les moissons seront hors de terre.

Si Mohammed Saïd. — Il faut faire revenir le sultan et, pour cela, réunissons-nous, les chefs, les aoulémas, les talaibs et écrivons lui en conséquence. Dans tous les cas, je ne laboure pas cette année sur l'Ouad el-Hammam.

Le califfa. — Eh mon Dieu, au pis aller, si la guerre recommence, nous les lasserons ; quand ils seront dans l'Est, nous irons dans l'Ouest et, quand ils iront dans l'Ouest, nous passerons dans l'Est. Il n'y a qu'une chose à craindre, c'est la défection des tribus. Les Garabas ne me paraissent pas très francs maintenant. On m'écrit d'Alger que Toubbal a enrôlé 3oo fantassins près d'Ouad Zitoune et que, dans une seule nuit, il en est déserté 66. Ce n'est pas la peine d'armer de pareils gaillards.

Boukary. — Dieu nous fera un tâouil (1).

18 octobre.

Le califfa, Boukary, Miloude, le caïd des Flittas.

Le califfa. — Je viens de recevoir une lettre d'Aïn Mady. L'Emir perd tous les jours du monde et les bombes et boulets des chrétiens n'ont fait aucun effet. Des marabouts ont voulu concilier le sultan avec Tedjiny. Tedjiny, comme pour se moquer, a offert vingt lits arabes. Le sultan n'a pas accepté de pareilles offres et Tedjiny a fait alors pénétrer les marabouts dans sa ville. Il leur a montré des approvisionnements immenses en blé, poudre, dattes et leur a dit : « Retournez auprès d'Abd el-Kader et, maintenant que vous avez vu, prévenez le

---

(1) تَاويل expédient, ressource, de la racine اول (Beaussier). La phrase de Hadj el-Bokhary signifie donc : « Dieu nous fournira le moyen de nous tirer d'embarras. »

qu'il peut rester devant Aïn Mady vingt ans, s'il le veut, il n'y mettra jamais les pieds.

Miloude. — Je ne sais pas ce que le sultan est allé faire là ; il y mange un argent fou, dépense ses munitions et n'accomplit en rien le traité avec les chrétiens. S'il avait bien fait, il serait resté chez lui à amasser de l'argent, enrôler des fantassins, faire des approvisionnements et, alors, on aurait vu. C'est un bien grand malheur-

Le califfa. — La lettre pour le prier de revenir est partie. Je ne sais pas ce que veut faire ce Kabyle de Bou Hamidy, mais il n'agit qu'à sa tête, vit avec les filles et n'a pas écrit une seule fois au sultan. Je suis certain qu'il a passé des conventions avec les Français. Cela va bien maintenant. On m'écrit encore de Miliana, que Sidi Imbarraik se saoûle tous les jours et qu'il s'est engagé à livrer la famille de l'Emir. J'ai donné l'ordre, en conséquence, qu'elle se rendît à Taguedemt, où elle n'aura rien à craindre. On m'écrit aussi d'Alger que, si nous faisons la guerre, les Français ont le projet de tuer ou emprisonner tous les Musulmans ou Juifs.

Boukary. — Il n'y aurait pas grand mal. Ce sont des infidèles comme les autres. Depuis que Daumas a appris l'arabe, il n'y a plus moyen de lutter contre lui. Autrefois les consuls à Oran payaient pour l'apprendre ; mais l'enfant du péché l'a appris pour rien.

Caïd des Flittas. — Tant mieux, c'est un bon garçon, bien élevé.

Boukary. — Ah, tu dis cela, parce qu'il t'a fait un cadeau.

Le califfa. — Qu'est-ce que t'a donné Daumas ?

Caïd des Flittas. — Il m'a donné des fruits confits.

Le califfa. — Et toi, tu ne lui donnes rien ?

Caïd des Flittas. — Je ne sais quoi lui donner ; — un cheval, je sais que le sultan ne le voudrait pas.

Le califfa. — Il faut cependant s'emparer de ceux qui ont facilité la fuite du fils du bey Bou Mezrag. Ils sont chez les Oulad Dahya.

19 octobre.

Le califfa, Habib Boualam, Boukary, Miloude Bennarache, un habitant de Tlemsan, Ould Youssouf, ancien aga du Chairg.

Le califfa. — Il m'est arrivé des nouvelles d'Aïn Mady. Le sultan se plaint amèrement de ce qu'on cherche à le faire revenir. Il me dit que nous sommes bien heureux qu'il soit éloigné car, s'il était au milieu de nous, déjà la poudre tousserait. Il m'engage donc à me borner à faire acheter des mules, des chameaux, des chevaux et des armes pour recommencer à son retour. Tedjiny l'a provoqué, insulté et il est décidé à tenter un assaut. Il a, en conséquence, prévenu ses fantassins, que ceux qui se feraient inscrire pour monter à l'assaut, recevraient cent boudjous de gratification, si l'on prenait la ville. Je crains bien qu'il n'y achève son infanterie.

Boukary. — Tant mieux ; qu'il en finisse et que nous recommencions la guerre avec les impies.

Miloude Bennarache. — Ma foi, si c'est pour cela que l'Emir doit revenir, dans son intérêt, il vaut mieux qu'il reste là-bas.

Le califfa. — Le sultan me demande des nouvelles de Ben Igrou et s'étonne de ne pas le savoir de retour.

Il a envoyé des mekrazenys chez les Beni Mezab, pour leur faire payer l'âchour ; mais ils ont été chassés et ont perdu deux hommes. — Youssouf, que viens-tu faire à Mascara?

Ould Youssouf. — Ma foi, je viens habiter Mascara, parce qu'on parle de guerre et que je ne me fie pas aux Arabes.

Le califfa. — Tu as raison. Ben Feugrar m'a envoyé deux malles et un beau burnous d'Alger. N'y a-t-il pas un habitant de Tlemsan, qui arrive d'Alger? Qu'on l'envoie chercher ?

Le Tlemsani. — Bonjour à tout le monde.

Le califfa. — Tu arrives d'Alger ; qu'y a-t-il de nouveau?

Le Tlemsani. — Les Beni Moussa ont voulu passer aux Hadjoutes ; les Français s'y sont opposés et se sont battus avec les Hadjoutes, auxquels ils ont tué huit hommes. Les chrétiens ont ramené les femmes, les enfants et les troupeaux, tandis que la plupart des hommes sont partis. On dit encore, que le maréchal a fait la paix avec Hadj Hamet et qu'il est de retour à Bòne. Voilà tout ce que je sais.

20 octobre.

Le califfa, Boukary, Miloude Bennarache, le caïd des Flittas.

Le califfa. — Un homme des Akermas m'a rapporté une lettre du sultan, qui me contrarie vivement. Il me défend positivement de sortir chez les Agoubias en me disant, que je ne suis pas assez fort pour me risquer, mais que, cependant, si pour maintenir les tribus, une sortie est indispensable, il reviendra pour la faire, tandis que j'irai le remplacer à Aïn Mady. J'ai bien envie de n'en faire qu'à ma tête et de sortir.

Boukary. — S'il te le défend, je ne te le conseille pas.

Le califfa. — Comment donc faire ? Les Agoubias refusent de payer et, à Mazouna, les habitants se battent entre eux et viennent de chasser honteusement mes cavaliers. On ne peut pas dormir là-dessus.

Miloude. — Il faut faire comme les autres ; patienter

.jusqu'au moment de tirer vengeance et faire, alors, payer cher.

Le califfa. — Le sultan est bon ; il veut que j'aille le remplacer. Pourquoi toujours moi ; pourquoi ne prend-il pas Bou Hamidy?

Le caïd des Flittas. — C'est parce que tu as sa confiance.

Le califfa. — Le sultan veut aussi qu'on lui envoie sous le plus bref délai un envoi de 3oo mules chargées de munitions de guerre, biscuit et tchicha ; nous en prendrons 100 chez les Hachems, 100 à Mascara et 100 chez les Oulad Sidi Dahau (1). Il m'ordonne, en outre, de lui envoyer le reste de son infanterie pour tenter un assaut et de faire partir Hadj Beloufa, l'aga de la cavalerie, pour Miliana, avec 200 cavaliers des plus braves. Ils resteront auprès de Sidi Imbarraik, dont on soupçonne la conduite. On ne laissera donc que 5o cavaliers pour le caïd des Flittas et 5o pour Mascara.

Caïd des Flittas. — Je ne sais pas comment je serai reçu par les Flittas. C'est égal, j'obéirai.

Le califfa. — Tedjiny a écrit au sultan, qu'il lui conseillait de déployer toute sa puissance ; mais que, quand bien même il ne resterait que lui et son nègre dans la ville, il n'y mettrait jamais les pieds, attendu qu'il la ferait plutôt sauter en l'air. Il a beaucoup plu dans le Guebla (2) ; il y a beaucoup de malades dans l'armée ; le sultan ferait bien mieux de venir s'occuper de ce qui se passe ici, oui, cela vaudrait beaucoup mieux.

---

(1) Ouled Sidi Daho.

(2) فيبلة , le Sud.

21 octobre.

Le califfa. — Hadj Tahar est arrivé à Tlemsan et il m'écrit, qu'il arrive du Maroc avec tout ce dont nous avions besoin sans aucune exception, poudre, plomb, fusils, etc. Ce sont les Anglais, qui, par l'intermédiaire d'un nommé Hadgi Hamet, lui ont tout fourni. Bou Hamidy n'a pas voulu lui donner de moyens de transport. Il faudra lui en envoyer.

Boukary. — Dieu soit loué, mon frère est enfin arrivé; j'ai eu assez peur pour lui.

Le califfa. — Ce Ben Igrou ne nous écrit pas un mot d'Alger ; il est vendu aux Français.

Boukary. — Il n'y a rien d'étonnant ; vous n'employez que des infidèles comme eux.

A. G. G. A. E. 1162. 93-42 (Original).

LXVIII

Daumas à Guéhenneuc.

Mascara, le 22 octobre 1838.

Mon Général,

Votre lettre m'est parvenue le 21, au moment où j'allais faire partir le courrier. J'en ai, en conséquence retardé le départ et me suis immédiatement transporté chez le califfa, pour lui porter plainte contre l'aga des Beni Ameur.

Je lui ai fait conaître sans ménagement et l'inconvenance de la conduite de Zin et votre indignation.

Le califfa m'a parfaitement compris ; il me charge de vous présenter ses salutations et de vous dire qu'il va, sur le champ, écrire à Zin pour le réprimander et le prévenir qu'il n'ait plus à recommencer, sous peine de punition sévère.

J'oubliais ; le califfa me charge, en outre, de vous instruire que l'Emir va très bien et que, sous peu, il espère vous annoncer la prise d'Aïn Mady ; (n'en croyez pas un seul mot). Il vous prie de lever l'interdit placé sur ses plombs et m'a dit, en riant, que les généraux d'Oran ne voulaient lui faire aucun plaisir, tandis que M. le maréchal, à Alger, comblait de bontés les beys de Médéa et de Miliana et, à propos de cela, il m'a cité le récent envoi de 4oo bombes au bey Sidi Embarraik. Mot pour mot je vous envoie le tout.

Le califfa paraît avoir ajourné son départ. L'Emir réunit encore de l'infanterie et paraît décidé à tenter un assaut. Tout le monde est ici dans la plus grande inquiétude, car, s'il vient à réussir, on est convaincu que c'est la guerre et rien que la guerre.

J'ai l'honneur d'être, etc...

E. DAUMAS.

A. G. G. A. E. 116². 94-43 (Original).

LXIX

Daumas à Guéhenneuc.

Mascara, le 28 octobre 1838.

Mon Général,

Jeudi, 25 du courant, le califfa Moustapha ben Tamy est parti pour les Agoubias. Instruit que les Garabas commettaient de nombreux excès dans la perception de la nouvelle douane ordonnée par l'Emir, je me suis, avant son départ, rendu chez lui, pour lui demander énergiquement de mettre une fin à des désordres, qui pouvaient avoir les plus fâcheuses conséquences. Il en a, devant moi, fait écrire à l'aga des Garabas et me charge de vous dire, qu'à l'avenir, vous n'aurez plus aucun sujet de plainte.

Le caïd de Mascara a fait hier bâtonner et emprisonner des Garabas, qui étaient venus au marché ; ils sont soupçonnés d'avoir exigé des droits arbitraires sur la route d'Oran.

Je m'empresse de porter à votre connaissance qu'il se fait à Oran un commerce illicite de platines et de garnitures de fusils. Des armuriers de Mascara en ont beaucoup acheté. J'en ai eu entre les mains, mais il m'a été impossible, jusqu'à présent, de connaître les vendeurs.

On a vu encore quelques déserteurs des spahis.

On parle de remplacer le califfa Bou Hamidy par un frère de l'Emir. Hadj l'Habib a écrit d'Oran, que les

Français avaient tenté de s'emparer de Stora (1), mais,
que, battus par les Kabyles, ils avaient été forcés de rentrer à Constantine en abandonnant tout leur matériel (2).
J'ai démenti avec succès tous ces mensonges.

Hadj Tahar, frère du caïd Hadj el Boukary, qui avait
été envoyé dans le Maroc pour y faire de grands achats,
est arrivé à Mascara à la tête d'une forte caravane. Il
a rapporté :

1° 400 fusils anglais avec bayonnettes.

2° 200 pistolets.

3° 300 sabres.

4° 8 charges de pierres à feu.

5° 20 charges de poudre.

6° 30 charges de vêtements pour l'armée.

7° 20 charges de soufre.

8° 15 charges de salpêtre.

Les fusils ont été achetés à Gibraltar par l'entremise
d'un Marocain nommé Hadj Talaib. Hadj Tahar a com-

---

(1) Stora occupait l'emplacement de la ville romaine de Rusi-
cada, à l'O du cap Skikda. Fréquentée au moyen-âge par les marchands italiens, en particulier par les Génois, elle fut ruinée au
XVIIe siècle et abandonnée pour Collo. Cf. *Etablissements français
dans l'Algérie*, 1838. I. p. 114. — Stora est aujourd'hui un village de
pêcheurs à 4 kilomètres N. O. de Philippeville. — L'expédition dirigée
par Valée et Galbois avait pour but la création d'un établissement
maritime dans la baie de Stora, beaucoup plus rapprochée de Constantine, que ne l'était Bône. L'escarpement des falaises rendant toute
installation impossible à Stora même, un fort fut établi à l'E. sous
le nom de Fort de France. Cet établissement prit, en 1839, le nom de
Philippeville.

(2) Le 26 septembre 1838, la route de Smendou à El Arouch, à
6 lieues de Stora, avait été reconnue par le colonel du génie Vaillant.
Le 7 octobre, le maréchal Valée et le général Galbois s'établirent à
Skikda. Dans la nuit, quelques coups de fusil furent échangés entre
les Kabyles et les avant-postes français. Le lendemain, un convoi
venant de Constantine fut enlevé à quelque distance du camp de
El Arouch. Ce camp lui-même fut assailli durant plusieurs jours et
plusieurs nuits, mais sans succès, par les indigènes. Cf. Pellissier de
Reynaud. *Annales Algériennes*, liv. XXVII, II. p. 302.

mandé des canons et ils lui ont été promis pour son premier voyage.

Ces jours derniers, plusieurs fractions des Beni Ameur sont venues se réfugier dans la plaine d'Egueris fuyant encore une fois le califfa Bou Hamidy, à qui personne ne veut obéir, parce qu'il est Kabyle. On fait courir le bruit que plusieurs douars de cette tribu se sont rendus à Oran.

L'espion principal de l'Emir à Oran est un Juif nommé Mâklouf. Il écrit toutes les semaines à Mascara et rend compte de tout ce qui se passe. (Positif).

L'Emir est toujours dans la même position devant Aïn Mady. Ces jours derniers, il a tenté une attaque de nuit, mais il a été repoussé avec la plus grande vigueur et l'on assure, qu'il a perdu de 55 à 6o hommes. Tout cela ne paraît cependant pas le dégoûter car il s'organise pour y passer l'hiver ; on lui réunit maintenant un immense convoi, qui doit le mettre en état de se passer de tout secours pendant la saison des pluies.

J'ai l'honneur, etc...

E. DAUMAS.

L'aga Habib Boualam est parti pour son commandement (1). Le caïd des Flittas vient d'en faire autant. Il ne reste plus à Mascara que l'aga Miloude Bennarache qui, encore, doit, sous peu, se rendre sur le Cheleuf (2).

Il y a une quinzaine de jours, un Italien, tambour dans l'infanterie de l'Emir, nommé Dougar, a déserté et s'est rendu à Oran. Je vous le signale comme déserteur des spahis d'Alger et s'étant vanté à Mascara, d'avoir tué deux Français dans cette ville.

E. D.

A. G. G. A. E. 1162. 95-44. (Original).

---

(1) Bou Alem était agha des Gharaba.

(2) Chélif.

LXX

Daumas à Guéhenneuc.

Mascara, le 3 novembre 1838.

Mon Général,

Je m'empresse de porter à votre connaissance, que des chefs influents des Douaïers ont écrit à l'aga Miloude Bennarache, pour le prier de faire leur paix avec l'Emir et lui annoncer l'intention formelle de quitter les Français, si on leur garantissait l'oubli du passé. On m'a cité parmi eux Si Hamet ould Kady, Si Krameliche, Ben Chacha, Mohammed ben Moctar et Mohammed bel Bechir. Du côté de l'Emir, on doit prendre des mesures pour assurer leur fuite. Il vous sera facile à Oran de prendre des renseignements, qui vous mettront à même de découvrir la vérité ; mais il était de mon devoir de vous instruire promptement d'un fait qui, d'un seul coup, peut vous priver de la moitié des Douaïers, tant sont influents les chefs dont je vous ai parlé. Quel que que soit le résultat de l'enquête, que vous allez faire, je vous prie de me garder le plus grand secret parce que, si mon nom venait seulement à être prononcé, cela compromettrait la vie de celui qui me renseigne et l'on me barrerait tellement les chemins, qu'il me serait impossible, à l'avenir, de savoir la moindre chose.

Des bruits alarmants étant encore parvenus à Mascara,

24

la famille du califfa, sous le prétexte d'aller visiter le
marabout de Sidi Amet ben Youssouf à Miliana, doit,
sous peu, aller rejoindre la famille de l'Emir.

Ben Igrou est à Miliana, où il attend le retour de M. le
maréchal. Il a écrit que les Français avaient été battus
en allant à Stora (1) et qu'ils avaient perdu leurs bagages. Il a fait à Alger de grands achats de drap rouge
pour l'Emir (2).

L'Emir a envoyé l'ordre de faire filer sur Taguedemt
tous les magasins de Mascara. Cet ordre a reçu un commencement d'exécution.

Si l'Habib ben Zendar, ancien qroudja de Mazary, a
quitté Mostaganem pour passer à l'Emir. On a eu l'impudence de me réclamer sa famille, en me priant de vous
en écrire. Je m'y suis refusé, en disant que je ne le
ferais, que quand on nous aurait donné satisfaction pour
nos nombreuses réclamations de ce genre. Cette famille
est encore à Mostaganem. On fera tout au monde pour
s'en emparer et il n'y aurait pas de mal à la faire surveiller, attendu qu'elle pourra, peut-être, plus tard entrer
en échange.

Sur les plaintes continuelles, qui s'élevaient contre les
Garabas, on a changé les chefs qui étaient chargés de
prélever les droits imposés par l'Emir. Ils ont été rem-
placés par le caïd lui-même des Garabas, Ould Mizoun,
qui répond du bon ordre. Nous verrons.

Les Agoubias et les Djafras, prévenus de la marche
et des intentions du califfa Moustapha ben Tamy, se sont
retirés dans le désert avec leurs tentes et leurs troupeaux
et ont mis entre eux et lui un lac immense qu'on appelle

------

(1) Cf. dépêche de Daumas du 27 octobre, p. 367, notes 1 et 2.

(2) Ce drap était destiné à la confection des uniformes des réguliers.
Les cavaliers avaient un uniforme en drap écarlate « épouvantail
pour l'ennemi. » *Réglements militaires d'Abd el-Kader.* I. titre III.
(Bullet. Corresp. africaine, 1886, p. 37).

le Chott (1), de manière qu'il lui est impossible de les rejoindre. Les Djafras se battent toujours avec les Beni Mattar et Moustapha ben Tamy doit avoir une entrevue dans la plaine d'El-Haoute (2) avec Bou Hamidy pour les pacifier. Hier, Moustapha ben Tamy a placé son camp à Daya le Kâlaa ; il a été abandonné par une partie de ses cavaliers qui sont rentrés chez eux pour labourer leurs terres.

L'Emir n'a tenu aucun compte des lettres qui lui ont été écrites et il persiste dans la résolution de passer l'hiver devant Aïn Mady. Il avait pratiqué plusieurs mines, mais elles ont été détruites par Tedjiny ; il a beaucoup plu dans le désert ; l'infanterie d'Abd el-Kader souffre horriblement et l'on parle de nombreuses désertions chez les Beni Mezab.

J'ai l'honneur, etc....

E. DAUMAS.

L'aga Miloude Bennarache part aujourd'hui pour se rendre dans son commandement. Il ne reste plus à Mascara que le caïd Hadj el-Boukary.

A. G. G. A. E. 116². 96-45. (Original).

---

(1) Le Chott Chergui, ou de l'E., long de 140 kilomètres sur une largeur de 10 à 20. C'est une cuvette orientée S. O.-N.-E, dont le fond est occupé partie par des sables, partie par des limous argileux ou salins.

(2) Au N. du pays des Djafra. Cf. Appendice. *Carte des communications entre Mascara-Tagdemt*, etc., dressée par le Dr Warnier.

LXXI

Daumas à Guéhenneuc.

Mascara, le 11 novembre 1838.

MON GÉNÉRAL,

J'ai fait connaître au caïd El-Boukary le nouveau
crime commis par les Garabas et lui ai demandé énergiquement la punition du nommé Adda ould Hadida,
principal meurtrier du Bethounia (1) Hadj Mohammed
ben Daoud. Il m'a dit, qu'il allait en instruire sur le
champ le califfa Moustapha ben Tamy et prendre ses
ordres. Un courrier lui a donc été expédié, mais cette
réclamation, suivant moi, aura le sort de toutes les
autres, non qu'on ne désire nous donner satisfaction,
mais parce que, littéralement parlant, on ne peut rien
contre les Garabas, qui ne font plus que ce qu'ils veulent
bien.

Les Garabas bâtonnés à Mascara par le caïd Hadj el-
Boukary sont véritablement des hommes de Sedig Boualam, qui ont dépouillé des Arabes, qui se rendaient
au marché d'Oran et, de plus, déchiré et foulé aux pieds
un sauf-conduit de la main du caïd. Ils sont encore en
prison et cette arrestation a même soulevé un conflit
assez sérieux entre Boukary et les Boualam, qui ont
menacé, si on ne relâchait les leurs, de s'emparer des

---

(1) Bettioua.

deux premiers habitants de Mascara, qui viendront à passer sur leur territoire.

Mouley Abderraman a encore envoyé quatre canons à l'Emir, mais je ne les ai pas vus, parce qu'ils ont été dirigés de Tlemsan sur Taguedemt sans passer par Mascara. D'après de nouveaux renseignements que j'ai pu me procurer, celui qui, dans le Maroc, s'est chargé de fournir à Abd el-Kader tout ce dont il peut avoir besoin, est un négociant de Fez, nommé Hadj Talaib ben Djelloul, qui traite avec Gibraltar par l'entremise d'un Juif nommé Ben Aby, chargé d'affaires de l'empereur du Maroc dans cette ville. On a passé récemment des marchés pour 1.500 ou 2.000 fusils, une grande quantité de pistolets et quelques pièces de canon. (Positif).

Je m'empresse encore d'appeler votre attention sur le commerce illicite de fusils qui se fait à Oran. Le 7 du courant, il en est arrivé à Mascara une dizaine envoyés par un Douer ou Smela, nommé Kada Bouzide et, le 8, il en est encore arrivé cinq ou six envoyés par un Smela nommé Guizy. Ces hommes en promettent d'autres ; ils les volent ou les achètent, sans doute, à la garde nationale ou à nos fantassins ; on les leur paye cinq douros d'Espagne. (Positif). Ne pourrait-on pas les prendre la main dans le sac?

L'aga Habib Boualam a envoyé des mekrazenys chez les Beni Zeroual pour exiger le paiement des contributions. Ils ont été chassés honteusement à coups de fusil, et je vous rends compte de ce fait, comme pouvant constater l'état moral du pays

Bou Hamidy a essayé aussi une tournée. Il s'est d'abord rendu chez les Angades, qui se sont retirés dans le désert ; il est allé chez les Beni Mattar, qui en ont fait autant et enfin, en désespoir de cause, il est rentré à Tlemsan. A propos de Tlemsan, un Européen y a repris les essais pour les canons et l'on assure, qu'ils ont été couronnés d'un plein succès. On en a vu éprouver deux. Cet homme est vêtu en bourgeois, ne sait pas un mot d'arabe et communique par l'entremise d'un déserteur des zouaves, qui parle le français. Il a été conduit à Tlemsan, il y a environ quatre mois, par un déserteur de l'Emir nommé Bou Koulouba, que vous avez refusé d'engager dans les spahis. On prétend que la misère est à son comble à Tlemsan, ce qui procure à l'Emir beaucoup d'enrôlements. Ben Igrou écrit d'Alger mensonges sur mensonges. Il dit que le bey Hadj Hamet et Hayssa (1) sont à Constantine et que M. le maréchal a traité avec eux. Hadj Hamet aurait, selon lui, reçu des fantassins et promis d'en finir avec Abd el-Kader et d'aller faire boire ses chevaux dans la Tafna. Il ajoute qu'on fait courir le bruit à Alger, que l'Emir a été pris par Tedjiny et qu'on n'y cache pas le projet de marcher sur Miliana. Absurdité ! et pourtant grande alarme et achat de mules à Mascara.

Vous pouvez ajouter foi à l'avis que je vous ai donné pour les Douaiers. Je suis sûr de l'agent qui me renseigne, car, en outre qu'il est mû par une haine profonde et un violent désir de se venger, il joue trop gros jeu pour me dire aujourd'hui des choses, qui compromettraient sa vie, si elles étaient connues, et suivre le lendemain l'impulsion du pouvoir. Ceci vous mettra peut-être sur la voie. Mohammed ould Kaddour, caïd des Douaiers, après une contestation très vive avec Mohammed bel Béchir et Si Hamed ould Kady, termina en leur disant : « Du reste, « si nous sommes avec les Français et si nous sommes « parjures à notre religion, c'est vous seuls qui nous « y avez entraînés par vos mauvais conseils ». Ce à quoi répliqua Mohammed bel Béchir :

« Quand nous sommes venus aux Français, nous y

____

(1) Ben Aïssa, khalifa d'Ahmed bey avait fait sa soumission aux Français en 1838 et avait été nommé par le maréchal **Valée khalifa** du Sahel, par arrêté du 30 septembre.

sommes venus d'un commun accord, mais, puisque vous rejetez maintenant le tout sur moi, le sultan me pendra s'il le veut, je ne resterai pas plus longtemps avec vous ».

J'ajouterai, que Mazari a eu connaissance de cette altercation et qu'il a dû intervenir. La lettre, dont je vous ai parlé, a donc pu être écrite dans un premier mouvement de colère et la non exécution de la menace peut s'expliquer par la réflexion. Hadj l'Habib a encore écrit hier que, maintenant, on surveillait ceux qui voulaient partir et qu'il n'y concevait rien.

On a reçu des lettres de l'Emir. Il écrit lui-même qu'il a perdu 19 hommes dans un dernier combat et qu'il va, en désespoir de cause, tenter un assaut général. Il se plaint beaucoup et jure qu'il mourra plutôt que de quitter la partie « attendu, qu'étant parti fort comme un taureau, il ne veut pas revenir comme une vache ». Ce sont ses propres expressions. Il donne, en outre, l'ordre positif au caïd Hadj el-Boukary de pendre sans miséricorde le premier Arabe qui fera courir des bruits sur son compte et le peindra comme vaincu.

Il est vrai que les Arabes ont enlevé quelques chameaux, mais ça ne tire pas à conséquence et les communications sont encore libres par Djebel Laâmour. Hier, il est arrivé une caravane d'Aïn Mady. Bon nombre de fantassins de l'Emir ont passé à Tedjiny.

J'ai l'honneur, etc...

Signé : E. DAUMAS.

P.-S. — Hier 10, la famille du califfa est partie pour Miliana.

Le califfa Moustapha ben Tamy a couché hier chez les Oulad Ibrahim (1) ; il se rend à Taguedemt.

---

(1) Ouled Brahim, fraction de la tribu des M'hamid. (D. C. M'hamid. — Cacherou, M.).

On évacue sur Taguedemt les magasins de Mascara.

Un Français, nommé Bourgade, déserteur de la 5e batterie d'artillerie à Oran, est venu me témoigner le repentir de sa faute et le désir de rentrer, si vous lui accordez sa grâce. Je vous soumets sa demande et implore votre indulgence pour ses malheurs.

A. H. G. R. J. sans numéro (**Copie**).

LXXII

Daumas à Guéhenneuc.

Mascara, le 17 novembre 1838..

Mon Général,

Aussitôt après avoir reçu votre lettre, je me suis transporté chez le caïd Hadj el-Boukary pour lui faire connaître la conduite de Hadj l'Habib à Oran. Je n'ai pas manqué de lui représenter, qu'en fraudant les droits imposés sur les grains, ce consul violait ainsi nos lois et s'exposait à de graves conséquences, qu'il était de l'intérêt et de l'honneur de l'Emir d'éviter à tout prix. Le caïd Hadj el-Boukary m'a très bien compris, mais il m'a répondu que le califfa Moustapha ben Tamy, après avoir licencié son armée, était parti avant-hier pour Aïn Mady, afin d'avoir une entrevue avec l'Emir et de s'entendre avec lui au sujet d'une infinité de questions. Ce départ me paraît, à moi, nécessité par les circonstances graves, dans lesquelles se trouve le gouvernement d'Abd el-Kader ou par une lettre, que le califfa a reçue de M. le maréchal gouverneur général ; dans tous les cas, je m'empresse de vous en instruire. L'Emir voudrait-il se faire remplacer à Aïn Mady par son califfa et venir lui-même remettre un peu d'ordre ici? Je ne vous donne cette idée que comme une hypothèse.

Les Oulad Graleud (1) ne pouvant acquitter la con-

---

(1) Ouled Khaled. Il existait deux tribus de ce nom : les Ouled Khaled Charaga. [D. C. Tiffrit, Aïn-Sultan. — Saïda. M.] ; et les Ouled Khaled Gharaba. [D. C. Oum ed Debbab, Nezreg. — Saïda, M.]..

tribution qui leur a été imposée par le califfa Moustapha
ben Tamy, s'en sont tirés en lui faisant cadeau d'une
pièce de canon prise au bey Moustapha (1) par un
nommé Ben Shérif (2) qui, à cette époque, leva l'étendard de la révolte et s'empara même de Mascara et de
Tlemsan. Vaincu plus tard, Ben Shérif abandonna, à
son tour, cette pièce dans le pays des Oulad Graleud, où
elle fut enterrée. Le cadeau a été bien reçu. Cela fait,
à présent, cinquante pièces de canon au pouvoir de
l'Emir.

Les magasins de Mascara ont été totalement évacués
sur Taguedemt.

La famille de l'Emir a quitté Miliana pour se rendre
à l'ouad Rouina (3) chez les Bagdadi (4) et près de l'ouad
Fodda où on la croît plus en sûreté.

---

(1) Mustapha el-Manzali, bey d'Oran (1800-1805).

(2) Abd el-Kader ben ech-Cherif, originaire de Kinessa, marabout
derkaoui. En 1805, il provoqua un soulèvement presque général
des tribus de la province d'Oran contre les Turcs. Victorieux du bey
Mustapha, à Fortassa, le 4 juin 1805, il s'empara de Mascara, vint
bloquer Oran et défit chez les Medjaher, le khalifa du bey. Mais
Mohammed el-Mekallech, nommé bey d'Oran, en remplacement de
Mustapha, débloqua Oran et rejeta les Derkaoua vers l'intérieur. Ben
Cherif ayant voulu rentrer à Mascara trouva les portes fermées et
dut s'enfuir sur les plateaux. Ayant réussi à recruter de nouveaux
partisans chez les Flitta, les Beni Amer et les Sbiha, il reprit les armes.
Mais ses adhérents furent vaincus aux koubbas de Mazra et lui-
même défait près du marabout de Sidi ben Aouda, tandis que les
Beni Amer étaient écrasés à Soukh el-Hâd, près de Tessala. Une nouvelle attaque tentée contre les Hachem amena la défaite de Ben Chérif
à Aïn Sedra. Il se retira alors chez les Beni Snassen (1809), y épousa
la fille du marabout Bou-Terfas et mourut peu de temps après. Cf.
Walzin-Estérhazy : *Domination turque dans la province d'Oran*,
pp. 147, s.q.q. — Delpech : *Résumé historique sur le soulèvement
des Derkaoua de la province d'Oran*. 1800-1813-1215-1228 Heg. Revue Africaine, 1874.

(3) Affluent du Chélif, r. g. [Rouina, P. E.], à 14 kilomètres à l'O.
de Duperré.

(4) Les Baghdadi étaient une famille maraboutique installée à l'oued
Rouina. Le frère d'Abd el-Kader, Si Mohammed Saïd, avait épousé une
fille de El Baghdadi Sidi Kouider Yahya.

Le bey Sidi Embarraik, à Miliana, a éprouvé de grandes
désertions dans son infanterie. Le tout se serait rendu
à Alger et cela s'explique par la peur effroyable qu'ont
les troupes de se voir forcées d'aller à Aïn Mady.

Un Maure d'Alger, nommé Mahmoud, a apporté pour
l'Emir deux superbes drapeaux. Cet homme était garde-
champêtre à Bouzaréa (1) ; je le crois envoyé de M. Roche
père qui, sans doute, est très inquiet pour son fils, qui
est avec l'Emir à Aïn Mady. Sans craindre de se tromper,
on peut le mettre sur la liste des espions d'Abd el-Kader,
que je saurai, s'il plaît à Dieu, vous faire connaître tous.

L'Emir, tant pour charmer ses loisirs que pour essayer
sa puissance dans le désert, a envoyé des cavaliers chez
les Beni Mezab pour leur demander l'âchour en sa qualité de sultan. Les chefs de cette petite république lui
ont répondu : « Nous n'avons pas bien compris ta lettre.
Si c'est du secours que tu demandes, nous ne pouvons
pas t'en fournir, attendu que, pauvres nous-mêmes, nous
gardons nos ressources pour soulager nos malheureux et,
si c'est autre chose que tu veux, nous avons 5 villes (2)
et dans chacune, 2.000 tireurs comme ceux d'Aïn Mady.
Viens donc et nous te recevrons en gens de cœur ».
(Positif).

Je ne crois pas que l'Emir accepte l'invitation.

Hier, on a reçu des lettres d'Abd el-Kader. Il a livré
un combat, où il a perdu 25 hommes et où Ben Nouna
a été blessé. Il peint sa situation comme très critique,
annonçant lui-même, que son infanterie démoralisée a
positivement refusé de monter à l'assaut et se plaint de
nombreuses désertions. Il termine en demandant les
prières des vrais croyants. (Positif).

------

(1) Bouzaréa. Massif montagneux, haut de 407 m., dominant Alger
au N. Le territoire de la Bouzaréa avait été érigé en commune par
arrêté du gouverneur général du 22 avril 1835. Le père de Léon
Roches exerçait les fonctions de maire de cette commune.

(2) Ghardaïa, Beni Isguen, El Atef, Melika, Bou Noura.

Vous pouvez ajouter foi aux renseignements que je vous envoie, car j'ai su me créer des espions haut placés et qui, par leur position, sont à même de bien savoir ce que l'on cache avec tant de soin au peuple.

La perte de M. le colonel de Maussion a été aussi d'autant plus vivement sentie par nous, qu'il nous est impossible d'oublier jamais et ses bontés et l'appui bienveillant, qu'il a toujours daigné nous accorder dans la position difficile où nous nous trouvons ; mais, enfin, pour les affaires arabes, soyez sans inquiétude, mon général, car, de notre côté, il ne se passera rien sans que vous en soyez immédiatement instruit. Gardez-nous seulement le plus [grand] secret, seul moyen de succès dans un pareil pays.

Je charge les hommes du train, que je vous envoie aujourd'hui, de vous remettre une notice historique et géographique sur Aïn Mady (1). Elle jettera, je l'espère, un grand jour sur la partie du désert exploitée maintenant par Abd el-Kader et que personne n'a pu faire connaître jusqu'à ce jour. Puissiez-vous, à ces efforts, reconnaître le zèle avec lequel M. le docteur Warnier et moi désirons servir notre patrie.

J'ai l'honneur, etc....

E. DAUMAS.

P.-S. — Je vous demande pardon, mon général, de joindre à votre correspondance des lettres particulières ; mais, depuis le départ de M. le colonel de Maussion nous y sommes contraints, n'ayant plus personne à Oran, qui nous porte le moindre intérêt.

A. G. G. A. E. 1162. 98-47. (Original).

---

(1) Cette notice n'a pu être retrouvée, mais elle a, sans doute, fourni les éléments de la description d'Aïn Madhi donnée par Daumas lui-même dans : *Le Sahara Algérien*. Paris, 1845. 8° pp. 32-44.

LXXIII

Daumas à Guéhenneuc.

Mascara, le 25 novembre 1838.

Mon Général,

Conformément à vos ordres, j'ai fait connaître au caïd Hadj el-Boukary le vol de 6oo boudjous commis au préjudice du nommé Mohammed ben Caddour, par les Douers, Habib bel Roul Bel Flity et Habib el-Cherguy. Ces hommes étaient à Mascara ; mandés sur le champ, en ma présence, ils ont nié le fait dont on les accuse et offert de jurer sur les livres saints, en mettant, de plus, en avant, comme preuve de leur innocence, l'état complet de dénuement dans lequel ils se trouvent. Pour obtenir justice, il faudrait donc d'autres preuves que les allégations des plaignants, que l'on accuse de mauvais vouloir et de désir de vengeance.

J'ai ensuite réclamé la mule d'El Mazary, qui se trouve chez les Garabas, dans le douar des Talahayt (1). Le caïd Boukary m'a naïvement avoué, qu'il n'avait aucun moyen d'action sur les Garabas et il vous prie d'attendre le retour du califfa, qui pourra, peut-être, en obtenir satisfaction.

Le caïd Hadj el-Boukary me charge à son tour de vous instruire, qu'un homme de Mascara, nommé Ben Bra-

---

(1) Tallatt. Tribu réunie aux Gharaba, et vivant dans les montagnes au S. de la plaine du Sig.

him, se rendant au marché d'Oran, a été assassiné ces
jours derniers. Son cadavre a été retrouvé près du Figuier, dans les silos d'El Bieude (1). Il met ce crime sur
le compte des Douers et vous prie de tâcher de découvrir
les coupables qui, selon moi, et je le lui ai dit, ne sont
autres que les Garabas.

Le caïd Hadj el-Boukary vous prie de lui faire savoir
si l'oukil Hadj l'Habib vous a remis véritablement une
somme de 8o douros d'Espagne.

Daignez me donner vos ordres au sujet du déserteur
Bourgade, qui demande à rentrer, si on lui accorde sa
grâce.

Je désire bien sincèrement avoir été induit en erreur
sur les défections, qui devaient s'opérer dans les Douers
ou Zemalas, mais je vous rends encore compte, qu'on
ne les prétend ajournées que, par ce que Moustapha ben
Ismaïl aurait écrit à ses chefs pour leur annoncer une
augmentation de solde. Du reste, le nommé Mohammed
ben Chaba, que je vous ai déjà signalé comme ayant
écrit à l'aga Miloude Bennarache vient encore d'écrire au
frère d'Hadj Abd el-Kader bou Kligra, caïd de Sédama ;
et il le prévient, qu'il dépose le plus précieux de son
butin chez Hadj l'Habib, afin de n'avoir plus aucune inquiétude au moment de son départ. Vous pouvez donc
m'en croire, il règne chez les Douers quelque cause de
mécontentement. Peut-être n'aura-t-il aucun fâcheux résultat ; mais, enfin, il est de mon devoir de vous instruire
de tout ce qui peut venir à ma connaisance.

M. Thiolla, négociant d'Oran, est venu, il y a deux
mois, à Mascara pour affaires de commerce. Il y est resté
vingt jours et les a passés chez moi avec son interprète.
Au moment du départ, un Maure de la ville, nommé Osman, vint me faire une réclamation pour dettes contre
un Juif d'Oran, dont il avait un billet. J'allais vous la

____

(1) El-Biod, au N. E. de Valmy. P. E.

soumettre, quand M. Thiolla me dit : « N'ennuyez pas le
général de cette affaire. Donnez-moi le billet, je tradui
rai le Juif en justice et vous enverrai l'argent pour Osman. » Depuis ce temps, j'ai trois fois écrit à M. Thiolla ;
jamais il ne m'a répondu et Osman vient tous les jours
me réclamer, avec juste raison, ou son argent ou son
billet. Ma probité pouvant donc être suspectée ici, je viens
porter plainte contre M. Thiolla et vous prie de le forcer à
m'envoyer sur le champ le billet d'Osman, dont il s'est
chargé, comme j'ai eu l'honneur de vous le dire, bénévo-
lement et en présence de toute ma maison.

D'après. de nouveaux renseignements, qui sont parvenus de Tlemsan, on y continue les essais pour les
canons, qui n'avaient été interrompus que par un accident survenu aux fourneaux. L'Européen, qui en est
chargé, est un Italien, qui travaillait dans les forges de
la marine, à Alger. Il a été envoyé par le Juif Ben Durand.

On assure, à Mascara, que tous les Kabyles des environs de Miliana se sont soulevés ; ils interceptent les
convois qui, de cette ville, se rendent à Aïn Mady. Le
bey Sidi Embarraik n'a rien pu contre eux. Ainsi, partout c'est la même chose.

Si Miloude bou Talaib, beau-frère de l'Emir et caïd
des Flittas, vient d'arriver à Mascara. Il rentre de son
commandement, où il n'a rien pu obtenir.

Ben Nouna, blessé légèrement à Aïn Mady, est rentré
à Tlemsan.

On publie que M. le maréchal Clauzel est arrivé à Alger (1) et qu'il doit aller visiter Constantine.

____

(1) Le maréchal Clauzel était, en effet, arrivé à Alger le 31 octobre
1838. Il y venait à titre privé, mais son voyage aurait pu servir de
prétexte à des manifestations hostiles au ministère. L'ancien gouverneur général évita de s'y prêter. Il visita en compagnie du maréchal
Valée les camps de l'E. et la ville de Blida puis se rembarqua pour la
France, le 24 novembre 1838.

Le 23 courant, le caïd Hadj el-Boukary a fait pendre à Mascara un fantassin de l'Emir. Cet homme était parti pour Mostaganem, emmenant avec lui un cheval d'officier, qu'il y a vendu. Croyant sa faute ignorée ou oubliée, il est revenu, mais son procès n'a pas été long.

Le califfa Moustapha ben Tamy est à Aïn Mady depuis plusieurs jours. Les uns disent, qu'il y est allé pour s'entendre avec l'Emir, afin de remettre un peu d'ordre dans la province et les autres, qu'il n'a d'autre but, que d'engager à une paix Tedjiny, qui n'a aucune confiance dans la parole d'Abd el-Kader. Suivant les premiers, on doit donner tout pouvoir à Moustapha ben Tamy en remplaçant Bou Hamidy par Ben Nouna qui, au lieu d'être califfa de Tlemsan, n'en serait plus que le caïd et, par conséquent, plus obéissant.

On ajoute que Moustapha ben Tamy doit, à son retour, se rendre à Media, pour s'aboucher avec des envoyés de M. le maréchal gouverneur général. Quoi qu'il en soit, l'Emir ne veut pas revenir, malgré qu'il n'ait plus aucun espoir de prendre Aïn Mady. L'amour-propre le retient et il dit qu'il mourra, plutôt que de devenir la risée de tout le monde, amis ou ennemis. Il résulte de tout cela une inquiétude profonde dans le pays, qui se traduit par des résistances de tous les côtés.

J'ai l'honneur, etc....

E. DAUMAS.

P.-S. — Daignez, s'il vous plaît, me dire si les hommes du train vous ont remis un paquet contenant une notice sur Aïn Mady.

A. G. G. A. E. 1162. 99-48. (Original).

LXXIV

Daumas à Guéhenneuc.

Mascara, le 2 décembre 1838.

Mon Général,

Je m'empresse de vous expédier un courrier pour vous faire part d'une communication officielle, qui vient de m'être adressée par le caïd de Mascara, Hadj el-Boukary. La voici mot pour mot.

« Le califfa Moustapha ben Tamy, aussitôt après son arrivée à Aïn Mady, a eu une entrevue avec Tedjiny (1). Après de longues discussions, la paix a été conclue moyennant une forte somme d'argent et vingt ôtages (2) au nombre desquels se trouve le fils de Tedjiny. Le califfa est de retour à Taguedemt, où il a ramené déjà une partie des approvisionnements entassés par l'Emir pour passer l'hiver et Abd el-Kader reste encore quelques jours devant Aïn-Mady où il doit placer une garnison avant de revenir (3) ».

----

(1) Cette entrevue eut lieu, selon Léon Roches, le 18 novembre. La capitulation fut signée le lendemain. *Dix ans à travers l'Islam.* Liv. VI, chap. VIII.

(2) 30.000 réaux (55.800 fr.), selon une lettre d'Abd el-Kader à Nicolas Manucci, du 5 Ramadan 1254. (22 nov. 1838) citée par Arnaud. Op. cit. p. 445.

(3) Selon Roches, les conditions de la reddition furent les suivantes : 1° Tedjini devrait verser entre les mains de l'Emir une somme égale aux dépenses occasionnées par le siège. — 2° Il devrait évacuer Aïn Madhi dans l'espace de quarante jours. — 3° Il aurait le droit

Maintenant, mon général, ne croyez pas un seul mot de tout cela, car il m'est prouvé que, Tedjiny persistant dans son inébranlable résolution, a repoussé énergiquement toutes les offres d'Abd el-Kader et refusé positivement et de le voir et de le laisser pénétrer dans sa ville. Veuillez donc, quoi qu'on puisse vous dire à Oran, ne considérer, jusqu'à présent, cette retraite, que comme nécessitée par l'état de démoralisation où se trouve l'infanterie de l'Emir et l'impuissance où il s'est mis d'en venir à ses fins.

Il est inutile de vous dire qu'à Mascara, on fait un grand tapage. La musique et les coups de canon ne trouvent que peu de dupes, car tout le monde sait à peu près à quoi s'en tenir. D'ici à quelques jours, la vérité, quoi qu'on puisse faire, ressortira et j'aurai soin de vous la faire connaître en entier.

---

d'emporter toutes ses richesses mobilières sans exception. — 4° Les habitants de la ville seraient libres d'accompagner Tedjini avec armes et bagages. — 5° L'Emir lèverait le siège et se retirerait avec son armée à huit lieues d'Aïn Madhi pendant les quarante jours accordés à Tedjini pour évacuer la place. — 6° Comme garantie de l'exécution du traité, Tedjini remettrait son fils en ôtage entre les mains de l'Emir. (Roches, op. cit., p. 147).

Daumas, *Sahara Algérien*, p. 40, mentionne des clauses un peu différentes : « Tedjini évacuera la ville et se retirera à El-Ar'ouat. (Laghouat) et, pour que sa sortie ne soit point inquiétée, l'Emir portera son camp à Sidi bou Zid ; il prêtera ses chameaux et ses mulets pour le transport des effets de Tedjini et de sa suite ; le fils de Tedjini restera en ôtage entre les mains de l'Emir, jusqu'au retour des bêtes de charge. La famille de Ben Salem (a) rentrera à El-Ar'ouat ; on lui rendra ses biens et elle y reprendra sa part dans le gouvernement. Après cinq jours seulement de séjour dans la ville ,l'Emir l'évacuera et Tedjini pourra y rentrer et y reprendre le commandement. »

Le récit d'Arnauld est très confus. Il mentionne cependant (op. cit. p. 445), les négociations engagées entre l'Emir et Tedjini ainsi que la remise du fils du marabout à Abd el-Kader.

(a). Chef du çof hostile à Abd el-Kader.

Si Mohammed Saïd, frère de l'Emir (1), Si Miloude bou Talaib, beau-frère de l'Emir et si Amedi Sakkal, chef de Tlemsan, partent demain pour aller à la rencontre d'Abd el-Kader.

On annonce le retour du califfa Moustapha ben Tamy pour jeudi et l'on ajoute que Bou Hamidy est remplacé par un frère de l'Emir nommé Si Moustapha. Il n'y a rien de positif.

L'aga des Garabas, Habib Boualam est arrivé hier à Mascara. Il revient de chez les Beni Zeroual, qui n'ont voulu payer aucune contribution et l'ont repoussé avec perte. Comme vous le voyez, c'est partout la même chose.

Il m'a été assuré que l'on fabriquait à Mascara de fausses pièces de quarante francs, dont on se débarrassait ensuite à Oran. Je n'en ai pas vu, mais il suffit que cela soit possible, pour que je signale à votre attention une manœuvre, qui peut nous porter préjudice. Quant aux douros d'Espagne et aux pièces de cinq francs, il est positif que les Kabyles les imitent parfaitement et, pour cela, les preuves ne manquent pas.

J'ai l'honneur. etc....

E. DAUMAS.

A. G. G. A. E. 116² . 100-49 (Original).

---

(1) Selon Roches, Si Mohammed Saïd aurait été mêlé aux négociations, et aurait pris part avec Ben Thami et Roches lui-même à l'entrevue du 18 novembre. Cette assertion se trouve infirmée par la dépêche de Daumas. Arnaud (p. 446) attribue ce rôle d'intermédiaire à Sidi Mustapha, autre frère de l'Emir.

LXXV

Daumas à Guéhenneuc.

Mascara, le 9 décembre 1838..

Mon Général,

Mercredi, 5 du courant, le califfa Moustapha ben Tamy est arrivé à Mascara. Aussitôt après la réception de votre dernière lettre et conformément à vos ordres, je me suis rendu chez lui et lui ai fait part des immenses succès obtenus par M. le maréchal gouverneur général dans la province de Constantine (1). La riposte a paru sévère. Tout le monde en a été terrifié et, cependant, l'on m'a fait des compliments qui, certes, ne partaient pas du cœur. Je n'ai pas besoin de vous dire, que je vais mettre tout en œuvre, pour que cette bonne nouvelle parcoure la province, où elle fera le meilleur effet.

En vous envoyant par le dernier courrier la communication officielle du caïd Hadj el-Boukary, je m'applaudis d'autant plus de vous avoir mis en garde contre ces nouvelles improvisées, que tout ce qui se passe aujourd'hui vient encore inspirer la défiance. On ne parle plus du retour de l'Emir, mais, en revanche, on publie que Tedjiny s'est décidé à lui céder Aïn Mady. Suivant les uns, il aurait été vaincu par les supplications d'Abd el-Kader qui lui aurait démontré que cette ville était son

____

(1) Prise de possession de Stora et occupation de Milah (Cf. dépêche de Daumas du 28 octobre 1838).

seul refuge en cas de guerre avec les chrétiens et, suivant les autres, il aurait été gagné à prix d'argent. Quoi qu'il en soit, on s'accorde à dire que Tedjiny a demandé vingt jours pour évacuer sa ville et exigé que, pendant ce laps de temps, l'Emir fît un mouvement rétrograde jusqu'à Tadjemoute (1). Comme conséquence de cette version, Tedjiny doit se retirer dans une autre ville du désert bien plus grande et bien plus fortifiée encore qu'Aïn Mady, où sa famille a tout pouvoir et où il a déjà d'immenses approvisionnements. Cette ville s'appelle Siouf (2). Voilà où nous en sommes ; mais ne croyez encore à rien de tout cela et attendez, pour vous fixer, que j'aie moi-même interrogé un homme revenant d'Aïn Mady. Il est inutile de vous dire, que le pouvoir s'entoure à Mascara du plus grand mystère et que le public adopte vingt versions différentes par jour. Quant au fils de Tedjiny, je vous réponds sur ma tête, qu'il n'est pas arrivé à Taguedemt et, s'il était au pouvoir de l'Emir, on n'eût pas manqué de l'envoyer à Mascara. Je crois, moi, que tout ceci n'est rien qu'une comédie jouée pour essayer d'influencer des conférences, qui sont dans toutes les bouches, mais dont vous ne m'avez jamais parlé (3).

Les parents d'Abd el-Kader, qui devaient aller à sa rencontre, ont suspendu leur départ et sont encore ici.

---

(1) Ksar de 700 habitants, situé sur l'oued M'zi à 23 kilomètres N. E. d'Aïn-Madhi et à 32 kilomètres N. O. de Laghouat. On en trouvera la description dans Saint-Arnaud. *Lettres*, T. I. Guerres d'Afrique 1844 — et dans Fromentin : *Un été dans le Sahara.*

(2) Il n'existe pas de ville de ce nom. La dépêche de Daumas du 23 décembre, donne Souf, groupe d'oasis à 100 kilomètres à l'E. de l'oued Rir. Mais la localité, qui correspondrait plutôt aux indications fournies par Daumas, serait Temassine à 13 kilomètres S. O. de Ouargla, où l'ordre des Tidjania possédait une zaouia presque aussi importante que celle d'Aïn-Madhi.

(3) Les conférences relatives à l'acceptation par l'Emir des modifications apportées au traité de la Tafna par la convention complémentaire du 2 juillet 1838.

L'Emir a écrit à toutes les tribus de se préparer à la guerre et ordonné à son califfa de frapper de fortes améndes sur tous les Arabes, qui labourent leurs terres avec des chevaux de selle, ou même dont les chevaux sont en mauvais état (Positif).

L'Emir a écrit à Hadj l'Habib de faire tout au monde pour lui gagner les Douers et Zemalas. Il lui recommande pour arriver à ce résultat de n'épargner ni l'or ni les promesses. (Positif).

Dans le courant de la semaine, il est arrivé à Tlemsan 150 mules chargées de poudre anglaise achetée à Gibraltar par l'entremise des agents du Maroc, dont je vous ai parlé. Le convoi comportait, en outre, 300 fusils anglais, et 15 charges de boulets. Il paraît, définitivement, que ce commerce éloigné de nos ports ne prendra plus une autre direction. A propos de poudre, le 5 du courant, il en est sorti d'Oran à peu près une cinquantaine de livres. Je n'ai pas pu savoir par qui elle avait été vendue, mais j'ai tout lieu de croire qu'elle provient de cartouches, qu'on achète à nos soldats.

On travaille à force aux fortifications de Taguedemt où l'on vient d'envoyer tous les ouvriers maçons de Mascara.

On fait courir le bruit de l'arrivée à Oran, de M. le maréchal gouverneur général. Tout le monde est en émoi. Les succès dans la province de Constantine inspirent les craintes les plus vives pour celle d'Oran, et le califfa s'est empressé de rappeler à Mascara l'aga Miloude Bennarache, sans lequel on ne peut rien faire.

J'ai l'honneur, etc....

E. DAUMAS.

A. G. G. A. E. 116²: 101-50 (Original).

LXXVI

Daumas à Guéhenneuc.

Mascara, le 23 décembre 1838.

Mon Général,

M. le colonel Dubarrail vient de m'annoncer qu'un Courougli nommé Mohammed ben Haoua, s'est enfui de Mostaganem emportant à M. Moreau (1), officier chargé de la remonte, quatre-vingt-cinq piastres d'Espagne (2), et il m'engage à faire tous mes efforts pour obtenir la restitution de cette somme. J'ai fait prendre des informations de tous les côtés et il en résulte que cet homme n'est pas venu à Mascara. Je me suis rendu chez le califfa Moustapha ben Tamy, qui n'a pu, suivant son habitude, que me faire des promesses. J'ai intéressé le caïd Boukary dans cette affaire et, malgré cela, tout me porte à croire, que M. Moreau sera forcé de payer son excès de confiance dans les Arabes. Je vous rends compte du tout et attends vos ordres avant d'aller plus loin.

Le 19 du courant, il est arrivé à Mascara trois spahis

---

(1) Moreau, (Jacques-Philippe-Prosper), né le 4 décembre 1804, à Billon (Puy-de-Dôme). — Engagé volontaire au régiment des lanciers de la garde royale, le 11 août 1823 ; brigadier, puis maréchal des logis au 14ᵉ régiment de chasseurs à cheval ; libéré le 31 août 1831 ; engagé volontaire au 2ᵉ régiment de chasseurs d'Afrique, le 14 décembre 1831 ; sous-lieutenant, le 2 septembre 1835 ; lieutenant le 7 juillet 1840 ; capitaine le 12 novembre 1843 ; chef d'escadrons au 4ᵉ régiment de lanciers, le 30 janvier 1852 ; décédé le 16 mars 1856.

(2) 459 francs.

déserteurs d'Oran. J'en ai été informé sur-le-champ et me suis empressé de réclamer leurs chevaux et leurs armes ; mais, avec une impudence, dont on n'a pas d'idée, on m'a soutenu, qu'ils étaient venus sans aucun effet du gouvernement. Je porte ce fait à votre connaissance et crois devoir, en outre, vous instruire qu'on favorise la désertion par tous les moyens possibles ; qu'on traite on ne peut mieux ceux qui viennent ici et qu'on leur accorde même une espèce de prime.

La correspondance entre certains Douers et Mascara continue. Pour les décider plus promptement, le califfa Moustapha ben Tamy a répondu dernièrement à l'un d'eux, que ceux qui voudraient venir devraient se hâter, parce que la France, par un traité secret, venait de promettre à l'Emir de transporter au loin tous les chefs de cette tribu. Absurdités, mais, enfin, c'est ainsi qu'on agit sur les Arabes.

La semaine dernière, le califfa Moustapha ben Tamy a fait passer cinq mille francs à Hadj l'Habib avec l'ordre de les employer, soit à débaucher les Douers, soit à se procurer des renseignements sur ceux qui nous vendent clandestinement des chevaux. Hadj l'Habib a déjà envoyé les noms de quelques-uns de ces derniers ; on s'en est emparé et on les a presque fait mourir sous le bâton, à Mascara.

On a volé trois mille douros d'Espagne (1) à Taguedemt dans les magasins de l'Emir. Cette perte, toute faible qu'elle est, contrarie beaucoup le pouvoir, qui n'a pu encore découvrir les coupables.

La famille du califfa Moustapha ben Tamy est revenue à Mascara. C'est un excellent baromètre que cette famille, attendu qu'on la fait partir au premier nuage pour la rappeler au premier indice de beau temps. Elle peut assez bien indiquer les dispositions du pays et des

____

(1) 16.200 francs.

Arabes, malgré qu'ils soient incroyables dans leur mobilité.

La fin du ramadan à Mascara a été couronnée par de grandes réjouissances. Sidi Moustapha bou Talaîb, cousin germain et beau-frère de l'Emir, en jouant à la manière arabe, a vu son fusil éclater dans ses mains et s'est fait une grave blessure. M. le docteur Warnier a été appelé à lui donner des soins et pense réussir. Cette cure fera encore honneur aux Français.

Depuis ma dernière lettre, on ne sait absolument rien de positif sur le compte de l'Emir. Le pouvoir publie que Tedjini doit lui livrer Aïn Mady et se retirer à Souf, ville enfoncée dans le désert. Suivant lui encore, Abd el-Kader est toujours à Tadjemoute, d'où il a envoyé à Tedjiny 5oo chameaux pour l'aider à enlever ses bagages. Sous peu, l'Emir prendra possession de la ville. Maintenant, à côté de la version du pouvoir, je dois vous donner la mienne et la voici. L'Emir est à Tadjemoute, où il ruse pour opérer sa retraite sans accidents, et Tedjiny, qui ne lui a jamais donné d'otages, n'a jamais songé à lui livrer Aïn Mady. Sous peu nous saurons la vérité. Quoi qu'il en soit, on est très inquiet à Mascara ; on s'y entoure du plus profond mystère et l'on va jusqu'à emprisonner impitoyablement tous ceux qui ont le malheur de dire, que l'Emir n'est pas vainqueur.

Depuis quelque temps on a beaucoup parlé de guerre à Mascara. Tous les renseignements, qui me sont parvenus, me démontrent que les Arabes la craignent horriblement et feront de grands sacrifices pour le maintien de la paix. L'annonce des succès de M. le maréchal dans la province de Constantine entre pour beaucoup dans ces dispositions et je n'ai rien négligé pour les répandre même dans les tribus les plus éloignées.

J'ai l'honneur, etc....

E. DAUMAS.

Au moment du départ du courrier, il me parvient des nouvelles positives d'Aïn Mady. Vous pouvez regarder comme certain que Tedjiny n'entend, en rien ni pour rien, livrer Aïn Mady et que l'Emir est fort embarrassé à Tadjemoute.

On assure qu'il est arrivé à Oran des Espagnols évadés du Maroc et qu'un certain nombre s'est rendu chez les Kabyles de la Tafna.

E. D.

A. G. G. A. E. 116². 102-51. (Original).

LXXVII

Daumas à Guéhenneuc.

Mascara, le 31 décembre 1838.

Mon Général,

Aussitôt après avoir reçu votre lettre, je me suis rendu chez le califfa Moustapha ben Tamy, pour lui faire connaître les nouveaux méfaits commis par les Beni Ameur. Il m'a répondu, qu'il ignorait entièrement cette affaire, mais que les Douers, dont on avait à déplorer la mort, n'avaient pu qu'être surpris à voler et que, malgré que les Oulad Aly ne fûssent pas sous ses ordres, il allait écrire à Bou Hamidy et, mieux encore, à Zin, l'aga des Beni Ameur. pour les engager à nous donner satisfaction sur tous les points.

Je n'ai pas manqué de rappeler que, ces jours derniers, vous aviez fait restituer quatorze bœufs volés aux Beni Ameur et Garabas.

Le califfa me chargea de vous assurer de son désir de maintenir l'ordre et la tranquillité, et, suivant son habitude, il rejette tout sur les Douers, qu'il accuse de vouloir rompre la paix à tout prix. Je l'ai laissé dire et me suis contenté de répondre, que ces excès ne pouvaient continuer et que vous allez en appeler à la justice de M. le maréchal gouverneur général.

Si vous n'obtenez aucune satisfaction, ne vous en étonnez pas. On ne demande pas mieux, mais, littéralement, on ne peut rien sur les tribus. J'aurais bien des choses à vous dire là-dessus et toutes dans l'intérêt général, mais je ne puis le faire, que si j'ai l'honneur de vous voir.

M. Ayach (1) est arrivé en bonne santé, mais les chemins sont si détériorés, qu'il a mis trois jours pour faire la route.

J'ai l'honneur, etc...

E. DAUMAS.

L'Emir est toujours à Tadjemoute et Tedjiny, dans Aïn Mady.

E. D.

Je crois pouvoir vous dire positivement aujourd'hui, que Tedjiny refuse obstinément de livrer sa ville et que l'Emir se trouve dans le plus grand embarras; il paraît qu'il a été joué complètement par ce chef du désert. Partant de là, tout le monde est à la paix plus que jamais. Dans ma première lettre, je vous donnerai de plus grands détails.

A l'instant même, le califfa me charge de vous dire, qu'il fera tous ses efforts pour vous faire rendre les bœufs volés et il vous prie, à son tour, de lui faire restituer 14 chameaux volés dernièrement à Cirat; 7 sont à Massagran (2) et 7 à Oran.

E. D.

A. G. G. A. E. 116². 103-52. (Original).

-----

(1) Ayas (Léon), né à Marseille, le 18 octobre 1807. Guide-interprète en 1830 ; interprète de 3ᵉ classe en 1840 ; interprète de 2ᵉ classe, en 1845 ; mort en 1846 des suites de blessures reçues dans un combat contre Bou Maza.

(2) Mazagran.

LXXVIII

Daumas à Guéhenneuc.

Mascara, le 8 janvier 1839.

Mon Général,

Conformément à vos ordres, j'ai de nouveau fait, auprès des autorités de Mascara, tous mes efforts pour obtenir le remboursement des sommes volées au Juif Grallouf (1) ; mais, pas plus que la première fois, ils n'ont été couronnés de succès et l'on se renferme toujours dans le même thème, c'est-à-dire que, le principal auteur du crime, le Garaba Hassan, s'étant réfugié chez nous, on manque absolument de preuves. Le Juif Grallouf est venu passer deux mois à Mascara pour plaider lui-même sa cause; il n'en est parti que bien convaincu de l'inutilité de ses démarches, et il sait pertinemment que je n'ai rien négligé pour que justice lui fût rendue, car j'ai eu, en sa présence et à son sujet, des discussions très vives avec Habib Boualam, l'aga des Garabas et Hadj el-Boukary, le caïd de Mascara. Cet Israélite, comme j'ai eu l'honneur de vous en rendre compte, est tout à fait dans son droit et, néanmoins, il sera très difficile de mener cette affaire à bonne fin, parce que la somme qu'il réclame est très forte (4.400 boudjous) (2) et que le gouvernement de l'Emir n'a pas assez de force pour obliger les Garabas à s'exécuter et, qu'enfin, quand il le pourrait, il ne le ferait pas, attendu qu'il redoute, par dessus tout, de s'aliéner cette tribu et de la voir passer aux Français. Il

---

(1) Cf. Dépêche de Daumas du 7 octobre 1838.

(2) 6.200 francs.

reste, cependant, un moyen qui pourrait réussir, c'est la menace; mais je me garderai bien de l'employer sans vos ordres.

J'ai poursuivi la restitution des bœufs volés aux Douers. Le califfa m'a répondu que les rivières étaient enflées par suite des pluies et qu'il n'avait pu recevoir encore la réfonse du califfa Bou Hamidy. J'aurai soin de vous la faire connaître dès qu'elle me sera parvenue.

Je vous disais dans ma dernière lettre que Tedjiny s'était complètement joué de l'Emir. Voici comment.

En feignant de traiter avec le califfa Moustapha ben Tamy et en promettant de livrer Aïn Mady, si on lui fournissait des moyens de transport, Tedjiny posa comme première condition, que l'Emir ferait un mouvement rétrograde et lui laisserait toute liberté dans ses préparatifs de départ. Abd el-Kader, ou las, ou trompé par une grande apparence de bonne foi, donna dans le piège et vint se placer à Tadjemoute, petite ville située à quatre lieues d'Aïn Mady. Que fit alors Tedjiny ? Il se hâta de faire du bois, dont il manquait, tira des renforts des tribus qui lui sont dévouées, s'approvisionna, enfin, de toutes manières, puis il écrivit à l'Emir de lui envoyer son frère Sidi Moustapha, pour régler les dernières conditions. Abd el-Kader, pour en terminer, lui envoya son frère ; mais, alors, Tedjiny, tranquille de tous les côtés, refusa de livrer sa ville et lui proposa un combat singulier, en lui disant que, s'il venait à succomber, alors seulement il entrerait dans Aïn Mady (1). L'Emir est très chagrin de tout cela, mais il sent que, dans l'état de démoralisation, où se trouve son infanterie, il ne peut

____

(1) Selon la version d'Arnaud, (op. cit. pp. 445-447) Tedjiny ayant réclamé des moyens de transport, l'Emir lui fournit 250 chameaux, 2 mulets et 2 chevaux, puis se retira à Sidi bou Zid, afin de laisser au marabout toute liberté pour évacuer la ville. Il n'est point question du combat singulier proposé par le marabout à l'Emir, non plus que du refus de Tedjini d'abandonner Aïn Madhi.

continuer le siège. On annonce, en conséquence, son retour. Et, déjà, il a demandé à Mascara, de l'argent, des beurnouss, des armes, des haigs en soie et des étriers argentés pour gagner les chefs du désert et n'être pas inquiété dans sa retraite. Voilà le véritable état des choses. Ne croyez donc aucun des mensonges que Hadj l'Habib ou ses affiliés ne manqueront pas de faire courir à Oran, pour expliquer ce retour d'Abd el-Kader. Hier, il est parti beaucoup de marchands de Mascara pour Oran et l'ordre leur a été donné de publier, que l'Emir était entré dans Aïn Mady. Je vous instruis afin que vous sachiez à quoi vous en tenir.

Hadj l'Habib a envoyé au califfa une quarantaine de noms de ceux qui nous ont vendu des chevaux et la bastonnade roule à faire plaisir.

On assure qu'il se trouve maintenant à Miliana. une dizaine d'ouvriers français envoyés d'Alger. On compte parmi eux des armuriers et des fondeurs. On prétend que le Juif Ben Durand a été arrêté à Alger, ce qui plonge tous ses amis de Mascara dans l'affliction.

Daignez croire, mon général, que nous allons faire tous nos efforts pour recevoir convenablement votre ami, M. Alexis Desgranges. Déjà il est annoncé au califfa par Hadj l'Habib et l'aga Miloude Bennarache, qui devait partir aujourd'hui pour Aïn Mady, où il est mandé par l'Emir, a suspendu son départ, afin de pouvoir se rencontrer avec lui.

J'ai l'honneur, etc...

E. DAUMAS.

---

(1) Desgranges (Alexis), orientaliste français, drogman à l'ambassade de France à Constantinople, secrétaire interprète du Roi au ministère des affaires étrangères, professeur de langue turque au Collège de France. Il a publié l'*Histoire de l'expédition française en Egypte* de N'koula el-Turk ; texte et traduction, Paris 1840, 8° et une grammaire sanscrite- française. Paris, 1845-1847. 2 vol. 8°.

L'Emir a maintenant un correspondant à Marseille. C'est un Juif d'Alger, nommé Ben Haym. Il lui envoie les journaux, l'informe de tout ce qui se passe et lui achète tout ce dont il a besoin.

M. le Dr Warnier me charge de vous demander pour lui la permission d'aller passer quelques jours à Oran, où il a des affaires à régler. Il est à Mascara depuis dix-sept mois; il s'y est cassé le bras dans son service et il a droit à cette faveur.

Si Miloude bou Talaib, beau-frère de l'Emir, est parti pour aller à sa rencontre. Abd el-Kader campe aujourd'hui à Bouzide (1).

E. D.

A. G. G. A. E. 1163. 104-53 (Original) .

----

(1) Sîdi bou Zid, village situé au pied du versant oriental du Djebel Amour, dans la plaine appelée El-Knater (les Ponts), à 19 lieues environ au nord d'Aïn Madhi

LXXIX

Daumas à Guéhenneuc.

Mascara, le 14 janvier 1839.

Mon Général,

Je m'empresse de vous expédier un courrier, pour
vous confirmer, dans tous leurs détails, la vérité des nouvelles que j'ai eu l'honneur de vous donner précédemment sur Aïn Mady. Tedjiny a refusé positivement
d'exécuter le traité. et Abd el-Kader, se trouvant dans
une impossibilité aussi morale que physique de continuer le siège, a déjà renvoyé à Taguedemt ses malades, ses bagages, tout ce qui pouvait, enfin, entraver sa
marche; mais il est encore à Sidi Bouzide, où il a mandé
les cavaliers de l'Harrare et où il s'abouche avec les
chefs du désert, qu'il comble de présents et de belles
paroles, pour opérer sa retraite sans être inquiété. Aussitôt qu'il sera de retour à Taguedemt, ce qui ne peut tarder, j'aurai soin de vous en instruire.

Les Flittas se sont battus entre eux ; il y a une cinquantaine d'hommes tués. Si Miloude bou Talaib, qui devait
se rendre chez eux, pour lever de nouveaux impôts, n'a
pas osé s'y présenter et il vient de rétrograder. Une
fraction des Hachems vient aussi de refuser l'obéissance
et l'on se bat à Mazouna. Les causes de ces agitations
ne sont pas encore bien connues; mais, sans craindre
de me tromper, je puis, dès aujourd'hui, vous affirmer,
que c'est une conséquence du non-succès d'Aïn Mady.
Tout le monde se plaint et crie contre l'Emir; partout
on entend dire, qu'il a gaspillé, en pure perte, des

ressources de guerre, qui pouvaient être utiles contre les chrétiens, dépensé un argent péniblement amassé et perdu un temps précieux. On ne manque pas d'ajouter qu'il vient de se fermer à jamais un asile précieux. pour le cas où, malheureux, les chances de la guerre le forceraient un jour à fuir, attendu qu'il ne laisse plus derrière lui que des ennemis implacables et impatients de tirer vengeance et du mal qu'il leur aurait fait et du mal qu'il a voulu leur faire. Je vous soumets ces réflexions, parce qu'elles peignent l'état moral du pays et, malgré que vous ne m'en ayez pas donné l'ordre, j'espère vous envoyer, par le premier courrier, un rapport bien détaillé, pensant ainsi vous être agréable.

Le califfa m'a fait dire qu'on avait arrêté à Oran deux chameaux et deux Beni Ameur, qu'on rendait responsables d'un vol commis par un négre au préjudice de Mohammed ould Kaddour. Il me charge de vous instruire, que la mule réclamée n'est pas un vol, mais bien sa propriété et que, dans tous les cas, les gens emprisonnés n'ont rien de commun avec cette affaire. Il vous prie de les faire relâcher, car il craint que ces mesures portent les Arabes à ne plus fréquenter nos marchés.

Les coffres de l'Emir sont vides et, pour comble de malheur, les dernières pluies ont abîmé une partie des magasins de Taguedemt. On parle d'une énorme contribution, qui serait frappée sous peu, les uns disent pour s'acquitter envers la France et les autres seulement pour refaire ses finances. Bientôt nous saurons à quoi nous en tenir, mais, dans tous les cas, elle ne fera qu'augmenter le nombre des ennemis d'Abd el-Kader.

Hadj Tahar, frère du caïd El-Boukary, est parti pour Teneuzz (1), avec Si Adjiane (2); ils vont y vendre des

____

(1) Tenès.
(2) Hadj Zian.

grains et, de là, Adjiane se rendra à Alger, où il a une
lettre de recommandation pour l'aga Pélissier (1). On
ferait bien de l'y surveiller, car il n'a d'autre but que
d'aller y chercher des informations pour son maître.

M. Alexis Desgranges nous est arrivé en bonne santé
avec le fils aîné de M. le colonel Dubarrail (2). Les expressions nous manquent pour vous remercier du service
que vous avez daigné nous rendre, en nous faisant faire
la connaissance d'un homme, dont l'amabilité égale
l'érudition. Les autorités de Mascara se sont empressées
de le visiter ; le califfa l'a accueilli avec toute la distinction qui lui était due et je suis intimement convaincu,
que le voyage de M. Alexis Desgranges, profondément
versé dans la connaissance des mœurs arabes, sera de
la plus grande utilité pour la France.

J'ai l'honneur, etc...

E. DAUMAS.

P.-S. — A l'instant même nous sortons de chez le
califfa. L'oukil Hadj l'Habib lui a écrit, pour se plaindre
qu'il avait été mal reçu chez vous; c'est-à-dire que,
voulant vous voir, il en a été empêché par des gens,
qu'il a trouvés dans votre cour. Le califfa s'est plaint amèrement et m'a dit que, si la présence de son oukil ne
nous était pas agréable, on n'avait qu'à nous le renvoyer.
Je lui ai répondu, que j'allais vous écrire pour vous
instruire d'un fait, dont vous n'aviez sans doute encore
aucune connaissance et que ce ne pouvait être qu'une
méprise de domestiques, qui n'auront pas reconnu
l'oukil et que, dans tous les cas, j'étais certain qu'il y

(1) Pellissier de Reynaud directeur des affaires arabes.
(2) Ce jeune homme mourut à Mostaganem en 1840.

avait dans tout cela au moins de l'exagération. On m'a
compris et l'on pense, ici, qu'en vous écrivant, je ne
vous rapporte pas la demande du retrait de l'oukil. Vous
êtes donc censé n'en rien savoir.

E. D.

A. G. G. A. E. 1133 105-54 (Original).

LXXX

Daumas à Guéhenneuc.

————

Mascara, le 18 janvier 1839.

Mon Général,

Je m'empresse de vous expédier un courrier, pour
porter à votre connaissance une communication officielle, qui vient de m'être faite par les autorités de Mascara. La voici mot pour mot.

« L'Emir est entré dans Aïn Mady et Tedjiny s'est
retiré à Siouf, ville enfoncée de douze marches dans le
désert ; il a emmené sa famille et ses bagages, mais les
habitants n'ont pas voulu le suivre. Sous peu, l'Emir
sera de retour à Taguedemt (1). »

————

(1) Abd el-Kader informa le maréchal Valée de son entrée à Aïn-
Madhy, par la lettre ci-dessous :

« Que le salut soit sur celui qui suit la droite voie.

Vous me connaissez et vous savez que je ne désire que la paix pour
tout le monde et que je fais tous mes efforts pour arriver à ce but.
J'ai été au Sahara et j'en ai fait disparaître l'oppression et la révolte ;
j'ai rendu les routes sûres et j'ai ramené la tranquillité partout. De
plus, je suis entré à Aïn Mady et cela sera avantageux pour tout le
monde.

Le 28 de chaoual (14 janvier 1839). »

A ce document était joint un journal des opérations du siège
rédigé en français (sans doute par Léon Roches), que le gouverneur
général expédia à Paris. — Dépêche du maréchal Valée au ministre
de la guerre. A. G. G. A. E. 135.

L'Emir prit soin aussi d'aviser de son entrée à Aïn Madhi, son
oukil à Oran, par une lettre, dont on trouvera la traduction dans

Je me suis fait un devoir, mon général, de vous rendre exactement tout ce qui m'a été dit; mais n'en croyez encore rien et suspendez votre jugement jusqu'à plus ample et prochaine information. Dès aujourd'hui, tout me porte à croire que cette démonstration n'est qu'une ruse d'Abd el-Kader, pour paralyser le mauvais effet que son non-succès peut produire sur les tribus, mauvais effet déjà manifesté par plusieurs résistances.

Suivant ma version, qui m'a été donnée par l'un des messagers ordinairement le mieux informés, Tedjiny aurait véritablement livré sa ville, non par force, mais sur les prières de l'empereur du Maroc lui-même (1), de tous les chefs du désert et moyennant une forte somme d'argent. L'Emir y serait entré et aurait eu, dès la premier jour, 6o hommes isolés assassinés par les Arabes du désert ; ce que voyant, il aurait renoncé à occuper un pays où il trouvait autant d'antipathie et il se serait

---

Daumas : le *Sahara Algérien*, p. 4r. — Ce document se termine ainsi :

« Nous leur avons accordé l'aman, à la condition de quitter les remparts de la ville, laissant chacun d'eux libre d'aller là où il voudrait. Alors ils sont sortis de leurs habitations et on ne leur a point fait de mal ; le fils de Tedjini a laissé ses femmes, ses filles, ses enfants ; nous les avons envoyés à L'Arouat ; lui est allé dans le désert. Ainsi toute guerre, toute discussion sont terminées. Je vous écris ces mots de la maison de Tedjini, sur la terrasse, décidé à détruire cette ville, pour l'exemple des autres…,………27 de chaoual 1254. » La contradiction entre ces documents émanés de l'Emir et les informations transmises par Daumas laissa pendant longtemps subsister une certaine incertitude sur les résultats de l'expédition d'Aïn Madhy. « Encore aujourd'hui (juin 1839) lit-on dans une publication officielle, il est permis de douter que l'Emir se soit rendu maître d'Aïn-Madhy. Il est vrai qu'il a, lui-même, publié dans une forme officielle sa conquête et les circonstances qui l'ont accompagnée,…… mais on doute assez généralement de la réalité de son succès…… Le temps éclaircira toutes les incertitudes ». *Tableau de la situation des établissements français dans l'Algérie en* 1838, II, p. 29.

(1) Arnaud attribue la réddition d'Aïn Madhy à la défection des Yahya ben Salem, auxiliaires de Tedjini (Arnaud, op. cit., p. 445).

décidé à détruire la ville de fond en comble. Tedjiny se serait retiré avec sa famille, ses trésors et suivi de tous les habitants d'Aïn Mady. Ne croyez pas plus à cette version qu'à l'autre et daignez attendre quelques jours.

Hier, le califfa Moustapha ben Tamy et le caïd Hadj el-Boukary sont partis pour aller désigner l'emplacement d'une nouvelle ville, que, par ordre de l'Emir, on doit construire à Sayda (1), qui est à 15 lieues de Mascara, dans le pays des Oulad Gralleud. Je crois qu'il se sont arrangés ainsi pour pouvoir décliner la responsabilité d'un centième mensonge.

A Mascara , on tire le canon, on fait de la musique et l'on pousse des cris de joie. Le peuple est morne et ne paraît pas donner dans le piège ; mais c'est jour de marché et les Arabes du dehors, qui ne sont pas aussi avancés, ne manqueront pas de faire courir la nouvelle dans leurs tribus.

M. Desgranges a été un peu indisposé, ce que nous attribuons à l'émotion causée par l'accident de M. le colonel Youssouf (2). Nous en avons le plus grand soin et

----

(1) Saïda. — Sur le territoire des Beni Yacoub. En 1839, la forteresse se composait d'un mur d'enceinte et d'une maison servant de demeure au khalifa Mustapha ben Thami. (*Etablissements français dans l'Algérie*, 1839, p. 313). Abd el-Kader l'incendia à l'approche des Français, qui y entrèrent, le 22 octobre 1841 et en firent sauter l'enceinte. Cf. Pellissier de Reynaud. *Annales Algériennes*, T. II, liv. XXXI, p. 479. Plus tard, Lamoricière, frappé des avantages que présentait la situation de Saïda, à la lisière du Tell et des Hauts-Plateaux, obtint l'autorisation d'y construire une redoute, origine de la ville actuelle de Saïda. Celle-ci, à 2 kilomètres au N. de la forteresse d'Ad el-Kader, est le chef-lieu d'une commune de plein exercice de 6.750 habitants et d'une commune mixte de 552.000 hectares peuplée de 40.123 habitants.

(4) Yusuf, né en 1808 à l'île d'Elbe; enlevé en 1815 par des corsaires tunisiens; élevé à la cour du bey de Tunis; passé au service de la France en 1830 ; interprète à l'armée d'Afrique, le 1er août 1830 ; nommé par Clauzel khalifa de l'agha des Arabes; capitaine aux chas-

je suis heureux de vous annoncer que votre ami va beaucoup mieux. Déjà il se livre aux importants travaux
dont la France recueillera un jour les fruits, travaux
pour lesquels nous nous sommes mis à sa disposition
corps et âme.

J'ai l'honneur, etc...

E. DAUMAS.

A. G. G. A. E. 1133 106-55. (Original).

------

seurs algériens, le 2 décembre 1830; chef d'escadrons au 3e régiment
de chasseurs d'Afrique, 1833; nommé bey de Constantine, le 21
janvier 1836; chef d'escadrons commandant les spahis de Bône;
lieutenant-colonel aux spahis réguliers d'Oran, le 18 février 1838;
colonel commandant les spahis d'Algérie, mai 1842; général de
brigade au titre indigène, mai 1845; général de brigade au titre
français, 1851; général de division, le 18 mars 1856; commandant la
division de Montpellier, le 28 mars 1865; mort à Cannes, le 16 mars
1866. Cf. Trumelet : *Le général Yusuf;* Derrécagaix (général). *Yusuf,*
Paris, 1907, 8°.

Au début de janvier de 1839 Yusuf avait été blessé au cours d'une
chasse par un sanglier, qui lui avait ouvert les deux cuisses (*Moniteur*
du 25 janvier 1839, reproduisant le *Toulonnais ; — Nouvelles,* d'Alger,
12 janvier). Du Barail (*Souvenirs,* I, p. 43), place à tort cet accident
à la fin de 1838, sans d'ailleurs en préciser la date et attribue le salut
de Yusuf à l'intervention d'Alexis Desgranges, assertion également
inexacte, puisque, en janvier, Desgranges se trouvait à Mascara.

LXXXI

Daumas à Guéhenneuc.

Mascara, le 23 janvier 1839.

Mon Général,

Le califfa Moustapha ben Tamy est rentré à Mascara le 21 du courant. Invités par les autorités à nous joindre à elles pour aller à sa rencontre, nous n'avons pas cru devoir nous y refuser. Il a très bien accueilli M. Desgranges et je me suis aussi longuement entretenu avec lui au sujet d'Hadj l'Habib, dont je lui ai fait connaître la conduite. Il a fortement improuvé ses menaces envers les Arabes qui fréquentent nos marchés, tout en les attribuant à l'arrestation des deux Beni Ameur, dont je vous ai parlé dans ma dernière lettre et, ne sachant plus que dire, il m'a encore parlé de l'interdit, que vous avez mis sur le plomb, qu'il a acheté. A quoi j'ai répondu que je ne pouvais que vous en référer. J'ai saisi cette occasion pour réclamer la femme du marchand marocain Messaoud Troujeman retenue arbitrairement à Tlemsan. Le califfa m'a répondu, qu'il n'avait aucune action sur Tlemsan qui est sous les ordres de Bou Hamidy, mais qu'il allait lui en écrire et, mieux encore, en instruire l'Emir. On ne m'a jamais dit autre chose et je crains bien que cette juste réclamation n'ait le sort de toutes les autres.

M. Moreau, sous-lieutenant au 2e chasseurs d'Afrique, est arrivé à Mascara, pour y poursuivre la restitution d'une somme de 5oo francs, qui lui a été escroquée par un Courougli, nommé Ben Haoua. Je ferai tous mes efforts pour faire réussir cette affaire .devenue très difficile par la fuite du coupable.

Il est arrivé de Tunis 5oo pistolets et 5o tromblons.

Le 21, pour célébrer l'arrivée du califfa, on a pendu deux hommes à Mascara. L'un avait volé des chevaux qu'il était allé vendre à Mostaganem et l'autre était un déserteur des spahis d'Oran arrêté par les Garabas, au moment où il cherchait encore à retourner chez nous. On n'a pas été fâché de faire cet exemple dans des circonstances où l'on veut obtenir de la discrétion à tout prix.

Voilà quatre jours que durent les réjouissances pour la prise d'Aïn Mady et l'on annonce le projet de les continuer encore pendant sept jours. Voilà le moyen dont on s'est servi pour stimuler la joie des Arabes et la formule qui a été publiée dans les rues de Mascara. Le tout est de la plus grande exactitude.

« L'Emir est entré dans Aïn Mady. Il faut se réjouir d'une aussi éclatante victoire et, en conséquence, il est ordonné à tous ceux qui ont chevaux et fusils d'aller faire la fantasia et à tous ceux qui ont des boutiques, de les orner de leur mieux, sans quoi leurs biens ne suffiront pas pour racheter leurs têtes. »

L'ostentation qu'on met dans tout cela, mes propres renseignements, tout me porte à croire qu'on cherche ainsi à dissimuler, suivant l'habitude arabe, un revers par l'annonce d'une victoire ; mais il est bien difficile, pour le moment, de savoir l'exacte vérité, attendu qu'on punirait ici de mort, quiconque aurait même l'air de douter, à plus forte raison de parler.

Abd el-Kader est annoncé à Taguedemt pour la semaine prochaine. Les quatre califfas s'y rendent et, de l'est à l'ouest de la province d'Oran tous les chefs accompagnés de leurs administrés doivent s'y rendre pour aller le saluer. Les uns disent que cette réunion n'a pas

d'autre but, tandis que d'autres prétendent qu'on doit
y agiter la question de paix ou de guerre. Quoi qu'il en
soit, je m'empresse de vous en rendre compte en vous
informant que je pense, que l'Emir n'a d'autre but, que
d'effrayer les Arabes, pour les engager ainsi à souscrire à
de nouveaux impôts, dont il a besoin pour réparer ses pertes d'Aïn Mady. Ne doutez pas que je mette tout en jeu
pour être bien renseigné à ce sujet. Mon premier soin
sera de vous en rendre compte.

M. Alexis Desgranges paraît se plaire avec nous et il
à l'espoir d'aller voir l'Emir à Taguedemt. Je crains qu'on
ne l'amuse par de faux dehors.

J'ai l'honneur d'être, etc....

E. DAUMAS.

P. S. — Je vous envoie un coup d'œil jeté rapidement sur la province d'Oran, pensant que, dans les circonstances où nous sommes, il ne sera peut-être pas dé-
nué d'intérêt (1).

A. G. G. A. E. 1163 107-56 (Original).

---

(1) Cf. Appendice **VII**. *Etat de la province d'Oran au mois de janvier 1839.*

LXXXII

Daumas à Guéhenneuc.

Mascara, le [ ] janvier 1839 (1).

Mon Général,

Le 28 du courant, l'Emir Abd el-Kader est arrivé à Ta-guedemt, où de l'est à l'ouest de la province d'Oran, tous les chefs, sans aucune exception et accompagnés d'une grande partie de leurs administrés, doivent se rendre pour le complimenter. Dans ce but, sont aussi partis le 29, le califfa Moustapha ben Tamy, le caïd Hadj el-Boukary, l'aga des Garabas, une grande partie de la population de Mascara et des tribus environnantes et je mets d'autant plus d'empressement à vous en informer que, s'il faut en croire la rumeur publique, on doit sérieusement discuter · dans cette réunion la question de paix ou de guerre. L'Emir, suivant moi, convaincu que, dans l'état actuel des choses, personne ne se soucie de la guerre, ne manquera pas de la proposer lui-même, soit pour se donner un vernis de popularité, soit pour obtenir sans dif-ficultés le paiement des contributions et remplir ses coffres vides ; mais, dans tous les cas et malgré l'invraisem-blance, tenez-vous sur vos gardes pendant tout le temps que dureront et le rassemblement et les conférences. On ne peut jamais se fier aux Arabes, et croyez bien, mon

(1) Lacune dans le texte original. — La lettre doit être postérieure au 29 janvier.

général, que j'aurai soin de vous instruire, autant qu'il sera en mon pouvoir.

Toujours les mêmes ténèbres pour Aïn Mady. Le pouvoir est d'une susceptibilité telle, qu'il fait impitoyablement emprisonner tous ceux qui en prononcent même le nom. Hier, pour ce fait, tous les Mozabites de Mascara ont été incarcérés. Tous les jours on fait une version nouvelle et la dernière publiée par le gouvernement est celle-ci. Tedjiny s'est retiré à Souf et l'Emir a fait entièrement détruire Aïn Mady(1).La vérité ne peut, néanmoins, tarder à être connue. L'Emir vient de licencier son infanterie et, parmi les soldats qui, pour se rendre chez eux, traversent Mascara, nous ne pouvons manquer de rencontrer quelques indiscrets. Jusqu'à présent, tout me porte à croire que l'Emir a complètement échoué. Avant de rentrer à Taguedemt, l'Emir aurait voulu faire une razzia sur une

------

(1) « Une fois dans Aïn Madhi, Abd el-Kader en fit abattre les murs et ruiner les maisons; celle de Tedjiny, où il s'était logé, fut seule épargnée ». — Daumas: *Sahara Algérien*, p. 4o. — « Abd el-Kader avait eu d'abord l'intention de conserver la ville d'Aïn Madhi et d'y laisser une garnison, mais il renonça à ce projet, et me demanda, si je pouvais encore compter sur l'effet de la mine que j'avais fait creuser... Il fut donc convenu que, le lendemain, 12 janvier, le feu serait mis à notre mine... Le 12, de bonne heure, Abd el-Kader, suivi de son état-major, vint se placer sur une petite éminence située à environ 5oo mètres du mur d'enceinte, où se trouvait l'entrée de la mine. Mon brave Hassan mit le feu à la mèche et revint tranquillement nous rejoindre..... Au bout de quelques minutes, le nuage de fumée et de poussière se dissipa et, à la place du mur d'enceinte et du palais de Tedjiny, nous n'eûmes plus devant les yeux qu'un amas énorme de décombres. L'œuvre de destruction fut achevée par l'armée et les contingents des tribus et des K'cour environnants. Les murailles furent démolies et les poutres et tous les objets de menuiserie existant dans les maisons furent enlevés par les Arabes. » Léon Roches. *Dix ans à travers l'Islam*, Liv. VIII. chap. III, p. 165. — Arnaud, dont le récit a été rédigé d'après des renseignements fournis par un des défenseurs de la place, le caïd Rian, mentionne, lui aussi, la destruction de la ville en présence des tribus du voisinage.Les murailles furent démantelées, les jardins saccagés. (Arnaud, op. cit., p. 447).

tribu du désert, qui, pendant le siège d'Aïn Mady lui avait assassiné des hommes isolés et souvent intercepté ses convois ; il aurait été repoussé avec pertes.

On fait courir le bruit à Mascara que les troupes d'Alger ont fait une sortie contre les Hadjoutes et leur ont enlevé deux douars. Cette nouvelle jette de l'inquiétude dans la population et le califfa Moustapha ben Tamy a de suite écrit aux Hachems, qui sont tous descendus pour faire paître leurs troupeaux dans la plaine de l'Habra, de se bien garder.

Sidi Imbarraik, bey de Miliana, a voulu faire une razia sur les Kabyles des environs (1). Il n'a pas réussi et l'on avoue de grandes pertes dans la cavalerie régulière de l'Emir, qui est sous ses ordres.

On vient de se mettre à démolir le beylik de Mascara et l'on réunit toutes les tuiles pour les transporter à Taguedemt. Cette dernière mesure ne dénote que trop le projet bien arrêté d'abandonner un jour cette ville.

Le 25 du courant, il est arrivé du Maroc une vingtaine de charges de poudre.

La femme de l'Emir vient d'accoucher d'une fille, qui est morte quelques jours après sa naissance. L'état de la mère donne de sérieuses inquiétudes.

M. Moreau est reparti pour Mostaganem. J'espère qu'il rentrera dans ses fonds.

MM. Desgranges et Warnier vous sont probablement arrivés en bonne santé malgré le mauvais temps (2). Votre ami laisse à Mascara des regrets et des gens bien dévoués parmi les chefs arabes, qui ne cessent de me parler de lui et me prient de les rappeler à son bon souvenir. Quant à moi, je n'oublierai jamais que je vous dois la

_____

(1) Beni Menasser, Righa, etc.

(2) Desgranges rentra en France à la fin de février 1839. Il ramenait cinq jeunes Arabes de la province de Constantine, que le maréchal Valée l'avait chargé de conduire à Paris. Cf. à ce sujet, deux lettres de Desgranges. A. G. G. A. E. 135.

connaissance de cet aimable et modeste savant et je viens vous en remercier bien vivement.

J'ai l'honneur d'être, etc...

E. DAUMAS.

A l'instant même, je reçois des nouvelles de Taguedemt. L'Emir n'a voulu ni s'y arrêter, ni y voir qui que ce soit et il s'est dirigé sur Miliana, où l'appellent, dit-on, et la santé de sa femme (1) et les affaires du bey Imbarraik, qui vont mal. La réunion, dont je vous ai parlé, n'aura donc pas lieu. Tous les chefs sont rentrés ou rentrent chez eux et il n'ya plus que le califfa Mustapha ben Tamy, qui pousse jusqu'à Miliana, pour voir l'Emir. Toute l'infanterie, qui a fait le siège d'Aïn Mady, est congédiée et, tous les jours, il en passe des détachements par Mascara.

A. G. G. A. E. 1163. 108-57. (Original).

---

(1) Selon Roches, op. cit., liv. VIII, ch. I, p. 171. Abd el-Kader quitta en hâte Tagdemt à la nouvelle d'une grave maladie de sa mère, Lalla Zohra. Il parcourut, selon le même auteur, 150 kilomètres en 15 heures.

LXXXIII

Daumas à Guéhenneuc.

Mascara, le 9 février 1839.

Mon Général,

Le càliffa Moustapha ben Tamy est rentré le 6 du courant, accompagné de tous les agas, caïds et talaibs, qui s'étaient joints à lui pour aller complimenter l'Emir. L'entrevue, qui ne devait avoir lieu qu'à Miliana, s'est passée à Taguedemt (1) et, bien informé de tout ce qui s'y est dit par un témoin oculaire et auriculaire, je m'empresse de le porter à votre connaissance.

La question de paix ou de guerre a été posée par l'Emir lui-même, mais comme je l'avais prévu, en termes insidieux, avec adresse et de manière à se faire prier de maintenir l'ordre des choses, tout en se donnant un vernis de popularité, ce qu'il recherche avant tout. S'adressant aux chefs et aux aoulemas, voici comment il s'est à peu près exprimé :

« Vrais croyants, le ciel a favorisé nos armes dans le désert, (gloire àDieu, qui seul donne la force) et, tranquilles de ce côté, il ne nous reste plus qu'à apaiser notre Seigneur Mohammed le Prophète de Dieu, violemment

---

(1) Léon Roches ne mentionne pas cette réunion de Tagdemt. Il n'aurait été tenu, selon lui, qu'un seul conseil, celui de Bou-Khorchefa, dont il sera question dans les dépêches de Daumas, du 19 février, des 2 et 10 mars. Léon Roches, op. cit. Liv. III. chap. II p. 173.

irrité contre nous, à cause de la faiblesse que nous montrons avec les chrétiens depuis quinze ou dix-huit mois. Les circonstances, je le sais, ne sont pas favorables ; des dissensions se sont manifestées ; je n'ai plus d'argent ; les munitions me manquent ; mon infanterie est détruite ; mais c'est égal, notre devoir est de combattre les infidèles et notre salut avant tout. Voilà mon avis ; cependant, comme, pour être forts il faut être unis, que chacun de vous me donne le sien, car je ne veux pas que personne puisse me faire le moindre reproche ».

Ce fut alors à qui parlerait le premier pour éloigner de pareilles idées de l'esprit de l'Emir. Les chefs de la religion eux-mêmes commencèrent par lui représenter, que le Coran prescrivait de ne faire la guerre sainte, qu'avec des chances de succès et, partant de là, tous les chefs sans exception, le supplièrent ensuite de patienter, de gagner du temps pour s'organiser et se créer des ressources, lui exposant, en outre, que la dernière récolte avait été nulle, que la misère du peuple déjà grande ne connaîtrait plus de bornes, si l'on recommençait la guerre.

L'Emir, paraissant prendre plaisir à se jouer de ces niais, fit encore quelques difficultés, puis, paraissant vaincu par de nouvelles instances, il leur dit :

« Puisque vous ne voulez pas de la guerre, préparez-vous alors à me donner les moyens de réparer mes pertes et de consolider la paix. Je vais à Miliana et saurai m'y entendre avec le chef des chrétiens (1) pour vous assurer la tranquillité que vous désirez tant. En attendant, je vous garantis votre sécurité et vous pouvez, sans aucune inquiétude, descendre dans les plaines du Sig et de l'Habra et aller même jusqu'au Tlélat (2).

____

(1) Le gouverneur général.

(2) Plaine située à quatre lieues au S. d'Oran, et limitée au N. par la montagne du Figuier, à l'O. par le Tessala, au S. par les monts des Ouled-Ali, à l'E. par la forêt de Mouley Ismaïl. Elle est traversée du N. au S. par l'oued Tlelat.

Une heure après, Abd el-Kader, après avoir ordonné une contribution générale en espèces, était sur la route de Miliana, accompagné de l'aga Miloude Bennarache, qui doit, dit-on, se rendre à Alger. Tout ceci, mon général, ne vous paraîtra peut-être que du verbiage, mais c'est l'exacte vérité et j'ai dû vous la faire connaître, ne fût-ce que pour vous mettre à même de juger des dispositions actuelles des Arabes.

Je vous ai dit que les Beni Mezab de Mascara avaient été emprisonnés par ordre de l'Emir. Cette mesure a été étendue à tous ceux qui vivent sous sa domination. On l'attribue à des lettres de Ben Durand et de Bou Derba qui les dénoncent comme ceux, qui ont fait courir si souvent le bruit de la mort ou de la défaite d'Abd el-Kader devant Aïn Mady.

A propos des Beni Mezab, il circule un bruit plus grave. On prétend qu'il vient de s'élever un sultan dans le désert, qui ne serait autre que le fameux Sidi Moussa (1), qui, lors de la première paix, tenta déjà de soulever les populations de Media et de Miliana. Les Beni Mezab l'auraient mis en avant et une partie du désert reconnaîtrait sa loi. J'aurai soin de vous instruire du fondement qu'on peut faire sur une pareille nouvelle.

J'ai été informé qu'un bâtiment de commerce avait été pillé à Teneuss, où le frère du caïd Boukary vend toujours des grains pour le compte de l'Emir. Je ne sais à quelle nation il appartient (2).

Le même mystère règne toujours pour Aïn Mady. L'in-

---

(1) Sur ce personnage cf., dépêche de Daumas du 3 septembre 1838, p. 309, note 3.

(2) Ténés. — Le navire français Notre-Dame de Bon-Secours. Ce bâtiment ne fut pas pillé, mais le capitaine fut enlevé de son bord par le caïd et retenu prisonnier, jusqu'à ce que le négociant, pour le compte duquel il naviguait, eût acquitté un droit arbitrairement imposé sur le chargement de grains, qu'il venait d'effectuer. (*Annales Algériennes.* T. II, liv. XXVI, p. 284).

fanterie de l'Emir a été envoyée en congé. J'ai interrogé plus de vingt individus. Tous se sont accordés pour me dire que cette ville avait été détruite, mais personne n'a assisté à sa démolition. Où d'ailleurs les Arabes auraie.t-ils pris des pioches pour un pareil travail exécuté dans un aussi bref délai et, pourtant, ç'aurait été le mode adopté (1).

Tout me porte à croire que les Douers recommencent leurs menées à Mascara. Le 7 du courant, quatre Douers montés sont venus apporter des lettres au califfa Moustapha ben Tamy de la part de certains chefs, dont je n'ai pu encore découvrir les noms. Ils ont couché à l'hakouma (2) ; ils ont été bien traités eux et leurs chevaux. Le lendemain matin, ils sont repartis pour Oran. L'un d'eux se nomme Hadj l'Haschemy ould Sidi Dakkân. Ils sont là en visiteurs. Suivant les mêmes renseignements, deux marabouts envoyés par l'Emir seraient à présent même chez les Douers, avec la mission de les gagner au nom de la religion. (Positif).

J'ai réclamé au califfa contre l'assassinat des deux Douers, qui portaient les dépêches à Mostaganem. Il m'a dit que, quelques jours auparavant, les Douers avaient tué sur la même route un courrier de Hadj l'Habib et que c'était, peut-être, une vengeance d'Arabes et, sur mon objection, qu'on ne pouvait laisser les administrés se faire justice eux-mêmes, il a ajouté qu'il ferait tous ses efforts pour découvrir les coupables ; que l'Emir voulait la paix et qu'on allait mettre un terme à tous ces excès, qui ne pouvaient que la troubler. Cette réclamation aura probablement le sort de toutes les autres, par la raison qu'on me dira n'avoir pu découvrir les criminels.

Conformément à vos ordres, je vous envoie l'état des

---

(1) Sur la destruction de Aïn Madhi. Cf. dépêche de Daumas, du 31 janvier 1839, note 1.

(2) Résidence du hakem, ou gouverneur.

chevaux que nous avions à Mascara et vous remercie **bien**
vivement de la mesure que vous voulez bien prendre pour
assurer la régularité de nos rations. Souvent j'en avais
rendu compte à MM. vos prédécesseurs, mais sans aucun
résultat et, si je ne vous l'ai pas écrit directement, c'est
qu'il m'avait paru peu digne de répéter ces choses, qui
ne touchaient qu'à mon bien-être personnel, quand tant
d'autres étaient en souffrance. Depuis un mois, du reste,
je n'ai aucune plainte à former, car du peu on a été
jusqu'à la profusion et, aujourd'hui même, de cet excé-
dent, je me trouve en avance pour une vingtaine de
jours.

J'ai l'honneur, etc...

E. DAUMAS.

LXXXIV

Daumas à Guéhennenc.

Mascara, le 17 février 1839.

Mon Général,

J'ai l'honneur de vous rendre compte que, le 15 au soir, j'ai reçu les ordres que vous avez daigné me transmettre par l'intermédiaire de M. le capitaine Philippe (1). Le califfa Moustapha ben Tamy devait partir le lendemain pour rejoindre l'Emir. Je me suis hâté de lui demander une entrevue qui m'a été accordée sur-le-champ et je m'empresse de vous en envoyer le résultat.

« Aujourd'hui même, lui ai-je dit, j'ai reçu une lettre de M. le général, qui commande à Oran ; il me charge de t'instruire que vingt-deux tribus dépendantes du califfa Bou Hamidy sont venues s'installer sur notre territoire (2)

---

(1) Capitaine d'état-major, aide-de-camp du lieutenant général de Guéhenneuc.

(2) « Le lieutenant général commandant la province d'Oran, me rend compte qu'ayant acquis la certitude que vingt-deux tribus dépendant du beylik de Tlemcen avaient passé le Rio-Salado et qu'elles étaient venues dresser leurs tentes, partie sur notre territoire, partie sur celui des Beni-Amer, il avait jugé indispensable de mettre fin immédiatement à cet empiètement et, qu'après avoir protesté contre un pareil acte, qui pouvait compromettre l'état de paix, il ordonna un détachement de cinq escadrons, qu'il fit soutenir par un bataillon et quatre pièces de canon, pour montrer l'intention formelle de ne point souffrir de violation de territoire. Il assista à la reconnaissance de Bredia et s'établit ensuite à Misserghin. Cette démonstration suffit

et il me charge de te demander l'explication d'une pareille violation du traité. Si ces tribus agissant sans ordres n'ont d'autre but que de faire pâturer leurs troupeaux, c'est un vol commis à notre préjudice, car elles gaspillent des ressources, dont nous avons nous-mêmes besoin et, si elles ont des intentions hostiles, c'est une trahison, que nous sommes cependant bien loin de croire autorisée par l'Emir, dont la loyauté nous est connue. Quoi qu'il en soit, le général est parti avec son armée, pour savoir positivement à quoi s'en tenir sur une réunion d'étrangers, qu'il ne peut ni ne veut tolérer chez lui, contre laquelle je proteste en son nom et que je te prie de faire cesser. »

Le califfa était sur le point de partir ; l'hakouma encombrée d'Arabes de toutes les conditions et voici, mot pour mot, ce qu'il m'a répondu :

« Daumas, depuis longtemps tu es avec nous ; tu connais nos mœurs et tu sais combien il est difficile de gouverner les Arabes. Présente mes salutations affectueuses au général et dis-lui de ma part, qu'il est tout à fait dans son droit ; mais que, d'une petite affaire, il ne faut pas en faire une grande. Assure-le bien, que nous sommes incapables de trahison et que les Arabes n'ont eu d'autre but que de faire paître leurs troupeaux et, encore, pour cela, ont-ils profité du départ de leurs chefs, qui tous sont en route pour aller passer la fête auprès de l'Emir. Ajoute, que des ordres ont été donnés pour que cela ne se renouvelle plus ; que nous ne voulons que la paix, le maintien des bonnes relations ; qu'aujourd'hui même, je

---

pour décider les tribus étrangères à repasser immédiatement sur la rive gauche du Rio Salado et leur mouvement rétrograde se fit sans occasionner aucun des désordres, dont les Douairs et les Smelas avaient conçu l'appréhension. Le but, que se proposait le général, c'est-à-dire l'éloignement des Arabes et la sécurité de notre territoire étant atteint, les troupes rentrèrent dans leurs cantonnements, ayant produit à l'intérieur comme à l'extérieur, l'effet moral, qu'on devait attendre de ce mouvement. » — Valée au ministre de la guerre, 16 mars 1839. A. G. G. A. E., 135.

pars pour l'Oued Sely (1), que j'y verrai Abd el-Kader et que je solliciterai la punition des coupables. »

D'après tous les renseignements que j'ai pris, vous n'avez aucune inquiétude à concevoir pour tous ces rassemblements d'Arabes. L'année dernière, il en a été de même sous le commandement de M. le général Rapatel. Les tribus, après avoir ensemencé leurs terres, vont au loin faire paître leurs troupeaux afin de trouver encore des ressources chez elles, quand elles y rentrent pour la moisson. Dans les plaines du Sig, de l'Habra et de la Mina, c'est bien autre chose encore et ces émigrations sont, au contraire, une preuve de confiance dans notre loyauté, car ce ne sont pas des rassemblements armés et mobiles, mais des femmes, des enfants, des tentes et des troupeaux, qu'on vient, pour ainsi dire, nous mettre sous la main. Quand les tribus éloigneront de nous ce qu'elles ont de plus cher et que nous ne verrons plus personne, alors il faudra nous tenir sur nos gardes.

Depuis votre sortie d'Oran, il règne une agitation, dont on ne peut se faire d'idée. Les malveillants et les trembleurs veulent à toute force y voir un signe de guerre ; mais j'ai eu soin de prévenir toute fausse interprétation.

Le 18 du courant, l'Emir doit se trouver à l'Oued Sely près du pont de Bougrechefa, sur le Scheleuf (2) où, de l'est à l'ouest de la province d'Oran, tous les chefs sans exception doivent venir le rejoindre pour passer avec lui la grande fête des Musulmans (3). Bou Hamidy a couché hier à l'Habra, avec toute sa suite et le califfa Moustapha ben Tamy est aussi parti le 16. On prête à cette grande réunion plusieurs motifs qui seraient, selon les uns, le renouvellement général des emplois et, selon les

---

(1) Oued Sly, affluent de gauche du Chélif.

(2) Chélif.

(3) El-Aïd el-Kebir, fête qui se célèbre 70 jours après la fin du ramadan, le 10 du mois de Dou'l Qaada. On l'appelle aussi communément la fête du mouton.

autres, encore la question de paix et de guerre, ainsi que la répartition d'une énorme contribution destinée à réparer les pertes d'Aïn Mady. Quoi qu'il en soit, je serai informé de tout ce qui s'y fera ou se dira et mon premier soin sera de vous en rendre compte.

La famille du califfa est partie pour Miliana.

On assure que les Kabyles du côté de Teneuss sont en pleine révolte. Les Beni Ourar se sont aussi battus entre eux ces jours derniers.

On prête à l'Emir non seulement le projet d'abandonner, mais encore d'abattre Mascara. On bâtit à Sayda, dans le pays des Oulad Gralleud, pour y placer la population. Cette idée ne peut avoir été suggérée que par Léon Roches et c'est, en effet, ce que peut faire de mieux Abd el-Kader pour s'opposer à la conquête de son pays. Tout ceci, cependant, mérite confirmation, malgré qu'on transporte déjà à Taguedemt les tuiles du beylik de Mascara.

Tout me porte à croire que l'Emir ne tardera pas à se remettre en campagne. L'infanterie, qui n'a pas fait la course d'Aïn Mady a l'ordre de se réunir après la fête, et les tribus doivent se tenir prêtes à marcher pour trois mois. L'Emir fait publier qu'il est mandé à cor et à cris par la population de Tunis, mais je pense qu'il n'a d'autre dessein que de marcher sur le prétendant du désert, dont l'influence s'accroît chaque jour, qu'on dit être Sidi Moussa et qui n'est rien moins que Tedjiny lui-même. Il va sans dire que, s'il trouve en route l'occasion de faire des razias et du butin, il ne la laissera pas échapper. Avant peu, je saurai vous fixer sur tout cela.

On dit ici qu'il y a à Miliana un envoyé de M. le maréchal auprès de l'Emir (1).

Les quatre Douers, dont je vous avais annoncé l'arrivée

---

(1) Le chef d'escadrons de Salles, envoyé pour rouvrir les négociations relatives aux modifications apportées au traité de la Tafna. (*Annales Algériennes*. T. II. Liv. XXVII, p. 3r5).

à Mascara pour y apporter des lettres du califfa, y sont revenus en disant, que la mèche était éventée et qu'ils n'avaient pas osé rentrer chez eux, dans la crainte que Moustapha ben Ismaïl leur fît couper la tête. Voici leurs noms :

1° Kaddour, du douar de Bou Ameur, à Gromra.
2° Habib, du douar de Arby ould Hamet.
3° Kaddour bel Hadj, du douar d'Abdalla ben Scherif.
4° Inconnu.

J'ai l'honneur, etc...

E. DAUMAS.

A. G. G. A. E. 1163 110-69. (Original).

LXXXV

Daumas à Guéhenneuc.

Mascara, le 2 mars 1839.

Mon Général,

C'est au pied de Miliana et non à l'Oued Sely, que l'Emir a reçu tous les chefs de la province d'Oran. On ne sait encore rien de positif sur les résultats de cette réunion (1). Seulement des voyageurs assurent que, d'abord, il s'était élevé de grandes difficultés avec Alger pour la délimitation du territoire, mais que tout s'est arrangé ; que la continuation de la paix a été décidée et que l'Emir a reçu de la France un cadeau considérable, lequel doit être immédiatement envoyé à l'empereur de Maroc sous la conduite de Sidi Abdallah Sakate. Suivant les mêmes personnes, Abd el-Kader, pour satisfaire aux exigences de sa position actuelle, aurait frappé et réparti sur tout le pays une contribution à titre de secours (maouna) (2),

---

(1) Sur cette réunion, cf. Léon Roches, *Dix ans à travers l'Islam.* Liv. VIII. chap. II. — Bellemare. *Histoire d'Abd el-Kader*, ch. XIII. — Pellissier de Reynaud. (*Annales Algériennes.* T. II, liv. XXVII, p. 314).

(2) مونة de la racine سون, nourrir. — Approvisionnements, provisions. La moûna était primitivement l'assistance fournie à une fraction sans ressources par une autre fraction, qui lui prêtait, sans intérêts, des semences, des bêtes de somme, des bestiaux. Quelquefois ces prêts se transformaient en dons gratuits. — Cf. Villot, *Mœurs, coutumes et institutions des indigènes de l'Algérie.* — 3e édition, Alger. 1888. p. 331, ibid. p. 470.

qui m'a paru tellement exagérée que je n'ose encore vous
en envoyer le chiffre. On assure que, vaincu par les prières
de tous les chefs de la religion, il doit rendre sa famille
aux Hachems et, quant aux projets ultérieurs, on lui
prête ceux ou de marcher sur le prétendant du désert,
ou d'aller réduire les Hangades qui, sous la conduite d'un
chef influent, interceptent le commerce du Maroc, pillent
toutes les caravanes et se sont même, dernièrement, emparés des dépêches de Mouley Abderraman. Il n'y a rien
d'officiel dans toutes ces nouvelles et, sous peu, j'espère
pouvoir vous fixer.

Hadj Tahar, frère du caïd de Mascara, est revenu de
Teneuss, où il a vendu une grande quantité de grains
pour le compte de l'Emir. Il assure que ce port sûr et
commode peut devenir le centre d'un grand commerce
et l'on pense que, sur le tableau des avantages, qu'il peut
en retirer, l'Emir s'est décidé à s'en emparer et à y mettre
une garnison de 200 hommes. Ce projet sera peut-être
difficile à exécuter, parce que les Kabyles des environs
sont bien loin d'être soumis.

Il n'est bruit à Mascara que d'une défaite complète
éprouvée par le bey de Miliana, qui avait voulu faire une
razia sur une tribu très forte de Kabyles, qu'on appelle les
Tachetas (1). Il aurait perdu beaucoup de monde et l'Emir
se serait empressé de lui envoyer des renforts pour l'aider
à prendre sa revanche.

Malgré le mystère, dont on couvre toutes les nouvelles
du désert, il paraît positif qu'il s'y est déclaré un prétendant et que, ce prétendant, qu'on disait être Sidi Moussa,
n'est autre que Tedjiny lui-même qui, pour se venger
d'Abd el-Kader remue les populations. Quel qu'il soit,
ce prétendant a fait une razia sur les Beni Lerouate et une

---

(1) Tribu du moyen Chélif faisant partie de la confédération des
Zatima. D. C. Tacheta. (Braz. M.).

autre sur les Oulad Sidi Chigrr (1), qu'il a sévèrement
punis d'avoir fait leur soumission à l'Emir. Grandes inquiétudes à son sujet.

Les droits imposés sur toutes les denrées, qui se rendent à nos marchés, ne rapportent que très peu de chose
parce que les tribus, qui les prélèvent, sont les premières
à voler le gouvernement. On se plaint beaucoup de cet
état de choses et, pour y remédier, l'Emir a conçu le
projet d'affermer cette espèce de douane, mais personne
ne s'en soucie, à moins qu'il n'obtienne de la France la
permission de percevoir non sur les routes, comme cela
se pratique aujourd'hui, mais dans nos villes mêmes, ce
qui rendrait toute fraude impossible. Pour en arriver là,
on ne reculerait devant aucun sacrifice. On irait jusqu'à
nous offrir une part dans les bénéfices et je vous rends

---

(1) Ouled sidi Cheikh : groupement religieux et politique, formé
par les descendants du marabout Sidi Cheikh, fondateur de la confrérie des Cheikhia (921-1035 Heg. — 1544-1630 J. C.). Au XVIIIe siècle,
les descendants du fondateur s'étaient divisés en deux groupes : les
Ouled sidi Cheikh Cheraga, descendants de El-Hadj bou Hafs et les
Ouled sidi Cheikh Gharaba, descendants de Abd el-Hakem. Le chef
de la branche aînée (Cheraga) était, depuis 1833, Si Hamza ould Bou
Bekr sidi Cheikh ; celui de la branche cadette Ben Taïeb. Les Ouled
Sidi Cheikh percevaient l'impôt religieux (ghefara) sur tous les groupes nomades parcourant le pays entre Ouargla, Metlili, le Djebel
Amour, les Chotts Chergui et Gharbi, Figuig, le Touat, le Gourara,
le Tidikelt. Leur suprématie politique était reconnue par les gens de
El-Abiod sidi Cheikh, de Stitten, de Mecheria du Ksel, par les Ouled
sidi Cheik Cheraga, les Ouled sidi el-Hadj bou Hafs, les Ouled sidi
el-Hadj ben Ameur, les Ouled sidi Slimane, les Ouled sidi Tifour,
les Ghassoul, les Makena Gueraridj, les Ouled sidi Ahmed el-Medje-
doub, les Arbaouate (Géryville), les Ouled sidi Tadj et le ksar d'Asla
(Aïn-Sefra). La convention de Lalla Maghnia attribua au Maroc les
Ouled sidi Cheikh Gharaba. Quant aux Oulad sidi Cheikh Cheraga,
qui avaient soutenu la cause d'Abd el-Kader, ils firent leur soumission à la suite d'une série d'expéditions, qui parcoururent leur territoire (1845-1846-1849-1852), mais se soulevèrent après la mort de
Si Hamza et, de 1864 à 1870, furent en état d'insurrection. Cf. Trumelet : *Histoire de l'insurrection dans le Sud oranais.* — *Documents
sur le Nord-Ouest Africain,* II, ch. IX.

compte, qu'après avoir cherché à nous séduire, les agents d'Abd el-Kader sont à Alger, comme à Oran, à la .echerche de gens, qui aient assez de crédit pour faire réus sir auprès du pouvoir une semblable négociation. Ne soyez donc pas étonné si l'on vient à vous en parler.

Hadj l'Habib a écrit à l'Emir pour lui demander aveo instance son remplacement. On pense qu'on vous en verra Ben Igrou, qui était déjà oukil à Oran dans la première paix. Je ne sais si vous gagnerez au change. Rien de décidé encore.

Tous les jours on apporte d'Oran de la poudre et des fusils. Le dernier courrier est revenu à Mascara avec un très beau fusil pour le califfa Moustapha ben Tamy. Ce sont des [Juifs?] qui font ce commerce.

J'ai l'honneur, etc....

E. DAUMAS.

Nos rations d'orge nous ont été exactement payées pendant le mois de février.

E. D.

A. G. G. A. 1163. 111-60. (Original).

LXXXVI

Daumas à Guéhenneuc.

Mascara, le 4 mars 1839.

Mon Général,

J'ai reçu la lettre, par laquelle vous me manifestez votre
étonnement de n'avoir pas reçu le courrier ordinaire du
dimanche. En voici la cause. J'attendais moi-même votre
réponse, qui ne m'est parvenue que lundi dernier par les
hommes du train et, cette réponse arrivée, comme je
n'avais absolument rien de nouveau à vous annoncer, j'ai
cru devoir attendre jusqu'à samedi, afin de pouvoir vous
dire quelque chose sur la réunion de Miliana.

Il est arrivé, aujourd'hui, des courriers de l'Emir et,
tous, ils confirment ce que j'ai eu l'honneur de vous dire
dans ma dernière dépêche. Le califfa Moustapha ben Tamy
est annoncé à Mascara pour mercredi prochain. Les nouvelles ne manqueront pas alors et je m'empresserai de les
porter à votre connaissance.

Ainsi que vous me l'avez ordonné, j'ai fait connaître le
but pacifique de votre excursion sur Laâmria (1).

J'ai l'honneur d'être, etc....

E. DAUMAS.

A. G. G. A. E. 1163. (Original).

---

(1) El-Amria, au N. O. de la sebkha d'Oran.

LXXXVII

Daumas à Guéhenneuc.

Mascara, le 10 mars 1839.

Mon Général,

Le califfa Moustapha ben Tamy est arrivé hier à Mascara et je me hâte de vous communiquer le peu que j'ai pu savoir jusqu'ici du résultat des conférences de Miliana. Le gendre de M. le maréchal gouverneur général, a fait un long séjour auprès de l'Emir et lui a porté des paroles sévères (1) sur la non exécution du traité. Suivant les Arabes, il aurait imposé beaucoup de nouvelles conditions (2), qui auraient été trouvées très dures. Tous les

---

(1) Le maréchal Valée se montrait au contraire animé des intentions les plus conciliantes à l'égard d'Abd el-Kader : « Vous savez, écrivait-il à l'Emir, que votre envoyé a été très bien reçu en France et qu'on lui a remis pour vous des cadeaux, qui prouvent l'amitié que le Roi a pour vous et que, de mon côté, je vous ai envoyé 5oo fusils, 1oo quintaux de poudre et 1o quintaux de plomb.

Les conventions ont été conclues de façon que votre puissance et votre élévation ne pourront que s'accroître, car la France vous a donné une grande étendue de terrain et l'intention du Roi est de vous donner les moyens de triompher de vos ennemis. La convention conclue par le caïd Ben Arrach vous sera, de plus, utile pour l'achat des armes et des munitions de guerre. L'accord, que vous avez fait avec la France, ne peut qu'augmenter votre pouvoir. » Le maréchal Valée à Abd el-Kader, 14 février 183g, dans Girod de l'Ain : *Le maréchal Valée*. Paris 1911, p. 2o6, note 1.

(2) Assertion inexacte. Le maréchal Valée n'imposait, en effet, d'autres conditions que celles qui avaient été formulées dans la con-

chefs, sans aucune exception, s'étant prononcés hautement pour la continuation de la paix, Abd el-Kader aurait
voulu le gagner et obtenir de meilleures conditions, en
lui rendant les plus grands honneurs et en l'entourant
de la plus grande considération ; mais il n'y a pas réussi,
car, suivant les Arabes eux-mêmes, le gendre de M. le
maréchal a toujours été ferme, digne, inébranlable dans
son ultimatum, demandant toujours à partir et toujours
retenu par des supplications. De graves difficultés se
sont élevées ; plusieurs courriers ont été échangés avec
Alger (1) et, enfin, vous pouvez regarder comme certain,
qu'il a été convenu, qu'on en référerait au roi de France,
et que sa réponse déciderait de la paix ou de la guerre (2).

---

vention du 4 juillet 1838. Ces modifications ne furent pas acceptées :
« Comme l'avait prévu ou plutôt ordonnné l'Emir, tous, unanimement,
refusèrent d'apporter la moindre modification au traité de la **Tafna**.
M. de Salles dut alors se retirer sans avoir rien obtenu. » (Léon
Roches, op. cit. VIII, chap. II.

(1) Cette correspondance avait trait à la restitution d'un nègre et
d'une négresse esclaves de l'Emir, qui s'étaient enfuis à Alger. Le
maréchal fit arrêter les fugitifs et les fit renvoyer à Abd el-Kader,
malgré l'opposition du directeur des affaires arabes, Pellissier de
Reynaud, qui donna, aussitôt après, sa démission de cet emploi.
Annales Algériennes, Liv. XXVII. T. II, p. 315).

(2) Selon Roches, « Abd el-Kader résolut de s'adresser directement
au Roi des Français et à ses ministres, parce que Miloud Ben Arrach,
Ben Durand, Bou Derba et bien d'autres, lui avaient persuadé que le
maréchal Valée ne s'inspirait pas, dans ses rapports avec l'Emir, des
véritables sentiments du souverain de la France à son égard. » Comme
on avait fait aussi concevoir des doutes à l'Emir sur la fidélité des
interprètes français, il chargea Roches de rédiger en français des
lettres destinées à Louis-Philippe et à ses ministres. Trois lettres
furent écrites au Roi dans le courant de mars 1839. (On trouvera le
texte de l'une d'elles dans Pellissier de Reynaud, *Annales Algériennes*. T. II, liv. XXVII, p. 317), et dans Bellemare. *Histoire d'Abd el-
Kader*, ch. XIII, p. 248). Une quatrième lettre fut adressée au Roi, le
15 avril 1839. (Texte dans Roches, loc. cit., p. 177 ; d'autres furent
envoyées au duc d'Orléans (Pellissier, op. cit. p. 520), à Thiers (Roches, op. cit., p. 180), à la Reine (ibid., p. 182), au maréchal Gérard
(ibid., p. 183). Cette correspondance demeura sans effet.

Il a été dit chez le califfa Moustapha ben Tamy, qu'un Maltais nommé Bartholo et l'homme d'affaires de M. Garavini, ancien consul de l'Emir à Alger, se sont engagés à fournir un bâtiment chargé de limes, d'outils et de plomb. Ce batiment qui, pour ne pas éveiller de soupçons, aurait pris une feuille pour Tunis, doit opérer son déchargement dans le petit port nommé Merset Sidna Haoûcha, au-dessus de l'île de Rachgougne chez les Oulhassas.

On s'est beaucoup réjoui à Mascara de l'arrivée de quelques ouvriers européens embauchés à Alger par les nommés Hadj Ali Chigrr el Belad (1) et Si Mohammed ould sidi Aly, agents secrets de l'Emir dans cette ville. Ils sont au nombre de onze : trois armuriers, trois monteurs et cinq fondeurs, qui doivent fabriquer des canons ; ils ont été dirigés sur Taguedemt aux appointements de cent francs par mois.

L'ascendant de Léon Roche sur l'esprit de l'Emir va toujours en croissant. Il vient d'être nommé trésorier principal à Taguedemt (2) et tous les chefs en conçoivent la plus violente jalousie (3).

Le prétendant du désert, Sidi Moussa ou Tedjiny, comme on voudra, fait de grands progrès ; il a reçu la soumission des Beni Lerouate, des Rebaâ, des Oulad Salah, d'une quantité d'autres tribus et de tous les Beni Mezab sans aucune exception. Il enrôle des fantassins, possède, dit-on, quelques pièces de canon et reçoit de

---

(1) Le cheikh el-belad ou cheikh el-medina était, à l'époque turque, le chef de l'administration municipale d'Alger. Il était chargé de la police et de la justice municipales.

(2) Roches ne mentionne pas cette nomination, mais rappelle qu'il fut chargé par l'Emir de l'inspection des fabriques d'armes installées à Miliana, à Taza, à Tagdemt. (*Dix ans à travers l'Islam*, liv. VIII, chap. IV).

(3) Peut-être faut-il attribuer à ce mobile la tentative d'assassinat, dont Léon Roches raconte avoir été l'objet sur la route de Tagdemt à Taza. (Ibid., p. 185).

Tunis tout ce dont il a besoin pour s'organiser. Dernièrement, il a écrit à l'Emir que, puisqu'il était devenu chrétien, il viendrait sous peu à la tête des vrais musulmans pour combattre les infidèles. Le pouvoir est très inquiet et enveloppe tout cela du plus grand mystère.

Dans la réunion de Miliana, l'Emir a nommé un nouveau califfà, Si Tobbal, chef des Mekarnias (1) au sud de Constantine. On lui recrute à Mascara quelques fantassins et la musique, à laquelle lui donne droit sa nouvelle dignité.

Il a été décidé qu'on pousserait avec activité les travaux des quatre forts des quatre villages, qui sont maintenant en construction. Tazaâ (2), près de Miliana, où l'on a découvert une riche mine de soufre, Sayda, à 15 heures de Mascara, chez les Oulad Graleud, où l'on bâtit sur les ruines d'une ancienne ville romaine, El Gourr (3), au sud de Tlemsan, près du désert et, enfin, chez les Kabyles, sur les montagnes des Beni Senous (4).

Les Hangades interceptent toujours le commerce du Maroc et le chef, qui est à leur tête, est un marabout très influent, nommé Sidi Mohammed ben Hamet.

Je vous rends compte que l'oukil Hadj l'Habib a reçu

---

(1) Il faut lire : Moqranya, c'est-à-dire la famille des Moqrani. Sur Si Tobbal. Cf., dépêche de Daumas du 7 janvier 1838, p. 58, note 1.

(2) Taza à 12 lieues au S. E. de Miliana, au centre de la confédération des Blaïel. L'établissement de Taza comprenait un fort, un four, un moulin à eau et une trentaine de cabanes. Ce fort fut occupé et détruit par Baraguay d'Hilliers, le 25 juillet 1842. Un centre européen a été créé à Taza en 1888.

(3) El-Gorr, à 18 kilomètres environ à l'est de Sebdou et à 30 kilomètres environ au S. de Tlemcen, dans une plaine où campaient d'ordinaire les Ouled el-Hamel et où venaient aussi pâturer de temps à autre les Angad Cheraga (Sebdou M.).

(4) Tribu berbère habitant la région montagneuse au S. de Lalla-Maghnia, à l'E. des Beni Bou Saïd. Cf. Destaing : *Etude sur le dialecte berbère des Beni-Snous*, Paris 1907, 8°. Publications de l'Ecole des Lettres d'Alger (T. I. Introduction).

l'ordre d'acheter en cachette à Oran tous les sabres et tous les fusils qu'il pourra se procurer.

L'Emir a positivement refusé de nommer caïd Si Hamet ben Moqtar, (ce chef des Zemalas, qui nous a quittés après la paix), en disant qu'il sentait encore le vin des Français. Cette nouvelle, répandue chez nous, dégoûtera ceux qui seraient tentés de suivre son exemple.

Les Medjahars ont reçu l'ordre d'abandonner les environs de Mostaganem et de se reculer jusqu'à la Mina. Ils ont refusé de l'exécuter, ce dont on est furieux.

Pour renforcer les Garabas, on parle de leur adjoindre les Cheurfas (1), fraction des Flittas, dont on est très mécontent.

La famille de l'Emir doit aller habiter Taguedemt, où, pour lui former une société, se rendront aussi celles de l'aga Miloude Bennarache, du caïd de Sedama, Hadj Abd el-Kader bou Kligra et du fameux talaib, Si Abdallah Sakate.

Sous peu, l'Emir doit se rendre avec une faible escorte chez les Zouaras, Mekarnias et autres tribus des environs de Constantine. Plus tard, nous saurons dans quel but a été entrepris ce voyage.

Un Arabe, nommé Hadj el-Nasseur, s'est embarqué ces jours derniers à Alger pour Gibraltar, où il va faire des achats considérables pour l'Emir.

Je suis instruit que le califfa Bou Hamidy, qui est en marche pour Tlemsan, doit s'arrêter sept jours au Tlélat ; je n'ai pu savoir pourquoi.

J'ai l'honneur, etc...

E. DAUMAS.

A. G. G. A. E. 1163 113-61. (Original).

------

(1) Chorfa ould sidi Ali ben Yahia Chérif. D. C. Oued Khelloug, Dar bou Abdallah, Taaslete, Yazerou, Ouled Lazereg, Chouala, Amamra. — (Zemmora M.)

LXXXVIII

Daumas à Guéhenneuc.

Mascara, le 17 mars 1839.

Mon Général,

1863., 1ᵉʳ mai. Le beau temps 150 à Paris. J'ai reçu le 1261 que vous m'avez envoyé et me conformerai rigoureusement aux 1668 que vous aurez daigné me donner 2001., 1783.

Le prétendant du désert qui n'est autre que 1090, 12998, 1189 lui-même, vient de s'emparer des Beni Lerouate, amas de villages, à deux jours de marche au-delà d'Aïn-Mady ; il y construit des forts ou remparts et y place une garnison ainsi que quelques pièces de canon, qui lui ont été données par les Beni Mezab, qui les possédaient eux-mêmes depuis la déroute complète d'un bey qui, jadis, avait tenté de les soumettre à ses lois. L'échafaudage de la puissance de l'1246, 542, 474, dans le 1141, 116, vient donc de s'écrouler; toutes les populations se rallient à 1090, 12998, 1189 qui, plus puissant que jamais, exerce, dit-on, de terribles représailles sur ceux qui l'avaient trahi et abandonné, et l'on assure que les 507, 116,500, et les 269, 52, 125 qui, les premiers, avaient joint leurs drapeaux à ceux de L' 1246, 542, 474, ont été, ces jours derniers, forcés de se rapprocher de 965, 138, 614, 20, 1276, pour se mettre à l'abri de son juste courroux. Ces nouvelles, inquiètent on ne peut plus le pouvoir ; on craint horriblement qu'elles ne parviennent jusqu'à Alger et des

ordres sévères ont été donnés pour que rien n'en transpire
en dehors du cercle du 1557., 1630, 605, 1719.

Il a été dit par 874, 316, 342, 695, 84, 12, 1166 na,
116 ch (1), au sujet de la réunion de Miliana : « Les Français ne veulent pas la guerre, et nous n'en voulons pas
non plus. Nous avons donc joué au plus fin et serré nos
dents pour faire desserrer celles de nos adversaires. Tout
s'arrangera du côté des chrétiens et nous n'avons d'autres
inquiétudes à concevoir que du côté des loups du désert.»
Malgré cela, on parle beaucoup de guerre à Mascara, où
le peuple fait courir beaucoup de bruits plus absurdes les
uns que les autres et où il est généralement reçu, qu'on
a remis à deux mois le commencement des hostilités. C'est
malheureux, parce que les Arabes des tribus qui, déjà, se
croient la bride sur le col, vont recommencer leurs brigandages et qu'il surviendra plus d'un accident, malgré
que le califfa Moustapha ben Tamy ait fait écrire à tous
les agas et caïds, de ne croire aucun des mensonges, que
les malveillants pourraient répandre à dessein et de rester tranquilles, chacun dans son emplacement, comme par
le passé. Quoiqu'il en soit, chacun s'outille, se prépare et
achète des moyens de transport, comme si nous étions
déjà aux portes de Mascara. Les chevaux et les mules sont
hors de prix. On a beaucoup cherché à me faire causer, me
supposant très instruit ; mais ma conduite a été d'autant

---

(1) Transcription de ce qui se trouvait en chiffres.

J'ai reçu le chiffre que vous m'avez envoyé, etc...

autre que Tedjiny lui-même..........

.....L'échafaudage de la puissance de l'Emir dans le désert vient
donc de s'écrouler... se rallient à Tedjiny.

...Que les Harrar et les Hamian

leurs drapeaux à ceux d'Abd el-Kader.

se rapprocher de Taguedemt.

du cercle du califfa Moustapha ben Tamy.

Il a été dit chez l'aga Miloude Bennarache, etc.

E. DAUMAS.

(Note jointe à la dépêche du 24 mars 1839).

plus simple, que je ne savais absolument rien de **tout cela.**
Aussi me suis-je borné à parler toujours de la **paix comme**
assurée.

Demain, jeudi, les présents reçus par l'Emir à **Milia-**
na (1) partent pour Tlemsan, sous la conduite de **Si Abdal-**
lah Sakate, ancien cady de Mascara, de Hadj **Bouzian,**
qroudja de l'Emir et de Si l'Habib, frère du caïd, **Hadj**
el-Boukary. Là, on sondera le terrain et on verra si l'on
peut risquer le passage, car les **Mahya (Hangades)** interceptent toujours le commerce du Maroc et pillent impitoyablement toutes les caravanes.

Voici ce que j'ai pu savoir, jusqu'à présent, sur la
nouvelle contribution imposée par l'Emir, à titre **de**
secours (maouna).

Medea, Miliana, le Chairg, enfin.	250.000 boudjous	(2)
Flittas.........................	150.000	(3)
Hachems Garabas.............	20.000	(4)
— Cheragas.............	20.000	(5)
Le commandement de Sedama..	30.000	(6)
Les Medjahars................	30.000	(7)
Le commandement de l'aga des Garabas...................	25.000	(8)
Mascara......................	5.000	(9)

On ne connaît pas encore ce qui a été décidé pour le
gouvernement de Bou Hamidy. Cette contribution extraordinaire excite les plus grands murmures. Partout on jette

____

(1) Présents apportés à Abd el-Kader par le commandant de **Salles.**

(2) 450.000 fr.

(3) 270.000 fr.

(4) 36.000 fr.

(5) 36.000 fr.

(6) 54.000 fr.

(7) 54.000 fr.

(8) 45.000 fr.

(9) 9.000 fr.

les hauts cris et l'on pense que l'Emir éprouvera des résistances car, déjà, les Sandjeuss (1) et les Hamiss ont refusé de payer leur part et chassé les cavaliers, qui se sont présentés.

Les Medjahars ont refusé de se rendre sur la Mina. Ils ont répondu à l'Emir, que leurs moissons étaient sur pied et qu'ils voulaient mourir dans le pays de leurs pères.

On s'occupe à Mascara du renouvellement des emplois et, malgré que ce ne soit pas d'un grand intérêt, je vous envoie, néanmoins, les choix, qui sont déjà connus.

Hadj Moustapha ben Tamy, conservé califfa du Chairg.

Miloude Bennarache, conservé aga du Chairg.

Si Miloud bou Talaib, conservé caïd des Flittas.

Hadj Abd el-Kader bou Kligra, conservé caïd de Sedama.

Lahouary, conservé aga des Hachems Garabas.

Sasy, conservé aga des Hachems Cheragas.

Hadj el-Boukary, conservé caïd de Mascara.

Les Hachems et les Garabas se sont battus entre eux pour des pâturages.

MM. Warnier et Daumas (2) nous sont arrivés sans accident. Daignez recevoir mes sincères remerciements pour la bonté que vous avez eue, de donner à mon frère la permission de venir me voir.

J'ai l'honneur, etc....

E. DAUMAS.

A. G. G. A. E. 1163. 113-62. (Original).

---

(1) Sendjes ou Sindjes. — D. C. Harcoun, T'sigaout, Guerboussa (Chéliff M.).

(2) Frère du capitaine.

LXXXIX

Daumas à Guéhenneuc.

Mascara, le 24 mars 1839.

Mon Général,

Depuis ma dernière lettre on n'a rien appris de nouveau
sur le désert ; seulement, on assure qu'un envoyé de Tedjiny, porteur de lettres importantes, a été arrêté à Taguedemt et que, pour ne rien dévoiler des projets de son
maître, il s'est suicidé. La correspondance a été envoyée à
l'Emir.

Je m'empresse de vous rendre compte que, par ordre
de l'Emir, on a commencé ces jours derniers, à Mascara, la
vente des propriétés de tous les individus, qui vivent sous
nos lois et je vous donne comme un fait accompli celle
des jardins de l'ancien bey de Tlemsan, Moustapha Mou-
kalleuch (1), du fils Morcelly et du fils du bey Ibrahim.
L'aga Miloude Bennarache a fait, à ce sujet, des représentations énergiques et décidé le califfa Moustapha ben Tamy
à représenter à Abd el-Kader que, dans un moment où l'on
avait le plus grand besoin de la paix, cette mesure était
aussi impolitique, qu'intempestive (2). On attend la
réponse.

A Tlemsan, les essais pour les canons n'ont été cou-

---

(1) Mustapha Mekallech.

(2) C'était une violation de l'art. IV du traité de la Tafna, qui
stipulait que les Musulmans pourraient s'établir librement sur le territoire français.

ronnés d'aucun succès et l'on se plaint beaucoup d'avoir dépensé 20.000 boudjous, auxquels il faut ajouter 18.000 boudjous employés aussi inutilement à rechercher des mines d'or et d'argent. Toutes ces leçons ne dégoûtent cependant pas l'Emir qui a une idée fixe à ce sujet et l'on assure que les ouvriers européens, récemment arrivés à Taguedemt, ont construit des moules et des fourneaux, dont on conçoit les plus belles espérances. Nous verrons. Ils ont aussi fabriqué une grande quantité de moules à balles, dont on manquait et l'on se vante d'avoir trouvé une mine de charbon de terre à Halouya ce dont je ne crois rien.

Comme j'ai eu l'honneur de vous le dire, les Garabas se sont battus avec les Hachems Garabas pour des discussions au sujet des pâturages. Les Hachems ont perdu deux hommes, les Garabas autant et, de chaque côté, il y a eu un assez grand nombre de blessés. Le 21 du courant, le califfa Moustafa ben Tamy a fait emprisonner à Mascara 17 chefs des Hachems, parmi lesquels on cite Kaddour ben Saharaouy, ancien aga et Adda ould Lassery. Quant aux Garabas, ils ont été mandés, mais ils ont refusé en disant que, non seulement ils ne viendraient pas, mais qu'ils avaient tous les droits et que, si on ne leur rendait pas justice, les Français étaient là. Tout me porte à croire qu'on leur rendra justice.

On parle toujours beaucoup du marabout Mohammed ben Hamet, qui s'est mis à la tête des Hangades, et l'on va jusqu'à dire, qu'après avoir fait plusieurs razias heureuses, il vient de s'emparer de Trifa (1) et de Mesaoura (2).

-----

(1) Trifa : tribu marocaine voisine de la frontière algérienne, habitant la plaine qui s'étend au N. du massif des Beni-Snassen.

(2) Msirda : tribu occupant le massif montagneux bordant la Méditerranée au voisinage de la frontière marocaine, entre les Beni-Mengouch à l'O. et les Souhalia à l'E.

On ne sait pas trop comment parviendront les présents
envoyés à l'empereur du Maroc.

Toute la cavalerie régulière, qui était à Miliana, vient
d'être envoyée en congé.

Bachir ould Quelloucha, ancien aga des Beni Ameur,
est venu plusieurs fois me voir. Cet homme est très mécontent et je lui suppose le désir de passer aux Français; il
m'a beaucoup parlé de l'intention qu'il aurait, de nouer
avec nous des relations commerciales et mon frère vous
présentera un de ses cousins, qui se rend à Oran et avec
qui vous pourrez vous entendre pour faire acheter des
bœufs, si le gouvernement en a besoin. Bachir ould Quelloucha m'a assuré que, du temps des Turcs, le petit port
de l'ouad Melah (1) suffisait pour approvisionner Oran et
il m'a ajouté que, si les Français voulaient le rétablir, les
Beni Ameur fourniraient par ce point tout ce dont ils
auraient besoin.

J'ai l'honneur, etc...

E. DAUMAS.

Bachir ould Quelloucha est beau-frère de Mazary. Dans
ma dernière lettre, je me suis servi du chiffre, que vous
avez daigné m'envoyer et cela, parce que je pensais que
vous en aviez le double. M. le docteur Warnier ne m'a
prévenu du contraire qu'après le départ du courrier et,
aujourd'hui, je m'empresse de vous envoyer la copie de
tout ce qui se trouvait en chiffres (2), en vous priant de me
pardonner cette erreur bien involontaire.

A. G. G. A. E. 1163. 104-63. (Original).

----

(1) Rivière de la province d'Oran appelée par les Européens, Rio-
Salado.

(2) Cf. p. 437. note 1.

XC

Daumas à Guéhenneuc.

Mascara, le 31 mars 1839.

Mon Général,

Les nouvelles du désert deviennent de plus en plus inquiétantes pour le gouvernement de l'Emir. Il ya quelque temps encore, on ne parlait de Tedjiny qu'avec la plus grande circonspection ; maintenant son nom est dans toutes les bouches et, loin de cacher qu'il s'est emparé des Beni Lerouate, après en avoir chassé le califfa d'Abd el-Kader, Sidi Layssa Lerouaty, on va presque jusqu'à ne plus cacher que toute l'histoire de la reddition d'Aïn Mady n'a jamais été qu'une fable. Quoiqu'il en soit, pour mieux assurer sa vengeance, Tedjiny s'organise une infanterie régulière. Les tribus le secondent dans ce projet et les Beni Mezab font pour lui les plus grands sacrifices. Dernièrement, il a paru à Tadjemoute (1), menacé les gens du Djebel Laâmour (2) et tous ceux, qui l'avaient abandonné, sont revenus à lui plus soumis que jamais, moins les Harrares et les Hamyanes, qui, désespérant d'en obtenir leur pardon, sont allés se réfugier

---

(1) Cf. Dépêche de Daumas, du 9 décembre 1838.

(2) Djebel Amour, massif montagneux du Sud Oranais, entre les monts des Ksour à l'O. et les monts des Ouled Naïl à l'E. Les tribus de cette région, Ouled Mimoun, Ouled Ali ben Ameur, Adjelete, Ouled Yakoub el-Ghaba, Gherneuta, reconnaissaient l'autorité héréditaire des Ben Yahia, chefs des Ouled Mimoun.

dans les environs de Serresous, près de Taguederàt.
Tout ce qui précède a paru tellement grave à l'Emir
que, renonçant à l'idée d'aller visiter les tribus de Constantine, il doit, dit-on, se rapprocher de Mascara, tant
pour observer le Sahara, que pour tâcher de maintenir
ses propres tribus, en détruisant, s'il est possible, les germes nombreux de désaffection et de discorde, qui existent chez elles, ainsi que le prouve la récente querelle
des Hachems et des Garabas, qui lui donne tant de tracas.

Les résistances pour le payement de la contribution
extraordinaire continuent sur tous les points ou, plutôt,
il y a accord unanime pour ne pas payer. Si Miloude bou
Talaib, beau-frère de l'Emir, s'était rendu dans son
commandement des Flittas, avec l'espoir de les faire
s'exécuter, mais il n'a rien pu en obtenir non plus.

On poursuit avec activité les travaux de Sayda,
où l'on bâtit sur les ruines d'une ancienne ville romaine, dont on a retrouvé quelques édifices. Le 28, un
convoi de 60 mules est allé chercher à Teneuss une
grande quantité de planches et de madriers venus d'Alger. Il paraît à peu près certain, qu'en cas de guerre, on
doit abandonner et même détruire Mascara, qu'on ne juge
susceptible d'aucune défense, pour se réfugier à Sayda,
qu'en attendant, on remplira avec les débris des malheureux Courouglis.

Le commerce du Maroc est toujours rigoureusement
intercepté par les Hangades. Aussi, les présents destinés
à Mouley Abderraman sont-ils encore à Tlemsan, où
ils attendent une occasion favorable pour risquer le passage. Le 27 du courant, le califfa Moustapha ben Tamy a
reçu la nouvelle que six cents fusils, achetés à Gibraltar
dans le dernier voyage de Hadj Tahar, ont été enlevés
par les Ryata (1). Cette perte a été vivement sentie.

____

(1) Riata : tribu marocaine des environs de Taza. Elle commande
cette ville et la route d'Oudjda à Fas.

Le 29, une députation des Hachems est partie pour aller chercher en grande pompe à Miliana, la famille de l'Emir. Les uns disent, qu'elle reprendra son ancien emplacement à Gresibya, dans la plaine d'Egueris et les autres, qu'elle habitera Mechera Sefa (1), entre Mascara et Taguedemt. Le retour de cette famille est regardé comme une grande concession.

On apporte toujours à Mascara des garnitures complètes de fusils.

Conformément à vos ordres, j'aurai les oreilles et les yeux ouverts et m'empresserai de vous envoyer un courrier extraordinaire, s'il survient quelque chose d'important. Jusqu'à présent, tout me porte à croire que les choses se passeront très bien. Hier, il est arrivé des lettres de Ben Durand, par lesquelles il propose 3.000 francs à l'aga Miloude Bennarache et 16.000 francs pour l'entourage de l'Emir, si l'on veut ne faire aucune démonstration hostile, pendant qu'on établira la route d'Alger à Constantine. Miloude Bennarache n'a rien eu de plus pressé que d'en faire part au califfa Moustafa ben Tamy et ce dernier lui a conseillé fortement d'accepter, en lui disant, que l'Emir avait trop d'embarras pour s'en formaliser et que ce serait autant de pris sur les chrétiens.

Je vous donne tout cela comme positif et ne vous en parle que pour vous offrir la mesure des intentions de l'Emir qui, dans les circonstances présentes, ne peut bouger.

Sidi Mohammed Said, frère de l'Emir, a été envoyé chez les Garabas pour tâcher de les ramener à des sentiments moins violents.

J'ai l'honneur, etc....

E. DAUMAS.

---

(1) Mechera-Sfa : « le gué des pierres plates » sur la haute Mina Prévost-Paradol, centre européen à 34 kilomètres O. de Tiaret).

Au moment où je ferme ma lettre, j'apprends que l'Emir, avec une faible suite, vient de partir pour Cherchaill.

Tedjiny vient aussi d'enlever le chef de Djebel Laâmour (1). Les Beni Ameur se sont battus entre eux.

E. D.

A. G. G. A. E. 1163-115-64. (Original).

____

(1) Djelloul ben Yahia, chef des Ouled Mimoun.

XCI

Daumas à Guéhenneuc.

Mascara, le 6 avril 1839

Mon Général,

J'ai reçu les ordres que vous avez daigné me donner
par l'intermédiaire de M. le capitaine de Martimprey et
saurai m'y conformer rigoureusement. Déjà, pour prévenir toute fâcheuse interprétation, j'ai parlé au pouvoir
du but de la sortie du 2e chasseurs d'Afrique et l'on me
charge de vous assurer, que des mesures seront prises,
pour que cette opération ne soit troublée en rien. Malgré
cela, je crois que l'on devra se garder avec le plus grand
soin, parce que l'on ne peut ici répondre des voleurs de
profession qui, guidés par l'appât du gain, sont sourds
à toutes les remontrances.

Le 2 du courant, le califfa Moustapha ben Tamy et le
caïd de Mascara, Hadj el-Boukary, sont partis pour
Sayda avec une faible suite. Suivant eux, ils n'y sont
allés que pour en activer les travaux, mais le fait est,
qu'ils y sont pour donner des terrains à une grande
quantité de Hamyanes qui, pourchassés vivement par
Tedjiny ou ses affidés, sont venus, tremblants, se réfugier chez les Assassena, les Beni Manariem (1) et les Oulad
Ibrahim. Ce voyage du califfa ne doit pas être de longue

____

(1) Beni Meniarin.

durée. Toutefois, je l'observe et vous instruirai de sa marche et de ses projets, s'ils devaient vous intéresser.

Comme j'ai eu l'honneur de vous en rendre compte, personne ne veut payer la contribution extraordinaire et le pouvoir est forcé de s'endormir sur des affronts journaliers. Depuis l'entrevue de Miliana, il règne une agitation extraordinaire, qui se manifeste de tous les côtés par des révoltes ou des résistances. On annonce que, dans le Dahra (les Arabes nomment Dahra, tout l'espace compris entre Mostaganem et Alger, en suivant le bord de la mer) (1), il s'est encore déclaré un prétendant, lequel aurait excité une émeute à Cherchaill (2), où le cadi de cette ville aurait été massacré et l'Emir s'y serait transporté en toute hâte, pour éteindre ce foyer qui menaçait de s'étendre. On assure, aujourd'hui, qu'il vient de décider la démolition complète de Cherchaill pour en transporter la population à Sayda et à Taguedemt et l'on explique cette résolution par la crainte, qu'il éprouve, de voir cette ville tomber entre les mains d'un révolté heureux, qui pourrait y établir le centre de sa puissance. Tout ceci, néanmoins, mérite confirmation. Des lettres récentes annoncent que l'Emir refuse, maintenant, de renvoyer sa famille aux Hachems et qu'elle doit rester, comme par le passé, à Miliana, sous la protection du bey Sidi Embarraik. La députation des Hachems en sera donc pour ses frais, ce qui augmentera inévitablement le mécontentement de cette importante tribu.

Il n'y a encore rien de décidé pour les Garabas malgré le voyage chez eux de Si Mohammed Saïd, frère aîné de l'Emir. Les chefs de cette tribu mandés plus d'une fois à Mascara pour s'entendre avec les Hachems, ont toujours refusé de venir, en disant qu'ils n'iraient ni chez

---

(1) Le nom de Dahra s'applique seulement au massif montagneux bordant au N. la vallée du Chélif et s'étendant de l'embouchure de ce fleuve, aux environs de Cherchell.

(2) Cherchell.

les Français, ni chez Abd el-Kader, mais qu'ils vivraient chez eux, sous la protection de leurs fusils. On en est là et de pareils faits doivent vous donner la mesure du pouvoir de l'Emir dans les circonstances actuelles.

On a reçu la nouvelle que les Hangades continuaient leurs excès et que, récemment, ils avaient fait une razia sur les Oulad Mansour (1) et les Oulad Mellouk (2).

Les Flittas refusent toujours de payer la contribution et Si Miloude bou Talaib n'a pu dépasser la Mina.

Hadj l'Habib a envoyé ici trois fusils français qui lui ont été vendus par un Douer ou Zemala nommé Bel Lebena ould Lâounya.

L'aga Miloude Bennarache est dangereusement malade. Il serait fâcheux qu'il vint à mourir, parce que c'est à peu près le seul chef de l'Emir, qui ait une idée des affaires françaises.

J'ai l'honneur, etc....

E. DAUMAS.

A. G. G. A. E. 1163. 106-65 (Original).

---

(1) Ouled Mansour : tribu marocaine occupant la plaine littorale entre l'oued Kiss et la Moulouya.

(2) Ouled Mellouk : tribu habitant le massif montagneux au S. de Lalla-Maghnia. Avec les Beni Ouacine, elle constituait les Ouled Abdallah ben Moussa ben Sidi Tala.

CXII

Daumas à Guélhenneuc.

Mascara, le 13 avril 1839.

Mon Général,

L'Emir Abd el-Kader est revenu de Cherchal, où il
a éprouvé la plus grande résistance morale de la part
des habitants, qui n'ont pas voulu consentir à la destruction de leur ville. Aussi, faisant contre fortune bon cœur,
publie-t-il, maintenant, qu'il n'y a été que pour visiter
le marabout de Sidi Brahim el Gromary (1) et faire
mettre à mort l'assassin du cady. Ce non-succès ne
l'avait cependant pas dégoûté car, à son retour, il a
fait la même proposition aux gens de Mazouna, en leur
donnant des motifs plus ou moins spécieux et tous tirés
d'une hypothèse de guerre ; mais les talaibs (2), les
chefs et les marabouts, après s'être consultés dans la
mosquée, lui ont unanimement répondu que Dieu faisait les sultans pour construire et non pour détruire ;
que, si jamais les chrétiens paraissaient chez eux, ils
sauraient les combattre, mais qu'ils ne souffriraient pas
la démolition demandée. Tout ce qui précède met à jour

(1) Sidi Brahim el-Ghomari, saint très réputé dans tout l'ouest de
l'Algérie et qui est encore, aujourd'hui, l'objet d'un culte particulier
à Tlemcen.

(2) Tolba. Il existait à Mazouna une zaouïa importante, d'où partit,
en 1821, Si Mohammed ben Ali ben Senoussi, fondateur de la confrérie
des Senoussïa.

les projets de l'Emir, qui sont d'abattre Cherchal, Mazouna, Calaa, Mascara, Tlemsan et d'en retirer la population dans une autre ligne de villes établies beaucoup plus en arrière et près du désert, afin, dit-il, en cas de guerre, de ne laisser aux Français aucun moyen de réduire le pays en s'établissant au centre des populations et de les forcer, comme par le passé, à des incursions passagères, qui ne peuvent amener aucun résultat.

La nouvelle est arrivée à Mascara, qu'un corps d'armée était sorti d'Alger pour aller établir définitivement la route de Constantine (1) ; on en a beaucoup parlé chez le caïd, et il y a été dit que l'Emir, en ayant été instruit sur le champ à Miliana, s'était contenté de répondre : « Je ne puis y mettre aucun obstacle maintenant. Les vrais musulmans me seront fidèles et combattront ; quant aux autres, qu'ils se damnent, s'ils le veulent. »

Décidément, l'Emir n'a pas voulu rendre sa famille à la députation des Hachems, qui s'était rendue auprès de lui pour tenter un dernier effort. Le 7 du courant, les chefs influents, qui composaient cette députation, sont rentrés. La décision d'Abd el-Kader est connue partout et l'on ne peut se faire une idée du mécontentement général qu'elle soulève. De tous les côtés, petits et grands ne parlent que de se soumettre à la France et d'abandonner, enfin, un homme qui n'attire sur eux que des malheurs sans aucune compensation. Je suivrai ces dispositions avec soin et vous rendrai compte de ce qu'elles pourraient amener de favorable à notre cause.

Le califfa Moustapha ben Tamy est toujours à Sayda, dont il pousse les travaux avec activité. Il a fait distri-

---

(1) Le maréchal Valée avait formé le projet d'ouvrir une route de Kara Mustapha à Hamza, afin d'assurer les communications par terre entre Alger et Constantine et de bien marquer, par cela même, que la France entendait exercer sa souveraineté sur les territoires de l'Est, que revendiquait Abd el-Kader. Ce travail devait être commencé au mois de décembre et achevé au mois de juin Le mauvais temps en avait fait ajourner l'exécution.

buer des secours en grains au Hamyanes qui, comme j'ai
eu l'honneur de vous le dire, pourchassés par Tedjiny,
sont venus se réfugier dans les Djafras et les Agoubias.
Ces Hamyanes lui ont appris que Tedjiny avait enlevé le
califfa de l'Emir, Sidi Layssa Lerouaty (1) et fait une
razia épouvantable sur les gens d'El-Biod (2). Suivant
eux, encore, Tedjiny fait de grands préparatifs et
annonce qu'après le mois de moharem (3), il marchera
sur l'Emir. Le Coran défend aux souverains, sous peine
de non-succès, de tenter aucune entreprise dans le
moharem (4).

Le caïd des Flittas, Si Miloude bou Talaib, n'est pas
plus avancé que le premier jour. On vient de lui envoyer
un léger renfort de cavalerie régulière.

Les Garabas sont toujours dans la même position à
l'égard du pouvoir, c'est-à-dire que, malgré ses nombreuses invitations, ils refusent obstinément de venir
s'entendre avec les Hachems. On répand qu'ils ont eu
des pourparlers avec Oran ; on s'en inquiète beaucoup et,
pour les amadouer, l'Emir vient de leur envoyer un
cadeau de 4o mules. Les Garabas viennent de renvoyer
le présent.

J'apprends à l'instant même que, par une mesure nouvelle, on fait rétrograder à Mascara tous les grains,

---

(1) Sidi Aïssa, khalifa d'Abd el-Kader, ne fut pas enlevé ; mais,
en présence des dispositions hostiles de Tedjini, il crut devoir
évacuer Laghouat. Abd el-Kader le destitua et le remplaça par un
certain Abd el-Baki. Cf. Mangin. *Notes sur l'histoire de Laghouat.*
Rev. Africaine, 1894, p. 81.

(2) Aujourd'hui Géryville.

(3) Moharrem, premier mois de l'année musulmane, dont le nom
signifie saint, inviolable.

(4) Le mois de moharrem est un des quatre mois sacrés de l'année
musulmane, c'est-à-dire un des mois, pendant lesquels la guerre est
interdite contre les infidèles (Coran IX, 36). Cette sorte de trève existait en Arabie, avant l'Islam et Mohammed ne fit qu'en consacrer
l'existence.

qui se rendent à nos marchés. Les droits de douane auraient aussi été considérablement augmentés. On explique ces ordres par la cherté et la disette, qui règnent dans l'intérieur.

Bou Hamidy est, dit-on, sorti de Tlemsan, pour se rendre à Hadja Megrenya (1), près d'Oucheda.

J'ai l'honneur, etc....

E. DAUMAS.

Au moment où je ferme ma lettre, j'apprends que, dans la garnison de Taguedemt, il y a eu une grande désertion, principalement parmi les Courouglis, qui se seraient presque tous rendus chez Tedjiny. En conséquence, l'Emir vient d'envoyer l'ordre de faire des enrôlements forcés à Tlemsan.

Personne ne veut payer la contribution extraordinaire et l'on assure que le califfa Moustapha ben Tamy, en quittant Sayda, doit se rendre à Taguedemt, dans le commandement de Sedama, où de graves dissensions viennent de se manifester.

Le courrier devait partir avant-hier, conformément à vos ordres, mais il a fait un temps épouvantable et il n'a pu risquer le passage des montagnes avec les hommes du train, qu'il devait ramener à Oran.

E. D.

A. G. G. A. E. 1163. 109-68. (Original).

---

(1) Lalla Maghnia, à 24 kilomètres d'Oudjda. Une redoute française y fut construite en 1844.

XCIII

Daumas à Guéhenneuc

Mascara, le 13 avril 1839.

Mon Général,

Forcé chaque jour, dans la relation, des affaires **arabes,** de vous citer des noms qui, pour la plupart, vous **sont** inconnus, j'ai cru devoir vous envoyer une espèce **de** notice sur les personnages de la province d'Oran qui, par leur naissance, leur position ou leur fortune **sont, à** tour de rôle, en possession du pouvoir.

Ce travail (1), comme vous le verrez, ne **comprend** encore que la famille de l'Emir, son entourage et **le gou**vernement du Chairg, (Est) ; mais, si vous daignez lui trouver quelque utilité, je m'empresserai de le **compléter** en y joignant la partie occidentale, c'est-à-dire le gouvernement du Gharb, qui est confié au califfa **Bou** Hamidy.

J'ai l'honneur, etc...

E. DAUMAS.

A. G. G. A. E. 1163 108-67 (Original).

---

(1) **Cf.** Appendice VIII. *Notes sur les principaux personnages de la province d'Oran.*

XCIV

Daumas à Guéhenneuc.

Mascara, le 16 avril 1839.

Mon Général,

Vous devez être bien étonné de ne pas avoir reçu encore
le courrier. Cependant, il n'y a rien de ma faute. En
voici les raisons :

Jeudi, 11 du courant, les dépêches devaient partir ;
mais la rivière de l'Ouad el-Hammam se trouvant débordée par suite de fortes pluies antérieures, je n'ai pu trouver de cavalier, qui voulût en risquer le passage.

Samedi, 13, le soleil reparut un instant et, pour me
conformer à vos ordres, qui me prescrivaient de vous
écrire au moins tous les cinq jours, je m'empressai de
demander un courrier. Il me fut de nouveau représenté
qu'il y avait du danger, mais, pensant qu'il y avait ou
exagération ou mauvaise volonté, j'insistai énergiquement et, alors, un mekrazeny partit avec nos hommes du
train, que je le chargeais de reconduire à Oran. Arrivé à
l'Ouad el-Hammam, cet homme tenta le passage de la
rivière avec nos gens, s'écarta malheureusement du gué,
que rien ne désignait plus positivement, tomba dans un
trou, faillit se noyer avec son cheval, en fut, cependant,
retiré par quelques Arabes, qui se trouvaient sur le bord
de l'eau et ramené à demi-mort sur le rivage. Après cet

accident, le voyage n'était plus possible et, dimanche, 14, tout le monde revint à Mascara.

Le courrier est très malade ; il a perdu dans la rivière un sabre, une paire d'éperons et sa sabretache, qui contenait les dépêches. Je me suis empressé de lui envoyer M. le docteur Warnier et un peu d'argent, lui promettant, en outre, que vous l'indemniseriez complètement de ses pertes. Cette conduite n'a laissé aucune prise à la malveillance.

Aujourd'hui, 16, on me peint comme possible le passage de la rivière et je remets notre monde en route avec l'espérance d'être plus heureux.

Le porteur des dépêches est le père du cavalier, qui a exposé sa vie pour notre service et je vous serai infiniment obligé de vouloir bien le couvrir de ses pertes, qui pourront vous être certifiées par les hommes du train que je renvoie.

J'ai l'honneur, etc...

E. DAUMAS.

Les dépêches n'ont pas été perdues parce que je n'avais, comme aujourd'hui, donné qu'une fausse lettre au cavalier et remis la véritable aux hommes du train.

Les intrigues des Douers recommencent et je vous donne comme certain qu'il y a maintenant chez eux un bach-chaouch de l'Emir, nommé Ould el-Hadj Aly, lequel est porteur de lettres de son maître.

Il vient d'arriver à Mascara cinq charges de plomb et cinq fusils français, le tout envoyé par Hadj l'Habib. Le plomb est sorti d'Oran par petites portions et on le dépose dans un douar qui est à Boutchiche (1), près du blokhaus Morcelly.

------

(1) A 4 kilomètres S. E. d'Oran, non loin de la Daya Morselli.

Hier, il est arrivé une caravane du Maroc apportant 670 fusils et cent quintaux de poudre.

La mère et la femme du califfa sont encore de retour.

L'Emir a fait une chute de cheval, dont il a failli mourir. Il va mieux et en est quitte pour un poignet foulé.

E. D.

A. G. G. A. E. 1163. 117-66. (Original).

XCV

Daumas à Guéhenneuc.

Mascara, le 20 avril 1839.

Mon Général,

J'ai reçu, hier, une lettre du califfa Moustapha ben Tamy ; il me parle d'affaires, qui se sont passées à Mostaganem et dont je n'ai aucune connaissance. Je vous envoie la traduction littérale de sa lettre et vous prie de vouloir bien me mettre à même de lui répondre.

Depuis le dernier courrier, on ne parle plus que de guerre à Mascara, où l'on fait courir cinquante contes, probablement tous plus absurdes les uns que les autres, mais qui n'en produisent pas moins le triste effet de répandre l'alarme dans la population. En voici le résumé :

1° L'Emir aurait été très contrarié de l'entrée des Français à Blida.

2° Il se serait élevé de grandes difficultés entre le maréchal gouverneur général et l'Emir au sujet de la délimitation de la province de Constantine, sur laquelle ce dernier prétendrait avoir des droits.

3° M. le maréchal aurait demandé à l'Emir, 1.200 chevaux, des grains et des bœufs ; mais Abd el-Kader lui aurait répondu par une autre demande de fusils, de canons et de munitions de guerre.

4° Les Hadjoutes auraient enlevé deux douars dans la plaine de la Mitidja. M. le maréchal les aurait réclamés. L'Emir les aurait refusés et M. le maréchal gouverneur général aurait fait immédiatement arrêter cinq chefs des Hadjoutes, qui se trouvaient à Alger.

5° L'Emir aurait demandé la libre sortie de nos villes du plomb, du cuivre, du soufre et de la poudre, en représentant, qu'il fournirait abondamment nos marchés de bestiaux et de grains. M. le maréchal s'y serait refusé, en disant qu'en échange de ces denrées, les Arabes se fournissaient chez nous de tout ce dont ils avaient besoin. L'Emir aurait alors défendu la fréquentation de nos marchés et M. le maréchal, qu'on ne laissât plus sortir aucune espèce de marchandises.

Tous ces bruits ne sont, du reste, que dans la bouche du peuple, qui ne manque pas de les grossir selon son habitude, en y joignant, comme épouvantail, deux prétendues sorties à Mostaganem, l'une sur Masra et l'autre sur le Scheleuf, qui auraient forcé les Medjahars à lever le camp. Mais le pouvoir, sans les ignorer, ne paraît pas y attacher grande importance, soit qu'il en ait la clef, soit qu'il en connaisse le ridicule. Pour mon compte, je ne serais pas étonné qu'ils fussent répandus à dessein, pour faire croire qu'on ne redoute nullement la guerre et je puis même vous donner comme certain, que l'Emir a reçu une lettre collective de ses amis d'Alger, par laquelle on l'engage à tenir cette conduite, s'il veut obtenir de meilleures conditions. Les Français, lui disent-ils, veulent encore moins la guerre que vous. Faites bonne contenance et tout s'arrangera. Cette lettre est écrite au nom des nommés Bou Derba, Si Mohammed ould Sidi l'Hady, Si Hassan Chiqrr el-Belad, Hadj Aly Chiqrr el-Belad et, enfin, les Juifs Ben Durand (1).

Pour mieux empêcher encore la vente des chevaux, on vient d'abolir les principaux marchés des Flittas, des Oulad l'Habbas et de donner l'ordre que ce commerce ne pourrait plus se faire qu'à Tlemsan, Mascara et Miliana.

____

(1) Juda et Léon Ben-Durand.

Ould Abd Eletif aurait écrit à l'Emir comme pour s'excuser de sa nomination de caïd à Blida et lui dire qu'il lui était plus dévoué que jamais.

Les Oulad ben Hafane (1), ont fait une razia sur les Harrares qui, pour échapper à la vengeance de Tedjiny, sont venus se réfugier dans les environs de Taguedemt et, malgré cela, le pouvoir fait publier partout que Tedjiny, après avoir mis à mort ceux qui avaient semé la discorde entre l'Emir et lui, a écrit à Abd el-Kader pour lui annoncer sa soumission. Cette nouvelle est, sans doute, déjà connue à Oran, où Hadj l'Habib a reçu l'ordre positif de la répandre, mais n'en croyez pas un seul mot, car elle n'a pas d'autre but, que de donner le change sur le véritable état des choses.

L'Emir, pour prouver sans doute, qu'il faisait peu de cas de ce qu'on pouvait acheter dans nos villes, a donné l'ordre positif de piller sans merci tous les marchands arabes, qui seraient trouvés revenant d'Alger et d'Oran avec des ballots composés de toiles, cotonnades, soieries, sucre et café et c'est pour cela que, mardi dernier, presque tous les habitants de Mascara sont partis pour Oran afin d'y faire des provisions, qu'ils regardent comme les dernières. La maison de l'Emir a suivi l'exemple en donnant l'ordre d'acheter, comme si, de longtemps, on ne devait plus en avoir la possibilité. (Positif).

Il vient d'arriver un accident épouvantable à Souk Sidy Abeud (2), près du Shéleuf. Un imprudent a mis le feu à plusieurs quintaux de poudre qui s'y trouvaient et 160 individus ont été tués ou blessés.

Le bach-chaouch de l'Emir, Ould el-Hadj Aly, dont je vous ai signalé la présence à Oran, s'y est rendu avec l'ordre de faire tout au monde pour débaucher les Douers,

---

(1) Ouled Ben Affan. D. C. Ouled ben Affan et centre européen de Palat (Tiaret-M.).

(2) Soukh sidi Abed, chez les Ouled sidi Abed, fraction des Beni Zenthis (Cassaigne-M.).

de ne reculer devant aucun sacrifice, de promettre **un**
ample dédommagement à ceux qui mettraient en **avant**
leurs moissons et de payer les dettes de ceux qui en
auraient.

Les 670 fusils venus du Maroc ont été expédiés à l'Emir
pour armer à Medea et à Miliana des fantassins nouvellement enrôlés.

J'ai l'honneur, etc...

E. DAUMAS.

Au moment où je ferme ma lettre, j'apprends que les
bruits de guerre prennent de la consistance. La population est en émoi et chacun se munit de mules, d'ânes de
bât et de moyens de transport, enfin, comme si les Français étaient déjà aux portes de la ville. Les malveillants
répandent à dessein le bruit, que les Français sont en
guerre avec toutes les autres puissances et que le Roi,
dans un pressant besoin, vient d'envoyer l'ordre de retirer des troupes d'Alger et d'Oran. Soyez certain que je
ne négligerai rien pour détruire des absurdités, qui n'en
montent pas moins la tête de ces imbéciles.

Si, par hasard, il y avait quelque chose de vrai dans ces
bruits de guerre, ne soyez jamais étonné de l'irrégularité
des courriers, car ces gens-ci sont capables de tout et
daignez croire, si un renseignement important ne vous
parvenait pas, qu'il y aura eu impossibilité morale et
physique de ma part.

Le caïd me fait prévenir qu'on a retrouvé le cheval
du spahi perdu à Mostaganem et qu'on va le rendre.

Cette lettre devait partir hier et elle ne part qu'aujour-
d'hui parce qu'il a plu encore et que la rivière de l'Ouad
el-Hammam s'est trouvée grossie.

E. D.

**Lettre du califfa de l'Emir, Hadj Moustapha ben Tamy
à M. Daumas, consul à Mascara (reçue le 19 avril 1839)**

Nous remercions Dieu, qui est seul, et qui a fait la prière sur Notre Seigneur Mohamed et ses serviteurs.

De la part du califfa du Commandeur des Croyants, Sid el-Hadj Moustapha (que Dieu le conserve), au consul des Français à Mascara, Daumas, salut à ceux qui suivent la vérité, et après : Nous vous apprenons que le cheval de l'oukil de Mostaganem s'est enfui dans le pays des Medjahars avec le cheval d'un spahi ; que, le lendemain, il a été trouvé entravé aux portes de la ville et que les Medjahars se sont battus avec les chrétiens et, qu'alors, le général a dit à l'oukil : « C'est vous qui avez suscité cette affaire » et ils se sont disputés. Ensuite, le général désire bâtir à Ben Haoua (1) ou dans le pays des Hachems (2). Mais nous ne consentons ni à ce qu'on chagrine notre oukil chéri, ni à ce qu'on bâtisse dans le pays des Hachems et écrivez bien au général, qu'il ne bâtisse pas dans le pays des Hachems, parce que c'est notre pays. Ecrivez en autant au colonel, qui commande à Mostaganem et n'y manquez pas.

Suit le cachet du califfa.

Pour traduction conforme à l'original :
L'Interprète du consulat,

Ayas.

Pour légalisation de la signature ci-dessus :
Le capitaine, consul à Mascara,

E. DAUMAS.

A. G. G. A. E. 1163. 110-69 (Original).

---

(1) Sidi Haoua, à 2 kilomètres S. E. de Mostaganem.

(2) Il s'igit ici des Hachem Dahro, dont le territoire s'étendait au S. de Mostaganem.

XCVI

Daumas à Guéhenneuc.

Mascara, le 27 avril 1839.

Mon Général,

Le califfa Moustapha ben Tamy est revenu de Sayda. On a beaucoup parlé chez lui des ordres récents de l'Emir, qui défendent énergiquement aux Arabes d'acheter le moindre objet dans les villes soumises à notre domination. Chacun a donné son avis pour ou contre, mais l'aga Miloude Bennarache, qui trouve cette mesure aussi impolitique qu'intempestive, a ramené tout le monde au sien, en faisant comprendre, que c'était toujours une mauvaise voie que celle des représailles, que, tôt ou tard, elle amènerait à une rupture et qu'il était au moins inutile, sinon dangereux, de jeter l'alarme dans le pays, en faisant envisager la guerre comme certaine. Tout le monde s'est alors réuni pour maudire un nommé Bou Derba, Maure d'Alger, le seul qui ait poussé l'Emir à prendre ce parti en lui disant, qu'en France, les négociants faisaient la loi, que cette stagnation du commerce ne manquerait pas de leur faire jeter les hauts cris et, qu'alors, M. le maréchal gouverneur général, se verrait forcé, pour rétablir les choses dans leur premier état, de permettre la libre sortie des fers, plombs, soufres, dont il avait besoin.

Le 23 du courant il est arrivé à Mascara un Européen

assez bien vêtu, qui se serait, dit-on, chargé de fondre, enfin, des canons. D'après des renseignements, que j'ai lieu de croire certains, cet **homme a été embauché à** Alger par un nommé Mekouar, Marocain résidant dans cette ville et agent secret d'Abd el-Kader.

Les Européens, qui travaillaient à Tlemsan, **dégoûtés** de la vie et de la morgue des Arabes, se sont **tous enfuis** mais, malheureusement, ils ont tous été repris à Oucheda, au moment où ils allaient pénétrer sur le territoire **de** l'empereur du Maroc.

Hier, il est arrivé des lettres de l'Emir et **l'on fait** courir le bruit, qu'il donne l'ordre non seulement d'arrêter la vente des propriétés des absents, **mais encore** d'annuler celles qui seraient terminées. **J'aurai soin de** vous rendre compte un peu plus tard de la vérité à cet égard.

On assure que Tedjiny est plus puissant que jamais dans le désert et que les Harrares et les Hamyanes, qui étaient venus se réfugier dans les environs de Taguedemt, viennent de faire leur soumission pleine et entière, **après** avoir écrit, toutefois, à l'Emir que, puisqu'il ne pouvait pas les protéger, ils n'avaient pas d'autre parti à prendre.

On parle toujours de guerre. Les habitants des **villes** en ont une peur horrible, tandis que les Arabes des **tribus**, dans l'espoir de se débarrasser enfin d'Abd el-Kader, la verraient sans regret, toutefois, après la rentrée de leurs moissons. Je ne sais pas encore au juste quel a été le but politique de l'Emir en accréditant lui-même ces bruits ; mais tout ce qu'il y a gagné jusqu'à présent, c'est de voir les Arabes refuser, d'un accord unanime, la contribution extraordinaire imposée à titre de secours (maoûna).

J'ai l'honneur, etc...

E. DAUMAS.

Je rouvre ma lettre pour me plaindre à vous d'un fait, que je ne sais comment qualifier. J'ai fait demander un cavalier pour porter ma correspondance. Il m'a été répondu, que les mekrazenys ne voulaient plus aller à Oran, parce qu'on les y gardait huit jours entiers pour 10 francs ; qu'Hadj l'Habib ne nourrissait pas leurs chevaux et, qu'à moins d'une augmentation, ils ne marcheraient pas à l'avenir. J'ai fait comprendre que cela ne pouvait être décidé que par vous et, alors, le caïd en a forcé un à partir ; mais il n'en ressort pas moins qu'un cavalier a été refusé au consul, ce qui peut donner la mesure de ce dont on est capable ici.

Le dernier courrier m'est revenu sans réponse ; aurait-elle été soustraite ?

E. D.

(Le 28). Malgré mes représentations, le courrier, qui devait partir hier, 27, n'a voulu partir qu'aujourd'hui. C'est donc nous qui payons et ces messieurs vont jusqu'à mettre les départs à leur convenance. Je vous prie de vous en plaindre à l'oukil, car, ici, tout a été inutile.

E. D.

Mon Général,

Le califfa Moustapha ben Tamy me charge de vous vous présenter ses salutations et de vous prier de vouloir bien faire restituer deux juments, qui ont été volées au nommé Hadj Boualam, trésorier de l'Emir à Mascara. Ces juments ont été vues chez les Douers.

J'ai l'honneur, etc...

E. DAUMAS.

Mascara, le 28 avril 1839.

A. G. G. A. E. 1163. 111-70. (Original).

30

XCVII

Daumas à Locqueneux [1].

Mascara, le 11 mai 1839.

Mon Colonel,

Le califfa Hadj Moustapha ben Tamy me charge de vous écrire pour vous prier de faire rendre justice à un jeune homme, nommé Ould ben Boury, qui a été dévalisé par les Douers, dans un endroit qu'on nomme El-Biod, près du Figuier.

Il lui a été pris 119 douros d'Espagne, une mule, un pistolet, un sabre et, de plus, tous ses effets, puisqu'il s'est sauvé en chemise à Oran.

Ce jeune homme appartient à l'une des premières familles de Mascara, où un acte de justice de notre part

____

(1) Locqueneux (André-Joseph), né le 31 octobre 1786 à Saint-Souplet (Nord). Soldat au 17e régiment d'infanterie de ligne, le 23 avril 1802 ; sous-lieutenant, le 8 mars 1807 ; lieutenant, le 23 avril 1809 ; capitaine, le 20 juillet 1811 ; chef de bataillon, le 11 juillet 1813 ; mis en non activité par suite de licenciement, le 16 août 1815, chef de bataillon à la 2e légion départementale des Côtes-du-Nord, le 31 octobre 1819 ; en congé, le 7 novembre 1820 ; chef de bataillon au 64e de ligne, le 12 février 1823 ; passé au 1er régiment de la garde royale, le 29 octobre 1828 ; lieutenant-colonel, le 11 août 1830 ; en congé, par suite de licenciement, le 23 août 1830 ; colonel du 1er régiment d'infanterie de ligne, le 9 septembre 1832 ; embarqué à Toulon pour Oran, le 20 février 1837 ; colonel du 54e de ligne, le 9 juillet 1839 ; maréchal de camp disponible, le 28 avril 1842 ; commandant le département de la Haute-Marne, le 27 décembre 1842 ; admis à la retraite, le 17 avril 1848 ; décédé le 20 juillet 1851.

ferait le meilleur effet et c'est son oncle qui vous remettra cette lettre.

Ould bel Boury, parmi ceux qui l'ont dépouillé, a reconnu un Arabe des Zemalas, nommé El-Fellag.

J'ai l'honneur, etc...

E. DAUMAS.

A. G. G. A. E. 1163. 112-71. (Original).

XCVIII

Daumas à Guéhenneuc.

Mascara, le 12 mai 1839.

Mon Général,

Comme j'ai eu l'honneur de vous en rendre compte, il est bien positif aujourd'hui que des négociations ont été entamées avec l'Emir par une grande quantité de chefs des Douers. Les lettres se sont croisées ; il en est résulté des propositions de tout genre, mais les garanties pour l'oubli du passé n'ayant pas encore été jugées suffisantes, Abd el-Kader vient de donner l'ordre à Si Mohammed bel Hachemy, cady de Mascara, homme qui jouit parmi les Arabes d'une grande réputation de probité, de se rendre, en compagnie de plusieurs autres marabouts, à Lameria, à l'effet d'y avoir une entrevue avec les mécontents et de dissiper, enfin, tous leurs doutes et par l'autorité de son nom et par des promesses appuyées sur des serments religieux. La rencontre doit avoir lieu très prochainement. Je ne vous nommerai pas tous ceux qui veulent nous abandonner, parce qu'il faudrait vous citer presque tous les principaux chefs ; mais je vous signalerai plus particulièrement Hadj Kaddour ben Saharaouy, qui revient de la Mecque, Adda ben Louanzar, très influent chez les Zemalas, Mohammed ben Chaha et, enfin, Adda ould el-Hotman, neveu de Moustapha ben Ismaïl, violemment irrité, prétend-on, de ce qu'on lui a retiré la solde dont il jouissait et à laquelle sa naissance lui donnait droit.

Je m'empresse de porter à votre connaissance un fait qui mérite, je crois, toute votre attention. Quant un nègre s'enfuit à Oran, on l'attire, sous un prétexte quelconque, dans la maison de l'oukil Hadj l'Habib. Là on le menace, au nom du général, de la corde ou du feu ; on l'effraye et l'on parvient ainsi à le décider à retourner chez ses maîtres, où l'attendent, presque toujours, les plus indignes traitements. L'oukil est toujours aidé dans cette comédie par un homme, dont je n'ai jamais entendu parler, mais que l'on désigne sous le nom de caïd des nègres (1) d'Oran, lequel reçoit pour cela de l'argent. Deux nègres ont été ainsi renvoyés à Mascara, il y a une dizaine de jours.

Il est survenu de graves dissensions parmi les Européens, qui travaillent à Taguedemt. Chacun veut commander, personne ne veut obéir et les travaux se trouvent interrompus.

C'est dans la tente d'un nommé Hamadouche, que l'on dépose à Boutechiche (2) les objets que l'on sort d'Oran en contrebande.

On vient de procéder à Mascara au renouvellement des emplois principaux et, malgré que ce ne soit peut-être pas pour vous d'un bien grand intérêt, je vous envoie les noms des élus du jour pour le gouvernement du Chairg (Est) :

Adda ould Mohammed, aga des Hachems Cheragas.

Lahouary, aga des Hachems Garabas.

Si Miloude bou Talaib, caïd des Flittas.

Miloude Bennarache, aga du Chairg.

Chareuf, aga des Medjahars.

---

(1) Les nègres formaient comme les Juifs, une corporation ayant son chef particulier appelé caïd.

(2) Bouchicha.

Hadj Abd el-Kader bou Kliqra, caïd des Sedamas.

Ben Yacoub, aga des Garabas.

Les nominations pour le gouvernement du califfa Bou Hamidy ne sont pas encore connues.

Rien de nouveau sur le désert, mais toujours la confirmation du pouvoir croissant de Tedjiny. Le peuple ne parle plus de guerre. Le pouvoir répand le bruit qu'il attend une réponse du Roi de France à une lettre de l'Emir. Les Arabes veulent, à tout prix, faire leurs récoltes, qui promettent d'être magnifiques et, depuis l'ordre de l'Emir de piller impitoyablement tous ceux qui sortent d'Oran des marchandises autres que du fer, plomb, soufre, etc., il a déjà été assommé ou dévalisé par les Garabas, 29 individus, tant de Mascara que de l'intérieur.

J'ai l'honneur, etc....

E. DAUMAS.

P. S. — On se plaint beaucoup, à Mascara, d'un attentat commis, dit-on, par les Douers, sur la personne d'un marchand de Mascara, nommé Ould el-Boury, qui se rendait au marché d'Oran. Le pouvoir est encore parti de là pour me faire des difficultés sur la concession d'un courrier, en prétendant que les routes n'étaient plus sûres. Je porte, de nouveau, ce fait à votre connaissance et vous supplie de vouloir bien mettre un terme à la conduite de ces gens-là.

Au moment où je ferme ma lettre, il m'arrive des nouvelles positives du désert. En voici le résumé. Les Zegdou, tribu très nombreuse, sous les ordres de Tedjiny, viennent de faire une razia épouvantable sur les Hamyanes et les Oulad Sidi Chiqrr, qui avaient reconnu les lois de l'Emir et Tedjiny, de sa personne, a fait éprouver de grandes pertes aux Oulad Chaâib (1), du côté de Media. Tout le monde est en émoi. On a envoyé de l'infanterie à Taguedemt.

On a reçu des lettres du Maroc. Elles annoncent **qu'une** révolte a eu lieu et que Mouley Sizouny, frère de l'empereur, a **été tué.**

(Le 13). Le courrier que j'ai demandé depuis samedi ne m'a été accordé qu'aujourd'hui. Cette manœuvre ne peut avoir d'autre but que d'empêcher mes dépêches de coïncider avec le bateau à vapeur (2), afin que, s'il s'y trouvait quelque chose d'important, M. le maréchal ne pût en être instruit de longtemps.

E. D.

A. G. G. A. E. 1163. 113-72. (Original).

---

(1) Ouled Chaïb : tribu formée de trois groupes : Ouled Chaïb, Ouled Cheikh, Meggane. Le nom d'Ouled Chaïb, appliqué jusqu'en 1864 à la tribu entière, est aujourd'hui restreint à une seule fraction. (Chellala).

(2) La correspondance entre Alger et Oran ne pouvait se faire par voie de terre, la vallée du Chélif étant au pouvoir d'Abd el-Kader.

XCIX

Daumas à Guéhenneuc.

Mascara, le 20 mai 1839.

Mon Général,

Conformément à vos ordres, j'ai donné à M. le docteur Warnier une copie authentique de la décision qui lui accorde une indemnité mensuelle de 5o francs, pour le couvrir de ses frais de médicaments (1).

(1) Décision ministérielle du 24 avril 1839 — sur le rapport ci-dessous fait au ministre de la guerre par le directeur des affaires d'Afrique (bureau des affaires politiques et civiles).

— « M. Warnier, chirurgien sous-aide, attaché à la mission de Mascara a, jusqu'à ce jour, donné ses soins et fourni des médicaments à ceux des malades arabes qui les ont réclamés. Mais, aujourd'hui, le nombre de ces derniers allant toujours croissant, il est à craindre que ce jeune chirurgien ne puisse bientôt plus disposer de ressources suffisantes pour continuer à secourir tous ceux des indigènes, dont l'état nécessite l'administration de remèdes pharmaceutiques. Cependant, il est désirable, à plus d'un titre, que les habitants de Mascara puissent participer comme par le passé aux bienfaits de la médecine exercée chez eux par un de nos compatriotes. Ce n'est pas seulement pour nous un devoir d'humanité de chercher à leur procurer sous ce rapport tous les soulagements, dont ils peuvent avoir besoin. Il est aussi d'une politique bien entendue de les engager envers nous par les liens de la reconnaissance et la présence d'un médecin français dans la principale résidence de l'Emir nous offre, à cet égard, une occasion précieuse, qu'il convient de ne pas laisser échapper.

Il importe donc que M. Warnier soit à même de continuer ses soins et la distribution gratuite des médicaments à la population musulmane de Mascara. A cet effet, le ministre jugera sans doute

Hier, il est arrivé des lettres de **Miliana**. Elles annoncent que, tout s'étant à peu près arrangé du côté de la France, l'Emir doit incessamment partir pour le Chairg (l'Est), avec quelques centaines de fantassins et un peu de cavalerie régulière. Maintenant que va-t-il y faire ? Voilà ce que personne ne sait encore positivement et, cependant, je m'empresse de vous informer qu'il a été dit par les agents du pouvoir, qu'il devait visiter les tribus de Constantine, les Ouannoura (1), la grande tribu kabyle des Zouaras (2), faire de grands présents pour tàcher de s'attacher les chefs influents de ces contrées, lever par eux des contributions, piller les récalcitrants, entraîner les populations à sa suite et, enfin, passant par le pays des Mekarnias, aller tenter une expédition sur le pays des Beni Mezab, qui ont aidé Tedjiny, qui n'ont voulu jamais le reconnaître et dont les **richesses** le tentent. L'Emir pense, sans doute que, les Beni Mezab vaincus ou soumis, il aura, ensuite, bon marché de Tedjiny. Il a raison, mais les Beni Mezab sont très nombreux, bien armés, possèdent dix villes importantes, passent pour très braves et l'on craint ici, **généralement**, qu'après l'échec d'Aïn Mady, Abd el-Kader n'aille renouveler encore l'histoire d'une infinité de beys qui, sous les Turcs, ont en vain tenté cette entreprise.

Tedjiny est positivement à Aïn Mady, d'où, plus puis-

convenable de lui allouer une indemnité de 5o francs par mois, qui suffira pour le couvrir de ses dépenses. Cette somme serait imputée sur le chapitre 3 du budget de la guerre, comme le sont déjà les frais de la mission même dont fait partie M. Warnier.

A. G. G. A. E. 1161.

(1) Ouennougha : Tribu de la Medjanah et du Hodna, se divisant au Ouennougha Kahal Oudenou (D. C. Ouled el-Meïhr, Selatna, Ouled Sidi Brahim bou Bekr, Aïn-Mouquès, Harreza. [Biban M.]. — Kessabia, Beni Ilmane Melouza : [Msila M.] et en Ouennougha. — Abiod Oudenou (Beni-Intacène, Ouled Msellem, Ouled Salem, Ouled Okrhis. (Aumale M.).

(2) La confédération des Zouaa, (Grande Kabylie).

sant que jamais, il exerce de terribles représailles sur
tous ceux qui l'ont ou trahi ou abandonné. Dernièrement ,les Oulad Sidi Chiqrr, les Hamyanes Garabas, les
Djafras et les Agoubias poursuivis par les Zegdou, sont
venus, tremblants, se réfugier dans les environs de Sayda.
On s'est empressé d'y envoyer quelques fantassins, **quelques** pièces de canon et l'on annonce, que le califfa
Moustapha ben Tamy, avec l'infanterie, qu'on rappelle
de congé et qu'on réunit à Mascara, doit partir aussi sous
peu pour protéger tout ce monde là. La garnison **de**
Taguedemt, qui n'était autrefois forte que de 3oo hommes, vient d'être portée jusqu'à 1.ooo. Ces mesures déno-
tent de grandes inquiétudes.

D'après les ordres de l'Emir, tous les chefs de Mascara,
le califfa en tête, viennent d'abandonner la ville pour aller
vivre sous la tente avec leurs familles. Ils ont formé un
douar, qui est placé à Haouadjou, dans la plaine d'Egueris. L'Emir prétend qu'en vivant ainsi, ils donneront
vraiment aux Français l'idée qu'ils sont plus que **jamais**
à l'abri de leurs coups.

L'Emir vient d'envoyer une espèce d'ordonnance,
signée à chaque page de sa main, laquelle règle la nourriture, la solde, l'habillement et la discipline de son
armée (1). On y reconnaît l'œuvre de Léon Roche d'un
bout à l'autre. Voulant, sans doute, entrer dans une voie
nouvelle, il ordonne à son califfa de destituer sans pitié
tous les agas et caïds, qui tolèrent des actes de brigandage dans l'étendue de leur commandement. Nous verrons.

---

(1) Ce règlement militaire est intitulé : « Echarpe des escadrons et
parure de l'armée mahométane victorieuse ». Il comprend une introduction divisée en 8 titres, 24 règlements relatifs aux attributions
et aux obligations des soldats et des officiers à tous les degrés de la
hiérarchie, enfin un code militaire en 37 articles. Cf. *Règlements
militaires d'Abd el-Kader* (texte et traduction), dans Bulletin de Correspondance Africaine, 1886, fasc. I.

Il est encore arrivé ces jours derniers à Mascara dix nouvelles charges de fer et dix fusils français. J'ai aussi la certitude qu'on vend beaucoup de poudre aux Garabas.

L'Emir vient encore de faire une chute de cheval entre Media et Blida. Il a failli se tuer.

Les Mahya ont détruit une espèce de fort, que Bou Hamidy avait fait construire entre Tlemsan et Oucheda,

J'ai l'honneur, etc...

E. DAUMAS.

P. S. — Je viens de porter les réclamations, que vous m'avez ordonnées. On me charge de vous dire qu'on fera toutes les démarches possibles pour découvrir les assassins des trois hommes du bataillon d'Afrique et que, pour l'affaire des Juifs, on va en prévenir le califfa Bou Hamidy, sous le commandement duquel sont placés les Beni Ameur.

Je vous envoie le travail que vous m'avez demandé sur les interprètes du consulat.

E. D.

A. G. G. A. E. 1163. 114-73. (Original).

C

Daumas à Guéhenneuc.

Mascara, le 28 mai 1839.

Mon Général,

Je vous envoie une lettre, que j'ai reçue d'un Monsieur nommé Guillemain, directeur de la fabrique d'armes de l'Emir, à Taguedemt (1). Vous y verrez que, sujet français, et n'étant venu chez les Arabes qu'avec le consentement du gouvernement, il réclame la protection du consul de France pour sortir de la position déplorable où il se trouve. L'affaire m'a paru très délicate et je n'ai voulu faire aucune démarche avant d'avoir pris vos ordres, que je vous prie de me transmettre. Comme renseignements verbaux, compléments de sa lettre, M. Guillemain m'a fait dire, qu'il avait, à la vérité, contracté un engagement de deux ans, mais qu'on n'en remplissait aucune des conditions ; qu'on le laissait mourir de faim, qu'on ne lui avait pas encore donné un seul sol et, qu'enfin, à chaque instant, on le menaçait de le bâtonner et de lui couper la tête, ne lui permettant pas de communiquer avec qui que ce soit. Suivant les désirs de M. Guillemain, j'ai donné 25 francs au porteur de la lettre, pensant que vous m'approuveriez d'avoir ainsi acquitté la parole de l'infortuné.

Mohammed ben Dalache, ancien aga du Chairg, qui

---

(1) Cette lettre n'est pas jointe à la dépêche de Daumas.

nous était venu avec El- Mazary, s'est enfui de Mostaganem avec toute sa famille et est arrivé, le 22, à Mascara.
Le califfa me charge de vous prier de lui permettre d'enlever une infinité d'effets, qu'au moment de son départ
il a laissés dans sa maison, sous la garde d'une négresse
et, en échange, il le forcera à restituer un cheval, qu'il a
amené et qui appartient à un négociant espagnol, nommé
Johanne (1).

Le 21, il est encore arrivé à Mascara 25 fusils français
et 2 quintaux de soufre. D'après les informations que j'ai
fait prendre en dessous main, il résulte que le tout a été
enlevé de la tente d'un Douer, nommé Mohammed ben
Saharaouy, qui est placé près de Kermet Amsoullan (2).
Je vous ai déjà instruit, qu'il se faisait à Oran un grand
commerce de poudre et, aujourd'hui, je m'empresse de
porter à votre connaissance que le caïd des Flittas vient
de recevoir quarante paquets de cartouches, lesquels lui
ont été expédiés par un Juif, nommé Bel Qrerouby, que
je vous ai signalé plusieurs fois comme l'agent le plus
actif de l'Emir, à Oran. Des armuriers de Mascara rapportent aussi journellement d'Oran des batteries en plus
ou moins bon état ainsi qu'une infinité de garnitures
complètes de fusils. Je n'ai pu savoir encore chez qui ils
achetaient le tout.

L'Emir Abd el-Kader est parti de Miliana, lundi 20
courant, pour entreprendre le voyage, dont je vous ai
parlé dans ma dernière dépêche. D'après Léon Roche,
l'Emir n'a d'autre but que de visiter les tribus, dont il
veut s'assurer avant la guerre et auxquelles il veut nommer un califfa de sa main. Il ne parle pas des Beni Mezab
La nouvelle des projets, qu'on lui prête, s'est confirmée
dans tous les détails ; seulement, on ajoute, qu'avant de
se ruer sur les Beni Mezab, il poussera peut-être jusque

---

(1) Sans doute Juan.
(2) « Le figuier de Msoulan ».

chez les tribus des environs de Tunis, qui l'avaient appelé à cor et à cris. Des chefs influents et dévoués, en tête desquels se trouve Miloude Bennarache, lui ont écrit pour le supplier de n'en rien faire, en le prévenant que certaines prédictions de livres saints annonçaient, qu'aussitôt qu'il approcherait de Tunis, Dieu le rappellerait à lui. Ceci paraît absurde et, pourtant, c'est la vérité. (La lettre).

Les malheureux Beni Mezab, qui étaient en prison depuis quatre mois, viennent d'être relâchés pour l'anniversaire du Prophète (1), moyennant une amende de 4.000 boudjous.

Je vous avais rendu compte que les Arabes refusaient de payer la contribution extraordinaire imposée par l'Emir à son retour d'Aïn Mady et, aujourd'hui, je m'empresse de vous informer que tout le monde finira, je crois, par s'exécuter. Les Arabes avaient d'abord refusé parce qu'ils croyaient à la guerre, qu'on leur peignait comme très prochaine mais, depuis, l'Emir ayant senti, ou qu'il était allé trop loin, ou qu'il avait manqué son but, a fait répandre partout avec le plus grand soin que, jamais il n'avait été mieux avec la France, qu'au besoin, on lui fournirait des canons et même des artilleurs et les résistances ont considérablement diminué.

La mine de soufre de Tazaâ est en pleine activité et l'on en a envoyé ici des échantillons qui sont magnifiques (2). On se vante beaucoup aussi d'avoir trouvé des mines de fer et de plomb sur les montagnes d'Ouanzeris, mais on y met trop d'affectation, pour que j'y croie

---

(1) Fête appelée par les musulmans « Mouloud ».

(2) Cette mine, dont il a été question dans diverses dépêches de Daumas, correspond vraisemblablement aux deux gisements de El Kebrita et de El Mkam, situés à 15 kilomètres environ au S. E. de Taza et et à 40 kilomètres, environ à l'O. de Boghar. L'emplacement en est désigné sous le nom de Sidi Bouzid sur la carte minéralogique de Ville.

encore. Les Européens, qui sont à Taguedemt pour établir
une manufacture d'armes, sont plus divisés que jamais.
Ils meurent de faim, se plaignent beaucoup et n'ont pas
encore obtenu le plus petit résultat, ce qu'ils rejettent,
peut-être avec raison, sur l'Emir, qui ne met pas à leur
disposition les moyens nécessaires.

Léon Roche est arrivé ici pour fêter avec le califfa l'anniversaire de la naissance du Prophète ; il m'a été
rapporté qu'il avait dit, que la paix était certaine pour
cette année, que toutes les négociations lui avaient passé
par les mains et que l'Emir n'avait nullement l'intention
de s'opposer à l'établissement de la route d'Alger à Constantine (1). Il m'a écrit, pour me prier de faire mettre à la
poste des lettres des ouvriers français, qui sont à Taguedemt. Comme je ne veux rien faire sans votre consentement, je vous envoie encore le tout.

J'ai l'honneur, etc...

E. DAUMAS.

Je viens d'avoir un entretien avec Léon Roche, qui
repart aujourd'hui pour rejoindre l'Emir. Il m'a dit
qu'Abd el-Kader voulait la paix, mais que, si M. le maréchal persistait à vouloir faire la route d'Alger à Constantine, on aurait, sans aucun doute, la guerre ; qu'il avait
lui-même écrit à ce sujet au Roi de France, au ministre
de la guerre, à la Chambre des députés, mais qu'on
n'avait pas encore reçu de réponse. Léon Roche m'a protesté de son désir de servir sa patrie par tous les moyens
possibles et je l'ai fortement engagé à se servir de son
ascendant sur l'esprit de l'Emir, pour lui faire comprendre ses véritables intérêts et mettre un terme aux excès,

---

(1) « Ecrit avant mon entretien avec Léon Roche » ; note marginale
de Daumas.

dont nous avons tant à nous plaindre. Il me l'a promis, tout en me disant que l'Emir n'était entouré que de gueux ou d'imbéciles et qu'il ne faisait pas tout ce qu'il voulait.

Je vous rends compte que les Garabas se sont emparés de quelques provisions que nous rapportait le cavalier porteur de vos lettres. (Il est juste de dire qu'aucune lettre n'a été ouverte. Heureusement, elles étaient toutes fermées). Des effets du califfa ont été également pillés. Il ont aussi ouvert la première enveloppe des dépêches, prétendant, au volume du paquet qu'il y avait des mouchoirs, tandis que ce n'était que des journaux. Je me suis plaint énergiquement ; on m'a répondu, qu'on ne savait pas que cela appartînt au consul de France et que, dans tous les cas, on punirait les coupables. Je vous informe du tout.

E. D.

A. G. G. A. E. 1163. 115-74. (Original).

CI

Daumas à Guéhenneuc.

Mascara, le 3 juin 1839.

Mon Général,

Conformément à vos ordres, j'ai donné à M. le docteur
Warnier communication de l'article de votre lettre qui le
concerne et M. Warnier part aujourd'hui. Malgré qu'il me
soit agréable d'avoir un compagnon d'exil, je ne deman-
derai personne pour remplacer M. Warnier, parce qu'il
me semble, qu'en raison des longs et bons services qu'il a
rendus à Mascara, cet officier de santé doit être placé dans
une position telle, que personne ne puisse même lui contester le mérite de son dévouement. Quant aux soins à donner aux indigènes, nous nous en tirerons de notre mieux.

Le califfa Moustapha ben Tamy m'a fait appeler pour
me dire, que l'oukil de l'Emir à Mostaganem ne jouissait
d'aucune considération ; qu'il y a peu de temps encore, on
avait arbitrairement emprisonné son domestique, que, ces
jours derniers, on venait également d'emprisonner son
frère, qui était allé passer quelques jours auprès de lui, en
prétendant, qu'il n'était venu que pour entraver notre
commerce ; que, le fait fût-il vrai, on n'eût pas dû se conduire ainsi par égard pour l'Emir et, qu'enfin, si M. le
colonel Dubarrail ne voulait pas adopter une marche plus
bienveillante, on n'avait qu'à le lui renvoyer plutôt que de
le laisser exposé à la risée des Douers qui, selon lui, sont
les instigateurs de tout cela. Je lui ai répondu, qu'il ne

31

pouvait y avoir que de l'exagération dans ces plaintes et que j'allais vous en rendre compte. Depuis que je suis à Mascara, il ne m'est jamais arrivé de faire valoir une seule considération personnelle et, cependant, aujourd'hui, au point où en sont les choses, je crois devoir vous dire que l'oukil de Mostaganem est le frère du caïd Hadj el-Boukary, qui est tout puissant ici et que la manière, dont nous sommes traités, dépend entièrement de la manière, dont on le traite.

On a reçu, hier, des nouvelles du désert. Tedjiny est à Aïn Mady, où toutes les tribus du Sahara sont venues lui apporter leur soumission et leurs offrandes, qu'on dit considérables. Il enrôle des fantassins, achète des armes, des munitions et annonce le projet de marcher sous peu sur Taguedemt. La garnison de Taguedemt, qui n'était autrefois que de 100 hommes, vient d'être portée jusqu'à 1.200 et, tous les jours, on la renforce encore. Ces jours derniers, il a fait une razia sur les Hamyanes, qui s'étaient retirés près de Sitten (1) et leur a enlevé cinq douars. Sous peine de mort, personne ne peut ici prononcer le nom de Tedjiny. Tout le monde est très inquiet ; le pouvoir, suivant son habitude, cherche à dissimuler ses craintes par des mensonges ou des bravades et je puis vous assurer que, généralement, on a une peur effroyable de la guerre avec la France, parce que, vraiment, on ne saurait plus de quel côté faire face.

Le califfa El-Mograni, dit Tobbal, à qui l'Emir avait donné 200 cavaliers et un peu d'infanterie pour aller lui soumettre diverses tribus des environs de Constantine, vient d'éprouver un échec complet. Dans une affaire, il a perdu 27 cavaliers, 60 fantassins et il a été forcé de se

---

(1) Stitten : Ksar à 291 kilomètres au S. S. E. d'Oran et à 27 kilomètres à l'E. de Géryville, sur l'oued Stitten, au pied du djebel Ksel. (2.345 habitants, y compris les Ahl, Stitten, qui campent au voisinage). Les Français y pénétrèrent pour la première fois, sous les ordres du colonel Géry, le 24 avril 1845.

retirer en toute hâte. Il est rentré à Miliana une **grande** quantité de blessés ; on vient d'envoyer, à la **hâte**, **un** renfort de 200 cavaliers.

Malgré tout le mystère dont on s'entoure, il paraît positif que le califfa Bou Hamidy vient de se faire battre aussi par les Hamyanes, sur qui il a voulu faire une razia. Il a perdu 30 fantassins, 19 cavaliers, une grande quantité **de** Beni Ameur et tous ses bagages, qui sont restés au pouvoir de l'ennemi. Vous voyez que, de **tous** côtés, **c'est la** même chose.

Pour consoler, sans doute, les siens de tous ces **malheurs**, Hadj l'Habib, aussitôt après l'arrivée **du bateau à** vapeur, a expédié un courrier extraordinaire pour les prévenir que les Français avaient fait une tentative **sur** Djidjel (1), qu'ils avaient été battus par les Kabyles, qu'on leur avait tué 600 hommes et enlevé une caravane considérable. Il ajoute, que le blé est horriblement cher à Constantine (100 boudjoux le saâ) (2), qu'on en expédie d'Oran et de Mostaganem et, qu'enfin, la France est en proie à la guerre civile la plus cruelle. On s'est beaucoup **réjoui de** tous ces mensonges, que je saurai démentir et faire **démentir** par mes agents.

---

(1) Djidjelli. Port de la province de Constantine à l'E. de Bougie. Comptoir phénicien, puis colonie romaine, Djidjelli fut occupé, au début du XVIe siècle, par Aroudj. En 1664, une expédition française sous les ordres du duc de Beaufort et du comte de Gadagne s'en empara, mais dut l'évacuer au bout de trois mois. Le maréchal Valée décida de faire occuper cette place à la suite du pillage d'un navire français par les Kabyles des environs. Cette opération fut exécutée, le 19 mai 1839, sous la direction du commandant de Salles. Le débarquement s'effectua sans difficultés, mais, les jours suivants, il y eut avec les Kabyles quelques engagements, dans l'un desquels le commandant Horain, de la légion étrangère, fut blessé mortellement. Pellissier de Reynaud. *Annales Algériennes.* Liv. XXVI. T. II, p. 326.

(2) Saâ : Mesure de capacité en usage dans les provinces d'Alger et de Constantine. Le saâ d'Alger équivalait à 60 litres ; celui de Bône à 1 hectolitre.

Il est arrivé d'Oran une grande quantité de fer et de cuivre.

J'ai l'honneur, etc....

E. DAUMAS.

P. S. — L'espèce d'ambassade, qui avait été envoyée dans le Maroc, vient d'arriver ; on n'en connaît pas encore les résultats.

Tout ce que j'ai eu l'honneur de vous dire sur le **désert** vient de m'être confirmé.

Les craintes, que l'on éprouve, sont tellement **vives**, que l'on vient d'évacuer sur Miliana une partie du magasin d'armes.

Le califfa a dit chez lui : « Pourvu que les Français **nous** laissent tranquilles, car nous sommes ici comme sur **un** morceau de fenouil allumé par les deux bouts. » (1).

E. D.

(Le 4). On vient de recevoir des nouvelles de l'Emir. Il annonce qu'il a éprouvé une grande résistance de la **part** des Kabyles, qui ne veulent pas le laisser passer outre (2) et qu'il vient de rentrer à Bordj Hamza, où il fait bâtir. Il annonce le projet de convoquer des forces imposantes et d'en appeler aux armes.

E. D.

A. G. G. A. E. 1163. 116-75 (Original).

---

(1)   كاذت كالكانخة مشعولة من فـدّام ومن لـورا

« Elle était comme une férule allumée aux deux bouts ». Daumas. *Vie arabe*, p. 259. — Ben Cheneb. *Proverbes de l'Algérie et du Maghreb*. T. II, p. 159, n° 1416.

(2) Sur le voyage d'Abd el-Kader en Kabylie. Cf. Daumas. *La grande Kabylie*. Paris 1847. 8°, chap. V.

CII

Daumas à Guéhenneuc.

———

Mascara, le 9 juin 1839.

Mon Général,

Comme j'ai eu l'honneur de vous le dire, la délégation
chargée de faire agréer à l'empereur du Maroc les présents
de l'Emir, est rentrée à Mascara, le 5 juin. Il paraît positif
que Mouley Abderraman, très occupé, dit-on, de ses
affaires intérieures, n'a reçu les envoyés que froidement et
ne leur a fait aucun cadeau malgré l'usage. Consulté au
sujet de la paix ou de la guerre, il aurait répondu : « Si
Abd el-Kader n'est que mon califfa, comme il l'assure, il
maintiendra la paix avec la France, qui est une nation
grande et puissante, contre laquelle il ne peut lutter ; et,
s'il se regarde comme indépendant, qu'il en fasse à sa tête,
mais, alors, qu'il ne compte plus sur aucun secours de ma
part. » Partant de là, on ajoute que, dès à présent, il ne
veut plus fournir à l'Emir ni armes ni munitions de guerre ; ce que les uns expliquent par des dettes, qui n'auraient
pas été acquittées et les autres par les craintes, qu'inspire
le pouvoir toujours croissant d'Abd el-Kader. Je tiens tous
ces détails d'un parent du chef de l'ambassade et, s'ils
sont vrais, je les regarde comme très importants pour
nous. Quoi qu'il en soit, comme on ne pouvait mettre le
public dans un pareil secret, on a improvisé une espèce de
fête à Mascara, fait promener dans les rues quelques
mules pesamment chargées et tiré le canon pour célébrer
l'arrivée du cadeau mensonger de l'empereur du Maroc.
Malheureusement ces moyens, le plus souvent, réussissent.

Un déserteur, nommé Hamidou, le même **qui a été**
rendu à l'Emir, lors de la première paix, par M. le général Desmichel, est venu me voir. Il dirige la fabrique de
poudre de Tlemsan et m'a donné sur cette ville les renseignements suivants. Pendant les derniers mois, qui viennent de s'écouler, la misère a été à son comble. Tout le
monde craint horriblement la guerre et désire la paix. **Les**
Coulouglis et les Hadars se sont, en apparence, réconciliés,
mais il règne toujours entre eux des **ferments de dis-**
corde, qui ne veulent qu'une occasion pour éclater de
nouveau. Le califfa Bou Hamidy, qui gouverne avec une
main de fer, est plus mal que jamais avec les Beni
Amcur, dont l'orgueil est froissé d'obéir à un Kabyle
et, enfin, le chemin du Maroc est toujours rigoureusement
intercepté par les Hangades et les caravanes, qui y vont ou
qui en viennent, ne peuvent plus voyager que sous la protection de nombreuses escortes fournies par l'Emir, depuis
Tlemsan jusqu'à Oucheda et par Mouley Abderraman,
depuis Oucheda jusqu'à Fass. Un espagnol s'était chargé
de fondre des canons ; il n'a pas réussi et, après avoir
dépensé beaucoup d'argent, les travaux ont été interrompus. La fabrique de poudre est en pleine activité et peut
fournir, au besoin, un quintal par jour. Il est arrivé une
grande quantité de fusils anglais. Fidèle au système adopté
et sur lequel j'ai appelé plus d'une fois votre attention,
Bou Hamidy a fait construire un fort à Taferaoua (1) qui
se trouve à plusieurs lieues de Tlemsan, dans le pays des
Oulad Ouriouche (2). Le chemin qui y conduit est très
difficile, car l'on ne peut, suivant Hamidou, la plupart
du temps, marcher qu'en file. Ce fort qui est armé de
9 pièces de canon, peut contenir 3.000 fantassins et, déjà,

---

(1) Tafraoua : Nom donné communément par les indigènes à
Sebdou.

(2) Beni Ouriache : Tribu de l'aghalik des Djebelia, au S. O. des
Beni Ournid et à l'E. des Beni Snous (Sebdou M.).

l'on y transporte tous les magasins de Tlemsan, que l'on se propose positivement d'abandonner en cas de guerre, après avoir fait sauter le fort du Mechouar. Comme à Mascara, tous les chefs sont sortis pour aller vivre sous la tente. Bou Hamidy peut, aujourd'hui, disposer de 1.5oo fantassins et les enrôlements se poursuivent avec activité.

Le directeur de la fabrique d'armes de Taguedemt, M. Guillemain, dont je vous ai dernièrement envoyé une lettre, vient de prendre la fuite. On ne sait encore où il a porté ses pas et l'on est très contrarié de ce mécompte. Il ne serait pas impossible que quelques-uns des Français, qui sont à Taguedemt, vinssent, un jour, tomber dans ma maison et me demander asile et protection. Je viens vous prier de vouloir bien me tracer la ligne de conduite, que j'aurais à tenir le cas échéant, car je serais fort embarrassé.

Le califfa Moustapha ben Tamy part demain lundi avec un peu d'infanterie régulière et trois pièces de canon, pour faire une tournée, qui n'a d'autre but avoué que de pressurer les tribus, qui sont en retard ou qui ont montré de la mauvaise volonté pour le paiement de la contribution extraordinaire ; il sera suivi par une cavalerie assez nombreuse. Tous les chefs, qui sont à Mascara, partent avec lui, de sorte qu'il ne restera plus personne ici. Voici l'itinéraire qu'on lui prête : la Mina, les Beni Zeroual, qui sont plus insoumis que jamais, les Beni Mesellem, les Beni Ourar, Taguedemt, les Agoubias, Sayda et, de Sayda, Mascara.

On assure à l'instant même, que l'Emir est toujours à Bordj Hamza. Il aurait renoncé à ses projets sur le Chairg et annoncerait son arrivée à Taguedemt pour le 17 du courant. Tout ceci mérite confirmation.

J'ai l'honneur, etc...

E. DAUMAS.

Conformément à vos ordres, j'ai donné à **M.** l'interprète Amran l'autorisation de se rendre à Oran ; mais, son cheval se trouvant boîteux, il n'en profitera que par le premier courrier.

On est absolument sans nouvelle aucune du désert.

E. D.

A. G. G. A. E. 1163. 117-76 (Original).

CIII

Daumas à Guéhenneuc.

Mascara, le 16 juin 1839.

Mon Général,

M. l'interprète Amran profitant de la permission, que vous avez daigné lui accorder, part par ce courrier. Je le charge de vous remettre la correspondance et prends la liberté de le recommander à vos bontés.

On pille toujours impitoyablement tous les Arabes, qui rapportent de nos villes des marchandises autres que des armes, du soufre, de l'acier, du fer et du plomb. Je vous en ai déjà rendu compte et, aujourd'hui, je vous envoie l'ordre lui-même, qui en a été donné par le califfa Moustapha ben Tamy au nom de l'Emir Abd el-Kader. Daignez faire traduire cette lettre et, tout en acquérant la mesure des dispositions de ces MM. à notre égard, vous y verrez que mes renseignements étaient exacts. Ignorant absolument si vous avez autorisé ou non la sortie des fers, aciers, etc., je vous transmets aussi à tout hasard une lettre de l'oukil Hadj l'Habib, qui vous prouvera qu'il en sort d'Oran des quantités considérables (1). Maintenant, comment ces documents sont-ils tombés en mon pouvoir, le voici. Les Musulmans prétendant que c'est une impiété que de laisser traîner des papiers, où se trouve inévitable-

____

(1) Ces documents ne se trouvent pas aux archives du gouvernement général de l'Algérie.

ment écrit le nom de Dieu, se contentent de les déchirer et de les cacher dans des trous de vieux murs. J'ai découvert la niche et je les ai fait enlever. Ce moyen mettra plus tard à notre disposition plus d'une pièce curieuse.

Un déserteur du bataillon d'Afrique est arrivé à **Mascara** ; il s'est vanté d'avoir, avant de partir, vendu son fusil et ses cartouches à un Juif, dont je n'ai pu savoir le nom. Il a été immédiatement enrôlé et envoyé à **Taguedemt.**

Tous les bruits répandus sur le désert prennent de plus en plus de consistance. Tedjiny, après avoir ajouté de nouvelles fortifications à Aïn Mady, vient encore d'entourer de remparts Beni Lerouate, où il a fait mettre à mort vingt-deux chefs, qui avaient favorisé l'Emir dans son entreprise. Au nombre de ces derniers, on cite le **propre frère de Sidi Laâyssa Lerouaty, califfa,** qui avait été institué dans ces contrées par Abd el-Kader. L'aga des Hachems Cherragas est parti pour Serresous suivi d'un assez grand nombre de chevaux, avec la mission de pousser au loin des reconnaissances et, surtout, de faire une grande vigilance afin que, si Tedjiny venait à exécuter ses menaces, en marchant sur Taguedemt, on en fût, au moins, prévenu à temps. Dans cette hypothèse et par les conseils de **Léon Roche,** on vient d'instituer une espèce de garde nationale à Taguedemt, où le pouvoir a fait distribuer des fusils à tous les habitants qui n'en avaient pas.

Il circule ici, que trois Douers ayant été condamnés à mort et devant subir leur peine sur la place publique d'Oran, la tribu entière est dans la plus grande agitation. On fonde les plus belles espérances sur ce fait et l'on publie partout que cinq douars complets ont déjà passé aux Beni Ameur.

Hier, Hadj el-Boukary, caïd de Mascara, est parti pour Sayda, avec l'ordre de l'Emir d'en pousser les travaux avec la plus grande activité.

Le califfa Moustapha ben Tamy n'est pas plus avancé

que le premier jour ; il est toujours sur la Mina et il réunit beaucoup de monde pour essayer, encore une fois, de soumettre les Beni Zeroual, qui viennent de chasser Miloude Bennarache, qui leur avait été envoyé en députation.

J'ai l'honneur, etc...

E. DAUMAS.

P.-S. — Il vient d'arriver des lettres de Media. L'Emir est revenu jusqu'à Berouâguyia (1), près de cette ville. Il y a réuni sa cavalerie régulière, toute l'infanterie dont il a pu disposer, une nombreuse cavalerie irrégulière et il est reparti pour l'Est. Il donne connaissance de tous ses mouvements ici. J'en serai instruit et je vous en rendrai compte.

J'apprends aussi, à l'instant même, que Tedjiny vient de détruire une grande quantité de petites villes ou de villages, qui sont sous ses ordres et qu'il en a retiré toutes les populations dans Aïn Mady et Beni Lerouate.

Le califfa Moustapha ben Tamy vient de défendre encore, sous les peines les plus sévères, de ne rien acheter ni laisser passer venant d'Oran ou de Mostaganem.

E. D.

A. G. G. A. E. 1163. 118-77 (Original).

---

(1) Berrouaghia : Siège d'une commune mixte, à 134 kilomètres au S. d'Alger, à 34 kilomètres au S. de Médéa. La ville, située à 924 m. d'altitude, renferme 2.000 habitants, dont 750 Européens.

CIV

Daumas à Guéhenneuc.

Mascara, le 23 juin 1839.

Mon Général,

J'ai déjà trouvé l'occasion d'instruire les chefs de Mascara de l'arrivée du vénérable prélat, que nous avons le bonheur de posséder (1). Cette occasion s'est présentée naturellement. Nous étions chez le caïd ; on vint à parler de religion et je fis adroitement passer en revue tous les griefs qui, selon les Musulmans, font de nous des impies. « Comment voulez-vous que nous vous traitions autrement, dit un savant, le qroudja du cady : vous ne jeûnez pas ; on ne vous voit jamais prier ; dans vos villes vous autorisez le vice et la prostitution et, enfin, partout on vous entend renier Dieu (jurer). » — « Vous avez tort, répondis-je, de nous juger par ce que vous voyez faire à nos soldats qui, comme les vôtres, ne suivent pas exactement leur religion. Comme vous, nous ne proclamons qu'un seul Dieu, le maître du monde ; notre jeûne dure quarante jours ; dans notre pays nous avons de nombreuses mosquées constamment remplies de fidèles et nous avons des marabouts, qui ne consacrent leur existence qu'à propager la parole de Dieu et à soulager l'in-

---

(1) Mgr. Dupuch, évêque d'Alger, en tournée pastorale dans la province d'Oran. L'évêché d'Alger avait été créé par une ordonnance royale du 25 août 1838.

fortune sans aucune distinction de pays ni de religion ».
— « Ah, bah ; vous avez des marabouts ! » — « Oui nous
avons des marabouts et la preuve c'est qu'il vient d'en arriver un à Oran renommé pour sa piété, ses vertus et qui,
déjà, a su s'attirer le respect et la vénération de tous les
Arabes ». Là dessus, je me levai et partis. Le soir, je fus
instruit par l'un de mes agents qu'on avait après moi beaucoup causé sur les chrétiens et qu'un talaib avait dit : « Le
consul a raison ; les Français suivent l'Evangile (l'End-
jil) ; le Prophète nous en parle dans le Coran. Ce sont
les Anglais qui nous parlent de livres saints ; du reste,
nous sommes tous fils d'Adam et Eve. Seulement, Dieu a
fait et séparé (1) ». Je ne m'en tiendrai pas là et saurai
faire répandre dans le public l'arrivée de Monseigneur
l'Evêque, arrivée qui fera, je crois, le plus grand bien à
notre cause, en détruisant promptement tous les absurdes
préjugés naturellement répandus sur nous.

Bou Hamidy vient de faire prévenir les habitants de
Tlemsan, de ne faire aucun amas de provisions dans cette
ville, mais bien de se préparer à emporter leurs effets et
leurs récoltes mêmes à Tafaraoua. Quelques chefs se
sont rendus auprès de l'Emir pour solliciter de lui l'ajour-
nement de cette mesure.

Il vient de se passer un fait qui peut nous donner une
idée de la manière dont est disciplinée l'armée de l'Emir.
130 fantassins, qui tenaient garnison à Sayda et qu'on y
laissait mourir de faim, ont tout simplement abandonné
leur poste et se sont retirés chacun chez soi.

D'après les nouvelles les plus récentes, l'Emir est toujours dans l'Est. Il aurait séjourné quelques jours dans
les environs d'Alger, où il aurait eu un échange de courriers assez actif avec M. le maréchal gouverneur général.
Dans le principe, il était assez disposé à se retirer ; mais
il changea d'avis sur une lettre de ses agents d'Alger,

____

(1) Cf. dépêche de Daumas du 7 janvier 1838, p. 60, note 1.

qui le prévenaient qu'on voulait le jouer et qu'aussitôt
parti, M. le maréchal se mettrait lui-même en marche
pour établir définitivement la route d'Alger à Constantine. Ces agents sont Ould Si l'Hadj, Hadj Aly Chiqrr
el-Belad, El-Mekouar et Bel Kebabty. Il serait, je crois,
bien important de mettre un terme à la conduite de tous
ces individus, qui se font un jeu continuel d'entraver la
marche de nos affaires. En effet, tantôt on écrit à l'Emir,
que la France, en pleine révolution, a, de plus, la guerre
avec les Anglais qui vont bloquer nos ports et que le
moment est venu de secouer notre joug ; tantôt on lui
recommande de se mettre en mesure, parce que nous
visons à l'occupation générale du pays. Le plus souvent,
on lui trace une ligne de conduite, qui n'a pas le sens
commun. Le tout est bâti sur des mensonges, qu'il ne
peut découvrir qu'à la longue et de là les mesures vio-
lentes, de là l'abandon des principales villes, la construction d'autres villes, qu'on croit plus à l'abri de nos coups,
le commerce interrompu, l'appel aux armes, les incertitudes et les fluctuations, que vous avez dû remarquer et
qui jettent une inquiétude véritable dans toutes les classes, parce qu'on ne sait jamais sur quoi compter.

Le califfa Moustapha ben Tamy est toujours à cheval
sur le pont de la Mina ; il y réunit toutes les forces dont
il peut disposer.

J'ai l'honneur, etc...

E. DAUMAS.

Rien de nouveau sur le désert, mais toujours la confirmation des nouvelles précédentes.

Demain, le pouvoir envoie à Oran une grande quantité de laines. Il vient d'arriver des lettres de l'Emir, qui

sont assez insignifiantes. Il vante ses prétendus succès chez les Kabyles et annonce qu'un Anglais est venu lui offrir de lui fournir tout ce dont il aura besoin par un petit port, qui se trouve chez les Zouaras.

E. D.

A. G. G. A. E. 1163. 119-78 (Original).

CV

Daumas à Guéhenneuc.

Mascara, le 30 juin 1839.

Mon Général,

L'Emir est toujours dans le Chairg. Il vient d'écrire à plusieurs notabilités du pays des lettres assez singulières. Il commence par les instruire que, pouvant **désormais** compter sur l'appui des Kabyles, qui l'ont reçu partout avec un enthousiasme difficile à décrire, il est **décidé** à recommencer la guerre sainte puis, mettant tout à coup en avant la responsabilité immense qui va peser sur sa tête, il demande des conseils et ne paraît plus vouloir que se faire prier de maintenir la paix, afin que, cela venant du consentement général, il ne puisse rien perdre de l'ascendant religieux, qu'il exerce sur les Arabes. Pour le maintenir, du reste, cet ascendant religieux, il redouble de jeûnes et d'austérités ; il publie qu'il a des entrevues avec le Prophète et fait circuler des prédictions toutes à son avantage. Pour prouver qu'il n'emploie l'argent des contributions qu'à se mettre un jour en état de lutter avec les chrétiens, il laisse presque sa famille dans la misère et, dernièrement, il a fait vendre publiquement tous les bijoux de sa femme, dont le produit a été versé dans le trésor public. Ces moyens produisent, en général, l'effet qu'il en attend.

Depuis quelques jours, il n'est bruit à Mascara que de la défection prochaine et complète des Douers, qui seraient décidés à rentrer sous la domination de l'Emir, parce qu'on doit s'emparer de leurs enfants pour les envoyer en France (1). Malgré que je sois convaincu de l'absurdité de pareilles assertions, je ne crois pas moins devoir vous rendre compte, qu'on est ici disposé à exploiter ce thème par tous les moyens possibles. Déjà l'on parle d'entrevues avec le califfa Bou Hamidy, de lettres écrites et de sept à huit Douers porteurs de propositions, qui se seraient aussi rendus à la Mina, auprès du califfa, Moustapha ben Tamy.

Un voyageur venu d'Alger assure que les Hadjoutes se sont battus avec le bey de Médéa. Il raconte aussi que la cavalerie régulière de l'Emir a éprouvé un violent échec dans le Cibane.

Voici les nouvelles du désert ; Tedjiny vient de détruire les villes et villages qui se trouvaient autour de lui dans un rayon de 25 lieues et en a retiré les populations dans Aïn Mady, où il ajoute des fortifications et dans Beni-Lerouate, qu'il entoure de remparts. Il enrôle des fantassins et reçoit du Maroc des armes et des munitions, qui lui sont fournies par de nombreux partisans indignés de la conduite de l'Emir à son égard. Tout paraît annoncer une collision pour l'automne, mais on a repris courage ici et les partisans d'Abd el-Kader disent à qui veut les entendre que si les Français les laissent tranquilles,

---

(1) Le maréchal Valée préconisait, en effet, la création, à Paris, d'un établissement destiné : 1° à donner l'hospitalité aux notables indigènes de passage en France ; 2° à servir de collège pour l'éducation de jeunes Arabes placés sous la surveillance d'hommes recommandables et pieux de leur nation et instruits par des professeurs français, selon des règlements et un programme arrêtés par le ministre de la guerre ; 3° à assurer l'enseignement de l'arabe vulgaire aux jeunes gens se destinant à la carrière d'interprète ou aux services publics en Afrique. — Rapport du lieutenant général Cubières, ministre de la guerre, au Roi, 11 mai 1839. (*Moniteur*, 16 mai 1839). Le gouvernement français ne donna pas suite à ce projet du maréchal, en raison, précisément, de la répugnance manifestée par les indigènes à l'envoi de leurs enfants en France.

ils rendront avec usure sur leur territoire, la leçon qu'ils ont été chercher sur celui de Tedjiny.

Le califfa Moustapha ben Tamy est toujours sur la Mina, où il attend des soumissions qui n'arrivent pas ; il vient d'employer un moyen économique pour remonter sa cavalerie régulière, qui est en désarroi. Il s'est emparé ces jours derniers de 250 chevaux, qui se trouvaient sur le marché des Flittas, en accusant tout simplement cette tribu d'avoir été en vendre aux chrétiens à Mostaganem.

La famille de l'Emir vient de quitter Miliana pour se rendre à Tazaâ, qui en est à deux jours de marche.

Il a encore été apporté d'Oran quelques fusils français. Je n'ai pu savoir qui faisait ce commerce illicite ; mais je n'aurai pas de repos que je n'aie pu vous mettre sur la voie des coupables.

J'ai l'honneur, etc...

E. DAUMAS.

A. G. G. A. E. 1163. 120-79 (Original).

CVI

Daumas à Guéhenneuc.

Mascara, le 7 juillet 1839.

Mon Général,

L'Emîr est de retour à Tazâa. On le dit fort contrarié
de ce que son voyage dans le Chairg n'a pas eu tous les
résultats qu'il en espérait. En effet, malgré les belles
épitres où il se peignait lui-même comme porté en triom-
phe par les populations, il paraît à peu près positif aujour-
d'hui, que les Kabyles ont été bien vite dégoûtés de son
ambition et de sa rapacité. Voici comment l'on raconte le
fait. Dans une réunion de chefs influents, où il avait été
reçu en visiteur de distinction, Abd el-Kader, non content
de ces stériles honneurs, en vint graduellement jusqu'à
prêcher la guerre sainte, demander des fantassins pour
son armée régulière et, enfin, l'âchor, qui, disait-il, lui
était dû depuis sept années, c'est-à-dire depuis qu'il est
au pouvoir. Ces prétentions inouies déchirèrent le voile
et révoltèrent les chefs des Kabyles à tel point, qu'ils
rompirent brusquement l'entrevue en lui disant : « Pour
reconnaître l'hospitalité, que nous t'offrons généreuse-
ment, tu nous traites de chrétiens et réclames des contributions ; mieux encore, tu nous prêches la guerre et nous
demandes nos enfants. Va, tu es bien l'homme qu'on
nous avait dépeint ; retourne dans ton pays et ne remets
jamais les pieds dans le nôtre. » Un voyageur venu de
l'Est a ajouté, qu'en rentrant, l'Emir avait failli être

enlevé (1). Il a reçu la bastonnade publiquement et il est encore en prison.

A peine arrivé à Tazâa, l'Emir a dirigé sur Taguedemt sa famille, qu'il a eu assez de peine, dit-on, à arracher à l'influence du bey de Miliana, Sidi Embarraik, qu'on caresse encore, mais qu'on déteste, et qu'on n'ose pas attaquer en face malgré de nombreux et sanglants griefs.

Maintenant quels sont les projets de l'Emir Voici ceux qu'on lui prête. Le 9 du courant, Abd el-Kader sera à Taguedemt ; il y séjournera quelques jours et puis il se rentra à Sâyda, où tous les chefs de la province d'Oran seront, encore une fois, convoqués pour tenir conseil et prendre connaissance de lettres venues de France Si l'on se décide pour la paix, le califfa Moustapha ben Tamy ira joindre ses forces à celles du califfa Bou Hamidy, pour en finir, s'il est possible, avec les Hangades, qui interceptent toujours le commerce du Maroc et tâcher d'obtenir quelque argent des Kabyles de la Tafna, qui ne veulent rien donner, tandis qu'Abd el-Kader se rendra, lui, dans le désert, pour rassurer les tribus menacées par

---

(1) **Abd el-Kader** s'était rendu en Kabylie accompagné seulement d'une escorte de 100 cavaliers, son khalifa, Ben Salem, lui ayant donné le conseil de se présenter aux Kabyles, en hôte inoffensif, en simple pélerin. Dans une lettre adressée au maréchal Valée, l'Emir annonçait au gouverneur général son intention de visiter les saints marabouts du territoire des Zouaoua. (Dépêche de Valée au ministre de la guerre, 25 mai 1839. A. G. G. A.-E. 1351). Il se rendit donc à Bordj Boghni, à Sidi Ali ou Moussa, où il eut une entrevue avec les principaux chefs des Zouaoua, à Tizi-Ouzou, à Dellys, chez les Isser, chez les Beni Aïcha, chez les Amraoua, puis, par la vallée de la Soummam, jusqu'aux environs de Bougie. Il fut partout bien accueilli, mais ne put décider les Kabyles à reconnaître son autorité et à lui payer l'impôt. Puis, devenu suspect aux Kabyles à la suite d'un échange de correspondances avec le commandant français de Bougie, il dut précipitamment battre en retraite. Près de l'oued Amazin, le cheikh Ben Daoud lui barra le passage avec des forces considérables. L'Emir faillit être tué et ne dut son salut qu'à l'intervention de Ben Zamoun et de quelques autres chefs. (Daumas. *La grande Kabylie*, loc. cit.).

Tedjiny et savoir, enfin, ce qu'il peut avoir à redouter d'un ennemi implacable, qui fait de grands préparatifs. Malgré que des ordres aient été donnés à tous ceux qui doivent marcher, de faire des provisions pour une campagne de quatre mois, tout ceci mérite confirmation.

Le califfa Bou Hamidy a voulu faire une razia sur les Sekouna (?) ; mis en déroute et abandonné par une partie de sa marqzen, il n'a pu opérer sa retraite qu'en perdant beaucoup de monde.

La contribution extraordinaire imposée par l'Emir à son retour d'Aïn Mady a été payée par toutes les tribus, dont le pays présente un accès facile et unanimement refusée par celles qui, placées dans les montagnes, peuvent se rire de son courroux. Au nombre de ces dernières, on cite les Kabyles, les Djafras, les Agoubyas, les Beni Zeroual, ce qu'on appelle le Dahra et une grande partie du gouvernement de Miloude Bennarrache. On est forcé d'en passer par là, ainsi que le prouve la sortie du califfa Moustapha ben Tamy, qui est toujours sur la Mina, sans oser prendre un parti décisif, malgré qu'il n'ait rien encore obtenu.

Dans la semaine, il est arrivé quatre déserteurs français à Mascara. L'un d'eux s'est dit le fils de l'ancien consul anglais à Alger. Un déserteur des zouaves, récemment venu de Miliana, m'a assuré que M. Guillemain, directeur de la fabrique d'armes de Taguedemt, avait été assassiné par l'Arabe, qui s'était chargé de le conduire à Alger. Il m'a dit aussi que les travaux de la fonderie de Miliana (1) étaient interrompus faute d'argent.

---

(1) « Cette fonderie est située sur le versant gauche du ravin, qui borde la ville à l'Est. Le bâtiment principal de cette usine, qui a environ 25 mètres de long sur 8 de large, est construit en moellon et recouvert en tuiles. Sa façade, d'un style tout à fait moderne, présente trois arcades uniformes et à plein cintre ; le bâtiment renferme cinq fourneaux dits à la catalane, alimentés par une trompe, dont les bases ont 6 mètres de hauteur et reçoivent les eaux des sources

Suivant lui, encore, il y a à Miliana plus de cent déserteurs français et le nombre s'en accroît tous les jours, grâce au système d'embauchage employé par l'Emir qui fait jeter dans les camps des lettres, où il promet de l'argent et des grades à tous ceux qui viendront à lui, ce qui ne l'empêche pas de les laisser mourir de faim. L'un des agents les plus actifs de l'Emir à Alger, serait M. Cazes (1), Français et directeur de sa fonderie à Miliana.

J'ai passé toute la semaine à détruire et à faire détruire tous les bruits incroyablement absurdes que l'on colporte ici sur notre compte et qui nous font le plus grand tort dans l'intérieur des terres, où les Arabes n'ont aucun moyen de savoir la vérité. Avant-hier, on a publié que les Douers, décidés à rentrer sous le joug de l'Emir, avaient, avant de quitter Misserguin (2), coupé 4oo têtes aux Français, qui s'étaient laissé surprendre. On était ici, si franchement joyeux et le pouvoir tout le premier, que nous avons été inquiets jusqu'au lendemain, qui fit justice de ces mensonges. Il est aujourd'hui reçu partout que les Français veulent s'emparer des enfants des Douers. Le pouvoir sait très bien à quoi s'en tenir, mais, en accréditant cette opinion, il réchauffe le fanatisme, pare aux défections et voilà son unique but.

J'ai l'honneur, etc...

E. DAUMAS.

---

de l'Est. Ces eaux, s'échappant du réservoir, faisaient mouvoir un martinet, auprès duquel on a trouvé quelques ébauches assez grossières de baïonnettes. A l'angle N. O. et en retour se trouve un petit bâtiment sans hauteur, de 3o mètres carrés de surface et servant d'atelier aux ouvriers en bois. » (*Etablissements français dans l'Algérie*, 184o. p. 2o). Cette fonderie utilisait les minerais de fer du Zaccar.

(1) Alquier Cazes, ingénieur et minéralogiste.

(2) Misserghin, à 15 kilomètres à l'O. d'Oran et à 3 kilomètres de la sebkha. Les beys d'Oran y possédaient une maison de plaisance, près de laquelle fut établie, en 1837, une colonie militaire composée de spahis réguliers.

P.-S. — Le courrier porte à Hadj l'Habib, l'ordre d'acheter, s'il le peut, mille quintaux de fer à Oran et de les faire enlever sur le champ par une corvée, qui est déjà commandée à cet effet.

On a beaucoup parlé hier des nouvelles conditions, qui vont être prochainement discutées à Sâyda.

A. G. G. A. E. 1163. 121-80. (Original).

CVII

Daumas à Guéhenneuc.

Mascara, le 14 juillet 1839.

Mon Général,

Par un de ces changements d'avis, si fréquents dans
la politique arabe, ce n'est plus à Sayda, mais bien à
Tazâa et le 28 de ce mois, que doit avoir lieu la réunion
de tous les chefs de la province d'Oran, dont je vous ai
parlé dans ma dernière lettre. S'il faut en croire aussi
des nouvelles très récentes, cette conférence sera précédée
d'une entrevue ou, tout au moins, de négociations avec
M. le maréchal gouverneur général et il en sortira définitivement la paix ou la guerre. Juste ou non, cette
idée domine aujourd'hui les autres et tout le monde
attend, ici, les événements avec une anxiété véritable
augmentée encore par l'ordre que vient d'envoyer **Abd
el-Kader** à toutes les tribus, sans aucune exception, de
faire des silos sauvages (1) et de ne laisser sur pied
aucune meule de paille, sous peine d'être immédiatement brûlée. On voit naturellement dans ces mesures la
pensée d'ôter à une armée française toute possibilité de
subsister dans l'intérieur du pays et cela donne beaucoup à réfléchir à des gens qui ne jugent, le plus sou-

---

(1) C'est-à-dire des silos isolés et dissimulés dans des endroits
écartés, au lieu d'être réunis en groupes au voisinage des lieux
habités.

vent, que par ce qu'ils entendent. Quant à moi, je pense que tout ceci n'est qu'une ruse de l'Emir, soit pour avoir de meilleures conditions, soit pour se faire prier de maintenir la paix sans rien perdre de son ascendant religieux. Les Arabes, malgré toutes leurs fanfaronnades, craignent horriblement la guerre. Les tribus lèvent partout la tête et le désert est gros de nuages ; il a donc, comme vous le voyez, bien des raisons pour redouter nos armes.

Les Djafras et les Agoubias viennent de chasser l'aga Lahhouary, qui avait été chargé d'en exiger les contribution ; on va ici jusqu'à les accuser déjà d'intelligence avec Tedjiny.

Le califfa Moustapha ben Tamy, las d'attendre sur la Mina des soumissions qui n'arrivent jamais, vient de faire une pointe sur les Beni Zeroual. Ces derniers, après lui avoir tué 22 hommes et blessé un plus grand nombre, se sont réfugiés avec leurs femmes, enfants et troupeaux dans une caverne immense creusée, dit-on, par les Romains, au milieu de laquelle coule une petite rivière (1) et, de là, bravent à leur aise son impuissant courroux. Le califfa sera forcé, comme l'Emir, l'année dernière, d'en passer par là et tout me porte à croire qu'il ne sera pas plus heureux chez les Beni Madoun (2) (le caïd des Beni Madoun a été blessé par les siens), Mazouna et les Beni Ourarr, où l'on a déjà chassé à coups de fusil plusieurs de

---

(1) « Ces excavations portent le nom de Ghar Oulad bou Tekhoura. La nature et la position de ces souterrains, où se trouvent des sources très abondantes, en ont fait une sorte de refuge inexpugnable, où les Beni-Zeroual se retirent, lorsque leur indépendance ou leurs intérêts sont menacés. » *Etablissements français.* 1839, p. 284. Ces grottes sont d'origine naturelle et non point dues, comme l'écrivent Daumas et le rédacteur de la notice ci-dessus mentionnée, au travail des Romains. Toute la région du Dahra abonde en excavations de ce genre.

(2) Tribu comprise dans la confédération des Beni Hidja, au S. de Ténès D. C. Maïn. (Ténès. M.).

ses envoyés. Du reste, si l'on éprouve partout des résistances pour la rentrée des contributions, c'est bien la faute de l'Emir qui, croyant être payé plus vite, s'est mis à prêcher inconsidérément la guerre sainte. En effet, les Arabes lui disent maintenant : « Puisque nous allons avoir la guerre, pourquoi te donnerions-nous notre argent ? C'est nous qui nous fournissons d'armes, de poudre et de chevaux ; nous le garderons pour nos besoins. » Ceci est l'exacte vérité.

On annonce toujours ici les Douers pour la fin des moissons et l'on s'est beaucoup réjoui de l'arrivée chez les Garabas de 14 tentes de Zemalas, sous la conduite d'un nommé Mohammed ben Sahharaouy.

Je m'empresse de vous rendre compte, qu'il est venu depuis peu à Mascara beaucoup de Juifs d'Oran sans passeports. Ces gens-là s'exposent.

L'Emir vient de passer un marché avec un Anglais qui s'est chargé de lui fournir 500 quintaux de poudre à Tetâoun (1), dans le Maroc. Vous savez que toutes ses poudres de Taguedemt ont été détériorées par les dernières pluies.

Il est arrivé, hier, trois affûts français tout neufs ; ils sortent d'Alger.

J'ai l'honneur, etc...

E. DAUMAS.

A. G. G. A. E. 1163. 122 (Original).

---

(1) Tétouan.

CVIII

Daumas à Guéhenneuc.

Mascara, le 29 juillet 1839.

Mon Général,

De toutes parts les chefs de la province d'Oran se dirigent sur Tazaâ, où doit avoir lieu la conférence, dont j'ai eu l'honneur de vous rendre compte. Rien, jusqu'à présent, ne peut en faire préjuger les résultats et tout le monde est encore ici dans l'attente des événements. Le Juif Ben Durand a été envoyé auprès de l'Emir ; il y est resté deux jours, puis il est reparti pour Alger. On fait courir sur sa mission une foule de versions contradictoires. Hier, l'un de nos agents est parti avec Hadj Tahar, frère du caïd de Mascara et nous saurons par lui tout ce qui va se passer.

Les Harrares Garabas et les Oulad Sherif (1) se sont véritablement battus avec les tribus de Tedjiny à Bou Zeneroun (2). Le chef des Harrares a été tué ; les Oulad Scherif

---

(1) Ouled Cherif, confédération, comprenant les Ouled Cherif Cheraga (D. C. Torrich), les Ouled Cherif Gharaba (D. C. Guertoufa), les Ouled Lekreud (D. C. Ouled Lekreud) et les Ouled Mansour (D. C. Tiquigeste. — Tiaret M.).

(2) Bousemghoun, ksar situé à 20 kilomètres au S. d'Asla, dans les monts des Ksour et soumis à l'influence des maîtres de la zaouia d'Aïn Madhi. Il y existait un marabout élevé à Si Ahmed Tidjani, père de l'adversaire d'Abd el-Kader. (Daumas, *Le Sahara Algérien*, p. 245). Le ksar de Bou Semghoun fut attribué à la France par l'article 5 de la convention de Lalla-Maghnia (1845).

ont perdu beaucoup de monde et l'on dit Tedjiny blessé, mais cette nouvelle mérite en tout point confirmation.

Malgré que les Arabes le fassent très riche, l'Emir, en ce moment, est presque sans argent. Pour réparer ses pertes après l'expédition d'Aïn Mady, il est bien connu qu'Abd el-Kader a eu besoin de recourir à une contribution extraordinaire (mâouna). Eh bien, sur cette contribution extraordinaire qui, du reste, n'a été acquittée qu'en partie, il a dû solder un arriéré de neuf mois à son armée régulière. Tant à Alger qu'à Oran, il a fait acheter une grande quantité de fer, d'acier, d'étoffes et de draps; il a tiré du Maroc fusils, sabres, plomb, pierres à feu, soufre et poudre ; Sayda, qui est en construction, ne lui a déjà pas mal coûté ; il a fait plusieurs essais malheureux pour ses fonderies et fabriques et c'est ainsi qu'a été dissipé tout ce que ses chefs ont pu lui obtenir, moins une somme de 60.000 boudjous, que le califfa Moustapha ben Tamy lui fait conduire à Tazaâ par les soins de Hadj Tahar et une autre somme de 20.000 boudious, que doit également lui livrer le califfa Bou Hamidy ; ce qui, en dehors de ses nombreux besoins, porte sa fortune présente à 80.000 boudjous nouveaux ou 120.000 francs ; ses autres califfas ont à peine pu subvenir aux dépenses de leurs gouvernements.

Quant aux Beni Zeroual, le pouvoir fait, sans aucun doute, publier qu'ils ont payé, afin d'engager les autres tribus à s'exécuter. Mais c'est une tactique usée à force d'être employée et je vous garantis sur ma tête qu'ils n'ont rien donné au califfa Moustapha ben Tamy. Ne croyez pas davantage aux largesses des Kabyles parce que , si l'on s'en vante aussi tout haut, ainsi que j'ai eu l'honneur de vous en informer, il n'en est pas moins vrai que l'on se plaint amèrement, dans son intérieur, d'avoir dépensé, au contraire, un argent fou en nature et en présents, tant pour s'y faire des partisans que pour y gagner les principaux chefs. Ce que l'Emir en a véri-

tablement obtenu, c'est quelques mules aussitôt distri-
buées que reçues. Daignez croire, mon général, à la
vérité de tous ces détails; ils me sont fournis par des
gens qui ont accès dans les conseils du pouvoir, qui
s'ignorent, qui se contrôlent les uns par les autres et
me tiennent au courant de tout ce qui se passe.

Je passe maintenant à l'histoire des fers. L'Emir a
accordé aux nommés Hadj el-Boukary, Hadj Tahar,
Hadj Boualam, Kadour ould el-Ouahrany, Abd el-Kader
ould Mimoun, Abd el-Kader bel Zeroualy, Si Adzian et,
dit-on, Ould Ben Duran, la permission d'acheter aux
tribus du désert et de vendre à Oran des laines, sous la
condition qu'ils se chargeraient de lui fournir le fer,
dont il avait besoin. Tout le fer, en conséquence, qui
est sorti d'Oran depuis deux mois au plus, a été acheté
par Hadj l'Habib pour le compte de cette société, qui
l'a immédiatement recédé à l'Emir moyennant un léger
bénéfice. Il n'en est pas entré une seule livre dans la
maison d'un particulier et, tous les jours, à mesure
qu'il arrive, je le vois transporter à Taguedemt par
les soins des Hachems Cherragas et à Sayda, par les
soins des Hachems Garabas. Si l'on vous a dit qu'il était
échangé contre des laines, pour les besoins des particuliers, de l'agriculture, etc., on a voulu vous tromper.
Je crois avoir entendu citer souvent le nom de M.
Pouich (1) ; il vient même d'envoyer ici des cadeaux assez

(1) Puyg y Mundo, négociant espagnol établi à Oran et en relations d'affaires avec les frères Ben Durand. Il avait été mêlé au procès
du général de Brossard et convaincu d'avoir offert à Bugeaud une
somme d'argent pour avoir connaissance de la conclusion de la paix
avec Abd el-Kader (traité de la Tafna), avant que celle-ci fût rendue
publique, offrant, en outre, de partager avec ce général les bénéfices
qu'il pourrait réaliser, grâce à ce renseignement. Bugeaud reconnut
avoir accepté tout d'abord cet argent, qu'il destinait à la réfection
des chemins vicinaux d'Excideuil, mais déclara que, ayant ensuite
conçu des scrupules, il avait restitué à Puyg y Mundo les 7.000 francs
que celui-ci lui avait déjà versés. (*Annales Algériennes.* L. xxv. T. ii,
p. 268).

considérables aux Boukary et au califfa Moustapha ben Thamy, sans doute pour continuer à fournir.

Le 26, il est arrivé à Mascara trois déserteurs des spahis avec armes et bagages.

Pour faire de l'argent, l'Emir fait vendre à Teneuss une grande quantité de laines. On parle aussi d'une nouvelle contribution qui, cette fois, ne serait frappée que sur les riches. Elle n'est encore qu'en projet.

Un Juif d'Oran, nommé Yacoub bel Bahkar, est encore arrivé à Mascara sans passeport; il n'a pas paru au consulat.

Les renseignements, qui nous sont parvenus sur les ouvriers de Taguedemt, ne sont pas d'accord avec la plainte écrite de M. Guillemain, que je me suis hâté de vous transmettre. Quant à moi, je n'ai rien pu en apprendre qui mérite encore croyance.

J'ai l'honneur, etc...

E. DAUMAS.

Il sort toujours d'Oran des fusils de munition ; il vient encore d'en arriver quatre et l'on me désigne un Zemala nommé Hamadouche, comme le principal agent de ce commerce illicite.

A. G. G. A. E. 1163. 124 (Original).

CIX

Daumas à Guéhenneuc.

Mascara, le 5 août 1839.

Mon Général,

Ces jours derniers, le califfa Bou Hamidy, se rendant à Tazaâ avec les chefs de son gouvernement, a campé dans la plaine d'Egueris, au pied de Mascara. On ne sait encore absolument rien de positif sur l'entrevue annoncée. Seulement, il a été dit chez le caïd Hadj el-Boukary que, pour résoudre les importantes questions, qui doivent y être traitées, l'Emir, ne prenant conseil que des califfas Moustapha ben Tamy, Bou Hamidy, Berkany, Embarraik, et des agas Miloude Bennarrache et Si Miloude bou Talaib, ne consulterait les autres chefs que pour la forme ou, plutôt, se bornerait à leur faire connaître ses volontés. Il a ajouté, qu'il ne s'était élevé de difficultés sérieuses, qu'au sujet de la province de Constantine, sur une partie de laquelle l'Emir prétend avoir des droits, mais que l'aga Miloude Bennarrache avait été envoyé à Alger et qu'on espérait un arrangement à l'amiable. Tout ici, depuis quelques jours, porte aussi à le croire. Le pouvoir, qui n'y avait jamais fait d'approvisionnements, y réunit maintenant blé, orge, farine et paille. Les habitants ont été autorisés à rentrer leurs moissons dans la ville, ce qu'ils ne voulaient pas faire et, enfin, l'on assure que l'infanterie, qui se ramasse ici, doit être dirigée sur Taguedemt, où l'Emir se rendra

pour entreprendre (en cas de paix) une nouvelle expédition sur le désert, qui lui donne de vives inquiétudes.

Léon Roche vient d'épouser, à Taguedemt, la petite-
fille d'Omar Pacha, ancien pacha d'Alger, dont le père
végète dans la misère la plus profonde après avoir été
dépouillé par l'Emir (1). Léon Roche s'occupe beaucoup,
à présent, de l'organisation de l'armée. Tous les jours il
rédige des ordonnances (2) qui, bien qu'informes, n'en
sont pas moins un progrès pour le pays. L'Emir les
signe et en ordonne l'exécution. Une décoration pour les
braves vient d'être adoptée; elle consiste dans une main
ouverte et en argent qui sera portée sur la corde de chameau et ne pourra être donnée que pour une action d'éclat
bien constatée (3). On se sent déjà de cette impulsion
nouvelle. Nous entendons ici des tambours français, des
batteries françaises ; on monte la garde à la porte du
quartier ; on se reconnaît militairement et, chose inouïe,
il y a instruction deux fois par jour, instruction, bien
entendu, comme la peuvent donner des déserteurs de nos
zouaves et de nos spahis, qui n'ont jamais pu eux-mêmes
y comprendre grand chose. Cela se borne donc à des marches sur un seul rang, au maniement d'armes, à la charge
estopiés : mais c'est égal, les Arabes du dehors, qui pa-

---

(1) Ce mariage fut célébré à Takdemt, le 27 juillet 1839. (Léon
Roches : *Dix ans à travers l'Islam.* Liv. VIII, chap. IV). Aussitôt après
avoir abandonné l'Emir, Roches s'empressa de répudier sa femme
par acte passé devant le cadi d'Oran. (Ibd. liv. IX, chap. II).

(2) Sur ces ordonnances, cf. dépêche de Daumas du 20 mai 1839,
p. 474, note 1.

(3) Cette décoration est appelée dans les « Réglements militaires ».
الشيعة المحمدية chia' moh'ammadia. Elle portait l'inscription
ناصر الدين « champion de la religion ». Roches lui donne le
nom de Er Richa « la plume » par allusion à la plume d'autruche,
que les guerriers, qui s'étaient distingués dans les combats, avaient
à l'époque du Prophète, le droit de placer sur leur turban. (Roches,
op. cit. Liv. VII, chap. I). Cette décoration donnait droit à certains
privilèges honorifiques et à une haute paie.

raissent dédaigner de jeter un coup d'œil sur nos belles manœuvres d'Oran, ouvrent ici de grands yeux les jours de marché et s'en retournent émerveillés de leur sultan.

Les Beni Mezab ont été mandés à la mosquée pour y faire leur profession de foi (1). Reconnus disciples de Mohammed, ils auront, à l'avenir, droit aux mêmes égards que leurs coréligionnaires. Après cette comédie, qui n'avait pas d'autre but que d'expliquer les rigueurs inouïes d'Abd el-Kader à leur égard par la pensée dominante qu'ils n'étaient pas bons musulmans, ils ont reçu l'ordre de se rendre à Taguedemt.

Un violent incendie s'est déclaré à Taguedemt et y a rapidement dévoré 85 maisons ou baraques qui se trouvaient autour du fort. Quelques magasins de l'Emir ont souffert ; ils renfermaient huile, blé, orge et vêtements militaires. La perte pour l'Etat est évaluée à 60.000 fr.

Ould Aâbd Eletif (2), Maure d'Alger, achète beaucoup de grains à Teneuss.

Un Arabe a rapporté, ces jours derniers, beaucoup de fusils français d'Oran. Je l'ai fait interroger adroitement et il a dit les avoir achetés chez un armurier, qui demeure près de la prison militaire. Plusieurs autres individus ayant fait la même déclaration, je la porte, aujourd'hui, à votre connaissance, en vous assurant que, toutes les semaines, les armuriers de Mascara se rendent à Oran et en rapportent des limes, des outils et des armes en plus ou moins bon état.

On s'amuse à publier que nous sommes dans une position très critique, par suite d'une guerre avec les Anglais.

Voici une chose assez importante. J'apprends que l'Emir

---

(1) La profession de foi « شهادة » chehada, consiste à énoncer la formule : « Il n'a d'autre divinité qu'Allah, et Mohammed est l'envoyé d'Allah. » Les Mzabites, admettant ce dogme fondamental de l'islamisme, pouvaient donc, quoique hérétiques, se prêter sans difficulté à cette formalité.

(2) Abd el-Tif.

a envoyé à Mokrany, dit Tobal, qui tient pour lui dans le Chairg, 3oo cavaliers réguliers, sous la conduite de l'aga de la cavalerie Hadj Beloufa. Ceci prouve, au moins, qu'il appuie les résistances de tout son pouvoir.

J'ai l'honneur, etc...

E. DAUMAS.

A. G. G. A. E. 1163. 125. (Original).

CX

Daumas à Guéhenneuc.

Mascara, le 12 août 1839.

Mon Général,

Je m'empresse de porter à votre connaisance une communication officielle qui vient de m'être faite par le caïd Hadj el-Boukary ; la voici mot à mot.

« Le califfa Moustapha ben Tamy est arrivé à Tazaà, où il a été reçu avec les plus grands honneurs. Les Beni Mezab sont venus se soumettre à l'Emir et lui ont apporté, comme premier gage de leur sincérité, des présents considérables consistant en esclaves, chameaux, dattes et argent. Partout on a tiré le canon pour célébrer cette heureuse et importante nouvelle. »

Hadj l'Habib ne manquera pas de célébrer à Oran cet accroissement prétendu de la puissance de son maître ; mais n'en croyez pas un seul mot, car tout me prouve que, suivant l'usage consacré, on cherche tout simplement à faire tomber ainsi les bruits inquiétants, qui commencent à se répandre et sur Tedjiny et sur le désert. Pour parler plus clairement, on tient à vous convaincre que, dans ce moment, on n'a pas le moindre embarras. Vous en devinez les raisons.

On ne sait encore rien de positif sur la réunion de Tazaâ et, cependant, sur le dire de quelques voyageurs, on se plaît à regarder le maintien de la paix comme assuré.

Je ne vous parlerai pas de tout ce qui se dit sur les nouvelles conditions, attendu que la vérité à cet égard est à Alger même. Demain, le caïd attend un courrier ; nous saurons ce qu'on va lui écrire.

L'Emir vient de mettre par ruse une garnison de cent hommes dans le port de Teneuss, qui ne s'en souciait nullement.

Cette semaine, on a encore apporté à Mascara, 14 fusils français. Je ne dirai pas : on me l'a dit ; je les ai vu moi-même déballer avec du fer sur la place publique. Il y avait deux carabines. On m'assure toujours, que ce sont des Juifs qui les achètent en cachette, en réunissent une certaine quantité et l'expédient.

Il y a encore ici trois Juifs d'Oran, sans passeports :. Robbin Sabahh et ses deux fils Youceuf et Hayem ; ils n'ont pas paru au consulat.

J'ai vu un Mozaby qui arrive de Beni Lerouate, où il s'est rendu sous prétexte de commerce ; il m'a confirmé toutes les nouvelles que je vous ai données précédemment sur le désert, en m'ajoutant que, maintenant, de Beni Lerouate à Soûf il y avait plus de 500 tribus, qui ne juraient que par Tedjiny. Cet homme nous est dévoué et son rapport me paraît digne de foi (1).

On parle de changement dans les califfas de l'Emir mais ces bruits n'ont aucun fondement.

J'ai l'honneur, etc...

E. DAUMAS.

A. G. G. A. E. 1163. 126. (Original).

------

(1) Ce chiffre de 500 tribus est, cependant, inadmissible.

CXI

Daumas à Guéhenneuc.

Mascara, le 19 août 1839.

Mon Général,

Zin, l'aga des Beni Ameur, vient d'expédier un courrier pour rendre compte que soixante-dix tentes des Douers se sont rendues chez les Oulad Aly. On s'est beaucoup réjoui de cette nouvelle et l'on ne dissimule pas l'espoir, qu'on à conçu, de voir prochainement le reste de la tribu suivre cet exemple (1). Pour obtenir ce résultat, le plus ardent de ses désirs, l'Emir ne recule devant aucun moyen ; il écrit, fait écrire, promet et comble de présents les transfuges, afin de mieux allécher les autres. Je vous envoie la lettre même de l'aga Zin ; daignez vous la faire traduire.

Vous pouvez, en toute assurance, considérer comme

---

(1) Dans la nuit du 14 au 15 août 1839, 42 tentes de Douair avaient déserté et quitté le territoire français. A cette nouvelle, Mustapha ben Ismaïl, avec 8 escadrons de cavalerie et le colonel Randon, à la tête de 200 fantassins, se portèrent à Misserghin, afin d'assurer la protection des fractions restées fidèles et de prévenir de nouvelles défections. Cette désertion fut attribuée à l'irritation que provoqua chez certains indigènes, l'allocation de gratifications pécuniaires à quelques grands chefs. — Dépêche du maréchal Valée au ministre de la guerre, 24 août 1839. A. G. G. A. E. 1352.

mensonge inouï, la communication de la soumission des Beni Mezab.

Hadj Tahar a écrit à son frère, le caïd de Mascara, qu'on avait amené à l'Emir un espion français, lequel parlait parfaitement l'arabe, lequel revenait du désert, chargé de documents importants. Abd el-Kader s'est emparé de ses papiers et l'a fait immédiatement mettre à mort.

J'ai de fortes raisons de croire, que les principaux agents du commerce illicite de fusils et de poudre, qui se fait à Oran, sont les nommés Youceuf, qui était, je crois, employé à la police et le Juif Isaac Sebanne, dit Zaza, qui est ici depuis quelques jours et ne quitte pas les chefs de la ville.

Tedjiny vient de faire enlever, à hauteur de Stitten, deux caravanes qui venaient acheter du blé aux Arabes de l'Emir. Les Harrares ont voulu les protéger mais ils ont été battus.

On est toujours dans la même incertitude au sujet des conférences de Tazaâ et il ne peut en être autrement, car le caïd Hadj el-Boukary lui-même, tout en m'exprimant le désir de voir la paix maintenue, m'a dit positivement qu'il n'y avait encore rien de décidé, parce que l'Emir attendait ses califfas de l'Est, qui n'étaient pas arrivés au moment du départ du courrier. Il m'a ajouté que le Juif Ben Durand était auprès d'Abd el-Kader. Depuis ma dernière lettre les bruits de guerre ont repris de la consistance. C'est une hausse ou une baisse, qui ne signifieraient rien dans un pays où chacun fait sa nouvelle, si cela ne produisait le malheureux effet d'enhardir les coupeurs de chemins et de multiplier les crimes d'une manière effrayante. Samedi prochain est annoncé comme devant voir la fin de la réunion de Tazaâ.

Il fait ici des chaleurs très fortes ; aussi y a-t-il beaucoup de malades, tant parmi les habitants que parmi les fantassins de la garnison. Tout tombe en ruines, les maisons et les édifices. Nous sommes entourés d'ordures qui exhalent des miasmes fétides et je ne suis étonné que d'une chose, c'est que la peste ne nous arrive pas.

J'ai l'honneur, etc...

E. DAUMAS.

On dit qu'il est arrivé à Taguedemt un officier de la division d'Alger, qui s'est fait Musulman (1).

20 août. — J'arrive maintenant à vous rendre compte d'un fait extraordinaire qui vient de se passer. Un Juif nommé Maklouf Hamou, insulté et battu par les fantassins de l'Emir, est venu se plaindre au consulat. Je me suis rendu chez le caïd et lui ai demandé justice. Le caïd a montré devant moi les meilleures dispositions ; mais, à peine avais-je le dos tourné, qu'il a fait donner l'ordre à tous les Juifs d'Oran de partir dans les vingt-quatre heures, sous peine d'être pendus ou, sciés. Je me suis alors transporté de nouveau chez lui, pour lui demander l'explication d'une mesure violente, que ne comportait pas l'état de paix dans lequel nous vivions. Il s'est contenté de me répondre seulement, que c'était l'ordre de son maître et que son maître avait donné à cet égard plein pouvoir au caïd des Juifs, Hozanna, qui, seul, restait ainsi libre de garder ou de chasser ceux qu'il voudrait. Sur l'affirmation répétée, que c'était l'ordre de son maître, je me suis retiré en répliquant que, comme consul de France, je n'avais rien à faire avec le caïd des Juifs, que je ne connaissais que le chef de la ville et que je protestais, au moins, contre les menaces proférées pour renvoyer des gens, qui n'avaient commis aucun délit.

(1) La correspondance du gouverneur général ne mentionne aucun fait de ce genre. Mais, au mois de juillet, deux officiers indigènes de la division d'Alger, Ali ben Smati et Saïdi, avaient déserté. (Valée au ministre de la guerre, 3 août 1839. A. G. G. A. E. 1352). Cet incident explique peut-être le racontar rapporté par Daumas.

Maintenant tous les Juifs sont-ils partis, quand tous ils en ont reçu l'ordre. Non. Il y a des lâches, qui ont donné de l'argent, pour obtenir la permission de rester et c'est, peut-être, ce qu'on voulait, dans la persuasion que ça n'irait pas plus loin.

Partis : Maklouf Hamou, de Mostaganem ; Hayem Sebanne, d'Oran ; Saïd Grelifa (il n'avait pas de passeport) ; Isaac Grelifa (il n'avait pas de passeport) ; Brahim ben Sousane, de Mostaganem ; Maklouf Hozanna (sans passeport).

Restés : Maklouf Amsalem, d'Oran ; Isaac Sebanne, dit Zaza, d'Oran, espion ; Rohben Sabahh et ses deux fils (sans passeports) ; Mouchy Kersenty, d'Oran.

L'auteur de tout cela est le caïd des Juifs de Mascara, qui est un mauvais gueux. Son frère, Maklouf Hozanna, qui est ici sans passeport, retourne à Oran par le courrier. Il n'a pas paru au consulat et il a dit partout, qu'il n'avait pas pris de passeport parce que les Français ne jouissant d'aucune considération, il n'avait pas voulu dépenser de l'argent mal à propos. Il niera le fait comme un Juif, mais il est vrai. J'attends vos ordres.

E. D.

Le courrier demandé pour le 19 ne m'a été donné que le 20.

E. D.

A. G. G. A. E. 1163. 127 (Original).

CXII

Daumas à Guéhenneuc.

Mascara, le 25 août 1839.

Mon Général,

La réunion de Tazaâ est dissoute (1) et l'Emir est à
Taguedemt depuis hier. Il s'y est rendu en passant par le
Cheleuf et la Mina, où il a inspecté toute la cavalerie irrégulière de ces contrées. On publie, qu'il ne s'est pas en-
du avec M. le maréchal au sujet de la province de Constantine et que la guerre a été remise à trois mois. Ces
bruits dont, mieux que personne, vous pouvez apprécier
la valeur, ne me paraissent encore mériter aucune croyance. Il se passe, cependant, quelque chose ici d'extraordinaire et je m'empresse de vous en rendre compte. L'Emir,
sous le prétexte frivole de payer une solde arriérée, a
donné l'ordre de concentrer à Mascara toute son infanterie régulière et l'on attend d'un moment à l'autre
toutes les garnisons de Médéa, Miliana, Taguedemt et
Tlemsan. Personne, bien entendu, ne croit à la raison
mise en avant pour un pareil rassemblement et personne,
néanmoins, n'en connaît le but. Les uns disent qu'Abd

______

(1) Léon Roches place à tort la réunion de Taza, le 3 juillet. Selon
cet auteur, Abd el-Kader y avait reçu des mains d'un envoyé marocain, le caftan d'investiture, en qualité de khalifa de l'empereur du
Maroc et avait décidé la reprise de la guerre sainte, en remettant,
toutefois, à l'époque de la réunion des Chambres, l'ouverture des
hostilités, à moins que, auparavant, les Français n'eussent commis
une nouvelle infraction au traité. (*Dix ans à travers l'Islam.* Liv. **VIII**,
chap. **IV**, p. 187).

el-Kader, après ce qui vient de se passer à Tazaâ, se tient prêt à tout événement, s'il n'a même le dessein de tenter un coup de main sur Oran et les autres, qu'il veut marcher de nouveau sur Tedjiny, s'emparer du Djebel Laâmour et de Bouzemeroun. Vous seul, mon général, pouvez savoir, dès à présent, quelle est, des deux versions celle qui mérite le plus de foi. Quant à moi, je ne puis qu'appeler votre attention.

Je n'ai pas pu transmettre au califfa Moustapha ben Tamy ce dont vous m'avez chargé pour lui au sujet des Douers, attendu qu'il est absent depuis quatre mois ; mais j'en ai parlé au caïd Hadj el-Boukary, qui part ce soir pour Sayda où il se trouve. Il m'a promis de lui faire connaître vos griefs et d'appuyer surtout sur la violation de notre territoire, dont je lui ai fait sentir vivement toute l'inconvenance ; il m'enverra sa réponse. En attendant, les Douers réclament, de leur côté, l'orge et le blé qu'ils n'ont pu emporter et le vol des dix-huit chameaux, suivant Boukary, pourrait bien n'être qu'un nantissement.

On dit que Hadj Amet, l'ancien bey de Constantine, vient d'écrire à l'Emir pour lui proposer de joindre ses forces aux siennes, s'il voulait recommencer la guerre. Abd el-Kader aurait accepté et lui aurait envoyé en présent de belles armes et un cheval richement caparaçonné.

Hadj Tahar, frère du caïd de Mascara, vient d'arriver de Tazaâ ; il a apporté des lettres de l'Emir pour les Douers : elles partent par ce courrier. Un Douer, nommé Kaddour ould Barka, a traversé Mascara, le 23 du courant, porteur de lettres de Si l'Habib Chérif pour Abd el-Kader.

Tedjiny suit l'exemple de l'Emir ; il s'étend dans le désert et nomme des califfas partout. On assure que Sidi Abd el-Kader bou Talaib, cousin germain de l'Emir et le même, que je vous ai signalé comme derkaoui dans ma notice sur les principaux personnages de la province d'Oran, est un de ses plus chauds partisans. L'Emir est

furieux contre sa famille, qui ne cherche qu'à lui susciter des embarras. Dernièrement, Sidi Moustapha, son
frère, n'ayant pu obtenir un emploi de califfa, qu'il sol-
licitait avec instance, s'est retiré de Tazaâ, en le menaçant
de passer aux Français.

On manque d'instructeurs pour l'infanterie ; on en
veut à tout prix et je vous rends compte qu'on doit
essayer d'en embaucher quelques-uns à Oran.

Je vous signale encore, comme s'occupant du commerce
illicite de poudre et de fusils, les Juifs Youcef ould Zhi-
rou et Chellaly Amsalem. Ce dernier, sous prétexte
d'exercer son état de bijoutier, se rend souvent chez les
Garabas.

La femme de l'Emir est arirvé hier à Mascara. Elle
vient passer quelques jours chez son père, Sidi Aly bou
Talaib.

J'ai l'honneur, etc...

E. DAUMAS.

26 août. — L'aga Miloude Bennarrache est arrivé hier
soir. Il a dit que l'Emir avait licencié ses califfas en les
prévenant de se tenir prêts à marcher au premier signal,
parce que M. le maréchal, persistant dans son projet
d'établir une route d'Alger à Constantine, avait engagé
le fils du Roi des Français (1) à venir prendre part à cette
expédition et qu'il était fermemnt décidé à s'y opposer
par la force des armes. Ceci explique jusqu'à un certain
point le rassemblement de troupes, qui s'opère à Mascara.

Miloude Bennarache, interrogé sur l'interdiction de
tout commerce, a répondu que l'Emir ne prendrait un
parti à cet égard, que quand il saurait à quoi s'en tenir sur
les projets de M. le maréchal ; jusque là on doit, au contraire, redoubler de rigueur. Il a ajouté, qu'on avait écrit
d'Alger à l'Emir de tenir bon, parce que les Français

______

(1) Le duc d'Orléans.

avaient de grands embarras, qui leur faisaient désirer le maintien de la paix.

L'Emir se rend à Sayda pour en inspecter les travaux ; de là, il ira chez les Beni Ameur pour s'aboucher et en finir avec les Douers ; puis il visitera Tlemsan, les Kabyles de la Tafna et il reviendra dans la plaine d'Egueris. Partout il doit opérer des rassemblements, tant pour réchauffer le fanatisme, que pour savoir, enfin, sur quoi il peut compter. Je vous garantis l'exactitude de tout ce qui précède, malgré que personne n'en ait encore connaissance même chez les Arabes.

Ne croyez pas l'oukil d'Oran ; il ne sait rien de ce qui se passe et vous trompe ou, du moins, cherche à vous tromper.

E. D.

On m'apprend à l'instant même que Tedjiny vient de faire un mouvement et que l'Emir a envoyé dans le désert une reconnaisasnce très forte sous les ordres de Kaddour Abd el-Bakky (1).

E. D.
A. G. G. A. E. 1163. 128 (Original).

---

(1) Abd el-Baki avait été désigné par l'Emir comme khalifa de Laghouat, en remplacement de Sidi el-Hadj Aïssa, qui, en présence des dispositions hostiles de Tidjani, avait cru devoir évacuer Laghouat. Le nouveau khalifa se présenta devant Laghouat avec 700 réguliers et un canon. Les habitants refusèrent d'abord de le recevoir, puis l'autorisèrent à se rendre à la mosquée. Il en profita pour se saisir d'une des portes de la ville, où il fit pénétrer ses troupes. Abd el-Kader lui donna alors l'ordre d'arrêter les principaux personnages de Laghouat, de les faire exécuter ou de les envoyer prisonniers à Takdemt et de se replier ensuite sur Tadjemoute, après avoir détruit la ville et les jardins. L'arrestation d'Ahmed ben Salem et de dix notables, opérée en exécution des ordres de l'Emir, provoqua une insurrection. Abd el-Baki fut contraint d'évacuer Laghouat après avoir perdu la plupart de ses soldats et son canon qui resta au pouvoir des habitants. Il fut alors destitué et remplacé par Hadj el-Aïssa, auquel l'Emir rendit le titre de khalifa. — Mangin. *Notes sur l'histoire de Laghouat*. Rev. Africaine, 1894, p. 81).

CXIII

Daumas à Guéhenneuc.

Mascara, le 31 août 1839.

Mon Général,

Je n'ai pas encore reçu la réponse du califfa Moustapha ben Tamy, au sujet des griefs, dont je me suis plaint par vos ordres. Le caïd Hadj el-Boukary, qui est revenu très malade de Sayda, m'a pourtant assuré qu'il lui avait écrit à Taguedemt où il se trouve encore. Je crains bien que cette réclamation n'ait pas d'autre suite, car, depuis qu'elle a été faite, les Beni Ameur et les Garabas pour Oran et les Medjahars pour Mostaganem ont reçu l'ordre de favoriser par tous les moyens possibles l'évasion des Douers, qui leur témoigneraient le désir de venir à eux.

L'Emir doit quitter Taguedemt lundi prochain pour commencer son voyage dans l'Ouest et il se rendra directement à Tlemsan en passant par les Djafras et les Agoubyas. De Tlemsan, il ira visiter les Kabyles (Beni Snassen, Traras, Souhalas (1), Oulassas), puis il reviendra par les Grosseul (2), les Beni Ameur et, enfin, il terminera par les tribus des plaines du Sig et de l'Habra. Le but de sa tournée est de s'assurer par lui-même du nombre exact de

---

(1) Souhalia, divisés en Souhalia-Fouaga et Souhalia-Tahta, tribus occupant les massifs montagneux du littoral (Sahel), entre les Beni-Mnir, à l'E., et les Msirda, à l'O. (D. C. Souhalia. Nedroma. M.). Cf. R. Basset, *Nédromah et les Traras*, 1re partie, chap. III.

(2) Ghossel.

cavaliers et de fantassins, dont il peut disposer et de les préparer à la guerre, en réchauffant le fanatisme par tous les moyens possibles. Il est précédé d'une circulaire, qui ordonne à toutes les tribus de faire des silos sauvages loin des routes, qui pourraient être suivies par les chrétiens et recommande aux caïds de faire acheter des armes et des chevaux à tous ceux qui n'en ont pas. **Tout ce qui précède est l'exacte vérité et pourrait bien n'être encore qu'une ruse pour obtenir des Arabes de nouvelles contributions par la crainte de la guerre.**

Les Medjahars se sont battus avec les Beni Zeroual. Tant d'une part que de l'autre, on compte une quinzaine de morts.

Mohammed bou Alam, fils de l'aga des Garabas, revenant de la Mecque, est mort subitement à Alger. Des malveillants ont répandu qu'il avait été empoisonné **par les Français.** J'ai repoussé avec indignation et énergie des insinuations, qui pouvaient entacher notre honneur et avoir les plus graves conséquences.

Ben Aâbd Eletif, Maure d'Alger, a débarqué à Téneuss, pour le compte de l'Emir, une grande quantité de fers, soufre, aciers, draps et étoffes.

Le califfa Bou Hamidy est très malade à Taguedemt.

On ne parle ici que de la résolution, qu'aurait prise Si Moustapha, frère de l'Emir, de se retirer dans le Maroc, parce qu'on n'a pas voulu le nommer califfa.

J'ai l'honneur, etc...

E. DAUMAS.

A. G. G. A. E. 1163. 129. (Original).

CXIV

Daumas à Guéhenneuc.

Mascara, le 7 septembre 1839.

Mon Général,

Comme j'ai l'honneur de vous en rendre compte, l'Emir Abd el-Kader a quitté Taguedemt dimanche dernier. Voici l'itinéraire qu'il a suivi : le 1er septembre il a couché à Frenda ; le 2, chez les Oulad Brahim ; le 3, chez les Oulad Graleud ; le 4, chez les Beni Meniarem ; le 5, à Mescide (1) ; le 6, à Hammam Sidi Aly ben Youb (2) et, aujourd'hui, on le dit revenu près de Sayda. Partout, les tribus ont été réunies sur des points indiqués à l'avance ; partout l'Emir a fait compter en sa présence les cavaliers, ce qui paraît être un des buts principaux de son voyage et, partout, il a tenu à peu près le discours suivant :

« Mon intention est de recommencer la guerre avec les ennemis de Dieu ; non une guerre comme par le passé, qui n'a pu qu'irriter contre nous Notre Seigneur le Prophète, mais une guerre véritablement sainte, où

---

(1) Sidi Meçid, sur l'oued Melreïer (cours supérieur de l'oued el-Hammam).

(2) Hammam Sidi Ali ben Youb, source thermale saline chlorurée, à 3 kilomètres N. du centre européen de Chanzy (anciennement Sidi Ali Ben Youb), arrondissement de Sidi-bel-Abbès. Les *Etablissements français dans l'Algérie*, 1839, p. 275, placent à tort cette source entre les Beni Meniarin et les Ouled Khaled.

chacun doit s'apprêter à mourir pour chasser les impies et gagner le Paradis. Je ne vous dissimulerai pas, cependant, que le chrétien est fort, qu'il est puissant et que nous ne pouvons réussir que par un accord unanime. Voyez donc, décidez-vous et, si vous ne vous sentez pas le courage de l'aborder corps à corps, donnez-moi de l'argent, beaucoup d'argent et, alors, je l'attaquerai sans vous avec mon armée régulière, ou je traiterai avec lui, pour vous assurer cette honteuse tranquilité, que vous voulez encore pour vos femmes et vos enfants. »

Cette harangue a été, en général, reçue très froidement par les Arabes, qui commencent à comprendre, que c'est tout simplement de l'argent que l'Emir veut. Aussi, se sont-ils contentés de répondre, qu'il était sultan et que tout ce qu'il ferait, soit pour la paix, soit pour la guerre, serait bien fait. Ça ne l'arrange pas trop ; il aurait voulu plus de prières. Quoi qu'il en arrive, l'Emir ne quitte pas une tribu sans laisser des ordres très sévères pour faire acheter des armes et des chevaux à ceux qui n'en ont pas, dûssent-ils, pour cela, vendre leurs effets les plus précieux.

Le 5 septembre, l'infanterie de Tlemsan est arrivée à Mascara. Elle se compose d'environ 400 hommes, la plupart Courouglis. Nous avons maintenant ici à peu près 800 fantassins, qu'il a fallu trois mois pour réunir. On prétend que l'Emir a le projet de bannir, soit à Taferaoua, soit à Sayda, toutes les familles de Courouglis qui se trouvent à Tlemsan et que, craignant une révolte, il a cru prudent d'éloigner leurs enfants.

Si Kaddour ben Abd el-Bakky, dont je vous avais annoncé le départ de Taguedemt pour faire une reconnaissance dans le désert, n'est pas parti ; il s'y est formellement refusé, en disant à l'Emir que, si on ne lui donnait des canons et beaucoup d'infanterie, il serait enlevé par Tedjiny.

L'Emir, très malade ces jours derniers, a envoyé demander des médicaments ; sa mère est mourante à Tazâa, où le califfa Moustapha ben Tamy est allé la chercher et tous les chefs de Mascara sont dangereusement indisposés. On parle toujours beaucoup d'une guerre, dont personne ne veut, à laquelle personne ne croit et qui n'est plus envisagée que comme un épouvantail, dont se sert l'Emir pour remplir ses coffres.

J'ai l'honneur, etc...

E. DAUMAS.

Il est arrivé par terre, de Tunis, deux ou trois cents fusils et un millier de pistolets. Ces derniers ont été achetés pour les fantassins réguliers. Un courrier est arrivé hier soir. L'Emir est très malade.

E. D.

A. G. G. A. E. 1163. 130. (Original).

CXV

Daumas à Guéhenneuc.

Mascara, le 14 septembre 1839.

Mon Général,

D'après une lettre reçue hier par le caïd Hadj el-Boukary, l'Emir continue la revue, dont j'ai eu l'honneur de vous rendre compte dans ma dernière dépêche. Les 11, 12 et 13 courant, il a séjourné à Mekarra (1), où il a inspecté toute la cavalerie des Beni Ameur et, aujourd'hui, on le dit à l'Isseur (2), où il réunit les gens du Ghrosseul. Il frappe d'une amende de 20 boudjous tous ceux qui, le pouvant, ne sont pas montés, ainsi que ceux qui manquent aux rassemblements indiqués et cette mesure, qui n'a l'air que d'une plaisanterie, lui rapportera, pourtant encore, une somme assez ronde, s'il faut en juger par la seule tribu des Flittas, où il a su trouver 1.500 délinquants (30.000 boudjous). Du reste, partout même langage, mêmes recommandations de la part d'Abd el-Kader et, partout, même froideur de la part des Arabes, qui paraissent ne désirer que la paix et la tranquillité.

(1) Mekerra, sur l'oued Mekerra (Sig), aujourd'hui chef-lieu d'une commune mixte.

(2) Isser occidental : affluent de la Tafna (r. d.). Il prend sa source dans le massif de Tlemcen et se jette dans la Tafna, après avoir reçu à gauche l'oued Sikkak, grossi de l'oued Amier ou Amiguier.

Je tiens d'une source certaine, que l'Emir a encore écrit aux chefs des Douers pour lui envoyer l'âman (1) et les exhorter à venir à lui sous le plus bref délai, s'engageant à leur tenir un compte exact de tout ce qu'ils pourraient abandonner, tant en grains qu'en troupeaux. Pour mieux s'entendre, enfin, il a été jusqu'à leur proposer une entrevue qui se passerait sur le territoire des Beni Ameur à son retour de Tlemsan et à laquelle, pour ne pas éveiller les soupçons, ils se rendraient, sous le prétexte d'une partie de chasse.

On met ici la plus grande affectation à publier, que le bey Hadj Hamet a fait une razia heureuse sur une tribu des environs de Constantine soumise aux Français et qu'il a écrit à l'Emir pour lui promettre son concours en cas de guerre. Ces mensonges ne font que peu de dupes.

Si Moustapha, frère de l'Emir, toujours violemment irrité de n'avoir pas été nommé califfa, comme il le désirait, persiste dans son projet d'abandonner le pays. Il a vendu ses effets, ses grains, ses tentes, ses troupeaux et serait déjà parti pour le Maroc, s'il n'était tombé tout à coup dangereusement malade. Il a eu un moment l'intention de se rendre chez les Douers, pour y lever avec eux l'étendard de la révolte, certain qu'il était de réunir à ce noyau à peu près tous les Hachems ; mais il a redouté l'opposition de l'aga Moustapha ben Ismaïl, qui a toujours détesté sa famille.

Le 10 du courant, mes interprètes ont vu déballer sur la place publique 25 fusils français venant d'Oran. Ils ne peuvent provenir que des Douers ou de la garde nationale.

L'Emir vient d'envoyer l'ordre de lui réunir à Mascara, pour la fin du mois, 2.000 hommes d'infanterie régulière.

---

(1) Pardon accordé à des rebelles ou à des vaincus (de la racine أَمِـن avoir confiance).

Les ciafs (1) se sont immédiatement dispersés dans les tribus, pour en ramener tout ce qui est en retard ou en congé. Chacun fait son histoire sur la destination de cette troupe, qui n'est encore véritablement connue de personne.

La garnison de Miliana a reçu l'ordre de se rendre à Taguedemt pour pouvoir, enfin, mettre Si Kaddour ben Abd el-Bakky en état de faire sa reconnaissance dans le désert. On s'occupe toujours avec activité de l'instruction de l'infanterie ; mais, comme il n'y a qu'un seul instructeur pour 1.000 hommes, les progrès ne sont pas rapides. Malgré que nous soyons habitués à voir ici des choses assez singulières, il en est une qui, depuis quelques jours, excite notre attention malgré son ridicule, et la voici ; quand on rentre de l'instruction et avant de faire rompre les rangs, on fait présenter les armes et, alors, en présence de la foule émerveillée, un officier se met à crier de toute la force de ses poumons : « Que Dieu fasse triompher les soldats de Mohammed ; que Dieu accorde la victoire au sultan sur les impies. »

J'ai l'honneur, etc...

E. DAUMAS.

P.-S. — L'un de mes agents m'apprend à l'instant que les principaux chefs des Medjahars se rendent auprès du califfa Moustapha ben Tamy, pour lui représenter, que les murs de Mostaganem sont en très mauvais état, qu'il n'y a que peu de fantassins dans la ville et lui proposer de s'en emparer par surprise. Ceci me paraît absurde, mais je préfère vous rendre compte d'une absurdité que de négliger, peut-être, un renseignement utile.

(1) Commandants de compagnie. Cf. dépêche de Daumas, du 3 décembre 1837, p. 15, note 5.

La partie du Chairg, qu'on nomme le Dahra, est en pleine révolte.

E. D.

Les Medjahars se sont battus entre eux. Ce serait maintenant un convoi, qui aurait été intercepté en entier par Hadj Hamet bey sur la route de Bône à Constantine.

E. D.

A. G. G. A. E. 1163. 131. (Original).

CXVI

Daumas à Guéhenneuc.

Mascara, le 22 septembre 1839.

Mon Général,

Depuis quelques jours, déjà, l'Emir est à Tlemsan et voici tout ce que j'ai pu apprendre sur son compte. Les chefs des Kabyles de la Tafna sont venus le visiter ; il a fait emprisonner les principaux Courouglis que, sous le prétexte d'une conjuration découverte, il paraît vouloir bannir, soit à Taferaoua, soit à Sayda. Enfin, il a comblé de présents un Espagnol, qui est parvenu à lui faire trois pièces de campagne, qui ont été essayées en sa présence.

Je vous ai rendu compte, dans ma dernière lettre, que le Dahra était en pleine révolte ; aujourd'hui ces nouvelles se confirment et l'on va même jusqu'à assurer que, dans les montagnes d'Ouanzeris, il s'est déclaré un sultan, nommé Sidi Mohammed ben Brahim. Quoi qu'il en soit de cette dernière assertion, l'aga Miloude Bennarache a reçu l'ordre de partir demain ou après-demain au plus tard, avec mille hommes d'infanterie régulière et toute la cavalerie irrégulière du Chairg, pour étouffer, s'il est possible, le mal dans son principe.

Si Kaddour ben Abd el-Bakky, nommé califfa dans le désert, est enfin parti pour commencer sa reconnaissance. Rencontré près de Djebel Laâmour par les Oulad

Aâyade (1), il a été battu et forcé de se retirer chez les Oulad Schérif, où il attend l'infanterie de Miliana et du canon pour prendre sa revanche.

Il a été dit par Miloude Bennarache que Bou Derba, Maure d'Alger, venait de faire débarquer à Tetaoun (Maroc), pour le compte de l'Emir, 3.ooo fusils anglais ainsi qu'une grande quantité de draps et d'étoffes pour tentes. L'aga Miloude Bennarache a reçu une lettre qui lui annonce que le Juif Ben Durand revenant de Tazâa, est mort à Miliana après une maladie de trois jours. Grande consternation (2).

Suivant le même, le bey Hamet aurait écrit à l'Emir pour le presser de recommencer la guerre et l'instruire, qu'il venait de se faire un fort parti du côté de Tunis, parce que le pacha de cette ville s'était aliéné les esprits en annonçant l'intention de donner le Kaff (3) aux Français.

Une grande quantité de prisonniers politiques viennent de s'évader de Tazâa et de Taguedemt. Parmi eux, on cite le fameux Ben Ferehat Ben Saïd (4), qui

---

(1) Ayad (orthogr. officielle : Ouled Ayed) ou Nhar el-Ouassel, confédération comprenant les Ayad el-Mehal, Ziatine, Ouled Sidi Ayad, Beni Hayane. (D. C. Ben Naouri, Igloud, El-Mead. — Teniet el-Haâd, M.).

(2) Ben Durand mourut d'une fièvre pernicieuse. On prétendit, toutefois, qu'il avait été empoisonné, soit par ordre d'Abd el-Kader lui-même, soit par ordre des beys de Médéa et du Sebaou, qui, désirant la guerre avec la France, craignaient que Ben Durand n'usât de son influence sur l'Emir pour empêcher ou retarder les hostilités. — Valée au ministre de la guerre, 21 septembre 1839. A. G. G. A. E. 135².

(3) Le Kef, appelé aussi Chikka-Benar ou Chakbanaria (Sicca Veneria des Romains), ville de Tunisie, à 169 kilomètres O. de Tunis; à l'extrémité S.-O. du Djebel Dyr. Le Kef commande une des principales voies stratégiques conduisant d'Algérie en Tunisie et fut, à diverses reprises au XVIII⁰ siècle, le lieu de rencontre des armées des deux Régences.

(4) Ferhat ben Saïd.

avait été pris par trahison. La rentrée de ces gens là ne nous fera pas de mal.

Dans la semaine, sont venus d'Oran à Mascara les Douers Ould Quenoude, Ould Maâmeur, l'Arby ben Chaàyla plus cinq familles de Mostaganem, qui se sont vantées d'en être sorties pendant la nuit en perçant le mur de la ville, ce qui fait, qu'on regarde ici comme très facile de s'en emparer par surprise.

On fait grand bruit chez les Arabes de l'arrivée de S. A. R. Monseigneur le duc d'Orléans et de M. le maréchal gouverneur général. On veut à toute force y voir un signe certain de la guerre.

J'ai l'honneur, etc...

E. DAUMAS.

P.-S. — Il arrive une lettre de l'Emir. Les cinquante principaux chefs des Courouglis sont bannis à Fâss (Maroc) et le reste est réparti entre Taferaoua, Sayda et Taguedemt. Par les ordres d'Abd el-Kader, on désarme, à l'heure qu'il est, tous les fantassins Courouglis qui se trouvent ici (3oo) et on les renvoie à Tlemsan sous l'escorte de 2oo Haddeurs (1) pour partager le sort de leur famille. C'est un spectacle à fendre le cœur, que le désespoir de ces gens, qui payent aussi chèrement leur alliance d'un jour avec nous. Pour expliquer ces rigueurs inouïes, l'Emir publie qu'il a été instruit de Paris, que les Courouglis voulaient le trahir. Voilà une bonne leçon pour les Douaïers, qui veulent nous quitter ; nous pouvons en tirer un grand parti. Les gens sensés pensent ici que l'Emir n'aurait pas encore pris cette mesure, s'il ne s'était décidé à la guerre qui, du reste, est dans toutes les bouches.

---

(1) Hadar.

Depuis qu'on parle beaucoup de guerre, les têtes des Arabes se montent et l'on ne peut que difficilement les maintenir. Hier, mon cuisinier a été insulté par un officier d'infanterie. Je m'en suis plaint énergiquement au caïd, qui m'a promis satisfaction et punition du coupable. Dans le cas où ceci viendrait à se renouveler, daignez, mon général, me tracer la conduite que j'aurais à tenir.

Un Juif, nommé Mouchy Kersenty, se rendant à Oran, a été dévalisé et assommé par les Garabas qui ont, en même temps, blessé son guide ; je suis cette affaire.

E. D.

A. G. G. A. E. 1163. 132. (Original).

CXVII

Daumas à Guéhenneuc.

***

Mascara, le 7 octobre 1839.

Mon Général,

L'Emir Abd el-Kader est au Tlélat depuis hier ; sous
prétexte d'une entrevue avec le fils du roi des Français,
il a mandé auprès de lui tous les Hachems de la plaine
d'Egueris, leur recommandant de ne revenir que bien
montés et bien armés. Tout le monde sachant ici que
S. A. R. Monseigneur le duc d'Orléans est depuis longtemps à Alger (1), on se perd en conjectures sur les
motifs, qui ont pu suggérer une pareille mesure. Les uns
prétendent, qu'ayant toujours sur le cœur la sortie de
M. le général Trézel, en juin 1835 (2), sortie qu'il s'obstine à envisager comme une trahison, les uns prétendent, dis-je, qu'Abd el-Kader veut nous rendre la pareille,
en s'efforçant de nous surprendre sans déclaration
aucune. Les autres disent que, suivi des Hachems, des
Garabas et des Beni Chougran et aidé, de plus, par la

***

(1) Le duc d'Orléans était arrivé à Oran, venant de Port-Vendres,
le 24 septembre 1839. Il resta dans cette ville jusqu'au 27 septembre ;
séjourna ensuite à Alger, du 28 septembre au 6 octobre, puis s'em-
barqua, en compagnie du maréchal Valée, pour la province de l'Est.
Débarqué le 8 à Stora, après de courtes escales à Bougie et à Djidjelli,
il se trouvait le 12 à Constantine et le 17 à Mila, où il prit le commandement de la 1re division de la colonne expéditionnaire réunie sur ce
point ; le 21, il était à Sétif et, le 28, il franchissait les Portes de Fer.

(2) Expédition qui aboutit au désastre de la Macta.

petite armée de l'aga Miloude Bennarache. qui est encore
sur la Mina, il veut, tout simplement, tirer une vengeance éclatante des Medjahars qui, malgré ses ordres,
n'ont jamais cessé et de fréquenter nos marchés et de
nous vendre des chevaux. Je crois que les derniers ont
raison.

S'il faut en croire une personne ordinairement bien
informée, l'Emir serait bien loin d'être satisfait de son
voyage dans l'ouest de la province d'Oran. La brave et
importante tribu des Hangades aurait refusé de venir
le visiter. Les Beni Zenassen, tribu qui met sur pied
20.000 fantassins, n'auraient pas voulu seulement en
entendre parler et, enfin, le reste des Kabyles, tels que
les Souhalias, Traras et Oulassas, n'ont montré aucun
enthousiasme malgré ses beaux sermons. On assure
qu'Abd el-Kader en est malade de chagrin. En effet,
renoncer aux douceurs de la famille, coucher sur une
natte, manger de la tchicha, passer sa vie en prières et
n'obtenir aucun résultat, c'est vraiment désolant.

Pour expliquer les rigueurs inouïes, dont les Courouglis viennent d'être l'objet, voici ce que le pouvoir fait
publier. Les Courouglis avaient, non seulement formé
le projet de s'emparer du Mechouar, mais encore celui
d'enlever l'Emir pour le livrer aux Français. Ils avaient
écrit au général, qui commande à Oran, pour lui demander son appui, mais celui-ci, repoussant avec indignation de pareilles offres, lui renvoya leur lettre. Ceci
paraît absurde et n'en est pas moins une arme à deux
tranchants ; le premier absout l'Emir d'avoir manqué
à ses serments, et le second prévient les défections, en
excitant souverainement les défiances. Il est juste de
dire que le bas peuple seul a été dupe.

Vous pouvez être assuré, mon général, qu'il se passe
quelque chose d'extraordinaire dans le désert. Le califfa
Si Kaddour ben Abd el-Bakky, qui devait aller tout
droit à Aïn Mady, est encore chez les Oulad Chérif,

sans oser faire un pas en avant. Il a déjà perdu beaucoup de monde tant par le feu que par les maladies et tout me porte à croire qu'il n'y a rien d'exagéré dans les détails de la puissance toujours croissante de Tedjiny, dont personne n'ose même prononcer le nom. Quelque bonne contenance que fasse l'Emir, soyez convaincu qu'il a de grands embarras et de puissants ennemis, qui n'attendent qu'une occasion favorable pour se déclarer. Je ne le crois pas disposé à la leur fournir encore.

La semaine dernière, il est arrivé du Maroc cent charges de poudre, des fusils anglais, du soufre et de l'acier. Abd el-Kader, ne prenant dans les prières publiques et dans sa correspondance que le titre modeste de califfa de Mouley Abderraman, il en résulte que c'est l'empereur du Maroc, avec qui nous sommes en paix, qui nous fait la guerre. Je vous soumets la réflexion.

Puisque vous daignez me consulter, mon général, ne réclamez pas Schumann. On s'en tirerait avec vous par des mensonges et vous causeriez, sans nul doute, sa mort. Je lui ai dit, que vous aviez écrit à Bougie pour savoir la vérité ; je lui ai donné quelques secours, car il meurt de faim. Plus tard, je lui ferai entendre raison et, enfin, je tâcherai de saisir une occasion favorable pour le faire évader.

Je vous enverrai, par le retour des hommes du train, le dépôt du malheureux Guillemain.

J'ai l'honneur, etc...

E. DAUMAS.

Lahouary, l'aga des Hachems Garabas, qui, lors de l'entrée des Français à Mascara (1), pilla les trésors de l'Emir, vient de mourir.

----

(1) Le 6 décembre 1835. Cf. dépêche de Daumas, du 3 septembre 1838. (Notice sur Abd el-Kader, p. 313).

Le beau-père de l'Emir, Si Ali bou Talaib qui, depuis deux ans, me poursuit de ses demandes, est venu me prier de lui faire obtenir de grands bas de laine et de coton pour passer son hiver. En raison de son exiguïté, je vous transmets la demande.

Vous ne m'avez pas répondu pour son fils, qui voudrait voir la France, s'il n'y a pas de guerre. Il me poursuit.

Ben Abd Eletif, Maure d'Alger, a livré à l'Emir, à Téneuss, une grande quantité de poudre et de soufre.

L'Emir a, dit-on, le projet d'enlever les Medjahars de leur pays.

On assure que dix tentes des Douers et du douar de Si Hamet ould Kady sont venues chez les Beni Ameur. L'Emir, en passant chez les Oulad Abdallah, aurait fait de grandes caresses aux transfuges.

E. D.

A. G. G. A. E. 1163. 134 (Original).

CXVIII

Daumas à Guéhenneuc

Mascara, le 30 septembre 1839.

Mon Général,

L'Emir est encore à Tlemsan ; il a levé une contribution extraordinaire sur les Courouglis, les Hadeurs et les Juifs de cette ville, exilé à Fass 70 familles des principaux Courouglis, envoyé à Taferaoua 5o familles des Hadeurs et donné l'ordre de disperser le reste de ces malheureux tant à Sayda qu'à Frenda, sur la lisière du désert où il n'aura plus aucune crainte à en concevoir (1).

(1) Le général Géhenneuc rendait compte, en ces termes, au maréchal Valée, des événements de Tlemcen :

« L'Emir, à son arrivée à Tlemcen, a commencé par enlever les portes du Méchouar, les portes et les bois de construction, qu'il a fait porter à dos de chameau à Tafraoua et à Sayda, ses nouvelles villes. La fidélité des Kouloughlis lui étant suspecte, il les a désarmés et a contraint la majeure partie de partir pour les nouveaux établissements, les autres suspects pour Ouchda, ville du territoire du Maroc. Une partie a obéi aux ordres de l'Emir ; l'autre, ayant montré quelque résistance, a été livrée à la rage des soldats. Les femmes de quatre des principaux Kouloughlis ont été violées et renvoyées nues sans leur permettre de se munir de vivres pour leur voyage. Ces malheureuses familles sont, aujourd'hui, errantes dans la campagne et meurent de faim en cherchant à gagner le Maroc. Après avoir laissé commettre ces actes de barbarie, l'Emir a quitté Tlemsen et s'est rendu à Mléta, où il était hier, 29 septembre. » Extrait d'un rapport du général Géhenneuc au maréchal Valée, joint à une dépêche du gouverneur général au ministre de la guerre, 15 novembre 1839.

A. G. G. A. E. 1352.

Tlemsan présente l'aspect d'une ville entièrement aban--
donnée et, s'il faut en croire les on-dit, la démolition du
Mechouar y aurait été même commencée. Quoi qu'il en
soit de ce dernier fait, Abd el-Kader ne parle que de
guerre et fait réveiller partout le fanatisme dans les mos--
quées par des prédications où, nous autres chrétiens,
sommes loin d'être bien traités. Il vient de s'annoncer aux
Garabas et restera quelques jours sur le Sig, pour compter et inspecter en sus de cette tribu, les Medjahars et les
Beni Chougran.

Le califfa Hadj Moustapha ben Tamy, qui a fait un
long séjour sur la lisière du désert, pour en maintenir
les tribus chancelantes, vient d'arriver à Sayda, où il
s'occupe d'activer les travaux qui ne marchent pas à
cause de nombreuses maladies occasionnées par les marais
ou sources, qui entourent cette ville. On l'attend sous peu
à Mascara.

Les fantassins de Media et de Miliana ont reçu l'ordre
de se rendre en toute hâte à Çabaou (1), pour se mettre à
la disposition du califfa Si Hamet Ben Salem (2).

L'Emir met une petite garnison à Cherchall et y fait
construire un fort.

Une épizootie s'est déclarée chez les Garabas ; elle leur
a enlevé en peu de jours une grande quantité de chevaux.

L'Emir a écrit à Hadj l'Habib de terminer promptement
ment ses affaires de commerce et d'argent, de payer ses
dettes et de renvoyer à Mascara son plus lourd bagage,

---

(1) Bordj Sebaou : fort construit par les Turcs, vers 1720, sur la rive
droite du Sebaou, pour commander l'entrée de la Kabylie. Ils y entretenaient une garnison sous les ordres d'un caïd. (D. C. Sidi Naman.
Dellys. M.). En face de Bordj Sebaou, sur la rive gauche du fleuve, se
trouve le village européen de Camp-du-Maréchal, sur l'emplacement
occupé par les troupes du maréchal Randon, en 1857.

(2) Si Ahmed ben Salem, d'une famille maraboutique originaire
des Beni Djàd, avait été nommé par Abd el-Kader khalifa du Sebaou
en 1838. De 1839 à 1847, il résista énergiquement aux Français et ne
fit sa soumission que le 22 février 1847.

parce que, rendu sur le Sig, il le rappellerait à lui. Maintenant, est-ce pour cause de guerre ou veut-il le changer simplement, voilà ce que personne ne sait.

L'oukil de Mostaganem s'est déjà beaucoup allégé.

Le Français tué à Tazaâ sous les yeux de l'Emir, comme prévenu d'espionnage, se nomme Pesquy. Il est de Marseille.

La fabrique d'armes de Taguedemt ne marche pas ; les ouvriers français sont chaque jour menacés, insultés et rendus responsables d'un non succès, qui ne paraît véritablement tenir qu'à l'insuffisance des moyens mis à leur disposition. Quant à M. Guillemain, le directeur, il a été assassiné en tentant de s'évader. Je vous garantis maintenant le fait sur ma tête. Il m'avait envoyé des papiers avec la prière de les lui conserver. Daignez me dire ce que je dois en faire.

Un homme de la Légion étrangère, nommé Schumann, est venu se réclamer au consulat, comme ayant été pris en pleine paix par les Kabyles de Bougie (1). Je n'ai voulu faire aucune démarche avant de prendre vos ordres, dans la crainte qu'une simple demande de notre part n'ordonnât sa mort. Daignez prononcer.

Il est parti beaucoup d'Arabes pour la Mecque.

J'ai l'honneur, etc...

E. DAUMAS.

P. S. — Si Miloude bou Talaib, caïd des Flittas, beau-frère et cousin germain de l'Emir, m'a fait appeler pour me dire qu'il avait le désir d'aller à la Mecque et de profiter de ce prétexte pour visiter la France : il m'a demandé s'il y serait bien traité. Je lui ai répondu que j'allais vous

---

(1) La ville de Bougie avait été occupée par les Français au mois de septembre 1833.

rendre compte du tout et que vous décideriez. Voyez pour lui la notice historique, que je vous ai envoyée sur les chefs de la province d'Oran.

J'ai réclamé pour le Juif Mouchy ben Kersenty, dépouillé par les Garabas. On n'y peut rien, pas même obtenir satisfaction pour un Arabe de Mascara, qui le conduisait en qualité de guide et qui a été dangereusement blessé. Les Beni Ameur, les Garabas et les Medjahars ont reçu l'ordre formel de ne plus fréquenter nos marchés. Partout, l'Emir envoie l'ordre de mettre les grains à l'abri de nos marches et l'on ne peut vraiment en tirer d'autre conséquence que la guerre.

L'Emir s'est rendu à Rachegougne.

Je reçois à l'instant même la lettre dont vous avez daigné m'honorer.

Le courrier part et je n'ai que le temps de vous assurer que ma reconnaissance pour toutes vos bontés ne finira qu'avec ma vie.

E. DAUMAS.

On me dit à l'instant même que l'aga Miloude Bennarache, qui devait se rendre dans le Dahra, a reçu l'ordre d'aller se placer avec son armée sur l'Habra. Ceci mérite confirmation, mais je ne crois pas moins devoir vous en rendre compte.

E. D.

A. G. G. A. E. 1163. 133 (Original).

CXIX

Daumas à Guéhenneuc.

Mascara, le 14 octobre 1839.

Mon Général,

L'Emir est arrivé sur le Sig, le 10 du courant. Jeudi
dernier, le calíffa Moustapha ben Tamy, accouru en
toute hâte de Sayda, lui a conduit tous les Hachems de
la plaine d'Egueris, qu'il avait, ainsi que j'ai eu l'honneur de vous en rendre compte, demandés sous le prétexte d'une entrevue avec le fils du Roi des Français. On
dit ici qu'Abd el-Kader a voulu transporter les Garabas
chez les Shebas, mais qu'ils n'y ont pas consenti. On
ajoute que les Medjahars instruits, qu'il avait conçu le
projet de leur faire quitter le pays de leurs pères pour les
bannir sur les montagnes d'Ouanzeris, l'ont fait en masse
prévenir, qu'ils se battraient jusqu'à la dernière extrémité
et, qu'enfin, s'ils étaient vaincus, ils passeraient plutôt
aux Français. Là-dessus, l'Emir a fait emprisonner et
enchaîner vingt-sept chefs de cette tribu, qui étaient
venus lui faire des représentations et il s'est transporté
à l'Habra, où cette affaire doit se décider. .

Aujourd'hui, je puis vous le dire avec assurance,
l'Emir est très mécontent de son voyage dans l'ouest
de la province d'Oran. Il a fait tout au monde pour pousser les Arabes à la guerre mais il n'a trouvé de l'écho nulle
part et, partout, le peuple a émis le désir de vivre tran-

quille. Il se répand, depuis quelques mois, que l'Emir donne des signes de folie, ce qui mérite confirmation.

L'Emir n'a jamais mis les pieds dans Aïn Mady. Aïn Mady n'a jamais été démolie et Tedjiny est encore dans Aïn Mady ; voilà ce que je puis maintenant vous donner pour certain, en raison des renseignements nouveaux et précis qui viennent de me parvenir. Le califfa, si Kaddour ben Abd el-Bakhy, ayant été forcé de renoncer à son expédition, les restes de son infanterie viennent de rentrer à Taguedemt.

Vous pouvez être assuré que l'Emir, toujours dans la prévision de l'expédition d'Hamza (1), vient d'écrire et d'envoyer des présents à tous les chefs arabes et kabyles de ces contrées avec l'exhortation de s'y opposer de toutes leurs forces. Cette semaine il a fait expédier à Si Hamet ben Salem, califfa du Biban (2), 500 fusils français et cinquante charges de poudre. Une personne bien placée pour savoir prétend que l'Emir, n'ayant pas trouvé dans son monde l'enthousiasme sur lequel il comptait, ne s'opposera plus lui-même à l'expédition d'Hamza, si elle a lieu mais que, cependant, tout en protestant, suivant son habitude, il nous suscitera en dessous main le plus d'embarras qu'il lui sera possible.

On assure que le bey Hamet est au Kaff, dont il ferait réparer le fort. Il y aurait aussi entre l'Emir et lui un échange assez fréquent de courriers.

Le califfa Bou Hamidy vient encore de tenter une razia sur les Mahya (Angades) et il n'a pas été plus heureux que

----

(1) Le 29 septembre 1839, l'avant-garde de la colonne, qui venait de traverser les Portes de Fer, captura des courriers d'Abd el-Kader, porteurs de lettres enjoignant aux Kabyles de prendre les armes (*Annales Algériennes*. T. II. Liv. XXVIII, p. 338).

(2) Ben Salem était khalifa du Sebaou et non des Biban. (Cf. dépêche de Daumas. du 7 octobre, p. 543, note 2). A l'époque de l'expédition des Portes de Fer, il venait de s'emparer de Hall-el-Ksar, à une journée à l'E. de Hamza.

la première fois. Le frère de Si Kadda ben Moqrtar, aga des Beni Ameur, y a été tué.

Soit que l'aga Miloude Bennarache n'ait pas osé s'avancer jusqu'à Ouanzeris, soit qu'il ait reçu l'ordre d'appuyer les projets de l'Emir sur les Medjahars, son armée est encore sur l'oued Hilleul (1). Quoi qu'il en soit, plus que jamais on parle de la révolte de Hamet ben Brahim et on lui prête des forces imposantes. L'Emir en viendra à bout, mais ce n'en est pas moins un embarras et ce sont, n'en doutez pas, ces embarras toujours croissants qui retardent la guerre.

Pendant son séjour sur le Sig, l'Emir n'aurait rien changé à ses dispositions sur la liberté du commerce et il aurait, au contraire, souvent et publiquement dit : « Vendez aux chrétiens du blé, de l'orge et des bestiaux, mais ne rapportez d'Oran que de l'argent, des armes, du fer ou du soufre. Le reste serait confisqué. » Les droits de douane sont ainsi fixés, charge de mulet, cheval ou chameau [   ] (2) et charge d'âne [   ] (3).

Je vous envoie par les hommes du train le dépôt du malheureux Guillemain. Je ne puis vous fournir d'autres renseignements sur lui qu'une lettre de son chargé d'affaires à Alger, lettre à laquelle par prudence et pour ne pas fournir, peut-être, moi-même un aliment aux criailleries des journaux, je n'ai jamais voulu répondre. Ci incluse (4).

J'ai l'honneur, etc...

E. DAUMAS.

---

(1) L'oued Hillil, affluent de gauche de la Mina.

(2) Lacune dans le texte original.

(3) Ces droits étaient de 5 fr. 40 (3 boudjoux) par charge de chameau, de 3 fr. 60 (2 boudjoux) par charge de mule ou de cheval, de 1 fr. 80 (1 boudjou) par charge d'âne. (*Tableau des Etablissements français*, 1839, p. 203).

(4) Cette lettre manque.

15 au matin. — Une note d'Hadj l'Habib me tombe entre les mains. Je vous l'envoie (1) ; elle vous prouvera qu'il sort d'Oran beaucoup de munitions et de fusils français.

On assure à l'instant même que, demain, l'Emir arrive à Mascara, le califfa Mustapha ben Tamy s'étant chargé de venir à bout des Medjahars par la ruse.

On reparle de nouvelles intrigues des Douers.

A. G. G. A. E. 1163. (Original).

---

(1) Cette note manque.

CXX

Entretien de M. Daumas avec
l'Émir Abd el-Kader

Le 15 octobre, à 6 heures du matin, le caïd Hadj el-Boukary me fit prévenir que l'Emir allait arriver à Mascara et il m'engagea à me joindre aux autorités de la ville pour aller au-devant de lui.

A 9 heures, nous montâmes à cheval et nous transportâmes sur la route de Mostaganem, où nous rencontrâmes, à 10 heures, l'Emir qui débouchait par le chemin d'Akbet-Gredda (1). Je me joignis aux principaux chefs qui allaient le saluer ; il me reçut très bien, mais n'entama, cependant, aucune conversation sur les affaires.

Nous rentrâmes avec lui à Mascara où, pour fêter son arrivée, on tira le canon ; on fit la fantasia et les femmes, montées sur les terrasses, poussèrent en son honneur des cris de joie. Souvent, l'Emir était arrêté sur son chemin par des gens de tous les âges et de toutes les conditions, qui venaient lui baiser la main et lui offrir une oukya rebyia (50 et 25 centimes), plus ou moins, suivant leur fortune, pour acquitter ce que les Musulmans appellent la zyiara ou visite à un marabout, à un homme saint (2).

---

(1) A 3 kilomètres environ au N. N.-E. de Mascara.

(2) زِيَـارَة , du mot زِارْ , visiter un lieu saint pour témoigner du respect, est spécialement employé pour indiquer la visite aux lieux saints autres que la Mecque ou aux personnages religieux. Ces visites étant toujours accompagnées d'une offrande, le mot ziara est devenu synonyme d'offrande. (Rinn. *Marabouts et Khouan*, p. 15). Outre la ziara, les marabouts prélèvent sur les fidèles une redevance régu-

Cet usage me frappa. Pendant toute la route, l'Emir me parut grave et triste.

Arrivé à Mascara, l'Emir descendit au beylik, où la zyiara continua avec fureur et où, par convenance, nous ne jugeâmes pas à propos de le suivre. Toutefois, je dis au caïd Hadj el-Boukary, qu'il eût à me prévenir, si l'Emir témoignait le désir de me voir.

A deux heures de l'après-midi, arriva le cavalier, qui m'apportait l'ordre de M. le lieutenant général Guéhenneuc de me rendre à Oran. Je me transportait chez le caïd de la ville et lui demandait simplement un cavalier pour le lendemain, m'étayant des ordres de mon général et ne lui parlant plus de revoir l'Emir, certain qu'il me ferait de lui-même appeler.

Je ne me trompais pas. A six heures du soir, après la prière du Mogrereb (1), l'Emir Abd el-Kader me fit demander; je me rendis à l'hakouma et voici, mot à mot, notre conversation, après les longues salutations d'usage :

L'Emir. — Nous avons beaucoup entendu parler de toi; tu es un homme sage et tu veux le bien.

Daumas. — Mon maître (Sidi) ne m'a envoyé ici que pour cela et, si j'ai été assez heureux pour faire quelque bien, je n'ai fait que remplir ses intentions.

L'Emir. — Tu vas à Oran par l'ordre de ton maître ; il m'a écrit à ce sujet ; j'ai bien des choses à te dire ; tu en as beaucoup à me dire aussi ; mais, comme cela ne nous mènerait à rien, il vaut peut être mieux que nous nous taisions.

Daumas. — Suivant moi, il vaut mieux parler, car ce

____

lière, appelée communément sadaqa (صَـدَـقـة , aumône légale. dîme) et désignée dans le Sud Oranais par le mot Ghefara (غـجـارة de la racine عـجـر , pardon, absolution des péchés). Cf. Depont et Coppolani, *Les Confréries religieuses musulmanes*, Alger, 1897, pp. 239, sqq.).

(1) Maghreb — prière qui se fait au coucher du soleil.

n'est qu'en parlant qu'on peut se comprendre et s'entendre.

L'Emir. — Tu as raison. Eh bien ! nous avons fait la paix et nous en sommes honteux. Car personne n'a tenu sa parole, ni les Français, ni moi. On n'entend parler que de vols, d'assassinats, et, dis-le bien au général, si cela devait continuer, je préférerais une brusque séparation, car c'est vous qui avez toujours commencé à violer les conventions du traité. Ah ! cette paix ne vaut pas celle du général Desmichels. En veux-tu une preuve ? Dernièrement, des Douers nous sont venus et vous gardez par force une partie de leurs femmes et de leurs enfants et de leurs troupeaux. Oh ! non, ce n'est pas bien. Vous dites que vous êtes une nation brave et puissante. Pourquoi donc ne rendez-vous pas des gens que, même en temps de guerre, vous ne devriez pas retenir ? Ah ! si Mustapha (1) commande chez vous, c'est différent.

Daumas. — Des deux côtés, dis-tu, on n'a pas observé les conditions du traité. C'est peut-être vrai, mais ce n'est pas nous qui les premiers avons manqué à notre parole. Depuis la paix, trente individus ont été assassinés par tes gens. Cite-moi un seul Arabe assassiné par les Français. (*Mouvement*). Tu nous menaces d'une brusque séparation et tu as tort, car nous ne voulons que le bien, la paix et l'on peut encore, en s'entendant, tout réparer. Quant aux femmes et aux propriétés des Douers fugitifs, je ne puis que t'assurer et tu le sais bien, d'abord, que Mustapha ne commande pas chez nous et, ensuite, que si on ne te les a pas rendues, c'est que, de ton côté, nous n'avons jamais pu obtenir ni les familles, ni les biens de ceux qui nous sont venus. (*Mouvement*).

L'Emir. — Tu vas à Oran. Fais-nous rendre cette justice. Tu es consul et depuis deux ans chez nous, et qu'au-

---

(1) Mustapha ben Ismaïl.

rais-je à faire d'un consul ici, s'il ne pouvait me faire obtenir la chose même la plus simple ? *(En souriant)*. Oh ! non, si tu ne m'obtiens pas cela, tu peux rester dans ton pays.

Daumas. — Je ne puis que transmettre ta demande au général ; mais puisque tu me renvoies....

L'Emir. — Eh ! mon Dieu ! non, je ne te renvoie pas. Mais que dire ? J'ai écrit à ton général et il ne m'a pas seulement répondu. Voyons, quelle nation ferait cela ?

Daumas. — Ou ta lettre n'est jamais parvenue, ou le général a soumis tes demandes à M. le maréchal et il ne te répondra que pour t'annoncer quelque chose de positif. Je t'assure qu'il ne peut qu'en être ainsi.

L'Emir. — Ah ! j'oubliais : dis encore au **général** qu'il ne s'étonne pas, s'il ne voit plus d'Arabes au marché de **Mostaganem**. On nous vole nos chevaux, nos troupeaux et tout va s'engloutir dans ce gouffre. Pour en finir, j'ai pris le parti de faire reculer tous les Medjahars jusqu'à la Mina. On lui fera, là dessus, une quantité de mensonges, mais en voilà les raisons véritables ; dis-lui bien : on ne me l'a pas dit, mais je le tiens du sultan lui-même. Quant au marché d'Oran, préviens-le aussi que, si les Douers continuent à dévaliser et à couper les chemins, comme ils le font, personne n'osera plus s'y rendre.

Daumas. — Mon devoir est de lui rapporter fidèlement tes paroles. En attendant, je me plais à t'assurer que jamais nous n'avons encouragé le vol, qui est rare et sévèrement puni par nos lois ; nous achetons et payons. Tu sais toi-même, en outre, que, par haine, on met aussi sur le compte des Douers une grande partie des méfaits des Garabas.

L'Emir. — Je te chargerais bien encore d'autres choses, mais je sais à l'avance que tu n'y pourras rien.

Daumas. — Dis toujours ; les paroles d'un homme sur les lieux valent mieux que tous les écrits du monde.

L'Emir. — Eh bien, dis encore à ton général que les Douers sont des intrigants ; qu'on m'avait promis d'en enlever quelques-uns d'Oran ; dis-lui qu'il me fournisse des fusils et du fer ; il te répondra qu'il ne peut rien sans le maréchal ; mais réplique-lui, qu'il faut être juste et, surtout, mettre un terme aux excès journaliers qui, s'ils continuaient, ne pourraient qu'amener une rupture.

Daumas. — Mon général ne veut que la paix, le bien et le bonheur des deux peuples. Je lui porterai tes paroles et te rapporterai les siennes avec exactitude. (*Salutations d'usage*).

Oran, le 19 octobre 1839.

Le capitaine, consul à Mascara,
E. DAUMAS.

A. G. G. A. E. 1163. (Original).

CXXI

Ayas [1] à Daumas.

Mascara, le 17 novembre 1839.

Sur le très honoré capitaine Daumas, le salut et la
miséricorde de Dieu. Et ensuite : la lettre que vous nous
avez envoyée ne nous est pas parvenue, parce que la
rivière de l'oued el-Hammam était enflée, que le meqra-
zeny a voulu la traverser et que l'eau a emporté la correspondance ; ce qui n'est, après tout, qu'une ruse du califfa
Moustapha ben Tamy et du çaïd Hadj el-Boukary. J'ai
reçu néanmoins cent francs. Que Dieu augmente votre
bien.

Quant à Omar (Léon Roche), on dit dans le pays
qu'il est véritablement en fuite. Car l'Emir a pillé sa
maison à Taguedemt et n'y a rien laissé. Je pense que
cela est vrai, mais cela mérite confirmation (2).

L'aga Miloude Bennarache est revenu du Dahra,
et il n'a pas réussi dans les montagnes d'Ouanzeris.
Si Hamet ben Moqrtar est venu nous voir ; il nous a dit
que, dans sa tournée, il n'avait pu obtenir que 3.600
boudjous, 150 bœufs, 150 fusils, 50 mules et 15 che-

---

(1) Interprète du consulat. Daumas se trouvait à Oran au moment
où éclatèrent les hostilités entre Abd el-Kader et les Français. Il ne
revint pas à Mascara. Cf. Introduction.

(2) Roches raconte qu'il prit la fuite, à la nouvelle que l'Emir se
décidait à recommencer les hostilités contre les Français, et après
avoir avoué à Abd el-Kader, que sa conversion à l'islamisme n'était
qu'une feinte. (*Dix ans à travers l'Islam.* Liv. VIII, chap. V, VI, VII).

vaux. Par ordre du sultan, il a immédiatement publié la guerre sainte chez les Kabyles, recommandé d'acheter des armes et des chevaux, en prévenant les contrevenants, que leurs biens ne suffiraient pas pour racheter leurs têtes.

Les fantassins, qui étaient avec le Miloude, sont entrés dans Mascara samedi dernier au nombre de 900. Les uns disent qu'ils doivent partir lundi prochain avec le califfa, qui irait placer son camp sur l'Habra, pour boucher la porte des impies (1) et les autres assurent que personne ne sortira avant la fin du Ramadan. Dans tout cela il n'y a rien encore de positif.

Dans toutes les tribus, comme dans Mascara, on ne cesse de publier la guerre sainte ; on donne d'ordre d'acheter des armes, des chevaux et de faire des provisions pour trois mois ; tout le monde, ici, a peur et personne ne laboure. Les Arabes sont dans les transes et ils donneraient au sultan tout ce qu'ils ont de plus précieux, pour en obtenir la continuation de la paix. Moi, je pense, avec beaucoup de gens sensés, que le sultan a seulement honte des Arabes, pour avoir laissé les Français venir de Constantine à Alger sans tirer un coup de fusil (2) et, cela, avec le fils de notre Seigneur et Maître (3) — que Dieu le fasse triompher. — Il ne fait donc peut-être tout ce bruit, que pour prouver qu'il n'est pour rien dans tout cela et pour en obtenir adroitement une seconde maouna ou contribution extraordinaire ; du reste, je n'insisterai pas. Vous savez mieux que personne à quoi vous en tenir et vous l'aurez dit à M. le général.

----

(1) C'est-à-dire fermer aux Français la route de Mascara.

(2) L'armée française, dans sa marche de Constantine à Alger. ne rencontra, en effet, aucune résistance. Le 31 octobre et le 1er novembre seulement, quelques escarmouches eurent lieu entre les Français et les Kabyles de Ben Salem.

(3) Le duc d'Orléans.

L'Emir était à Tazâa et il est arrivé à **Médéa lundi** dernier accompagné seulement de 15o cavaliers **régu-**liers ; il y écoute le vent qui vient du Chairg (de l'Est).

Nos mandats de solde ont été perdus avec la correspondance, qu'on nous a dit enlevée par la rivière.

Nous avons appris que vous étiez un peu malade. S'il plaît à Dieu, cela ne sera rien. Je vous remercie d'avoir donné 3o francs à mon oncle.

Si vous me répondez, ne m'écrivez pas par un cavalier de l'Emir, parce qu'il a été décidé par les autorités de Mascara, qu'à l'avenir on s'emparerait de toutes nos lettres, attendu qu'on a sous la main quelqu'un capable de les lire. C'est pour cela que je vous écris en arabe représenté par des lettres françaises, convaincu que, si ma lettre est enlevée, elle ne pourra être déchiffrée. Je fais donc un appel à mon bonheur en vous écrivant ainsi et vous prie d'avoir soin du porteur de la lettre, qui court pour nous de grands risques.

Enfin, le pileur (?) vous a dit tout ce que je ne puis vous écrire et je termine en vous priant encore de ne pas me répondre par un cavalier de l'oukil, car votre lettre ne me parviendrait pas et mille saluts sur votre tête.

Amran (1), **Wirth** et **Carié** (2) vous présentent leurs salutations respectueuses. Pour l'amour de Dieu, ne nous laissez pas sans nouvelles.

L'interprète du Consulat,
Léon AYAS.

Pour copie conforme :
Le capitaine, consul à Mascara,
E. DAUMAS.

---

(1) Amran Darmon, interprète attaché au consulat.
(2) Cavaliers détachés au consulat de Mascara.

APPENDICE.

I

Instructions données à M. le chef de bataillon Ménonville par le général Bugeaud, le 15 août 1837.

Commandant, M. le ministre de la guerre ayant approuvé, par sa lettre du 12 juillet, le choix que j'avais fait de vous pour' remplir, près de l'Emir Abd el-Kader, les fonctions de commissaire du gouvernement français pour surveiller l'exécution du traité, je vais vous donner dans cette lettre quelques instructions générales sur la mission importante et délicate, que vous aurez à remplir.

Cette mission exige de la prudence et de l'habileté. Vous avez déjà vécu avec les Arabes, vous avez des idées exactes sur leurs mœurs et vous parlez un peu leur langue.

Vous vous appliquerez chaque jour davantage à étudier ces divers points et vous tâcherez de vous faire des amis parmi les chefs influents qui entourent l'Emir et aussi les chefs des principales tribus.

Vous mettrez le plus de soin possible à étudier le caractère de l'Emir et à étudier, par lui et ses aboutissants, quelles sont ses vues d'avenir.

Comment est-il avec l'empereur du Maroc ?

A-t-il des projets d'agrandissement du côté de cet empire ?

En reçoit-il des armes et des munitions par quelque voie autre que celle des ports français ?

Le commerce de la Régence et de l'intérieur de l'Afrique se dirige-t-il vers le Maroc, par les soins de l'Emir, de préférence à prendre la direction de nos ports ?

L'Emir a-t-il des projets d'agrandissement dans l'Est et emploie-t-il des moyens pour y préparer les populations ?

Quels sont les préparatifs de guerres futures qu'il fait, les points qu'il fortifie et de quelle manière ?

Que fait-il à Tegdempt ? dans quelle vue a-t-il fait cet établissement ?

Qu'est-ce que c'est que Miliana et ses fortifications ?

Quelle est la force, la composition, la constitution, l'armement et l'équipement des troupes soldées d'Abd el-Kader ?

A combien peuvent s'élever approximativement ses revenus de tout genre et en quoi consistent-ils ?

Quel est le degré d'affection et de dévouement que lui portent les diverses tribus ?

Etend-il son influence dans le désert ?

Tels sont, commandant, les divers points, qui doivent appeler vos investigations de tous les jours.

Dans vos conversations avec Abd el-Kader, vous vous attacherez à lui donner une idée exacte de la puissance militaire et des richesses de la France.

Vous tâcherez de lui faire comprendre la différence qu'il y a entre la grandeur et le bonheur d'un souverain, qui règne sur une nation civilisée et le prince, qui ne règne que sur une nation nomade et misérable

Vous lui direz que l'Afrique renferme tous les éléments de richesse et qu'il est appelé par Dieu lui-même à régénérer un peuple plongé depuis si longtemps dans la misère et dans la barbarie ; que la présence des Français est encore un décret de la Providence, qui a le même but, car, sans des modèles et des exemples, il ne parviendrait jamais à faire faire des progrès à ce peuple pasteur et ignorant. Les Français sont donc appelés à l'aider puissamment dans cette œuvre de régénération ; il faut donc qu'il s'en fasse des amis et des appuis. Vous ferez bien de lui parler souvent des œuvres du pacha d'Egypte, qui s'est entouré d'un grand nombre de Français et qui marche rapidement vers une grande puissance et une grande prospérité.

Vous l'engagerez à envoyer en France un certain nombre de jeunes Arabes pour en faire des charpentiers, des maçons, des ouvriers en fer, des agriculteurs, enfin des artisans de toute espèce.

Vous lui expliquerez comment, jusqu'à cette paix, on lui a fait une guerre molle et incertaine. C'est qu'en France, il y a deux partis, l'un de la guerre, l'autre de la paix.

Le gouvernement tiraillé des deux côtés n'a agi qu'avec incertitude ; mais, si cette paix se rompait par la faute de l'Emir, alors il y aurait unanimité de tous les Français, pour qu'on lui fît la guerre avec tous les moyens dont nous pouvons disposer.

Aujourd'hui le pays est étudié et les généraux comprennent comment il faudrait agir pour arriver à la conquête absolue du pays. Il a donc un grand intérêt à maintenir la paix. Le moyen

d'y parvenir, c'est d'abord d'exécuter le traité de la Tafna, de faciliter et activer les relations commerciales et de donner pleine sécurité aux sujets français, soit dans leur propre territoire, soit
dans le sien.

Quand les Français auront du commerce et une entière sécurité
pour travailler, ils ne penseront pas à la guerre et la paix peut
durer cent ans.

Vous tâcherez d'accompagner l'Emir, aussi souvent que possible,
dans les courses qu'il est obligé de faire pour assurer l'exercice
de son autorité. Ces voyages souvent répétés vous permettront
d'étudier parfaitement le pays et d'en faire une statistique exacte,
qui pourra être, dans la suite, d'une très grande utilité. Elle devra
indiquer les distances d'un point à un autre ; les cours d'eau, les
fontaines et les puits ; la force des eaux, quel nombre de troupes
elles pourraient abreuver selon la saison, la distance qui les sépare, leur quantité etc...; la configuration du terrain, le plus ou
moins de fertilité du sol, la nature des productions et leur quantité ; la force des tribus qui l'exploitent, le nombre des cavaliers
qu'elles peuvent mettre en campagne, leur plus ou moins d'apti-
tude à la guerre, leurs dispositions morales envers les Français.
Comme élément de la statistique raisonnée, que le gouvernement
est en droit d'attendre de votre intelligence et de votre zèle, vous
sentirez le besoin de tenir exactement un journal des marches,
des stations et des observations, que vous aurez faites chaque
jour.

Pour éviter que ces documents ne puissent se perdre par un
événement fortuit, vous enverrez, tous les quinze jours ou à peu
près, copie de ce journal pendant la quinzaine à M. le gouverneur
général et au général commandant à Oran. Ce dernier recevra
l'ordre de réunir ces rapports de quinzaine et de les laisser dans
les archives de la division d'Oran.

Il vous sera remis une copie du traité en français et en arabe.
Vous vous pénétrerez de sa lettre et surtout de son esprit.

Les relations commerciales, la direction du commerce vers nos
ports, la libre circulation des sujets français dans l'intérieur du
pays, la sécurité partout, qui doit résulter d'une bonne police
faite par l'Emir, voilà les résultats principaux, que nous atten-
dons de l'exécution loyale du traité. Vous devez y porter une
attention continuelle. Il va sans dire que vous presserez l'Emir
avec les mêmes formes nécessaires, pour qu'il paie exactement
la contribution de guerre, car c'est là ce que j'attends pour me
rendre en France. Puisqu'il est déjà préparé, que lui en coûte-
t-il de devancer l'époque ?

Tâchez d'obtenir de l'Emir, qu'il nous fournisse ou qu'il nous fasse fournir par des agents autorisés par lui quinze cents chevaux chaque année, tant à Oran qu'à Alger. Représentez-lui que nous pourrions acheter ces chevaux furtivement mais que, ne voulant pas encourager le vol et propager la démoralisation des Arabes, j'ai défendu, jusqu'à ce jour, d'en acheter sans nous informer de leur origine. Si, cependant, nous ne pouvions en avoir par son autorisation, nous serions bien forcés d'en acheter. Il est donc de son intérêt matériel et moral de nous en vendre.

Dès que vous serez installé, vous demanderez les ordres et les instructions de M. le gouverneur général et vous correspondrez avec lui, selon qu'il le désirera. Vous tiendrez le général commandant à Oran au courant de la situation des choses dans le pays, sauf à garder le secret sur les matières, qui ne devraient être connues que du gouverneur général. Vous comprendrez qu'il peut se présenter une foule de circonstances, pour lesquelles il peut être nécessaire d'informer directement et dans le plus bref délai possible le général commandant à Oran. Si, dans certains cas, il ne pouvait être informé que par le gouverneur, cela pourrait donner lieu à do grands retards, qui pourraient être fort préjudiciables aux intérêts publics.

Il n'est pas nécessaire de vous dire, commandant, que vous êtes le défenseur naturel et obligé des intérêts des Français ou sujets français auprès de l'Emir et des Arabes ; vous vous attacherez à leur faire rendre justice.

Je n'entrerai pas, commandant, dans de plus grands détails. Votre intelligence, votre zèle, votre dévouement me sont un sûr garant, que vous saurez suppléer, conformément aux circonstances, à ce qu'il y a d'incomplet dans ces instructions. Vous en recevrez, d'ailleurs, de nouvelles selon les cas qui se présenteront.

A. G. G. A. E. 115 (Copie).

II

Notes sur l'infanterie de l'Emir [1].

RECRUTEMENT. — L'infanterie se recrute par les pauvres des tribus, les déserteurs, et les vagabonds des villes. Les enrôlements sont à vie, volontaires ou forcés. Les tribus sont astreintes à fournir un contingent proportionné à leur population, mais il ne pèse, en général, que sur les malheureux, les orphelins ou les mauvais sujets, l'Emir se réservant la classe aisée pour les impôts extraordinaires et craignant de se l'aliéner. Quelques tribus, en raison des ⸍ services rendus pendant la guerre, en sont exemptes. Tels sont les Garabas. Le père, le frère, montés et armés, marchant, enfin, avec le goum, exemptent de droit le fils ou le second frère.

Le nègre, qui s'enrôle, devient libre par ce fait ou, plutôt, il ne fait qu'échanger sa servitude (2). L'Emir en rembourse alors le prix à son maître (3), qui ne peut s'y opposer.

On a pris beaucoup d'enfants, qui n'ont ni la taille ni la force nécessaires pour supporter encore les fatigues de la guerre. On doit les laisser dans les petites garnisons jusqu'à nouvel ordre.

Les tribus murmurent de cet impôt nouveau pour elles. Elles s'y soumettent néanmoins, mais il fait beaucoup d'ennemis à l'Emir. De fait, il est en désaccord avec leurs mœurs et leurs habitudes d'indépendance.

HABILLEMENT. — ARMEMENT. — L'habillement consiste en un petit caban en serge rousse et à capuchon, une bédaïa ou gilet se bou-

---

(1) Notice jointe à la dépêche de Daumas du 31 décembre 1837. Elle fut envoyée de nouveau à Oran, le 10 février 1838, avec quelques variantes et quelques additions, que nous donnons ci-dessous en notes et entre crochets. Cette seconde notice est cotée A. H. G. R. J. 4385.

(2) [que changer de servitude.]

(3) [le rembourse alors à son maître.]

tonnant par derrière, une culotte en mauvaise étoffe (1) bleue, une ceinture en cuir et une paire de belza (2) ou savates jaunes. On leur donne aussi un fessy (3) et une chemise.

Le fessy, le caban, le gilet et la culotte font un an de durée, les savates trois mois et la chemise quatre. Depuis peu, on donne des épinglettes (4). L'Emir voulait acheter pour toute son infanterie des souliers français. Il a renoncé à cette idée sur la représentation, qu'ils fatiguaient et blessaient les hommes.

Pour giberne, ils ont exactement la cartouchière arabe. Elle peut contenir trois paquets de cartouches.

Ils sont tous armés d'un fusil français (5) et commencent à priser la baïonnette.

On a donné aux anciens soldats les derniers fusils livrés par la France (6) et qui en étaient pourvus.

Le Maroc fournit les effets d'habillement (7), d'équipement et beaucoup de sabres pour la cavalerie.

ORGANISATION. — Toute cette infanterie est divisée en compagnies. Les compagnies sont de 100 hommes. Par compagnie, il y a deux officiers (un lieutenant et un sous-lieutenant), qu'on appelle chefs de ligne (8), un **qroudja, quatre chiaoux (caporaux)** et deux tambours.

Les officiers portent pour marque distinctive une bague à l'annulaire droit, sur le chaton de laquelle sont inscrits leur nom et la date de leur nomination. C'est là leur brevet. Le lieutenant est habillé de rouge et le sous-lieutenant de bleu. Ils sont montés et munis d'un sabre, dont le fourreau est en cuivre. Le Beylik fournit le tout (9).

---

(1) [serge].

(2) Belgha.

(3) Un **fez**.

(4) [un tournevis et une fiole pour contenir de l'huile.]

(5) [Toute cette infanterie est armée de fusils français et commence à priser la baïonnette. Aussi les derniers fusils livrés par la France et qui en étaient pourvus ont-ils été donnés aux anciens soldats, qui viennent de faire campagne avec l'Emir.]

(6) Il s'agit ici des fusils que l'Emir, conformément à l'une des clauses du traité de laTafna, était autorisé à se procurer en France.

(7) [Les vêtements viennent du Maroc. Cependant, depuis la paix, on en confectionne beaucoup à Tlemsan. Ils sont mal coupés, **mal** cousus et n'ont aucune condition de durée.]

(8) Rais es çof.

(9) [A chaque compagnie sont attachés deux chevaux et deux mules pour porter les tentes et les provisions. Les tentes contiennent 25 hommes.]

Les tambours sont informes, le rythme en est barbare. Ils le portent au col et le frappent par les deux bouts. Ils n'ont pas encore de batteries distinctes.

La solde n'a rien de fixe. Les officiers ont de 10 à 12 boudjous par mois, les soldats 2 ou 3 et les artilleurs quelque chose de plus. Des concussions épouvantables et, néanmoins, tolérées augmentent le bien-être des chefs.

On donne aux hommes (1) à peu près deux livres de pain par jour, un peu de bouillie faite avec du blé et de la viande deux fois par semaine, les lundi et jeudi.

A Mascara, ils (2) sont mal logés ; aussi y-a-t-il beaucoup de malades (3). Ils ont un médecin pour les soigner. Il est de Tunis et ne sait pas grand'chose. M. le docteur Warnier, assure, cependant, qu'il s'entend à panser les plaies d'armes à feu.

Les grades ne sont donnés qu'au mérite et au courage. L'avancement a lieu de l'infanterie dans la cavalerie et réciproquement. C'est ainsi que tous les prisonniers de Marseille ont été montés à leur retour et placés dans les mekrazenys.

On a institué (4) une espèce de code pénal. Le vol y est puni de la réclusion et de la perte d'une oreille. Pour vente d'effets ou d'armes du gouvernement, on inflige la bastonnade et l'on chasse de l'armée (5). La désertion à l'ennemi n'est punie que d'un emprisonnement, dont la durée est égale au temps de l'absence. L'insubordination y est aussi traitée très légèrement (6).

Les officiers ne reçoivent d'ordres que de l'Emir, du califfa ou d'un aga qui commande le tout. Les soldats sont craints et bien traités dans les tribus, quand ils vont y porter des ordres. Le chef est obligé de les payer et de les nourrir comme ils veulent. Il y a même de grands abus (7). Aussi, quand un malheur vient à frapper l'Emir, on se venge cruellement de ces égards forcés.

---

(1) [On leur donne.]

(2) [les hommes.]

(3) Les maladies exercent beaucoup de ravages.]

(4) [On vient d'instituer.]

(9) [La vente d'armes ou d'effets est traitée comme le vol.]

(6) [Pour l'insubordination et les fautes de discipline on applique la bastonnade. On parle, depuis peu, de créer une décoration pour les braves. Elle consisterait dans une main en argent et à sept doigts ; elle se porterait sur la corde de chameau et chaque doigt levé indiquerait une action d'éclat. Je n'en ai pas encore vu.]

(7) [Sans renouveler absolument les excès des Turcs, il règne dans cette petite armée peu de discipline, le dernier soldat se rendant coupable d'abus révoltants. Quand ils passent dans les tribus ou

Après les combats de Sidi Embarraik et de la Siccak, toute l'infanterie de l'Emir fut maltraitée (1) et désarmée par les Arabes.

Instruction. — L'instruction, jusqu'à présent, se réduit à peu de chose. Elle est dirigée par quelques déserteurs français ou indigènes. On conçoit donc ce qu'elle peut être.

La cadence du pas leur est inconnue. A droite, à gauche, un maniement d'armes borné et la charge estropiée, voilà tout. Ils se forment sur un seul rang et marchent en file (2). Je les ai vus, du moins, escorter ainsi le califfa et les autorités, quand ils se rendaient à la mosquée. De l'arme au pied, ils passent à l'arme au bras. Pour les fêtes du Ramadan, ils ont brûlé beaucoup de poudre. Leur feu est inégal et très mal nourri.

L'Emir n'a, en tout, qu'une vingtaine de déserteurs. Quelques-uns sont employés comme canonniers et les autres instruisent.

Jamais on ne tire à la cible (3). Les armes sont mal entretenues, les réparations lentes et mal faites (4).

Ils ne savent du service des places et en campagne que ce que leur instinct leur en suggère. Croirait-on qu'à Mascara, où il y a 200 fantassins, il n'y a pas un seul poste (5), on ne fait pas une seule patrouille de jour et de nuit ? Non, ils s'étendent au soleil ; c'est plus commode.

J'ai oublié de dire, qu'en campagne, on attachait à chaque compagnie 4 mules et 4 chameaux pour porter les tentes et les provisions. Les tentes contiennent 25 hommes.

On se plaît à exagérer le chiffre de cette infanterie. Par les renseignements, que j'ai pu me procurer, voici, selon moi, sa force véritable : 200 hommes à Tlemsan, 200 à Mascara, 100 à Tekedemt, 250 à Médéa, 200 à Miliana, 250 à Ouad Zitoune,

---

quand on les emploie à porter des messages, il faut les payer, les héberger ; ils parlent en maîtres, frappent et rien n'est assez bon pour eux. Il est vrai que, quand le malheur vient à peser sur l'Emir.....]

(1) [horriblement.]

(2) [ne marchent qu'en file.]

(3) [Jamais on ne les exerce à la cible.]

(4) [Il y a exercice trois fois par semaine, quand le temps le permet. Le commandant du fort de Mascara est venu me supplier de lui montrer le maniement des armes. Je lui ai d'abord répondu, qu'étant officier de cavalerie, je n'y entendais rien puis, comme il insistait, pour m'en débarrasser, je lui ai appris à faire un demi-tour à pied. Il a trouvé cela superbe, m'a remercié et, pendant un mois, en a assommé ses hommes.]

(5) [la garnison ne fournit pas un seul poste et ne fait pas].

1.200 avec l'Emir, en tout 2.300 ; encore serais-je tenté de réduire ce dernier chiffre (1).

En résumé, cette infanterie (2), qui ne peut rien contre nous, peut beaucoup contre les Arabes. Aidé par une nombreuse cavalerie, c'est avec elle et par elle que l'Emir soumet les tribus rebelles.

Il l'affectionne beaucoup et lui a promis, au jour de malheur, de mourir au milieu d'elle (3).

C'est le commandant Abdallah, qui lui en a donné l'idée (4). Il disait encore dernièrement : « Abdallah avait raison de me dire (5) que, sans infanterie, je ne serais jamais rien. »

La crainte que la nôtre inspire à la cavalerie arabe (6) contribue beaucoup (7) aussi à le confirmer dans la volonté d'augmenter la sienne (8).

Mascara, le 14 janvier 1838.

Le capitaine faisant fonctions de consul (9),
DAUMAS (10).

---

(1) [La force de cette infanterie est répartie ainsi qu'il suit :

Mascara	200	hommes
Tekedemt	100	—
Media	300	—
Miliana	300	—
On dit à Ouad el Zitoune	400	—
Tlemsan	300	—
Soit en congé, soit avec l'Emir	1.500	—
TOTAL	3.100	—

.]

(2) [L'Emir fonde un grand espoir sur cette infanterie, qui...]

(3) [C'est avec elle qu'il lève les impôts, maintient les tribus chancelantes et soumet celles qui se révoltent. Il en très aimé, fait beaucoup pour elle et lui a promis.....]

(4) [lors de la victoire remportée sur lui par Moustapha ben Ismaïl pendant la première paix.]

(5) [répéter].

(6) [aux Arabes].

(7) [est encore venue].

(8) [de l'augmenter. L'Emir n'étant pas encore venu à Mascara, depuis près de trois mois que j'y suis arrivé, je n'ai pu me procurer que fort peu de renseignements sur l'organisation de sa cavalerie régulière. Tout ce que j'en sais, c'est qu'il ne la compose que d'hommes éprouvés et qu'il s'applique à la monter et à l'armer avec le plus grand soin.]

(9) Le capitaine instructeur.

(10) P.-S. à la dépêche du 10 février 1838. — [Depuis, j'ai appris qu'il y avait à Mazouna un dépôt de malades et de convalescents. d'une centaine d'hommes.]

III

Renseignements sur les prisonniers
ou déserteurs français (1).

Mon Général,

Conformément à vos ordres, je m'empresse de vous transmettre tous les renseignements, que nous avons pu nous procurer sur le sort des prisonniers ou des déserteurs français, qui ont été ou qui sont encore au pouvoir de l'Emir. Je les crois d'autant plus exacts que, par humanité comme par devoir, nous avons fait à leur égard les recherches les plus consciencieuses et les plus suivies.

Il en résulte qu'il n'existe, en ce moment, aucun prisonnier de guerre chez l'Emir et voici, à peu de choses près, leur histoire.

Après la convention conclue par M. le général Desmichel, le commandant Abdallah vint à Mascara traiter de l'échange des prisonniers faits pendant la guerre et les ramena tous à Oran. Parmi eux se trouvait le maréchal-des-logis David, du 2e chasseurs à cheval d'Afrique, pris par trahison à Arzeu et tué, le 26 juin 1835, à Mouley Ismaïl.

Après la Macta, l'Emir n'eut entre les mains que quatre Français, une cantinière et un enfant. Ils avaient échappé par miracle à la férocité des Arabes. Ce nombre s'accrut, trois semaines après, de trois soldats du bataillon d'Afrique, qui furent surpris dans des figuiers de barbarie, à Arzeu.

Sur ces neufs prisonniers, un caporal du 66e et un soldat du même régiment parvinrent à s'évader et à regagner Oran. Les autres, quatre mois après, furent envoyés à l'empereur du Maroc sous la conduite de Si Hamet, qui allait, en même temps, lui offrir des caissons et des chevaux du train. On dit que, plus tard, ces sept prisonniers furent réclamés et rendus.

---

(1) Note jointe à la dépêche de Daumas, du 12 mars 1838.
(2) Le lieutenant général Rapatel, commandant supérieur de la province d'Oran.

— 570 —

Quant aux autres prisonniers faits depuis la Macta, tant dans la province d'Alger que dans celle d'Oran, quelques-uns ont encore été envoyés dans le Maroc et les autres ont été rendus avec M. de France (1), officier de marine, en échange d'un certain nombre de prisonniers de la Siccak. Avec eux rentrèrent deux Français et un Polonais, qui avaient été pris à la chasse, dans les environs de Brédia (2), par un parti de Garabas, qui revenaient de Tlemsan.

S'il n'y a plus de prisonniers de guerre dans le pays, il ne manque pas de déserteurs qui, tous, se sont faits musulmans, soit de gré soit de force et ont pris du service dans l'armée.

Voici les noms des déserteurs français, que nous connaissons et les renseignements, que nous pouvons donner sur leur position :

Ils sont au nombre dé 27 : 9 Français et le reste de la légion étrangère :

1° Moulin, chasseur du 1er régiment, mort chef des Hadjoutes (3).

2° Moncel, chasseur du 1er régiment, fusillé à Alger (4). L'Emir

---

(1) de France (Auguste), enseigne de vaisseau à bord du brick le Loiret, capturé par les Arabes, le 11 août 1836 aux environs d'Arzeu et échangé contre des prisonniers arabes ramenés de Marseille, le 9 janvier 1837. Il a raconté lui-même sa captivité dans l'ouvrage intitulé : « *Les prisonniers d'Abd el-Kader ou cinq mois de captivité chez les Arabes* », Paris 1837. 2 vol. 8°. — Le récit de de France a été utilisé et reproduit en partie par Alby, dans son « *Histoire des prisonniers français en Afrique, depuis la conquête* », Paris, 1849. 2 vol. in-12.

(2) Aïn Bridia au N. de la sebkha d'Oran. (Bou Tlelis, P. E.)

(3) Il est appelé Dumoulin dans le livre d'Alby.

(4) Monsel (François-Alexandre), né à Nimègue, le 23 mars 1812 ; engagé volontaire aux lanciers d'Orléans, le 6 octobre 1830 ; passé au 1er régiment de chasseurs d'Afrique, le 6 janvier 1832 ; envoyé dans une compagnie de discipline, le 26 novembre 1833 ; chasseur au 1er bataillon d'infanterie légère d'Afrique, le 24 juillet 1834 ; soldat au bataillon de zouaves, le 16 mars 1835 ; cavalier aux spahis réguliers, le 26 novembre 1835 ; déserteur à l'ennemi, le 27 juillet 1836. Monsel prétendait avoir été poussé à déserter par les brutalités de l'adjudant de Goers. Ce sous-officier ayant été tué au combat de Guerouaou, Monsel inscrivit avec la pointe d'un poignard son propre nom sur le cadavre. Il combattit avec les Arabes autour d'Oran, dans la Mitidja et prétendit avoir été chargé par le califfa de Miliana d'une mission au Maroc. Arrêté chez les Beni-Mouça, le 19 septembre 1837, il fut condamné à mort par le 1er conseil de guerre et fusillé à Alger, le 30 octobre 1837. Cf. Trumelet : *Histoire de Boufarik*, p. 118.

l'aimait beaucoup à cause de sa bravoure et il est le seul à qui il ait fait du bien.

3° Fournier, déserteur de la compagnie de pionniers d'Alger, aujourd'hui canonnier de l'Emir. On le dit à Miliana.

4° Mohammed, excellent armurier. Il travaille à Tlemsan. Nous n'avons pu savoir son nom.

5° Abdallah, très bon ouvrier, employé, dit-on, à Tlemsan, à la fabrication de la poudre et des canons. Nous n'avons pu savoir ni son nom ni d'où il sort, mais nous sommes certains que, comme Mohammed, il est déserteur puisque, plus d'une fois, ils ont, tous deux, témoigné les regrets, qu'ils éprouvaient de ne pouvoir rentrer.

6° Meunier, déserteur du bataillon de Tlemsan. Il sort du 17ᵉ léger, puis du bataillon d'Afrique. Il est venu au consulat, le 21 novembre 1887, réclamer à M. le commandant Guerbe, qui faisait alors les fonctions de consul, la faveur de l'amnistie accordée par M. le général Bugeaud à deux soldats du même bataillon, que la misère avait réduits à fuir. Il prétendait, lui aussi, n'avoir déserté que pour échapper à la colère de ses camarades, à qui il avait volé un pain dans ces moments malheureux. M. le commandant Guerbe le fit restaurer, lui donna 15 sols et le prévint qu'on ne pouvait rien pour lui, attendu qu'il était déserteur et non prisonnier. Il lui donna, en outre, le conseil de regagner Oran, lui promettant de faire connaître au général les motifs de sa désertion et d'intercéder en sa faveur. Meunier ne reparut plus, depuis, à Mascara et se dirigea sur Tlemsan.

7° François Lochard, déserteur des travaux publics, en mai 1837, soldat du train avant sa condamnation. Cet homme est venu au consulat, le 14 décembre 1837. Il arrivait, le jour même, de Tekedemt, malade, souffrant, presque nu, abruti par la misère, dans un état, enfin, à attendrir les cœurs les plus durs. Il nous raconta qu'il n'avait pu résister davantage aux mauvais traitements, qu'on leur faisait subir à Tekedemt où, du reste, il était le seul Français ; qu'on les accablait de coups et d'injures ; que, quelques jours avant sa fuite, on avait coupé les oreilles à un Allemand, qui avait voulu s'évader et il termina, enfin, en disant qu'il aimait mieux être fusillé à Oran que de rester plus longtemps avec les Arabes. Je m'empressai de lui faire donner à manger et le gardai chez moi jusqu'à la nuit, puis je lui fis remettre des vivres et de l'argent, lui traçai la route à suivre et l'engageai fortement à rentrer à Oran, lui faisant espérer sa grâce. J'en rendis sur le champ compte à M. le général Auvray, comme vous pouvez le voir dans ma correspondance, mais, soit qu'il eût été arrêté, soit qu'il ait changé d'avis, Lochard n'est pas arrivé à Oran et nous n'en avons plus entendu parler.

8° Latour, Français, déserteur du bataillon d'Afrique, en mai 1837. Cet homme avait été pris à Arzeu, trois semaines après la Macta. Il a été envoyé à Fez et de Fez rendu à la France. De France, on le renvoya dans son bataillon, d'où il déserta de nouveau, comme je viens de le dire. Il est venu au consulat du temps de M. le commandant Ménonville. Celui-ci, le faisant passer pour fou, obtint de M. le général Bugeaud la promesse de son pardon, s'il rentrait à Oran. Il n'en fit rien et, le 28 octobre 1837, il quittait Mascara avec une caravane, qui se rendait à Fez. Il fut arrêté, emprisonné, puis relâché et nous apprîmes qu'il était parti pour Tlemsan.

9° Enfin, un sergent de canonniers garde-côtes, chef de l'artillerie de l'Emir. Il le suit dans toutes ses expéditions, parle très bien l'arabe et lui sert de traducteur pour toutes les affaires françaises.

L'Emir a, de plus, 18 à 20 déserteurs de la légion étrangère, presque tous sortis des compagnies de discipline ou de pionniers. Ceux qui n'ont pas d'état sont employés aux constructions de Tekedemt, où ils sont très malheureux.

L'aga Miloude Bennarache en a un pour domestique : Hamidou, dont nous ne savons pas le véritable nom, fait des canons à Tlemsan et les autres sont des êtres insignifiants pour les services qu'ils peuvent rendre.

D'après ce qui précède, tout nous porte à croire que les nommés Latour et Meunier sont les deux individus, qui se sont donnés à Tanger pour Lapierre et Olivier. La date de leur départ de Mascara, celle de leur arrivée à Tanger, la direction qu'ils ont prise, ce qu'ils racontent, tout nous confirme dans cette idée.

Les nommés Lapierre et Olivier ou plutôt Latour et Meunier, tout en dénaturant les faits pour ce qui les concernait, n'ont cependant pas exagéré les misères, que nos prisonniers de guerre ont éprouvées et que supportent encore tous ceux qui ont abandonné leurs drapeaux pour passer sous ceux d'Abd el-Kader.

Voici le sort qui attend les malheureux qui oublient ainsi leurs devoirs les plus sacrés.

D'abord, ils sont obligés de changer de religion, soit de gré, soit de force et les Musulmans, eux-mêmes, ne font aucun cas des renégats ; puis ils ne peuvent arriver à aucun emploi, tant il y a d'obstacles et de préjugés à surmonter et, enfin, ils ne trouvent même pas à utiliser leurs talents, tant sont faibles les ressources, que l'on trouve dans un pareil pays. Ils sont donc réduits à supporter toutes espèces d'humiliations, à faire les métiers les plus vils et à traîner, presque sans espoir, une vie déshonorée. Il faut les avoir vus, comme nous, presque nus, mourant de faim, rongés par la vermine et abrutis, en général, tant au moral qu'au physique, pour savoir ce qu'a d'affreux une pareille position (1). Puisse le tableau, que nous en traçons, préserver d'un pareil malheur ceux qui seraient, à l'avenir, tentés de commettre une pareille faute.

Je suis, etc...

Le capitaine, faisant fonctions de consul à Mascara,

DAUMAS.

P.-S. — S'il y avait encore quelques prisonniers de guerre à réclamer, c'est dans le Maroc qu'il faudrait les chercher, puisque plusieurs convois y ont été dirigés à différentes époques.

Je ne vous ai pas parlé de Léon Roche, à Alger. Vous connaissez son histoire. Je passe aussi sous silence l'arrivée de l'officier ou bas-officier saxon, dont je vous ai instruit, il y a peu de temps.

A. H. G. R. J. 11404. (Original).

---

(1) Sur le sort des déserteurs français. Cf. Alby, op. cit. T. II. chap. **IV.**

IV

Route de Mascara à Tlemsan (1).

Premier jour de marche, à 5 lieues ½. — Ouad el-Hammam ben Ennefia.

Sortir de Mascara par la porte Bab el-Gharbi, laisser Argoub Ismaël à gauche et descendre la plaine d'Egueris.

Une lieue ½. — Champs cultivés, plusieurs mamelons sur la droite ; quatre grands ravins sans eau.

Deux lieues. — Mamelon très élevé sur la droite.

La route tourne à droite dans la montagne et laisse la plaine à gauche. Il y a deux chemins, mais il faut prendre celui de droite praticable pour les bagages.

Trois lieues. — La fontaine de Tisy. Deux grands arbres, repos des voyageurs, plusieurs sources, ruines anciennes. Un peu plus loin, quelques ruisseaux d'eau saumâtre. Route très praticable pendant l'été, même pour une armée française.

Trois lieues 3/4. — Une forte descente, puis une montée. Sur la droite, plusieurs montagnes ; sur la gauche, une montagne très élevée. Quelques fossés. A droite, un chemin qui se jette au nord.

Quatre lieues. — Ruines, pierres travaillées, (pas d'inscriptions); plusieurs petites montées et descentes, qui durent une demi-heure et qui sont difficiles pour les bagages. Avec deux heures de travail, voitures, prolonges et canons tout passera. A droite et à gauche, chaîne de montagnes sans cultures.

Cinq lieues. — Montée et descente praticables ; à droite et à gauche, champs cultivés.

Cinq lieues 1/4. — Belle plaine, champs cultivés, trois mamelons, 3 ou 400 arbres de toute beauté. Belle position pour un camp.

---

(1) Note jointe à la dépêche de Daumas, du 17 juin 1838.

Cinq lieues ½. — On trouve l'Ouad el-Hammam ben Ennefia, rivière qui a de 5 à 6 mètres de largeur sur 2 ou 3 pieds de profondeur, même en été ; il y a plusieurs gués et d'un accès facile.

A droite de la rivière sont placés les bains d'Ouad el-Hammam ben Ennéfla. Ils jouissent dans la province d'une grande réputation et l'on y vient de très loin. L'eau en est très chaude et sort d'un rocher, qui peut avoir 50 mètres de hauteur sur 150 mètres de longueur. Elle tombe dans un petit bassin creusé par la nature puis, de là, est conduite dans les bains et, enfin, va se perdre dans la rivière à 120 pas du bain et même, de l'autre côté de la rivière, sous un grand palmier, on trouve d'autres sources, dont l'eau est encore plus chaude. Le bain affecte une forme carrée. Il est entouré d'une muraille en ruines mais d'une nature durable. Cette muraille a 15 mètres sur chaque face et 9 pieds de hauteur. L'intérieur renferme quatre chambres, deux à gauche et deux à droite. L'une d'elle est destinée à recevoir les hommes, l'autre pour les femmes et les deux, qui restent, pour les étrangers, qui viennent y passer quelques jours.

A gauche du chemin, on trouve un cimetière avec deux tombeaux plus apparents, une maisonnette pour le gardien des bains, des traces d'une ancienne route pavée, d'anciennes constructions et beaucoup de pierres, qui ont été évidemment travaillées, mais pas d'inscriptions.

Second jour de marche, 10 lieues ½. — Ouad Mekuerra (1). — Après l'ouad el-Hamman Ben Ennefla, chemin très praticable.

Une lieue ½. — A droite et à gauche plusieurs douars de 30, 40 et même 70 tentes, le tout sous les ordres d'Abd el-Kader ben Saharaouy, aga des Hachems Garabas. C'est aussi là que campe Sidi l'Haradje, marabout très vénéré et très aimé de l'Emir. Cette tribu tient en dépôt 3 ou 400 chameaux appartenant à l'Emir. On a remarqué que tous les Arabes étaient armés de fusils et même de pistolets français. On a vu également bon nombre de fusils à deux coups. On les prétend achetés à Oran.

Deux lieues. — La route tombe dans un bois. Plusieurs vallons profonds favorables à de grandes embuscades.

Deux lieues ½. — Pendant un quart d'heure, la route devient impraticable pour les gros bagages. Ruines et vestiges d'une ancienne route pavée.

Trois lieues. — On entre dans la plaine. A dix pas, sur la

---

(1) Oued Mekerra. Nom donné au cours supérieur du Sig.

gauche de la route, un immense olivier, dont le tronc fournit quatre subdivisions d'une grosseur remarquable.

Trois lieues 1/4. — Sur la route, cinq figuiers. Quelques passages, très difficiles, à cause des broussailles.

Quatre lieues. — Très beau chemin. A dix pas de la route, à peu près 200 silos des tribus voisines.

Quatre lieues ½. — On arrive à l'ouad Sefizef (1); sources abondantes en toute saison. A 150 pas, sur la droite, une montagne et, à gauche, une plaine très vaste et très belle. Beaucoup d'arbres.

Cinq lieues. — A vingt pas sur la droite de la route, qui continue d'être facile, on trouve, sous quatre grands arbres, un puits profond d'au moins cent pieds et, à 20 pas sur la gauche, un marabout, nommé Mouley Abd el-Kader (2). Plusieurs douars, sous les ordres de Sidi Ghralem ould Mahydin. Plusieurs chemins se dirigent vers la droite, mais la route véritable est toute droite.

Six, sept et huit. — Belle route dans la plaine de Telouat (3). Montagnes à droite et à gauche. La plaine peut avoir trois lieues de largeur.

Neuf, dix, dix et demi. — Broussailles de 5 à 6 pieds de hauteur, qui rendent la route presque impraticable pour les bagages. Pas d'habitants, beaucoup de lions.

On arrive à l'ouad Mekuerra, rivière profonde de deux pieds et large de douze. Plusieurs sources viennent se jeter dans l'ouad Mekuerra ; aussi trouve-t-on toujours de l'eau en été comme en hiver. Champs cultivés à droite et à gauche. Bon gué sur la rivière et, à 50 pas plus haut et sur la droite un marabout.

Troisième jour de marche, huit lieues. — Issair (4).

Demie-lieue. — Une montée d'une demi-heure.

Une lieue. — Belle plaine de deux lieues de long et de large.

Deux lieues. — Terre très grasse et très difficile dans la mauvaise saison ; 7 à 8 douars sous les ordres de Sidi Mohammed ben Aly.

---

(1) Oued Sfisef. Affluent de gauche de l'oued Melreier.

(2) Bouley : hameau et fermes. (Mercier-Lacombe. P. E.).

(3) Plaine de Tilouïn ou Telioum, occupée par les Ouled Sliman, tribu de l'aghalik des Beni-Amer. Elle mesure environ 20 kilomètres de l'E. à l'O., et 7 à 8 du N. au S. Elle est appelée plaine de Telouent, dans le *Tableau des Etablissements français......* 1839, p. 293.

(4) Isser : **affluent de la Tafna.**

Trois lieues. — A gauche de la route, trois marabouts, à 15 pas l'un de l'autre.

Quatre lieues. — Montée. La route devient difficile pour les voitures, prolonges et canons.

Cinq lieues. — La route devient praticable. Un tombeau neuf à cinquante pas sur la droite et un marabout à 10 pas sur la gauche.

Cinq lieues 1/4. — Une descente d'une demi-heure.

Cinq lieues 3/4. — Descente d'une heure. Deux sources sous un figuier. Eau très bonne.

Six lieues. — Bon chemin. On trouve, sur la gauche de la route, plusieurs sources sous six figuiers. L'eau en est très bonne et sert à tous les habitants des environs.

Sept lieues. — Petite montée très facile. Champs cultivés.

Huit lieues. — On arrive à l'ouad Issair. Cette rivière a deux pieds de profondeur sur quinze de largeur. On y trouve de l'eau en tout temps et les gués n'y manquent pas.

Quatrième jour de marche, sept lieues. — Pont de la Safsaif (1), Tlemsan.

Une lieue. — En sortant de l'Issair, une montée d'une lieue.

Une lieue ½. — Plusieurs descentes et montées praticables pour une armée.

Deux lieues. — Beaucoup de palmiers nains, qui rendent la route difficile.

Trois lieues. — Mauvais chemin, pierres noires, vestiges d'une ancienne route pavée entre deux grandes montagnes placées à trois cents pas sur la droite et sur la gauche.

Quatre lieues. — Lamiguairre (2). Plusieurs sources. Bonne eau.

Cinq lieues ½. — Grands accidents de terrain. Montées et descentes praticables pour les bagages.

Six lieues. — Beau chemin. Grands arbres sur la route.

Sept lieues. — On arrive par la route, qui ne cesse d'être bonne au pont de la Safsaif, qui se trouve encore à deux petites lieues

---

(1) Safsaf : nom donné au cours supérieur de la Sikkak. — Ce pont est celui qui est actuellement appelé pont de Négrier ; il coupe la Safsaf entre le village de colonisation de Négrier et le village indigène d'Ouzidan. Cf. Bargès. *Tlemcen.* Paris, 1859, 8°, p. 32 et Bel (A). *Note sur une inscription de 1846 figurant sur le pont de Négrier (Tlemcen).* Rev. Africaine, 2ᵉ trimestre 1911.

(2) Oued Amiguier.

de Tlemsan. Ces deux lieues nous sont bien connues et ne présentent aucune difficulté.

Nota. — Si la journée de l'ouad el-Hammam ben Ennefia à l'ouad Mekuerra paraît trop forte, on peut, comme on le voit. la couper en couchant à la Sefizaif et, alors, au lieu de quatre on mettra cinq jours pour se rendre de Mascara à Tlemsan.

Mascara, le 17 juin 1838.

Le capitaine instructeur, faisant fonctions de consul à Mascara,

DAUMAS.

A. H. G. R. J. 11450. (Original).

V

Notes sur le gouvernement et les forces de l'Emir Abd el-Kader, dans la province d'Oran.

MON GÉNÉRAL (1),

Je me fais un devoir de vous transmettre tous les renseignements, que j'ai pu me procurer sur le gouvernement et les forces
de l'Emir dans la province d'Oran. Comme il y a beaucoup de
tribus, qui ne sont pas même indiquées sur la carte, j'ai cru devoir adopter dans ce travail les subdivisions créées par les Arabes
eux-mêmes. Vous pourrez ainsi, d'un coup d'œil, juger de ce qui
peut marcher avec tel ou tel chef et, cela, suivant les lieux où l'on
transportera le théâtre de la guerre.

Je ne vous envoie que le commandement de Sidi Moustapha
ben Tamy. Il est le résultat de recherches consciencieuses et suivies; vous pouvez y ajouter foi. Quant à celui de Bou Hamidy, je
ne sais quand je pourrai vous le faire passer, n'ayant pas assez
d'argent, pour payer ceux qui risquent leur tête pour nous instruire et ne voulant pas vous induire en erreur. Je commence.

Pour l'administration, l'Emir divise la province d'Oran en
Gharb et en Cherg, c'est-à-dire en partie occidentale et en partie
orientale. Le commandement de chacune de ces parties est confié
à un califfa.

Sidi Bou Hamidy, Oulassa d'origine, gouverne le Gharb. Son
autorité commence au delà d'Oucheda (2), aux frontières du Maroc et finit à la Sefissef (3), comprenant ainsi tous les Kabyles
d'Oucheda, de Naidroma et de la Tafna, les Grossel, les tribus
situées autour de Tlemsan et les Beni Amer. Bou Hamidy était
l'ami de Sidi Mahydin, père de l'Emir. Il passe pour un homme
de cœur et de résolution, mais on lui accorde peu de moyens.

---

(1) Le lieutenant général Rapatel.
(2) Oudjda.
(3) Oued Sfisef. Cf. p. 574, note 1.

Sidi Moustapha ben Tamy, beau-frère de l'Emir, gouverne le Cherg. Son autorité commence à la Sefissef et finit à l'ouad el-Fodda (1), comprenant sept subdivisions importantes. Moustapha ben Tamy passe pour un homme très sage et très instruit parmi les Arabes. Le fond de son caractère est la faiblesse et l'irrésolution. On le dit peu courageux et, néanmoins, l'Emir l'aime beaucoup, parce qu'il lui a toujours été dévoué dans la bonne comme dans la mauvaise fortune.

L'Emir nomme à tous les emplois de califfa, d'aga, de cadi et de caïd dans les villes comme dans les tribus soumises à sa domination. Il ne choisit que des chefs qui lui sont dévoués et les renouvelle tous les ans. Chaque nouveau promu, en échange d'un mauvais burnous en drap rouge, qu'il reçoit comme marque distinctive de sa nouvelle dignité, lui paye une somme d'argent proportionnée aux bénéfices bien connus de sa charge. Chaque emploi ayant sa doublure, pour se couvrir de leurs frais, ces élus du jour nomment à leur tour leurs subalternes par les mêmes moyens ; et, comme tout est vénal et peut s'arranger avec de l'argent, ils prélèvent, en outre, des droits sur les querelles, infractions et assassinats, qui peuvent survenir dans l'étendue de leur commandement. C'est donc toujours le peuple qui souffre et qui paye.

Depuis quelques années et pendant la guerre, l'Emir a fait beaucoup de nominations sans aucune rétribution. L'objet apparent était de pouvoir recommander aux chefs de ménager le peuple, mais le but véritable était de se faire des amis et d'éviter ainsi les défections, qu'il redoutait par dessus tout.

Quoi qu'il en soit, ces nominations ne rapportent que peu d'argent et il est à peu près dépensé en présents. Ce n'est pas là que sont les ressources.

Les chefs, une fois nommés, deviennent responsables du maintien de la tranquillité et de l'exécution des lois du Coran.

Pour les ordres, le califfa les transmet aux agas, les agas aux caïds des tribus, ceux-ci aux chefs des douars et ils se communiquent avec une célérité, qu'on ne supposerait pas dans un pays où les communications sont aussi difficiles. Il est vrai que, dans un cas pressé, les courriers changent de chevaux dans les tribus, qui ne peuvent s'y opposer.

On ne sait pas d'autre marche pour les rassemblements de guerre. Le lieu et le jour indiqués, malheur à ceux qui manquent au rendez-vous, sans en avoir obtenu la permission de leurs caïds

____

(1) Oued Fodda : affluent de gauche du Chéliff.

sous un prétexte quelconque et, toujours, à prix d'argent. Si c'est une tribu entière qui, prévenue à temps, a refusé de marcher, on la livre ordinairement au pillage, quand on est en mesure ou, dans le cas contraire, on dissimule jusqu'à ce que le moment d'en avoir satisfaction soit arrivé. Il m'a été assuré, en outre, que plus d'une tribu, pendant la guerre, avait été décimée, pour ne pas avoir combattu franchement sous les yeux de l'Emir. La crainte d'un pareil sort agit plus puissamment sur les Arabes qu'on ne pourrait le croire. Pour la moindre accointance avec les chrétiens le châtiment a toujours été terrible. Les Betiouas, à Arzew, pour nous avoir vendu des chevaux et les Oulad Sidi Ghanem, pour avoir fréquenté nos marchés, ont été divisés de telle sorte que ces tribus n'existent plus. La campagne du Chéliff de M. le général Perrégaux a été aussi bien funeste aux Borgias, qui étaient venus joindre leurs armes aux nôtres.

L'Emir pour faire marcher son gouvernement prélève l'âchor, c'est-à-dire le dixième, sur le blé, l'orge, les chameaux, les bœufs et les moutons. Les chevaux en sont exempts. Ceci ne souffre aucune difficulté, parce que c'est un article de religion. L'Emir a les mêmes droits sur l'argent monnayé, mais ils sont à peu près illusoires, chacun cherchant à se faire passer pour pauvre, afin de ne pas éveiller de soupçons. Cependant, quand on soupçonne des richesses en numéraire à un individu, il est obligé de déclarer la vérité ou de jurer.

On conçoit que cet impôt rapporte énormément ; aussi l'Emir est-il très riche en grains et en troupeaux. On paye les bestiaux au printemps et les grains après la moisson. Dans chaque tribu l'Emir a des matamores (1), où l'on renferme les grains et l'on y nomme des gardiens. Quand l'Emir est en campagne, il s'en sert pour nourrir son armée ou bien, encore, il les emploie à dédommager des tribus fidèles, qui voient souvent chez elles le théâtre de la guerre. Ainsi, partout où il passe, il est assuré de trouver des ressources sans ajouter encore aux malheurs des siens.

Depuis la paix, Abd el-Kader a fait beaucoup d'argent en faisant vendre à Tenez, à Arzew, à Mostaganem et à Oran une grande quantité de grains et de bestiaux. Il en a aussi fait passer à Alger et, malgré cela, ses coffres sont toujours vides. Il est vrai, qu'il a été forcé de remplacer un nombre incroyable de chevaux tués pendant la guerre et qu'il a acheté beaucoup de soufre et de poudre. Il lui fallait, aussi, s'occuper d'armer et de vêtir sa petite armée, dont il a payé dernièrement l'arriéré.

---

(1) Silos.

J'ai cherché à savoir où se trouvaient les grands magasins de l'Emir, ainsi que ses troupeaux. Voici ce que j'ai pu recueillir. On s'accorde à dire que toutes les ressources de guerre sont à Tlemsan et à Tekedemt. A Sidi Mohammed ben Yaya, dans la plaine d'Egueris, l'Emir a 450 matamores pleins d'orge et de blé. Le caïd chargé de les garder se nomme Halaoui. Il en a autant à Tliouant (1), près de Calâa, chez les Sbeah, à Bougrechefa près des sources de Miliana, chez les Beni Gradou, chez les Bagdady, et chez les Beni Ammer à Oulad Sidi Fodda (2). A Lessenaâm (3), sur le Cheliff près de l'Ouad Isly et des ruines, dit-on, d'une ancienne ville romaine, Miloude Bennarache fait restaurer des matamores ou magasins qui sont immenses et très anciens. On m'a assuré, que l'on avait mis trois mois à en remplir un du produit de l'impôt, que des tribus, sans aucune interruption venaient y verser. Il y a sans doute de l'hyperbole.

Le chef des troupeaux ou tchinchery kebir (4) se nomme Hadj ben Mogzni. C'est lui qui est chargé de veiller à leur répartition, à leur entretien, ainsi qu'à leur conservation. Les troupeaux de bœufs sont à la Mina, à Mazouna et sur le Chélif ; les chameaux sont chez les Hachems, dans les montagnes au delà de la plaine d'Egueris et chez les Beni Chougran à Attebâ (5). Chez les Oulad l'Habbas et quelques tribus environnantes on trouve les moutons de l'Emir ; il y en a des troupeaux considérables à Djemâa (6) ; Les chevaux et mulets, propriété d'Abd el-Kader, qu'on porte à cinq ou six mille, sont répartis entre Media, Miliana, Bougrechefa. Tekedemt, Mascara, Grezibya, l'Habra, la Mina, le Chelif et Tlemsan. L'Emir récoltera aussi, cette année, du riz, dont il a constamment manqué pendant la guerre. Il en a fait semer beaucoup à la Mina et près des souaqui ou sources de Miliana.

On peut voir, par tout ce qui précède, que les ressources de l'Emir sont plutôt dans le Cherg que dans le Gharb.

-----

(1) Tliouanet : fraction du D. C. de Kalaâ (Mina M.).

(2) Il faut sans doute lire : à l'oued Fodda, chez les Bagdady, et chez les Beni Ammer.

(3) El Esnâm : sur le Chélif, à 45 kilomètres au S. de Ténès, à l'endroit où fut édifié, en 1843, Orléansville.

(4) Nom formé peut-être d'un mot turc défiguré et d'un adjectif arabe. On ne le trouve pas mentionné dans les dictionnaires.

(5) Atbâ : nom porté par 2 tribus : Atba Djellaba (Mokta Douz Bou Henni. P. E.) et Atba Djemala. (Bou Henni), au S. de la plaine de l'Habra.

(6) Djemaâ, fraction indigène de Oued Imbert, P. E.

Abd el-Kader augmente encore ses revenus par des contributions levées sur toutes les tribus, dont l'allure n'a pas été franche
pendant la guerre, qui se révoltent ou qui refusent de payer les
impôts. Il en est de même pour celles, qui ne lui ont rendu aucun
service ou qu'il n'a aucun intérêt à ménager. Quand il marche
sur elles, ordinairement elles se soumettent et payent; mais, quelquefois, elles en appellent aux armes ; alors il n'épargne rien,
massacre tout et fait sur elles des razias épouvantables. Tout le
butin qu'on y fait, chevaux, mulets, chameaux et troupeaux, lui
appartient. Il donne, cependant, une faible rétribution pour les
mules et les chevaux et laisse toujours les armes, bijoux et vêtements à ceux qui ont risqué leur vie pour s'en emparer.

A différentes reprises l'Emir a aussi tenté d'inquiéter les Arabes
du désert, autant pour les soumettre que pour s'enrichir lui et
les siens aux dépens de gens qui, même en temps de guerre, lui
ont été plus nuisibles qu'utiles. Ordinairement, ces tribus, qui ont
l'espace devant elles, échappent par la fuite ; mais, après la paix,
en faisant partir deux colonnes, l'une du Djafra et l'autre de
Tekedemt, il a réussi à les cerner et a fait un butin immense sur
les Harrares et les Ben Moctary. Il est parti de là pour leur faire
craindre une prohibition complète de commerce et, déjà, quelques-
unes, les plus rapprochées des montagnes, ont fait une demi-sou-
mission.

En général et au fond, on ne murmure pas trop de tout cela,
Abd el-Kader ayant sû donner aux Arabes une haute idée de sa
modération et de sa justice. On publie partout que, ce qui le
différencie des autres sultans, c'est qu'il ne met jamais le caprice
à la place de la loi. On le peint aussi très généreux, donnant
d'une main ce qu'il reçoit de l'autre. Le fait est que, pour apaiser
les criailleries, que suscitent toujours les impôts, il affecte la plus
grande simplicité dans ses vêtements et dans son intérieur ; il
exige que sa famille vive de son bien et sans aucun faste, voulant
ainsi convaincre tout le monde, qu'il ne les emploie qu'à faire
marcher un gouvernement, à entretenir et à préparer la guerre
sainte.

LE CHERG.

Sidi Moustapha ben Tamy, califfa.

Le Cherg, pour l'administration comprend, comme je l'ai dit plus haut, sept subdivisions importantes :

l'aga des Garabas,
l'aga des Medjahaers,
l'aga des Hachems Garabas,
l'aga des Hachems Cheragas,
le caïd des Sedamas,
le caïd des Flittas,
l'aga du Cherg.

Chacun de ces grands dignitaires, si j'ose m'exprimer ainsi, a sous ses ordres un certain nombre de tribus, dont il répond, qu'il administre, conduit à la guerre et fait payer. Nous allons les passer en revue.

Commandement d'Habib Boualam, aga des Garabas.

NOMS DES TRIBUS	FORCES	
	à pied	à cheval
Garabas	200	700
Oulad Sidi Manzour (1)	30	30
Feraga (2)	40	60
Medjah	40	60
Graznadjia	30	50
Tahhalaiate (3)	30	40
Christelia (4)	10	20
A reporter	380	960

(1) **Ouled Sidi Mansour**, tribu occupant le massif montagneux à l'O. d'Arzeu.

(2) **Ferraga** ou **Ferradja**. [Dublineau. P. E. Bou Henni. P. E. **Saint Lucien. M.**].

(3) **Tahallaït**. [D. C. Khrouf, Sidi Ali Chérif. — Saint-Lucien, M.].

(4) **Kristel**. P. E. et Krichtel, village indigène à 29 kilomètres N. E. d'Oran.

NOMS DES TRIBUS	FORCE	
	à pied	à cheval
Report.............	380	960
Amiane (1)........................	30	60
Atbâa (2)........................	20	40
Smalas........................	20	40
Oulad-Sidi-Aly-Chérif (3)........................	30	60
Bordjia........................	50	100
Habib Cheraga (4)........................	40	80
Beni Gradou (5)........................	50	140
Sedjerara........................	40	70
Beni Chougran.....	100	150
Oulad Sidi Dahau (6)........................	50	100
El Bordj (village)........................	50	100
Oulad Riah (7)........................	30	70
Kalaâ (village)........................	70	40
Akerma........................	50	100
Guerboussa........................	40	70
Sabari........................	40	100
El Gueternia (8)........................	20	40
Beton-el Ouad (9)........................	50	70
Chareb-el-Réah 10)........................	20	30
Tliouant (village) (11)........................	40	»
	1.220	2.430

Ce commandement s'étend depuis le Tlélat jusqu'à la Mina et l'Illeul (12).

Habib Boualam passe pour un homme très rusé, mais peu brave. L'Emir l'a employé dans plusieurs missions. Dernièrement, il était allé porter les présents à l'empereur du Maroc.

---

(1) Hamyan. Ils vivaient à l'époque turque aux environs du Vieil Arzeu et furent dispersés par Abd el-Kader parmi les Gharaba.

(2) Atba. [Mocta. Douz. P. E. — Bou Henni. P. E.].

(3) D. C. Sidi Ali-Cherif-Saint Lucien. M.

(4) Abid Cheraga. [la Stidia. P. E.].

(5) Beni Gheddou. [L'Hillil. P. E. et la Mina. M.].

(6) Ouled Sidi Daho.

(7) Ouled Riah. D. C. Temaznia. [Cacherou, M.]. — D. C. Guerboussa. [Mina. M.].

(8) Cheurfa el-Guetarnia. [D. C. Aïn Guetarnia, Saint Lucien. M.].

(9) Batène el-Oued. [Mocta. Douz. P. E., Bou Henni. P. E.].

(10) Chareb er Rieh.   id.

(11) Tliouanet. [D. C. Kalaâ. — Mina, M.].

(12) Hillil.

Commandement de Hadj Mohammed ben Hadjal, aga des Medjhaers.

NOMS DES TRIBUS		FORCES	
		à pied	à cheval
	Oulad Hamdem	50	100
	Oulad Chafaà (1)	30	80
	Oulad Maâlef (2)	50	100
	El Grouffirat (3)	40	150
	Oulad Boukamel (4)	30	100
Medjhaers	Oulad Haynase (5)	40	200
	Oulad Sidi Abdallah (6)	50	150
	Hachem Daro	40	70
	Oulad-el-Grair	40	100
	Oulad Lekaàl (7)	50	100
	Tenezz (port)	60	20
	Médiouna (chaumières) ; Kabyles	70	»
	Zaréfa. Kabyles (8)	60	»
	Achàacha. Kabyles (9)	80	»
	Medioun el Foul, Kabyles (10)	130	30
	Chourfa, Kabyles (11)	70	»
		890	1.200

(1) Ouled Chaffà.. [D. C. Sly, D. C. Ouled Chaffà. — Mina, M.].

(2) Ouled Mâlef. [D. C. Cheraba. — Aboukir, P. E.].

(3) Ghoufirate. [D. C. Ghoufirate, Sefissifa. — Mina, M.].

(4) Ouled Boukamel. [D. C. Amarna, Djedaoua, Ouled Boukamel. — Mostaganem. P. E., Aïn Tedelès. P. E., Bellecôte. P. E.].

(5) Hassaïsna Chefafra. [D. C. Hasaïsna. — Aïn Sidi Cherif. P. E., Mina. M.].

(6) Ouled Sidi Abdallah. [D. C. Ouled Sidi Youcef. Bellevue. P. E., Mina. M.].

(7) Chez les Ouled Khelouf. [Cassaigne. M.].

(8) Zerrifa. [D. C. Zerrifa ; Cassaigne. M.].

(9) Achàcha. [D. C. Mediouna. Renault. M.].

(10) Mediouna. [D. C. Mediouna. — Renault. M.].

(11) Cheurfa el-Hammadia. [D. C. Cheurfa el-Hammadia. — Aïn Tedelès. M.].

Commandement de Cadour ben Saharoni, aga des Hachems Garabas.

NOMS DES TRIBUS		FORCES	
		à pied	à cheval
Agoubia	Hachems Garabas.	El Metchatchine-Sidi-Ali-ben-Oomeur (1) ...	50	250
		Oulad Abd-el-Ouad (2)............	60	300
		Ezoua (3)................	50	100
		El Metchatchine-el-Ouad.........	50	200
	Beni-Ménlaren	Oulad Abbad (4)...............	200	100
		Oulad D'aoud (5)...............	100	100
		Oulad Abbou (6)...............	100	100
	Oulad Graled	Oulad Graled..................	100	200
		Amarna (7)...................	400	60
	Oulad Ibrahim	Oulad-bel Griati	60	250
		Oulad Ibrahim (8)............		
	Djafras	Oulad Euouf (9)...............	60	100
		Lahsaissena (10)	100	200
		Quesanna (11)................	40	70
		Doui Tabet..................	30	40
		Oulad Sidi Qralfallah (12)........	40	40
		Oulad D'aoud (13).............	50	100
		El Màalif (14)...............	50	90
		Oulad Sgair	40	80
		Oulad ben Haoua (15)...........	50	100
		A reporter............	1.630	2.480

(1) Metchatchil sidi Ali ben Omar, près du marabout de ce nom, à 20 kilomètres au sud de Mascara.

(2) Ouled Abd el Ouahad. [D. C. Sidi Ben Moussa, Aïn Defla. — Mascara. M.].

(3) Hachem Zoua, formés de 34 fractions maraboutiques. [D. C. Makda, Beniana. — Mascara. M.].

(4) Ouled Abbad. [D. C. Guerdjoum, Mebrir. — Mascara M.].

(5) D. C. Tirennifine. [Cacherou. M.].

(6) Ouled Habbou. [D. C. Aïn Defla. — Mascara. M.].

(7) D. C. Amarna. [Sidi ben Ennefia].

(8) Ouled Brahim el Amarna. [D. C. Tirenat, Sidi Yacoub. Masser. — Mekerra. M.].

(9) Ouled Aouf. [D. C. Oued Haddad. — Cacherou. M.].

(10) Hassassena. [D. C. Tilmouni. — Mekerra. M.].

(11) Kselna, ou Douï-Inedjad. [D. C. Kselna, Guercha. — Frenda. M.].

(12) Ouled Khalfallah : fraction de la tribu des Ouled Daoud.

(13) Tribu de la Yakoubia.

(14) Maâlif. [Saida. M.].

(15) Ouled Bou Haoua : fraction du D. C. Oued Sefioun. [Telagh. M.].

NOMS DES TRIBUS		FORCES	
		à pied	à cheval
	Report	1.630	2.480
Djafras (suite)	Etaaleb	30	70
	Atara	40	60
	Oulad Aly ben Amet	60	70
	El Mahamide	40	70
	Touaâma	40	60
	Ourdjate	30	80
	Louhâyba	50	100
	Oulad Sidi Yàyà	40	60
Désert / Hârrare	Elzouadi	»	300
	El Dyssa	»	100
	Phtala	»	70
	Oulad Ziane (1)	»	200
		1.960	4.720

Ces quatre dernières tribus de l'Hârrare sont les seules qui soient véritablement soumises à l'Emir, qui nomme leurs chefs ; mais elles ne lui fournissent aucun cavalier en temps de guerre.

Commandement d'Adda ould Mohammed, aga des Hachems Cheragas.

NOMS DES TRIBUS		FORCES	
		à pied	à cheval
Hachems Cheragas	Oulad Beni-Igrelef (2)	50	100
	Oulad el Gramãa (3)	50	200
	Oulad Haïssa ben Habess (4)	40	200
	El Mahamide (5)	40	160
	Ahbouche (6)	30	100
	Tcumazenia (7)	30	140
	Oulad el Habbass	100	300
	Oulad Schérif (8)	40	150
	Oulad Lekerede (9)	60	100
	A reporter	440	1.450

(1) Ouled Ziane, Cheraga et Gharaba. [Tiaret. M.].
(2) Ouled sidi ben Yaklef. Cf. *Tableau des Etablissements français*, 1839, p. 278.
(3) Ouled el Khamza.
(4) Ouled Aïssa ben Abbas. (Cacherou. M.).
(5) Mahmid.
(6) Haboucha. [Cacherou. M.].
(7) Temaznia. [Cacherou. M.].
(8) Ouled Cherif. [Tiaret. M.].
(9) Ouled Lekreud. [Tiaret. M.].

NOMS DES TRIBUS	FORCES	
	à pied	à cheval
Report............	440	1.450
Oulad Besam (1)......	50	50
Akerma (2)........	60	70
El Boussera (3)....	40	60
Oulad ben Aaffan (4)........ ...	40	80
Beni Median (5).......	50	130
Oulad Haradje (6)	30	70
Alouya (7)..	40	100
Kerayche..............	60	100
Grroselya,..	40	70
Beni-Lent	50	200
El-Mahazem (8)	30	100
Oulad Hallail.....	40	100
Oulad bou Seliman (9).............	70	30
El Outàa	40	»
Etâaleb.	80	»
Beni Messelem....	50	200
Beni Ouragrr..................	100	300
Beni Méida (10)..............	40	80
Oulad Ayade (11)..................	40	90
Oulad Yaya....	40	60
Lehaumôor (12)...............	60	20
Beni Bouqrraled.................	60	»
Beni Tigrin (13)	50	100
Oulad Qrelif (14).................	»	260
Oulad Ziane 15)..................	»	200
Oulad ben Haouar	»	200
Kaàbra (16).....................	»	200
	1.400	4.340

Désert. / Hàrrare (accolade regroupant les quatre dernières tribus)

Ces quatre dernières tribus du désert payent l'impôt, mais ne fournissent aucun cavalier à l'Emir en temps de guerre.

(1) Ouled Bessem. [Ouarsenis. M.].
(2) Akerma Kiblia. [D. C. Mechra-Sfa. — Tiaret. M.].
(3) Bossera. [Tiaret. M.].
(4) Ouled ben Affan. [Tiaret M.].
(5) Près des sources de la Mina. [D. C. Tagdempt-Tiaret. M.].
(6) Ouled Aouadj.
(7) Hallouya. [Ammi Moussa. M.].
(8) Maâcem. [Ammi Moussa. M.].
(9) D. C. Lardjem. [Ouarsenis. M.].
(10) Beni Maida. [Teniet. M.].
(11) Ouled Ayed. [Teniet. M.].
(12) Amour.
(13) Beni Tigrine.
(14) Ouled Khelif. (Nador. M.).
(15) Ouled Ziane. (Nador. M.).
(16) Kaâbra. (Nador. M.).

Commandement de Hadj-Abd el-Kader bou Kliqra, caïd de Sedama.

NOMS DES TRIBUS	FORCES	
	à pied	à cheval
Qrallafa (1)	80	100
Beni Lensour (2)	100	200
Oulad Bouziri (3)	100	200
El Tâat (4)	30	100
Oulad Sidi bel Kassem (5)	33	100
Oulad Sidi Hamar (village), Kabyles	80	»
Oulad Sidi Abd el-Djibbar (6)	40	50
Oulad Kesy	20	40
El Bouazidy, Kabiles (7)	80	»
El Ourara	20	60
Beni Hallail	20	60
Beni Oundjail (8)	20	40
Seloug	100	200
Laarara	50	100
Laouared (9)	50	100
Rouernia, Kabyles (10)	100	»
Taourezoute (11)	100	»
Frenda (village),	100	»
	1.150	1.350

Hadj Abd el-Kader bou Kliqra est le beau-père de l'aga Miloude Bennarache. Il jouit d'une grande réputation de bravoure et de capacité. Il maintient les tribus qui lui sont confiées et fait exactement rentrer les impôts. L'Emir l'aime beaucoup, parce qu'il ne l'a jamais abandonné, même dans les moments les plus malheureux.

---

(1) Khallafa. [Frenda. M.].

(2) Beni elAnçor. [Frenda. M.].

(3) Ouled bou Ziri. [Frenda. M.].

(4) Fraction des Chellog. [D. C. Oued el Taht. — Cacherou. M.].

(5) Ouled Sidi Belkassem, fraction du D. C. Tagdempt. [Tiaret. M.].

(6) Ouled Djebara, fraction du D. C. Haouaret. [Frenda. M.].

(7) Bouazid, fraction du D. C. Haouaret.

(8) Beni Ouïndjel. (Frenda. M.).

(9) Haouaret. (Frenda. M.).

(10) Zouetnia, fraction du D. C. Torrich. [Nador. M.].

(11) Taourzout. D. C. Haouaret.

Commandement de Sidi Miloude bou Talaib, caïd des Flittas.

NOMS DES TRIBUS	FORCES	
	à pied	à cheval
Douers Flittas (1)...............................	20	50
Oulad bou Aly (2)	50	150
Hassasena (3)	40	100
Oulad Aya (4)	40	150
Cheurfa (5)	30	60
Oulad Yaya (6)	30	50
Oulad Djelloule (7).........................	50	70
Oulad Bouzizy...............................	50	100
Oulad Haret (8)............................	20	60
El Djouidate.	10	60
Oulad Abdy	50	80
Beni Ouazan (9).............................	30	100
Beni Yay (10)	50	80
Guerbousa (11)	20	80
Haboucha (12)............................	40	100
Oulad Bouguir.............................	30	100
Oulad Bohaly.............................	30	150
Guetna Si Mohamed ben Aouda (13).............	40	60
	630	1.600

Sidi Miloude bou Talaib est le fils de Sidi Aly bou Talaib, frère
de Sidi Mahydin, père de l'Emir. Je l'ai vu plusieurs fois et il m'a
paru beaucoup plus instruit que ne le sont en général les Arabes.
Il passe pour avoir de la tête, mais on ne lui accorde pas grand
courage personnel.

(1) D. C. Douairs Flitta. [Mina, M.].

(2) D. C. Ouled bou Ali. [Mina, M.].

(3) Hassasna. [D. C. Messabehia ; Mina, M.].

(4) Ouled Belhaïa [D. C. Chabet Eddice, Guirés-Zemmora, M.].

(5) Cherfa Amamra. [D. C. Amamra-Zemmora, M.].

(6) Ouled Yahia. [D. C. El Habecha, Ouled Zid-Zemmora, M.].

(7) Ouled Djelloul. [D. C. Zeffoût, Zemmora, M.].

(8) Harartsa. [Zemmora, M.].

(9) Beni Ouazan. [Ouarsenis, M.].

(10) Beni Yahi. [D. C. Douair Flitta. — Mina, M.].

(11) Guerboussa ou Garboussa. [Mina, M.].

(12) Haboucha. [D. C. Haboucha ; — Cacherou, M.].

(13) D. C. Ben Aouda. [Zemmora, M.]. Zaouïa, fondée par le marabout Sidi Mohammed ben Aouda et village habité par des nègres,
serviteurs de la zaouïa.

Commandement de Sidi Miloude Bennarache, aga du Chairg

NOMS DES TRIBUS	FORCES	
	à pied	à cheval
Akerma Cheraga	70	140
Mekalia	70	160
Oulad Hamet beni Soultan (1)	30	70
El Kyaiba (2)	30	50
Oulad Sidi l'Hariby (3)	30	100
Oulad Kouidem (4)	70	100
El Mahal (5)	30	100
Oulad Souid (6)	40	80
Oulad Selama (7)	140	120
Oulad el Abbas (8)	50	100
Beni Zeroual	200	100
Beni Zintès	50	100
Oulad Fares (9)	50	100
Sbéah	150	200
Beni Madoune (10)	60	200
Oulad Ouxierre (11)	70	200
Sendjess (12)	50	200
Medjadja (village) (13)	30	50
Mazouna (ville)	140	50
El Attaf (14)	60	200
Ouad Defla (15)	80	30
Oulad Hantar (16)	100	60
A reporter	1.600	2.510

(1) Ouled Ahmed ben Sultan. [Mina, M.].

(2) D. C. Kiaïba. [Mina, M.].

(3) Ouled Sidi el-Aribi.

(4) Ouled Khouïdem. [Inkermann, Saint-Aimé, P. E., Ammi-Mousson, M.].

(5) D. C. Mehal. [Zemmora, M.].

(6) D. C. Ouled Souïd. [Zemmora, M.].

(7) D. C. Ouled Selama. [Renault, M.].

(8) D. C. Ouled el-Abbas. [Renault, M.].

(9) D. C. Ouled Farès [Chélif. M.].

(10) D. C. Beni Madoun [Tenès. M.].

(11) Ouled Kosseïr [Orléansville, Oued Fodda, P. E. — Chélif. M.].

(12) Sendjes ou Sindjès [D. C. Harchoun, Tsigaout, Guerboussa. — Mina. M.].

(13) D. C. Medinet Medjaja [Chélif. M.].

(14) [Oued Fodda, P. E. — Carnot, Rouïna, Saint Cyprien des Attafs, P. E. — Chélif. M.].

(15) Abid m'ta Aïn Defla, près de Bou Khorchefa.

(16) Ouled Anteur [Boghari. M.]

NOMS DES TRIBUS	FORCES	
	à pied	à cheval
Report.........	1.600	2.510
Mennougra (1)...............................	200	60
Ladahoura...............................	50	100
El Bouaycha (2)	»	200
El Hyaicha (3)...............	30	60
Achacha (4)................	40	100
Zerréfa (5)............................	50	50
El Attafe..	50	200
Braze (6)	100	200
	2.140	3.480

Récapitulation pour le Chairg

	à Pied	à Cheval
Habib Boualem, aga des Garabas...............	1.220	2.430
Hadj Mohammed ben Hadjal, aga des Medjhars..	890	1.200
Cadour ben Saharaoui, aga des Hachems Garabas.	1.960	4.720
Adda Ould Mohammed, aga des Hachems Cheragas	1.400	4.340
Hadj Abd el-Kader bou Kliqra, caïd de Sedama..	1.150	1.350
Sidi Miloude bou Talaib, caïd des Flittas........	630	1.600
Sidi Miloude Bennarache, aga du Chairg........	2.140	3.480
Totaux...........................	9.390	19.120

J'ai oublié de dire que le commandement de Sidi Miloude Bennarache, aga du Chairg, commençait à la Mina et finissait à l'Oued el-Fodda.

Miloude Bennarache est le favori d'Abd el-Kader, qui a en lui la plus grande confiance ; en effet, il l'a toujours trouvé fidèle. C'est un homme très astucieux, qui connaît à fond les Arabes, la

(1) Ouled Menouer [D. C. Dar ben Abdallah. — Zemmora. M.].
(2) Bouaïche [D. C. Zerrifa. — Cassaigne. M.].
(3) Aouaïcha (fr. D. C. Zerrifa).
(4) D. C. Achaâcha ou Achache. [Cassaigne. M.].
(5) D. C. Zerrifa [Cassaigne M.].
(6) Braz. Confédération, comprenant les Ouled Aïssa, Beni Mahou-cène, Beni Berri, Beni Bouaïch, Beni Boukri, Harrar, Meghaza, Ouled Ali, Ouled Sidi Yahia, Boukal, Beni Nacer, Beni Ferah [Carnot, Oued Fodda, Kherba, Rouïna, P. E. — Braz, Gouraya. M.].

manière de les mener et se distingue toujours par son exactitude à faire rentrer les impôts. Il déteste cordialement les Français et n'a, lui-même, d'amis nulle part. Sa lâcheté est proverbiale
dans le pays. On dit partout : « Quand vous voyez au loin, sur un
mamelon, un homme richement vêtu et magnifiquement monté,
agiter son beurnouss, faire du bruit et exciter les Arabes au jour
du combat, soyez assuré que c'est Miloude ; tandis que, si vous
voyez un homme au plus fort du feu devancer tout le monde,
dites que c'est El Mazary. »

Les renseignements, que je vous envoie sur les forces et l'organisation du Chairg, je les crois aussi vrais que possible et surtout
dénués d'exagération. Ils nous ont été donnés par un homme qui
connait à fond cette partie de la province parce que, mékrazeny,
dès sa plus tendre enfance, d'abord des Turcs et ensuite de l'Emir,
il a passé sa vie à porter des messages en tous lieux et à faire
rentrer les impôts. Le docteur Warnier l'a guéri d'une blessure
grave et il s'est attaché à nous par les liens de la reconnaissance.

Ne prenez pas pour des erreurs des noms de tribus répétés
dans plusieurs commandements différents. Ou elles existent ainsi,
ou cela tient toujours à la division adoptée en Gharb et en Chairg.

Il n'y aura rien non plus à changer à l'orthographe des noms.
J'ai cherché à représenter exactement par les lettres françaises
les sons de la prononciation arabe.

Je suis, etc...

Le capitaine-instructeur
faisant fonctions de consul à Mascara,

E. Daumas.

P. C. C.

Le lieutenant général,

Baron Rapatel.

A. G. G. A. E. 117⁴ (Copie).

VI

Notes sur l'Admininistration de l'Emir Abd el-Kader dans la province d'Oran. — Tableau des forces irrégulières dont il peut disposer et genre et emplacement de ses ressources principales (1).

NOTES SUR LA PROVINCE D'ORAN

L'Emir Abd el-Kader divise la province d'Oran pour l'administration en Chairg et Gharb, c'est-à-dire en partie orientale et partie occidentale. Le commandement de chacune de ces parties est confié à un califfa.

Sidi Moustapha ben Tamy, beau-frère de l'Emir, gouverne le Chairg et son autorité commence à la Sefizaif et finit à l'Oued el-Fodda, comprenant ainsi sept subdivisions importantes. Moustapha ben Tamy passe pour un homme sage, prudent, très instruit parmi les Arabes mais peu courageux, ce qui n'empêche pas l'Emir d'avoir en lui la plus grande confiance, parce qu'il l'a toujours trouvé fidèle dans la bonne comme dans la mauvaise fortune.

Sidi Bou Hamidy, Oulassa d'origine, gouverne le Gharb. Son autorité commence aux frontières du Maroc et finit à la Sefizaif, enlaçant ainsi tous les Kabyles de la Tafna, Oucheda et Maidroma, les Hangades, les Grosseul, les Beni Ameur et toutes les petites tribus situées autour de Tlemsan. Bou Hamidy était l'ami de Mahydin père de l'Emir. Il passe pour un homme résolu, très brave, mais de peu de moyens. Les Arabes ne le voient pas au pouvoir sans chagrin, tant sont enracinés chez eux les préjugés de castes et de races et il ne rencontre partout que résistances et difficultés, mais l'Emir le soutiendra parce que, dans la personne de ce Kabyle, il voit un moyen de s'attacher ces braves montagnards qui, plus d'un fois déjà, lui ont rendu d'immenses services dans la guerre contre les chrétiens.

---

(1) Note jointe à la dépêche de Daumas du 3o septembre 1838.

L'Emir nomme à tous les emplois de califfa, d'aga, de caïd et de cadi dans les villes comme dans les tribus. Il ne choisit, en général, que des gens dévoués parmi les familles aristocratiques, soit parce que les Arabes n'obéiraient pas à des roturiers, soit parce que, la fortune se trouvant dans la main de ces gens-là, plus que personne ils sont intéressés au maintien de l'ordre et lui donnent ainsi de véritables garanties.

Chaque nouveau promu, en échange d'un mauvais burnous en drap rouge, qu'il reçoit comme marque de sa dignité, paye une somme proportionnée aux bénéfices bien connus de sa charge. Pour se couvrir de leurs frais, ces élus du jour nomment, à leur tour, leurs subalternes de la même manière et, comme tout est vénal et peut s'arranger avec de l'argent, ils prélèvent, en outre, des droits en amendes sur les vols, querelles, assassinats et infractions aux lois civiles et religieuses, qui peuvent survenir dans l'étendue de leur commandement et il en résulte, que les riches peuvent impunément commettre tous les excès et que c'est toujours le peuple qui souffre et le peuple qui paye.

Depuis quelques années et pendant la guerre, l'Emir a fait beaucoup de nominations sans aucune rétribution. L'objet apparent était de pouvoir recommander aux chefs de ménager le peuple, mais le véritable but était de s'attacher de plus en plus ces mêmes chefs, afin d'éviter les défections, qu'il redoutait par dessus tout et dont on le menaçait à tout propos. En effet, l'exemple des Douers l'effrayait. Cette tribu guerrière faisait l'éloge de la justice des Français, prêchait partout l'avantage et le bien-être, qu'elle retirait de son alliance avec eux et ce n'était pas un des moindres chagrins de l'Emir que de savoir tous les mensonges, qu'il publiait sur nous, démentis par les Musulmans eux-mêmes.

Les chefs, une fois nommés, deviennent responsables du maintien de la tranquillité et de l'exécution des lois, qui sont, du reste, hérissées de tant de difficultés, qu'il est aussi facile de les éluder pour de l'argent que de s'en servir pour satisfaire ses haines ou ses passions. Chacun vivant de sa charge, le gouvernement ne paye aucun employé et toutes les exactions, qui nous paraissent basses et déshonorantes, ne paraissent ici que justes et naturelles.

Le califfa transmet les ordres de l'Emir aux agas, les agas aux caïds des tribus, qui sont placés sous leurs ordres et ceux-ci aux chefs des douars. Ils s'exécutent avec une rapidité, qu'on ne supposerait pas dans un pays où les communications sont aussi difficiles, mais il est juste de dire que, dans un cas pressé, les courriers changent de chevaux dans les tribus.

S'agit-il de rassemblement de guerre, on ne suit pas d'autre marche. Le lieu et le jour indiqués, malheur à ceux qui manquent au rendez-vous sans en avoir obtenu la permission de leurs caïds, sous un prétexte quelconque et, toujours, à prix d'argent. Si c'est une tribu entière, qui refuse de prêter son concours, soit parce qu'elle a des ennemis, dont elle redoute les armes pendant son absence, soit parce qu'elle a conçu des doutes sur la nécessité des projets de l'Emir, on dissimule ordinairement jusqu'au moment opportun, puis on lui tombe dessus à l'improviste, on la fait contribuer ou bien, encore, on la livre au pillage, ce qui ne manque jamais de créer des haines profondes.de tribu à tribu. Plus d'une fois, l'Emir a tiré la même vengeance des tribus, qui n'avaient donné que mollement au jour du combat. C'est ainsi qu'on maintient les tribus les unes par les autres et qu'on empêche la soumission de celles, qui voudraient venir à nous. En effet, le malheur a sévi cruellement sur celles qui l'ont tenté, témoins les Bordjias qui, pour avoir joint leurs armes aux nôtres un seul jour, sont maintenant dispersés, errants, sans pouvoir rentrer dans le pays de leurs pères.

Les emplois se renouvellent tous les ans, ce qui est un excellent moyen de s'assurer de la fidélité des chefs qui, pour être conservés dans leurs emplois, luttent, le plus souvent, de bassesse et de servitude. Depuis la paix, les tribus ont reçu l'ordre d'acheter le plus d'armes et de chevaux possible. Le gouvernement en est quitte pour en faciliter les moyens. Il en est de même pour les munitions. Chacun s'en procure à ses frais, car l'Emir, sauf quelques rares circonstances, où il croit devoir faire ce sacrifice, n'employe guère les siennes que pour son armée régulière. La poudre, du reste, n'est pas chère ; on en vend partout et sur tous les marchés, mais elle est mauvaise et crasse horriblement les armes. Cependant, pendant la guerre, pour inquiéter Mostaganem et nous tenir en haleine, l'Emir fournissait aux Medjahars 30 cartouches par homme, toutes les fois qu'on pouvait lui prouver qu'on avait combattu. Dans l'espoir de nous lasser, plusieurs fois Abd el-Kader a employé le même moyen autour de nos autres possessions.

L'Emir dispose d'une nombreuse cavalerie irrégulière qui ne lui coûte rien, mais il ne fait pas un grand fonds sur des gens, qui l'ont toujours abandonné après une affaire malheureuse. En effet, on conçoit que des hommes, qui ont femmes et enfants et dont la principale fortune consiste en troupeaux, soient toujours inquiets dès qu'ils s'éloignent de chez eux. Ce sont les Français, qui pourraient bien se diriger de leur côté ou des ennemis qui vont profiter de leur absence pour les piller ; il faut aller voir ce qui se passe et, dans une belle nuit, quitte à en courir toutes les conséquences, on se dispose et l'on part. Plus d'une fois, l'Emir qui, la veille, disposait de forces immenses, s'est vu, le lendemain, réduit à sa seule infanterie. D'après le Coran, du reste, les Arabes ne doivent à leur sultan qu'un seul jour de combat.

Devant un succès obtenu, toutes ces considérations disparaissent. On est vainqueur, l'ennemi ne peut s'en tirer, on envoie des courriers, la nouvelle se répand avec la rapidité de l'éclair, il faut arriver à la curée et l'on y vient de tous les côtés, à pied, à cheval, nus, sans armés, avec des frondes et des bâtons. Avec les Arabes il ne faut rien donner au hasard et, surtout, sortir vainqueur du premier combat, si l'on ne veut avoir à ses trousses une meute de chiens enragés.

L'Emir se fait rembourser les chevaux, qu'il perd dans sa cavalerie régulière, par la tribu, sur le territoire de laquelle se passe l'action et remplace, à son tour, tous les chevaux des autres tribus tués par le feu.

Tous les chevaux du Beylik sont marqués d'une S sur l'épaule gauche. Quand on les réforme, on leur en place une autre sur l'épaule droite et, si le cheval vient à mourir dans une course lointaine et qu'il n'y ait ni chef, ni caïd pour constater le décès, le cavalier enlève avec son couteau la portion de peau qui porte la marque, pour la représenter à son arrivée.

La cavalerie régulière éreinte et tue ses chevaux, à tel point que, si elle était plus nombreuse, l'Emir ne pourrait y tenir. Le cavalier dispose de son cheval comme il lui plaît, ne connaît que le pas et le galop de la charge, se rend aux noces, aux fêtes, fait la fantasia et n'est contrarié par personne· On perd beaucoup de chevaux, mais on obtient des cavaliers incroyables.

L'Emir a perdu beaucoup de chevaux pendant la guerre ; aussi quand, après la paix, on lui en demanda, il se récria beaucoup, en disant qu'il ne demandait pas mieux que de voir toute notre infanterie à cheval, mais qu'il ne pouvait en fournir pour le moment, attendu qu'il en avait encore 6.000 à remplacer. Il en donna pourtant 55.

Depuis la chute des Turcs, le nombre des chevaux s'accroît considérablement. Dans la province d'Oran, sous leur règne, personne n'osait en élever, parce que les beys s'emparaient de force de tout ce qui était passable et, qu'alors, les Arabes préféraient faire jeter des mules à leurs juments mais, depuis notre arrivée, cette crainte n'existant plus, on fait beaucoup d'élèves, les races reparaissent et, dans quelques années, cette industrie sera florissante.

Telle tribu déjà qui, sous les Turcs, comptait à peine 400 chevaux, en réunit maintenant un millier. Dans la province, on cite les races de Sidi L'harabit, des Flittas, des Sbéahs, des Beni Ourar, de l'Harrare, des Hangades, des Oulassas, des Beni Zenassen et des Beni Ournid. Chez les Hachems, j'ai vu un marabout, Sidi Mohammed ben Haoua, monté sur une jument de pure race, conservée dans sa famille depuis huit cents ans.

Sous aucun prétexte les Arabes ne peuvent vendre de chevaux aux chrétiens. Il y a bien quelque contravention par ci, par là mais, si l'Emir en est instruit, il y va de la tête. C'est, du reste, défendu par la religion et l'on fait, en outre, courir une prédiction qui dit que, quand les Français auront des chevaux, ils s'empareront de tout le pays des Musulmans. Quand, après la paix, l'Emir passa un marché pour nous fournir de chevaux, il fut obligé de publier partout qu'on lui donnait en échange de la poudre et, encore, pour éviter les murmures, ne les faisait-on jamais partir de Mascara que pendant la nuit.

Les fusils français sont en grande estime chez les Arabes. Ils disent qu'ils ne mentent jamais et ils les préfèrent à tous ceux dont ils se sont servis jusqu'à présent. Ils en avaient d'Alger, de Tunis, d'Espagne et du Maroc, de toutes les formes, de toutes les dimensions de tous les calibres et, maintenant, la quantité d'armes françaises, qu'on trouve chez eux, est incroyable. La France n'en a pas mal livré ; on en a pris à la Macta et dans quelques autres combats; dans toutes les expéditions d'audacieux voleurs en ont enlevé. Les Douers et le bataillon d'Afrique en ont énormément vendu et, enfin, ce que l'on ne croirait pas, l'empereur de Maroc, en temps de paix comme en temps de guerre, en a fait passer beaucoup. J'en ai des preuves certaines. L'Emir, qui fait aujourd'hui grand cas de la baïonnette, qu'il méprisait autrefois, n'en veut plus admettre d'autres dans son infanterie. Pour armer les recrues, il a même pris le parti de lever des contributions de ce genre sur les tribus, dont il a à se plaindre. Le califfa Sidi Moustapha ben Tamy, dans sa dernière tournée pour lever les impôts, a frappé nos voisins les Medjahars d'une amende de 600 fusils et, un peu plus loin, les Beni Zeroual de 800, mais ces derniers ont trouvé le moyen de ne pas payer. J'ai vu aussi le caïd de Mascara, Hadj el-Boukary, prendre de force, les jours de marché, tous les fusils français, qui passaient sur la place et les rembourser 30 boudjous à leurs propriétaires. Sans craindre de me tromper, je porte maintenant à 12.000, le nombre de fusils français, qui existent dans la province d'Oran, tant dans l'armée régulière de l'Emir que dans les tribus.

Les Arabes ne font aucun cas des armes à piston, malgré qu'ils puissent assez facilement se procurer des capsules. Ils craignent toujours d'en manquer et les ratés, que leur fait éprouver une poudre très grossière, leur ôtent toute confiance. Dans le cadeau du Roi, il y avait pour l'Émir un fort beau fusil simple à piston. Il l'examina avec plaisir, mais demanda de suite, si on pouvait le remettre à pierre.

A Mascara, Tlemsan et Taguedemt, l'Emir possède quelques petits ateliers, où l'on répare tant bien que mal ses armes. Par mois, ces ateliers sont, en outre, forcé de fournir un certain nombre de fusils sur le modèle français, mais cela produit bien peu de chose. On trouve, en outre, dans les tribus quelques mauvais ouvriers qui, encore, ne peuvent suffire à tous les besoins. Aussi ne rencontre-t-on partout que bois cassés, crosses raccommodées avec des ficelles, lumières élargies, canons faussés ou bassinets qui ne joignent pas. Tous ceux, qui ont des fusils français, ont su en alléger le poids, soit en diminuant le bois, soit en changeant les capucines, soit, enfin, en plaçant sur le côté une simple lanière, au lieu de la banderolle, qui se trouvait derrière.

Les chefs sont en général bien armés et avec luxe.

On voit encore quelques lances. Elles sont courtes et se portent en bandouillère comme les fusils.

Les pistolets manquent en général. L'Emir a le projet d'en donner à toute sa cavalerie régulière, qui ne fuit aussi souvent, dit-il, que parce qu'elle n'a qu'une seule arme à feu. On en trouve quelques-uns dans les tribus, mais ce sont des armes détestables.

Les sabres viennent presque tous de Fez et, malgré leur réputation, je ne les crois pas très bons. On rencontre encore beaucoup de lames espagnoles. Généralement on renonce au yatagan introduit par les Turcs.

J'ai vu des Arabes porter, suspendu au kerbouss de la selle, un bâton à crochet. Ils le disent très commode dans les razias pour ramasser le butin sans mettre pied à terre.

Dans la province d'Oran, il y a beaucoup de Juifs qui, presque tous, habitent les villes. Ce sont eux qui sont les dépositaires de l'industrie. Ils travaillent l'or et l'argent, argentent les éperons et les étriers, cardent la laine, vendent des cotonnades, confectionnent des vêtements pour l'armée et des coiffes brodées en soie pour les femmes. On leur accorde, en échange, une espèce de protection, mais entourée de tant d'injustices et d'outrages, qu'elle n'est vraiment supportable que par des gens abrutis par une longue servitude. Quand ils payent le tribut, qui leur est imposé, leur chef, en le remettant, prend une attitude suppliante, tend la

joue et celui qui est délégué pour le recevoir, lui donne un souf-
flet au nom de la loi. Quand on pend, on prend de force les deux
premiers Juifs, que l'on rencontre et on les force de servir d'exé-
cuteurs. Joignez à cela, qu'ils ne peuvent chausser leurs savates,
porter la couleur verte dans leurs vêtements, se vêtir de burnous
blancs, monter sur des chevaux autrement qu'avec des bâts
et vous aurez la mesure des avanies, dont on les accable, malgré
la loi qui dit pourtant que, du moment où le Juif paye le tribut
et n'élève jamais la voix avec le Musulman, il a droit à sa protection.

Eh bien !· malgré cet état d'abjection, croirait-on que les Juifs
préfèrent, en général, la domination arabe à la nôtre, puisque tous
les Juifs enfuis de Mascara lors de notre entrée dans cette ville,
y sont revenus, ce qui ne peut s'expliquer que par l'amour de
ces malheureux pour l'argent et les facilités, qu'ils ont pour tromper les Arabes. En effet, ils ne pouvaient lutter contre notre industrie, tandis qu'ici, ils ont un alliage épouvantable dans la
confection des bijoux et que, comme ils le disent très bien, ils
se vengent des Arabes en tendant le dos et leur volant leur
argent. L'Emir sent qu'ils lui sont nécessaires et cherche à en
attirer le plus possible.

Les Haddars ou habitants des villes sont horriblement détestés
par les Arabes des tribus. Ils s'en vengent quand ces derniers
fréquentent leurs marchés, en les trompant à qui mieux mieux
et en leur faisant supporter toutes les exactions imaginables,
quittes à éprouver pis que cela, quand une circonstance malheureuse les force à quitter leurs foyers. C'est ainsi, qu'avant
notre entrée dans Mascara, les Arabes se ruèrent dans la ville,
pillèrent, massacrèrent, commirent les plus grands excès et ran-
çonnèrent les malheureux qui, n'ayant pas de moyens de transport, se trouvèrent à leur discrétion.

Mais cette haine n'est encore rien en comparaison de celle, que
portent les Arabes aux malheureux débris des Turcs et des Courouglis. Quant aux premiers, tous ceux qui se sont fiés aux
Arabes ne sont plus, mais il reste encore des Courouglis misé-
rables, disséminés, auxquels on ne cesse de reprocher leur espèce d'alliance avec nous dans plusieurs villes. On s'empare de
leurs filles, de leurs biens et l'on publie, que c'est une justice
que de faire rendre gorge à des gens qui, pendant si longtemps,
ont martyrisé les Arabes. On les enrôle par force, ne négligeant
aucune occasion de les faire massacrer en les mettant toujours
en avant et, enfin, l'on exile à Taguedemt, cette véritable Sybérie
de l'Afrique, tous ceux qui ne peuvent porter les armes. Omar

Pacha fils d'un ancien aga d'Alger, y traîne, maintenant, une existence misérable, sans exciter la moindre compassion, tant sont enracinés des préjugés qui flétrissent le cœur.

L'Emir sur toutes les tribus soumises à sa domination prélève l'âchor, c'est-à-dire le dixième, sur l'orge, le blé, les bœufs, les chameaux, les moutons et la laine. Ceci ne souffre pas de difficultés, parce que c'est un article de religion. Cependant les tribus kabyles et arabes, qui habitent les montagnes, maintenant comme sous les Turcs, savent s'en affranchir, témoins les Beni Zeroual qui, récemment, serrés de près par le califfa Sidi Moustapha ben Tamy, se sont retirés avec leurs femmes, enfants et troupeaux, dans une immense caverne creusée, dit-on, par les Romains et n'ont pu être réduits.

L'Emir a les mêmes droits sur l'argent monnayé. Quelques personnes vraiment religieuses se font un devoir de les acquitter, mais, en général, tout le monde cherche à se faire passer pour pauvre, afin de ne pas éveiller les soupçons et, en tous cas, l'autorité se contente du serment.

Comme on doit le penser, Abd el-Kader est très riche en grains et en troupeaux. Dans chaque tribu il a des silos, où l'on renferme les grains, qui lui proviennent de l'âchor et il y place un gardien qui en est responsable, sous la protection de la tribu. Ils lui servent à nourrir son armée en campagne, sans ajouter encore aux malheurs de ceux, qui voient chez eux le théâtre de la guerre, ou bien encore à dédommager des tribus pauvres et fidèles. Depuis la paix, il en a aussi beaucoup vendu par Arzew, Tenezz et Cherchaill et s'est immédiatement procuré par le Maroc, Tunis et la France une grande quantité d'armes, de soufre, de poudre, de plomb, de cuivre, d'outils pour ses ateliers et de vêtements pour son armée.

On fait payer les grains après la moisson et les bestiaux au printemps. Les califfas réunissent alors une nombreuse cavalerie, y joignent un peu d'infanterie, ordinairement deux mauvaises pièces de canon et se mettent en campagne pour faire rentrer les impôts auxquels, de gré ou de force, on ajoute pour le Beylik, du miel, du beurre, de la cire, de l'huile et des présents de toutes sortes. C'est aussi le moment de tirer vengeance de toutes les avanies ou refus d'obéissance, qu'on a été forcé de dissimuler. On frappe alors des contributions extraordinaires en bestiaux, chevaux, mules ou argent. L'armée est là ; malheur aux insoumis ; il faut s'exécuter. On voit par ce qui précède, qu'il faut toujours être en campagne, sans quoi l'on n'obtiendrait rien des Arabes .

Les califfas sont ainsi de véritables vice-rois, qui ne suivent que les inspirations de leur volonté; pour arriver, toutefois, à un but désigné par l'Emir. Ils punissent, pardonnent, frappent des contributions et passent leur temps à rendre la justice. Combien de fois n'ai-je pas vu Sidi Moustapha ben Tamy, assis à la manière orientale, passer des journées entières et sans paraître s'ennuyer à juger des différends qui ne portaient, la plupart du temps, que sur des contestations de terrains, vols de bestiaux, ou disputes entre particuliers.

L'Emir augmente encore ses ressources en frappant des contributions extraordinaires sur les tribus, qui lui donnent le moindre sujet de mécontentement. Dans ce cas, il convoque tout le monde au pillage et de deux choses l'une, ou la tribu, sur laquelle on marche, fait sa soumission et subit la loi du vainqueur, ou elle prend le parti de se battre, après avoir mis en sûreté ses femmes, enfants et troupeaux. Vaincue le plus souvent, on y fait alors des razias épouvantables et tout le butin, qu'elles produisent, appartient à l'Emir qui, presque toujours, va le vendre un peu plus loin. Il donne pourtant quelque argent à ses cavaliers pour les mules et chevaux et laisse toujours les armes, bijoux et vêtements à ceux qui ont risqué leurs jours pour s'en emparer.

Autant pour occuper les Arabes après la paix que pour pressurer des gens, qui jamais ne lui avaient offert leur concours dans la guerre contre les chrétiens, l'Emir a fait aussi des courses dans le désert. Elles ont produit un butin immense, plus une grande quantité de nègres et de chameaux.

Il est dans la pensée d'Abd el-Kader d'étendre sa puissance dans le désert, où il voit un refuge assuré en cas de malheur. Son expédition contre Aïn-Mady le prouve, mais il est repoussé par l'opinion publique, pour avoir traité avec les chrétiens. Les tribus du désert nombreuses et guerrières, peuvent lutter contre lui avec d'autant plus d'avantage que, vaincues, l'espace est à elles, mais il saura les inquiéter, les désunir, leur faire craindre une prohibition absolue de commerce et le désert, ne produisant ni orge ni blé, il est possible que la crainte de ne pouvoir échanger leurs produits contre ces deux denrées indispensables, les lui donne, un jour, ce qui augmenterait singulièrement sa puissance.

L'Emir doit avoir maintenant beaucoup d'argent. Sa dernière tournée dans l'Est où il a fait, comme il le dit, rendre gorge à tous les Courouglis, qu'il a trouvés sur sa route, a été très productive et ses califfas passent leur vie à lui en ramasser. Joignez à cela qu'il a fait, depuis la paix, vendre beaucoup de grains et de bestiaux. Maintenant, où place-t-il ses trésors et qui lui en

tient compte ? Voilà un question, que personne ne peut résoudre.
Les uns disent, qu'ils sont à Taguedemt, sous la responsabilité
d'un qrazenadar, son cousin germain et les autres, que le tout est
enfoui dans des lieux connus seulement par quelques personnes
de son sang.

Depuis quelque temps, l'Emir s'est mis dans la tête de battre
monnaie. Il a fait venir d'Alger le Maure, qui en était chargé
du temps des Turcs et il a déjà commencé par des gharoubas
et mohammédias, qui sont en circulation. Sur l'une des faces, il y
a : « Hasyb Allah houa nâamal oukil ». — « C'est l'affaire de Dieu
je le fais mon oukil » et sur l'autre : « frappé à Taguedemt par le
sultan Hadj Abd el-Kader ». On doit continuer par des piécettes,
des boudjous et des douros, mais le peuple craint qu'il n'y ait
beaucoup d'alliage dans cette monnaie, qu'on fera, du reste,
passer de force.

Les Kabyles font beaucoup de fausse monnaie et imitent très
bien celle des Espagnols.

Parmi les tribus dévouées à l'Emir, il s'est déjà formé un parti
pour la France. Les Garabas et les Beni Ameur, s'ils nous
voyaient la force en main, non la force d'un jour, mais une
force durable, abandonneraient un homme, qu'ils ne regarderaient plus que comme l'auteur de leurs maux et de la ruine du
pays. Les Hachems mêmes, depuis que l'Emir les a froissés, en
leur retirant sa famille, deviendraient plus traitables. Mais, pour
cela, il faudrait annoncer des projets de stabilité et, je ne puis
trop le répéter, ces trois tribus à nous, tout est dit pour Abd el-
Kader ; ainsi qu'une foule d'autres, elles sont plus que préparées
par les razias et les contributions forcées, qu'elles sont bien lasses
de payer.

Parmi les tribus hostiles, on cite les Hangades, qui ne pardonneront jamais la mort de leur chef Chiqr ben el-Romary, pendu
à Mascara, les Sidi l'Harabit, qui reprochent celle de leur califfa
empoisonné dans la même ville, les Béthioua furieux encore de
la trahison, qui tira leur caïd d'Arzew, pour le faire mourir dans
les plus horribles souffrances, les Bordjias divisés et forcés
d'abandonner le pays de leurs pères, pour s'être, un seul jour,
réunis aux Français, les Oulad Sidi Granem, qui ont éprouvé le
même sort pour avoir fréquenté nos marchés, les Medjahars
récemment abîmés de contributions pour la même raison, les Beni
Zeroual, devant lesquels Moustapha ben Tamy vient d'échouer.
les Mekhalias, Flittas, Sbiahs et toutes les tribus enfin, qui faisaient partie de l'ancienne maqrzen des Turcs. Joignez à cela
tous les Courouglis, en général, pillés, maltraités, forcés de s'en-

rôler et vous aurez une masse énorme de mécontents, qui ne
veulent, pour venir à nous, qu'une occasion favorable et des garanties, que nous n'avons jamais su donner. En effet, l'abandon de
Tlemsan, des Courouglis, celui de toutes les tribus de l'Est, que
nous n'avons pu protéger après les avoir compromises, l'idée
adroitement propagée que nous abandonnerons un jour le pays,
tout excite la méfiance et paralyse les effets d'une haine, qui ne
reculerait pas devant la différence des religions.

Il faudrait, peut-être, faire ce que nous n'avons jamais essayé,
c'est-à-dire caresser les chefs, les marabouts et leur offrir des
présents, auxquels les Arabes sont on ne peut plus sensibles. Dans
un pareil pays on ne peut encore rien par le peuple ; gagnez la
tête et ils vous l'amèneront pieds et poings liés. Le pied d'égalité,
sur lequel nous traitons les Juifs, qui n'en sont vraiment pas
dignes, retarde aussi la fusion, plus qu'on ne pourrait le croire au
premier aspect. Plus d'une fois, j'ai entendu l'aristocratie dire
hautement, qu'elle ne consentira jamais à traiter d'égal à égal
avec une race que, depuis un temps immémorial, elle est habi-
tuée à considérer comme vouée au mépris et à l'esclavage et
c'est à cause de cela, qu'on a défendu aux chefs, après la paix,
de mettre les pieds dans Oran, sans permission.

L'administration est dans un état déplorable, ou, pour mieux
dire, il n'y en a de traces nulle part. Par-ci, par-là, à Tlemsan, à
Mascara ou à Taguedemt on rencontre quelques magasins, où
l'on renferme, pêle-mêle et sans inscriptions, les vêtements pour
l'armée, le beurre, la poudre, l'huile, le soufre, le miel, les armes,
le plomb, le cuivre, les pierres à feu, la laine, etc. On vole, on
perd, on détériore et pas de contrôle possible. On habille, on
arme, on donne et rien n'est enregistré. On achète de tous les
côtés, à Tunis, en France et surtout dans le Maroc qui, seul,
pendant la guerre, malgré les dénégations de Mouley Abderraman, a soutenu l'Emir. Les vêtements pour l'armée se confectionnent partout et ce sont les Juifs qui en sont chargés. Le tout
est mal coupé, mal cousu et n'a aucune condition de durée. Quelques déserteurs français et étrangers ont offert leur industrie.
Ils ont rendu de véritables services, fabriqué des armes et de la
poudre mais, malgré qu'ils se soient tous faits musulmans, on
n'a jamais su ni les encourager ni les protéger contre les mauvais traitements et l'orgueil des Arabes. Aussi, mourant de faim
et dégoûtés d'une pareille ingratitude, ils se sont dispersés dans
toutes les directions, dans le Maroc, chez les Kabyles et quelques-uns même sont revenus aux Français, malgré le sort qui
les attendait. L'Emir voudrait, cependant, avoir des ouvriers, mais
qui consentira jamais à venir supporter un pareil sort ?

On ne voit donc partout en administration que quelques traditions de la domination des Turcs qui, certes, ne passaient pas pour de grands maîtres en ce genre. Où, du reste, l'Emir aurait-il puisé des idées gouvernementales ? Passé du guetna de son père au commandement des Arabes, il n'en sait vraiment que ce qu'il a pu acquérir dans ses entretiens avec des étrangers ou même avec certains déserteurs, qu'il a eu le bon esprit d'interroger souvent. Il est possible que le voisinage de la France l'éclaire et qu'il conçoive la résolution de nous prendre pour modèles, mais j'en doute, attendu que, depuis la paix, il n'a rien fait pour protéger le commerce et l'industrie. Loin de là, persuadé que le seul moyen de nous échapper est de devenir de plus en plus mobile, il a appelé tous les Arabes sous la tente, donné lui-même l'exemple et forcé ses chefs à l'imiter. Son peuple restera donc encore longtemps tel qu'il est, car il ne fait rien pour lui.

Dans les villes, il n'y a aucun ordre. Les rues sont sales, les maisons en ruines et l'on n'y fait pas la moindre réparation. On vole de tous les côtés, sans rien craindre d'une police qui se compose, le plus souvent, de 5 à 6 chiaoux. Le Beylik s'empare de tous les biens des absents et en dispose suivant son bon plaisir, bien loin d'imiter en cela l'exemple des Français, qui permettent la libre vente des propriétés. Les caïds sont des espèces de potentats, qui passent leur vie à extorquer de l'argent et à donner des coups de bâton à n'en plus finir. A Mascara, les jours de marchés et principalement le vendredi, c'est ainsi que, plus d'une fois, par ordre de l'Emir, j'ai vu conduire les Arabes à la mosquée. On ne peut non plus ni fumer, ni priser, ni faire de la musique, ni chanter et, comme il y a toujours beaucoup de contraventions, elles servent à engraisser la bourse des chefs, qui regardent, en général, comme perdue la journée, qui se passe sans occasions de faire de l'argent.

Abd el-Kader jouit, parmi les Arabes, d'une grande réputation de sainteté et de courage. Convaincu que ce n'est qu'ainsi, qu'il peut établir sa domination sur un peuple aussi fanatique, il donne, en toutes circonstances, l'exemple de la piété la plus austère. Partout, il s'annonce comme un homme envoyé par Dieu pour accomplir de grandes choses sur cette terre et profite du moindre événement pour arriver à ses fins. On le dit très généreux et donnant d'une main ce qu'il a reçu de l'autre. Pour apaiser, autant que possible, les murmures que suscitent les impôts, il exige que sa famille vive de son bien et cherche, ainsi, à convaincre les Arabes qu'il ne les emploié qu'à faire marcher son gouvernement ou à préparer la guerre sainte.

La persévérance, le courage et la ruse font le fond de son caractère. Jamais il n'a désespéré et s'est ainsi relevé de bien bas, quoi qu'il n'ait été, comme il le dit lui-même secondé que par des bergers.

Parmi les chefs qui l'entourent, Abd el-Kader trouve bien peu d'hommes capables. Ses préférés sont le califfa Sidi Moustapha ben Tamy, le caïd de Mascara, Hadj el-Boukary, Hadj el-Djilaly, Hadj Abd el-Kader bou Kligra, Sidi Mohammed Saïd, son frère et, enfin, l'aga du Chairg, Miloude Bennarache, homme profondément astucieux, mais que je ne crois pas d'une haute portée. Il les aime, mais ne les consulte jamais.

On assure que, depuis quelque temps, Abd el-Kader ne met aucune borne à son ambition. Plusieurs fois, déjà, il a manifesté des prétentions exagérées, en partant du principe que, sultan par la grâce de Dieu, il regardait comme lui appartenant tout ce dont il pourrait s'emparer. C'est ainsi, qu'un jour, il a parlé de Tunis. Bon dans les premières années de son pouvoir, il ne pouvait voir répandre le sang humain, mais son cœur s'endurcit et il devient impitoyable pour tous ceux qui lui résistent.

Malgré que l'Emir n'habite plus Mascara et qu'il ait juré de ne plus y remettre les pieds, c'est encore là que tous les Arabes placent le siège de sa puissance, attendu qu'il n'a encore de véritablement dévouées que les tribus, qui entourent cette ville dans un rayon de 15 à 20 lieues, tribus qui, seules, ont fait son élévation et lui servent à dominer les autres. Si, au lieu d'occuper Tlemsan pendant dix-huit mois, on s'était solidement établi à Mascara, les Hachems, les Beni Ameur et les Garabas se soumettaient inévitablement et je me demande ce que devenaient pour nous le reste des tribus, quand nous aurions disposé de 9 à 10.000 chevaux. Bien entendu qu'il fallait une occupation assez forte pour permettre de sortir, de faire des razias dans les environs et d'inspirer de la confiance à ceux qui nous seraient venus.

La plaine d'Egueris, seule, peut fournir des grains pour dix ans. En restaurant Argoub Ismaïl, on peut loger sainement et convenablement une forte garnison ; l'eau est abondante mais on manquera de bois. Il faudrait, peut-être, dans les commencements, se décider à une opération malheureuse, c'est-à-dire couper tous les arbres fruitiers des environs, qui suffiraient alors pour deux années.

Mascara, le 30 septembre 1838.

Le capitaine, consul de France, à Mascara.

E. DAUMAS.

Gouvernement de Sidi Moustapha ben Tamy, califfa du Chairg, depuis la Seftzaif jusqu'à l'Ouad-el Fodda. Sept subdivisions principales.

Commandement d'Habib Bouâlem, aga des Garabas. Depuis le Tlelat jusqu'à la Mina et l'Hillail.

NOMS DES TRIBUS		FORCES		CAÏDS
		à pied	à cheval	
	Garabas	200	700	
	Oulad Sidi Manzour	30	30	
	Ferragas,	40	60	
	Meedjah	20	60	
	Qraznadjia	30	50	Mohammed
	Taâllait	30	40	Bou Alem
	Christelia	10	20	
	Hamiàne	30	60	
	Aâteba	20	40	
	Smalas	20	40	
	Oulad Sidi Aly Shérif	30	60	
Bordjias	Sahhab el Hassyan	60	100	Caddour
	Ennegaybia, Ahl el Hayatia	100	200	ben
	Sahhab Beteun El Ouad	40	50	Sahharaouy
	Oulad Younis	100	30	
	Oulad Sidi Ibrahim	400	200	
	Zeurrifa	50	10	
Beni	Oulad Sidi Aly	200	150	Chiqr
Zeroual	Oulad Boutekoura	200	100	Tahar bel
(1)	Sahab el Sefsaf	100	100	Djilaly
	Oulad Fellohen (Oulad Fellouh des Oulad Maallah.)	20	»	
	Oulad Sallah	20	»	
	Abid Cheragas	40	80	
	Beni Graddou	50	140	
	Sedjerara	40	70	
	Beni Qrrenis	40	150	
Beni	Beni Merouan	20	40	
Chougran	Oulad Maryem	25	30	
	Sahhab Ouad el Kceub	70	30	
	El Bordj (village)	70	40	
	Oulad Sidi Dahhau	50	100	
	Oulad Riah	30	70	
	Kalâa (village	70	40	
	Akerma Garabas	50	100	
	Guerboussa	40	70	
	Sahary	40	100	
	El Guetarnia	20	40	
	Betan el Ouad	50	70	
	Chareub el Réah	20	30	
	Tliouant (village)	40	»	
		2.515	3.300	

(1) Les Beni Zeroual ont passé sous les ordres de l'aga des Garabas.

Commandement de Mohammed bel Hadjal, aga des Medjahars.

NOMS DES TRIBUS		FORCES		CAÏD
		à pied	à cheval	
Medjahars (1)	Hachem Daro	150	80	Caddour bel Cády
	Cheurfa el Hamadya	350	250	
	Oulad Hamden	50	60	
	Oulad bou Kamel	60	150	
	Oulad Chafaâ	60	80	
	Oulad Maâleuf	50	100	
	Oulad Chakour	80	70	
	Akerma Garabas	80	60	
	Oulad Sidi Abdallah	300	200	
	Oulad Aynâze	20	10	
	El Gouffirat	25	50	
	Ayâcha Tahatte	30	125	
	Fouaka	50	30	
	Oulad Dany	20	»	
	Sahhab el Assanya	20	10	
	Oulad el Grair	40	100	
	Oulad Lekhal	50	100	
	Tenezz (port)	60	20	
	Mediouna (baraques), Kabyles	70	»	
	Achâicha, Kabyles	80	»	
	Medioun el-Foul, Kabyles	130	30	
	Cheurfa, Kabyles	70	»	
		1.845	1.525	

Commandement de Sidi Miloude bou Talaib caïd des Flittas.

NOMS DES TRIBUS		FORCES	
		à pied	à cheval
Douaiers Flittas sur la Mina	Oulad Bou Aly	50	150
	Aâssassena	40	100
	Douaiers Flittas	20	50
Flittas sur Mendass (2)	El Cheurfa	200	200
	Oulad Sidi Harat (Haratsa)	60	100
	Beni Isaâd	50	150
	Sahhab el Hammam	50	70
	Hâl el Hadj Cadour bou Saïd	40	60
	Sahhab el Kaf el Medjbour	40	50
	Sahhab Mendass	100	130
	A reporter	650	1.060

(1) Commerce de bestiaux ,chevaux, beurre, miel, cire, orge, blé et nattes.

(2) Grand commerce de grains et de chevaux.

NOMS DES TRIBUS	FORCES	
	à pied	à cheval
Report.........	656	1.060
Oulad Belahya.........	50	150
Oulad Djeloule....................	50	70
Oulad Bouzizy....................	50	100
El Djouidate....................	10	40
Oulad Abdy...	50	80
Beni Ouazan....................	30	100
Beni Hyây.....	50	80
Guerboussa....................	20	80
Haboucha....................	40	100
Oulad Bouguir.....	30	100
Oulad Bahaly....................	30	150
Guetna Si Mohammed ben Aouda......	40	60
	1.100	2.190

Commandement de Miloude Bennarache, aga du Chairg.

	NOMS DES TRIBUS	FORCES	
		à pied	à cheval
Akerma Cheragas	Sahhab Reboudja	30	60
	Lhamadna	50	100
	El Djirara....................	20	30
Mekhalias	Mekhalia mta el Feudj....	50	150
	Mekhalia mta Sedra....................	80	100
	Oulad Hamet ben Soultan	30	70
	El Kyaibâ	50	20
	Oulad Sidi Laribi....................	70	50
	Oulad Hamden....................	70	100
	El Mahal........	40	100
	Oulad Souid....................	40	80
	Oulad Selama...	50	100
	Oulad Bougraras....................		
	Oulad Dhàicha....................		
Oulad el Abbas	Sahhab Cheleuf	1.500	1.500
	Sahhab Marizeun		
	Tefafhà		
	Oulad Sidi Hammar....................		
	Oulad Hamet Zeladla....................		
	A reporter.......	2 080	2.460

NOMS DES TRIBUS	FORCES	
	à pied	à cheval
Report........	2.080	2.460
Beni Zintès........	50	100
Oulad Fareus....................	100	50
Oulad Ouxierre (Koceïr).............	100	70
Sendjeuss..................	200	70
Medjadja (village)................	50	50
Mazouna (ville)................	100	200
El Attaf........................	100	60
Braze........................	150	70
Aïn Defla......	20	20
Oulad Aly.....	50	200
Oulad Ziarr..................	30	50
Lemechàià..................	150	200
Lahouàna..................	60	50
Sebàah..................	50	40
Laranfah..................	40	200
El Qrouada..................	70	350
Sahhab Bouhenni..............	15	40
Zouèur....	20	50
Sahhab byr Djeneul................	50	50
Sahhab Zeboudje el Oust.............	40	100
Beni Manna..................	50	100
Oulad Boufride..................	100	50
Beni Merzoug..................	40	100
Sahhab mta Lassa.............	30	50
Sahhab ou Allala..	50	100
Achacha	40	100
Zeurrefa..................	50	50
Oulad Qrellouf (Krelouf)..............	50	100
Oulad Hanteur..................	100	60
Menougra	200	40
El Bouàyche..................	»	200
El Hyàicha........	30	60
TOTAUX........	4.085	5.640

Groupes de gauche : Sbéahs, Beni Madoune, Dahàra.

**Commandement de Cadour ben Saharaouy,
maintenant Lahouary, aga des Hachems Garabas.**

NOMS DES TRIBUS		FORCES	
		à pied	à cheval
Hachems Garabas	El Metchatchine Sidi Aly ben Aoumeur.	50	250
	Oulad Abd el Ouad....................	60	300
	Euzouà..............................	50	100
	El Methatchine el Ouad...............	50	200
Beni Meniaren	Oulad Abbad	200	100
	Oulad Daoud...	100	100
	Oulad Habbou	100	100
Oulad Qrallaid	Oulad Qrallaid......................	100	200
	Amama..............................	400	60
Oulad Brahim	Oulad bel Qriaty....................	30	125
	Oulad Brahim........................	30	125
Agoubias Djafras	Oulad Auouf.........................	60	100
	Lahssassena.........................	100	200
	Quesanna............................	40	70
	Doui Tabet	30	40
	Oulad Sidi Qrafallah....	40	40
	Oulad Daoud..	50	100
	El Maâlif...........................	50	90
	Oulad Sguir	40	80
	Oulad ben Haouâ	50	100
	Etaâleub............................	30	70
	Atara	40	60
	Oulad Aly ben Hamet ....!.....	60	70
	El Mahmide	40	70
	Touâmâ	30	80
	Ourdjate	40	60
	Loubàiba	50	100
	Oulad Sidi Yayà......	40	60
Désert. Harrare	El Rouady...........................	»	300
	Dahalsa	»	100
	Fhtala..	»	70
	Oulad Ziàne	»	200
		1.960	3.720

Ces quatre dernières tribus du désert payent, mais ne fournissent aucun cavalier.

**Commandement d'Adda ould Mohammed,
maintenant Abd el-Kader ben Sasy, aga des Hachems Cheragas**

NOMS DES TRIBUS	FORCES	
	à pied	à cheval
Hachems Cheragas		
Oulad Beni Iqrellouf	50	100
Oulad el-Qramsa	50	200
Oulad Ayssa Ben Habbass	40	200
El Màhamide	40	160
Ahbouchà	30	100
Teumazenia	30	140
Oulad el-Habbas	100	300
Oulad Scherif	40	150
Oulad Lekereude	60	100
Oulad Besam	50	50
Akerma	60	70
El Boussera	40	60
Oulad Benhaflan	40	80
Beni Median	50	130
Oulad Haradje	30	70
Aloyà (Hallouya)	40	100
Keràiche	60	100
Grosselyà	40	70
Beni Lent	50	200
El Mabazem (Maacem)	30	100
Oulad Hàllail	40	100
Oulad Bou Sliman	70	30
El Outà	40	»
Etaàleub	80	»
Beni Messelem	50	200
Beni Méida	40	80
Beni Ouragrr Adjaimà Oulad Smeurr (Oulad Izmeur) Oulad Mahmed Bouikni El Assaynia Oulad Abd ben Resqalla Oulad Iddir Oulad Bòozàa Bouaouna Schlague Oulad Tameudjireud Oulad ben Daly Laàrays Oulad Soubir (Oulad Sabeur) Oulad el Hadj Oulad Daoua Oulad ben Maàmeur	1.500	3.500
A reporter	2.780	6.330

NOMS DES TRIBUS	FORCES	
	à pied	à cheval
Report.......	2.780	6.330
Beni Ouragrr *(suite)* — Oulad Hayssâ.............		
Laâchem.............		
Oulad Taffeteun.............		
Besnass		
Cheukala		
El Aatteba.............		
Oulad Aiade.............	40	90
Oulad Yaya.............	40	60
Lahaummeur.............	60	20
Beni bou Qrallaid.............	60	»
Beni Tigrin.............	50	100
Harrarc (désert) — Oulad Qrellif.............	»	260
Oulad Ziâne.............	»	200
Oulad ben Aouar.............	»	200
Kaâbra.............	»	200
Totaux........	3.030	7.320

Ces quatre dernières tribus du désert payent l'âchor, mais ne fournissent aucun cavalier pour la guerre.

Commandement de Hadj Abd el-Kader bou Kliqra. caïd de Sedama.

NOMS DES TRIBUS	FOR	
	à pied	à cheval
Taguedemt (ville)........	500	50
Qrallafah............s.............	80	100
Beni Lensour.............	100	200
Oulad Bouziry.............	100	200
El Taât.............	30	100
Oulad Sidi Bel Kassem.............	30	100
Oulad Sidi Hammar (village), Kabyles...	80	»
Oulad Sidi Abd el Djebbar.............	40	50
Kcelna ou Beni Adjed — Oulad Kesy.............	20	40
Bouazidy.............	80	»
El Ouzara.............	20	60
Beni Hallal.............	20	60
Beni Oundjeull.............	20	40
Seloug.,.............	100	200
Lârara.............	50	100
Laouareud. (Haouaret).............	50	100
Zouernia, Kabyles.............	100	»
Tàourezoute, Kabyles.............	100	»
Frendâ (village), Kabyles.............	100	»
	1.620	1.400

Récapitulation pour le Chairg.

	à Pied	à Cheval
Commandement d'Habib Boualem, aga des Garabas	2.615	3.260
Commandement de Mohammed bel Hadjal, aga des Medjahars	1.845	1.515
Commandement de Sidi Miloude bou Talaib, caïd des Flittas	1.080	2.190
Commandement de Miloude Bennarache, aga du Chairg	4.385	5.840
Commandement de Cadour Ben Saharaouy, aga des Hachems Garabas	1.960	4.720
Commandement d'Adda ould Mohammed, aga des Hachems Cheragas	3.030	7.320
Commandement d'Hadj Abd el-Kader Bou Kligra, caïd de Sedama		
Totaux	16.525	26.245

Il y a une différence remarquable entre ce relevé ct celui que j'ai envoyé, il y a quelque temps, mais elle provient de renseignements nouveaux sur quelques tribus importantes, dont je n'avais pas les subdivisions.

Ces renseignements sont maintenant aussi approximatifs qu'on peut les désirer, dans un pays où il n'y a ni contrôles, ni recensement, ni registres.

*Gouvernement de Sidi Bou Hamidy, califfa du Gharb :
depuis les frontières du Maroc jusqu'à la Sefizaif.
Cinq subdivisions principales.*

**Commandement de Mohammed ould Tamy,
aga des Beni Ameur.**

NOMS DES TRIBUS	FORCES	
	à pied	à cheval
Oulad Zair (1)	300	500
Oulad Qralfah (2)	150	400
Oulad Aly	200	300
Oulad Sidi Labdely (3)	50	80
Oulad Brahim (4)	85	100
Oulad Sidi Ghranem	30	80
Oulad Abdallah	80	100
Oulad Sidi Hamet ben Ioussouf (5)	20	30
El Aâdjezz (6)	125	250
Neméina (7)	125	250
Oulad Selyman (8)	200	400
Oulad Mimoun (9)	90	200
Oulad Sidi ben Youb (10)	30	50
Oulad Sidi Maâchou	10	20
Guetarnia (11)	500	60
Zaouia mta Abd el-Kader ben Zian	500	60
Oulad Gebarras (12)	15	30
Oulad Sidi Mesaoud (13)	»	20
Oulad Sidi Qraled (14)	50	50
Beni Mattar (15)	»	500
Oulad Balaqr (16)	»	150
	2.610	3 660

(1) Ouled Zeïr [Aïn Temouchent. M.].
(2) Ouled Khalfa [D. C. Sidi bou Adda, Sidi Ali bou Hamoud. — Aïn Temouchent. M.].
(3) Ouled Sidi Abdeli [Pont de l'Isser, P. E.].
(4) D. C. Ouled Brahim [Mekerra. M.].
(5) Ouled Sidi Ahmed ben Youcef, tribu occupant la rive droite de l'Isser, au S. des Ouled Sidi Abdeli.
(6) Ouled Hazedj [Mekerra. M.].
(7) Nemaïcha [Tessala. P. E.].
(8) Ouled Sliman [Mekerra. M.].
(9) Ouled Mimoun [Aïn Fezza. M.].
(10) Ouled Sidi ben Youb [Mekerra. M.].
(11) Cheurfa el-Guetarnia [Saint Lucien. M.].
(12) Djebarra [Rio Salado. P. E.].
(13) Ouled Sidi Messoud [Châbet el-Leham. P. E.].
(14) Ouled Sidi Khaled [Mekerra. M.].
(15) D. C. Beni Mattar [Yakoubia. M.].
(16) D. C. Ouled Belagh [Telagh. M.].

Commandement de Mohammed ben Snaguy, aga des Grosseul. (1)

NOMS DES TRIBUS	FORCES	
	à pied	à cheval
Beni Ouazan (2)...............................	100	200
Zenatâa (3)...................................	60	80
El Fehoul (4).................................	90	250
Ahouarâa (5).................................	50	150
Oulad Chiab (6).............................	50	60
Oulad Sidi Leqrouan	40	70
Medioune Garabas (7)........................	25	50
Medioune Cheragas (8)...	25	50
Oulad Chiqrr (9).............................	50	80
Lemeguennia (10)	105	200
El Aouammeur (11).....	30	45
Oulad Chiqr ben Aly (12).	20	50
El Querazba (13).........	35	60
El Hassine...................................	50	150
	730	1.490

(1) Ghossel.
(2) Beni Ouazan [Remchi. M.].
(3) Zenata. D. C. [Remchi. M.].
(4) D. C. El-Fehoul. [Remchi. M.].
(5) Haouara [D. C. Tafna. — Remchi. M.].
(6) Ouled Chiah [D. C. Tafna. — Remchi. M.].
(7) D. C. Sba Chioukh [Remchi. M.].
(8) D. C. Ouled Sidi Ali Ben Chaïb [Remchi. M.].
(9) Ouled Cheikh [D. C. Messer. — Mekerra. M.].
(10) Mcguenna [D. C. Tafna. — Remchi. M.].
(11) Aaouameur [Remchi. M.].
(12) Ouled Cheikh [D. C. Messer. — Mekerra. M.].
(13) Kerazba (au S. des Beni Ouazan ; au N. des Fehoul).

Commandement du caïd de Tlemsan.

NOMS DES TRIBUS	FORCES	
	à pied	à cheval
Tlemsan	2.500	150
Aoucheba (village) (1)	10	30
Syebdeur (village) (2)	15	20
Beni Ournid (3)	200	80
Beni Smiell (4)	150	30
Oulad Sidi Fedil	20	50
Beni Bousaïd (5)	200	100
Beni Senouss (6)	500	100
Beni Mansour	50	40
Tagma (7)	90	45
Douâissâ (8)	120	50
Aâssassena	»	»
	3.855	695

(1) Ouchaba. [fr. D. C. Yfri. — Aïn Fezza. M.].
(2) Iebder.
(3) D. C. Terni [Sebdou. M.].
(4) Beni Smiel [Aïn Fezza. M. — Lamoricière. P.E.].
(5) Beni bou Saïd [Lalla Maghnia. M.].
(6) Beni Snous.
(7) Tagma. fr. D. C. Yfri.
(8) Ouled Dahou. fr. D. C. Yfri.

Hangades (1). Chaque fraction sous le commandement de son caïd.

NOMS DES TRIBUS	FORCES	
	à pied	à cheval
Oulad Ouriache (2)		100
Oulad Riah (3)		300
Douyhiâyà (4)		200
Djouidat (5)		40
Beni Oukil		150
Oulad Aly bel Hamel Sahhab Chiqrr Ben El Romary (6)		500
Oulad Ennhar Sahhab el Miloude ould Yamany (7)		800
Oulad Mellouk (8)		250
Oulad Hamet ben Ibrahim (9)		400
Oulad Aly Ben Talaàh (10)		200
El Mezaouire (11)		300
Laàchache (12)		80
Beni Yâla		300
El Mahya (13)		800
		4.420

Hangades (*)

(*) Les Hangades ont des hommes non montés, mais ils ne combattent qu'à cheval et les fantassins gardent les tentes.

Cette tribu, peut être la plus guerrière de toute la province d'Oran, habite un pays très difficile et, malgré qu'elle soit en état continuel de révolte, elle vient, néanmoins, combattre les chrétiens, quand le théâtre de la guerre ne s'éloigne pas trop de chez elle.

Les Mahya ne sont jamais venus. Ce sont eux qui interceptent le commerce du Maroc.

-----

(1) Angad.
(2) Ouled Ouriach [Sebdou. M.].
(3) Ouled Riah [Lalla Maghnia.].
(4) Doui Yahia, confédération formée de 5 groupes. — Ouled Hammou. Ouled Addou, Ahl Hameksalete, Ahl bel Ghafer, Djouidate. [Sebdou, Lalla Maghnia. M.].
(5) Djouïdate [Lalla Maghnia M.].
(7) Ouled Ali bel Hamed [Sebdou M.].
(7) Ouled en Nehar, (Cheraga et Gharaba). [Lalla Maghnia et annexe d'El Aricha.]
(8) Ouled Mellouk. [Lalla Maghnia].
(9) au N. d'Oudjda.
10) Ouled Ali ben Thala, au S. d'Oudjda.
(11) Au N. des Ouled Ali ben Brahim.
(12) Achache. [Lalla Maghnia. M].
(13) Mehaïa.

Kabyles de la Tafna, Maïdroma et Oucheda (1)

NOMS DES TRIBUS	FORCES	
	à pied	à cheval
Soubalias — Tamamâ (2)	100	»
Tyanet (3)	500	50
Tyounet (4)	150	10
Attya (5)	200	20
Keubdâna (6)	200	20
Zaouièt bel Mirâ (7)	300	15
Mesirdâa (8)	200	10
Traras — Beni Sidoum (9)	400	40
Beni Menir (10)	800	100
Beni Mesàal (11)	500	30
Beni Hassyn (12)	300	50
Beni Qrallaide (13)	700	100
Beni Ouersous (14)	1.000	200
Beni Fedaïle	200	30
Maïdroma (ville) (15)	200	50
Beni Chaïb (16)	500	20
Oulassas — Oulad Hamet ben Aly	150	15
Beqaqcba (17)	80	15
Djibet le Berale (18)	100	15
Beni-Rouman (19)	90	10
Oulad Mohamet Sodemy (20)	125	25
Oulad Touzala	105	20
A reporter	6.900	845

(1) Oudjda.
(2) D. C. Ternana [Nedroma. M.].
(3) Tienet. fr. D. C. Souhalia [Nedroma. M.].
(4) Touel. fr. de Souhalia.
(5) Attia [Lalla Maghnia].
(6) Kebdana, tribu marocaine.
(7) D. C. Zaouïet el Mira [Nedroma. M.].
(8) M'sirda [Lalla Maghnia].
(9) Ouled Sidhoum. fr. des Beni Menir [Nedroma. M.].
(10) Beni Menir [Nedroma. M.].
(11) D. C. Beni Mishel [Nedroma. M.].
(12) Ouled Hassan, fr. des Beni Menir.
(13) Beni Khalled ou Khellad [Nedroma. M.].
(14) Beni Ouarsous [Remchi. M.].
(15) Nedromah.
(16) Beni Chàbàn.
(17) Bekarcha. fr. D. C. Rachgoun.
(18) Beratla. fr. des Oulhassa Gharaba.
(19) Beni Riman. fr. D. C. Rachgoun.
(20) Ouled Mohammed el-Ouirdani, près de Honeïn (?).

NOMS DES TRIBUS	FORCES	
	à pied	à cheval
Report..........	6.900	845
Beni Zenassen { Beni Qrallaid	3.000	300
Beni Aâtig	2.000	200
Beni Mengouch	2.000	300
Beni Ouriameche....................	6.000	1.500
Oucheda (ville)....................	500	80
	20.520	3.215

Cette dernière tribu des Beni Zenassen n'est soumise ni à l'empereur du Maroc ni à l'Emir. Elle fournit, cependant, un contingent, quand le théâtre de la guerre est transporté près de chez elle; c'est ainsi qu'à Sidi Yagoub, le 25 avril 1836, elle envoya à Abd el-Kader un secours de 500 fantassins.

Récapitulation pour le Gharb.

	à pied	à cheval
Commandement de Mohammed ould Tamy, aga des Beni Ameur....................	2.160	3.660
Commandement de Mohammed ben Snaguy aga des Ghrosseul....................	730	1.490
Commandement du caïd de Tlemsan..........	3.855	695
Hangades		4.220
Kabyles de la Tafna, Maidroma, Oucheda....	20.520	3.215
Report des forces du Chairg........	16.525	26.245
Totaux..........	44.240	39.525

*Genre et emplacement des ressources principales
de l'Emir Abd el-Kader*

TRIBUS QUI SE RÉUNISSENT pour les versements	GENRE ET EMPLACEMENT des ressources	GARDIENS NOMMÉS par l'Emir
Megraouâ, Beni Makeuda, Oulad ben Yâya, Tegaguerâ, Oulad Moussa, Metchatchine Sidi Aly.	300 silos pleins d'orge et de blé, à Sidi Aly ben Aommeur, dans la plaine d'Egueris, à 3 lieues de Mascara.	Ben Yâyâ, caïd des Metchatchine.
Fortune particulière de l'Emir.	400 silos à Sidi Kada ben Moqtar, près de Cacheroux. Cinq jarres pleines de soultanis et 200.000 douros d'Espagne enterrés sous le marabout de Sidi Mahydin au Cacheroux à 5 lieues de Mascara.	
Souaougâ, Oulad Sidi Laouny, Laouâna, Oulad Moussa, Tegaguera.	361 silos à Sidi ben Moussa près de Haouadja, dans la plaine d'Egueris, à 3 lieues de Mascara.	Hadj Mohammed.
Oulad ben Zineub, Rira, Oulad ben Bouâ, Oulad Saharaouy, Oulad Sidi Ouys, Oulad Brahim.	100 silos à Rira, dans la plaine d'Egueris à 4 lieues de Mascara.	Sidi Hamet ben Abdallah.
Mechareuf Toual, Oulad el Beugra, El Gora.	150 silos à Mechareuf Toual, dans la plaine d'Egueris.	Si Hamet ben Abdallah.
Oulad Gramsa, Deradeub, Beni Nensar, Hahl Egueris, Oulad Beni Quelleuf, Oulad Hamet ben Aly, Laâzara, Oulad el Megraouq, Oulad Hassan.	500 silos à Bouziade près des jardins des Oulad Beni Iqureleuf, à 2 lieues de Mascara.	Si Abdallah ben Geraty.
El Grelouya, Beni Tâna, Metchatchine el Ouad.	50 silos à Hadj bel Qreurba près de Ternifin, à 5 lieues de Mascara.	Mohammed ben Abd el-Kader.
Laâbena, Oulad Bendauba, Oulad Sidi Hotsman.	50 silos à Sidi Youssouf près des bains de l'Ouad el Hammam ben Ennefia, à 5 lieues de Mascara.	Sidi ben Tyba Cady.
El Mahâmide, Oulad l'Abbas, Oulad Hayssa l'Abbas, Oulâd Della, Oulad Dennoun, Hachems Cheragas, Oulad Abd el Ouad.	1000 silos à Fortassa dans Metamore el-Bey (5 grands figuiers), à 8 heures de Mascara.	Adda Ben Hada.

TRIBUS QUI SE RÉUNISSENT pour les versements	GENRE ET EMPLACEMENT des ressources	GARDIENS NOMMÉS par l'Emir
Temazenia, Ouled Riah, Habouyâ, Haboucbâ, Bordjia Ledjebel, Mekhalias, Aâssassena, Oulad ben Aly, Oulad Nar, Douaiers Flittas, Sahhari, El Mahâfide.	1.000 silos à Habouya, au sud et à 5 lieues de Calâa.	Si Hamet ben Senoussy.
Beni Qraddou, Guerboussa, Abd el-Ouad, Tliouant, Bordjia el-Outa.	500 silos à Calâa renfermant, en outre des grains, beurre, huile, miel et cire en abondance.	Si Hamet ben Senoussy.
Oulad Ouxierre, Sendjass, Medjadja, Oulad Fareus, Hamysse.	10.000 charges de blé à Douâmis près du Cheleuf, chez les Oulad Ouxièrre (magasins du temps des Romains).	Hadj el-Qrair chef des Oulad Selama.
Oulad Qrouidem, Oulad l'Habbas.	1200 silos à Qrouidem Djediuna.	Sidy Adda ben Rellamallah.
Ouled Selama, Zouâa, Beni Zentès, Beni Zeroual, Ouled Hamet, Kuyaybâ, Akerma, Lemâhal, Mediouna.	890 silos à Dar Sidi Lharabit, sur le Cheleuf.	Chaban ould Lharabit.
Elquesanna, Oulad Aouf.	200 silos à Sidi Djylaly ben Aamar.	Caïd des Oulad Aouf.
Sedama.	500 silos à Sidy Hamet el Querabchy.	Sidi Hamet ben Lisse.
Oulad Daoud, Oulad Maâchou, Latara, Etaâleub, Doui Tabeut, El Guerarma.	150 silos à Rass el-Haouda dans le Djafra.	Si Mohammed ben Qrorre.
Taguedemt.	Grands approvisionnements en blé, orge, huile, beurre, cire, laines, armes, soufre, salpêtre, poudre, plomb, cuivre, monnaies d'or et d'argent, le tout dans les caves des forts.	Si Mohammed ben Djilaly, cousin de l'Emir.
Sbéah, Beni Madoune, El Cheurfa.	300 silos à Mazouna dans le quartier des Haddars.	Si Abd el-Kader bel Guebly.
Aâdjezz, Oulad Zair, Oulad Qralfah.	500 silos à Sidi el-Ourade, près du Thessala.	Si Hamet Guendous.
Oulad Brahim, Oulad Sidi Qralaïd, Oulad Seliman.	400 silos à Sidy Aly ben Youb, près de l'Ouad el Mekuerra.	Sidi Leqredeur.

TRIBUS QUI SE RÉUNISSENT pour les versements	GENRE ET EMPLACEMENT des ressources	GARDIENS NOMMÉS par l'Émir
Oulad Aly, Oulad Sidi Ghranem, Maâchou, Maïdja.	300 silos à Djemaâ près du Gaâda des Oulad Aly.	Sid el-Mahy Bouzellam.
Oulad el-Memoun.	50 silos à Sidi Labdely.	Caïd Ramedan. Sid el Mecquy.
Oulad Sidi Labdely.	30 à l'Ouad Tâlloute.	
Tlemsan.	Grands approvisionnements en orge et blé, soufre, salpêtre, poudre, cuivre, plomb, pierres à feu du Maroc, vêtements pour l'infanterie, miel, huile, moulin à poudre, deux ateliers d'armes, grand commerce avec le Maroc.	Caïd de Tlemsan.
Mascara.	Magasin d'habillement, orge et blé mais en petite quantité, miel, beurre, huile, cire et laines, magasin de hanarchement, deux ateliers d'armes, rendant deux fusils par semaine, fabrique de bois de fusils, fabrique de haigs et de burnouss, fabrique de poterie et fabrique de philaly ; grand commerce avec le Maroc, consistant en sabres de Fezz, pistolets, haigs fins et pelleteries de Tafilalet. Marché les vendredi, samedi et dimanche.	Caïd Hadj el Boukary.
Garabas.	200 silos à Boudjemy.	Sid Trib bel Mefreuq.
Medjahars.	Je n'ai pu savoir exactement où sont placés les silos de l'Emir dans cette tribu.	

Propriété particulière d'Abd el-Kader

Moutons :

1.000 à Taguedemt. (Sidi Kadour ben Abd el-Baqui).
300 à Taguedemt. (Bou Rerbale).
400 à Sedama. (Si Hamet bel Lifa).
2.000 à Haddade. (Kada ould Yaga).
2.000 à Mahafyde. (Hadj el-Boukary).
700 à Tysy. (Béchir el-Qraouy).
1.000 à Halouya. (Hadj Hamet).
1.000 chez les Beni Ouragrr .(Mohammed bel Hadj).
500 chez les Sahary.
5.000 c`ez les Oulad l'Habbas.
3.000 chez les Beni Ameur.

Bœufs :

1.000 à la Mina. (Hadj Mahamar).
500 à La Mina (Ben Djriou).
500 à La Mina. (Miloude ben Ioussouf).
2.000 au Cheleuf. (Chaban ould L'Harabit).
2.000 chez les Beni Ameur.
2.000 chez les Hachems Cheragas.
1.500 chez les Medjahars.
1.000 à Mahafide. (Hadj el-Boukary).

Chameaux :

500 à Taguedemt pour le service.
350 chez les Oulad Qrellif (Qrarouhy, oukil).
1.000 chez les Boussera. (Si Kadour ben Abd el-Baquy).
1.200 chez les Hachems et les Sedama.

Chevaux :

300 juments chez les Oulad Brahim, à Belloul Sâfi.
7 beaux chevaux chez les Oulad Sidi l'Harabit.
14 beaux chevaux chez les Oulad l'Habbas.
10 beaux chevaux à Mazouna.
8 chez les Oulad Ouxierre.
5 à Hamys, chez Hadj Mahmar.
11 à Sendjess, chez les Oulad Zitouni.
40 à Aâttaf, chez Mohammed ben Yayâ.
300 chez les Flittas, à Oulad Sidi Lazerag.

400 chez les Flittas, aux Cheurfas.

800 chez les Flittas, sous la direction de Hadj bou Qreudda et de Hadj Hamet bel Labeud.

Mules :

2.000 mules en tout, mais dispersées de tous les côtés, à Media, Miliana, Bougrechefa, Taguedemt, Calâa, Mazouna, Mascara et Tlemsan.

Je n'ai pu me procurer que peu de données sur ce qui existe dans le commandement de Bou Hamidy, mais cela ne tire pas à conséquence, parce que les Kabyles, quand ils payent toutefois, ne payent jamais qu'en argent et qu'une grande partie des tribus, qui avoisinent le Maroc, sont presque toujours en état de rébellion.

En donnant l'emplacement des principales ressources de l'Emir, je n'ai entendu parler que des silos, où l'on renferme les grains, qui proviennent de l'âchor et nullement de ceux, qui sont la propriété des tribus. Ces renseignements sont aussi exacts qu'on peut les désirer et le fruit de cinq mois de recherches consciencieuses. On peut donc, en cas de guerre, marcher sur eux en toute sécurité.

Mascara, le 30 septembre 1838.

Le capitaine, consul à Mascara,

E. DAUMAS.

A. G. G. A. E. 117¹ (Original).

VII

État de la province d'Oran au mois de Janvier 1839. (1)

COUP D'ŒIL SUR LA PROVINCE D'ORAN.

Le non-succès d'Aïn Mady porte un coup funeste à la puissance d'Abd el-Kader et détruit à jamais ses espérances dans le
désert. Il porte un coup funeste à sa puissance en ce sens que,
vaincu, le prestige qui l'entourait aux yeux des Arabes n'existe
plus et il détruit ses espérances dans le désert, parce que les
populations musulmanes religieuses et fanatiques, qui voient en
tout le doigt de Dieu, ne manqueront pas de se rattacher à son
adversaire, au marabout Tedjiny, dont il a favorisé la cause.
Cependant, l'Emir, en faisant cette tentative sur Aïn Mady, s'était
donné d'excellentes raisons, mais l'événement a prononcë et, mal
jugé par les siens mêmes, qui ne se doutent nullement de la profondeur de ses vues, il n'a plus à espérer que du blâme pour une
opération qui, seule peut-être, pouvait le sauver des serres de la
France. Déjà, de tous les côtés, on n'entend que des murmures.
On lui reproche d'avoir inutilement dépensé une partie de ses
ressources de guerre, fait périr l'élite de ses soldats, gaspillé son
argent péniblement amassé et perdu un temps précieux. On ajoute
à tout cela qu'il vient de se fermer à jamais un asile, pour le
cas où, malheureux, les chances de la guerre le forceraient à
fuir ; attendu qu'il ne laisse plus derrière lui que des ennemis implacables et impatients de tirer vengeance et du mal qu'il leur a
fait, et du mal qu'il a voulu leur faire.

Mais daignez, mon général, me suivre un instant sur la carte,
et je vais essayer de vous faire connaître mieux encore le véritable état des choses. Dans cet examen rapide du pays, je suivrai la division adoptée par l'Emir lui-même et commencerai par
le Chairg ou l'Est qui se divise, pour l'administration, en sept
départements, dont le gouvernement est confié au califfa Moustapha ben Tamy, beau-frère d'Abd El-Kader.

---

(1) Note jointe à la dépêche de Daumas du 23 janvier 1839.

ÉTAT DU CHAIRG OU EST.

C'est à Mascara que réside le califfa Moustapha ben Tamy et, malgré cela, la population ne se composant que de fugitifs de tous les pays, d'une moralité plus que douteuse, l'Emir n'y compte pas vingt familles dévouées. Après l'entrée des Français dans cette ville, Abd el-Kader a juré de ne plus y remettre les pieds, comme de ne jamais rien faire pour des gens, qui n'avaient même ras voulu sauver l'honneur des armes. Il a tenu son serment, mais les habitants, profondément ulcérés par ces marques patentes de mépris, ne cachent ni leur haine, ni leur désir de voir une seconde occupation.

Mascara.

A Mascara, tout tombe en ruines, le Beylik, le fort et les maisons. On ne s'y regarde que comme dans un lieu de passage et l'on se garde bien d'ordonner la moindre dépense, la moindre réparation. Tous les magasins ont été évacués sur Taguedemt et le pouvoir y vit au jour le jour, n'ayant quelquefois pas de pain pour ses soldats, ni d'orge pour ses propres chevaux.

On trouve à Mascara une masse de Douers et de Zemalas, que le pouvoir déteste cordialement et qui ne demandent pas mieux que de se réunir à leurs frères, qui sont avec nous à Oran.

Mascara, en cas d'occupation, peut être largement approvisionnée par la plaine d'Egueris, qu'on trouve à ses portes et qui est renommée pour sa fertilité.

Après Mascara, nous sommes naturellement conduits à parler de nos voisins les Garabas.

Commandement d'Habib bou Alam, aga des Garabas.

Cette tribu est une de celles, qui a rendu incontestablement le plus de services à l'Emir et qui avait, en conséquence, le plus de droits à sa reconnaissance. Eh bien ! n'ayant pu semer pendant la guerre et n'ayant rien récolté l'année dernière, les Garabas, pour lesquels l'Emir n'a rien voulu ou n'a rien pu faire, n'ont trouvé de ressources contre la misère que dans la fréquentation de nos marchés. Ils y ont appris à nous connaître et se sont habitués à comparer. L'examen nous ayant été favorable, je puis affirmer que la France compte aujourd'hui un fort parti dans cette tribu, qui n'était autrefois connue que par sa haine et ses préjugés. Dernièrement, un conseil a été tenu par les chefs et il y a été décidé à l'unanimité que, si la guerre venait à recommencer et que la France déployât des forces imposantes, en annonçant surtout des projets de stabilité, on se rangerait sous ses drapeaux, tant on était las de se sacrifier pour un ingrat et de ne jouir d'aucun repos. Si cette tribu exécutait un jour son projet, elle entraînerait avec elle une masse de petites tribus, qui vivent sous sa protection.

Les Garabas passent pour très braves et endurcis aux fatigues de la guerre. Depuis l'occupation d'Oran, ils ont perdu par le feu 465 hommes. Je le tiens de l'aga Ben Yagoub.

Sous les ordres de l'aga des Garabas, on compte beaucoup de tribus mécontentes. Telles sont les Tahalait, privés de leurs privilèges et réunis de force aux Garabas ; les Zemalas, qui ne demandent pas mieux que de rejoindre les Douers ; les Betniouas, furieux encore de la trahison, qui leur enleva leur cadi pour le faire périr dans les plus horribles tourments ; les Bordjias, décimés, dispersés et forcés d'abandonner le pays de leurs pères pour s'être, un seul jour, réunis aux Français et, enfin, les Beni Zeroual, que n'a pu réduire l'année dernière le califfa Moustapha ben Tamy et qui brûlent du désir de se venger des atrocités exercées sur leur territoire.

Les chevaux des Garabas sont maintenant en très mauvais état et ils en ont perdu beaucoup par la misère. Dernièrement, dans un seul douar, celui d'Adda ould Mahmoud, il en est mort 31.

Dans la tribu des Garabas, deux familles sont en possession du pouvoir, celle de Ben Yagoub et celle d'Habib Boualam, mais les chefs en sont brouillés à mort et l'on pourrait, au besoin, tirer parti de ces discussions. Le fils du fameux Califa Mahmoud, tué à la Magta, jouit aussi d'une assez grande influence et je le crois très disposé à se rapprocher de nous au premier mécontentement. Le caïd actuel se nomme Ould Missoun. Il ne doit son élévation qu'à son courage et n'est pas d'une grande famille.

Si l'on venait un jour à occuper solidement Mascara, les Garabas seraient forcés de se soumettre. Ils fuiraient d'abord mais reviendraient ensuite demander la permission d'habiter les lieux où sont enterrés leurs pères.

Commandement de Mohammed bel Hadjal,
aga des Medjahars.

Les Medjahars, qui sont aux portes de Mostaganem, manifestent à peu près les mêmes intentions que les Garabas. Maltraités l'année dernière, par le califfa Moustapha ben Tamy, pour nous avoir vendu des chevaux et avoir fréquenté nos marchés, il règne chez eux un profond mécontentement, qu'il ne serait pas difficile d'exploiter à notre profit. Cette tribu dicte déjà des lois à l'Emir, en le menaçant pour le moindre motif de passer aux Français.

Dans les Medjahars il y a des fractions qui ont de la réputation ; telles sont les Cheurfa, les Hachems Daro et les Oulad Abdallah.

L'occupation de Mostaganem ayant toujours été très restreinte, on n'a jamais pu les inquiéter sérieusement en temps de guerre. Alors, comme aujourd'hui, ils ne craignaient pas de camper dans les environs. Pour les décider à en partir, il ne faut que le vouloir.

Commandement de Si Miloude bou Talaib, caïd des Flittas.

Les Flittas, qui se fractionnent en cinquante deux petites tribus, faisaient autrefois partie de la maqrzen des Turcs, pour lesquels ils penchent encore en secret. Possesseurs d'un pays fertile, bien arrosé et riches en grains, troupeaux et chevaux, ils ont été exploités par l'Emir au-dessus de toute imagination. Un chef me disait dernièrement, qu'avec ce sultan, qui n'avait dû son élévation qu'à la promesse de ne demander aux Arabes que le dixième prescrit par la loi religieuse, ils avaient payé, dans une seule année, 230.000 boudjous de contributions, en sus de l'âchour, somme qui n'avait pas été exigée par les Turcs sous le règne entier du bey Hassan, qui dura quinze ans. Il ajoutait, qu'en construisant Taguedemt, l'Emir les avait lui-même donnés aux Français, dont la justice et la modération commencent à leur être connues et qu'ils opposent à l'esprit d'avidité des leurs.

Les Flittas étaient autrefois très liés avec les Douers, dont ils envient encore, en général, la vie aventureuse.

Le commandement des Flittas est donné comme une espèce de sinécure et, à tour de rôle, aux enfants de Sidi Aly bou Talaib, frère du père de l'Emir. Cette famille est insatiable et les Flittas n'y voient qu'un surcroît de charges, attendu, qu'en sus des impôts, que perçoit Abd el-Kader, il faut encore la gorger de présents.

Au moment où j'écris, les Flittas viennent de refuser les impôts et de se battre entre eux. Il y a eu 50 hommes tués et Si Miloude bou Talaib a été forcé de rétrograder.

L'Emir déteste les Flittas et les Flittas le payent d'un tendre retour. Pendant la première paix, ils furent les premiers à se ranger sous les drapeaux du califfa Sidi l'Harabit, qui marcha sur Mascara à la tête de toutes les tribus de la Mina et du Scheleuf, mais leur entreprise ne fut couronnée d'aucun succès. Abd el-Kader s'en souvient pour les punir, les vexer et les Flittas, pour recommencer, si jamais la même occasion vient à se présenter.

L'aga du caïd des Flittas se nomme El-Hadj el-Djelloul Escherif. C'est un homme très influent et par sa famille et par son entourage.

Commandement de Miloude Bennarache, aga du Chairg.

Les Turcs, eux-mêmes, n'avaient que peu d'action sur les tribus placées sous le commandement de l'aga Miloude Bennarache. Fortes de leur position, de leurs montagnes inaccessibles, plus que jamais, elles sont confirmées dans leurs principes d'indépendance et ne payent, en conséquence, que ce qu'elles veulent bien. En paix comme en guerre, l'Emir a donc peu de chose à en espérer, tandis qu'il a tout à redouter des Sbéahs, des Oulad l'Habbas, des Beni Zenteus, des Sendjeuss, des Akermas et des Oulad Ouxierre, qu'il a eu le tort de maltraiter lors de son avènement au pouvoir et qui lui en gardent rancune.

Miloude Bennarache est le seul, qui puisse tirer quelque parti des tribus du Chairg. Il les commandait déjà sous les Turcs et l'Emir a eu le bon esprit de le maintenir constamment dans son emploi.

Commandement de Lahouary, aga des Hachems Garabas.

La tribu des Hachems, qui a joué un si grand rôle dans les destinées de l'Emir, habite la plaine d'Egueris au pied de Mascara. Elle compte de nombreux cavaliers et se divise en Hachems Garabas et Hachems Cheragas. L'Emir est né chez les Hachems Garabas à l'Ouad El-Hammam ben Ennefya.

Pour faire cesser l'horrible anarchie, qui régnait après la chute des Turcs, cette tribu forte et par elle-même et par l'influence qu'elle exerçait sur ses voisins, résolut de nommer un sultan tiré de son sein et elle fixa son choix sur un jeune homme qui, déjà, s'était distingué dans la guerre contre les chrétiens, sur le jeune Abd el-Kader, enfin, fils du marabout Mahydin vénéré partout à cause de sa probité. Après lui avoir fait jurer qu'elle serait à

jamais exempte de tout autre impôt que l'âchour et s'être fait
une large part de privilèges, cette tribu, après maints combats,
parvint à faire reconnaître le nouveau sultan par le pays en général. Depuis, elle lui a toujours été très dévouée, mais l'Emir
vient de se l'aliéner comme les autres, d'abord en lui retirant
sa famille pour l'envoyer à Miliana, ensuite, en annonçant le projet de transporter à Aïn Mady le siège de son gouvernement.
En effet, les Hachems ont très bien compris qu'en s'éloignant
d'eux, l'Emir leur ôtait toute influence dans les affaires et que,
maître d'Aïn Mady, il pourrait, au besoin, les réduire par les
Harrares, tribu puissante du désert, qui tombait en son pouvoir.
L'Emir n'a pas réussi mais on lui tient compte de ses intentions
et les germes de désordre n'en subsistent pas moins. Il vient de
se manifester aussi de graves dissensions chez les Hachems.
Comme toujours, elles ont été traduites à coups de fusil.

Les Hachems sont renommés pour leur perfidie, qui est proverbiale dans le pays. Ils se vantent eux-mêmes d'avoir trahi dix-
sept sultans. L'Emir a, sans doute, redouté le même sort, mais, en
dévoilant ses desseins, il s'est créé de nombreux ennemis parmi
des gens, qui ne lui pardonneront jamais d'avoir voulu se passer
d'eux et de les avoir crus capables de livrer sa famille à l'ennemi.

Les Hachems, en général, passent pour braves dans leur pays,
mais ils ne soutiennent pas cette réputation quand ils s'en
éloignent. En occupant Mascara, cette tribu tomberait inévitablement, car elle est très adonnée à l'agriculture, très riche en
grains et, surtout, très attachée à son sol. Elle fournirait alors
aux Français 5 ou 6.000 chevaux et je me demande ce que serait
alors pour nous le reste de la province.

Les Hachems fourmillent en talaïbs et en marabouts. L'Emir,
qui s'en est servi lors de son élévation, n'a pas craint ensuite de
les négliger. Il s'est fait ainsi des ennemis redoutables parmi
des gens qui mènent le peuple ; aussi l'accusent-ils déjà d'avoir
trahi tous ses serments et ont-ils fortement improuvé l'expédition d'Aïn Mady, qu'ils peignaient même comme anti-religieuse.

Les Agoubias et les Djafras (1) sont sous les ordres de l'aga des
Hachems Garabas, qui n'en peut rien obtenir. Ces gens sont
pauvres, cultivent et leur fortune consiste principalement en
moutons. Au premier bruit alarmant ils décampent, se retirent
dans le désert au delà d'un lac immense, qu'on appelle le Chott,
et, de là, bravent à leur aise toutes les forces réunies de l'Emir.

---

(1) Djafra ben Djafeur. [D. C. Oued Sefioun. — Telagh. M.]

Commandement de Sasy, aga des Hachems Cheragas.

Tout ce qui a été dit pour les Hachems Garabas est applicable aux Hachems Cheragas ; seulement l'Emir compte un peu plus de partisans parmi ces derniers.

Le commandement des Hachems Cheragas s'étend jusqu'au désert et comprend une masse de tribus, sur lesquelles le pouvoir ne peut faire un grand fonds ni pour les impôts, ni pour la guerre, telles sont les Beni Ouragrr, les Oulad Qrellid, les Beni Tigrin, Lehaumor et les Oulad Gralled.

On rencontre, en outre, dans l'étendue de ce commandement une espèce de secte, dont je crois devoir parler ; ce sont les Derkaouas, francs-maçons, illuminés, ce que vous voudrez enfin. Ces gens se réunissent par lettres de convocation sur la montagne d'Ouanzeris, prient en commun à des époques fixes et jurent la mort de tous les tyrans. On prétend qu'ils proclament, que tous les hommes sont frères et qu'ils veulent la liberté et l'affranchissement général, repoussant toute espèce de sujétion et réclamant les mœurs et l'organisation primitives. Si Abd el-Kader, cousin germain et beau-frère de l'Emir en est un des principaux chefs. Cette secte se retrouve chez les Kabyles de la Tafna, chez les Traras et, surtout, chez les Beni Zenassen.

Adda ould Mohammed et Sasy sont en possession du pouvoir chez les Hachems Cheragas. Ils jouissent d'une grande influence sur les leurs et on les dit très dévoués à l'Emir.

Parmi les marabouts, qui mènent le peuple, on nomme Si Mohammed ben Haoua.

Taguedemt.

Instruit par l'exemple de Mascara envahie par les Français et pillée par les siens eux-mêmes, l'Emir résolut de reculer encore le siège de son gouvernement. Après avoir jeté les yeux de tous les côtés, il se décida pour Taguedemt, y fit construire trois forts sur les ruines d'une ancienne ville romaine et s'empressa d'y placer ses magasins et ressources de tout genre. Je ne dirai rien ni des constructions ni des routes, qui conduisent à Taguedemt, attendu que, depuis longtemps déjà, j'ai envoyé les unes et les autres.

L'Emir faisait autrefois un grand fonds sur Taguedemt que, dans sa naïveté, il regardait comme imprenable mais, depuis la chute de Constantine, ses illusions sont entièrement détruites et sa tentative sur Aïn Mady n'a même été qu'une conséquence de leur chute. La population de Taguedemt n'est composée que de Courouglis, de gens d'Arzew, de Mostaganem, de Massagran, de Médéa, de Miliana, de bannis enfin de tous les pays ; elle n'est donc attachée à l'Emir que par la force et la crainte et elle ne demande qu'une occasion pour se venger d'une pareille tyrannie et se tirer de cette véritable Sybérie de l'Afrique.

Commandement d'Abd el-Kader bou Qligra, caïd de Sedama.

Les tribus qui sont placées sous le commandement du caïd de Sedama sont apathiques et indolentes. Elles n'ont ni assez d'énergie pour se révolter, ni assez de courage pour être d'un grand secours dans la guerre sainte. Le désert est, du reste, à leur porte et quand, par hasard, elles viennent à refuser obéissance, elles en profitent pour se mettre à l'abri du commandement.

ÉTAT DU GHARB OU OUEST.

Le Gharb se divise en cinq départements, dont le commandement supérieur est confié au califfa Bou Hamidy, qui réside à Tlemsan.

Bou Hamidy, qui est né chez les Oulassas, passe pour un homme de peu de moyens mais brave et résolu. Les Arabes ne lui pardonnent pas son origine et ne lui obéissent qu'avec répugnance. Toutefois, l'Emir, en élevant ce Kabyle a sagement agi, car son but est de s'attacher ainsi ces braves montagnards, qui lui ont rendu déjà plus d'un véritable service.

Commandement du caïd de Tlemsan.

A Tlemsan où le séjour des Français a laissé de profonds souvenirs, l'Emir compte de nombreux ennemis parmi ces malheureux Courouglis, qu'au mépris du traité, il a décimés, maltraités ou forcés de servir dans son armée. Les Haddars seuls penchent en sa faveur, mais l'expérience du passé est là pour dire, que ce n'est pas chez eux que se trouvent ni le courage ni les résolutions généreuses.

Tlemsan est dans un état déplorable ; le fort, les maisons, tout y tombe en ruines et l'on se garde bien d'y faire la moindre réparation. Mascara et Tlemsan sont des villes que, dans tous ses entretiens particuliers, l'Emir se plaît à peindre comme appartenant à la France et il ne fera rien pour elles.

On trouve à Tlemsan un nommé Ben Nouna, qui jouissait autrefois d'un grand pouvoir et d'une grande fortune, puisque, après la chute des Turcs, Mouley Abderraman lui avait délivré un firman, pour commander depuis Oucheda jusqu'à l'Issair. La fortune d'Abd el-Kader a dominé la sienne et il passe pour avoir empoisonné Sidi Mahydin, le père de l'Emir. On pourrait faire quelque chose de lui au besoin, mais pour la ville seulement.

Toutes les petites tribus situées autour de Tlemsan et qui en dépendent, ne peuvent être d'aucun poids dans les destinées de l'Emir. Elles doivent, dans tous les cas, suivre le sort de la ville ou, comme la première fois, aller au loin mendier l'hospitalité au nom de la religion.

Commandement de Zin, aga des Beni Ameur.

Les Beni Ameur, possesseurs d'un pays immense et coupé de vallées fertiles, se livrent beaucoup à l'agriculture et sont très riches en grains et troupeaux de toute espèce.

Les Beni Ameur, quoiqu'on en dise, sont très dévoués à l'Emir, à l'élévation duquel ils ont, comme les Hachems, pris une part très active. C'est leur ouvrage et ils y tiennent. En effet, rien n'a pu les détacher, ni l'occupation de Tlemsan, ni le théâtre de la guerre tant de fois transporté chez eux, ni le pillage de leurs silos. Il est vrai, qu'on est bien loin de leur avoir fait tout le mal qu'on suppose, car ils se vantent eux-mêmes de n'avoir perdu pendant la guerre ni une tente ni un troupeau et ils disent qu'il leur a suffi pour cela, quand il ne voulaient pas combattre, de s'éloigner un peu des routes parcourues par nos armées.

Cette tribu n'a d'autres reproches à faire à l'Emir que de l'avoir placée sous les ordres de Bou Hamidy, qu'elle déteste souverainement. Les chefs qui, tous, se prétendent « djouad » (1) ou de première noblesse, souffrent cruellement d'être forcés d'obéir à un Kabyle que, dans leurs préjugés, ils sont habitués à considérer comme d'une race bien inférieure à la leur et, déjà, il s'est manifesté de graves dissenssions. Bachir ould Quelloucha, ancien aga des Beni Ameur, homme très influent par son entourage, après une discussion très vive avec Bou Hamidy, a juré de ne plus

____

(1) Nobles d'épée.

habiter son pays tant qu'il sera sous les ordres d'un Kabyle et, suivi de sa famille, il est, en conséquence, venu demander l'hospitalité chez les Hachems, dans la plaine d'Egueris. Tous les nobles partagent les sentiments de Bachir ould Quelloucha et l'Emir en est très contrarié.

Les Beni Ameur peuvent mettre sur pied une nombreuse cavalerie, mais disséminés qu'ils sont sur un vaste territoire, ils ne peuvent se réunir aussi promptement que les autres tribus qui sont en général plus resserrées. Adonnés à l'agriculture, on trouve chez eux des mœurs plus douces et un plus grand sentiment de la propriété ; aussi ne passent-ils pas pour très braves parmi les Arabes et cela, seulement peut-être, parce qu'ils ont, en général, moins de vices qu'eux. Les Beni Ameur, quoi qu'il en soit et comme cela arrive toujours, ne partagent pas cette opinion et ils prétendent, au contraire, que l'Emir ne peut rien faire sans leur concours et que toutes les expéditions, dont ils ne font pas partie, ne sont couronnées d'aucun succès.

On trouve chez les Beni Ameur des subdivisions entières composées de marabouts. Elles ne concourent à la guerre sainte que par leurs prières.

Les familles les plus influentes et qui se partagent le pouvoir chez les Beni Ameur, sont celles de Zin, l'aga actuel, de Mohammed ould Tamy et de Bachir ould Quelloucha. Zin est un homme de moyens, sans courage ; Mohammed ould Tamy comprend la guerre et Bachir ould Quelloucha est un homme d'action.

Commandement de l'aga des Ghrosseul.

Les Ghrosseul habitent un pays de plaine et s'étendent jusqu'à la Tafna et Tlemsan. Ils passent pour excellents cultivateurs, s'occupent beaucoup de commerce et sont, en outre, renommés pour leur vaillance. Quelques fractions des Ghrosseul ont de l'accointance avec les Kabyles notamment les Traras, dont elles partagent les principes d'indépendance. En cas de malheur, c'est donc chez eux qu'on se retire, certain qu'on est, d'y trouver asile et protection.

Peu de temps avant la rupture de la première paix, l'Emir fit mettre à mort le chef des Ghrosseul, qu'il accusait de connivence avec les Français et d'intelligence avec les Douers. Cette exécution lui a fait de nombreux ennemis dans cette tribu mais il n'a rien à en redouter, attendu qu'elle ne peut que suivre la loi des Beni Ameur, dont elle est voisine et dépendante par sa position et son infériorité numérique.

Commandement de l'aga des Hangades.

L'influence de l'Emir sur les Hangades est presque nulle. Dispersés de tous les côtés, il en est qui marchent avec les Beni Ameur et d'autres avec les Kabyles, tandis que la majeure partie vit au-delà d'Oucheda, dans le désert ou sur le territoire de Mouley Abderraman, où elle passe sa vie à piller les caravanes, qui viennent de Fezz. Si les Hangades étaient réunis, ils formeraient une tribu immense.

Les Hangades jouissent d'une grande réputation de bravoure. L'Emir se les est aliénés depuis qu'il a fait pendre à Mascara leur chef vénéré Chigrr el Gromary ; aussi, depuis, n'ont-ils manqué aucune occasion de s'en venger. Quand les Français sont entrés dans Tlemsan, ils ont indignement maltraité la population et, dans notre marche sur Morbaya, pour aller traiter avec l'Emir, ils ont fait tout au monde pour s'opposer à la paix. L'Emir, pour les punir, voulut ensuite faire une razia sur les Mahya, mais il fut ramené jusque dans les jardins d'Oucheda et faillit être lui-même enlevé. Malgré qu'ils soient venus quelquefois combattre les chrétiens, quand le théâtre de la guerre s'est rapproché d'eux, Abd el-Kader n'a rien de bon à en espérer.

Il existait autrefois une grande amitié entre les Douers et les Hangades. Ces derniers combattirent pour les Douers, quand Moustapha ben Ismaïl battit complètement l'Emir auprès de Tlemsan, dans la première paix. Ne pourrait-on pas faire revivre cette union ?

Il est inutile de dire que, jamais, les Hangades n'ont rien payé à l'Emir, pas même l'âchour.

Kabyles de la Tafna, etc.

L'action de l'Emir sur les Kabyles de la Tafna, connus chez nous sous les noms d'Oulassas, Traras, Souhalias et Beni Zenassen est très faible et, encore, ne la doit-il qu'au projet, qu'avait conçu M. le maréchal Clausel, de se rendre de Tlemsan à Rachegougne, en traversant leur pays (janvier 1836). L'Emir vaincu à Iebder, vint se mettre à leur tête, réchauffa leur fanatisme par des prédications, que favorisait alors le ramadan, leur peignit comme inévitable l'occupation de leur pays, s'ils ne montraient une grande énergie et parvint ainsi à opérer un rassemblement considérable. On combattit pendant trois jours dans la plaine des Sebaa Chiouqrr ; l'armée française revint à Tlemsan et les Kabyles ne manquèrent pas d'attribuer le bienfait de cette re-

traite à l'Emir, qui ressaisit dès ce jour son influence fortement
ébranlée par les expéditions de Mascara et de Tlemsan.

Depuis, les Kabyles ont marché sous les ordres de l'Emir, quand
le théâtre de la guerre s'est rapproché d'eux, mais ils ne lui
ont jamais payé que de faibles contributions et, seulement, quand
on les demandait au nom de la guerre sainte. En temps ordinaire,
ils ne donnent même pas l'âchour ou le dixième prescrit par
le Coran.

Le pays des Kabyles de la Tafna, qui paraît épouvantable au
premier aspect, est, dit-on, magnifique quand on y pénètre. Celui
des Traras surtout est couvert d'une infinité de villages et de
jardins très bien arrosés. Les Kabyles cultivent le blé, l'orge, le
maïs, le lin, fabriquent de la toile, de la poterie, des beurnouss,
des haïgs, des chemises en laine, des tentes, des tapis, des nattes
et des chapeaux de paille ; ils travaillent, en outre, les métaux
et confectionnent des armes. On est porté à croire que le peu
d'industrie, qui existe dans le pays, s'est réfugié chez eux.

Pour s'attacher ces braves montagnards, qui pouvaient lui rendre de grands services à la guerre et chez qui il voit un asile sûr
en cas de revers, l'Emir n'a reculé devant aucun moyen. Il a été
jusqu'à tirer de leur sein son califfa du Gharb. C'était contraire
aux préjugés des Arabes, c'est vrai, mais il flattait ainsi des
gens qui passent pour tenir à leur parole et lui donnent, ainsi,
plus de garanties que les Arabes, qui vont jusqu'à se faire un
mérite de n'en pas avoir.

L'influence d'Abd el-Kader ne s'étend pas jusqu'aux Beni Zenassen, tribu immense, qui vit en république au delà d'Oucheda,
partie sur le territoire de l'empereur de Maroc et partie sur
celui de l'Emir, ne reconnaissant les lois ni de l'un ni de l'autre.
En parlant du nombre de fusils, que peuvent présenter les Beni
Zenassen, je crains d'être taxé d'exagération et, cependant, tout
me porte à croire que c'est imposant. On l'élève jusqu'à 50.000
mais je le réduirai à 30.000.

Malgré que les Beni Zenassen ne reconnaissent en rien ni pour
rien l'autorité de l'Emir, par horreur du nom chrétien, ils lui
ont quelquefois fourni un contingent. C'est ainsi que, le 25 avril,
ils vinrent, au nombre de 7.000, assister au combat de Sidi Yagoub.
Leurs armes étaient polies, bien entretenues et on les prit pour
des troupes régulières de l'empereur de Maroc.

Avant de quitter les Kabyles, je crois devoir détruire une opinion, que j'ai entendu souvent émettre, c'est-à-dire que Bou
Hamidy, appuyé par des masses aussi imposantes, pouvait se
rendre indépendant, s'il le voulait. Il n'en est rien, car Bou

Hamidy est détesté par les Beni Ameur, qui seraient les premiers à le livrer et il n'a d'influence que sur les Oulassas, sa tribu et les Souhalias, ses voisins. Les Traras, par suite des idées d'indépendance ou de préjugés étroits de localités, déjà le détestent, tandis que les Beni Zenassen, qui seuls, pourraient asseoir sa puissance, n'en veulent pas entendre parler.

Résumé.

Comme on a pu le voir, les germes de dissolution sont nombreux et, pour porter leurs fruits, ils n'attendent qu'un moment opportun. On peut y ajouter l'opinion générale, qui se prononce de plus en plus contre l'Emir. Les Arabes prétendent qu'avec ce sultan, qui n'a dû positivement son élévation, qu'aux promesses de mener la guerre sainte et de ne prendre que ce que prescrit la loi religieuse, on est en paix avec les chrétiens et bien plus malheureux que du temps des Turcs. Ils disent qu'on les accable d'impôts extraordinaires et qu'on ne leur laisse pas un moment de repos. En effet, depuis la paix, les tribus ont mené une vie bien autrement active que pendant la guerre. L'Emir ne les a-t-il pas entraînées chez les Hangades, dans le désert et dans la province de Constantine pendant quatre mois et, enfin, à Aïn Mady pendant huit autres mois ? J'ajouterai, pour terminer, qu'il faut tout dire ; que, si Abd el-Kader a des ennemis nombreux dans les tribus, il en a de bien cruels encore dans sa propre famille, où deux fils de son père, après s'être déjà plusieurs fois mis en pleine révolte, ne demandent encore qu'une occasion favorable pour en venir à leurs fins. Je tiens tous les détails de cette affaire ; il m'a même été fait des confidences très importantes à ce sujet, mais je ne puis les confier au papier.

Tous les jours, on entend répéter que l'Emir a de grandes ressources et qu'il possède d'immenses trésors. C'est encore une grave erreur et il suffit d'avoir vu cette espèce de gouvernement d'un peu près pour savoir à quoi s'en tenir.

L'âchour ou le dixième sur les grains produit beaucoup sans doute, mais toutes les tribus ne payent pas exactement et celles, qui le font, versent cet impôt dans des silos placés sur leur territoire et n'en permettent que bien difficilement la vente, attendu qu'elles les regardent avec raison comme une ressource, soit pour parer à une année de disette, soit pour défrayer sans trop souffrir, les grands rassemblements d'hommes et de chevaux, que la guerre peut amener chez elles. L'Emir ne peut donc vendre, en fait d'âchour, qeu les grains des tribus trop faibles pour s'y opposer ou bien, encore, ceux qui sont sa propriété particulière, attendu qu'il fait beaucoup cultiver pour son compte, mais, ce qui peut être regardé comme une fortune considérable pour un simple particulier, ne peut suffire aux besoins d'un gouvernement qui s'installe et qui a tout créer. Quant à l'âchour prélevé sur les troupeaux, il est éludé de tant de manières et rapporte si peu, qu'il suffit à peine pour nourrir la petite armée de l'Emir et faire cette masse de cadeaux, auxquels est astreint un gouvernement qui ne rétribue aucun de ses fonctionnaires. Ce que je dis est tellement vrai, que j'ai vu, souvent, à Mascara, le califfa Moustapha ben Tamy sans orge pour ses chevaux et sans pain pour une malheureuse garnison de 400 hommes.

Il reste encore à l'Emir, comme moyen de faire un peu d'argent, les nominations des chefs et les razias sur les tribus, dont on a à se plaindre ou, mieux encore, auxquelles on cherche de mauvaises chicanes. Eh bien les nominations des chefs rapportent si peu de choses, qu'il n'en faut pas parler et, si les contributions à main armée produisent quelque argent violemment extorqué, quelques chevaux pour la cavalerie, quelques pots de beurre, de miel et, enfin, quelques milliers de bœufs ou de moutons, qu'on envoie vendre à Oran ou à Alger, ça ne produit encore que peu de choses et l'on y voit l'inconvénient de soulever des haines à n'en plus finir.

Après la paix, l'Emir avait véritablement fait un peu d'argent, mais, par ruse et en trompant les Arabes, qui étaient las de la guerre, c'est-à-dire, en demandant beaucoup au nom de France, dont il sut exagérer les prétentions. Il s'est hâté d'acheter des armes, de la poudre, du soufre, des pierres à feu, des vêtements pour son infanterie, quelques canons ; tout est parti et il lui reste en face la France, qu'il redoute, la France, qui n'a pas été payée et qu'il aura bien de la peine à satisfaire, attendu qu'il ne peut dire aux Arabes : « La France crie ; donnez-moi encore pour la contenter, car ce que vous m'aviez déjà donné pour elle, j'en ai disposé sans vous consulter. » Ceci est exact et j'ai tous les détails de cette affaire, dont peu de chefs mêmes ont la clef. Si, par hasard, tout ceci amenait la guerre, on ne manquerait pas de se donner un peu de vernis et de nous faire passer pour des gens insatiables. Les premières idées de ce thème ont déjà été colportées.

Pour résumer ce qui précède, je ne crains pas d'affirmer, qu'en donnant à l'Emir les plus belles chances pour la rentrée des impôts de toute espèce, blé, orge, bœufs, moutons, laines et en y joignant même le produit des contributions levées à main armée, ses revenus par an ne s'élèvent pas à trois millions et je certifie, qu'aujourd'hui même, il ne peut pas disposer de cent mille francs.

Un des plus grands embarras de l'Emir, c'est sa propre famille. Il ne sait vraiment qu'en faire. Elle va, elle vient ; à chaque instant on lui choisit un nouveau domicile et l'on n'a pu encore lui en trouver un sûr. Si l'Emir s'était emparé d'Aïn Mady, il avait l'intention de l'y placer, afin d'être, au moins, tranquille de ce côté.

Depuis peu, aussi, on a conçu le projet de bâtir de nouvelles villes à côté de celles, que l'on sait ne pouvoir défendre aux Français. Elles serviront à recevoir les populations émigrantes et les magasins de l'Etat qui, sans cela, seraient fort exposés à être pillés par les Arabes, comme lors de notre entrée dans Mascara en 1835. Le califfa Bou Hamidy, pour les éventualités de Tlemsan, a reçu l'ordre de bâtir à El-Gour, qui est à quinze heures de marche et le califfa Moustapha ben Tamy doit en faire autant, pour les éventualités de Mascara, à Sayda, qui en est à deux jours de marche dans le pays des Oulad Gralleud. Pour ce dernier parti, l'Emir s'est donné, en outre, d'autres raisons. Il espère ainsi réduire les Djafras et les Agoubias, qui ne lui sont encore d'aucune utilité.

En passant en revue tout ce qui a été dit précédemment, il est facile de voir que le gouvernement d'Abd el-Kader est dans un embarras tel, qu'on ne sait plus ce qu'on veut, abandonnant toujours le lendemain les résolutions de la veille. Les obstacles naissent, pour ainsi dire, d'eux-mêmes. On lutte, on cherche à les surmonter, mais, le plus souvent, on se consume en combinaisons fausses ou dérangées par le moindre incident. Il en ressort pour moi, 1° que la guerre a fait l'Emir et que la paix l'a tué ; 2° que, forcé de renoncer à s'étendre dans la province de Constantine par les immenses succès de M. le maréchal gouverneur général et déshérité du désert par le non-succès d'Aïn Mady, il en est réduit, après avoir soulevé bien des haines, à refaire l'édifice de sa fortune comme au moment où il a été proclamé sultan, n'ayant, comme alors, avec lui et pour lui, que les Beni Ameur, les Hachems et les Garabas, avec, toutefois, moins de dévouement.

Mascara, le 19 janvier 1839.

Le capitaine instructeur au 2e chasseurs d'Afrique,
consul à Mascara,

E. DAUMAS.

A. G. G. A. E. 117². (Original).

VIII

Principaux personnages de la province d'Oran. [1]

1° Famille de l'Emir Abd el-Kader.

2° Entourage de l'Emir.

3° Gouvernement du Chairg.

FAMILLE DE L'EMIR ABD EL-KADER.
Famille des Sidi Kada ben Moqtar.

LALLA ZOHRA. — Mère de l'Emir, âgée de 50 ans. Bonne, pieuse et charitable ; plus d'une fois elle s'est intéressée au sort de nos prisonniers pour le faire améliorer. Femme de tête, elle jouit d'un grand pouvoir sur l'esprit de son fils qui, dit-on, la consulte quelquefois, sur ses affaires même les plus importantes. Veuve du célèbre marabout Sid el-Hadj Mahydin, jamais elle n'a voulu se remarier, pas même pour aller à la Mecque.

SIDI MOHAMMED SAÏD. — Frère de l'Emir, âgé de 40 ans. Marabout, il continue l'œuvre de son père, Sidi Mahydin, et vit on ne peut plus retiré dans son guetna, sur l'Ouad El Hamman ben Ennefya, passant sa vie à lire les livres saints, apaiser les querelles et soulager les malheureux. On l'accuse d'avoir la tête un peu dérangée depuis la mort de son fils aîné, tué dans une attaque sur Oran. Il a épousé la fille de Sidi Bagdady, chef des Aâtaf, près de Miliana.

SIDI MOUSTAPHA. — Frère de l'Emir, âgé de 30 ans. Caïd des Flittas, il a abandonné son poste pour se joindre à Sidi Moussa, chef des Derkaouas qui, dans la première paix, essaya de se faire proclamer sultan dans l'Est. L'Emir lui pardonna et, plus tard, le nomma même bey de Média, mais il y fit preuve

---

(1) Note jointe à la dépêche de Daumas du 13 avril 1839.

d'une telle faiblesse et d'une telle incapacité qu'il se vit contraint de le révoquer. Sans aucune influence aujourd'hui, il vit au Cacheroux entouré de mécontents et appelant de tous ses vœux la domination française, par laquelle il espère arriver au pouvoir. Il a épousé Zohra, fille de son oncle Sidi Aly bou Talaib et Zohra a tout crédit sur lui.

QRETIDJA (1). — Sœur de l'Emir, âgée de 25 ans. On la dit bonne, bienfaisante et très aimée de son frère ; elle est mariée au califfa du Chairg, Sid el-Hadj Moustapha ben Tamy.

SID EL-HAOUSSIN. — Frère de l'Emir. Agé de 19 ans. Il achève son éducation chez son frère aîné, Sidi Mohammed Saïd. L'Emir l'aime beaucoup et, depuis la mort de son fils, se plaît à faire répandre, que les livres saints le désignent comme son successeur.

EL MORTADA. — Frère de l'Emir, âgé de 10 ans. Fils d'une esclave.

SIDI ALY BOU TALAIB. — Agé de 60 ans. Frère de Sidi Mahydin, père de l'Emir. Avide d'honneurs et de richesses, plus d'une fois, il a tenté de susciter des embarras à son neveu, dont il est le premier à jalouser l'élévation. On le croit capable de tout pour satisfaire son ambition, mais il ne jouit d'aucune espèce d'influence et Abd el-Kader l'eût même sacrifié à son ressentiment, s'il n'eût été retenu par les liens du sang. L'Emir a épousé l'une de ses filles Qraïra.

SI ABD EL-KADER. — Fils de Sidi Aly bou Talaib et cousin germain de l'Emir, âgé de quarante ans. Ennemi juré d'Abd el-Kader, il est le chef des Derkaouas (2), qui tiennent leurs séances sur la montagne d'Ouanzeris, pour y jurer la mort des tyrans. Brave, instruit, il a de l'influence sur les Hachems, dont certains marabouts prétendent avoir vu dans les livres saints qu'un jour, il doit abattre la puissance de l'Emir. Jamais il ne paraît à Mascara.

SI HAMET. — Fils de Sidi Aly bou Talaib et cousin germain de l'Emir, âgé de 38 ans. Il a été qroudja d'Abd el-Kader et puis

---

(1) Khadidja.

(2) Confrérie religieuse, dérivée des Chadelya. Elle tire son nom de son fondateur, le marabout Moulay el-Arbi ben Ahmed ed-Derquaoui, né en 1214 Heg. chez les Beni Zeroual. Les Derquaoua se signalèrent par leur fanatisme et leur hostilité aux Turcs, contre lesquels ils fomentèrent des insurrections redoutables au début du XIXᵉ siècle. Cf. Rinn. *Marabouts et Khouans*. pp. 233 sqq. — Depont et Coppolani : *Les Confréries religieuses musulmanes*. pp. 503. sqq.

caïd des Flittas, mais il a perdu tout son crédit en trempant aussi dans la révolte de Sidi Moussa. Homme de plaisirs, il ne demande qu'une occasion pour arriver au pouvoir et satisfaire ses goûts de dépense.

SI MILOUDE. — Fils de Sidi Aly bou Talaib et cousin germain de l'Emir, âgé de 35 ans. Il est caïd des Flittas et passe pour brave, résolu et surtout très ambitieux. L'Emir le craint, le caresse et le hait.

SI MOUSTAPHA. — Fils de Sidi Aly bou Talaib et cousin germain de l'Emir, âgé de 25 ans. Il n'a jamais fait la guerre et demeure chez son père, où il ne s'occupe que de religion.

SI EL HAOUSSIN. — Fils de Sidi Aly bou Talaib et cousin germain de l'Emir, âgé de 12 ans. Il s'instruit, au Cacheroux, dans les dogmes de la religion.

SI MOHAMMED. — Fils de Sidi Aly bou Talaib et cousin germain de l'Emir, âgé de 8 ans.

AYCHA. — Fille de Sidi Aly bou Talaib, âgée de 44 ans et veuve de Si Mohammed ben Tayieub, tué par les Douers.

QRAIRA. — Fille de Sidi Aly bou Talaib, âgée de 30 ans et mariée à l'Emir Abd el-Kader. Belle et bonne personne, aimée de tout le monde et qui gémit de voir son mari faire des absences aussi longues.

ZOHRA. — Fille de Sidi Ali bou Talaib, âgée de 22 ans, mariée à Sidi Moustapha, frère de l'Emir.

BENT-ENNEBY. — Fille de Sidi bou Talaib, âgée de 18 ans et mariée à Sidi el-Haoussin, frère de l'Emir.

Nota. — L'Emir, dans la province d'Oran, n'a pas de plus grands ennemis que les membres de cette famille.

MOHAMMED BEN MOUSSA. — Mulâtre, fils d'une négresse, sœur de l'Emir, qui est morte. Brave, blessé plusieurs fois dans la guerre contre les chrétiens, mais mauvais sujet, voleur et chassé pour cela de la maison de l'Emir ; âgé de 22 ans.

QRAIRA. — Sœur du précédent et nièce de l'Emir, âgée de 20 ans et mariée à Sid Abd el-Kader ben Naâsseur, oukaf (1) du califfa Moustapha ben Tamy.

------

(1) Ouqquaf. (وقّاف), gardien, surveillant.

Sidi Hameur ben Douqra. — Oncle de l'Emir, kady chez les Hachems Cheragas, marabout influent et très aimé pour sa bonté.

Si Hameur. — Oncle maternel de l'Emir, marabout comme son frère, kady de Frenda.

Si El Hadj ben Dauba. — Oncle maternel de l'Emir, marabout influent des Hachems.

Si Ben Yamina. — Oncle maternel de l'Emir, homme froid, sage et très influent chez les Hachems.

ENTOURAGE DE L'ÉMIR.

Si Mohammed ben Abderraman. — Premier qroudja de l'Emir, avec qui il a été élevé et sur l'esprit duquel il passe pour avoir la plus grande influence ; homme faux et sans moyens.

Hadj Mohammed bel Qrarouby. — Deuxième qroudja de l'Emir. Homme froid, sage, poli et employé dans toutes les missions délicates ; il était autrefois secrétaire du bey Hassan à Oran.

Moustapha ben Laouny. — Troisième qroudja de l'Emir. Homme nul et sans aucun crédit.

Hadj Bouzian. — Quatrième qroudja de l'Emir. Venu depuis peu d'Alger, où il était trésorier de la mosquée ; homme instruit, souple, très adroit et envoyé dernièrement dans le Maroc pour y porter les présents de l'Emir.

Hadj el Djilaly. — Caïd de la maison de l'Emir, autrefois oukil el l'habous (1) à Oran sous les Turcs ; homme bilieux, fanatique, méchant et qui hait souverainement les Français. Il a cependant été employé dans les négociations qui précédèrent la paix.

Si ben Abou — Premier trésorier de l'Emir, qui met en lui la plus grande confiance. Il a les Français en horreur.

Si ben Fakra. — Second trésorier de l'Emir. Homme sage, froid et, dit-on, de bon conseil.

Ben Doukra. — Oukaf de la maison de l'Emir, avec qui il a été élevé au guetna de Sidi Mahydin. Il a plus d'influence que ses modestes fonctions ne permettraient de le supposer.

____

(1) Administrateur des fondations pieuses et des biens de mainmorte (haboûs).

Abd el-Kader bou Haza. — Second oukaf de l'Emir. Homme nul et sans influence.

Si ben Fereha. — Bouâb (1) de la maison de l'Emir ; ne manque pas d'un certain crédit pour les affaires arabes.

Mohammed ould el Hadj Aly. — Bach-chaouch de l'Emir, qui l'affectionne beaucoup à cause de son courage.

Hadj Mahydin. — Bach-says (2) de l'Emir, avec qui il a fait le voyage de La Mecque. Homme fin, rusé, brave et dont on se sert pour l'espionnage de guerre.

Ould el Agufy. — Simple chaouch de l'Emir, mais influent par son adresse et sa bravoure.

GOUVERNEMENT DU CHAIRG.

Mascara.

Hadj Moustapha ben Tamy. — Agé de 42 ans. Fils de Sidi Hamet ben Tamy, muphty à Oran sous les Turcs. Il était maître d'école avant l'élévation de l'Emir, puis il devint son premier qroudja et, enfin, son califfa du Chaïrg. Abd el-Kader, qui l'a toujours trouvé dévoué dans la bonne comme dans la mauvaise fortune, l'affectionne beaucoup et lui a donné en marige sa sœur Qretidja. Il passe pour être très instruit parmi les Arabes, de fort bon conseil, mais sans énergie.

Moustapha ben Derouich. — Maître d'école du temps des Turcs et, maintenant, premier qroudja du califfa Moustapha ben Tamy, qui met en lui toute sa confiance. Honnête homme, dont tout le monde dit du bien.

Mohammed bou Zide. — Second qroudja du califfa Moustapha ben Tamy. Homme doux, instruit et bien élevé.

Hadj Mohammed ben Moustapha. — Troisième qroudja du califfa Moustapha ben Tamy. Il passe pour ne pas détester les Français.

Si Tamy. — Cousin germain du califfa Moustapha ben Tamy, dont il est aussi le premier trésorier. Méchant, hypocrite, il a les Français en horreur.

Si ben Fereha. — Second trésorier du califfa Moustapha ben

-----

(1) Portier.
(2) Chef des coureurs.

Tamy ; ne hait pas les Français, mais ne jouit d'aucune espèce d'influence.

Si Mamet bel Hachemy. — Kady de Mascara, Douer d'origine. Homme renommé pour sa probité, très aimé de la population.

Si ben Habbou. — Kady de l'armée, homme très instruit et très aimé de l'Emir avec qui il a fait la course d'Aïn Mady.   ·

Si Abdallah Sakate. — Talaib le plus renommé de toute la province d'Oran. Il a été kady de Mascara, mais, révoqué pour concussions et sali par plusieurs jugements iniques imposés par le pouvoir, il ne jouit pas d'une grande considération ; récemment envoyé dans le Maroc pour accompagner les présents de l'Emir ; il désire la domination française.

Hadj el-Boukary. — Caïd de Mascara, dont il a su maintenir, dans tous les temps, la population avec une main de fer. Homme d'action, son nom est associé à toutes les vengeances de l'Emir, à l'élévation duquel il n'a pas été étranger. Boukary a tout pouvoir sur l'esprit du califfa Moustapha ben Tamy, qui ne voit que par lui et il hait les Français.

Hadj Mohammed. — Frère du caïd Hadj el-Boukary et oukil de l'Emir à Mostaganem ; homme froid et rusé.

Hadj Tahhar. — Frère du caïd el-Boukary. — Homme de formes agréables, mais astucieux et employé par l'Emir dans toutes ses affaires de commerce ; dernièrement, il a été jusqu'à Gibraltar en passant par le Maroc.

Si L'Habib. — Jeune frère du caïd Hadj el-Boukary ; ne s'occupe que du commerce et le remplace quelquefois quand il s'absente.

Si L'Habib ould el-Mhoor. — Riche marchand de Mascara, maintenant oukil de l'Emir à Oran. Homme rusé, fanatique et dévoué.

Sid el Moqtar. — A été kady de Mascara sous les Turcs. Homme de grands moyens, craint et négligé par l'Emir ; il veut la domination française.

Hadj Bou Alam. — Oukil de l'Emir à Mascara. Homme sans moyens mais brave et fanatique ; il hait les Français.

Si Hamet Moqtar. — D'une grande famille des Zemalas, il a passé deux ans chez les Français, où il n'avait d'autre occupation que d'instruire l'Emir de tous leurs mouvements ; après la paix, il est venu habiter Mascara, croyant être nommé aga en récompense de son dévouement, mais il a été désappointé et se repent amèrement.

SI HAMET BOU KLIQRA. — Frère du caïd de Sedama, envoyé dans le Maroc avec la députation chargée de conduire à Mouley Abderraman les présents de l'Emir.

Garabas.

HABIB BOU ALAM. — Aga actuel des Garabas. Homme faux, astucieux, peu brave et toujours disposé à saluer le soleil levant.

SEDIG BOU ALAM. — Frère du précédent. Bavard sans influence.

MOUSTAPHA BOU ALAM. — Neveu de l'aga. Homme brave, résolu et très aimé.

MOHAMMED BOU ALAM. — Fils de l'aga. A déjà été caïd des Garabas ; jeune, brave, adonné aux plaisirs, il a de l'influence sur sa tribu et il aime les Douers et les Français.

BEN YAGOUB. — A été aga des Garabas. Homme droit sans moyens, très brave, très influent, l'ennemi mortel d'Habib bou Alam ; il ne déteste pas les Français.

OULD BEN YAGOUB. — Fils du précédent. A été caïd des Garabas, sur lesquels il n'a aucune influence. Sans moyens comme son père.

SI TAYEUB BEN MOUFEUK. — Kady des Garabas. Homme doux et instruit, c'est lui qui est chargé de prélever les droits imposés sur les denrées qui se rendent à nos marchés.

ADDA OULD MAHMOUD. — Fils du fameux Califfa tué à la Magta. Détesté par le califfa Moustapha ben Tamy, pour se venger il se rapprocherait volontiers des Français ; il a déjà été caïd des Garabas et ne manque pas d'influence.

ADDA OULD MISSOUN. — Caïd actuel des Garabas. Il jouit d'une grande réputation de courage.

OULD OUNAN. — D'une bonne famille des Garabas ; il désire la domination française.

EL MESAOUD OULD EL GOTNY. — Homme doux et très influent ; il a été califfa du caïd et n'a pas d'aversion pour nous.

CHADLY. — Caïd des Beni Chougran ; fin, rusé, brave ; il aime les Français et ne s'en cache pas.

MOHAMMED BEN HAMIDA. — Etait autrefois califfa d'El-Mazary ; soupçonné d'aimer les Français, il a été emprisonné pendant un an.

Medjahars.

MOHAMMED OULD SIDI LEKAAL. — A été l'aga des Medjahars. Brave,
d'une famille très riche et très influente, il passe pour ne-
pas avoir d'aversion pour nous.

MOHAMMED BEN HADJAL. — Aga actuel des Medjahars. Homme
rusé, influent par son entourage, peu brave ; nous déteste.

SI CHAREUF. — A été l'aga des Medjahars. Marabout considéré,
d'une famille puissante et qui veut la domination française.

KADDOUR EL-KADY. — Caïd actuel des Medjahars. Il a été chez
les Français à Mostaganem, d'où il est parti en laissant des
dettes nombreuses ; homme astucieux et influent par son
entourage, car il a sept enfants en état de porter les armes.

ABDALLAH BEN TEQOUQUE. — A été caïd des Medjahars. Brave, riche,
influent et veut les Français.

KADDOUR OULD LAMQANY. — A été caïd des Medjahars. Brave, riche,
sage et déteste les Français.

Flittas.

HADJ MOHAMMED BEN LAABEUD. — D'une grande famille des Flittas,
sur qui il a la plus grande influence. Soupçonné d'aimer
les Français et d'avoir des relations avec les Douers, il a
été six mois emprisonné pour ce seul fait.

HADJ DJELLOUL. — Aga actuel des Flittas. Brave, riche et influent,
il a, comme le précédent, été emprisonné pendant six mois
pour avoir écrit aux Douers.

KADDOUR BEN AABEUD. — Caïd actuel des Flittas. Brave et riche,
il a de l'influence, mais repousse la domination française.

OULD SIDI AMMAR. — Chiqr des Oulad Haya. Homme très influent par sa famille, son entourage et son caractère.

OULD SIDI BEN DJEUFALE. — Caïd des Cheurfa. Très riche, a du
crédit sur sa tribu, mais peu brave.

EL-HALOUY. — Caïd des Guerbousa. Homme de tête, de cœur,
il n'a pas d'aversion pour les Français.

Le Chairg.

MILOUDE BENNARACHE. — Aga du Chairg. Elevé sous les Turcs, il passe pour un homme très adroit et il possède, à ce titre, toute la confiance de l'Emir, qui l'emploie dans toutes les missions délicates. C'est lui, qui a été chargé de conduire en France les présents d'Abd el-Kader. Il a vu notre force, notre puissance, mais il n'ose encore en parler ouvertement, de peur de se compromettre aux yeux des siens. Né chez les Beni Chougran d'une famille sans influence, c'est un homme mort, du jour où l'Emir tombera.

HADJ HAMET OULD LAZERY. — Caïd des Oulad l'Habbas, ami intime de Miloude Bennarache, dont il partage toutes les opinions.

MAHMOUD. — A été caïd des Oulad l'Habbas. Ami intime de Miloude Bennarache.

HADJ MOHAMMED BEN HAOURA. — Caïd des Mekhalias mta el-Feudj. Brave, riche et influent.

HADJ MOHAMMED OULD LAABEUD. — Caïd des Oulad l'Habbas Tahhata. Riche, brave, influent, il repousse la domination française.

EL-DJILALY OULD SAHYA. — Caïd des Oulad Ouxierr, influent par sa famille et son entourage : n'a pas d'aversion pour nous.

SIDI EL BAGDADY. — Caïd des Aâtaf, homme de plaisirs, très riche, très influent et peu brave : il a donné sa fille en mariage à Sidi Mohammed Saïd, frère aîné de l'Emir. Brouillé à mort avec Abd el-Kader pour sa conduite dans la révolte de Sidi Moussa : il fera tout pour abattre sa puissance.

MOHAMMED BEN YAYA. — A été caïd des Aâtaf, d'une famille puissante et par sa fortune et par son nombre ; il hait les Français.

CHABAN OULD SIDI LARIBY. — Fils du fameux califfa Sidi Lariby, mis à mort par l'Emir ; veut les Français.

BEL GUEBLY. — Caïd de Mazouna. Homme de cœur et de ressources ; il veut la domination française.

Hachems Garabas.

LAHOUARY. — Aga actuel des Hachems Garabas, détesté par l'Emir pour sa conduite lors de l'entrée des Français dans Mascara ; mais, entouré d'une puissante famille et d'une tribu, qui passe pour très brave, il se fait craindre et n'a pas d'aversion pour nous.

KADDOUR BEN SAHHARAOUY. — A été l'aga des Hachems Garabas. Homme influent par son âge et son caractère ; très aimé par l'Emir.

HADJ BEN MESABEH. — A été l'aga des Hachems Garabas. Brave, riche, mais on ne peut plus mal avec l'Emir, il appelle de tous ses vœux la domination française.

KADDOUR BEN SAHHARAOUY. — A été caïd des Mekhalias et vise à l'emploi d'aga. Homme d'action, très aimé par l'Emir.

EL HABIB BEN DJEBBOUR. — Caïd actuel des Hachems Garabas. Brave, riche, bien appuyé et très aimé par l'Emir

KADA OULD AYSSA. — D'une famille puissante, homme de moyens, bien avec l'Emir.

ADDA OULD LASERY. — D'une grande famille des Metchachine el-Ouad ; passe pour un homme très influent et par son caractère et par son entourage.

MOHAMMED BEN DAHHAU. — Puissant par sa famille, son entourage et sa fortune.

SIDI LARADJE. — Marabout centenaire, qui a de l'influence par sa famille et ses vertus, non seulement sur les Hachems, mais encore sur toute la province. Il a fortement contribué à l'élévation d'Abd el-Kader et boude un peu, depuis qu'il a ôté sa famille aux Hachems.

SI MOHAMMED BEL QRATIS. — Marabout vénéré, frère du califfa Ben Fereha bel Qratis, assassiné par les Hachems dans une réjouissance. Mal avec l'Emir, bien avec Tedjiny, il veut la domination française.

SI L'ARBY BEN OUYS. — Marabout influent, mal avec l'Emir depuis quelque temps.

SASY. — Aga actuel des Hachems Cheragas, d'une grande famille des Oulad l'Habbas, riche, influent, mais mal avec l'Emir, à qui il a, une fois, refusé de l'argent dans un moment difficile.

ADDA OULD MOHAMMED. — A été l'aga des Hachems Cherragas. Brave, influent et bien avec l'Emir, qui a en lui la plus grande confiance.

SCHERIF OULD EL-QRAMSA. — A été l'aga des Hachems Cherragas. Homme riche, froid, sage et très considéré.

HADJ DAHHAU. — Califfa de l'aga Sasy. Homme d'action, riche et influent.

Hamet ould Chiqrr. — Caïd actuel des Hachems Cherragas. Riche, brave, influent et très bien avec l'Emir. Il a perdu cinq frères dans la geurre avec les chrétiens.

Si Abdallah ben Ferrady. — D'une grande famille des Oulad Beni Qreleuf, influent par sa fortune et son courage. Ne hait pas les Français.

Ben Haoua. — Puissant par sa fortune et son entourage. Nous hait.

Si Hamar ben Douqra. — Kady des Hachems Cherragas, marabout influent et bien avec l'Emir, dont il est le parent.

Si Hamet bel Hachemy. — Marabout très vénéré des Oulad Sidi Hamet ben Aly ; avait le privilège de faire grâce du temps des Turcs. Déteste l'Emir et ne le voit jamais.

Si Mohammed bel Haoua. — Marabout très influent, d'une famille riche et puissante ; est venu nous voir plusieurs fois au consulat ; déteste l'Emir.

Aly Ben Azegan. — Marabout des Oulad Sidi Kada ben Moqtar, très âgé, très vénéré et très influent.

Si Mahydin Moul el Qrelouya. — Marabout des Qrelouyâ ; jouit d'une grande considération.

Benayssa Bouyieurf. — Brave, riche, influent, on ne peut plus mal avec l'Emir.

Sedama.

Hadj Abd el-Kader bou Kliqra. — Né à Mascara, homme souple, rusé et de formes agréables. Beau-frère de l'aga Miloude Bennarache et très bien avec l'Emir, à l'élévation duquel il a contribué et dont il a toujours partagé la bonne comme la mauvaise fortune. Caïd de Sedama et commandant de Taguedemt.

Bel Qrideur. — Caïd de Taguedemt. Homme d'énergie, né à Massagran, qu'il a quitté, pour ne pas vivre sous la domination française.

Si Bel-Djibaly. — Oukaf de l'Emir à Taguedemt, parent éloigné d'Abd el-Kader, qui met en lui la plus grande confiance.

Si Mohammed ben Dauba. — Caïd de Frenda. Homme sage, de bon conseil et très dévoué à l'Emir, dont il est l'oncle maternel.

Omar ould Essoultan (Léon Roche). — Trésorier de l'Emir à

Taguedemt et chargé de la direction des ouvriers européens ; on connaît son histoire.

KADDOUR BEN AYSSA. — D'une famille influente des Halouyâ, dont il est le caïd actuel.

KADDOUR BEN HAMET. — A été le caïd des Halouya. Brave, riche et influent.

SI EL-MECQUI SEDEMY. — D'une grande famille de Schelog, influent par sa fortune et par son caractère.

ABD EL-KADER BEN TAHAR. — D'une grande famille de Schelog, sur lesquels il a beaucoup de crédit.

BOU QRELOUA. — Caïd des Beni Lensar. Riche, brave et très influent.

SI HAMET BELLASE. — Kady de Sedama. Homme droit, probe et très estimé.

SI KADDOUR BOU ELENOIR. — Caïd de Sedama ; homme d'action craint et influent.

Mascara, le 12 avril 1839.

Le Capitaine, Consul à Mascara,

Signé : E. DAUMAS.

A. G. G. A I. 1173. (Original).

IX

Renseignements sur le siège d'Aïn Mady, fournis par Blanc (Nicolas), déserteur du 8ᵉ régiment d'artillerie (1).

Mascara, le 31 décembre 1838.

Le 28 décembre, j'ai interrogé un Français nommé Blanc
(Nicolas) (1), déserteur du 3ᵉ régiment d'artillerie, où il était, dit-il,
maréchal-des-logis fourrier. Cet homme faisait partie du corps
expéditionnaire d'Aïn Mady, a passé à Tedjiny, a été rendu lors
de l'armistice et m'a donné les détails suivants.

Parti de Tequedemt, le 12 juin, l'Emir arriva à Tadjemoute, le
26 du même mois. Il y séjourna quatre jours et, de là, envoya à
Tedjiny quatre officiers sous la conduite du nommé Omar (Léon
Roche), pour le sommer de lui livrer Aïn Mady. Tedjiny répondit que, si l'Emir arrivait devant sa ville, il n'y trouverait
que de la poudre et des balles ; qu'il était schérif, marabout et
sultan avant lui et qu'enfin, n'eût-il que des femmes et des
pierres pour se défendre, il en avait encore assez pour l'empêcher de prendre Aïn Mady (2).

Sur cette réponse, l'Emir se mit en marche et parut devant
Aïn Mady, le 1ᵉʳ juillet, a une heure de l'après midi. Les gens de
Tedjiny composés des Oulad Salah, des Rebaâ, des Zuha (3) et
des Beni Lerouate n'attendirent pas que l'Emir eût placé son
camp devant la ville et ils marchèrent à sa rencontre. Un combat sanglant eut lieu et les gens d'Aïn Mady furent forcés de
rentrer dans la ville, mais l'Emir avait eu 53 hommes tués et

---

(1) Note jointe à la dépêche de Daumas, du 31 décembre 1838.

(2) Roches raconte, qu'il se fit envoyer par l'Emir à Aïn Madhi,
sous prétexte de négocier un arrangement avec Tedjiny, mais en réalité, afin de pouvoir examiner les défenses de la place. (*Dix ans à
travers l'Islam*. Liv. VI. chap. II, p. 120).

(3) Zoua., pluriel de Zaoui (homme de zaouïa), vocable employé
dans le Sud Oranais pour désigner les Ouled Sidi Cheikh.

11 blessés, tandis que Tedjiny n'eut que 9 hommes tués et
3 blessés.

L'Emir s'empara des murs des jardins et fit immédiatement
entourer la ville par ses soldats, les mettant à l'abri du feu de
l'ennemi par un ouvrage construit à la hâte. Jusqu'au onzième
jour de l'arrivée de l'Emir devant Aïn Mady, on ne se battit que
froidement ; on échangeait seulement une centaine de coups
de fusil par jour sur les hommes isolés, qui passaient à la portée
des balles.

Le 12 juillet (1), l'Emir fit placer deux pièces de gros calibre à
400 pas et devant chaque porte de la ville, espérant les enfoncer
et ouvrir ainsi un passage à ses troupes. Sur 1.100 coups de
canon, qui furent tirés le 12 juillet et les jours suivants, 2 boulets seulement touchèrent la muraille et le reste tomba dans la
ville ou passa par dessus. Dans la nuit même du 12, quatre déserteurs français, Blanc (Nicolas), Lamothe, Fournier (2) et Joseph, vinrent frapper aux portes d'Aïn Mady et en demandèrent
l'entrée, en disant qu'ils mouraient de faim et de misère dans
le camp de l'Emir. Tedjiny les reçut et, comme ils étaient tout
nus, leur fit donner quatre burnous, quatre haïqs et quatre chemises en laine, leur promettant, en outre, protection et leur donnant sa parole qu'il se ferait plutôt couper la tête que de les
rendre à l'Emir. Ils restèrent quatre mois avec lui et en furent
très bien traités. Blanc reçut même un éclat d'obus dans la tête
et fut soigné par Tedjiny lui-même et ses gens avec un soin
tout particulier.

L'Emir était déjà depuis deux mois devant Aïn Mady, quand
il reçut de Tlemsan, deux mortiers. On les mit en batterie.
Dans une seule journée, en tira 2.000 bombes sur la ville. Elles
ne produisirent aucun effet et c'est alors, que l'Emir désespéré
fit proposer la paix à Tedjiny. On s'entendit. Tedjiny envoya
à l'Emir 4.000 boudjous, quatre juments de race, 300 burnous
300 haïqs et 300 chemises en laine, moyennant quoi, Abd el-Kader
devait immédiatement se retirer. On resta, en effet, douze jours
sans combattre, mais Tedjiny, voyant que l'Emir, au lieu d'exécuter ses promesses, ne méditait que des trahisons, Tedjiny, dis-je
fit lui-même recommencer le feu, le treizième jour. On se battit
même avec acharnement. Tout ceci coïncide très bien avec la

----

(1) Roches place cette première attaque le 2 juillet et la seconde
le 8 juillet (op. cit. liv. VI, p. 129. sqq.).

(2) Cf. Appendice : *Renseignements sur les prisonniers et déserteurs…*.

jactance de l'oukıl Hadj l'Habib à Oran, qui, à cette époque, publia partout que l'Emir était entré dans Aïn Mady et y avait fait sa prière dans la mosquée, mensonges que je fus en mesure de dévoiler (1).

Un Français, nommé Derdolo, proposa ensuite à l'Emir de creuser des mines pour faire sauter les murailles (2). On se mit à la besogne, mais Tedjiny, averti des projets d'Abd el-Kader par les coups de pioche, que l'on entendait sous les murailles, contremina, rencontra les travailleurs et força les mineurs à la retraite.

Ben Nouna et Léon Roche proposèrent ensuite 12 chemins couverts, pour arriver jusqu'au mur, y planter des échelles et tenter un assaut. Tedjiny se fraya un chemin sous la muraille et vint attaquer les travailleurs, ce qui n'empêcha pas l'Emir de réussir et de placer, le 18 octobre, seize échelles devant les murs d'Aïn Mady. Il faisait un temps affreux ; pluie, grêle et tonnerre. Les fantassins de l'Emir encouragés par de grandes promesses d'argent montèrent à l'assaut, mais ils furent culbutés par les gens de Tedjiny qui, dans cette occurence déploya un courage et un sang-froid admirables. Les femmes d'Aïn Mady étaient toutes sur les murs, animant les combattants et lançant d'énormes pierres sur les assiégeants. L'Emir perdit 13 hommes. L'Emir a voulu tenter un second assaut, mais son infanterie démoralisée s'y refusa (3).

Le lendemain de cette inutile attaque, l'Emir fit lancer dans la ville le reste de ses boulets et de ses bombes, sans obtenir d'autre résultat que de tuer une femme et un âne.

Depuis le 20 octobre jusqu'au 1er novembre, on ne fit que tirailler [comme] par le passé.

L'Emir ne sachant plus quel moyen employer, se décida à mander son califfa Moustapha ben Tamy, espérant qu'il amènerait Tedjiny à un accommodement favorable à ses vues. Moustapha ben Tamy arriva à Aïn Mady le 30 octobre, demanda une entrevue le 31 et fut reçu dans la ville le 1er novembre. Il n'employa avec Tedjiny que la voie de la religion, lui fit entendre, que l'Emir ne voulait Aïn Mady que pour y placer ses

____

(1) Cf. Dépêches de Daumas des 27 septembre et 7 octobre 1838.

(2) Roches (loc. cit. p. 134), s'attribue cette initiative et raconte qu'il fut aidé dans l'exécution de ce travail par un déserteur hongrois de la légion étrangère, désigné par les Arabes sous le nom de Hassan. Il ne mentionne pas dans son récit de déserteur du nom de Derdolo.

(3) Roches ne mentionne pas ces deux assauts.

ressources à l'abri des tentatives des chrétiens et mener **la** guerre sainte, le convainquit et conclut un armistice. Tedjiny exigea que l'Emir fît un mouvement rétrograde, lui donnât du temps pour évacuer sa ville et lui fournît, **pour** enlever ses bagages, des mulets et des chameaux. En voilà les bases. Moustapha ben Tamy demanda les quatre Français, qui étaient entrés dans la ville et Tedjiny les donna, à condition qu'il ne leur serait fait aucun mal et en faisant observer, que le nommé Blanc (Nicolas) n'était pas déserteur, mais qu'il avait été fait prisonnier dans les jardins. Il voulut ainsi le séparer de la cause de ses camarades et le récompenser de la blessure, qu'il avait reçue pour lui dans Aïn Mady.

Le lendemain, 12 officiers sous la conduite de Léon Roche vinrent les chercher et les ramener au camp de l'Emir. Pendant le trajet de la ville au camp, le nommé Joseph parvint à s'évader. L'Emir ordonna de ne leur faire aucun mal ; mais, à peine était-il parti pour Tadjemoute, que Mohammed ould Kouskessa, son bach-tobdjy (1), fit mettre aux fers le nommé Lamothe et brûler tout vivant le nommé Fournier, aux grands applaudissements des soldats de l'Emir. Blanc (Nicolas) fut respecté et envoyé à Tlemsan pour se rétablir de sa blessure.

Après avoir rétabli son armée à Tadjemoute, l'Emir partit avec une faible escorte pour les Beni Lerouate, où il fut bien reçu et où il leva quelques contributions.

Lorsque le déserteur, qui m'a donné ces renseignements quitta le camp de l'Emir, le califfa était déjà rentré depuis longtemps à Mascara, et Abd el-Kader se disposait à se rendre à El-Biod m'taâ Oulad Sidi Chiqr (2), en attendant que Tedjiny évacuât sa ville qui, selon les conditions, doit être livrée le 1er janvier 1839. L'Emir flatte Tedjiny par tous les moyens possibles ; il lui a fait présent d'un cheval richement caparaçonné, mais Blanc (Nicolas) pense, que Tedjiny n'a feint de traiter, que pour gagner du temps, faire du bois, dont il manquait, tirer des renforts des tribus sous ses ordres et recommencer avec plus de vigueur que jamais.

Tedjiny est âgé de 30 ans, de taille moyenne, mulâtre, grêlé et très laid. Il a quatre femmes, sept filles et trois garçons. Ted-

---

(1) Chef des canonniers.

(2) El-Abiod Sidi Cheikh, au S. O. de Géryville ; groupe de cinq petits ksour groupés autour de la koubba de Sidi Cheikh. Cette koubba fut détruite en 1881, par ordre du colonel de Négrier, mais a été réédifié depuis.

41

jiny paraît aimer beaucoup les Français. Il connaît Napoléon et en parle avec enthousiasme ; il a voyagé de Tunis à Alexandrie pour aller à La Mecque avec sept Français et les a trouvés très bien. On a fait un jour courir le bruit que les Français étaient à Mascara et il s'en est réjoui. Plus d'une fois, il a demandé à Blanc (Nicolas), s'il ne pourrait faire parvenir une lettre au Roi de France, dans laquelle il lui proposerait d'en être reconnu sultan dans le désert, moyennant quoi il lui payerait un fort tribut.

Tedjiny fait régner le plus grand ordre dans sa ville. Sur le conseil des déserteurs français, il renouvelle ses postes tous les jours, pour ne pas les fatiguer et, crainte de trahison, à chaque poste il place quelques hommes dévoués.

Blanc (Nicolas) prétend que Tedjiny se serait rendu à l'Emir, s'il n'y avait eu autant de provocation de sa part. Maintenant, il veut se procurer des canons et se propose d'en écrire au bey de Tunis, avec qui il est très lié, son frère ayant de grandes propriétés dans cette ville. Tout l'engage à prendre ces mesures, l'exemple d'Abd el-Kader d'abord et, ensuite, la crainte que, d'un autre côté, lui inspire aussi un chef du désert, son ennemi juré, lequel commande à 22 villes et possède quatre pièces de canon. On le nomme le bey de Tougrouttes (1).

Blanc (Nicolas) a vu dans Aïn Mady du blé pour 7 ans, deux grands magasins de poudre, 15 nègres qui en fabriquent et 7 Juifs qui fondent des balles nuit et jour.

Les boulets et les bombes n'ont rien fait sur la ville, parce que les habitants avaient pris la précaution de garnir toutes les terrasses avec de la laine recouverte par de la terre. Les murailles seulement des jardins ont été détruites.

Tedjiny possède 1.007 boulets de tout calibre, qui ont été lancés par l'Emir. Il a refusé de les rendre, malgré qu'on les lui ait demandés avec instance.

Blanc (Nicolas) nous a confirmé dans tous les détails la vérité des renseignements, que je vous ai précédemment envoyés sur Aïn Mady ; seulement, il a ajouté que la maison de Tedjiny est superbe ; que le premier étage est soutenu par une belle colonnade et que chaque face donne sur une galerie de toute beauté. Des deux puits, qui sont dans la ville, il y en a un dont l'eau est saumâtre et dont on ne se sert que pour laver les laines.

Tedjiny n'avait avec lui que 407 hommes. Pendant le cours

------

(1) Touggourt. Il s'agit ici de Ben Abd er-Rahman, de la famille des Ben Djellal.

du siège, il n'a perdu que 21 hommes et 7 femmes. Jamais il n'a été inquiet et le moral des habitants a été, aussi, excellent.

L'Emir est parti avec 2.000 fantassins et une nombreuse cavalerie mais, au bout de quelques jours, il en a été abandonné, parce que les chevaux mouraient de misère. Il a perdu par le feu 205 soldats et 90 Arabes ; il a eu 149 blessés, dont 75 sont estropiés et il lui est mort de maladie une soixantaine d'hommes. Il lui est, en outre, déserté à peu près 150 hommes, qui se sont dispersés dans toutes les directions, chez les Rebaâ, les Oulad Salah et les Beni Mezab.

L'armée de l'Emir a beaucoup souffert de la faim et du froid. Pendant tout le cours du siège, elle n'a été nourrie qu'avec de la farine d'orge et de blé détrempée dans l'eau. Il neige et il gèle à Aïn Mady et Blanc assure, qu'il y fait plus froid qu'en France. Les coups de vent y sont tellement forts que, plus d'une fois, la tente de l'Emir a été déchirée et les cabanes des fantassins enlevées.

Léon Roche a dirigé tous les travaux du siège avec une activité remarquable. L'Emir ne peut plus s'en séparer, ne voit que par lui et s'en rapporte à ses conseils en tout et pour tout. On reçoit régulièrement les journaux de France à Aïn Mady et c'est Léon Roche, qui les traduit à l'Emir. Nos malheureux déserteurs ont appris ainsi la naissance du comte de Paris et s'en sont réjouis dans l'espoir d'une amnistie. Léon Roche, dans toutes ses conversations, paraît avoir entièrement oublié sa patrie pour ne plus songer qu'à son avenir chez les Arabes. En récompense de ses services, l'Emir vient de lui donner un magnifique cheval tout caparaçonné (1) et un habillement complet.

Suivant Blanc, l'Emir est très triste, très pâle et se repent amèrement d'avoir entrepris le siège d'Aïn Mady.

En sus des quatre déserteurs, dont nous avons parlé, voici ceux qui ont pris part à l'expédition.

Léon Roche, fils du maire de Bouzaréa, à Alger.

Duquesne, déserteur du 1er bataillon d'Afrique.

Lefebvre, déserteur du 1er bataillon d'Afrique.

Mange, déserteur du 1er bataillon d'Afrique.

Adelaïde, légion étrangère.

Derdolo, travaux d'Oran.

Lamothe, légion étrangère.

Charon, allemand, ouvrier civil.

Roche, 1er d'artillerie.

---

(1) Cf. Léon Roches. op. cit. Liv. VII, chap. I, p. 150).

Rey, des pionniers d'Oran.

Blanc (Nicolas) se dit le fils d'un chef d'escadrons de gendarmerie, qui réside à Avignon. Il était maréchal-des-logis fourrier dans le 3ᵉ régiment d'artillerie et prétend avoir déserté, il y a 22 mois de Bouffarik, pour avoir détourné 14 francs sur le prêt de son escadron. Malheureux et repentant de sa faute depuis le premier jour, il sollicite vos bontés et implore sa grâce. Il se rend à Tlemsan et m'a promis de me faire savoir tout ce qui s'y passera. Il a entendu dire dans le camp de l'Emir, qu'on devait y envoyer une grande quantité d'ouvriers français pour fabriquer des armes et fondre des canons.

J'ai l'honneur, etc...

Le capitaine, consul à Mascara,

E. DAUMAS.

A. G. G. A. E. 119² 103-32. (Original).

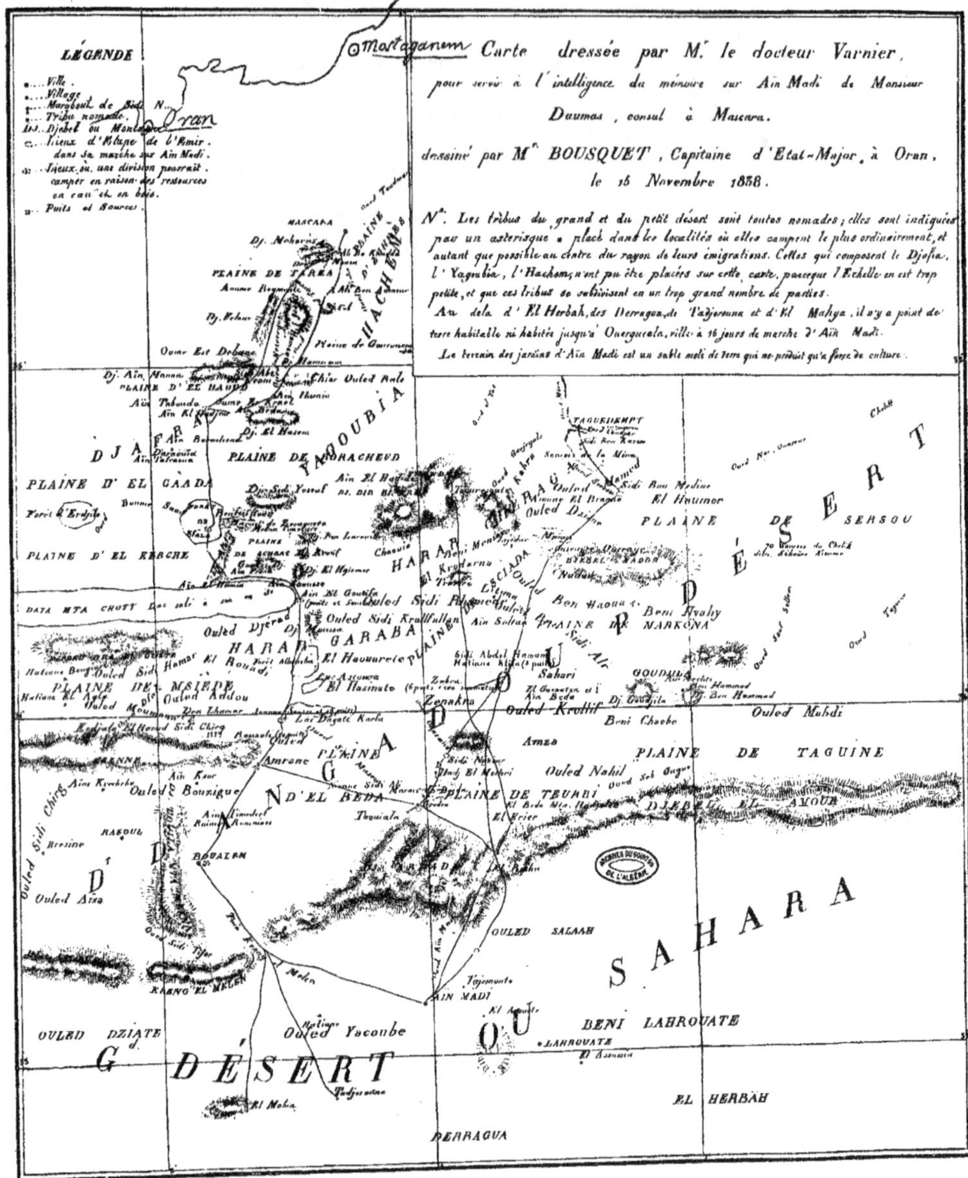
LÉGENDE
Ville.
Village.
Marabout de Sidi N.
Tribu nomade.
Djebel ou Montagne.
Lieux d'Étape de l'Émir
dans sa marche sur Ain Madi.
Lieux où une division pourrait
camper en raison des ressources
en eau et en bois.
Puits et Sources.

Mostaganem

Carte dressée par M. le docteur Varnier,
pour servir à l'intelligence du mémoire sur Ain Madi de Monsieur
Daumas, consul à Mascara.

dessiné par M. BOUSQUET, Capitaine d'État-Major, à Oran,
le 15 Novembre 1838.

N. Les tribus du grand et du petit désert sont toutes nomades; elles sont indiquées
par un astérisque placé dans les localités où elles campent le plus ordinairement, et
autant que possible au centre du rayon de leurs émigrations. Celles qui composent le Djofa,
l'Yagoubia, l'Hachem, n'ont pu être placées sur cette carte, parceque l'Echelle en est trop
petite, et que ces tribus se subdivisent en un trop grand nombre de parties.
Au delà d'El Herbah, des Berragua, de l'Adjeroma et d'El Mahya, il n'y a point de
terre habitable ni habitée jusqu'à Ouergueala, ville à 16 jours de marche d'Ain Madi.
Le terrain des jardins d'Ain Madi est un sable mêlé de terre qui ne produit qu'à force de culture.

Oran
MASCARA
Dj. Nohards
Mб Bo Taibeu
PLAINE DE TERRA
Ain Ben
PLAINE D'EL HAOUD
DJ AFRA
YAGOUBIA
PLAINE DE YADRACHEUD
PLAINE D'EL GAADA
NRAS
TAGUEDEMPT
PLAINE DE SERSOU
DÉSERT
HARAR
GARABA
PLAINE D'EL KERCHE
HARAR
PLAINE DE MSIEDE
PLAINE DE NARKONA
GOUDILA
PLAINE DE TAGUINE
ANDI
GANG
ND'EL BEDA
PLAINE DE TEUABI
DJEBEL EL AMOUR
BOUALEM
OULED SALAAH
SAHARA
KARNG'EL MELEN
AIN MADI
OUED
OULED DZIATE
OULED Yacoube
BENI LAHROUATE
G DÉSERT
EL HERBAH
BERRAGUA

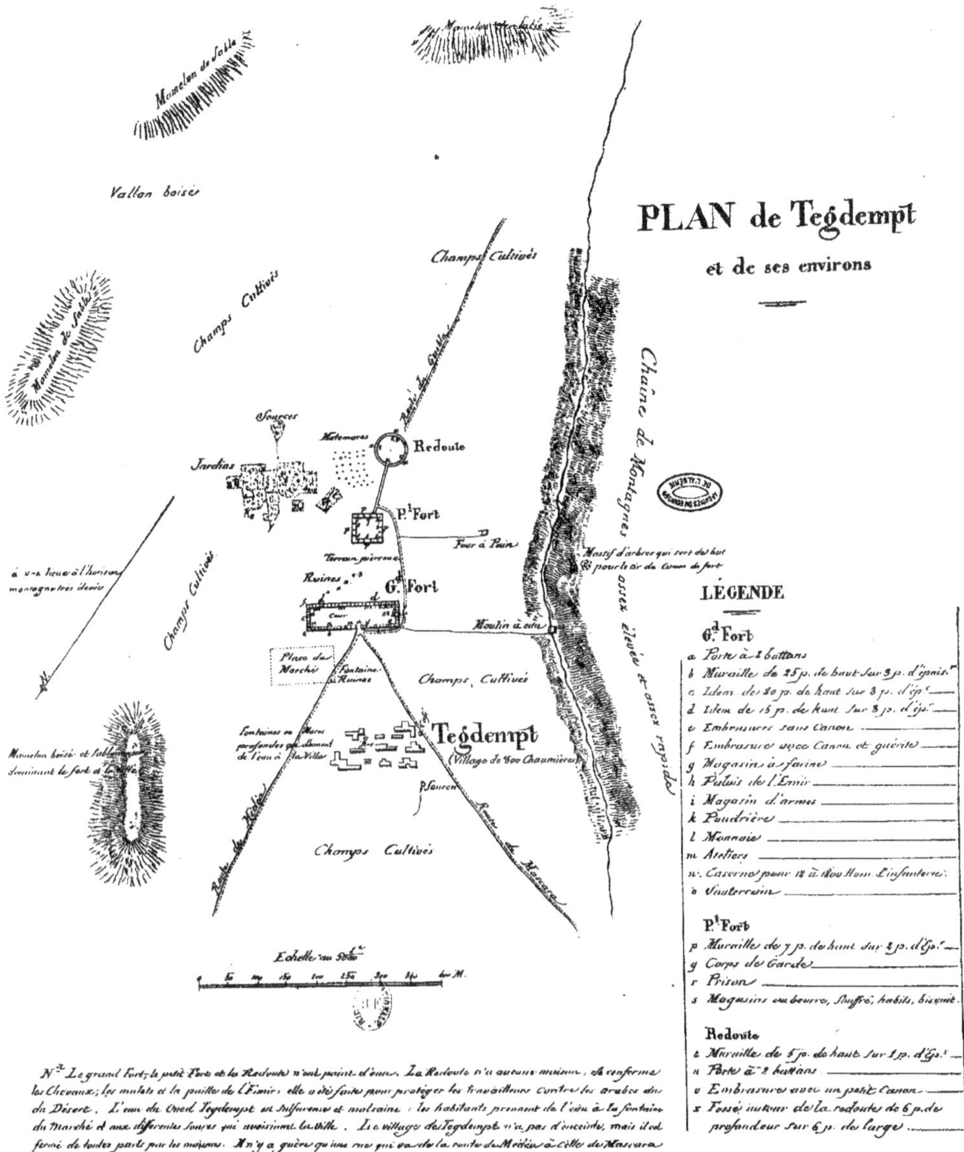

LÉGENDE

6.d Fort

a Porte à 2 battans

b Muraille de 25 p. de haut sur 3 p. d'épais.r

c Idem de 20 p. de haut sur 3 p. d'ép.s

d Idem de 15 p. de haut sur 3 p. d'ép.s

e Embrasures sans Canon

f Embrasure avec Canon et guérite

g Magasins à farine

h Palais de l'Emir

i Magasin d'armes

k Poudrière

l Monnaie

m Ateliers

n Casernes pour 12 à 1800 Hom. d'infanterie

o Souterrain

P.t Fort

p Muraille de 7 p. de haut sur 2 p. d'ép.s

q Corps de Garde

r Prison

s Magasins en beurre, Souffre, habits, biscuit.

Redoute

t Muraille de 5 p. de haut sur 1 p. d'ép.s

u Porte à 2 battans

v Embrasure avec un petit Canon

x Fossé autour de la redoute de 6 p. de profondeur sur 6 p. de large.

N.a Le grand Fort, le petit Fort et la Redoute n'ont point d'eau. La Redoute n'a aucune maison, elle renferme les Chevaux, les mulets et la suite de l'Emir: elle a été faite pour protéger les travailleurs contre les arabes du du Désert. L'eau du Oued Tegdempt est sulfureuse et malsaine : les habitants prennent de l'eau à la fontaine du Marché et aux différentes sources qui avoisinent la ville. Le village de Tegdempt n'a pas d'enceinte, mais il est fermé de toutes parts par les maisons. Il n'y a guère qu'une rue qui va de la route de Médéa à celle de Mascara le reste est impasse. Le Marché de Tegdempt est un des plus considérables de la province. Les murs de fortifi- cations ne sont pas Construits en pierre de taille quoique les ouvriers en avaient à leurs pieds provenant de la ville romaine : Soit qu'on n'ait pas pu les enlever de terre, soit qu'on les ait méprisées Comme travaillées par par les Chrétiens. Le village et les forts sont sur un mamelon qui est le même pour tous. Ce mamelon est peu élevé.

(Mai 1838)

Calqué sur un plan de Tegdempt par le Docteur Vernier attaché au Consulat de Mascara

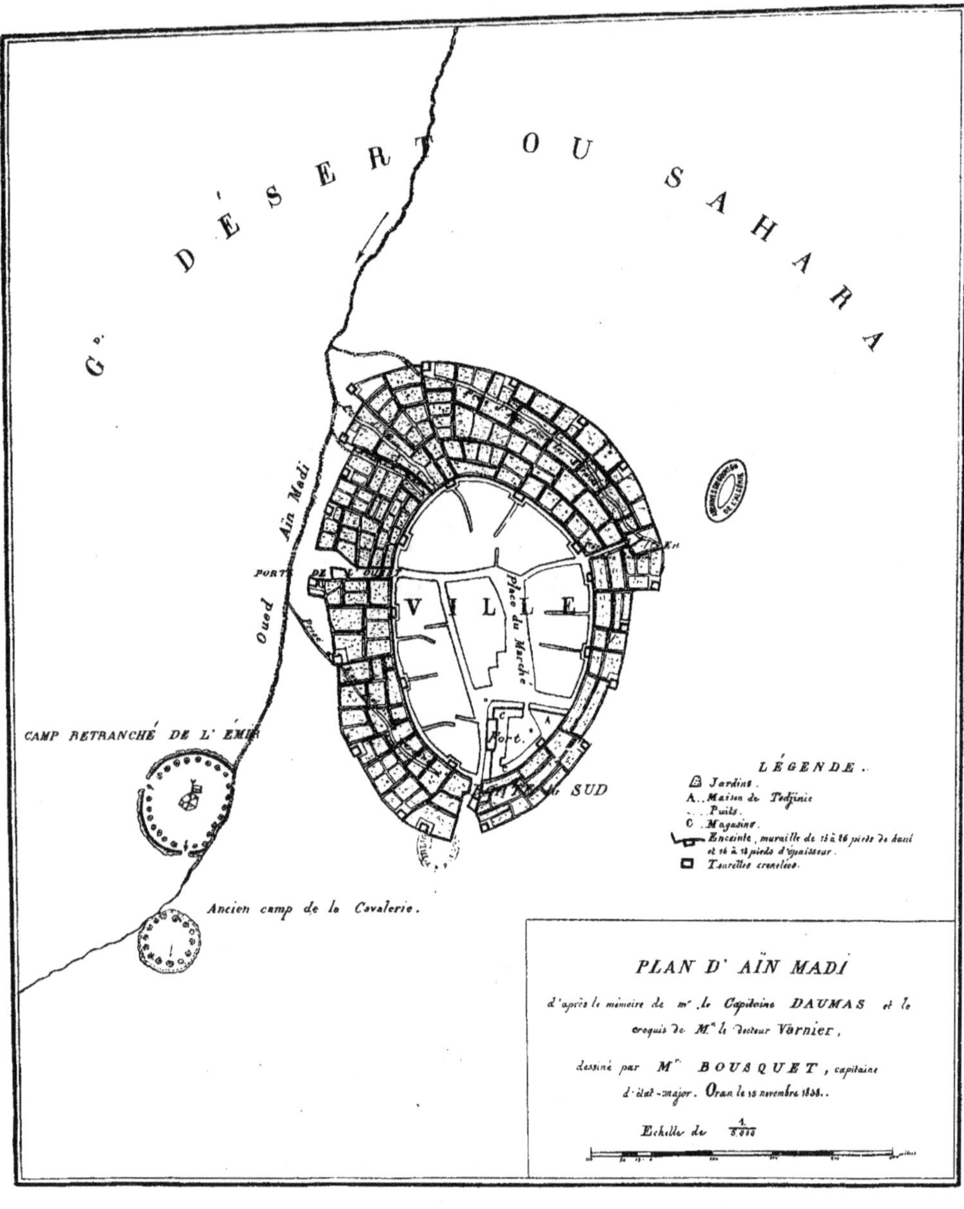

Gd DÉSERT OU SAHARA
Aïn Madi
Oued
Aïn Madi
PORTE DE L'OUEST
VILLE
Place du Marché
Est
Fort
Fort
PORTE DU SUD
CAMP RETRANCHÉ DE L'ÉMIR
Ancien camp de la Cavalerie.
LÉGENDE.
Jardins.
A..Maison de Tedjinie
...Puits.
C .Magasins.
Enceinte, muraille de 15 à 26 pieds de haut et 16 à 18 pieds d'épaisseur.
Tourelles crénelées.
PLAN D' AÏN MADI
d'après le mémoire de mr. le Capitaine DAUMAS et le croquis de Mr. le docteur Varnier,
dessiné par Mr. BOUSQUET, capitaine d'état-major. Oran le 18 novembre 1844.
Echelle de 1/5000

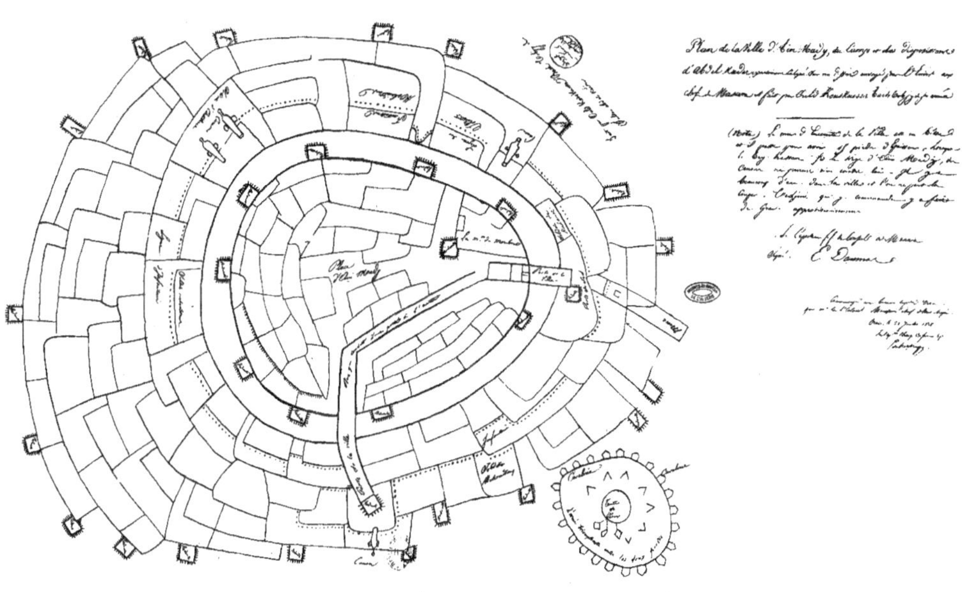

INDEX DES NOMS PROPRES

A

Aadjezz. 616, 623.

Aamran Darmon. 123, 488, 489. 557.

Aâmsah. Voir Hamza.

Aâron Senanedje. 194.

Aârous. 328.

Aâssassena [Aâssaissena-Lhassassena]. 351, 447, 587, 591, 618, 623.

Aâttafs [Aâtafs-Attafe]. 592, 593, 625, 642, 650.

Aâtteba [Atbaâ]. 582, 585, 608, 614.

Aâttya. 620.

Abdallah (déserteur). 158, 165, 181, 190, 202, 264, 571.

Abdallah (Hadj). 22, 23, 28, 29, 34.

Abdallah (Si). 125.

Abdallah (Si), notable de Mascara. 345.

Abdallah ben Bakar. 142.

Abdallah ben Bechir. 98, 106, 117.

Abdallah ben Ferrady. 652.

Abdallah ben Geraty. 622.

Abdallah ben Hamida. 265, 274, 276.

Abdallah ben Schérif. 425.

Abdallah ben Teqouque. 649.

Abdallah (d'Asboun), commandant. 55, 236, 308, 568, 569.

Abdallah Sakate. 426, 435, 438, 647.

Abd el-Kader (l'Emir). 14, 15, 43, 58, 59, 81, 95, 119, 125, 126, 151, 157, 168, 170, 171, 174, 176, 182, 185, 187, 190, 195, 196, 198, 200, 201, 202, 206, 207, 212, 213, 215, 216, 217, 223, 224, 234, 241, 242, 244, 251, 252, 258, 259, 263, 269, 270, 271, 274, 275, 287, 291, 293, 295, 300, 302, 303, 304, 305, 306, 307, 313, 314, 315, 316, 317, 320, 323, 324, 325, 330, 332, 339, 342, 344, 347, 352, 355, 358, 371, 373, 374, 377, 379, 380, 384, 385, 386, 387, 388, 389, 393, 398, 399, 400, 401, 402, 406, 410, 412, 418, 423, 424, 426, 427, 429, 432, 440, 442, 443, 449, 450, 451, 458, 460, 464, 468, 473, 477, 479, 485, 489, 495, 497, 499, 500, 504, 508, 513, 518, 522, 527, 530, 536, 538, 539, 540, 543, 546, 551, 560, 561, 573, 581, 582, 583, 593, 595, 597, 602, 603, 604, 606, 607, 621, 622, 625, 627, 628, 630, 631, 635, 637, 638, 639, 641, 642, 643, 646, 650, 651, 652, 655, 656, 657, 658.

Abd-el-Kader (Mouley). 23, 93, 576.

Abd el-Kader (Si). 633, 643.

Abd el-Kader (Si), commandant du fort de Mascara. 101.

Abd el-Kader bel Zeroualy. 509.

Abd el-Kader ben Daï. 2, 10, 12

Abd el-Kader ben Djilaly. 96, 99.

Abd el-Kader ben Guebly. 623.

Abd el-Kader ben Merah. 3, 14, 17, 18, 19, 20.

Abd el-Kader ben Naâsseur. 644.

Abd el-Kader ben Saharaouy. 575.

Abd el-Kader ben Sasy. 613, 633.

Abd el-Kader ben Tahar. 652.

Abd el-Kader ben Tisy. 172.

G

H

Habess (Hadj l'). 95, 113, 128, 178, 228.
Habib. 425.
Habib (Hadj l'). 56, 62, 64, 71, 99, 110, 165, 167, 210, 241, 247, 257, 273, 274, 276, 290, 292, 299, 333, 335, 338, 339, 348, 349, 354, 355, 357, 366, 375, 377, 382, 390, 392, 399, 403, 409, 419, 429, 434, 449, 456, 460, 465, 469, 483, 489, 503, 509, 515, 543, 549, 647, 656.
Habib (Si l'). 438, 647.
Habib bel Roul. 381.
Habib ben Djebbour. 651.
Habib ben Zendar. 370.
Habib Boualem [Boalem-Boualam]. 7, 27, 58, 72, 77, 115, 139, 143, 150, 174, 265, 273, 275, 276, 278, 281, 298, 346, 360, 368, 373, 387, 397, 584, 585, 593, 615, 628, 629, 648.
Habib Boutiba. 167.
Habibs Cheragas. 135, 585, 608.
Habib Chérif. 522.
Habib el Cherguy. 380.
Habib ould Dahau. 345.
Haboucha. 591, 610, 623.
Habouya. 623.
Habra. 87, 120, 134, 140, 148, 155, 168, 251, 290, 312, 414, 417, 423, 525, 545, 546, 556, 582.
Hachems. 9, 69, 100, 118, 130, 134, 135, 136, 169, 170, 173, 174, 176, 177, 179, 180, 187, 209, 218, 229, 238, 245, 246, 291, 294, 295, 300, 305, 307, 312, 315, 321, 331, 332, 345, 362, 401, 414, 427, 439, 441, 444, 445, 448, 451, 452, 531, 538, 546, 582, 599, 604, 607, 625, 631, 635, 641, 645, 651.
Hachems Cheragas. 104, 176, 177, 335, 438, 439, 469, 490, 509, 584, 588, 593, 613, 615, 622, 625, 631, 633, 645, 652.
Hachems Daro. 59, 68, 586, 609, 630.
Hachems Garabas. 100, 104, 176, 177, 335, 438, 439, 441, 469, 509, 540, 575, 584, 587, 593, 612, 615, 631, 633, 650, 651.

Haddade. 625.
Had[d]ares [Had[d]eurs]. 305, 486, 536, 542, 601, 623, 634.
Haddoun el Medouiny. 198.
Hadissa. 68.
Hadja Megrenya. 453.
Hadjar Beda. 251, 312.
Hadjoutes. 157, 350, 356, 361, 414, 458, 459, 497, 570.
Halalojui. 582, 649.
Hal ben Aly. 46.
Hal Egueris. 622.
Hal el Hadj Cadour bou Saïd. 609.
Hal el Hayatia. 608.
Hamady. 66, 97.
Hamadouche. 469, 510.
Hamar ben Djiloule. 96.
Hamar ben Douqra. 652.
Hamet [Amet]. 109.
Hamet (Hadj). 363, 625.
Hamet bel Hachemy. 652.
Hamet bel Labeud. 626.
Hamet Lifa. 625.
Hamet ben Abdallah. 622.
Hamet ben Adder. 293.
Hamet ben Brahim. 548.
Hamet ben Karadja. 20.
Hamet ben Lisse. 623, 653.
Hamet ben Moctar [Moqrtar]. 19, 79, 435, 555, 647.
Hamet ben Salem. 543, 547.
Hamet ben Senoussy. 623.
Hamet ben Tamy. 646.
Hamet ben Youssouf (Sidi). 168, 370.
Hamet-Bey (Hadj). 8, 9, 46, 49, 54, 149, 215, 342, 347, 350, 356, 357, 361, 374, 522, 531, 533, 535, 547.
Hamet Guendous. 623.
Hamet ould Chiqrr. 652.
Hamet ould Kady. 369, 374, 541.
Hamet ould Lazery. 650.
Hamet bou Qliqra. 648
Hamet bou Talaib. 103, 302, 569, 643.
Hamet el Querabchy. 623.
Hameur (Si). 645.
Hameur ben Brahim el Kebaïly. 279.
Hameur ben Douqra. 645.

Mahyddin (Hadj el). 300, 301, 304, 305, 306, 579, 591, 595, 622, 631, 635, 642, 643, 645.

Mahyddin Moul el Qrelouya. 652.

Maidroma [Naidroma]. 181, 183, 184, 191, 329, 335, 579, 595, 620, 621.

Maklouf. 106, 368.

Maklouf Amsalem. 520.

Maklouf Hamou. 519, 520.

Maklouf Hozanna. 520.

Mange, 659.

Maroc. 7, 23, 28, 47, 53, 58, 72, 77, 86, 94, 95, 137, 157, 162, 173, 174, 177, 178, 182, 183, 184, 187, 195, 196, 199, 201, 202, 209, 212, 213, 214, 223, 230, 241, 242, 245, 258, 264, 268, 274, 286, 293, 295, 317, 330, 331, 332, 348, 356, 363, 367, 373, 390, 394, 406, 415, 426, 427, 434, 438, 442, 444, 456, 461, 464, 471, 484, 485, 486, 497, 500, 506, 508, 526, 531, 535, 540, 560, 565, 569, 570, 573, 579, 585, 595, 599, 605, 616, 619, 621, 626, 638, 645, 647, 648.

Marseille. 42, 126, 164, 208, 294, 400, 544, 546.

Martimprey. 172, 176, 180, 234, 447.

Mascara. 1, 2, 4, 7, 12, 13, 16, 18, 19, 20, 22, 23, 24, 28, 29, 31, 32, 35, 36, 38, 40, 41, 45, 48, 49, 50, 51, 53, 54, 55, 56, 58, 59, 65, 69, 72, 73, 74, 78, 79, 80, 81, 83, 84, 85, 86, 87, 89, 90, 91, 93, 96, 99, 100, 101, 105, 106, 109, 110, 112, 114, 118, 121, 124, 125, 126, 128, 130, 131, 132, 136, 138, 139, 142, 144, 145, 147, 148, 150, 151, 152, 153, 155, 157, 161, 162, 163, 164, 167, 168, 169, 171, 174, 176, 177, 178, 179, 180, 182, 184, 185, 186, 188, 190, 193, 195, 196, 198, 199, 200, 201, 204, 208, 209, 211, 212, 213, 214, 215, 216, 217, 225, 228, 231, 232, 234, 235, 236, 237, 238, 239, 241, 242, 246, 247, 248, 249, 250, 251, 252, 256, 257, 258, 259, 264, 265, 266, 267, 269, 270, 271, 273, 274, 276, 277, 278, 280, 281, 282, 283, 284, 285, 286, 288, 289, 290, 291, 293, 294, 298, 301, 302, 305, 306, 308, 309, 312, 313, 314, 315, 316, 317, 321, 323, 324, 330, 331, 334, 336, 338, 339, 340, 342, 343, 345, 346, 349, 350, 351, 353, 355, 360, 362, 366, 367, 368, 369, 372, 373, 374, 376, 378, 381, 383, 384, 385, 386, 387, 388, 389, 390, 391, 392, 393, 397, 399, 400, 403, 405, 407, 409, 410, 412, 413, 414, 415, 418, 419, 420, 424, 425, 427, 429, 430, 431, 433, 437, 438, 439, 440, 441, 444, 445, 447, 448, 451, 452, 456, 458, 459, 460, 462, 463, 465, 466, 469, 470, 474, 475, 477, 481, 482, 485, 487, 490, 492, 496, 501, 506, 507, 510, 511, 513, 516, 518, 521, 522, 523, 528, 529, 531, 536, 540, 543, 545, 549, 550, 551, 556, 557, 566, 567, 569, 571, 572, 574, 578, 582, 599, 600, 601, 605, 606, 607, 622, 624, 626, 628, 629, 631, 632, 634, 637, 638, 640, 641, 643, 647, 650, 658.

Masra. [Mensra]. 459, 166, 170.

Massagran. 218, 224, 256, 289, 296, 396, 634, 652.

Maures. 207, 265.

Maussion. 40, 44, 115, 117, 149, 150, 214, 217, 254, 346, 380.

Mazary. 80, 257, 287, 310, 313, 370, 375, 381, 442, 477, 594, 648.

Mazouna. 110, 117, 353, 361, 401, 450, 451, 505, 582, 592, 611, 623, 625, 626, 650.

Mechareuf Toual. 622.

Metchatchine. 100, 622.

Me[t]chatchine el Ouad. 587, 612, 622, 651.

Me[t]chatchine Sidi Aly. 587, 612, 622.

Mechera Sefa. 445.

Mechouar. 165, 166, 181, 197, 216, 308, 487, 539, 543.

Mecque (La). 79, 285, 291, 301, 302, 303, 468, 526, 544, 642, 646, 658.

Mecquy (Sidi el). 424.

Mecquy Sedemy. 653.

Médéa [Media]. 6, 14, 23, 29, 54, 73, 81, 84, 86, 87, 94, 95, 96, 100, 101, 104, 109, 110, 112, 118, 119, 124, 130, 137, 138, 145, 149, 151, 155, 159, 162, 168, 171, 172, 174, 176, 177, 179, 181, 182, 185,

TABLE

CORRESPONDANCE DU CAPITAINE DAUMAS

Pages

APPENDICE